读经典·新时尚

DER WILLE ZUR MACHT

Friedrich Nietzsche

权力意志

上卷

〔德〕尼采 著

孙周兴 译

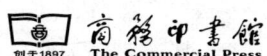

Friedrich Nietzsche
NACHGELASSENE FRAGMENTE 1885—1887
Sämtliche Werke, Kritische Studienausgabe in 15 Bänden
KSA 12: Nachgelassene Fragmente 1885—1887
Herausgegeben von Giorgio Colli und Mazzino Montinari
2. durchgesehene Auflage 1988
© Walter de Gruyter GmbH & Co. KG, Berlin · New York

本书根据科利/蒙提那里考订研究版《尼采著作全集》第12卷译出，第12卷严格按照时间顺序收录尼采作于1885年秋至1887年秋之间的全部残篇遗稿，它与第13卷一起，包含了后人编辑的所谓尼采"主要著作"即《权力意志》诸版本的内容。

中文版凡例

一、本书根据科利/蒙提那里编辑的15卷本考订研究版《尼采著作全集》(Sämtliche Werke, Kritische Studienausgabe in 15 Bänden,简称"科利版")第12卷(KSA 12: Nachgelassene Fragmente 1885-1887)译出。本卷严格按照时间顺序收录了尼采作于1885年秋至1887年秋之间的全部残篇遗稿,它与第13卷一起,包含了后人编辑的尼采《权力意志》诸版本的内容。

二、中文版力求在内容(文字)和形式(版式)上严格对应于原著,尽量保持原版的笔记和残篇格式。凡文中出现的各式符号亦尽量予以原样保留,其中需要特别说明的有:

1.〈〉:表示编者对笔记文字遗缺部分的补全。

2.[—]:表示笔记手稿中一个不可读的词。

3.[— —]:表示笔记手稿中二个不可读的词。

4.[— — —]:表示笔记手稿中三个或三个以上不可读的词。

5.— — —:表示笔记手稿中不完整的句子。

6.[+]:表示笔记手稿中的空白。

原版黑体字在中文版中仍以黑体标出;原版斜体字在中文版中以重点号标示。

文中出现的诸如半个括号、句尾或段尾标点缺失等现象,并非中译者的疏忽或失误,而是原作本来样子,读者不可形成误解。

三、科利版原版页码在中文版相应位置中被标为边码。

四、原著中出现的两门欧洲古典语言(古希腊文、拉丁文)词句,中文版中先列出原文,再以方括号[ ]标出相应的译文。需要特别标出的德文词语,中文版以括号( )表示。原著中出现的除德文外的现代欧洲语言(法文、英文、意大利文等)词句,中文版中一般并不标出原文,而多加注说明,特别需要标出原文的,亦以括号( )表示。

目 录

[1.1885 年秋至 1886 年春] …………………………………… 1
[2.1885 年秋至 1886 年秋] …………………………………… 70
[3.1886 年初至 1886 年春] …………………………………… 188
[4.1886 年初至 1886 年春] …………………………………… 195
[5.1886 年夏至 1887 年秋] …………………………………… 203
[6.1886 年夏至 1887 年春] …………………………………… 255
[7.1886 年底至 1887 年春] …………………………………… 273
[8.1887 年夏] ………………………………………………… 352
[9.1887 年秋] ………………………………………………… 367
[10.1887 年秋] ………………………………………………… 494

尼采手稿和笔记简写表………………………………………… 638

[1. 1885年秋至1886年春]①

1[1]

真正说来,我周围或许得有一个圈子,由那些深邃而温柔的人们组成,他们会保护我,使我免受自己的伤害,而且也懂得逗我开心:因为,对一个思考此类事物的人来说——正如我必须思考它们的那样——,把自己毁掉的危险总是近在眼前。

1[2]

但愿没有人相信,人们有朝一日会突然双脚跳进这样一种热烈的心灵状态之中,后者的标志或比喻可能是一支刚刚唱完的舞曲。在学习这样一种舞蹈之前,人们必须已经完全学会了行走和跑步;而且,在我看来,始终只有少数人是命定能够做到自立的。在人们首先敢于靠自己的四肢走出去,没有襻带和扶手,在自己春天的充满最初青春力量和形形色色诱惑的时期里,人们已经受到了最恶劣的危害,经常颤抖不已,灰心丧气,犹如一个逃亡者,犹如一个被流放者,带着一颗战栗的良心,以及对自己道路的奇特怀疑:——如果朝气蓬勃的精神自由就像一瓶葡萄酒

---

① 相应的手稿编号为:N VII 2b。——译注

10 **1[3]**

镜子。

缺乏一种支配性的思想方式。

演员。

Gleba[土地]。

新的无耻(平庸者的无耻,例如英格兰人的无耻,也包括写作的女人们的无耻)

求偏见的意志(国家、党派等等)

潜在的佛教徒。

缺乏孤独(而且因此缺乏好的社会)

酒、书、音乐以及其他兴奋剂。

未来之哲学家。

统治阶层和无政府主义。

非常人物的奇特困难,其卑贱的谦逊妨碍了他。

缺乏一种性格教育。缺乏更高级的僧侣

对人民权利的逐步限制。

1[4]

——关于对立面的学说(善的、恶的等等)作为教育准则是有价值的,因为它使人有所袒护。

——人极容易因之而毁灭的最强大和最危险的激情,是如此彻底地受到了排斥,以至于这样一来,最强大的人本身已经变得不可能了,或者一定会感到自己是恶的,是"有害的和非法的"。

这种损失是巨大的,但一直以来都是必然的:现在,大量相反的势力得到了培育,已经成长起来了,通过对那些激情(统治欲的激情,乐于变化和欺瞒的激情)的暂时压制,又有可能把它们释放出来了:它们将不再具有以前的野性。我们允许自己有这种驯服的野蛮:看一看我们的艺术家和政治家就是了

——各种对立面和对立欲望的综合乃是一个人的总体力量的标志:它能驯服多少呢?

——一个关于神圣性的新概念:柏拉图的天真幼稚——不再是显突出来的受诋毁的欲望的对立面

——要说明何以希腊宗教比犹太-基督宗教更为高级。后者胜利了,因为希腊宗教自己蜕化了(落后了)。

目标:对最强大、最可怕和最臭名昭著的势力的神圣化,用古老的比喻来说:对魔鬼的神化

1[5]

——我的衡量尺度是,一个人、一个民族在何种程度上能够激发起自己身上最可怕的欲望,并且转向自己的福乐,又没有因之而毁灭掉:而倒是转向了自己卓有成果的行为和功业

——把所有不幸事件解释为那些未和解的心灵的作用,这乃是迄今为止促使大众走向宗教迷信的做法。即便更高的道德生活,圣徒的生活,也只不过是为了满足未和解的心灵而被虚构出来的手段之一。

——把我们的体验解释为一种善良的、具有教育作用的神性的天意暗示,也包括我们的不幸事件:——父系的上帝概念的发展,从父权家庭出发。

12　　——人类的绝对堕落,向善的不自由状态,因而用坏良心来解释我们的所有行动:最后是恩典。奇迹行为。突发的悔改。保罗、奥古斯丁、路德

——日耳曼人对基督教的野蛮化:中介性的神祇,以及众多赎罪迷信,简言之,重又出现了前基督教的立场。作曲体系亦然。

——路德复述了基督教的基本逻辑,道德的不可能性因而也包括自我满足的不可能性,恩典的必然性因而也包括奇迹以及命定的必然性。根本上,是一种抑制状态的告白以及一种自我蔑视的发作。

——"要偿还自己的罪责是不可能的",救恩欲望以及迷信和神秘的发作。"要摆脱自己的罪恶是不可能的",保罗、奥古斯丁、路德的基督教的发作。从前,外在的不幸乃是宗教虔诚的推动力:后来则是内心的不幸感、未得救状态、畏惧、不安全感。看起来使基督和佛陀出人头地的东西:似乎正是内心的幸福使他们变得虔诚

1[6]

——属于更高等级制的感觉在道德感中占着主导地位:它是更高级的社会阶层的自身证明,这个社会阶层的行动和状态后来又被视为一种信念的标志,而正是以此信念,人们才归属于那个社会阶层,或者说应当归属于那个社会阶层——

1[7]

——道德感首先是与人(尤其是等级)相关而发展起来的,到后来才转移到行动和性格上。间距的激情处于那种道德感的最内在根基中。

1[8]

——人的无知无识和无所用心,使得个体的归属要到后来才得以确定下来。人们感到自己太不自由,毫无修养,为突然的推动力所撕扯,以至于人们不能对自己作出不同于对自然的思考:在我们身上也有魔鬼在发挥作用。

1[9]

——人性的、太人性的。要是没有自觉地表现出道德活动和道德认识,人们就不能对道德作出思索。因此,我当时就致力于那种对道德的精致化工作,它已经把"赏"与"罚"感受为"非道德的",并且知道不再把"公正"概念把握为"可爱的理解",根本上就是"赞成"。这其中也许有虚弱,也许有放纵,也许也有———

1[10]

——"罚"是在极其狭隘的空间里发展起来的,它是强权者、家长的反应,是强权者、家长因为自己的命令和禁令遭到蔑视而表达出来的愤怒。——在习俗的德行(其准则要求"一切传统习惯都应当受到尊重")之前,还有统治者的德行(其准则要求"唯有命令者才受到尊重")。间距的激情、等级差异感,包含在所有道德的最终基础之中。

1[11]

——"心灵"终于成了"主体概念"

1[12]

——如果事物是未知的,那么人亦然。这里有什么可赞扬和指责的嘛!

1[13]

——我理解不了,人们如何能够成为神学家。对这种人我想都不愿想,他们其实不仅仅是认识机器而已

1[14]

——凡一个人不能完成的行动都会被他误解。以其行动而总是受到误解,这是出类拔萃的。那么,这也就是必然的,没有任何怨恨的动因。

1[15]

——如果我宁愿去思考因果性而不是去捉摸对我的出版者的诉讼,那并不是无私的;我的益处和我的享受在我的认识方面,我的紧张、不安、激情恰恰在那里表现得长久。

1[16]

思想就是行动

1[17]

——我们是怎样在50年里改变了想法啊!整个浪漫派及其对于"大众"的信仰都被驳倒了!决没有作为大众诗歌的荷马诗歌!决没有对伟大的自然力量的神化!决没有从语言同源性向种族同源性的推论!决没有对超感性之物的"理智直观"!决没有蒙着宗教面纱的真理!

1[18]

真诚性问题是全新的。我感到奇怪的是:我们把俾斯麦这样的人物视为因疏忽大意而欠缺真诚性,而理查德·瓦格纳这样的人物是因为缺乏谦逊而没有真诚性,我们或许会用柏拉图的 pia fraus[善良的欺骗]来谴责他,会因为康德对绝对命令的推导来谴责他,而实际上,信仰对他来说肯定不是通过这个途径达到的

1[19]

——怀疑最终也反对自身:对怀疑的怀疑。而且关于真实性的合法性及其范围的问题就在这里——

1[20]

——我们所有有意识的动机都是表面现象:背后隐藏着我们的本能和状态的斗争,争夺强力的斗争。

1[21]

——这个曲调美妙动人,这并不是由权威或者课堂告诉给孩子们的:看到一个令人尊敬的人时产生的舒适感亦然。估价是天生的,不管洛克怎么说!是先天的;当然,如果那些保护和热爱我们的人们也与我们一道作出相同的估价,那么,估价就会发育得更强壮和更美好。对一个孩子来说,总是要在与自己母亲的对立中把自己的善和恶设定起来,而且就在他受到尊敬、讥讽和鄙弃的地方,那是何种折磨啊!

1[22]

——被我们当作"道德感"来感受的东西是何其多样:其中有尊重、畏惧、感动,诸如为某种神圣的和隐秘的东西所感动,其中有某个命令者在说话,某个把自己看得比我们更为重要的东西;某个使人振奋、激动或者使人安静和深沉的东西。我们的道德感乃是曾经在我们祖先的历史中起过支配作用的所有华丽的和恭顺的情

感的一个综合、一种同时鸣响

1[23]

——有利于当代。健康得到促进,禁欲的和否定世界的思想方式(连同它们追求病态的意志)几乎得不到理解。一切可能之物都将被允许和承认,每一种植物赖以生长的潮湿而温暖的空气。那就是一切细小的茂盛植物的天堂

1[24]

——心灵、气息和此在(Dasein)被设定为相同的存在。生命就是存在(Sein):此外没有什么存在。

1[25]

——"好人统统是软弱的:他们之所以是好人,是因为他们没有强大到变恶的地步",拉图卡部族首领科莫罗对贝克①说

1[26]

gin 是阿拉伯文,意为 spiritus[精神](= g'inn)

1[27]

"对脆弱的心灵来说不存在任何不幸",俄罗斯人如是说

---

① 塞缪尔·怀特·贝克(Samuel White Baker,1821 - 1893):英国殖民探险家。著有《阿伯特湖》、《阿比西尼亚的尼罗河支流》等。——译注

1[28]

——所有运动都要被把握为表情,被把握为一种语言,各种力量借以理解自己的语言。在无机世界中是没有误解的,信息传达似乎是完美的。在有机世界中则出现了谬误。"事物"、"实体"、特性、活"动"(Thätig-"keit")——所有这一切都不能搬到无机世界中!有机物赖以生活的正是这些特殊的谬误。关于"谬误"的可能性的问题?对立面并不是"假"和"真",而是与符号本身对立的"符号的缩略"。本质性的东西是:那些代表着大量运动的形式的构成,那个表示所有符号种类的符号的发明。

——所有运动都是一个内在事件的符号;而且每一个内在事件都在这样一些形式变化中表达出来。思想还不是内在事件本身,而同样只是一种表示各种情绪的力量平衡的符号语言。

1[29]

——对自然的人化——根据我们人来解释自然。

1[30]

A. 心理学的起点:
——我们的思维和评价只是对在背后起支配作用的欲求的一个表达。
——这些欲求越来越特殊化:它们的统一性乃是权力意志(为了取得所有欲望中最强大欲望的表达,后者至今一直统领着

一切有机体的发展)

——把一切有机体的基本功能还原为权力意志

——问题,它是否同样也是无机世界的动力(mobile)?因为在机械论的世界解释中,始终还是需要有一个动力。

——"自然规律":作为对权力联系和权力等级的无条件确立的公式。

——机械运动只不过是一种内在事件的表现手段。 18

——"原因与结果"

1[31]

——斗争作为均衡手段

1[32]

——关于原子的假定,只不过是主体和实体概念的一个结果:在某个地方必定有"一物",活动是由此出发的。原子乃是灵魂概念的最后后裔。

1[33]

——人类最可怕的和最彻底的要求,人类追求权力的欲望,——人们称这种欲望为"自由"——必须最长久地被限制起来。因此,伦理学以其无意识的教育本能和驯化本能,一直以来都旨在限制权力欲望:它诋毁专横的个体,并且以其对集体忧心和祖国之爱的颂扬来强调群盲的权力本能。

1[34]

——合乎自然地,人类的力量必须依次发育起来,即:无危险的力量会优先得到发展(赞扬、赞成),相反,最强大的力量最长久地被诽谤和中伤。

1[35]

权力意志。
重新解释一切事件的尝试。
弗里德里希·尼采著。

1[36]

思想世界只不过是现象世界的第二等级——

1[37]

——运动不是由某个"原因""导致"的:这或许又是老旧的灵魂概念了!——运动就是意志本身,但并非全部!

1[38]

请注意!对因果性的信仰要归结于那种信仰,即相信:我就是作用者,要归结于对"灵魂"与其活动的分离。可见是一种古老的迷信啊!

1[39]

把结果归结于原因:归结于一个主体。一切变化都被视为由主体带来的。

1[40]

——时下的道德阶段要求：

 a)没有惩罚！ ⎫
       ⎬ 没有报复！
 2)没有报偿—— ⎭

 3)没有奴性

 4)没有 pia fraus[善良的欺骗]！

1[41]

——我们再也不忍看此番景象，因而我们取消了奴隶制

1[42]

此乃软弱无力者和丧尽天良者最宠爱的说辞，所谓"理解一切即宽恕一切"：这也是一种愚蠢。呵，倘若人们首先总是想着等待这种"理解"(comprendre)：在我看来，人们在此就极少能获得宽恕！而且说到底，为什么人们恰恰要在理解时宽恕呢？假如我完全理解了为什么我写错了这个句子，难道我因此就不能把它划掉吗？——存在着这样的情况：人们把一个人划掉了，因为人们理解了他。

1[43]

"变化"概念已经是以主体为前提的，即以作为实体的心灵为前提

1[44]

——人们对于"意志不自由"学说的反感在于：表面看来，仿佛它主张"你并非自愿地做你的事，而是不自愿的，也就是不得不做你的事"。现在人人都知道，当一个人不自愿地做某事时他要有多大的勇气。似乎那个学说也就是要教导我们：你所做的一切是你不自愿地做的，也就是不乐意地、"违背自己的意志"做的——而且这一点是人们不承认的，因为人们乐意做诸多事体，恰恰也包括许多"道德的事"。可见，人们是把"不自由的意志"理解为"为一种陌生的意志所强迫"：仿佛就是主张："你所做的一切是你受一种陌生的意志的强迫而做的。"服从自己的意志，人们是不会称之为强迫的：因为那是一种乐趣。你能对自己下命令，这就是"意志自由"

1[45]

Sapientia victrix[常胜的智慧]。
一种未来哲学的序曲。

21 1[46]

宗教存活了极长时间，而未曾与道德结合起来：道德中立。人们要考量一下，每一种宗教到底想要什么——的确，人们在今天还能轻松地理解：人们通过宗教所要求的，不光是摆脱困厄，而且首先是摆脱对于困厄的惧怕。一切困厄都被视为恶的、仇恨的神灵运作的结果：人们遭受的一切困厄虽然不是"应得的"，但它们会唤起一个思想,由之可能激起一个神灵对我们发怒;人在未知的四处游荡的魔鬼面前战栗不已,想使它们变得可亲可爱。人在此要来检验自己的行为:而如果竟有某种手段,使他认识的某些精灵变得对自己友好,那他就要问自己,他是否真的已经做了自己能够为此做的一切。当一位朝臣在王侯身上感觉到一种不耐烦的情绪时,他是怎样来检验自己对王侯的态度的:——他会寻求一种放弃或搁置(Unterlassung),等等。"罪"原本就是这样一个东西,无论哪个神灵都可能因之受到大大的冒犯,无论哪一种放弃,哪一种——:在这里,人们必须重新使某物变好。——只要一个神灵、一个神祇明确地也把某些道德戒律说成是令他喜欢和为他效力的手段,那么,也就有道德的评价进入"罪"之中了:或者毋宁说,这时候,人们才能把一种对道德戒律的违背当作"罪"来感受,也就是某种与上帝相分离的东西,它冒犯上帝,而且也从上帝这边引起危险和困厄之后果。

1[47]

聪明、谨慎和预先操心(与冷淡、与当下生活相对照)——现在,当人们举出这个动机时,人们差不多是指一种侮辱行为。不过,把这些特性培育起来,使之发展壮大,那是付出了何种代价啊!视聪明为德性——这还是希腊式的看法呢!

那时候,清醒和"审慎"同样如此,它们与出于暴力冲动的行为相对立,与行为的"幼稚"相对立。

1〔48〕

绝对无条件的献身(在宗教中),作为奴隶般的献身或者女人般的献身的反映(——永恒女性乃是被理想化了的奴隶官能)

1〔49〕

根据意图来衡量行动的道德价值:其前提是,意图真的是行动的原因——可是,把作为一种完满认识的意图视为"一个自在之物",这意味着什么呢?说到底,它其实只不过是关于某种状态(不快、欲求等等)的解释的意识

1〔50〕

——状态和欲求是要用语言来标识的:也就是说,概念是重新认识的标志。其中并不含有谋求逻辑的意图;逻辑思维乃是一种解决或消解(Auflösen)。但我们"把握"的每一个事物,每一种状态,都是一种综合(Synthesis),后者是人们不能"把握",但也许能够标识的;而且,即便这一点也只是由于人们承认有某种与曾经在此的东西的相似性。事实上,每一种内在的精神行为都是"非科学的",每一种思想亦然。

1〔51〕

生性谦逊或者欺诈的思想家错误地理解了统治欲,同样也就错误地理解了追求卓越的欲望:他们把两者归于虚荣心,仿佛在此事关宏旨的是要置身于他人的意见当中而受尊重、敬畏或膜拜。

1[52]

按照科学的尺度来衡量,人对人所做的每一种道德价值判断,其价值是微不足道的:那是一种试探和摸索,每个词语都饱含幻想和不确定性。

1[53]

下面是几项分开来的任务:

1)要把握和确定当前(以及在一个限定的文化领域里)占上风的关于人和行为的道德评估方式

2)一个时代的总体道德习俗(Moral-Codex)乃是一个征兆,例如作为自我赞赏,或者不满,或者伪善的手段:也就是说,除了确定当前的道德特征之外,其次还必须对这种特征作出解说和解释。因为道德本身乃是多义的。

3)要说明这种恰恰现在占上风的判断方式的形成过程,

4)要对这种判断方式作出批判,或者说,要追问:它有多么强大?它会对什么产生作用?处于它的魔力之下的人类(或者欧洲)会变成什么样子?它会促进哪些力量,又会压制哪些力量?它是不是使人变得更健康、更病态、更大胆、更精细、更需要艺术?如此等等

这里已经假定了,不存在永恒的道德:这一点可以被认为是已经得到证明的。同样也不存在一种永恒的关于营养的判断方式。但有一种批判、一个问题是全新的:"好的"真的是"好的"吗?[①] 还

[①] 此句中"好的"(gut)也可译为"善的"。——译注

有,兴许现在被歧视和被辱骂的东西也有何种好处?我们得把时代间距考虑在内。

1[54]

无条件的权力意志的特征在整个生命领域里现成存在着。如果我们有一种否定意识的权利,那么,这种权利倒是很难否定那些驱动性情绪的,例如在原始森林里。

(意识始终包含着一种双重的反映——并没有什么直接的东西。)

1[55]

基本问题:德行有多深刻?它只属于经过训练的人们吗?它是一种表达方式吗?

所有比较深刻的人都一致认为——这是路德、奥古斯丁和保罗意识到了的——,我们的道德及其事件并不与我们有意识的意志相符合——质言之,根据目的-意图所做的说明是不够的。

1[56]

在贯彻一个想法时,要保持客观、坚定、牢靠、严格——在这一点上,艺术家做得最好;但当有人必需要用人来达到这一点时(诸如教师、政治家之类),平静、冷酷、坚定很快就逃之夭夭了。在诸如凯撒和拿破仑之类的人物那里,人们就可能对一种致力于塑造自身不朽形象的"漠然无趣的"艰辛劳作有所猜度,尽管在这方面他们也许会被人类所牺牲,哪怕只是一种可能性。最高等的人的未来就处于这一轨道上:他们承担着极大的责任,而并不为此心碎。——迄今为止,为了本身不失去对自己权利和权限的信仰,几乎总是必需有灵感之欺瞒(Inspirations-Täuschungen)。

1[57]

权力意志的种种变化,它的组织,它的专门化——与形态学的发展平行地表现出来!

1[58]

从我们每一种基本欲望出发,都存在着一种对所有事件和体验的不同的、透视性的估价。这些欲望中的每一种都感到自己受到了其他所有欲望的阻碍,或者是受到了促进、宠爱,每一种欲望都有自己的发展规律(它的升与降、它的速度,等等)——还有,如若此种欲望上升起来,彼种欲望就枯萎下去。

人作为大量之"权力意志";每个人都有大量的表达手段和形式。个别的所谓"激情"(例如人是残暴的)只不过是虚构的单元,因为从不同的基本欲望而来作为同类进入意识之中的东西,被一道构造而综合为一种"本质"(Wesen)或者"能力"(Vermögen),一种激情。也就是说,情形就如同"心灵"本身乃是一切意识现象的一个表达:然而我们却把这种表达解释为此类现象的原因("自身意识"乃是虚构的!)。

1[59]

一切物质都是一种表示某个未知事件的运动征兆:一切被意

识和被感受的东西又是未知的———①征兆。世界,使我们从这两个方面来理解自己的世界,或许还有大量其他的征兆。在精神与物质之间是没有任何必然关系的,就仿佛这两者已经以某种方式穷尽了,并且完全体现了表现形式似的。

运动乃是征兆,思想同样也是征兆:对我们来说,欲求乃是两者背后可证明的,而基本欲求就是权力意志。——"自在的精神"是子虚乌有的,正如"自在的运动"是子虚乌有的

1[60]

可真滑稽了,我们的哲学家们提出要求,说哲学必须以一种认识能力的批判为开端:如果人们已经对以往的认识结果产生了怀疑,那么,总不至于说认识器官能够自己"批判"自己吧?把哲学还原为"追求认识理论的意志",这是滑稽可笑的。仿佛这样就能找到可靠性似的!——

1[61]

进入意识的一切东西不外乎是一个链条的最后环节,是一个结束。一个思想或许径直是另一个思想的原因,这一点完全是表面上的。真正结合起来的事件在我们的意识下面〈自行〉发生:情感、思想等等前后相继的出现秩序乃是真正的事件的征兆!——在每一个思想下面都隐藏着一种情绪。每一个思想、每一种情感、每一种意志都不是从某种特定的欲望中产生的,而毋宁说都是一

---

① 表示笔记手稿中不完整的句子。——译注

个总体状态,是全部意识的整个表层,是从对所有对于我们具有构建作用的欲望的瞬间权力固定中产生出来的——也就是说,都是从正好占着上风的欲望以及服从于它或者与它相抵触的欲望的瞬间权力固定中产生出来的。下一个思想则是一个标志,标明总体的权力形势在此间如何发生了变化。

1[62]

"意志"——一种错误的物化。

1[63]

——歌德以后将会显出何种样子啊!多么不牢靠,多么漂浮不定!还有他的《浮士德》——那是何种偶然的和一时的,并非必然和持久的问题啊!认识者的一种蜕化,一个病人,再没有什么了!决不是认识者本身的悲剧!甚至也不是"自由精神"的悲剧。

1[64]

博爱。
　　正义。
残暴。
赏与罚。　　　　　　一切都已然有了自己的赞成与反对
自我满足。
理性
　　等级制。
奴隶制(献身)

一切赞扬和责难都透视性地从一种权力意志出发。

"天赋理念"

灵魂、事物——虚假的。"精神"亦然。

1[65]

章节:关于解释

关于物化

关于没落理想的长存

（例如,奥古斯丁那里的奴隶官能）

1[66]

不作任何区别的基督徒的博爱,唯当有了持续不断的上帝观时才是可能的,而与上帝相比较,人与人之间的等级就变得微不足道了,而且这个人本身竟变得如此无关紧要,以至于大小关系再也不能引起任何兴趣:就像从一座高山出发,大与小变得蚂蚁一般相似。——人们根本上不该忽视这样一种对于人的藐视,它包含在基督教的博爱情感当中:"你是我的兄弟呀,我已经知道了你的心情怎样,不管你是什么——不管你有多坏!"等等之类。事实上,这样一位基督徒乃是一个极其缠人和非分的种类。

相反,如果人们放弃上帝,我们就少了一个比人更高级的本质类型:而且,对于这个"至高本质"(höchstes Wesen)①的种种差异,我们的眼睛将变得敏锐犀利。

---

① 指上帝或神性者。——译注

1[67]

——我怀疑哲学家当中那些沉思冥想者、安于自身者、自得其乐者：——他们身上缺失那种把缺陷当作力量来承认的正派作风的构成性力量和精致品质

1[68]

道德败坏者转变为在道德上受敬仰者——反之亦然。

1[69]

——有些人在内心中搜寻一种无条件的约束性，也许还把它编造出来，另一些人则想证明之，同时就这样来栽培之——

1[70]

——以自己的宗教，人表现得多么过于苛求呵，即便他还在上帝面前辗转反侧，类似于圣奥古斯丁！那是何种纠缠不休啊！这个父辈的或者祖辈的原则隐而不露！

1[71]

——在世人中间，道德一直以来都被视为世上现存的最严肃的东西：这一点已经使道德论者得益匪浅了，在诸神中间——而且也许也在人类中间——等着道德论者的并不是一场小小的哄笑：人们决不能不受惩罚地长时间忍受一位师傅的威严。"教训"人类、"改良"人类——这样一个意图的僭妄

1[72]

人这只猫总是一再归咎于它自己的四条腿,我愿说,总是一再归咎于它的一条腿,即"自我"(Ich),这一事实只不过是它生理上的"统一性"——更正确地讲,"统一过程"——的一个征兆:并不是信仰一种"心灵统一性"的根据。

1[73]

道德乃是情绪学说的一部分:情绪达到此在(Dasein)之心脏有多深远呢?

1[74]

倘若竟有一种"自在",那么,什么是一种思想的"自在"呢?

1[75]

思想乃是情绪游戏和斗争的标志:它们始终与情绪的隐蔽根源联系在一起

1[76]

对于一个行动,谁若根据它赖以发生的意图来衡量它的价值,那就是指有意识的意图了;但在所有行动中,存在着往往无意识的意图;而且,作为"意志"和"目的"显突出来的东西,是可以作多重解释的,本身只是一个征兆而已。"一个未曾表达的、不可表达的意图"乃是一种解释,一种可能错误的阐释;此外就是任意的简化

和伪造,等等

1[77]

对快乐的预计,作为某个行动的可能后果的快乐,以及与一项活动本身相联系的快乐,作为一种被束缚和被积压的力量的释放:把这两种快乐区分开来,这已经花了何等功夫啊! 这真是可笑! 恰如人们把生活的安逸——与福乐(Seligkeit)当作道德上的醉态和自我崇拜而混为一谈。

1[78]

与人类认识一道,道德也已经精细化了

a)取代罪恶(作为对上帝的违犯)——

"对我自身的不公"

b)取代对神奇帮助的祈祷和要求——

c)取代对作为赏与罚的体验的解释——

d)取代对形形色色的困厄、不安和冲突的敌意——

e)取代基督徒的强求的、等量齐观的博爱——

1[79]

关于自己作品的价值的极大坦诚和信念起不了什么影响:同样地,对自己作品的价值的怀疑和低估也触动不了什么。所有行动的情形亦然:无论我觉得自己怀着某个意图是多少道德,本身都〈没有〉因此解决这个意图的价值问题,更没有解决行动的价值问题。一个行动的整个来历必须是已知的,而且不光是其中得到意识的小片断（所谓的意图）。但这样一来，恰恰就要求绝对的认识了——

31 1[80]

  一种对道德的人的克服何以是可能的：
  我们不再根据一种行动的结果来衡量它的价值
  我们不再根据一种行动的意图来衡量它的价值

1[81]

  我们愈少祈祷，愈少把双手伸向上方，我们有朝一日将愈加没有必要诽谤和诋毁，把我们身上的某些欲望当作敌人来对待；还有，我们的权力，那种逼使我们去摧毁人类和制度的权力，同样也可能这样做，而我们本身并没有就此陷入愤怒和厌恶的情绪之中：以神性的眼睛，不受干扰地进行消灭！消灭那些自我感觉良好的人，干吧！此乃 experimentum crucis[决定性的实验]。

1[82]

善恶的彼岸

  一种克服道德的尝试。

  弗里德里希·尼采著。

1[83]

宗教的解释被克服了。

道德属于情绪学说(只不过是驯服情绪的一个手段,而其他东西应当得到培育而壮大。

1[84]

对道德的克服。

迄今为止人类一直忧心忡忡地保存自己,其做法就是恶意地对待、诋毁对他来说最危险的欲望,并且同样地在对他有保存作用的 servil[奴性]面前竭尽奉承之能事。

赢得新的权力和区域

　　　　　　　a) 求非真理的意志
　　　　　　　b) 求残暴的意志
　　　　　　　c) 求快感的意志
　　　　　　　d) 求权力的意志①

1[85]

既然已经准备了对外部世界的理解和传达,理智和感官就必定是表层的。

逻辑的完全空洞性——

---

① 或径直译为"权力意志"。——译注

1[86]

分工、记忆、操练、习惯、本能、遗传、能力、力量——所有这些词语,我们靠它们是说明不了什么的,但也许可以用来标记和暗示。

1[87]

"自我"(Ich)(它与对我们的本质的统一管理并不是一体的!)其实只不过是一种抽象的综合——也就是说,根本就没有什么基于"利己主义"的行动

1[88]

——人们说,某种对快乐的有意识或者无意识的预计,也即对人们通过某个行为而获得的快乐的预计(或者是在行为中,或者是在行为之后),其实就是行为的原因。这种说法乃是一种假设!!!

1[89]

我们属于世界的特性,这是毫无疑问的!除了通过我们自己,我们没有达到世界的通道:我们身上的一切高级和低级之物,都必须被理解为必然地归属于世界的本质!

1[90]

请注意!我们要诚实地承认我们的爱好和反感,并且要阻止自己根据道德的色彩盆来给它们涂脂抹粉。多么确定地,我们将不再

把我们的困境解释为我们"与上帝和魔鬼的斗争"！让我们采取自然主义的态度,甚至也给我们必须与之斗争的东西以一种正当的权利,在我们身上或者在我们之外！

1[91]

通过分工,感官知觉与思维和判断差不多已经分离开来了:而在早先,思维和判断是包含在感官知觉之中的,不是分离的。更早先的时候,欲望与感官知觉必定是一体的。

1[92]

一切斗争——一切发生事件皆是斗争——都需要**延续**。我们所谓的"原因"和"结果"放过了斗争,因而并不与事件相符合。一贯的做法是,否定原因和结果中的时间。

1[93]

抛弃我们身上的某些迷信吧,就以往哲学家来说一直通行的那些迷信

1[94]

新启蒙

一种未来哲学的序曲。

弗里德里希·尼采著。

1[95]

自由的精神与其他哲学家。
善与恶的彼岸。

1[96]

道德论者的道德。

1[97]

关于原因与征兆的混淆

快乐与不快乃是一切价值判断的最古老征兆:而不是价值判断的原因!

也就是说:与道德判断和审美判断一样,快乐与不快也归属于同一个范畴。

1[98]

话依然是:人们要相信,也包括由此得到描述的概念!

1[99]

我们缺乏许多概念来表达关系:多么迅速地,我们与"主与仆"、"父与子"等等断绝了关系!

1[100]

基本误解:一个人根据自身来解释每一个他者;因而造成对某

种更高行为所独具的德性和情绪的误解。即使同一个人在某个低微之际回顾自己的节日高潮时期,他也会错误地理解自己。"自我贬抑"、"屈从"

1[101]

呵,你们可认识到那种无声的温柔,凶恶和可怕之人就是凭着这种温柔沉湎于那些时刻,他一度——或者依然——"不一样"的那些时刻!没有人能看到德性是如此诱人,就像女人和孩子。

1[102]

在最纯粹的源泉中,一滴脏水足矣——

1[103]

想要朝着一种祈祷伸展的手,准备叹息的嘴——在这里,自由精神有其克制,但也有其积聚。终有一天,这个堤坝会被洪水冲垮——

1[104]

许多更高贵者想要面对自己情绪的宁静、平和——他们追求客观性、中立性,他们只能满足于成为旁观者,——而且是作为挑剔的旁观者,带有一种好奇的和故意的优越感。

其他人想要的是对外界的宁静、生活的毫无危险,——他们想不受妒忌、不受攻击——而且宁愿给予"每个人以自己的权利"——美其名曰"公正"和博爱,等等。

关于章节:"德性之为伪装。"

1[105]

一切专门化过程中出现的损失:综合的人物乃是更高级的。现在,一切有机生命都已然是一种专门化;隐藏的无机世界是力量的最大综合,因此是最高级的和最值得尊重的东西。——谬误、透视的狭隘性在此是没有的。

1[106]

艺术家:激情的、感性的、幼稚的,一方面过于怀疑,一方面又过于轻信

1[107]

——你是不是这样一个人:作为思想家忠实于自己的定律,不像一个诡辩者,而像一个战士忠于命令?不光是有对人格的不忠。

1[108]

——对一个人的同情,这个人有足够的幸福和勇气,能够越位和旁观,犹如伊壁鸠鲁派的神。

1[109]

镜子。

受禁知识的哲学。

弗里德里希·尼采著。

1[110]

上帝被驳倒了,魔鬼没有被驳倒。敏锐和怀疑的眼睛善于深入隐秘深处;对这种眼睛来说,发生之事的景观既不是真诚性的标志,也不是慈父般的关照或者优越理性的标志;既不是某种高贵的东西,也不是某种纯粹的和天真的东西。

1[111]

北方的非自然性:一切都蒙上银色的雾之后,人们必定只有通过艺术的方式才能获得快感,艺术在那里成了一种对自身的逃避。啊,这种苍白的快乐,这种投在一切快乐之上的十月之光!

北方的艺术性①

1[112]

诱惑者。

弗里德里希·尼采著。

1[113]

我们的批判哲学家们的和善,他们没有发觉,怀疑———:他

---

① 此处"艺术性"(Künstlichkeit)或可译"人工性"。——译注

们以为,如果人们在应用工具之前首先要检查工具,亦即认识能力———。这比人们在想使用火柴之前先要检查火柴的做法还更糟糕。就是说火柴想检查自己是否点得着

1[114]

一切发生事件的无条件的必然性并不含有任何强制性:此种强制性高居于那种已经彻底觉悟和领会的认识中。从其信仰中是得不出任何宽恕和原谅的——我会划掉一个被我写坏了的句子,尽我对那种必然性的认识,而我正是藉着这种必然性写坏了这个句子,因为有一辆破车的噪音扰乱了我——同样地,我也会划掉行动,也许会把人划掉,因为他们被弄坏了。"把握一切"——这意思就是扬弃一切透视性关系,这意思就是无所把握,错认了认识者的本质。

1[115]

一切发生事件(Geschehen)的解释性特征。

并没有自在的事件(Ereigniß an sich)。发生的东西,就是由某个解释者所挑选和概括的一组现象。

1[116]

恐惧已经被进一步培养为荣誉感了,妒忌成了合理公道("公平待人",乃至于"权利平等"),孤独者和受危害者的纠缠不休成了忠诚,———

1[117]

精神的笨拙（在它一度陷入其中的地方得以自我确定），不思改变的舒适懒散，对某种权力和服务乐趣的甘心屈服，对思想、愿望的湿热孵化——这一切都是德国式的——忠诚和虔信的起源。

1[118]

当权力再也不足以掌握已经据为己有的占有物时，细胞原生质就会一分为二：生育乃是一种昏聩无力的结果。

男人的精子出于饥饿寻找女人的卵子并且溶入其中，这时生育就是一种饥饿的结果。

1[119]

完全平等的过程却是对此过程的更高解释！！机械论上的力的千篇一律状态，却竟是权力感的提高！"第二次"——但其实并没有什么"第二次"。

内在权力感的绝对无作用性之为因果性，———

1[120]

同一个文本可以有无数种解释：没有什么"正确的"解释。

1[121]

快乐的科学（**Gai saber**）。
一种未来哲学的序曲。

1. 自由精神与其他哲学家。
2. 世界解释,而不是世界说明。①
3. 善恶的彼岸。
4. 镜子。欧洲人自我反映的时机。
5. 未来哲学家。

1[122]

克服情绪?——不,如果这应当意味着削弱和消灭情绪的话。相反,是要利用情绪:这可能也包括,长期压制情绪(不只是作为个体,而是作为团体、种族等等)。最后,人们要重新给予情绪一种充满信心的自由:情绪热爱我们犹如好使的仆人,并且自愿走向我们的精华之所至。

1[123]

意大利那不勒斯流浪汉的幸福和自足,或者"美好心灵"的"福乐",或者基督教黑恩胡特派②虔信教徒的肺结核病人式的爱,就人类的等级制来说它们都证明不了什么。作为伟大的教育家,人们必须无情地把这种"福乐之人"的种类打入不幸的深渊:缩小、松懈的危险立即就出现了:反对斯宾诺莎主义的或者伊壁鸠鲁主义的幸福,反对沉思状态方面的一切松懈。而现在,如果德

---

① 此处有"解释"(Auslegung)与"说明"(Erklärung)之区分。此题后为解释学哲学家们进一步深化。——译注

② 黑恩胡特派(Herrnhuter):基督教胡斯派之派别摩拉维亚兄弟会的支派,因摩拉维亚的黑恩胡特村而得名。——译注

性是达到这样一种幸福的手段,那么,人们就必须也成为德性的
主宰

1[124]

透视性的领域和谬误是如何形成的呢?那是因为——借助于某个有机体——并非某个生物,而是斗争本身意愿保存自己,意愿增长并且意愿意识到自身。

我们称之为"意识"和"精神"的东西,只不过是一个手段和工具,借助于〈后者〉,并非某个主体,而是一种斗争意愿保存自己。

人是一个标志,表明何种巨大的力量能够被发动起来,通过某个渺小的生物而具有多样的内容(或者,通过一种长期的斗争而集中到许多渺小的生物上)

与星辰游戏的生物

1[125]

——"它是这样那样的"这样一种信仰,必须转变为这样一种意志,即"它应当成为这样〈那样〉的"。

1[126]

——通向神圣者的道路。"权力意志"的推论。

1[127]

——必定有这样一些人,他们把一切日常事务都神圣化,不光是吃喝:而且也不光是在对它们的记忆中,或者在与它们的一体化

过程中,而总是重新以全新的方式使这个世界美化。

1[128]

——有机体的本质要素乃是一种关于发生事件的新解释,是透视性的内在多样性,后者本身就是一个发生事件。

1[129]

——圣徒乃最强大的人(通过自我克制和自由、忠诚等等

1[130]

——否认功劳,而去做超越一切赞扬、实即超越一切理解的事情

1[131]

权力意志。

1[132]

——一个伟人,他感到有权利牺牲人类,犹如一个统帅牺牲人类;并不是为某个"理念"效力,而是因为他要统治。

1[133]

——越来越不需要体力了:凭着聪明,人们让机器劳动,人类变得更强大和更有才智了。

1[134]

——为什么我们今天必须时而粗鲁地讲话、粗鲁地行动。某种精细而静默的东西不再被人们所理解了,甚至不再为与我们亲近的人们所理解。凡人们没有高谈和叫喊的,就是并不在此存在的东西:痛苦、匮乏、使命、长久的责任和伟大的克制力——没有人能对此有所觉察。喜悦被视为缺乏深度的标志:它可能是太过严厉的紧张之后的极乐,有谁知道这个呢?——人们与戏子们打交道,竭力强制自己,为的是在这种时候也有所尊重。可是没有人懂得,与戏子打交道对我来说是多么艰难和痛苦。抑或是与一种冷漠的享乐主义者打交道,后者有充足的精神去——

1[135]

——我把它看作德国人的市侩气和懒散气:不过,这样一种放任自己(Sich-gehen-lassen)乃是欧洲的和"当今的",不光是在道德和艺术上。

1[136]

——不可以从探究的好奇和热心中搞出一种德性,一种"求真理的意志"。波尔-罗雅尔①的学究们知道这一点,并且更拘泥于此。但我们却已经让我们的所有癖好疯长,然后也想为此找到一

---

① 波尔-罗雅尔(Port-Royal):法国凡尔赛寺院名,始建于1204年,原为女修道院,后为天主教参孙派学者的学术中心,以研究古典著名,这些学者被称为波尔-罗雅尔派。——译注

个美好的德性名称。然而，德性属于更强壮和更恶劣的时代的产物：它是贵族们的特权。

1[137]

我对最无可争辩的道德事物感到惊异——而其他哲学家，如叔本华，只是在道德"奇迹"面前停滞不前了。

1[138]

纷争与对话

1[139]

当艺术家不再对自身有敬畏之心时，他们就开始赏识和高估自己的作品了。他们对荣誉的强烈要求常常掩盖了一个可悲的奥秘。

作品并不属于他们的规则，他们把作品感受为自己的特权。① ——

也许他们也想要让他们的作品为自己说情，也许是其他人使他们弄错了自己。最后：也许他们想要自身之中的噪声，为的是不再"听到"自身。

1[140]

"当上帝赐予我苦难时，他要的是我的精华"。——把它解释

---

① 尼采此说极高明，道出了后尼采的现代艺术之要义。——译注

为你的精华,这全然取决于你:即便在虔信的人那里,它也并不意味着更多的东西。

1[141]

    肯定与否定的彼岸。

    对可疑者而言的
    问题和问号。

1[142]

  我们与其说知道,倒不如说是承认:瓦〈格纳〉是可怜巴巴的,他难得产生一个想法,他本身多半对一个想法的出现感到害怕、着迷、震惊,而且过于长久地、不厌其烦地抚摩和打扮这种思想奇观。他太受欢迎了,不晓得富人们那种冰冷的平易近人,更不晓得富人们那种温柔的厌恶,那些一味赠予的人们的困倦——类似于莫扎特,类似于罗西尼[①]:唯有大量的泉水在喷涌和欢舞。

1[143]

    "我们这些幸福的蜥蜴"。
    一个感恩者的思想。

[①] 罗西尼(Gioacchino Antonio Rossini,1792-1868):意大利歌剧作曲家。主要作品有喜歌剧《塞维利亚的理发师》、大歌剧《威廉·退尔》、合唱曲《庄严弥撒》等。——译注

44 1[144]

最后的德性。
道德论者的一种道德

1[145]

——这最后的德性,我们的德性,就是:正派。在其他所有部件中,我们只不过是继承人,也许是挥霍者,即并非由我们收集和堆积起来的德性的继承人和挥霍者

1[146]

一个道德论者:我把它理解为我们的问题和反驳:是不是向来已经有这样一种真正的道〈德论者〉呢?——也许没有,也许有;无论如何,从现在起,还只不过可以有此种道〈德论者〉了。

1[147]

我的朋友啊,避开无聊之物吧,避开阴天吧,避开蹒跚的蠢妇吧,避开品行端正的女人吧,避开那些写字和"摆弄"书本的老处女吧——难道生命不是过于短促,又怎能闷闷不乐?

1[148]

"世界作为意志和表象"①——回译成紧凑和个人化的表达,回译成叔本华的表达,就是:"世界作为性欲和沉思"。

---

① 叔本华代表作之书名。——译注

1[149]

德意志帝国远离于我，而且对我来说没有任何理由，让我对一个如此远离的东西采取友好或者敌意的态度。

1[150]

迄今为止，我们一直都是那么殷勤地对待女人的。哎呀，可现在到了这样一个时代，人们为了能与一个女人交往，必须首先揍她一巴掌。

1[151]

通向神圣者的道路。
什么是强大的精神？
关于群盲之道德

1[152]

新危险与新安全
一本为强大精神而写的书。

1[153]

请注意！反对雅利安血统和闪米特血统。①
种族混杂之处，乃伟大文化的源泉。

---

① 原文为：Gegen Arisch und Semitisch，其中 Arisch 和 Semitisch 为形容词化的名词，即"雅利安人的"和"闪米特人的"。——译注

1[154]

　　　　　什么是高贵的？
　　　　　关于等级的思考。

1[155]

我们倒是指望什么呢？不就是指望宣谕者的巨大噪声和喇叭的巨大噪声吗？喧闹的鸣响中包含着何种幸福啊！有一种令人窒息的寂静：我们已经谛听得太久。

1[156]

谁要发送至大的礼品，就得寻求那些懂得领受的人们——也许他是徒劳地寻求？他终将抛弃自己的礼品吗？诸如此类的东西属于隐秘的历史和最丰富心灵的绝望：这也许是世间一切不幸事件中最不可理解和最令人伤感的。

1[157]

道德判断，只要它用概念来表达自己，就会显得狭隘、笨拙、可怜、几近可笑，与之相比的是这种判断的精致，只要它是在行动、选择、拒绝、颤栗、爱情、犹豫、怀疑中表达自己，在人与人的各种接触中表达自己。

1[158]

在今天，德国老实巴交的平庸之辈听到他们的勃拉姆斯音乐时感到多么愉快,也就是感到多么亲切——:就像那些具有巴黎气息的机敏而不安的轻浮之徒,在今天用一种肉麻的溜须拍马功夫围着他们的勒南①东嗅西闻——

1[159]

上升中的君主价值!

1[160]

所有党派都是多么背信弃义啊!——它们要揭露自己的领袖,而它们所揭露的东西,兴许正是它们原先用高超的技巧掩盖起来的

1[161]

对于被自己视为"肤浅"的东西,也许人人都有自己的尺度:好吧,我就有自己的尺度——那是一种供我自己使用的粗糙而幼稚的尺度,它让我感到多么称手——尽管其他人有权拥有更为敏感、更为精细的工具!

在我看来,谁若把痛苦当作反对生命的论据来感受,那就是浅薄的,我们的悲观主义者们就是这样;在幸福中见出一种目标的人亦然。

---

① 勒南(Ernest Renan,1823-1892):法国哲学家、历史学家。主要著作有《基督教起源史》,其中第一卷《耶稣生平》最著名。——译注

1[162]

　　　　　　放荡的心灵。——

　　我看到了他：至少是他的眼睛——时而深邃又沉静、时而碧绿又淫荡的蜂蜜般的眼睛

　　他那安静的微笑，

　　天空血腥而残酷地注视

　　　　　　放荡的女人心灵

　　我看到了他，他那平静的微笑，他那蜂蜜般的眼睛，时而深邃而含蓄，时而碧绿而淫荡，一个战栗的表面，

　　淫荡的、困倦的、战栗的、迟疑的，

　　波浪涌入他的眼睛

1[163]

　　1. 海盗中间的凯撒
　　2. 在桥边
　　3. 婚礼。——而且突然间，天空阴沉下来
　　4. 阿里阿德涅①。

1[164]

　　这种音乐——倒是狄奥尼索斯的？

---

① 阿里阿德涅(Ariadne)：希腊神话中克里特王米诺斯的女儿，据说她用小线团帮助情人忒修斯逃出迷宫。——译注

舞蹈?

喜悦? 诱惑者?

宗教的洪流?

在柏拉图枕头下的阿里〈斯托芬〉①?

1[165]

我们的吟游诗人以及欺诈葬礼上的人〈们〉——他们是女巫的近亲,他们有自己的山头

1[166]

神秘的自然,被恶习玷污了的,冒着泡沫

1[167]

善良而纯洁的源泉,它再也对付不了落入其中的一丁点儿垃圾,直到它最后彻底发黄流毒:——堕落的天使

1[168]

"我们非道德论者"。

1[169]

"如果你得救了,你就会知道你之所为;但如果你不知道,你就

---

① 阿里斯托芬(Aristophanes,约前446-前385):古希腊喜剧作家。被称为"喜剧之父"。现存作品《阿卡奈人》、《骑士》等11部。——译注

得服从律法,服从律法的惩罚"。

拿撒勒的耶稣。

1[170]

勤劳,作为一个不高贵的人之种类的标志(所以不言而喻地,该种类还是一种值得珍视的和必不可少的人——蠢驴的注脚),在我们这个时代里或许会———

1[171]

与拉伯雷①相比,与那种放纵的感官力量相比,后者的标志就是,———

1[172]

没有手的拉斐尔

文化的寺庵和隐居之所

这种音乐是不真诚的

"尽可能不要国家"——那些反国家的势力

对已经以"客观冷静"、"沉思冥想"为最高状态的人来说,比如对叔本华来说——他知道得还不够

寻找一种不折不挠的质朴的利己主义时的幸福

德国人的伪善啊!把老妇描写为他们的责任感的分泌物——

---

① 拉伯雷(Francois Rabelais,约 1494-1553):法国作家,人文主义者。著有长篇小说《巨人传》等。——译注

我亲耳听到过这个说法。

丑陋少女的叫喊和涂鸦——女人不断衰退的影响。

新式梅留辛茸毛毡呢

尽可能多的军事书籍,被射伤的国王们——野营的匮乏,没有门窗、上膛的左轮手枪

"任何行动的原因都是一种意识行为",一种知识!因此恶劣的行动只不过是谬误,等等。

著名的话"宽恕他们吧",一般化的说法是"理解一切吧"——肤浅的说辞

"伟大的模棱两可者和诱惑者"

1[173]

一个冰冷的可恶的湖,其中泛不起任何欣喜的涟漪

1[174]

在我的同类中间还没有一个时刻,在每一种行为和事务上,都使"你必须要做点别的"这条隐秘的蠕虫构成内心的压抑,那是一条折磨小孩、蠢妇、侏儒的蠕虫

——在它周围只有这样一些人,即它既不能报复、也不能劝导的那些人———

1[175]

娇生惯养的良知

1[176]

小小的痛苦（Wehsal）

1[177]

关于一个伟人。

后人说他："从此以后爬得越来越高了"。——但他们丝毫理解不了这种上升的苦难：一个伟人受伤害、受打压、受排挤、受折磨而升到他的高位。

1[178]

正如我所理解的，这乃是种族问题：因为在关于雅利安人的粗俗废话中———

1[179]

平庸的耶稣教会，力求折断或者削弱异乎寻常的和紧张好奇的人，犹如折断一张对它构成危险的弓，其手段就是同情和舒适的帮忙，差不多就是通过对其必然之孤独的毒化以及对其信仰的隐蔽玷污——：当耶稣教会能够说"他终于成了我们中的一员"时，它就胜利了；这个嗜权的耶稣教会，它就是整个民主运动的推动力，往往远离于政治和营养问题———

1[180]

莫扎特，德国巴罗克之花——

1[181]

灵感。——

1[182]

这是难以得到理解的。对于力求某种精细解释的善良意志，人们要打心眼里表示感谢：在称心的好日子里，人们甚至不再要求解释了。人们应当给予自己的朋友们一个充裕的误解空间。在我看来，被人误解要胜过得不到理解：某种具有伤害作用的东西就在于被人理解。要被人理解吗？你们知道这意味着什么吗？——理解即是敉平。①

被人误解胜于得不到理解：对于得不到理解，人们总是漠然处之，而漠然之冷是伤人的。

1[183]

呵，这就是大海：而这只鸟应当在此筑窝吗？

在那些日子里，大海变得风平浪静而且———

1[184]

论精神的贪婪：在那里，犹如在吝啬鬼那里，手段成了目的。贪得无厌

人们今天喜爱一切宿命论的非凡惊人：对精神亦然。

---

① 此句原文为法文：Comprendre c'est égaler。——译注

1[185]

精神的培育。

关于精神良知的想法。

精神的贪得无厌：——精神的非凡惊人、宿命、夜游、冷酷无情、野性和狡诈。

1[186]

学者。
什么是真理。
论精神的放纵。
我们艺术中的蛊惑因素。
主人道德与奴隶道德。
道德与生理学。
虔敬。
论自由精神的历史。
我们非道德论者。
高贵的心灵。
面具。

1[187]

1.什么是真理？

2.论学者的自然史。

3.面具。

4.论高贵的心灵。

5.我们非道德论者。

6.群盲道德。

7.论艺术中的蛊惑因素。

8.虔敬。

9.善良的欧洲人。

10.未来哲学。怀疑论者。自由精神。强大精神。诱惑者。狄奥尼索斯。

1[188]

第一个主要章节：
我们的勇气

第二个主要章节：
我们的同情

第三个主要章节：
我们的见识

第四个主要章节：
我们的孤独。

1[189]

　　1.道德与认识。
　　2.道德与宗教。
　　3.道德与艺术。
　　4."我们欧洲人"。
　　5.什么是高贵的？
　　灵感

1[190]

在已经摆脱了宗教的人们中间，我发现有多种多样的人。其中有毫无节制者，他们已经为自己的感官所说服（因为他们的感官再也受不了宗教理想的强制和谴责了）——而且他们习惯于把理性、趣味当作自己的代言人来加以利用，就仿佛他们知道自己再也受不了宗教的非理性和乏味似的：——这种人所特有的是反宗教的仇恨、狠毒之心以及阴险的讪笑，但同样地在好好隐瞒起来的时刻——还有一种渴慕的羞愧，一种内心对被否定了的理想的卑躬屈膝。通过感性生活疏远于教会之后，他们在重新回到教会时就崇拜非感性化的理想，把它当作这种唯一的宗教上的"自在理想"（Ideal an sich）：——大量严重谬误的一个源泉。

其中也有更富于才智的、更缺乏感受力的、更枯燥乏味的，也更认真的人们，他们从骨子里根本就无能于信仰一种理想，更善于在精细的否定和挑剔的解决中找到他们最大的力量和自尊：他们已经解脱了，因为他们身上没有能够牢牢维系的东西；他们之所以能解脱,是因为———

  阶段——
  丧失、荒凉,包括一种不忠、忘恩负义、解脱的感受,一切都被一种不容改变的、严厉的确信压倒了
  充满敬畏的宽容感和一种美好的严肃感(怀着对人〈性〉宗教的伟大宽容)
  对于一切宗教的优越而善意的喜悦之感,伴以一种对精神良知的肮脏的轻率蔑视,后者总是还允许许多人去笃信宗教,或者允许一种难以隐瞒的惊奇,即:"信仰"是可能的

1[191]

  请注意!说到底,一个希腊城邦的整体倒是比某个个体更有价值!它只是没有被保存下来!——多么确定地,身体比无论哪个器官都更有价值。学会服从,在身体上千锤百炼,完成至高事业!

1[192]

  洗得更干净,穿得更整洁之后,卓越的体操运动员封住了不牢靠的嘴,使自己养成沉默的习惯,也养成在性欲(Venere)方面的几分自控(而不是像人们司空见惯的那样从小就乱搞一气):我们会看到他们立即就在这个方面"被欧洲化"了

1[193]

  我喜欢年少的食肉动物那漂亮的顽皮劲儿,它优美地玩耍,并

且通过玩耍而把东西撕个粉碎

1[194]

　　现代悲观主义乃是现代世界——而不是世界和此在——的徒劳无用状态的一个表达。

1[195]

　　我越来越觉得,我们并不浅薄,并没有足够的好心肠,不足以为这个边陲的容克祖国助一臂之力,并且赞同它那恶狠狠的愚昧口号:"德国,德国,高于一切"。

1[196]

　　——我们必须已然下降到最后的瓦格纳及其拜罗伊特报刊的水平,才能应付一个类似的由骄横、暧昧和德意志狂构成的泥潭,正如那些对德〈意志〉民〈族〉的讲话表现出来的那样。

1[197]

　　有一天,不知道怎么回事,老浪漫主义者倒下了,展开四肢躺在十字架前:这也是理查德·瓦格纳碰到的事情。一道来观看这样一个人的蜕化变质,这是我所经历过的最痛苦的事情之一:——人们在德〈国〉并没有对此感到痛苦,这对我来说构成一个强大的推动力,使我愈加怀疑那种如今在德〈国〉占上风的精神。

1[198]

扑埃叽莱哩,巴叽哩(Buatschleli batscheli)
　　当,当,当(bim bim bim)
扑埃叽哩,巴叽莱哩(Buatscheli batschleli)
　　当(bim)!①

1[199]

用自己的拥抱抓住幸福,把它勒死、扼杀、消灭掉:——此类体验的忧伤——不然它会逃遁和溜走吗?

1[200]

人们能坚持多少真理?
人们能承担多少责任?
人们能担当多少照料和保护?
简朴性——还有,艺术家五彩缤纷的趣味透露了什么呢?

1[201]

中产阶级的道德

1[202]

存在着某种根本不可教的东西:一块由 fatum[命运]、由尺度

---

① 此段文字为拟音词,未知作者在此玩何种游戏。参照前编注,疑为尼采"酒后胡言"。——译注

方面以及在与我们的关系方面预先确定了的决定所构成的花岗岩,同样地还有一种对于特定问题的权利,一种深深的烙印,即把特定问题烙印到我们的名字上面。

适应的努力、孤寂的痛苦、对某个集体的要求:在一位思想家那里,这些东西可能如此这般表现出来,即他在自己的个案中恰恰减掉了最个人性的和最富有价值的东西,而且通过一般化也把这种东西公共化了。如此一来,一位引人注目的人物的完全表达出来的哲学,就可能并不真的是他自己的哲学,恰恰倒是他的环境,他作为人悖离于这个环境,是反典型的。在何种意义上谦逊、无畏"我在"(Ich bin)的缺失,对一位思想家来说会变成灾难性的。"典型比个案和特例更为有趣":就此而言,趣味的科学性就可能使某人不能独立具有必要的关注和谨慎。而最后:风格、文学、话语的抛掷——这一切对最个人性的东西造成何种歪曲和腐败呵!书写中的猜疑、好手笔的虚荣暴行:后者肯定是一件社会制服,并且同样也把我们掩盖起来了。这种趣味与独创性为敌!一个老旧的故事。

有所传达的风格:以及仅仅作为标志的风格,"in memorian"〔作为纪念〕。僵死的风格是一场化装舞会;在别处则是活生生的风格。非个人化。

1[203]

对一个敌人,最好的对付手段就是第二个敌人:因为一个敌人———

1[204]

在我身上太多了,从何时起? 差不多从儿时起。我的语文学只不过是一种贪婪地一把抓住的疵点(Echappade)而已:我不能错误地以为莱比锡的日记讲得太清楚了。——而且没有同伴!——信赖方面的轻浮吗? 不过,一位隐居者总是已经积累了太多信赖方面的储备,当然同样也储备了太多怀疑。

1[205]

对宗教的最深误解,"恶人无宗教"。

1[206]

俄罗斯音乐:何以会到此地步———

1[207]

我把他置入其中的那个环境的极端纯洁性,而且我获准把事物———

1[208]

对于身〈体〉的痛苦,我变得更无抵抗能力了:而且,如果现在日子随着老病发作一起到来,这种痛苦就立即转变为一种无可比拟的心灵折磨

1〔209〕

有人说他的作品也失去了其天性的崇高和善意:背后是贫瘠或者烂泥一堆。——

1〔210〕

问心无愧和健康幸福如何脱离了那些深重的难题!

1〔211〕

善与恶的彼岸:诸如此类的东西令人费心。我就像在把它翻译成一门外语,我并非总是有把握找到意义。一切都有点过于粗笨,不能让我中意。

1〔212〕

想到棕色、黄色、绿色相间的朱地毯

1〔213〕

我们早起者,我们根据———

1〔214〕

对立面,存在着令人作呕的真理,materia peccans〔病态材料〕,那是人们绝对要摆脱的:人们通过传达它来摆脱它。

1〔215〕

带着讽刺的悲哀来注意群众的困厄:他们想要的就是某种我

们能够做到的东西——啊!

1[216]

我从未亵渎爱这个神圣名称。

1[217]

睡醒了的力量

1[218]

真正就其冷静客观来说,就其明快的整体主义来说,他是错误的,情绪上做作的,个体把握方面不自然的和狡诈的,甚至在感官上也是如此

1[219]

请注意!在生命力的衰退中,人们如何下降到沉思冥想和客观冷静的地步:一位诗人能感受这一点(圣伯夫①)。

1[220]

在路〈易〉十四②时代里的人和社会所获得的惊人享受,使得自然中的人感到无聊和萎靡。最痛苦的乃是荒芜的自然,崇山峻岭。

---

① 圣伯夫(Charles Augustin Sainte-Beuve,1804-1869):一译"圣佩韦",法国作家、评论家。著有《维克多·雨果的〈短歌和歌谣集〉》、《波尔-罗雅尔修道院史》等。——译注

② 路易十四(Ludwig XIV,法文名作 Louis XIV,1638-1715):路易十三之子,法国国王,1643-1715年在位。——译注

矫揉造作者想把精神，至少是把法国人讲的精神（esprit）带入爱之中。精神方面的巨人享受的标志（敏锐的、与众不同的精神，就像波斯战争时代）

最不自然的形式（龙沙①，甚至斯堪的纳维亚人）在十分生猛有力的感性人物那里造成了极大的快乐：那就是他们的自我克制。包括最不自然的道德。

我们的人们想要坚定而宿命地成为幻想的摧毁者——虚弱而温柔的人们的欲望，他们喜欢无定形、野蛮、摧毁形式的东西（例如"无限的"曲调——德国音乐家的狡诈）。悲观主义和野蛮粗暴乃是我们的矫揉造作者的兴奋剂。

1［221］

喀提林②——一个堪与凯撒比肩的浪漫主义者，modo celer modo lentus ingressus［有时来得快，有时来得慢］

1［222］

凭良心行动的权利只有在大规模的专制政体中才是有益的和可能的——毁灭之征兆

---

① 龙沙（Pierre de Ronsard,1524－1585）：法国诗人，七星诗社主要代表。著有《短歌行》《赞歌集》等。——译注
② 喀提林（Lucius Sergius Catilina,前108－前62）：古罗马"喀提林事件"的首领。曾任大法官和非洲行省总督等。公元前63年喀提林谋反夺权，执政官西塞罗发表反"喀提林阴谋"演说并施以镇压，喀提林在激战中被杀。——译注

1[223]

请注意!最后的德性。

我们是德性的挥霍者,这些德性是我们的祖先们积累起来的,而且——多亏了他们——就他们长久的严格和节约来看(尽管这是很久以前的事了),我们却〈装出〉富有而傲慢的后代的样子。

1[224]

阴沉地或者放纵地,一种精神在它想出来的一切东西中,把复仇看作它已经做过的某件事(或者看作它没有做过的某件事)——它不无残暴地理解幸福

1[225]

这里是半岛汇入大海的地方

1[226]

谁若不以观看蠢货跳舞为乐,他就不能读德文书。我刚刚在看一个德国蠢货跳舞:欧根·杜林①,他遵循的是无政府主义者的座右铭:"ni dieu ni maître"[既没有神也没有主人]。

1[227]

就多数人来说,他们的聪明就是他们所拥有的最纯真的东西,

---

① 欧根·杜林(Karl Eugen Dühring,1833-1921):德国哲学家、经济学家。著有《哲学教程》、《国民经济学及社会经济学教程》等。——译注

到今天也总还如此：只有那些稀罕的人，他们知道，他们感受到，他们是如何在一个正在衰老的文化的苍茫暮色中成长起来的———

1[228]

我不懂门外汉们在理〈查德〉·瓦〈格纳〉那里得到了什么：也许是他激发了他们的浪漫主义情怀，以及所有对于无限之物和浪漫主义神秘玄想的敬畏和欲望——我们音乐家们受到了引诱，已经心醉神迷

1[229]

安静的讲话。　　　海盗中间的凯撒。

太阳沉落的时辰——

为上帝之故爱人类——

为了那些纯真地微笑的人们。

为被误解而感恩——

在金色的栅栏旁。

我们这些幸福的蜥蜴——

在小孩和侏儒中间。

在桥旁。

在古要塞上。

沐浴。

最大的事件——

永远被伪装

otium[空闲、安逸]

贫困、疾病——以及高贵的人

迟缓的眼睛

"它的相似物"——反对亲密

能够沉默

难于和解的、极其气愤的

把一切拘泥迂腐的东西保护起来。

女人。——舞蹈、愚蠢、小首饰匣

诱惑者。

关于血统。

面具。

1[230]

　　　　　安静的歌曲。

1[231]

　　　　　阿里阿德涅。

1[232]

　　　　　等级问题。
　　　　暂时的思想和破折号

　　　　弗里德里希·尼采著。

1[233]

请注意！俗人说：吃一堑，长一智。① ——只要吃亏令人聪明，那么它也使人变坏。可是吃亏多么经常地令人愚蠢啊！

1[234]

一件手艺何以在身心两方面变得畸形了：科学本身亦然，谋生行当亦然，任何一种艺术亦然：——专家是必要的，但属于工具一类。

1[235]

没有管束和界限地来考察一下人，那将是十分有趣的：几乎所有比较高等的人（诸如艺术家）都重新陷入某种屈服之中，或者是屈服于基督教，或者是屈服于祖国。

1[236]

如果这不是一个沉沦和生命力随着大量抑郁日益衰落的时代，那么至少也是一个鲁莽轻率和任意妄为的试验的时代：——而且，大概由于它有大量的失败实验，就形成了一个犹如沉沦的总体印象：也许事情本身就是这样一种沉沦。

---

① 直译为：吃亏令人聪明。——译注

1[237]

等级问题。

培育和培植问题。

请注意！ { 意志的培育。
服从的培育。
命令的培育。
区分的精细。
排除特性的教化。

1[238]

那种支配着每个人所有可能的命运的使命,有着深刻的必然性,而在每个人身上,一种使命变得具体而真实,并且"得以诞生出来"——人生过半,我理解了等级制问题在准备阶段需要什么,方能最后在我心中升起:——正如我不得不经验我〈的〉心灵和我的身体的极其多样的幸福状态和困厄状态,丝毫没有丧失什么,尽情享受一切,从根子上考验一切,把偶然从一切事物中涤除和过滤出去。

1[239]

任何一种曾以某种方式占统治地位的道德,始终都是对人的某个特定类型的培育和培养,前提条件是,这个类型是特别重要的,其实就是唯一重要的,质言之,始终以某个类型为前提。任何一种道德都相信,人们用意图和强制力能够对人作许多改变("改良"):——它总是把对标准类型的接近视为"改良"(对于这件事,它根本就没有别的概念了——)。

1[240]

关于幼稚性。反思还可能成为幼〈稚性〉的一个标志。
"幼稚的利己主义"。

1[241]

"邻人"的幸福本身是更值得追求的,条件是:1)如果幸福是值得追求的;2)如果哪一种幸福是确定的,因为存在着这样的幸福种类,它们作为目标是自相矛盾的和自我阻碍的;3)如果已经有一种人格价值得到了确定,而且"邻人"显然比我拥有更高的价值。——适意而热情的献身之感情(sentiments)等等,必须受到毫不留情的批评;由于其中只有微量的安逸和热情,它们本身并不包含赞成的理由,而只包含一种导致这个后果的诱惑。

1[242]

知人之明:关键是要看某人已经把什么东西把握、感受为"体验"了;多数人需要笨拙而详尽地知道一个事件,无数次地重复,而少数人只需要当头一棒,就能深入事件背后,专心于此,获得一种体验了。

1[243]

德国人对基督教的野蛮化

1[244]

科学作为教育手段。靠自身发动,更多的是一种野蛮,一种野蛮化的手艺

1[245]

Iti vuttakam①
((神圣者)如是说

1[246]

不欺骗

不妥协

蔑视此种模糊性,就像俾斯麦和瓦〈格纳〉一样。

1[247]

人类如何患了上帝病,与这个人疏远了。

---

① Iti vuttakam:佛教经书《如是语经》,即"本事经",为十二部经之一。尼采在此采巴利文 iti vuttakam 之字面含义,解为:"(神圣者)如是说"。——译注

[2. 1885年秋至1886年秋][1]

2[1]

有一种高贵而危险的漫不经心,它提供了一种深刻的推论和洞见:那就是极其丰富的心灵的漫不经心,这种心灵从不刻意谋求朋友,而只知道热情好客,始终只是热情待客,而且精于此道——心和家向每个愿意登门的人敞开,不管你是乞丐还是残疾,抑或皇帝。这是真正的平易近人:谁有了这种品质,就会"朋友"遍地,但也很可能一个朋友都没有。

2[2]

这种壮丽的精神,现在足以很好地防御和拒绝各种侵袭了:——它们因为精神的堡垒和隐秘而对精神发怒,但却好奇地透过精神用于为自己的领地围起篱笆的金色栅栏来进行观看——是这样吗?好奇而又受到诱惑:因为一种不熟悉的暧昧芳香恶毒地向我们吹来,告诉我们关于隐蔽花园和极乐的一些消息。

---

① 相应的手稿编号为:W I 8。——译注

2[3]

我们置身于民族性癫狂症的危险狂欢节之中,所有比较精细敏锐的理性都悄悄躲到一边去了,最粗野的刁民们的虚荣心叫嚷着要特殊生存和专断的权利——在今天,人们如何〈可能〉使波兰人,斯拉夫世界最高贵的天性,维持那些恶化的希望,并且———

有人对我说,德〈国〉在这方面可以说说大话。

2[4]

安静的插话。

为了从《查拉图斯特拉如是说》中恢复过来

献给他的朋友

弗里德里希·尼采著

2[5]

今天在德国人们对于权力问题、对于商业交通状态以及——说到底——对于"好生活"的唯一兴趣,正在兴起的议会胡闹,人人都可以通过阅读报纸以及通过文字写作参与讨论任何事情,人们对一位政治家的赞赏,后者对哲学的了解和看法无异于一个农民和学生联谊会成员,还有,他大胆而肆无忌惮的短命政治相信可以通过一种古代君主主义和基督教的点缀使德国趣味(或者良知——)变得"可以接受"——:凡此种种,皆在阴森可怕而富于魅力的1815年有其根源。那时候,德意志精神的黑夜突然降临,而在此之前,德意志精神有过一个长长的快乐白昼:祖国、国界、乡土、祖先——形形色色的褊狭性都突然开始发挥作用了。当时在高层,突现出来的是反动和惊恐,是对德意志精神的恐惧,而在低层,则是自由主义和革命主义以及全部政治狂热,——人们理解它是理所当然的。从此以后——自从它政治化以后——德国丧失了欧洲精神领袖的地位:而现在又成功地把平庸的英〈格兰人〉、德〈意志人〉———

2[6]

前几个世纪。——

德国只是到17、18世纪才把它最具特性的艺术即音乐带向了高峰:如果说一个间或忧伤的观察者所能做的,只是把19世纪的德国音乐也认作一种绚丽多彩而高深莫测的沉沦形式,那大家就原谅他吧。在这同一个备受诋毁的世纪里,同样在造型艺术中也显示出一种挥霍的欲望和力量:教堂和宫殿里的德意志巴罗克风格,作为直系亲属而属于我们的音乐——它在视觉领域里构成同一个种类的魔力和诱惑,那是我们的音乐对另一个感官所具有的魔力和诱惑。在莱布尼茨与叔本华(生于1788年)之间,德国臆想出了整个奇特观念的领域,在那几个世纪里也都是同样的情况:——而且,包括这种哲学,连同它的陈腐观点和概念蜘蛛网、它的随机应变、它的抑郁、它隐秘的无限性和神秘性,都属于我们的音乐,都是哲学领域里的一种巴罗克。

2[7]

我们所理解的精神——,我们并不与之相类:我们胜过这种精神!

2[8]

尚未成熟而靠不住的东西,总是发出最响亮的叫喊声:因为它还太过经常地跌倒。例如,今天欧洲的"爱国主义"、"祖国之爱",就还只是一个孩子:——人们可不能对爱吵吵闹闹的小孩太过当真了!

2[9]

致我的朋友们。

这本书,它已经意识到要在一个广大的国家和民众范围里找到自己的读者,并且必须懂得某一种甚至能引诱脆弱而又不屈的耳朵的艺术:正是这本书留给了我亲密的朋友们:对他们来说,它看起来是一种恐怖和一个问号,并且在他们与我之间插入了一种长久的疏远。事实上,它所源出的那个状态本身就具有足够的谜团和矛盾:我当时既是十分幸福的,又是十分痛苦的——由于一种伟大的胜利,我通过自身而赢得的胜利,那些常常使人毁灭的致命的胜利。有一天——那是在1876年——我产生了一种突如其来的蔑视和洞见:而且从那时候起,对所有这些美好的愿望,我都无情地不予理会,那原是我青年时代所钟情的愿望

2[10]

对我来说,民族性癫狂和祖国蠢笨气是毫无魅力的:"德国,德国,高于一切",这话在我的耳朵听来是令人痛苦的,根本上是因为我对于德国人有更多的要求和愿望,多于——。在他们第一个政治家的头脑里,古代君主主义和基督教的正派根基是与一种肆无忌惮的短命政治相协调的;这位政治家对哲学的反应并不比一个农民或者学生联谊会成员更多些。这种政治家激发了我嘲弄式的好奇心。在我看来甚至大有裨益的是,存在着某些德国人,他们对德〈意志〉帝〈国〉是漠不关心的:甚至并非作为旁观者,而是作为无视者。那么,他们到底是在朝何方观看?有一些更重要的事物,与之相比这些问题只不过是表面的问题而已:例如,民主主义者的出现和增长,以及由此造成的欧洲的愚昧化,以及欧洲人的缩小。

2[11]

理智的良知。
对更具才智之人的批判尝试。

哲学家。自由精神。艺术家。宗教家。学者。高贵的人。狄奥尼索斯。

2[12]

Inter pares[同类中间]:一个令人陶醉的词语,——对于终生孤单的人来说,它包含着那么多的幸福和不幸;他对付不了隶属于他的任何人,尽管他已经通过多样途径来寻求这一点;在交际中,他必定始终是带有善意而明快的伪装、带有那种被寻求并且经常被找到的同化的人,并且由于太过久长的经验而认得那种逆来顺受的表情,后者被叫做"随和",——间或当然也包括所有被隐瞒的厄运、所有未被窒息的欲望、所有积聚起来而变得野蛮的爱之洪流所具有的那种危险的令人心碎的爆发,——那个时刻的突然癫狂,其时,孤独者拥抱随便哪个人,把他当作朋友和从天而降的最可贵的礼物来对待,为的是在以后某个时刻用厌恶来驱赶他,——从现在起则带着对自身的厌恶,犹如被玷污了,犹如被贬低了,犹如自我异化了,犹如因他自己的社会而得了病——。

2[13]

这是我心中一再重现出来的怀疑,是我心中永不平息的忧虑,是我的无人听懂或者无人能听懂的问题,是我的不只濒临一个深渊的斯芬克司①:——我认为,我们今天错估了我们欧洲人最爱的事物,而且有一个残酷无情的(或者甚至不是残酷无情的,而只是漠然而幼稚的)精灵玩弄我们的心灵和激情,正如它也许已经玩弄过通常存活过和热爱过的一切——:我认为,我们今天在欧洲习惯于当作"人道"、"道德"、"人性"、"同情"、"公正"来尊重的一切东西,虽然作为对某些危险而强大的基本本能的

---

① 斯芬克司(Sphinx):希腊神话中带翼狮身女怪,凡是过路行人猜不出她的谜语的就要被杀死。——译注

弱化和缓和，可能具有某种显突的价值，但长远看却无异于对"人"这整个类型的缩小——如果人们愿意宽恕我在一个绝望的事情上说一番绝望的话，那就是对这整个类型的最终的平庸化了；我相信，对于一个伊壁鸠鲁派的旁观之神（Zuschauer-Gott）来说，这种 commedia umana[人间戏剧]必定在于：人借助于他们不断增长的道德，以全部的清白和纯真，误以为自己从动物层面上升到了"诸神"档次和超凡的规定性层面，但实际上却是下降了，也就是说，通过所有美德的培养（而群盲正是借助于这些美德而成长起来的），并且通过对其他不同的和对立的种类的压制（而正是这些种类使一个全新的更高更强的支配性种类得以起源），恰恰只是发展了人类中的群盲动物，而且也许借此把"人"这种动物固定起来了——因为迄今为止，人都是"未固定的动物"——；我认为，声势浩大的不断推进的、并且不可抑制的欧洲民主运动——它被称为"进步"——以及同样地，这种运动的准备及其道德征兆，即基督教——根本上仅仅意味着群盲巨大的本能上的总谋反，即针对牧人、食肉动物、隐居者和凯撒式的领袖人物的总谋反，为的是保存和提升所有弱者、被压迫者、失势者、平庸者、半拉子的坏种，那是一种被拖延了的，首先只是隐秘的，进而越来越自信的奴隶起义，反抗任何主人种类，说到底还反抗"主人"概念的奴隶起义，是一场生死之战，反对任何道德，后者起源于一种更高更强的、如前面所讲的支配性的人之种类的怀抱和意识，——这样一个人之种类需要以某种形式，并且以某个名称的奴隶制作为自己的基础和条件；最后，我认为，迄今为止，任何一种对人之类型的提高都是某个贵族社会的事业，贵族社会相信人与人之间的等级制和价值差异的一个长长阶梯,并且需要奴隶制:确实,要是没有间距的激情,正如它从深入骨髓的等级差别中,从具有支配作用的特权阶层对臣民和工具的持续展望和俯视中,以及从其同样持续不断的在命令、遏制和排斥方面的训练过程中成长起来的那样,那么,也就根本不可能形成那另一种更为神秘的激情,不可能形成那种对心灵本身范围内的常新的间距扩展的要求,不可能形成总是越来越高级、越来越稀罕、越来越疏远、越来越广大、越来越大规模的状态,质言之,不可能形成"人的自我克服",①从而得以采取一种超道德意义上的道德公式。有一个问题一再在我心中出现,也许是一个诱惑性的和糟糕的问题:假如把它告诉那些有权关心此类值得追问的问题的人们,当今最强大的那些心灵,也是最好地驾驭了自身的人们,那么,难道这不会是一个好机会,在"群居动物"类型现在在欧洲越来越发达的时候,试一试一种对相反类型及其美德的基本的、人为的、有意识的培育吗?而且,倘若出现了某个人,他利用了民主运动,——由于那个更高级的凯撒式的统治人物的种类,最终会加入到民主运动对奴隶制的全新的和高雅的扩展过程中(欧洲民主的完成终将成为这样一种奴隶制),而这个更高级的种类现在也必需这种新的奴隶制,那么,对民主运动来说,这本身不就是一种目标、解救和辩护吗?不就达到了新的、迄今为止都不可能的阶段,达到了民主运动的远景?达到了它的使命吗?

---

① 原文为 Selbst-Überwindung des Menschen,或可译为"人的自制"。——译注

2[14]

我们的四种基本美德：勇敢、同情、明智和孤独——倘若它们不与一种欢快喜悦而又极端卑鄙的恶习结义，即所谓的"礼貌"，那么它们本身就会成为不可忍受的。——

2[15]

残暴有可能成为对紧张而骄傲的心灵的缓解，这种心灵已经习惯于不断地严于律己；终于有一次感到痛苦，看到自己受苦受难，这已经成了它们的节日——所有好战的种族都是残暴的；反过来，残暴也可能成为受压迫者和意志软弱者的一种纵情狂欢（Saturnalien），奴隶们、苏丹宫殿女人们的纵情狂欢，作为一种小小的权力欲望，——有一种凶恶的心灵的残暴，也有一种糟糕而渺小的心灵的残暴。

2[16]

什么是高贵的？

对等级的信仰。

劳动（关于艺术家、学者等）。

喜悦（发育良好的标志）。

主人道德与群盲道德。

2[17]

所举出的著作，作了小心而持久的追问，意在充当一种手段，也许可以开拓出一条道路,以理解一种比它本身所是的〈那个〉自由精神类型更高级,也更复杂的类型:——没有其他任何道路能使我们去理解———

* * *

同一位作者青年时期的著作。
《悲剧的诞生》,第一版,1872 年,第二版———
《不合时宜的考察》,1873 - 1876 年。

2[18]

一个爱的上帝,既然已经由于自己的德性而深感厌烦了,或许有朝一日会说:"让我们试一试凶恶行径吧!"——而且看哪,那是恶的一个新起源呢! 起源于厌烦和德性! ——

2[19]

"天堂笼罩着刀光剑影"——也是一个象征和符木①上的词语,出身高贵而好战的心灵会在上面暴露自己、猜出自己。——

2[20]

"山雕直冲云霄"。心灵的高贵决不能从它借以进攻——"径直地"——的华丽而骄傲的愚蠢行径中得到认识。

2[21]

也存在着一种对我们的激情和欲望的挥霍,亦即在我们用来

---

① 中世纪刻痕计数的木签,分作两半,双方各执一半为凭。——译注

满足自己的激情和欲望的简朴而小资的方式方面：——这就是败坏趣味的东西,但更多的是对我们自身的畏惧和恐惧。短时的禁欲主义乃是堵住这种东西的手段,——是赋予这种东西以危险性和伟大风格的手段——

2[22]

鉴于最高位和最低位的可怕人物为了免于忍受其良心谴责而必需的东西——也即"下蛋、咯咯叫、孵蛋"等等,无论优雅地抑或不优雅地——他们完全有理由像司汤达和巴尔扎克所做的那样,——把贞洁规定为自己的特种食品。而且至少,人们不能怀疑,恰恰对"天才"来说,婚床可能比姘居（concubinage）和放荡（libertinage）更危险。——即便从其他许多方面来看——例如有关"子孙后代"——人们也必须时而来斟酌一下并且决定：aut liberi aut libri[要么子女,要么书籍]。

2[23]

长久地思索了宗教天赋,因而也包括"形而上学需要"的那个发源地,即"宗教的神经官能症"；——不情愿地铭记那个在法国著名的,而且本身尽人皆知的说法（它让人对法国精神的"健康"有了很大程度的理解）："天才就是神经病。"——

2[24]

——再说一遍：我们心中的猛兽愿意受骗上当,——道德乃是必需的谎言(Nothlüge)。

2[25]

"你在我看来心怀叵测",我有一次对狄奥尼索斯神说,"就是要把人毁灭掉么?"——"也许吧",这个神答道,"但却是要让我能摆脱掉什么"。——"是什么呢?"我好奇地问。——"你应该问是谁呢?"狄奥尼索斯如是说,然后就沉默了,以他特有的方式,也就是引诱性地。——你们或许要就此来观察他!那是春天时节,万木生气勃勃。

2[26]

善恶的彼岸。

一种未来哲学的序曲。

弗里德里希·尼采著。

2[27]

善恶的彼岸。

对于安静人物而言的各种沉思。

弗里德里希·尼采著。

2[28]

就新近一切刑法立法来说，我的一个还算彻底的问题是：假如刑罚应该按照罪行大小的比例而使人受到痛苦——而你们所要求的根本上就是这个嘛！——，那就必须按痛感的比例把刑罚分配给每一个罪犯：——这就是说，根本不可有对一个犯法行为的刑罚的预先规定，根本不可有一种刑事法典！然而，鉴于我们不容易确定一个罪犯的快乐与不快的程度表，我们实际上就不得不放弃刑罚吗？那是何种损失呵！不是吗？因此——

2[29]

音乐并不就像叔本华所断言的那样，能启示出世界的本质及其"意志"（叔本华为音乐所欺骗犹如为同情所欺骗，而且是出于相同的原因——因为对于这两者，他都经验得太少了——）：音乐只能启示音乐家先生们！而且他们本身并不知道这一点！——他们不知道这一点，这也许是多好的事情呢！——

2[30]

我们的德性。

对于更精细的良知而言的
各种问题和值得追问的东西。

弗里德里希·尼采著。

2[31]

我们的德性。

对一种未来道德的指导。

弗里德里希·尼采著。

论心灵的强壮。
论真诚。
论喜悦。
论追求孤独的意志。
"什么是高贵的?"

2[32]

未来哲学家。
一次谈话。

1.

这样一种伟大在今天是可能的吗?——

2.

但也许明天,也许后天。——我将看到新的哲〈学家〉出现,如此等等。

2[33]

有一种无以复加的对于喜悦的误解：而谁若有了这种误解，最终恰恰会对此心满意足。——我们，幸运地逃之夭夭的我们——：我们，需要各色风格的南国和极丰富的阳光，并且使自己流落街头，在那里生活犹如一支醉态的假面节日队伍——作为某种由感官带来的东西——滚动过去，我们，恰恰要求幸福是"由感官"带来的这样一回事情：看起来难道不是我们具有一种我们所害怕的知识吗？我们不想单独拥有这种知识吗？一种知识，我们在它的压力面前颤栗，在它的窃窃私语面前大惊失色？这种对可悲戏剧的固执背弃，这种对一切苦难的充耳不闻，这种大胆的、讥讽的浅薄，这种任意的心灵伊壁鸠鲁主义，它不想热情而充实地拥有什么，而且把假面当作其最后的神性和救世主来膜拜：这种对趣味忧郁者的嘲讽，在他们那里我们总是能猜测到深度之缺失——这难道不全是一种激情吗？看起来，我们把自己了解得太过脆弱了，也许已经把自己了解为破碎的和不可救药的；看起来，我们害怕生命的这一面，即它必定使我们心碎的一面，而且遁入它的假象、虚假、浅薄以及多样欺骗之中；看起来，我们是快乐的，因为我们极其悲哀。我们是严肃的，我们知道深渊：因此我们抗拒一切严肃之物。

———就我们来说，我们要嘲笑那些趣味方面的忧郁者——呵，我们讥讽他们，由此还妒忌他们！——因为我们并不十分幸福，不足以让自己拥有他们那种温柔的悲哀。我们还必须躲避悲哀的阴影:我们的地狱和黑暗对我们来说总是太切近了。我们拥有一种我们害怕的知识,那是我们并不想单独拥有的知识;我们拥有一种信仰,我们在它的威力面前颤栗,在它的窃窃私语面前大惊失色——在我们看来,无信仰者是有福了。我们抛弃悲哀的戏剧,我们对苦难充耳不闻;倘若我们不懂得〈把〉自己变得冷酷无情,那么,同情立即使我们破碎。使我们变得更勇敢吧,讥讽的轻率;让我们冷静下来吧,从冰川吹来的风:我们再也不想牵挂什么,我们要向假面祷告。

这就是我们身上容易破碎的东西:我们害怕令人心碎的幼稚之手吗?我们逃避偶然,挽救自己———

2[34]

对理查德·瓦格纳,我曾有过高度的热爱和尊重,胜过其他任何人;而且,倘若他最终并不具有糟糕的趣味——或者一种可悲的强制性——,与一种对我来说不可能的"精神"品质同流合污,与他的追随者即瓦格纳信徒们同流合污,那么,我就毫无理由在他有生之年就向他告别了:他是当今所有难以认识的人物中最深刻和最冷静的,也是最受误解的,与之相遇比其他任何一种遭遇更有益于我的见识。我得把话说在前面,我不愿把他的事情与我的事情混为一谈,在我学会以恰如其分的步骤如此这般把"他的"与"我的"分离开来之前,需要有一份良好的自制。我已经获得了对戏子这个特殊问题的沉思——也许,基于一个难以表达的理由,这个问题比其他任何问题都远离于我——我从每个艺术家的骨子里都发现和重新认出了戏子,典型的艺术家性质,为此就需要与那个〈人〉接触——而且我觉得,就两者来说,我比以前的哲学家们想得更高——也更糟糕。——戏剧的改良与我并不相干,戏剧的"教会化"更与我不搭界了;真正的瓦格纳音乐是不够我受用的——为了我的幸福和我的健康,我并不是非要这种音乐的(quod erat demonstrandum et demonstratum[有待证明和已证明清楚者])。瓦格纳身上与我最格格不入的东西,乃是他在最后岁月里所具有的德意志狂和半拉子教会气———

2[35]

一种新的思想方式,它始终是一种新的测量方式,是以一种新尺度、一种新感觉刻度的现成存在为前提的;它感到自己处于与所有思想方式的矛盾之中,而且由于它与所有思想相违背,总是说"这是错误的"。更细致地来看,此所谓"这是错误的"根本上仅仅意味着:"我从中对自己毫无感受"、"我对此毫不介意"、"我不懂你们何以不能与我一起来感受"。

2[36]

论解脱。

论硬化。

论面具。

论等级。

欧洲的与超欧洲的。

2[37]

人们总得干些比结婚更迫切的事:天哪,我一直就是这样想的啊!

2[38]

善恶的彼岸。
对一种最强大者的道德的指导。

2[39]

面具与传达。

2[40]

未来哲学家。
论自由精神的自然史。
我们的德性。
民众与祖国。
非女性化。
homo religiosus[宗教徒]。

2[41]

论高等人的自然史。
一个教育者的思想。

1. 从前的哲学家。
2. 艺术家与诗人。
3. 宗教天才。
4. 我们有德性者。
5. 女性。
6. 学者。
7. "诱惑者"。
8. 民众与祖国。
9. 面具的智慧。
10. 道德心理学。
　　箴言与破折号。
　　什么是高贵的？
附录。放荡公子之歌。

2[42]

善恶的彼岸。

一种未来哲学的序曲。

附录：放荡公子之歌和箭。

弗里德里希·尼采著。

2[43]

论高等人的自然史。

一个心理学家的破折号。

1. 哲学家。
2. 自由精神。
3. 宗教天才。
4. 论道德心理学。
5. 什么是高贵的?
6. 民众与祖国。
7. 女性本身。
8. 学者。
9. 我们有德性者。
10. 智慧与面具。
11. 到来者。
12. 一个沉默寡言者的箴言。

附录。放荡公子之歌和箭。

2[44]

序言。

1. 哲学家曾经是什么?
2. 论自由精神的自然史。
3. 一个心理学家的独白。
4. 女性本身。
5. 宗教天才。
6. 我们学者。

7. 我们有德性者。

8. 什么是高贵的?

9. 民众与祖国。

10. 面具。

11. 诱惑者。狄奥尼索斯

附录:———

内容索引。

2[45]

律师的虚无:不是党员,对人们所谓的"信念"采取不信任态度;不相信无信仰;———

2[46]

论高等人的自然史。

一个游手好闲者的想法。

弗里德里希·尼采著。

2[47]

善恶的彼岸。

一个心理学家的独白。

附录:放荡公子之歌和箭。

弗里德里希·尼采著。

附录:
放荡公子之歌和箭。

1. 致密斯脱拉风①。
2. 致歌德。
3. 致某些阿谀奉承者。
4. 塞尔斯-马里亚。
5. 隐居者的正午。
6. 驶向大海。
7. "圣马可②的鸽子"。
8. 论家畜。
9. 可鄙的德国人。
10. 帕西法尔音乐。
11. 致斯宾诺莎。
12. Rimus remedium[寻求良药]。
13. 绝望中的傻瓜。
14. 终曲。

---

① 密斯脱拉风(Mistral):地中海北岸一种干冷的西北风或北风。——译注
② 圣马可(San Marco):位于意大利威尼斯市中心的著名广场,多鸽子。——译注

2[48]

女人极少独来独往,以至于她更喜欢挨打,甚于——

2[49]

在大多数爱情中,总有一方是玩弄者,另一方是受玩弄者:Amor[爱神、爱情]主要是一个小小的戏剧导演。

2[50]

内容:

序言:
1. 论哲学家们的偏见。
2. 自由精神。
3. 宗教天才。宗教本质。
4. 女性本身。箴言与插曲。
5. 论道德的自然史。
6. 我们学者。   "卡尔卡斯,你发抖了?
7. 我们有德性者。   要是你知道我把你带到何方,
8. 民众与祖国。   你就愈加要发抖了"①
9. 面具。   蒂雷纳②。

---

① 此处三行引文为法文。尼采原著即采小字体。——译注
② 蒂雷纳(Heinrich de Turenne,1611-1675):法国将领,1643年获法国元帅衔。曾在三十年战争后期任驻德法军司令。在路易十四对外战争中任法军统帅,在战场上被击毙。曾被拿破仑尊为历史上最伟大的军事天才。——译注

10.什么是高贵的?

附录:放荡公子之歌和箭。

2[51]

    一个心理学家的独白。

    弗里德里希·尼采著。

论高等人的自然史。
什么是高贵的?

2[52]

    箴言与独白。
    附一个押韵的补充。

    弗里德里希·尼采著。

2[53]

    善恶的彼岸
    一种未来哲学的序曲。

导论。
第一卷:论哲学家的偏见。
第二卷:对一种道德心理学的指导。
第三卷:我们欧洲人。一个自我反映的时机。

2[54]

善恶的彼岸。

弗里德里希·尼采著。

2[55]

倒数第二章

盎格鲁—撒克逊人的阿尔琴①,他对哲学家的王者使命作了如下规定:

prava corrigere, et recta corroborare, et sancta sublimare[弯的要调直,直的要加固,圣洁的要高举]。

2[56]

充满活力的原始人在文明化城市强制下的堕落(——沦为患麻风病的成分,在那里学会坏良心)。

2[57]

从现在起,对于更广大的支配性构成物,将出现一些前所未有的有利条件。而这还不是最最重要的;国际种族联合体的形成已经变得有可能了,它们为自己设定的任务是把一个主人种族培育

---

① 阿尔琴(Alcuin,约735-804):英国神学家、学者。在文法、修辞学、逻辑学和神学诸方面均有研究,为加洛林王朝"文艺复兴"的重要人物。——译注

起来,那就是未来的"地球主人";——一个全新的、巨大的、在最严厉的自我立法基础上建造起来的贵族政体,在其中,哲学暴徒和艺术家暴君的意志将获得超过几百年的延续:——那是人的一个更高种类,他们由于自己的意志、知识、财富和影响方面的优势,把民主欧洲当作他们最顺从和最灵活的工具来加以利用,目的是为了掌握地球的命运,是为了依照"人"的形象把自身塑造为艺术家。 88

够了,人们要重新学习政治的时代到来了。

2[58]

我认为,我们缺乏政治激情:我们会光荣地忍受一个民〈主的〉天堂,犹如忍受一个专〈制的〉天堂。

2[59]

关于 I

而最后:人们何必如此高声地,并且带着这样一种愤怒来言说将来之物呢!如果我们更冷静地、更疏远地、更聪明地、更高地来审视之,那么,我们就能像我们私下里可以说的那样,十分隐秘地来言说它,以至于人人都听不到它,人人都听不到我们……让我们把它称为一种延续(Fortsetzung)。

2[60]

怎么?戏剧是目的,音乐始终只是手段吗?瓦〈格纳〉的理论可能就是这样,他的实践则与之相反:(戏剧性的)姿态是目的,而音乐只是达到一种姿态的手段(达到它的说明、强化、内化——）

2[61]

在今天，机械论和原子论的思想方式的发展始终尚未意识到自己的必然目标；——这是我在充分长久地仔细观察了它的信徒们之后得出的印象。它将随着一个符号体系的建立而告终：它将放弃说明，它将放弃"原因与结果"概念。

2[62]

不要欺骗——也不要让自己受欺骗：这是某种与理智和意志根本不同的东西，但前一种倾向与后一种倾向一样，都经常要动用"哲学"的话语，无论是为了装饰还是为了藏匿，抑或出于误解。

2[63]

生理学家们应当想一想，要把"保存欲"设定为一个有机体的基本欲望：首要地，某个生命体意愿把自己的力量释放出来，而"保存"只不过是其中的后果之一。——小心提防多余的目的论原则！而其中也包括"保存欲"这整个概念。

2[64]

每个菲罗克忒忒斯①的人都知道，没有他的弓和箭，特洛伊是占领不了的。

---

① 菲罗克忒忒斯（Philoktetes）：特洛伊故事中人物，波阿斯的儿子，赫拉克勒斯的朋友，赫拉克勒斯临死前把自己的弓和箭送给了他。——译注

2[65]

In media vita[在生命中]。

一个心理学家的独白。

弗里德里希·尼采著。

2[66]

——关于前言。——也许是一种继续:艺术家－哲学家(以往人们提及的是科学性,对宗教和政治的态度):关于艺术的更高概念。人是否能够远离他人,以便按照他人的样子来塑造?(预备性练习:1.自我塑造者、隐居者;2.以往的艺术家,作为小小的完成者,在一种材料上——不!——)

——这也包括必须被描绘的更高级的人的级别顺序。

——音乐一章。——关于"陶醉"学说(枚举,例如对于卑微行为[1]的崇拜)

——德国、法国和意大利的音乐。

(我们政治上最低劣的时代乃是最可怕的:——)

斯拉夫人?

——文化史的芭蕾:——已经战胜了歌剧。

——认为瓦〈格纳〉所创造的东西只是一种形式,这是错误的,——它是一种无形式状态。一种戏剧性结构的可能性始

---

[1] 原文为法文:petits faits。——译注

终还有待寻找。戏子的音乐和音乐家的音乐。

——节奏。不惜一切代价的表达。

——向"卡门"致敬。

——向 H.许茨①致敬(以及"李斯特②协会"——)

——娼妓般的配器法。

——向门德尔松致敬:其中有一种歌德因素,别处却不然!恰如歌德的另一个因素在拉赫尔③那里得到了完成!第三个因素则在海因里希·海涅那里。

关于"自由精神"一章——1)我并不想对它进行"赞扬":一个为了受约束的精神的词语。

2)理智的恶习:来自快乐的证据("它使我幸福,所以它是真实的")。在此要强调指出这个"我"身上的虚荣。

关于"我们的德性"一章;3)道德的新形式:联合起来,对人们意愿做和不意愿做的事情进行忠诚宣誓,完全确定地放弃大量事物。检验一下在这方面是否已经成熟。——

关于"宗教天才"一章。1)神秘,一个心灵的典范历史。("戏剧"——意味着?)

------

① 许茨(Heinrich Schütz,1585 - 1672):德国作曲家,其宗教乐曲具有戏剧性因素。主要作品有《神圣合唱曲》、《神圣交响曲》、《受难曲》等。——译注

② 李斯特(Franz Liszt,1811 - 1886):匈牙利作曲家、钢琴家、指挥家。主要作品有交响诗《塔索》、《匈牙利》等,交响曲《但丁神曲》、《浮士德》等,钢琴曲《匈牙利狂想曲》等。——译注

③ 拉赫尔·瓦恩哈根(Rahel Varnhagen,1771 - 1833):德国犹太籍女作家,浪漫派成员。由她主持的家庭沙龙为当时柏林文化名人聚会之所。身后留下大量书信,尤以《纪念集》三卷为著名。——译注

2)发生事件的可解释性;对"意义"的信仰由于宗教而得到固定——

3)何以较高级的心灵为支付较低级的心灵而生长发育?

4)受到驳斥的东西乃是基督教的道德,作为世界-心灵命运中的本质性要素:——这个东西尚未把那种意志排除掉,那种要把这种道德带进来,并且使之占据支配地位的意志。——后者说到底或许只能是一种堂吉诃德式的行径(Don-Quixoterie):——但这一点或许并不是对它少加思虑的理由!

5)何以宗教天才乃是艺术天才的一个变种:——造型力量。

6)何以只有艺术家良心才给出那种超出"真"与"不真"的自由。无条件的信仰要转变成无条件的意志——

7)宗教文学,"圣书"概念。

关于"我们的德性"。使我们得以放过我们的科学性的东西,我们不再把它看得多么严重和严肃:一种非道德性。

关于"道德的自然历史?"一章,堕落,这是什么呢? 例如,自然而有力的人进入城市中了。例如,法国的贵族,在法国大革命之前。

关于"男人与女人"一章。

男人对于女人的胜利,在文化兴起处皆然。

请注意! magister liberalium artium et hilaritatum[自由而快乐的艺术的大师]。

请注意！我已经抓住了兽角的某个部位——只不过我怀疑，是否恰好是一头公牛。①

2[67]

"自我"、"主体"作为视线。透视目光的颠倒。

2[68]

以身体为引线。自行分裂的原生质细胞 $1/2 + 1/2$ 不 $= 1$，而是 $= 2$。〈这样一来〉，对于灵魂单子的信仰就失效了。

自身保存只不过是自身扩张的后果之一。那么，"自身"（Selbst）呢？

2[69]

力学上的力仅仅作为一种阻力感而为我们所熟知：而且，这种阻力感通过压力和碰撞只是明白易解地得到了解释，而没有得到说明。

一个较强壮心灵施加给一个较虚弱心灵的强制力是何种强制力呢？——还有，或许有可能，表面上对更高级心灵的"不顺从"是以对其意志的不理解为基础的，例如，一块岩石是不能被命令的。然而——这里恰恰就需要一种迟钝的等级差异和阶层差异：唯有那些最亲近者才能相互理解，因而才可能在此出现顺从。

---

① 德语中有一个与此相关的常用短语：den Stier bei den Hörnern packen，意为"大胆地着手干一件困难的事"，按字面直译为"我抓住了牛角"。——译注

是不是可能把一切运动都把握为某个心灵事件的标志呢？自然科学作为一门症状学——

这也许是错误的，因为生命构成物是十分微不足道的（例如细胞），现在还要去寻找更微小的单元，"力之点"等等吗？

支配性构成物的早期阶段。

对个体（父亲、祖先、王侯、教士、上帝）的倾心投入乃是道德的缓解过程。

2[70]

善恶的彼岸

——立法者问题。

　以身体为引线。机械论与生命。

　权力意志。

——解释，而非认识。论方法学说。

　永恒轮回。

——艺术家。文化及其基础。

——我们不信神者。

——音乐与文化。

——论大政治与小政治。

　"神秘"。

——善良和正义者。

　发誓者。

——论悲观主义的历史。

——教育。

2[71]

关于《查拉图斯特拉》。

温存的(Calina):棕红色的,附近一切都太浓烈了。至高的太阳。幽灵一般的。

非洲桃花心木尅牌①。

而谁说我们不想要这个呢?何种音乐和诱惑!这里没有什么东西有毒化、引诱、啃咬、推翻、重估的作用!

I. 决定性的环节:

等级制。1)粉碎善良和正义者!
　　　　　2)

永恒轮回。

正午与永恒。

────────────────

① 非洲桃花心木尅牌(Sipo Matador):此处意思不明,其中"尅牌"(Matador)为纸牌游戏中的主要王牌。——译注

预言者之书。

2[72]

正午与永恒。

弗里德里希·尼采著

一、万灵节。查拉图斯特拉发现一个非凡的节日:

二、新等级制。

三、论大地上的主人。

四、论轮回之圆环。

2[73]

十本新书的标题： （1886年春）

关于古希腊人的思索。
弗里德里希·尼采著。

何以在生成中一切都蜕化了,变得不自然了。文艺复兴时期的蜕化——语文学的蜕化。

有关一种更高级文化、一种对人的提升的非道德的基本条件的例子。

权力意志。
一种新的世界解释的尝试。

艺术家。
一个心理学家的内心想法。
弗里德里希·尼采著。

我们不信神者
弗里德里希·尼采著。

正午与永恒。
弗里德里希·尼采著。

善恶的彼岸。
一种未来哲学的序曲。
弗里德里希·尼采著。

Gai saber[快乐的科学]。
放荡公子之歌。
弗里德里希·尼采著。

音乐。
弗里德里希·尼采著。

一个犹太教学者的经验之谈。

弗里德里希·尼采著。

论现代阴暗化的历史。

弗里德里希·尼采著。

2[74]

权力意志。

1. 等级制的生理学。

2. 伟大的正午。

3. 风纪与培育。

4. 永恒轮回。

2[75]

永恒轮回。新节日与预言之书。

永恒轮回

神圣的舞蹈与誓愿。

正午与永恒。

轮回之物的神圣舞蹈。

2[76]

(28)

论等级制:

第1部分:关于权力生理学。

身体上的贵族制,统治者的多数(组织的斗争?

奴隶制与分工:较高类型只有通过把较低类型降低为一个功能才是可能的

快乐与痛苦不是对立面。权力感。

营养只是贪得无厌的占有、权力意志的一个结果。

生育,在支配性的细胞无能于组织所占有的东西时出现的衰变。

构成性的力量就是要储备常新的"材料"(更多"力量")的力量。从卵细胞中构造一个有机体的杰作。

"机械论的观点":除了量不求别的,但力隐藏在质中,可见机械论只能描写事件,而不能说明事件。

"目的"。从植物的"灵性"(Sagacität)出发。

"完善"概念:不只是更大的复杂性,而是更大的权力(——不只是需要成为更大的量——)。

推论出人类的发展:完善在于最强大个体的产生,最大的量成为后者的工具(而且作为最聪明和最灵敏的工具)

艺术家作为小小的塑造者。"教育者"的迂腐则与之相反

惩罚:维护一个较高级的类型。

孤立化。

历史中的虚假学说。因为某个高级的东西失败了,或者被滥

用了(就像贵族制),这是驳不倒的!

2[77]

空虚与充实、紧固与松弛、静与动、像与不像的假象。
(绝对空间   这个最古老的假象
(实体)   被弄成形而上学了
——:这些就是其中的人类-动物的安全价值尺度。
我们的概念是受我们的需要激发的。
对立面的树立符合于惰性(一种满足营养、安全等等的区分被视为"真实的")
simplex veritas[真理的简单性]!——惰性思想。
我们的价值已经通过解释被置入到事物之中了。
竟有一种自在(An-sich)的意义吗?
难道意义就必然不是关系意义和透视角度吗?
一切意义都是权力意志(一切关系意义都可以化为权力意志)。
一个事物=它的特性:而这对该事物身上与我们相关涉的一切来说都是相同的:一个统一体,一个我们赖以概括在我们考虑范围内的种种联系的统一体。根本上就是在我们身上被感知的变化(——忽略了我们没有感知到的变化,例如它的导电性)。总而言之:客体乃是被经验的已经为我们所意识的阻碍之总和。也就是说,一个特性总是表现出某种对我们而言的"有益"或者"有害"。例如颜色——每一种颜色都合乎某种快或不快程度,每一种快和不快程度都是关于"有益"或"无益"的评价的结果。——厌恶。

2[78]

主题。

解释,而非说明。

把逻辑的价值判断还原为道德的和政治的价值判断(安全、安宁、懒惰("最小力")的价值)等等。

艺术家问题,他的道德性(谎言、无耻、对他所缺失的东西的发明天赋)。

对非道德欲望的诽谤:就结果来看,是一种对生命的否定。

无条件者,人们赋予它的理想特征从何而来。

惩罚作为培育手段。

万有引力可以作多重解释:如同一切所谓的"事实"。

谓词表达出一种已经向我们发出(或者可能向我们发出)的结果,而不是作用本身;谓词的总数被概括为一个词。认为主体是causa[原因],这是错误的。——主体概念的神话。("闪电"闪光——加倍——把结果物化。

因果性概念的神话。"作用"与"作用者"的分离是根本错误的。不变持存者的假象,一如既往——

我们的欧洲文化——与亚洲佛教的解决办法相对立,它要求什么呢?

宗教,本质上是等级制学说,甚至是一种宇宙论的等级制和权力制的尝试。

软弱
谎言、伪装
愚蠢
统治欲　　　　　在何种意义上起理想化作用？
好奇
占有欲
残暴

2[79]

我的著作已经得到了很好的辩护：谁若拿起这些著作，而且作为一个根本没有权利读此类书的人在这里出了错——他立即就变得滑稽可笑了——，一场小小的愤怒爆发就会促使他把自己最内心的东西和最可笑的东西倾诉出来；而谁不知道在这里总会冒出来的东西呢！文学小女子们，正如她们习惯于用病态的生殖器和手指上的墨水渍——

无能于看到新鲜的和原创的东西：不善于掌握细微差别的粗笨手指，在一个字上卡住和摔倒的僵硬的严肃态度：目光短浅，后者面对遥远风景的巨大丰富性而上升为盲目性。

我一向抱怨过自己的命运，怨人们太少读我的书，对我理解得太糟糕吗？而某种不寻常的杰出的东西究竟是为多少人创造出来的呢！——难道你们以为上帝是为人类之故才创造了世界吗？

2[80]

100

关于导论。

Campagna Romana[罗马竞技场]的阴暗孤独和寂寞。不确定的忍耐。

每一本书都是一种征服、把握——tempo lento[慢板]——直到最后戏剧性地引向高潮,终于引起灾难和突发的解救。

2[81]

(15)

这仅仅是力的事情:具有这个世纪一切病态的特征,但却以一种极其丰富的、富有弹性的、具有恢复作用的力量来平衡。强壮之人:描绘

2[82]

善恶的彼岸。
第二卷和末卷

前言。

解释,而非说明。没有什么事实,一切都是流动的、不可把握的、退缩性的;最持久的东西还是我们的意见。意义投放——在大多数情形下是一种重新解释,即对一种变得不可理解的、现在本身只是符号的旧解释的重新解释。

关于权力生理学。一种考察,在其中,人感到最强大的欲望与他的理想(以及他的好良心)是同一的。

我们不信神者。

艺术家是什么?

权利和立法。

关于现代阴暗化的历史。

演戏。

论善良和正义者。

等级和等级制。

致密斯脱拉风。一支舞曲。

善恶的彼岸,对少数人来说是澄清,对多数人来说是最深的阴暗化。

关于现代阴暗化的历史。

艺术家的心理学。

论演戏。

立法者问题。

音乐中的危险。

解释,而非认识。

善良和正义者。

论伟大的政治与渺小的政治——

我们不信神者。

致密斯脱拉风。一支舞曲。

共三十页。

两个印张。

(前言:本人著作的共同点)

解释,而非说明。

关于权力生理学。

论演戏。

关于现代阴暗化的历史。

我们不信神者。

善良和正义者。

论等级制。

权利与立法。

艺术家。

2[83]

(7)

人自以为是原因,是行动者——

一切发生之事都与无论哪个主体相对待,构成一种谓语性关系

每一个判断中都隐藏着整个完全而深刻的对主语与谓语或者原因与结果的信仰;而后一种信仰(即断言每一种结果都是行动,每一种行动都是以行动者为前提的)甚至是前一种信仰的个案,以至于前一种信仰就作为基本信仰剩了下来,那就是:有主语①

我发现某个东西,并且为之寻找一个原因:这原本就意味着,我在其中寻找一个意图,而且首先是寻找带有意图的某个人,即某个主体,某个行动者:——从前,人们在所有发生事件中都见出了意图,所有发生事件都是行动。这乃是我们最古老的习惯。动物也有意图吗?作为生命体,动物不也信赖于那种根据自身的解释

---

① 此处"主语"(Subjekt)自然也可译为"主体"。——译注

吗？——"为什么？"的问题始终就是关于 causa finalis[目的因、终极因]的问题，关于某个"何为？"的问题。对于某个"causa efficiens[效果因]的意义"，我们一无所知：在这里，休谟是对的，习惯（但不只是个体的习惯！）使我们指望一个经常被观察到的过程跟随着另一个过程，此外一无所有！异常坚固的因果性信仰给予我们的，并不是有关各个过程前后相继的伟大习惯，而是我们的无能，除了根据意图来解释某个发生之事，我们不能对之作不同的解释。这乃是对作为唯一作用者的生命体和思维者的信仰——对意志、意图的信仰——，即相信：一切发生事件都是一种行动，一切行动都是以一个行动者为前提的。这就是对"主语"的信仰。难道这样一种对主语和谓语概念的信仰不是一种愚〈蠢〉吗？

　　问题：意图是一个发生事件的原因吗？或者也是幻想吗？意图不是这个发生事件本身吗？

　　纯粹机械论意义上的"吸引"和"排斥"乃是完全的虚构：只是一个词语而已。若没有意图，我们不能设想一种"吸引"。——夺取某个事物或者抵御和击退其权力的意志——这是"我们懂得的"：这或许是我们所需要的一种解释。

　　质言之：对因果性信仰的心理学上的强制是由于一个无意图的发生事件的不可表象性（Unvorstellbarkeit）。自然啰，这个说法并没有说出什么真理或者非真理（这样一种信仰的合法性）。对 causae[原因]的信仰与对 τέλη[目的]的信仰是一起发生的（驳斯宾诺莎及其因果论）。

2[84]

(30)

判断乃是我们最古老的信仰,我们最习以为常的持以为真或者持以为不真。

在判断中包含着我们最古老的信仰,在一切判断中都有一种持以为真或者持以为不真,一种断定或者否定,一种对某物如此存在而非别样存在的确信,一种信仰,相信在这里真的已经"认识"了——在一切判断中什么被信以为真的呢?

什么是谓词?——我们并没有把我们身上的变化看作这样一种东西本身,而是把它们看作一种与我们疏异的、我们只能加以"感知"的"自在":我们并没有把它们设定为一种事件,而是把它们设定为一种存在、"特性"——而是此外虚构了一个本质,它们附着于其上的一个本质,也就是说,我们把作用①设定为作用者,把作用者设定为存在者。然而,即便在这种表述中,"作用"概念也还是任意的:因为从在我们身上发生的变化出发,我们一定会认为根本不存在什么原因,我们只是由此推断,它们必然是作用——依据这种推论:"每个变化都有其起因"。——但这个推论已经成了神话:它把作用者与作用分离开来了。当我说"雷电闪光"时,我已经一方面把闪光设定为活动,另一方面又把闪光设定为主体:也就是说,我就为事件假定了一个存在,后者与事件并不是一致的,毋宁说是持存着、存在着,而不是"生成

---

① 此处"作用"(Wirkung),或译为"结果"。——译注

着"。——把事件设定为作用,并且把作用设定为存在:这是双重的谬误,或者说解释,错在我们自己。所以,举例说来,"雷电闪光"——:"闪光"是我们这里的一个状态;但我们并不把它看作对我们的作用,并且说"某种闪光的东西"乃是一种"自在",并且为此寻求一个起因,即"闪电"。

2[85]

(32)

一个事物的特性乃是对其他"事物"的作用:如果人们撇开其他"事物",则一个事物就没有特性,也就是说,没有他物就没有一物,此即说,没有"自在之物"。

2[86]

(30)

认识唯一的可能是什么?——是"解释",而非"说明"。

2[87]

(32)

一切统一单元唯有作为组织和相互作用才是统一单元:无非犹如人类共同体是一个统一单元:也就是原子论上的无序状态的对立面;因此是一个支配性构成物,它意味着统一(das Eins),但其实并不是统一的。

人们必须知道存在是什么,才能裁定这个那个东西是否实

105 在(例如"意识事实");同样也才能裁定什么是确信,什么是认识以及诸如此类。——但由于我们并不知道存在是什么,所以,一种对认识能力的批判就是荒唐的了:如果工具恰恰只能使用自身来进行批判,它该当如何来批判自己呢?它甚至不能界定自身嘛!

如果一切统一单元唯有作为组织才是统一单元,那又如何呢?但我们所相信的"事物"仅仅被附加地构想为不同谓词的酵素(Ferment)。如果这个事物"起作用",那就意味着:我们把所有其余特性(通常还在此现存而暂时潜伏的特性)把握为原因,即现在一个个别特性出现的原因:这就是说,我们把这个事物的特性的总和 X 看作特性 X 的**原因**,这其实完全是愚蠢和发疯之举!

"主体"或者"事物"

2[88]

(33)

一种我们不能设想①的力(正如所谓的纯粹机械的吸引力和排斥力)乃是一个空洞的词语,不可能在科学中拥有公民权:科学意在使世界能为我们所设想,此外无他!

一切基于意图的事件都可以还原到权力之增殖的意图。

---

① 此处"设想"原文为 vorstellen,或可更严格地译为"表象"。——译注

2[89]

当我们以一个数学公式来表示事件之际,某物被认识了——此乃幻想:它只是被标示、被描述了,此外无他!

2[90]

(31)

相同性与相似性:1)较粗糙的器官看见许多表面的相同性

2)精神意愿把相同性,也即一种感官印象,纳入一个现成的系列中:恰如无机物体自我同化。

关于对逻辑学的理解:::①求相同性的意志乃是求权力的意志。

——关于某物如此这般存在的信仰,即判断的本质,乃是一种意志的结果,这应当尽可能是相同的。

2[91]

(30)

如果对我们来说,我们的"自我"就是唯一的存在,我们要根据这种存在来使一切存在或者来理解一切存在:很好啊!这样一来,人们就蛮可以怀疑这里是不是有一个透视性的幻想——虚假的统一体,就像在地平线中,在这个统一体中一切都联合在一起了。以身体为引线,一种惊人的多样性显示出来;在方法上就不妨把这个

---

① 原文如此。——译注

可以更好地研究的、更丰富的现象,用作理解较为贫乏的现象的引线。最后:假定一切都是生成,那么,认识就只有在对存在的信仰的基础上才是可能的。

2[92]

把感官知觉向"外"投射:"内"与"外"——是身体在此发号施令吗——?

——这同一种在细胞胚质中起支配作用的同化和规整力量,也在对外部世界的吞食中起着支配作用:我们的感官知觉已经是有关我们身上的一切过去的这样一种类似化和同化过程的结果了;它们并不与"印象"形影相随——

2[93]

(34)

何以辩证法和对理性的信仰仍然是以道德偏见为基础的。在柏拉图那里,我们作为一个可知解的善的世界的昔日居民,仍然占有那个时代的遗赠:神性的辩证法作为来自善的辩证法通向一切善(——也可以说"回到"——)。甚至笛卡尔也有一个概念,即认为在一种相信善的上帝是造物主的基督教道德的基本思想方式中,唯上帝的真实性才能保证我们的感觉判断。离开宗教对我们的感觉和理性的认可和保证——我们该从哪里获得对此在的信念的权利呢!说思想就是现实的尺度,——说不能被思想的就不存在——,这是一种道德主义的轻信(Vertrauensseligkeit)的一个无耻 non plus ultra[极点、绝顶](对于事物根基中含有一个本质性真理原则的信念),本身就是一个与我们任何时候的经验相矛盾的糟糕主张。我们简直不能设想,它在何种意义上存在……

2[94]

我们很难观察一种质的判断的形成
把质还原为价值判断。

2[95]

我们的感知,正如我们所理解的那样:也就是所有那些感知的总和,它们之被意识,对我们和我们面前的整个有机过程来说是有益的和本质性的:可见并不是所有一般感知(例如并不是电的感知)。这就意味着:我们具有仅仅为了选择感知的感官——依靠这些感知,我们必定适合于保存自身。意识存在之程度即意识的有益性。毫无疑问,一切感官感知完全是靠价值判断来实施的(有益的或有害的——因而就是愉快的或不快的)。个别的颜色同时也表达出某种对我们而言的价值(尽管我们很少承认这一点,或者只是在同一种颜色长期而单一地产生影响之后才承认这一点,例如监狱里的犯人或疯子)。因此,昆虫会对不同的颜色作出不同的反应:有的喜欢不同的颜色,譬如蚂蚁。

2[96]

嘲讽那些相信基督教已经被现代自然科学战胜了的人。基督教的价值判断绝对没有因此被克服。"十字架上的基督"乃是最庄严的象征——始终依然。——

2[97]

健康与病态：人们可要小心！标准依然是身体的盛开、跳跃之力、精神的勇气和快乐——不过，当然也要看他能够从疾病中承担和克服多少东西，能够使多少东西康复。会使比较柔弱的人毁灭的东西，属于伟大的健康的兴奋剂。

2[98]

(35)

赤贫、谦卑和贞洁——危险性的和诽谤性的理想，但就像毒药，在某些病例中倒是有用的药物，例如在罗马皇帝时代。

一切理想都是危险的，因为它们贬低和谴责事实，一切理想都是毒品，但作为暂时的药物又是少不了的。

2[99]

整个有机过程是如何对待其他种类的？——在此显露出它的基本意志。

2[100]

权力意志。

重估一切价值的尝试。

分四章。

第一章：危险中的危险（对虚无主义的描述）（作为以往价值

评估的必然后果）

第二章：价值（逻辑等）的批判。

第三章：立法者的问题（其中的孤独之历史）。进行颠倒估价的人必须具有怎样的性质呢？是具有现代心灵的全部特性的人，但强大得足以把现代心灵转变到纯真的健康状态中。

第四章：锤子
　　　　完成他们的使命的手段

塞尔斯－马里亚，1886年夏

巨大的暴力已经被发动起来；但自相矛盾 110
　　迸发出来的力相互消灭
　　迸发出来的力重新结合，使它们不至于相互消灭
　　睁开眼睛看力的现实增殖！
到处展示出不和谐，在理想与它个别条件之间（例如基督徒们的诚实，他们不断地被迫说谎）。

关于第二章。

在人人都是专家的民主社会里，缺的是"何为？"、"为谁？"，缺

的是所有个体全部多种多样的萎缩(萎缩为功能)在其中获得意义的那个状态。

感性的发展
残暴的发展
仇恨的发展
愚蠢的发展 }成为文化的总和。
占有欲的发展
统治欲的发展
等等

关于

所有以往理想中的危险

对印度和中国思想方式的批判,同样地对基督教思想方式的批判(作为一种虚无主义批判的准备——)

危险中的危险:一切都没有意义。

(2)

锤子:一种学说,它通过对最渴求死亡的悲观主义的激发而导致一种对最具生命能力者的筛选

111 2[101]

从作品反推出造物主:可怕的问题,是充盈抑或匮乏、匮乏之疯狂要求着创造:突然看到,任何一种浪漫主义理想都是虚构理想者的一种自我逃遁,一种自我蔑视和自我谴责。

这说到底是一个力量问题:这整个浪漫主义艺术都可能从一种呈献(Überreichen)和意志强大的艺术家,完全被歪曲为反浪漫主义特性,或者——用我的公式来讲——被歪曲为狄奥尼

索斯特性,恰如最强大者手上的任何种类的悲观主义和虚无主义更多地只能成为一把锤子和工具,人们用它来为自己添加一对新翅膀。

我一眼就看出,瓦格纳虽然达到了自己的目标,但只是像拿破仑达到他的莫斯科一样——在每一个阶段都丧失了如此之多,不可替代地丧失掉了,以至于恰恰在整个列队结束时,而且似乎在胜利的一刹那间,命运就已然得到了裁定。布伦希尔德①的诗句是灾难性的。拿破仑就这样到了莫斯科(瓦格纳到了拜罗伊特——)

不与任何病弱的和自始就被战胜了的势力结盟——

倘若我更多地信赖自己:瓦格纳〈的〉无能于行走(更不消说舞蹈了——而对我来说,没有舞蹈就没有休养和福乐)总是给我造成了困苦。

对于完整热情的要求乃是叛逆性的:谁能胜任此种热情,他就要求反面(即怀疑)的魔力。骨子里虔信的人们在怀疑中获得自己偶尔的适意和休养。

瓦格纳谈论欣喜着迷,就是他懂得从基督圣餐中赢得的欣喜着迷:在我,这是确定了的,在我看来他是被战胜了的。——此外,在我心中唤起了一种怀疑,即他是否认为,为了他重新进入德国就有可能稍稍扮演一下基督徒和新皈依者:在我心里,这种怀疑对他

---

① 布伦希尔德(Brünnhild):瓦格纳著名歌剧《尼伯龙族的指环》中的人物,女武神。——译注

的损害更甚于那种恼怒,即寄希望于一种正在衰老的浪漫主义者,后者的双膝已经太累了,不能在十字架面前下跪了。

2[102]

对身体的信仰比对心灵的信仰更为基本:后者乃起源于那种对身体的非科学考察的窘迫疑难(是某种离弃身体的东西。对梦之真理的信仰——)

2[103]

对内省的怀疑。一种思想是另一种思想的原因,这一点是不可确定的。在我们的意识的桌面上,表现出思想的一个连续序列,就仿佛一个思想是下一个思想的原因。事实上,我们看不到在桌子下面发生的斗争——

2[104]

在柏拉图那里,在一个具有过度兴奋的感性和狂热的人那里,概念的魔力是如此之大,以至于他不由自主地把概念当作一种理想形式来供奉和神化。辩证法的醉态,作为一种意识,借此来行使一种对自身的主宰权——作为权力意志的工具。

2[105]

压力和碰撞乃是某种非常晚的东西、衍生的东西、非原始的东西。其实,它已经是以某个黏着在一起的、能够压迫和碰撞的东西为前提的!但它何以黏着在一起呢?

2[106]

德国哲学的意义（黑格尔）：臆想出一种泛神论，而在其中，恶、谬误和痛苦并没有被认作反对神性的论据。这种了不起的首创性已经被各种现存权力（国家等等）滥用了，就仿佛这样一来当下统治者的合理性就得到了认可。

与之相反，叔本华却表现为一个顽固的道德家，为了坚持自己的道〈德〉估价，他最后变成了世界之否定者。最后成了"神秘主义者"。

我自己尝试了一种美学的辩护：世界之丑陋是如何可能的？——我把求美的意志、求相同形式的意志视为一种暂时的保存手段和医疗手段：在我看来，作为必然要永远进行毁灭的东西，永恒创造者根本上是与痛苦联系在一起的。丑陋性乃是有关事物的观察形式，服从于要把一种意义、一种全新意义投放于变得无意义的东西之中的意志：是积蓄起来的力量迫使创造者把以往的事物感受为不牢靠的、失败的、值得否定的、丑陋的吗？——

阿波罗的欺瞒：美好形式的永恒性；贵族式的立法"应当永远如此！"

狄奥尼索斯：感性和残暴。易逝性或许可以被解释为生产性的和毁灭性的力量的享受，被解释为持久的创造。

114 **2〔107〕**

请注意！宗教毁灭于那种对道德的信仰：基督教道德的上帝是靠不住的；因此有了"无神论"——就仿佛不可能有任何其他种类的神似的。

同样地，文化也将毁灭于对道德的信仰：因为如果文化得以形成的那些必要条件已经被发现，人们就再也不想要文化了：佛教。

2〔108〕

世界的价值就包含在我们的解释中（——也许除了人的解释，在什么地方还可能有其他不同的解释——）；以往的解释都是透视性的评估，正是借助于此类评估，我们得以在生命中保存自己，也就是在权力意志、在求权力之增长的意志中保存自己；任何人类的提高都会导致对比较狭隘的解释的克服；任何已经取得的增强和权力扩张都会开启全新的视角，并且令人去相信新的视野——这些都是贯穿在我的书里的思想。与我们有某种关涉的世界是虚假的，亦即并不是一个事实，而是一种在少量观察之上的虚构和圆通说法；世界是"流动的"，作为某种生成之物，作为一种常新地推移的虚假性，它决不能接近于真理：因为——并没有什么"真理"。

2〔109〕

"发生事件的无意义状态"：这样一种信仰乃是一个对于以往种种解释之虚假性的认识的结果，一种对无勇气状态和虚弱状态的概括——并不是必然的信仰。

人的非分要求——:在他看不到意义的地方,就否定之!

2[110]

关于《悲剧的诞生》。

"存在"乃是受生成之苦者的虚构。

基于那些关于审美快感和不快状态的纯粹体验而构造起来的一本书,背景里带有一种艺术家形而上学。同时也是一个浪漫主义者的自白,最后还是一本充满年轻人的勇气和抑郁感的少年之作。这位最痛苦者最深刻地要求美——他产生美。

心理学的基本经验:用"阿波罗的"这个名称来表示在一个虚构和梦想世界面前、在美的假象(作为对生成的解脱)世界面前欣喜若狂的坚持;另一方面,把生成主动地把握——主观同感——为同样也知道摧毁者之愤怒的创造者的暴躁狂喜。这两种经验以及以之为基础的欲望的对抗:前一种欲望永远意求现象,在它面前人变得寂静,心满意足,大海般平滑,得到了康复,得以与自身和万物相契合;第二种欲望力求生成,力求使之生成的快感,亦即创造和毁灭的快感。从内部来感受和解释,生成或许是一种不满足者、极其丰富者、无限紧张和奋争者的不断创造,是一个上帝的不断创造,这个上帝唯通过持续转变和变化来克服存在之苦恼(Qual des Seins):——假象乃是它暂时的、在每个瞬间都已经达到的解救;世界则是假象中的神性幻象和解救的序列。——这种艺术家形而上学是与叔本华的片面考察相对抗的,后者不知道从艺术家出发,而只知道从接受者出发来评价艺术:因为它导致在非现实之物的享受方面的解放和解救,与现实性相对立(一个受自身及其现实性

116 之苦并且对之失望的人的经验)——形式及其永恒性方面的解救(尽管柏拉图可能已经体验到了这一点:只不过,柏拉图也已经在概念中享受到了对他过于容易受刺激和有所忍受的敏感性)。与此相对立的是第二个事实,即从艺术家的体验出发的艺术,尤其是音乐家的体验:创造之必要性的折磨,作为狄奥尼索斯的欲望。

悲剧艺术,富于上述两种经验,被描写为阿波罗与狄奥尼索斯的和解:现象被赋予最深的意蕴,通过狄奥尼索斯:而这种现象其实被否定了,并且是因为快乐而被否定掉的。这一点就已经背弃了作为悲剧世界观的叔本华关于听天由命(Resignation)的学说。

反对瓦格纳的理论,后者主张音乐是手段而戏剧是目标。

一种对于悲剧性神话的要求(对于"宗教",而且是悲观主义宗教)(作为一口封闭的钟,其中有生长者在成长)

对科学的怀疑:尽管它当下正在缓解的乐观主义已经被强烈地感受到了。理论人的喜悦。

对基督教的深度憎恶:为什么呢?德意志本质的蜕化被归咎于基督教。

唯在审美上才有一种对世界的辩护。对道德的彻底怀疑(道德一道归于现象世界)。

此在之幸福唯作为假象(Schein)之幸福才是可能的

唯在对"此在"之现实、美的假象的消灭中,在对幻想的悲观主义式摧毁中,生成之幸福才是可能的。

即便在对最美之假象的消灭中,狄奥尼索斯的幸福也能达到其顶峰。

2[111]

艺术的意义问题:艺术何为?
最具生命力的和发育最佳的希腊人是如何对待艺术的?
事实:悲剧属于希腊人最丰富的力量时代
　　——为什么呢?
第二个事实:对美的需要,以及同样地对世界逻辑化的需要,属于
　　希腊人的颓废
对这两个事实的解说:———
错误地应用到当代:我曾把悲观主义解释为那种使悲剧的豪华成为可能的更高力量和生命丰富性的后果。同样地,我曾把德国音乐解释为一种狄奥尼索斯式的充裕和原始性的表达。
也即:
　　1)我当时高估了德意志本质
　　2)我当时没有理解现代阴暗化过程的源头
　　3)对于现代音乐的起源及其本质上的浪漫主义,我缺乏文化
　　　 史的理解。
　　撇开这种错误的应用不谈,难题依然存在:一种不具有浪漫主义的起源、而具有狄奥尼索斯式的起源的音乐,会是什么样子?

2[112]

　　一个浪漫主义者是这样一个艺术家,对自身的大不满使他具有创造性——他从自身及其周围世界那里调转目光,回观自己

2［113］

　　我从一个关于音乐之意义的形而上学假设开始：但作为基础的是一种心理学的经验,对于这种经验,我还不知道如何强加给它一种充分的历史学说明。把音乐转变为形而上学,这乃是一种敬仰和谢恩行为；根本说来,迄今为止的所有宗教徒都以自己的体验做了这等事。——现在出现了反面：正是这种受敬仰的音乐对我产生了不可否认的伤害和摧毁作用——而且因此也包括它的宗教性敬仰的终结。这样一来,我也恍然大悟了对于音乐的现代需要(后者同时在历史上随着不断增加的对于麻醉药的需要而表现出来)。甚至"未来艺术作品"在我看来也是兴奋和麻醉需要的精炼,在其中所有意义想要同时得到清算,包括理想主义的、宗教的、超道德的荒谬——作为整个神经机构的一种总体刺激（Gesamt-Excitation）。我恍然大悟了浪漫主义的本质：一个可怕的人的种类的缺乏在此已经变得具有证明力量了。同时,手段的装模作样,所有个别元素的非纯真性（Unächtheit）和借用性（Entlehnheit）,艺术构成的试验性的缺失,这种最时髦的艺术的彻底虚假性：后者本质上是想成为戏剧艺术。此种所谓的英雄灵魂和诸神灵魂在心理上是不可能的,它们同时也是神经质的、残暴的以及精巧的,类似于巴黎画家和抒情诗人中间最时髦者。——够了,我把他们一并置入现代"野蛮"中了。——因此,对于狄奥尼索斯精神,我是无话可说了。悲剧出现在具有最大丰富性和健康状态的时代里,不过也出现在神经衰竭和神经过度兴奋的时代里。相反的解说。——在瓦格纳那里是标志性的,正如他已经为《尼伯龙族的指环》给出了一个虚无主义的(有安静癖和终结癖的)结尾。

2[114]

艺术作品,在没有艺术家的情况下出现的艺术作品,譬如作为肉体、作为组织(普鲁士军官团、耶稣教团)等。何以艺术家只是一个初步阶段。这个"主体"意味着什么——?

世界乃是一件自我生殖的艺术作品——

艺术是那种对现实的不满的结果吗?抑或是对已享受到的幸福的感恩的一个表达吗?前一种情况是浪漫主义,后一种情况则是光环和赞歌(简而言之,就是神化之艺术):连拉斐尔也属此列,只不过他犯了把基督教的世界解释之假象神化的错误。在此在(Dasein)并没有以特别基督教的方式显示自身的地方,他对此在心怀感恩。

随着各种道〈德的〉解释,世界变得不堪忍受了。基督教乃是这样一种尝试,它借此来克服世界,也就是否定世界。实际上,这样一种癫狂之谋杀——人面对世界的一种癫狂的自戕——结果〈就是〉对人的阴暗化、渺小化、贫困化:最平庸和最无害的人的种类,即群盲种类,唯在这里才获得满足,找到支持,如果人们愿意……

荷马乃是神化之艺术家;还有鲁本斯。音乐还没有这样一个艺术家。

把伟大的亵渎神灵者理想化(对亵渎神灵者之伟大性的感受),这是希腊式的;而对罪人的侮辱、诽谤、蔑视,这是犹太-基督教式的。

2〔115〕

"上帝死了"。根据犹太－基督教模式的上帝崇拜之危险。

2〔116〕

那种自我认识（也即谦逊）——因为我们并不是我们自己的作品——而同样也是感恩——因为我们"长得很好"——

2〔117〕

关于知识需要的心理学。

起于感恩或者起于不满的艺术。

道德的世界解释终结于世界否定（基督教批判）。

对人之类型的"改良"与增强之间的对抗。

世界的无限可解释性：任何一种解释都是增长或者衰落的征兆。

迄今为止克服道德之上帝的尝试（泛神论、黑格尔等等）。

统一性（一元论）是 inertia〔惰性〕之需要；解释之多样乃是力量的标志。不要把世界令人不安的和谜一般的特征一笔勾销啊！

2〔118〕

1. {Ⅰ.虚无主义以其全部征兆站在门口了。
Ⅱ.如果人们理解不了它的前提，那是不可避免的。它的前提就是价值评估（而不是那些社会事实：它们统统只有通过某种

解释才时而起悲观主义的作用,时而起乐观主义的作用)

2. Ⅲ.价值评估的起源,作为对价值评估的批判。
3. Ⅳ.颠倒者。他们的心理学。
4. Ⅴ.锤子:作为引发决断的学说。

1.危险中的危险。
2.道德批判。
3.我们颠倒者。
4.锤子。

2[119]

"艺术进入世界内部有多深多远?撇开'艺术家',还有艺术的威力吗?"如人所知,这个问题乃是我的出发点;而且,对于第二个问题,我作过肯定回答;对于第一个问题,我说过"世界本身无非是艺术"。求知识、求真理和求智慧的无条件意志就在这样一个假象世界中向我显现出来,显现为对形而上学基本意志的亵渎,显现为反自然(Wider-Natur);而且公正的,智慧的〈这个〉顶峰是反对智者的。智慧的反自然性表现在它对艺术的敌视态度之中:意愿去认识,在假象就是解救的地方——那是何种颠倒,何种求虚无的本能啊!

2[120]

一切狂热崇拜都把一种无与伦比的体验与一个神的相遇,即某种意义上的拯救行为固定下来,并且总是重又把它展示出来。

地方传说(Ortslegende)乃是一部戏剧的起源:在那里,诗歌表演上帝。

2[121]

(38)

演戏

现代人的五花八门及其魅力。本质上是躲藏和厌烦。

文学匠。

政治家(在"国家的骗局"中)

艺术中的演戏

 缺乏预备训练和技能学习方面的考验(弗罗芒坦)①

 浪漫派们(缺乏哲学和科学,以及文学上的过剩)

 小说家们(沃尔特·司各特,②但也是配有最神经质音乐的尼伯龙根怪物)

 抒情诗人

"科学性"

技艺名家(犹太人)

大众化的理想,被克服了,但尚未摆在民众面前:

 圣徒、智者、预言家

---

① 欧仁·弗罗芒坦(Eugène Fromentin,1820-1876):法国画家、批评家。——译注

② 沃尔特·司各特(Walter Scott,1771-1832):英国诗人、历史小说家。主要作品有《玛米恩》、《湖上夫人》、《撒克逊劫后英雄略》等。——译注

2[122]

(37)

关于现代阴暗化过程的历史。

国家的游牧民（官员等等）：没有"家园"——

家庭的没落。

"善人"作为衰竭的象征。

公正作为权力意志（培育）

淫荡和神经病。

黑色音乐：——令人振奋的音乐往何处去？

无政府主义者。

对人的蔑视，厌恶。

最深刻的区分：饥饿或者过剩是否会成为创造性的？前者生
    产了浪漫主义理想

北方的非自然性。

对酒类的需求与工人的"贫困"

哲学虚无主义。

2[123]

基督徒必须信仰上帝的真实性：遗憾的是，他们在那里得忍受对《圣经》及其"自然科学"的信仰；他们完全不允许承认任何相对的真理（或者更清晰地说——）。基督教毁于它的道德的无条件特征。——科学唤起了对基督教上帝的真实性的怀疑：基督教死于这种怀疑（帕斯卡尔的 deus absconditus[隐藏的上帝]）。

2[124]

1. 悲剧的诞生。　　　　　　艺术家的形而上学。

2. 不合时宜的考察。　　　　教化庸人。厌恶。
　　　　　　　　　　　　　生命与历史——基本问题。
　　　　　　　　　　　　　哲学的遁世者。"教育"
　　　　　　　　　　　　　艺术家遁世者。
　　　　　　　　　　　　　　应当向瓦格纳学些什么？

3. 人性的、太人性的。　　　自由精神。

4. 观点与箴言录。　　　　　理智的悲观主义者。

(7)

因果性。为什么我如此这般存在？这个荒谬的想法对我的此在、也对我的如此这般存在本身来说是自由地选择去思考自己的。背景:要求必定有一个东西，它会阻碍一个像我一样存在的、自我轻蔑的造物的产生。感到自己是反对上帝的论据——

5. 漫游者与阴影。　　　　　孤独作为问题。

6. 曙光。　　　　　　　　　道德作为偏见的总和

7. 快乐的科学。　　　　　　对欧洲道德主义的嘲讽。

展望一种对道德的克服。 124
一个生活于彼岸的人得有
什么样的性质?

查〈拉图斯特拉〉———

七个前言。
对七本书的一个补遗。

2[125]

论悲观主义的历史。
现代阴暗化。
演戏。

2[126]

关于2)最高价值批判。
关于诽谤的历史。
人们如何制造理想。
文化(以及"人化":对抗性的)
道德作为羞耻本能,作为伪装、面具,根本上善意的解释

(37)

把关于悲观主义者的判断混合起来!
印度人
悲观主义(作为本能)与力求悲观主义的意志:主要对照

理智的悲观主义者　｛前者探究非逻辑，
感性的悲观主义者　　后者探究痛苦。

——所有这些标准都仅仅起于道德的原因。

125 　——或者就像柏拉图，也把 ἡδονή[快乐、乐趣]当作价值重估者和诱惑者来害怕。

A.什么是真理？

B.公正。

C.关于同情感的历史。

D."善人"。

E."高等人"。

F.艺术家。

(36)

什么是真理？（inertia[惰性]，使满足感得以出现的假设，精神力量的最小消耗，等等）

2[127]

(2)

虚无主义站在门口了：我们这位所有客人中最阴森可怕的客人来自何方呢？——

Ⅰ.1.起点：指出"社会困境"或者"生理蜕化"甚或腐化堕落是虚无主义的原因，这是一种谬误。对于这种种现象，始终还可以有各种完全不同的解释。虚无主义倒是隐藏在一种完全确定的解释之中,在基督教－道〈德的〉解释之中。这是一个极其正直、极富同情的时代。困厄,心灵上的、肉体上的和精神上的困厄,本身是完全不能带来虚无主义的,即对价值、意义和愿望的彻底拒绝。

2. 基督教的没落——缘于其道德(它是不可取代的——)。这种道德反对基督教的上帝(基督教高度发展了真诚感,这种真诚感对一切基督教的世界解释和历史解释的虚假性和欺骗性深表厌恶。"上帝就是真理"倒退为"一切皆虚假"的狂热信仰。行动的佛教……

3. 对道德的怀疑是决定性的。道〈德的〉世界解释在尝试遁入彼岸之后再也得不到认可了,于是就没落了:它终结于"一切皆无意义"的虚无主义(人们为这种世界解释奉献了巨大的精力,但它却是不可贯彻的——这就唤起了一种怀疑,是不是所有世界解释都是虚假的——)。佛教的特征,对虚无的渴望(印度佛教没有经历过一种基本道德的发展,因此表现在它那里,虚无主义中只有未被克服的道德:把此在(Dasein)作为惩罚、作为谬误来推理,也就是把谬误作为惩罚来推理——一种道德的价值评估)。试图克服"道德上帝"的哲学尝试(黑格尔、泛神论)。对大众理想的克服:智者。圣徒。诗人。"真"、"善"、"美"的对抗——

4. 一方面反对"无意义状态",另一方面反对道德的价值判断:何以迄今为止一切科学和哲学都屈从于道德判断呢?还有,人们是否一道忍受着科学的敌视呢?抑或是反科学?斯宾诺莎主义批判。基督教的价值判断往往残留于社会主义和实证主义体系中。一种对基督教道德的批判付诸阙如。

5. 当今自然科学的虚无主义后果（连同它企图溜入彼岸的尝试）。最后，从其忙碌运作中产生出一种自我瓦解、一种自我反对、一种反科学性。——自哥白尼以后，人就从中心滚到未知的 X 中了

6. 政治学和国民经济学思维方式的虚无主义后果，在那里，简直一切"原则"都是演戏：平庸、卑鄙、不老实等等的气味。民族主义、无政府主义等等。惩罚。具有拯救作用的阶层和人物，即辩护士付诸阙如——

7. 历史学和"实践历史学家"即浪漫主义者的虚无主义后果。艺术的地位：它在现代世界中的绝对非原创性。它的阴暗化。歌德所谓的奥林匹亚状态（Olympier-thum）。

8. 艺术和虚无主义的准备。浪漫主义（瓦格纳的《尼伯龙族的指环》结尾）

2[128]

Ⅰ. 文明和人类提高方面的基本矛盾。这是伟大的正午时分，是最可怕的**澄清**的时候：我的悲观主义种类：——伟大的起点。

Ⅱ. 道德〈的〉价值评估乃是为一种权力意志（群盲的意志）效力的谎言和诽谤术的历史，这种权力意志反对更强大的人

Ⅲ. 每一种文化提高（使一种以人群为代价的筛选成为可能）的条件乃是一切增长的条件。

Ⅳ. 世界的多义性作为力的问题，后者以事物的增长为视角来观察一切事物。道德的基督教价值判断作为奴隶起义和奴隶谎言

（反对古代世界的贵族价值）

艺术深入到力之本质有多远？ 128

2[129]

永恒轮回。

查拉图斯特拉的舞蹈和游行。

第一部：上帝的万灵节。

弗里德里希·尼采著。

1. 上帝的万灵节。

2. 在伟大的正午。

3. "适合于这把锤子的手在哪里？"

4. 我们誓愿者。

I.

瘟疫之城。他受到警告，他没有害怕，走进去，掩盖起来。各种各样的悲观主义从旁边经过。预言者解说每一个列队。对异样的欲望，对否定的欲望，说到底是对虚无的欲望，接踵而来。

最后查拉图斯特拉作出说明：上帝死了，此乃最大的危险的原因：怎么样？它可能也是最大的勇气的原因！

Ⅱ.

朋友们的露面。
没落者对完满之物的享受：撤离者。
朋友们的辩解。
节日游行。关键时候，伟大的正午。
对死去的上帝的伟大感恩和献祭。

129

Ⅲ.

新的任务。　　　　　上帝之死，对预言者来说最可怕
完成该任务的手段。　的事件，对查拉图斯特拉来说则
朋友们离弃他。　　　是最幸福和最有望的事件。
　　　　　查拉图斯特拉濒于死亡。

Ⅳ.我们誓愿者

2[130]

"艺术家"现象还是最易透视的：——我们由此出发来眺望权力、自然等等的基本本能！包括宗教与道德！

"游戏"，无用之物，作为精力过于充沛者的理想，作为"儿童般天真的"。上帝的"孩子气"，παῖς παίζων[游戏着的儿童]

2[131]

第一本书的提纲。

我们所敬重的世界与我们所经历、我们所是的世界之间的对立渐渐明朗起来。剩下的事情是,要么取消我们的尊重,要么取消我们本身。而后者就是虚无主义。

1. 正在临近的虚无主义,理论的和实践的。对它的错误推导。(悲观主义,它的种类:虚无主义的前奏,尽管不是必然的。)北方对南方的优势。

2. 基督教正毁灭于它自己的道德。"上帝就是真理","上帝就是爱","公正的上帝"——最大的事件"上帝死了"——已经模糊地被感受到了。把基〈督教〉转变为一种神秘直觉(Gnosis),这种德国式的尝试的结果是最深刻的怀疑:在其中"非真实的东西"最强烈地被感觉到了(例如针对谢林)。

3. 道德,现在没有了约束力,它知道再也守不住自己了。人们终于抛弃了道德解释——(情感中处处还充满着基督教价值判断的余音——)

4. 但以往的价值,特别是哲学的价值,都是以道德判断为依据的!("求真意志"的价值——)
"智者"、"先知"、"圣徒"之类的大众理想跌落了

5. 自然科学中的虚无主义特征。("无意义状态"——)因果论、机械论。"规律性"是一种过渡行为,一种残余!

6. 在政治中亦然:缺乏对自己的权利、清白的信仰,充斥着谎言、一时的卑躬屈膝。

7. 在国民经济中亦然:对奴隶制的废除,缺乏一个具有解救作用的等级,一个辩护者,——无政府主义的临近。"教育"?

8. 在历史中亦然:宿命论,达尔文主义,对理性与神性作穿凿附会的解释的最后尝试失败了。对过去多愁善感;人们受不了任何传记!——(在此也有现象主义:性格作为面具,没有什么事实)

9. 在艺术中亦然:浪漫主义及其反击(对浪漫主义理想和谎言的反感),纯粹的艺术家(对内容漠不关心),后者是道德的,作为更大的真诚性的官能,但却是悲观主义的。

(告解神父的心理学与清教徒的心理学,心理学浪漫主义的两种形式:但也还有它们的反击,纯粹艺术地对待"人"的尝试,——甚至在这里,也还没有大胆冒险,作出颠倒的价值评估!)

10. 整个欧洲的人类事业体系感到自己有时是无意义的,有时已经是"非道德的"。一种新佛教的极大可能性。最高的危险。"真诚性、爱、公正与现实世界的关系如何?"根本没有!——

标志

欧洲虚无主义。

它的原因:以往价值的贬黜。

"悲观主义"这个模糊词语:感觉不妙的人们和感觉太好的人们——两者都曾是悲〈观主义〉。

虚无主义、浪漫主义与实证主义的关系(后者乃是对浪漫主义的一个反击,失望的浪漫主义者的作品)

"回归自然",1.它的发展阶段:背景是基督教的轻信(差不多就是斯宾诺莎的"deus sive natura"[神或者自然]!)

卢梭,浪漫主义唯心论之后的科学。

斯宾诺莎主义极富影响:1)试图满足于如其所是的世界。

2)幸福与认识被幼稚地置于依赖关系中(是一种力求乐观主义的意志的表达,从这种乐观主义中暴露出一个深刻的受难者——)

3)摆脱道德的世界秩序的尝试,旨在把"上帝"、一个在理性面前持存的世界保留下来……

"如果人不再认为自己是恶的,那他就会停止存在——"善与恶只不过是解释,根本不是事实情况,不是一种自在。人们能够探明这种解释的起源;人们能够作出尝试,以便慢慢地摆脱那种根深蒂固的强制性,即要求进行道德解释的强制性。

关于第二本书。

道德价值评估的形成和批判。两者并不像人们轻信的那样是相合的。(这种信仰已经是一种道德评估"某个如此这般形成的东西以其非道德的起源而没有什么价值"的一个结果)

道德评价的价值据以得到规定的那个尺度:"改良、完善、提高"之类话语的批判。

被忽略的基本事实:人这个类型"变得更道德"与这个类型的提高和强化之间的矛盾

自然人(Homo natura)。"权力意志"。

关于第三本书。

权力意志。

实施这种重估本身的人必得具有何种性质。

等级制作为权力制:战争与危险乃是前提,即:一个等级要抓住它的条件。伟大的典范:自然中的人,最软弱最聪明的生物把自己变成主人,较愚蠢的力量征服自己

关于第四本书。

最伟大的斗争:为此需要有一种新武器。

锤子:唤起一种可怕的决定,使欧洲面对这样一个后果,即:它的意志是否"意愿"没落

防止中等化。更愿意没落!

2[132]

(36)

在事物根基处彻底道德化了,以至于人类理性总是凿凿有据——这个前提乃是一种天真,是老实人的前提,是对于神性真实之信仰的后果——上帝被看作万物的创造者。——这些概念是来自彼岸预先实存的一个遗产——

一件工具不能批判它自己的适合性:理智不能规定它自己的界限,也不能规定它自己的成功或者失败。——

"认识"乃是一种回溯:本质上是一种 regressus in infinitum [无限回归]。起中止作用的(在一个所谓的 causa prima [第一因]那里,在一个无条件之物那里,等等)是懒惰、困倦——

所以,不论人们总是已经多么好地理解了某个事物据以形成

的条件,人们都还不能理解这些条件本身:——这一点已经悄悄地告诉历史学先生们了。

2〔133〕

反对和解意愿以及和气态度。其中也包括任何一种一元论试验。

2〔134〕

(39)

艺术家方面的民众效应和大众效应:巴尔扎克、V. 雨果、R. 瓦格纳

2〔135〕

——Error veritate simplicior〔谬误比真理更简单〕——

2〔136〕

——那些令人信服的证据之一,击中了使用它的人——

2〔137〕

思想指南。
为严肃研究我的著作而准备的
辅助手段。

原则。关于权力感学说。

关于心理学的观点。

关于宗教批判

关于 disciplina intellectus[精神学说]。

德性中可疑问者。

向恶致敬。

艺术家问题。

政治。

致逻辑学家。

反对唯心论者。

反对现实性之虔信者。

论音乐。

关于天才的说明。

从孤独之奥秘而来。

什么是希腊的?

关于生活艺术。现代的阴暗化。女人与爱情。书本与人类。民众与"民族"。

2[138]

善恶的彼岸。

一种未来哲学的序曲。

弗里德里希·尼采著

更易懂的新版本。

第二卷。

附录：思想指南。

为严肃研究我的著作而准备的辅助手段。

2[139]

(7)

关于"因果论"。

显而易见，无论是在自在之物之间，还是在现象之间，都不可能有什么因果关系：这就表明，在一种相信自在之物和现象的哲学范围内，"原因与结果"概念是不可用的。康德的错误——：事实上，从心理学上来推算，"原因与结果"概念无非起源于一种思想方式，后者时时处处都相信意志对意志的作用，——它只相信生命体，从根本上讲只相信"灵魂"（而不相信事物）。在机械论世界观（它就是逻辑学及其在空间和时间上的应用）范围内，前面那个概念就被还原为数学公式——用这种公式，正如人们总是再三强调的那样，是决不能把握什么的，但兴许可以标示什么，记录什么。

某些现象不变的相继次序并不证明什么"规律"，而只能证明两种或者多种力量之间的权力关系。你会说："但正是这种关系保持相同嘛！"这话无非是说："同一种力量不可能同时也成为另一种力量。"——这里重要的并不是一种前后相继，——而是一种相互交织，是一个过程，在其中，个别的相继而来的环节并不是作为原因与结果而相互制约的……

"行动"与"行动者"的分离,事件与某个导致事件发生的〈东西〉的分离,过程与某个东西(它并非过程,而是延续着的实体、事物、物体、灵魂等等)的分离,——试图把事件把握为一种对"存在者"、"持留者"的推移和位置变换:这个古老的神话既然已经在语〈言的〉、语〈法的〉功能中找到了一个固定的形式,也就把对"原因与结果"的信仰确定下来了。——

2[140]

(30)

"相同者只能从相同者角度来认识"和"相同者只能从不相同者角度来认识"——在古代就已经开始了一场围绕这两个断言的斗争——在今天,从一个严格而谨慎的认识概念而来,我们就可以提出反对这两个断言的意见了:它根本就不能被认识——而且恰恰是因为相同者不能认识相同者,并且因为相同者同样也不能从不相同者角度来认识。——

2[141]

这种对行动与行动者、行动与遭受、存在与生成、原因与结果的分离

对变化的信仰已然是以对某种"自行变化"的东西的信仰为前提的。

理性乃是表面现象的哲学

2[142]

(30)

相继序列的"规律性"只不过是一个比喻的表达,就仿佛在这里有一个规则可以遵守似的:其实并没有什么事实。同样也没有"规律性"。为了表达一种一再重现的序列,我们找到一个公式:借此我们并没有发现任何一种"规律",更没有发现一种作为导致重现的原因的力量。事物总是如此〈这般〉发生,这一点在这里得到了解释,就仿佛一个人由于服从某种规律或者某个立法者而总是如此这般地行动;而撇开"规律",他或许就没有别样行动的自由了。然而,或许正是那种"如此而非别样"起源于这个人本身,这个人首先不是着眼于规律而如此这般地行为,而是作为具有如此这般特性的人。而这仅仅意味着:某物不可能同时也是另一个东西,不可能一会儿这样做一会儿别样做,既不是自由的也不是不自由的,相反地它就是如此这般的。此种错误隐藏于对一个主体的穿凿附会的编造中

2[143]

假如世界占有一定量的力,那么显而易见,在某个位置上任何一种权力的推移都制约着整个体系——也就是说,除了前后相继的因果性,或许还有一种并列和共存的依赖性。

2[144]

(40)

即便假定不能举出对基督教信仰的反证,着眼于一种可怕的

可能性(即这种信仰有可能是真实的),帕斯卡尔也把成为基督徒看作最聪明的做法。在今天,作为表示基督教已经丧失了恐惧特性的一个标志,人们找到了另一种为这种信仰辩护的尝试,即:即使它是一种谬误,人们在有生之年都会得到这个谬误的大好处和大乐趣:也就是说,看起来恰恰为了这种信仰的抚慰作用之故,也该把这种信仰维持下去,——也就是说,并非出于对一种咄咄逼人的可能性的恐惧,而毋宁说是出于对一种缺乏刺激的生命的恐惧。这样一种享乐主义的说法,即来自快乐的证据,乃是一种衰落的征兆:它取代了来自力量的证据,即来自那种基督教理念中震动性的东西的证据,来自恐惧的证据。事实上,在这种重新解释中,基督教近乎衰竭了:人们满足于一种鸦片般的基督教,因为人们既没有力量去寻求、抗争、冒险、特立独行,也没有力量走向帕斯卡尔主义,走向这种苦思冥想的自我轻蔑,走向对人类的无体面状态(Unwürdigkeit)的信仰,走向"可能受谴责者"的畏惧。然而,一种基督教,一种主要要抚慰病态神经的基督教,根本就不需要一个"十字架上的上帝"那种可怕的解决办法:因此,在寂然无声中,佛教正在欧洲各处取得进展。

2[145]

把一个事件要么解释为行为要么解释为遭受——也就是说每个行为都是一种遭受。这种解释说的是:每一种变化、每一种变异都是以一个发动者、一个导致"变化"的东西为前提的。

2[146]

把无数经验简化和压缩为总定律,与那些本身通过缩减而包含着整个过去的精子的生成,在这两者之间,我们可以作一种完全的类比;而同样地,在艺术从具有生育力的基本思想中形成"体系",与有机体的生成之间,我们也可以作这样一种类比——有机体的生成乃是一种想象和设想(Aus-und Fortdenken),一种对以往整个生命的回忆(Rückerinnerung)、回想(Rück-Vergegenwärtigung)、亲身呈现(Verleiblichung)。

质言之:可见的有机生命与不可见的创造性心灵运作和思想,包含着一种平行关系:在"艺术作品"上,人们可以最清晰地把这两个方面说明为平行的两面。——何以思想、推论以及所有逻辑的东西可以被看作外部方面(Außenseite):作为内在得多和彻底得多的发生事件的征兆呢?

2[147]

(30)

"目的与手段"　　作为解释　（并非作为事实）
"原因与结果"　　作为解释〉一切都是在一种权力意志
"主体与客体"　　作为解释　意义上
"行为与遭受"
("自在之物与现象")作为解释
以及在何种意义上也许是必然的解释?(作为"有所保存的")

2［148］

权力意志进行阐释：一个器官的形成过程中，关键就在于一种阐释（Interpretation）；权力意志界定、规定了各种等级、权力差异。单纯的权力差异或许还不能把自身感受为这样一个东西：必定有一个意愿增长的某物在此，它根据自己的价值来阐释其他每一个意愿增长的某物。其中类似地——实际上，阐释乃是用来主宰某物的手段本身。（有机过程是以持续的阐释活动为前提的。

2［149］

一个"自在之物"的运行就如同一种"自在的意义"，一种"自在的含义"。并不存在什么"自在的事实"，而不如说，为了能够有一个事实，一种意义必须首先被置入其中了。

从某个他物出发来看，"这是什么？"的问题就是一种意义设定。"本质"（Essenz）、"本质状态"（Wesenheit）乃是某种透视性的东西，已然是以一种多样性为前提的。根本性的问题始终是"对我而言这是什么？"（对我们，对一切活着的东西而言等等。）

倘若所有人都首先以他们的"这是什么？"问题对某个事物作了问和答，那么，这个事物就得到了标识。假如缺乏一个唯一的人，具有自己与所有事物的联系和视角：而且事物始终还没有"得到界定"。

2[150]

质言之，一个事物的本质也只不过是一种关于"事物"的意见。或者毋宁说："有效"（es gilt）乃是真正的"存在事实"（das ist），唯一的"存在事实"。

2[151]

人们不可问："究竟谁在阐释?"而不如说，阐释本身，作为权力意志的一个形式，以此在（但并非作为一种"存在"，①而是作为一个过程，一种生成）为情绪。

2[152]

"事物"的形成完完全全是表象者、思想者、意愿者、感觉者的作品。"事物"这个概念本身恰如一切特性。——甚至"主体"也是这样一个被创造之物，一个"事物"，与其他一切东西无异：那是一种简化，为的是把这个具有设定、构想、思维作用的力本身标示出来，以区别于所有个别的设定、构想、思维本身。也就是把不同于所有个体的能力标示出来：根本上就是着眼于一切尚须期待的行为（行为和类似行为的可能性）来概括这种行为

2[153]

请注意！根据我们所熟悉的世界是证明不了仁慈的上帝的：

---

① 此处"此在"原文为 Dasein，"存在"原文为 Sein。——译注

人们今天只能强制和驱使你们到这个程度:——但你们从中能得出什么结论呢?对我们来说,上帝是不可证明的:认识的怀疑论。而你们所有人都害怕这个结论:"根据我们所熟悉的世界或许可证明一个完全不同的上帝,一个至少并不仁慈的上帝"——而且,长话短说,你们抓住你们的上帝不放,并且为他虚构了一个我们所不熟悉的世界。

2〔154〕

(36)

反对科学偏见。

——最大的谎言乃是关于认识的谎言。人们想知道自在之物具有何种性质:可是看啊,根本就没有什么自在之物!甚至,假如有一种自在、一个无条件之物,那么,它恰恰因此不可能被认识!某个无条件之物是不能被认识的:要不然,它就不是无条件的了!然而,认识始终是"以某种方式为某个目的而受条件限制"——;这样一个"认识者"想要的是,他想认识的东西与他毫不相干;还有,这同一个东西根本就不是与任何人毫不相干:这里首先出现了一个矛盾,在认识之意愿与那种主张某物与他毫不相干的要求之间(但这样一来认识何为啊!);其次,因为与任何人都毫不相干的东西根本就不存在,所以也就根本不能被认识。——认识意味着"为某个东西而受条件限制":感到自己受条件限制,并且在我们之间——也就是说,认识无论如何都是一种对条件的确定、标示和意识(而不是一种对本质、事物、"自在"的探究)

2［155］

深深的厌恶一劳永逸地在某种对世界的总体考察中养尊处优；相反的思维方式的魔力；不能失去谜一般特征的魅力。

2［156］

关于"艺术家"一章（作为雕塑者、价值添置者、财产夺取者）

我们的语言是对事物的最古老夺取过程的余音，对于统治者和思想者都一样——：每一个被铸造的词语旁都跑动着这样一条命令："现在就应当这样来命名事物！"

2［157］

难道一切量不就是一切质的征兆吗？这种更大的权力符合另一种意识、情感、欲求，另一种透视目光；增长本身就是一种力求更多地存在的要求；从一种 quale［痛苦］中会产生对一种更多的量的要求；在一个纯粹量的世界里，一切都是僵死的、呆板的、不动的。——把一切质都还原为量，这是胡闹：这种做法的结果是，一方与另一方放在一起，一种类比——

2［158］

"主体"概念的心理学历史。身体，这个事物，这个由眼睛构造起来的"整体"，唤起那种关于某个行为与某个行为者的区分；行为者，越来越精细地被把握的行为的原因，最后就剩下了"主体"。

2﹝159﹞

可曾有一种力被确定下来了?没有,而倒是作用和结果,被翻译成一种完全陌生的语言了。可是,连续序列方面的规则却把我们宠坏了,以至于我们对奇异之物生不出惊讶了

2﹝160﹞

本书虽然未写完但要求有一个解决。在今天,要紧的是为开头写一个序言,首当其冲的是要说明,为什么我当时害怕写一个序言。

2﹝161﹞

(41)

关于序言。

对认识论教条的深刻怀疑,〈我〉曾喜欢一会儿从这个窗口、一会儿从那个窗口进行观望,防止使〈我自己〉身陷囹圄。我把这些教条看作有害的——而且说到底,一件工具有可能批判它自己的适用性吗??——我所留心的毋宁说是,从来没有一种认识论上的怀疑论或者独断论是在没有隐含思想的情况下出现的,——只消人们考量一下根本上逼使这种立场出现的东西,那么,这种怀疑论或教义学就只有等而次之的价值了;即便是求确信的意志,如果它不是"我首先要活下来"的意志———基本观点:无论是康德,还是黑格尔,还是叔本华——无论是怀疑-悬搁的态度,还是历史学化的态度,还是悲观主义的态度,都具有道德的起源。

我未见过什么人敢于批判道德价值感;还有,对于那些可怜的深入这种价值感之形成史的尝试(譬如在英国和德国的达尔文主义者那里),我是立即要转过身去的。——怎么来解释斯宾诺莎的立场,他对道德价值判断的否定和拒绝呢?(那是一种神义论的一个后果吗?)

2[162]

在本人的早期著作中,人们看出一种力求非封闭视野的善良意志,某种在信念面前聪明的谨慎,一种对任何强大的信仰都会导致的妖魔化和良心谋骗的怀疑;尽管人们可能在其中部分地看到这个被烧伤的孩子、受欺骗的唯心论者的小心谨慎——在我看来,更为本质性的是一个秘密朋友的伊壁鸠鲁式的本能,这个秘密朋友愿意让自己不无代价地获得事物谜一般的特征,最后,最为本质性的是一种审美的憎恶感,即对伟大的、德性的、无条件的话语的憎恶,一种趣味,它抵抗所有四边形的对立面,想望事物中相当部分的不可靠性,并且要消除对立面,作为中间色调、阴影、午后阳光和无穷海洋的朋友。

2[163]

道德历史学家的常见错误:

1. 他们说,不同的民族有不同的道德估价,从中可以推断出不同民族的一般无约束性。——或者,他们断言,对于某些道德事物,各个民族(至少是基督教民族)有某一种consensus[一致、赞同],由此可以推断出它对于我们的约束性:——两者是同样幼稚的。
2. 他们批判一个民族对于自己的道德(对于起源、认可、合理性等等)的意见,以及自以为[①]已经批判了道德本身,已经长满了这种非理性杂草的道德本身。
3. 他们自己服从一种道德的统治,而又没有自知之明,他们的做法从根本上讲无非是促使他们那种道德信仰取得胜利:——他们的理由仅仅证明他们自己的意志,即:这个那个会被信仰,这个那个应当是完全真实的。

以往的道德历史学家是无关紧要的:他们通常自己服从一种道德的命令,他们所做的勾当说到底无非是进行道德宣传。他们常见的错误就是:他们批判一个民族对于自己的道德的愚蠢意见(也就是关于道德的起源、认可、合理性),并且恰恰因此自以为已经批判了道德本身,已经长满了这种非理性杂草的道德本身。然而,"你应当"这样一个准则的价值,是不依赖于关于这个准则的意见的,尽管一种药品的价值无疑依赖于我是以科学的方式看待医学,还是像一个老女人那样看待医学。

又或者,他们断言,各个民族(至少是已驯化了的民族)对于某些道德事物有某种 consensus[一致、赞同],并且由此可推断出它们的无条件的约束性,也是对你对我的约束性:两者同样是大大的幼稚——

---

① 此处原文 Glauben 为动名词,疑为误植。从上下文看,此处应为动词 glauben。——译注

2[164]

　　一种通过战争和胜利而变得强健的精神,对它来说,征服、冒险、危险、痛苦甚至已经成了需要;一种对高空凛冽气流、对冬天漫游、对任何意义上的冰冻和丛山的适应;一种高雅的凶恶和最后的复仇恶意,因为如果一个苦难深重的人把生命纳入自己的庇护中,那么,复仇就在于对生命本身的复仇。本书可能不光需要一个序言而已。由于诸多原因,本书是难以理解的,并非由于它的作者的笨拙,更不是由于它的作者的糟糕意志,而是〈由于〉一个苦难深重的人的最后恶意,这个人不断地取笑民众所相信的某个理想,而他自己也许已经在这些状态中实现了这个理想。

　　——还有,也许我有权一起来谈论这些状态,因为我不只是旁观了这些状态。

　　我并不怀疑:这曾是智者的状态,正如民众所设想的那样,我当时曾以一种讥讽的自我优越感撇开了这种状态:智者温柔的徒劳无益和自我满足,正如民众所设想的那样,"纯粹认识者"的越位和超脱,一种精神的整个高雅手淫方式,这种精神已经丢失了任何意义上的求行动、求生殖、求创造的善良意志。本书产生时那个时代的奇异幸福,谁人能与我同感呵!一个心灵高雅的凶恶,它———

　　合乎我今天的趣味的是某种别的东西:这个具有伟大爱情和伟大蔑视精神的人,他过剩的精力把他从所有"越位"和"超

147 脱"逐入世界当中，孤独逼使他为自己创造与他相类的生命体——一个人，具有要求某种可怕的责任感的意志，已离不开自己的问题了。

在这本不光需要一个序言、最难理解的书中，也许最难以把握的就是它的主题与它的语气之间的矛盾所构成的讽刺——它的主题是一种对道德价值的消解和分析；它的语气则是至高的、极其柔和的、极其智慧的镇静（Gelassenheit）的语气，一个苦难深重的人、一个回避生活的人对这种语气感到赏心悦目，犹如对自己最终的恶意一样。

2[165]

(41)

关于《曙光》序言。

试图思考道德，而不受道德魔法的摆布，怀疑道德那美好的举止和目光的施计谋骗。

我们能尊重的一个世界，一个合乎我们的膜拜欲望的世界——它不断地证明着自身——通过个别与一般的引导——：这是基督教的观点，而我们全都起源于此。

通过敏锐性、怀疑、科学性方面的一种增长（也通过一种有更高取向的真实性之本能，亦即重新受基督教的影响），已经越来越不允许我们作这样一种解释了。

最漂亮的出路：康德的批判哲学。理智既否认自己有权做那种意义上的阐释，也否认自己有权拒绝那种意义上的阐释。人们满足于用一种更多的依赖和信仰,用一种对自己的信仰的所有可证明性的放弃,用一种不可理解的和优越的"理想"(上帝)去填补空白。

黑格尔的出路,以柏拉图为依据,属浪漫主义和反动势力的一部分,同时也是历史感的征兆,一种新力量的征兆:"精神"本身乃是揭示自身和实现自身的理想,在"进程"中,在"生成"中,启示出我们所信仰的这种理想的越来越大的丰富性,——也就是说,理想实现自身,信仰指向未来,而在未来,信仰能够按自己的高尚需要来膜拜。简而言之,

1) 上帝对我们来说是不可知的和不可证明的——认识论运动的隐含意义

2) 上帝是可证明的,但却作为某种生成的东西——,而我们就属于这种东西,恰恰以我们对理想的渴望——历史化运动的隐含意义

然而,这同一种历史感,越界进入自然之中,却具有———

人们看到:这种批判从未触及理想本身,而仅仅触及这样一个问题:与理想的矛盾从何而来,为什么理想还没有达到,或者,为什么理想在所有人那里都是不可证明的。

迄今为止智者的理想在何种意义上是合乎基本道德的?———

这构成最大的区别:人们是否从激情出发,从某种要求出发,把这种危急状态感受为危急状态,抑或,人们是否借助于思想的高度以及历史想象的某种力量,恰恰还把这种危急状态当作一个问题来获得……

远离了宗教-哲学的考察，我们就能发现这同一种现象：功利主义（社会主义、民主主义）对道德估价的起源作出批判，但它却与基督徒一样相信道德估价。（幼稚性，就仿佛没有了实施制裁的上帝还会剩下道德似的。如果要维护对道德的信仰，"彼岸"是绝对必要的。）

149 基本问题：信仰的这种万能从何而来？这种对道德的信仰？

（——这种信仰同样也显露于以下事实：甚至生命的基本条件也为庇护道德的缘故而得到了错误的解释：尽管有了对动物界和植物界的知识。

"自我保存"：着眼于调解利他主义原则与利己主义原则的达尔文主义观点。

（对利己主义的批判，例如拉罗斯福哥①）

我的尝试，把道德判断理解为征兆和手势语，其中透露出生理上的兴盛或者衰败的过程，同样也透露出有关保存和增长之条件的意识：一种关于占星术价值的阐释方式。本能所提示的偏见（关于种族、教区，关于不同阶层，诸如青年或衰老等等）。

应用到基督教欧洲特有的道德上：我们的道德判断乃是衰亡的标志，对于生命毫无信仰的标志，是悲观主义的一个准备。

说我们穿凿附会地通过阐释把一种矛盾置入生命之中，这是什么意思呢？——决定性的重大事件：在所有其他估价背后，都隐藏着那种发号施令的道德估价。假如这种道德估价消亡了，那么，

---

① 拉罗斯福哥（Larochefoucauld，1613-1680）：法国作家。著有《箴言集》、《随笔集》等。——译注

这时我们根据什么来衡量呢？还有，认识等等之类还有什么价值？？？①

我的基本原理：不存在什么道德现象，而只有一种对这些现象的道德〈的〉阐释。这种阐释本身具有非道德的起源。

2[166]

《快乐的科学》序言

面对一种伟大事业的乐趣，人们现在终于感到自己有力量回到这种伟大事业上了：就像佛祖在找到自己的基本原理时，有十天时间沉湎于世俗〈的〉娱乐。

对今天一切道德化的普遍嘲讽。准备采取对一切神圣事物的查拉图斯特拉式的幼稚－讽刺的态度（优越性的幼稚形式：拿神圣者当儿戏）

(42)

关于对"喜悦"的误解。对长期张力的暂时解脱，一种精神的狂妄，这种精神献身于那些长久而可怕的决定，并为之作准备。以"科学"为形式的"傻瓜"。

本书也许不光是需要一个序言：对于他的"快乐的科学"，人们根本就无所领会。即便关于这个书名———

关于这种"快乐的科学"，人们根本就无所领会：连这个书名也无所领会，关于它的普罗旺斯式的意义，许多学者遗忘了———

---

① 原文即有三个问号。——译注

本书赖以产生的那种充满胜利喜悦的状态是难以理解的——而我自己却来自某种状态。

对一切藏在我背后的东西的憎恶意识，与一种力求对这种"我背后"表示感谢的高雅意志相结合，后者与坚持一种长久的复仇的权利感并不太远了

一段灰暗而冰冷的老迈状态，在生命最不合理的地方打开了，痛苦的暴行为骄傲的暴行所超过，这种骄傲拒绝痛苦的结论，孤独被当作对一种病态的、目光尖锐的人类之蔑视的正当防卫，因而还被当作解救而得到热爱和享受，另一方面则是一种对认识的最严酷、最辛辣、最痛苦方面的要求

151　我不能忘怀的事情中有一件就是，人们对任何一本书都没有像对这本书那样表示过衷心的祝贺，人们使我自己明白了，这样一种思想方式是多么健康

最深的侮辱莫过于：让人看出自己对于自身的要求的高度和严格性。

最深的侮辱、最彻底的隔绝莫过于：让人看出自己对待自己的那种严格性的某种真相：呵，一旦我们像所有人那样行事，像所有人那样"放任"自己，则人人都会对我们表现得多么热情和亲切啊！

我不能忘怀的事情中有一件就是，人们为着这本书《快乐的科

学》(gai saber)向我表示了许多祝贺,胜过对其他所有书之和:人们突然间和解了,人们重新表现出热情和亲切,人人都在其中看到了一种痊愈、回归、重返故里、投宿——也就是回归到"所有人的世界"。

撇开某些因为自己的虚荣而反感于"科学"一词的学者(——他们使我理解了,这兴许是"快乐的",但肯定不是"科学"——),人人都把这本书看作一种向"所有人"的回归,并且为这本书的缘故而对我表现出热情和亲切:事后我猜测,对我们最深和最彻底的侮辱莫过于———

请注意!也许人们到最后也会倾听几首纵情的歌曲,在其中有一位诗人取笑诗人及其美好的抒情诗般的感情。

请注意!!查拉图斯特拉,他以一种神圣的方式用勇气和嘲讽来反对所有神圣的事物,清白无邪地走自己的路,通向极度受禁、极度凶险的东西———

2[167]

否定因果性。目的是为了不对所有的一切负责,并且缩短某物所系的线索。"偶然"(Zufall)现实地实存。

2[168]

道德发展的趋势。每个人都希望,除了对他自己有利的学说和评估,没有其他关于事物的学说和评估发挥作用了。因此,所有时代里弱者和平庸者的基本倾向就是使强者变弱,把强者扯下来:主要手段就是道德判断。强者对弱者的攻击行为受到严厉谴责;强者的高级状态往往臭名昭著。

多数人对少数人的斗争,平常者对稀罕者的斗争,弱者对强者的斗争

——这种斗争也有中断的时候,最精巧的一种中断就是:出类拔萃者、高贵者、高品位者以弱者样子出现,并且排除更为粗暴的权力手段——

2[169]

(34)

看起来,仿佛我回避了关于确信的问题。其实恰恰相反:但由于我追问的是确信的标准,以此来检验,迄今为止究竟是根据哪个重点来衡量的——而且关于确信的问题本身已然是一个从属的问题,一个第二档次的问题了。

2[170]

(44)

缺乏对以下问题的认识和意识,即:究竟道德判断已经经历了哪些翻转,以及"恶"如何真正地已经多次在最彻底意义上被改名为"善"了。根据此类推延中的一种,我已经用"道德的道德性"这个矛盾以及———

连良心也混淆了自己的领域:有一种群盲的良心谴责

在何种意义上连我们的良心,藉着其表面的个体责任,其实依然是群盲的良心。

2[171]

(43)

良心的谴责如同一切怨恨,在具有一种力的伟大丰富性时便付诸阙如(米拉波、切利尼、卡尔达诺)①。

2[172]

"存在"——除"生命"外,我们没有其他关于"存在"的观念。——某种死亡的东西又如何能够"存在"呢?

2[173]

关于为艺术而艺术,参看杜当《思想录》第10页,色彩崇拜如何蜕化

谢雷第8章,第292页。

2[174]

除了自己安插进去的东西外,人们在事物中再也找不到别的什么了:对于这种儿戏,我想得不算少了。它可以被称为科学吗? 154

---

① 米拉波(Mirabeau,1749-1791):十八世纪法国资产阶级革命时期立宪派领袖之一,著有《论专制》;切利尼(B.Cellini,1500-1571):意大利雕塑家,著有《自传》、《论雕塑》等;卡尔达诺(Cardanus,1501-1576):意大利数学家、医师,著有《事物的微妙之处》、《我的生活》等。——译注

相反,让我们继续随两类人进行下去,要有充分的勇气成为这两类人——有一些人去重新发现,另一些人——我们这些人——则从事安插!

——最后,除了人自己安插进去的东西外,人在事物中再也找不到什么了:这种再发现被称为科学,安插——艺术、宗教、爱、骄傲。在两者中,即便是儿戏罢,———

2[175]

(45)

请注意!反对关于环境影响和外因的学说:内在的力量无比优越;许多看起来像是外部影响的东西,只不过是来自内部的适应。正是此类环境适应可以作相反的解释和利用:并没有什么事实。——天才并不是根据此类形成条件来说明的——

2[176]

什么构成二十世纪强大的人:——

2[177]

(46)

大众化的理想,例如阿西西的方济各①:否定灵魂等级,在上帝面前人人平等。

---

① 阿西西的方济各(Franz von Assisi,1181-1226):原名吉奥瓦尼·贝尔南多纳,又名弗兰西斯卡,生于意大利阿西西,天主教方济各托钵修会创始人。此派修士自称"小兄弟",麻衣赤足,步行各地宣传"清贫福音"。——译注

2[178]

在一种确定的、狭隘的、市民的意义上来看待"正义"、"非正义"等等,这是对头的,犹如所谓"行事公正,无所畏惧":亦即说,依照某个特定的粗略模式(一个共同体就在其中存在)来履行自身的职责。

2[179]

序言

从一种生命观出发(生命不是一种自我保存的意愿,而是一种增长的意愿),我已经对我们欧洲的政治、精神、社会运动的基本本能作了一番考察。

对此我兴许已经形成了一个概念?

1)在各种哲学的最根本性差异背后,隐含着某种信仰平等:受道德隐秘意图的无意识引导,更清晰地讲,受大众化理想的引导;——因而道德问题比认识论问题更为彻底

2)为了把道德偏见和所有大众化理想的偏见揭露出来,一种目光的倒转一度是必要的:为此就用得着形形色色的"自由精神"——亦即非道德的精神。

3)基督教,作为卑贱平民的理想,以其道德而导致对比较强大的、更高级地形成的人的类型的伤害,并且庇护一种群盲式的人:此乃民主思维方式的一个准备

4)与平等运动结盟的科学向前进,民主就是,学者的所有德性都拒绝等级制

5)民主的欧洲只不过是导致了一种对奴隶制的高雅培育,而奴隶制必须由一种强大的种族来指挥,方能忍受自己

6)一种贵族统治唯有在严厉而长久的压力下才能产生(对尘世的统治地位)

2[180]

在欧洲,包括德国,也许有若干个人,他们是够得着本书的问题的,而且不光是以他们的好奇心,不光是以一种爱挑剔的理智的触角,他们猜测性的想象力和模仿力的触角,尤其是他们的"历史感"的触角,而是以匮乏者的激情:他们的心灵拥有足够的高度,足以把我关于"自由精神"的概念理解为一种表达手段,理解为一种高雅,——如果人们愿意——,也理解为一种谦逊:这些人将不会抱怨我的晦涩。

有许多事物,对于它们我觉得大可不必说:显而易见,我讨厌"文学匠",我讨厌今天的所有政治派别,我不光是怀着同情来对待社会主义者的。我亲身碰到过的人的两个最高贵形式,(乃是)完全的基督徒和拥有浪漫主义理想的完全的艺术家。我感到荣耀的是,我出身于一个在任何意义上讲都严肃对待其基督教的种族;至于完全的艺术家,我感到他们是严重低于基督徒水平的。显然,如果人们由于不满而不理睬这些形式了,那么,人们就不容易对今天

其他的人的种类感到满意了,——就此而言我注定是要孤独的,尽管我蛮可以设想一种人,这种人是能让我找到乐趣的。对于我们以教养装扮起来的大城市居民、我们的学者们的自满自足,我怀着忍耐而宽容的厌恶———

2[181]

(42)

柏拉图的讽刺,借助于此,情感和感觉的一种太大的温柔、心灵的一种脆弱性知道保护自己,至少是隐藏自己;歌德那种奥林匹克本质,他创作了关于自己的苦难的诗作,为的是解脱苦难。司汤达、梅里美①亦然——

2[182]

(10)

为了使某个东西能持存,使某个比个体更长久的东西能持存,也就是说,为了使一个作品、一个也许由某个个体创造出来的作品持存下来,为此就必须强加给这个个体一切可能的限制、片面性等等。用何种手段呢？对创造了这个作品的人物的热爱、尊敬和感恩乃是一种缓解：或者我们的祖先为之奋斗过,或者我的后人只有在我保证了那种作品（例如 πόλις[城邦]）时才得到了保证。道德本质上是一种手段,是超越个体或者毋宁说通过一种对个体的奴

---

① 梅里美（Prosper Merimée,1803－1870）:法国作家。著有长篇小说《查理第九时代轶事》,中篇小说《卡门》等。——译注

役而使某物持存下来的手段。显而易见,自下而上的透视角度会给出与自上而下的透视角度完全不同的表达。

一个权力复合体:它将如何被保存下来呢?通过许多种族为之奉献自己,也就是说———

2[183]

关于导论。

对于每一个与一个大问号(犹如与自己的命运)共同生活、并且日日夜夜为全然孤独的对话和决断所折磨的人来说,关于同一个问题的异己的意见就是一种噪声,他要抵御之,对之捂住了耳朵;此外,从那些——正如他所认为的那样——没有权利提出这样一个问题的人们的角度来看,可以说就是某种纠缠不休、未经许可、毫无廉耻的东西:因为他们没有发现这个问题。这就是怀疑自身的时刻,怀疑自己的权利和优先权的时刻,这时候,这个遁世的热爱者——因为那就是一个哲学家——要求听到人们关于他的问题所说和没有说的一切;也许他在这当儿猜到,世界充满着此等嫉妒的热爱者,与他不相上下,所有声音、噪声、公共舆论、政治、日常、集市、"时代"的整个场面,都只是看起来已经被构造好了,为的是今天对我们而言的遁世者和哲学家的一切能够藏身于背后——犹如藏身于他们最本己的孤独之中;所有人都忙碌于一件事,都迷恋于一件事,都嫉妒于一件事,那恰恰就是他的问题。"今天真正进行思想时,根本就没有想别的什么"——他自言自语道;"一切恰恰都围着这个问号打转;看起来是为我自己保留的东西,其实是整个时代所谋求的:说到底根本就没有发生别的什么事;我自己——

但与我有何干啊!"

2[184]

(47)

后来我意识到,道德怀疑论走得有多远了:我从哪里重新认识自己呢?

决定论:我们并不对我们自己的本质负责

现象主义:我们对"自在之物"一无所知

我的难题:从道德以及从道德的道德性中,人类迄今为止得到了何种伤害呢?精神伤害等等

我对作为一个旁观者的智者的厌恶

我的更高概念"艺术家"

2[185]

(47)

"我们非道德论者"

对道德理想的真正批判

——批判善人、圣徒、智者

——关于所谓恶的性格的诽谤

——不同的道德阐释具有何种意义?

——如今在欧洲流行的阐释的危险是什么?

——人们能够据以测量的尺度是什么?("权力意志")

2[186]

你们可不要以为我会要求你们冒同样的险!或者哪怕只是相同的孤独。因为谁若走自己的路,就碰不到任何人:这就将导致"自己的路"。这方面没有人能"帮助"他,而且他自己必须对付得了他遇到的一切危险、意外、恶毒和坏天气。他正好有自己的自为(für sich)的路,而且也有自己对这种冷酷无情的"自为"的偶尔恼怒:举例说来,这也包括如下情况,即:即便他的好朋友们也并不总是能看到和知道,他究竟行走于何方,他究竟想去何方——而且间或不免问自己:怎么?他是不是行走?他有自己的路吗?……

——由于我借此作出尝试,要为迄今为止——不管怎么样——依然友善地对待我的那些人提供一个关于我已经走过的道路的暗示,所以首先就可以说一说:人们有时是在哪些道路上寻找我的,并且自以为是在寻找我的。人们经常会把我弄错:我承认这一点;同样地,倘若另外有人来为我辩护,划清我与这种混淆的界限,那对我来说就是帮了大忙。然而,正如前面所讲的,我必须自己帮自己的忙:人们为何要"走自己的路"呢?

反形而上学的,反浪漫主义的,艺术的,悲观主义的,怀疑论的,历史学的

一种艺术的世界观,一种反形而上学的世界观——是的,
      但一种艺术的——
    一种悲观主义 - 佛教的——

一种怀疑论的——
　　一种科学的——
　　　　并非实证〈主义的〉

2[187]

　　——placatumque nitet diffuso lumine coelum[而宁静的天宇也为你发出灿烂的光彩]——

2[188]

　　全〈部〉道德现〈象〉的历史，都可以简化到叔本华所相信的那个程度——也即到这样一个程度：同情作为以往一切道〈德〉倾向的根源必须被重新发现出来——而能够达到这样一种荒唐和幼稚程度的，唯有一个思想家，他已经解脱了一切历史本能，而且甚至以最奇异的方式逃脱了那种强大的历史教育，就像从赫尔德尔到黑格尔时代的德国人所受的历史教育。

2[189]

　　关于我们的估价和财富表的来源的问题，根本不像通常所认为的那样，是与对它们的批判同时发生的：甚至对无论哪一种 pudenda origo[可耻的起源]的认识，对于情感来说无疑也会导致一种对如此这般形成的事物的价值减弱，并且备下一种针对这同一事物的批判情调和态度。

161 2[190]

(47)

我们的价值评估和道德价目表本身又有什么价值呢?在它们的支配地位中能得出什么结果呢?为谁呢?与何相关?——答曰:为生命。但什么是生命呢?在这里就必须对"生命"概念作一种新的更确定的把握。对此,我的公式是:生命就是权力意志。

价值评估本身意味着什么呢?它会返回或者下降到另一个形而上学世界吗?就像康德还相信的那样(他站在伟大的历史运动面前)。质言之:它是在哪里"形成"的?或者它并没有"形成"?答曰:道德的价值评估乃是一种解释,一种阐释方式。这种解释本身乃是特定生理状态的征兆,同样也是流行判断的某个特定精神水准的征兆。谁来解释呢?——我们的情绪。

2[191]

我的主张:人们必须使道德的价值评估本身经受一种批判。人们必须用"为何之故?"的问题来制止道德的感情冲动。这种对于一个"为何之故?"的要求,对于一种道德批判的要求,正是我们今天的道德心本身的形式,乃是一种高贵的正直感。我们的正直,我们的意志,必须证明自己并不欺骗我们:"为什么不?"——向哪个法庭来证明呢?——不让自己〈去〉欺骗的意志乃有另一种起源,是一种对征服、剥削的小心提防,生命的一种正当自卫的本能。

这些就是我对你们的要求——它们可能使你们不堪听

闻——:你们应当使道德的价值评估本身经受一种批判。你们应当用"为何之故屈服?"的问题来制止道德的感情冲动,那种在这里要求屈服而不要求批判的感情冲动。你们恰恰应当把这种对于"为何之故"的要求,对于一种道德批判的要求,视为你们今天的道德心本身的形式,一种极其高贵的正直性,它将为你们和你们的时代带来荣光。

2[192]

情感:你应当!违逆行为中的不安——问题:"谁在此下命令?我们在此害怕谁的嫌弃?"

2[193]

(7)

我们的坏习气,就是把一种记忆符号、一种简化的公式看作本质,最后看作原因,例如关于闪电,我们说:"它发光"。或者甚至是"我"(ich)这个小词。又把一种观看视角设定为观看本身的原因:这就是"主体"、"自我"发明过程中的绝招!

2[194]

(23)

司汤达:"要想理解唐璜①或秘密婚姻(Matrimonio segreto),

---

① 唐璜(Don Juan):西班牙传奇人物,荒唐淫乱的贵族。唐璜形象常见于欧洲诗歌和戏剧作品中。——译注

有多少地方我不会驻足,有多少牢狱时光我不甘愿忍受;我不知道自己还能为了别的什么东西付出这一努力"。① 当时他56岁。

2[195]

(41)

黑格尔:他的通俗方面是关于战争和伟人的学说。正义归于胜利者:胜利者就是人类进步。

根据历史来证明道德的统治地位的尝试

康德:躲避我们,不可见地,现实地,一个道德价值的王国

黑格尔:道德王国的一种可证明的发展、明朗化

我们既不愿意以康德的方式受骗上当,也不愿意以黑格尔的方式受骗上当:——我们不再像他们那样相信道德了,因而也不需要为任何哲学奠定基础,以便使道德保持权利。对我们来说,无论是批判主义还是历史主义,其魅力都不在此:——现在,它们到底具有何种魅力?——

2[196]

我们无家可归者——是的!但我们是要充分利用我们的处境的优势,而不是毁灭于此;我们要使自己能获得自由的空气和强大的丰富光亮。

2[197]

不虔信者和不信神者,是的!——但没有从无信仰中编造出

---

① 原文为法文。——译注

一种信仰、一个目的、经常是一种殉道的挣脱者的那种苦难和激情：我们已经熬干了，已经漠然处之了，因为我们看到，世界上的事情根本不是神性地发生的，更不是按照理性的、慈悲的、人性的尺度发生的；我们知道，我们所生活的世界是非道德的、非神性的、非人性的——我们已经太久地本着敬仰对它作了阐释。这个世界并不值得我们信仰；而且，最后由叔本华编织起来的安慰蜘蛛网，也已经被我们撕破了。整个历史的意义恰恰在于：它识破自己的无意义状态，并且对自身感到厌倦了。这种对此在的厌烦（Am-Dasein-Müde-werden），这种求不再意愿的意志，对本己意志、本己福利、主体〈的〉粉碎（作为这种颠倒了的意志的表达）——正是这一点，而不是别的，是叔本华要以至高的崇敬来加以尊重的：他称之为道德，他扬言，一切无私行为———他相信自己保障了艺术的价值，因为他想在艺术创造出来的冷漠状态中认出为那些完全的解脱和厌恶的满足所作的准备。

——可是，着眼于一个非道德的世界景象，我们真的是悲观主义者吗？不是的，因为我们并不相信道德——我们相信，慈悲、正义、同情、合法性大大地被高估了，它们的反面受到了诽谤，在两者当中，在夸张与诽谤中，在道德〈的〉理想和尺度的铺设过程中，隐含着一种对人类的巨大危害。我们也不要忘记好收成：有关解释、道〈德〉解剖、良心谴责方面的完美无缺已经把人类的虚假性提高到了极致，使人变得有修养了。

一种宗教本来是与道德毫不相干的：不过，犹太〈宗教〉的两个后裔却是两个本质上具有道德性的宗教，它们制定人们应当如何生活的规章，并且用赏与罚使人们服从它们的要求。

2［198］

俾斯麦的 aera［时代］（德国愚昧化的 aera［时代］）

在这样一种沼泽地里生长，多么陈腐，真正的沼泽植物亦然，例如那些反〈犹太主义者〉

2［199］

——在我看来，所谓要爱国，在今天公共意见所要求的意义和程度上，在我们更有才智的人身上，或许不仅是一种无聊老套：而倒是一种不诚实，一种对我们更佳的知识和良知的任意麻醉。

2［200］

同样，我们不再是基督徒：我们已经长大，不再需要基督教了，原因并不在于我们离它太远，而是因为我们住得离它太近，更因为我们是从它那里生长出来的——这是我们更严格也更高要求的虔诚，它在今天禁止我们继续做基督徒——

2［201］

当我过去把"不合时宜"一词写在我的书上时，在这个词上传达出多少青春、无经验、冷僻啊！现在我明白，带着这样一种哀叹、热情和不满，我恰恰因此属于现代人中最现代的。

2［202］

康德：关于一种可能科学的纯粹理念，人们试图通过几个途径接近这门科学,直到摆脱掉那条独一无二的、通过感性很难通行的小路——

2[203]

即便在今天,也还有一些哲学家不自觉地给出极其强硬的证据,要证明这种道德权威的势力范围有多大。用的是他们所有求独立的意志,他们的怀疑习惯或原理,甚至用他们的矛盾恶习、不惜一切代价的创新恶习、傲视任何高度的自大恶习——一旦他们思索"你应当"和"你不应当",会有什么结果呢?世上很快就不会有什么更简朴的东西了:道德这个妖精对他们吹了妖气,施了魔法!所有这些骄傲者和独步者啊!——现在,他们一下子成了无辜的羔羊,现在,他们意愿成为群盲。首先,他们全都意愿与每个人共享他们的"你应当"和"你不应当",——这是放弃了的独立性的第一个标志。还有,他们的一种道德规章的标准是什么?所有人在这一点上都是一致的:它的普遍有效性,它对个体的无视。这就是我所谓的"群盲"。当然在这方面他们是有分歧的:因为人人都意愿以自己最佳的力量为道〈德〉效劳。他们中的大多数人想到"对道德的证明",正如人们所讲的,就是把道德与理性联姻,把两者统一起来,尽可能使两者成为一个统一体;精细一些的人反过来在道德的不可证明性中发现了道德地位的征兆和优先性,道德优越于理性的地位的征兆和优先性;其他人则意愿以历史学方式对道德进行推导(诸如与达尔文主义者一道,后者已经为糟糕的历史学家们发明了家庭常备药品,"首先是有用和强制,然后是习惯,最后是本能,甚至娱乐"),还有另一些人驳斥这种推导,并且完全否定道德的任何历史学上的可推导性,而且这同样是为了尊重道德的地位,道德的更高级样式以及规定性:然而,所有这些人基本上都一致同意"道德是存在的,道德是被给定的!",他们全体都真诚地、无意识地、不屈不挠地相信他们所谓的道德的价值,这也就意味着,他们都服从道德的权威。是啊!道德的价值!难道人们会允许某人在这里发言直接怀疑这种价值吗?——哪怕后者仅仅从这个方面去关心道德的推导、可推导性、心理学上的可能性和不可能性。

2[204]

第五卷:我们被颠倒者。

我们的新"自由"

反对大众化的理想人

艺术与虚妄深入存在之本质有多远?

为什么我们不再是基督徒。

为什么我们是反民族的。

悲观主义与狄奥尼索斯。

我们对逻辑的怀疑

为艺术而艺术。①

一切目的论的局限性。

反对因果性宿命论。

反对环境学说:面具与性格。论"现象主义"概念。

---

① 此句原文为法文。——译注

反对浪漫主义。

奴隶制概念,即工具化概念

对喜悦的误解。

等级制干什么。

对于新近哲学的批判:错误的出发点,仿佛真的存在着"意识事实"似的——而且没有自我审视方面的现象主义

2[205]

根本就没有什么利己主义,守住自己不敢越雷池一步的利己主义——因而也根本没有你们讲的那种"被允许的"、"道德上不计较的"利〈己主义〉。

"人们总是要以他人为代价来推进自己的自我";"生活总是以他人的生活为代价的"。——谁不理解这一点,就还没有开始诚实地对待自己。

2[206]

(48)

就像我们解放了的精神一样去感受,感受到我们并没有被夹入一个"目的"体系之中——这种做法含有何种自由感呵!同样地,此在(Dasein)的本质中也没有了"赏"与"罚"等概念的位置!同样地,善的和恶的行为也不能自在地被称为善的和恶的,而只有在某些人类共同体种类的保存倾向的透视角度下才能被称为善的和恶的!同样地,我们对快乐和痛苦的清算决不具有宇宙学的意义,更遑论形而上学的意义了!——那种悲观主义,那种自告奋勇

去衡量此在本身之快乐与不快的悲观主义,那种任意地把自己禁锢于前哥白尼的图围和视野中的悲观主义,如果它不只是柏林人的蹩脚笑料的话(爱〈德华〉·冯·哈特曼①的悲〈观主义〉),就会〈成为〉某种落后之物和旧病复发

2[207]

开端

结尾。

　　何以道德的这种自我毁灭依然是它自身的力量的一部分。我们欧洲人身上流淌着那些为自己的信仰而死的人们的血液;我们曾把道德看作可怕的,我们曾严肃对待过道德,而这决不是说我们不曾以某种方式为道德作过牺牲。另一方面:我们精神上的精致文雅,本质上是通过良心解剖而获得的。在我们如此这般摆脱我们古老的根基之后,我们受到驱动而走向某个目标,而我们还不知道这个目标何在。然而,这个根基本身为我们培育了力量,这种力量现在驱使我们奔向远方,使我们进入冒险,〈通过这种冒险,我们〉被推入无边无岸、未曾试验、未被发现之地,——既然我们再也没有我们所亲熟的、我们想"保存"的土地,我们就别无选择了,我们必定成为征服者。不,我的朋友们呵,你们会更好地知道这一点! 你们心中隐而不显的肯定,比你们与自己的时代一起沾染上的所有否定和犹豫更为强大;还有,如果你们必须驶向大海,你们

---

① 爱德华·冯·哈特曼(Eduard von Hartmann,1842—1906):德国哲学家。试图融黑格尔、谢林、叔本华诸家为一体。著有《无意识的哲学》《哲学体系概论》等。——译注

这些流亡者,那么,迫使你们启程的是一种信仰……

2[208]

对付不了基督教

2[209]

我的朋友义不容辞的事情是,要为我的名声、荣誉和人世安全而活动,并且要为我营造一个堡垒,使我免受粗暴的错误认识:我本身再也不愿为此动一个手指儿了

2[210]

规整性本能的完全的功能可靠性

[3.1886年初至1886年春]①

3[1]

自由精神的自然史。

3[2]

论自由精神的自然史。
思想和破折号
弗里德里希·尼采著。

3[3]

献词与终曲。
"致那个使所有天空明朗、
所有大海汹涌的东西——"

3[4]

权力意志。
一种未来哲学的预兆。

---

① 相应的手稿编号为：W I 7b. W I 3b. Mp XVI 2b. Mp XVI 1b。——译注

弗里德里希·尼采著。

3[5]

对统治欲的误解。
喜悦作为解救。
舞蹈。
对"神性之物"的嘲讽——痊愈的征兆。
对"坚固事物"的要求——其中含有认识论以及大量悲观主义!
把查〈拉图斯特拉〉当作自己的对手塑造出来

3[6]

在欧洲,祖国之爱乃是某种新鲜的东西,还是站不住脚的:它很容易倒掉!人们切不可被它造成的鼓噪所欺骗:小孩子们叫得最响。

3[7]

"愚蠢到虔诚"——俄罗斯人如是说。

3[8]

驶向新大海。
各色问题和可疑问者。
对善良的欧洲人而言。

弗里德里希·尼采著。

3[9]

善恶的彼岸。
一种未来哲学序曲。

第一卷:道德与认识。
第二卷:道德与宗教。
第三卷:道德与艺术。
第四卷:我们的德性。
第五卷:论等级制。

3[10]

我们的德性。

对可疑问者而言的各色问题。

弗里德里希·尼采著。

3[11]

人性的,太人性的。

一本为自由精神的书。
新的结论。

而如果本书是一面镜子,因此是一个自我反映的时机:那么,你们善良的欧洲人啊,你们怎么看我们的虚荣心呢?莫非它乐意看自己——"在镜子里"?——

3[12]

从自由精神的自然史而来。
未来之哲学。
科学工作者。
艺术家。
关于高等人的哲学。
关于欧洲的阴暗化。

3[13]

如果我们要为人类的宗教组织讲话,那么,这样一种孤独就是我们要守护的:——而且,也许没有什么东西能如此确定地把我们与所谓的群畜和平等信徒胡乱滥用的"自由精神"区分开来:——他们或许统不可能承受孤独。宗教被看作对那种政治基本学说的推进和深化,后者始终是关于不平等权利、关于一个由高级和低级、由统治者和服从者组成的社会的学说:对我们来说,宗教意味着关于心灵的等级差异、关于以牺牲低级心灵为代价的对高级心灵的培育和造就的学说。

3[14]

世界并不是值得我们相信的东西:这一点人们已经搞清楚了。悲观主义者甚至使我们明白了,世界为我们保留下来的价值的残余恰恰就在于这样一回事,即:我们能够弄清楚这一点——而且世界并不是值得我们相信的东西。世界或许因此是一种手段,一种使世界变得索然无味、使世界本身尽可能地"非世界化"的手段。一种荒唐,一种终于开始按照不〈幸〉的拐弯抹角来理解自身的荒唐;一出编造得有点臃长的、自感羞愧而沦于虚无的谬误滑稽戏

3[15]

还有足够的理由来反对一种长年重病;至少我很想对基督教道德论者承认,这是能改善〈人〉的,也就是当人遭受到旷日持久的痛苦,而人们以冷静的从容审慎来〈注视〉此种痛苦——既不是那种东方式的暗哑麻木的自我消灭、屈从,也不是那种对意志力和勇敢精神的过度刺激,后者对诸如痛苦之类的敌人报以骄傲、嘲讽,———

在漫长的折磨中,可以说是被刚采伐下来的木柴烧毁了,没有善行,能把狂热、昏聩———

3[16]

孟佐尼[①]

斯蒂夫特[②]

[①] 孟佐尼(Alessandro Manzoni,1785-1873):意大利作家,意大利浪漫主义文学的代表人物。主要代表作有《约婚夫妇》、《卡马尼奥拉伯爵》、《自由的胜利》、《论浪漫主义》等。——译注

[②] 阿达尔贝特·斯蒂夫特(Adalbert Stifter,1805-1868):奥地利小说家。著有长篇小说《晚来的夏天》、《维第科》等。——译注

(G.凯勒)①

3[17]

"可恶的——
　　是那令一个不朽灵魂悲伤的人"②
　　　孟佐尼(《卡马尼奥拉伯爵》第二幕)

3[18]

gangasrotogati,"犹如行进之河滔滔流逝" = 急板(presto)
kurmagati,"以龟类步态"　　　　　　 = 慢板(lento)
mandeikagati,"以蛙类步态"　　　　　 = 断奏(staccato)③

3[19]

　　我们这些彼岸之哲学家——如果你允许的话,那就是善与恶的彼岸!我们其实就是圆滑世故的阐释者和讲解员——我们,那种天命依然为我们所贮备,也即作为欧洲事务的旁观者被投放到一个神秘而未解读的文本面前:这个文本越来越多地向我们泄露出来——我们有何种必要沉默,紧闭我们的双唇,而越来越多又越

---

① 凯勒(Gottfried Keller,1819-1890):瑞士作家。著有长篇小说《绿衣亨利》等。——译注
② 原文为意大利文:
"Maledetto colui—
　　che contrista un spirto immortal!"——译注
③ 此句中外文为意大利文,左列外文词语已在文中释义。——译注

来越稀罕的事物却在我们心中涌动、聚集起来,要求光明、空气、自由、话语!

　　然而,这话语———

[4.1886年初至1886年春]①

4[1]

一个哲学家：如果他真的忠实于自己的名头的话，那是一个多么谦逊的造物啊！——被称为哲学家的并不是一个"智慧之友"，宽恕一个古代语文学家吧！而不如说，哲学家只不过是"一个乐于拥有智慧之人的人"。所以，如若你们想要有哲学家出现，想要有在希腊的意义和词语理解上的哲学家出现，那么，首先与你们的"智慧之人"一道来吧！——可是，我的朋友们呵，在我看来，我们最终爱无智慧之人胜于有智慧之人，即使假定有智者存在——？而且，也许在这一点上、恰恰就在这一点上隐藏着更多的智慧呢？那又怎样？难道智者本身——从近处看来，也许——不该成为一个"哲学家"吗？而倒是"爱智者"吗？② 是愚拙之友，对吟游诗人和愚民而言的好伙伴？而不是对——自身而言？

4[2]

关于面具问题。"我心中一种近乎本能般的信念是，人说话时

---

① 相应的手稿编号为：D 18. Mp XV 2c. Mp XVII 3a. Mp XVI 1b。——译注
② 此句中的"哲学家"（Philosopher）与"爱智者"（Philosopher）仅一个字母之差，后者为尼采生造。——译注

必定会撒谎,而在他写作时更是如此"。① 司汤达:《拿破仑传》,前言,第 XV 页。

4[3]

"我晓得人的力量是什么样的",拿破仑在圣赫勒拿岛②上说道,"最伟大者不能要求受到爱戴"。③ ——让我们立即来补充可以根据太好不过的理由猜度出来的东西:他们甚至也不能要求自身,——而且他们也不爱自己!

4[4]

"你好像对我居心叵测嘛,人们会认为,你是要把人类毁灭掉吗?"——有一次我曾对狄奥尼索斯神说。这个神答道,"也许吧,但这样做,却是要让人类从中得到什么"。——"得到什么呢?"我好奇地问。——"你应该问,究竟是谁呢?"狄奥尼索斯如是说,然后就以他特有的方式沉默了,也就是以诱惑的方式沉默了。你们应当见到过他的! ——那是春天季节,万木生机盎然。

4[5]

对于黑夜的一部分,一个遁世隐居者会说:"听啊,现在时间停止了!"而在所有黑夜警醒者那里,尤其是当人们处于非同寻常的

---

① 原文为法文。——译注
② 圣赫勒拿岛(Sankt Helena):大西洋一岛屿,属英国。1815 年拿破仑被流放到该岛上,1821 年死于此地。——译注
③ 原文为法文。——译注

夜游中时，人们对黑夜的这个部分（我指的是从一点到三点的几个小时）会有一种奇怪而惊讶的感觉，一种"太短了！"或"太长了！"的感觉，简言之就是一种时间反常的印象。我们通常在那个时辰里处于梦乡世界的时间混沌当中——难道作为例外的警醒者，我们在那几个小时里必须为这件事赎罪吗？够了，夜里一点到三点，我们"脑子里没有钟点"。我认为，这一点也正是古人们以"intempestiva nocte"[不合时宜的夜、深夜]以及"ἐν ἀωρονυκτί"[在午夜]（埃斯库罗斯）所表达的意思，也就是"在没有时间的黑夜里"；也是根据这个想法，我在词源上设想荷马用来描述黑夜最深沉、最寂静的一部分的一个隐晦词语，尽管译者们总是以为应把它译为"夜里挤奶的时间"——：那时候人们竟如此愚蠢，以至于他们要在黑夜一点到三点之间给牛挤奶！——但你向谁去述说你在黑夜里的想法呢？——

4[6]

在"婚姻"一词最值得赞扬的意义上正确地来理解，〈就〉按民法登记的词面意义上的婚姻来说，关键根本不在于爱情，同样也不在于金钱——从爱情中是弄不出任何制度的——：而毋宁说，在于颁发给两个个人的社会许可证，允许两人从对方获得性欲满足，但不言而喻，前提是他们心目中要想到社会利益。当事人的某些满足以及十分丰富的善良意志——力求忍耐、平和、相互体恤的意志——乃属于这样一种契约的条件，这是显而易见的事；可我们不能把爱情这个字眼滥用在这上面！对两个完全而坚定的词义上的恋人来说，性欲的满足恰恰不是本质性的东西，真正说来只是一个征兆，如前所述，对一方来讲是无条件服从的象征，而对另一方来说则是对这种服从表示赞同的象征，是占有的标志。——就贵族的、旧贵族的词义上的婚姻来说，要义在于一个种族的培育（今天还有贵族么？Quaeritur[有人问道]），——也就是说，关键在于维护一个牢固的、确定的统治者类型：男男女女都为这个观点作出了牺牲。显然，在这里爱情决不是第一要求，恰恰相反！而且甚至也不是那种互为的善良意志的尺度，后者决定了好的民法婚姻。首先决定了一个种族的利益的，而且高于一个种族的——乃是等级。这样一个高贵的婚姻概念在任何健康的贵族制度中流行，在古代雅典，也在十八世纪的欧洲。面对它的冷酷、严厉和精打细算，我们会有些许颤栗，我们这些带有敏感心灵的温血动物，我们这些"现代人"呵！正因为这样，根据这个字眼的伟大理解力来看，作为热情（Passion）的爱情是为贵族圈子发明的，而且就在贵族圈子里，——在那里，强制、匮乏恰恰是最大的……

4[7]

——"疾病使人变善"：这个著名的断言，是人们在任何时代都可以见到的，而且既出于智者之口，同样也出于民众之口，令人深思。我们不妨就此断言的有效性来追问一下：道德与疾病之间可能存在着一条因果纽带吗？大而观之，"人的改善"，例如上个世纪发生的对欧洲人的不可否认的温和化、人性化、好心肠化——难道竟是一种长期的隐蔽或者不隐蔽的苦难、失败、匮乏、萎靡的结果吗？是"疾病"使欧洲人"变善"了？或者换种问法：我们的道德心——我们现代欧洲温柔的道德性，人们可以拿它与中国人的道德心作一比较——是一种生理衰退的表现吗?……因为人们不能否认,历史上的每个点,当"人"以特别华美和强大的类型表现出来时,立即就会具有一种突发的、危险的、火爆的特征,有了这种特征,人性就会恶化;但也许,在那些可能表面看来不同的情形下,恰恰只缺乏勇气或者精细,去把心理学推向深处,并且即便在那里也还抽取出一个普遍的定律:"一个人感觉自己愈健康、愈强壮、愈充沛、愈有成就、愈有进取心,〈他〉也就愈是变得'不道德'。"一个令人难堪的想法!我们完全不该沉湎于这个想法!然而,假如我们怀着这个想法向前再走一小步,我们就会多么惊讶地看到未来!我们竭尽全力要求推进的事情——人性化、"改善"、不断增长的人类"文明"——难道世上还会有比这更为昂贵的代价吗?没有比德性更为昂贵的了:因为有了德性,人们最后就会把大地当作医院;而所谓"人人都是大家的护士",或许就是智慧的最后结论。当然啰,这样的话,人们或许就有了那种孜孜以求的"世界和平"!但同样也就少有"相互欢喜"了!少有美、纵情、冒险、危险了!少有使人们还值得在大地上生活的"功业"了!呵!根本就不再有"作为"了!一切伟大的功业和作为,一切依然持存、没有为时间的波涛所冲走的伟大功业和作为——难道它们不都是最深意义上的伟大的非道德性吗?……

4[8]

一种信仰的单纯力量,根本还不能在其真理性方面保证什么,甚至可能从最理智的东西中慢慢地、慢慢地制作出一种极度的愚蠢:这就是我们关于欧洲人的真正洞见,——有了这种洞见,无论在哪个地方,似乎吃了许多亏之后,我们变得富有经验、备受煎熬、已经学乖了、变得智慧了……"信仰带来福乐":好吧!至少偶尔如此罢!但无论如何,信仰都使人愚蠢,尽管在比较少见的情形下,它不是愚蠢,它自始就是一种聪明的信仰。每一种长久的信仰最终都会变得愚蠢,这意思是说,以我们现代心理学家的清晰性来表达,它的根基沉入"无意识"之中,消失于其中了,——此后它不再有自己的根基,而是依据于情绪了(也就是说,在急需帮助的情况下,它让情绪为自己而斗争,而不再让根基为自己而斗争)。假定人们可以弄清楚何者是人间存在的最受人相信的、最长久的、最无争议的、最真诚的信仰,那么,人们就很有可能猜测,它同时也是最深刻的、最愚蠢的、"最无意识的"、最好地抵御了根基的、最长久地离弃了根基的信仰。——

姑且承认这一点罢;但这种信仰是何种信仰呢?——哦,你们这些好奇的人啊!不过,一旦我投身于对谜语的破解,我就要做得合乎人情,就要快快给出谜底,——人们是不会如此轻易地预先把它告诉我的。

人首先是一种有判断能力的动物;而在判断中,隐藏着我们最古老和最持久的信仰,在一切判断中都有一种根本性的持以为真和断言,一种确信,确信某物如此而非别样,确信人在这里真的已经"认识到":在每个判断中被无意识地信以为真的东西是什么?——我们有权在主语与谓语、原因与结果之间作出区分——这是我们最强大的信仰;其实从根本上讲,甚至对原因与结果、conditio[制约]与conditionatum[被制约]的信仰,也只不过是前一种普遍信仰的一个个案,即我们对主语与谓语的原始信仰的一个个案(也就是作为这样一个断言:每一个结果都是一种活动,每一个有条件制约的东西都以一个起制约作用的条件为前提,每一种活动都是以一个行动者、简言之即一个主体为前提的)。难道这样一种对于主语和谓语概念的信仰不是〈一大愚蠢吗?〉

4[9]

尾声。
——但在这里,你们却打断了我,你们自由的精神。"够了!够了!我听到你们的叫喊和笑声,我们再也不能忍受了!呵,对于这个可怕的引诱者和良心的扰乱者!莫非你是要公然败坏我们的声誉吗?给我们的好名声抹黑?给我们不只刺入皮肤的绰号吗?——还有,为什么在青天白日之下会有这些阴森森的幽灵,这些道德上的汩汩声响,这整个悲惨兮兮的漆黑音乐!你就说出真理吧:没有脚能按此类真理跳舞,也就是说,它们对我们来说还远不是真理!Ecce nostrum veritatis sigillum![看哪,我们的真理的标志!]这里是草坪和柔软的土地:快点抛掉你的怪诞想法,并且在你的黑夜之后为我们带来一个美好的白昼,莫非还有比这更妙的事情吗?或许终于是时候了,彩虹可以再度横跨大地,有人会让我们听温柔曼妙的歌,并且让我们喝上牛奶:——我们所有人重又渴望一种虔诚的、骨子里愚蠢的和混乱不清的思想方式。"——我的朋友们啊,我看出来了,你们失去了我的耐心,——是谁告诉你们我早已不再等待这一点?但我顺从你们的意志;而且我也有你们所需要的东西。难道你们在那里没有看到我的群盲跳起来,我所有那些温柔的、快活的、安静的思想羔羊和思想绵羊？还有，这里也已经为你们备好了一整桶牛奶；而如果你们先已喝了——因为你们全都渴望德性，我已经看到了这一点——那就不该缺少你们想要的歌曲！要从一首适合最活跃的腿脚和心脏的舞曲开始：的确，谁唱这个曲子，他就会使一个享有尊严的人获得尊严，这个人是自由精神中最自由者，他使整个天空重又明亮，使全部海洋汹涌澎湃。——

[5.1886年夏至1887年秋]①

5[1]

齐格勒②的书
《伦理学史》

5[2]

《曙光》
与
《快乐的科学》

5[3]

在我们的无知开始之处,——在我们再也看不到什么的地方,我们就投放一个词语,例如"我"这个词、"行为"这个词、"遭受"这个词:这些也许就是我们的认识的地平线,但决不是"真理"。

---

① 相应的手稿编号为:N VII 3。——译注
② 齐格勒(Th. Ziegler,1846-1918):德国哲学家。受朗格影响,主张社会问题本质上就是伦理问题。主要著作有《十九世纪的精神、社会思潮》、《伦理学史》等。——译注

5[4]

康德批判哲学的可疑污点也渐渐为粗笨之人看见了:康德再也无权区分"现象"与"自在之物"——他自己剥夺了自己的这种权利,再也不能以这种常见的旧方式来区分两者了,因为他拒斥了那种从现象推出现象之原因的推论,认为这是不允许的——按照他对因果性概念及其在纯粹现象内的有效性的理解;而另一方面,这种理解又已经预示着那种区分,就仿佛"自在之物"不只是被推导出来的,而是被给予的。

5[5]

保罗·瑞①博士的《道德感的起源》:一本聪明从容的小书,没有狂热态度和德性姿态,一般而言,它以一种适意的方式不具有青年的特性。在这里我力图把它年轻的置身事外的作者逐入科学领域里;我为此讲的一些话——强烈的措辞,人们甚至用这些话来指责我——也许真的属于我自己的愚拙;至少,以前通常是不讲这些话的……(正如人们注意到的那样,我懊恼地想起一种已成泡影的希望,关于那种希望,正如它多次径直激起了我的犹太人天赋,——后者作为一种人,在今天的欧洲大大地单独继承了第一位的教养,但同时也获得了一种极快地推向成熟的发展速度(并且令人遗憾地,也超越了这种成熟……))

---

① 保罗·瑞(Paul Rée,1849-1901):德国哲学家、心理学家,出身于西普鲁士,是尼采最亲密的朋友之一,对尼采思想产生了极大的影响。在尼采、瑞与莎乐美三者之间,曾构成一段著名的"三角关系"。——译注

5[6]

而你们真的想摆脱"这个彼岸"吗:我担心,没有任何其他手段,你们必须首先对我的"此岸"作出决定。

5[7]

为谦逊者所信的幸福,它在人间的恰当名字是"好吧!好吧!"

谁若是某种易碎的东西,他就会害怕儿童的双手,以及一切不能热爱的东西,又不会摧毁之。
谁在荆棘丛中抓取,他就比操剑之人更不能保护自己的手指。[187]

长角的瓦格纳信徒

5[8]

这年头的心理学绝招是,越过一个可怕的深渊,而没有向下深入观察;相反地,是轻松地一步一步做来,仿佛关键问题在于跨越一片多彩的草坪,而在这片草坪的土地上也许有一大危险等着我们:简言之,就是怀着要直面一个危险的信仰,大胆地越过一个危险。

5[9]

　　　非秘传的——秘传的
1.——一切都是违背意志的意志
2.根本就没有什么意志

1. 因果论
2. 没有诸如原因－结果之类的东西。
1.
　　一切因果性在心理上都归于对意图的信仰：
　　恰恰某种意图的作用是不可证明的。
　　（Causa efficiens[效果因]与 Causa finalis[目的因]是同义反复）从心理学上看——

5[10]

　　什么是"认识"？把某种陌生的东西归结为某种已知的、熟悉的东西。第一原理：我们已经习惯的东西就不再被我们视为谜团、问题。对新鲜、令人诧异之物的感受的麻木化：一切依照规律发生的事情在我们看来就不再是可疑的了。因此，寻找规则乃是认识者的第一本能；而自然地，借助于对规则的确定根本就没有什么得到"认识"！——于是就有了物理学家的迷信：凡在他们能坚持的地方，也就是说，凡在现象的规则性允许应用简约的公式之处，他们就以为，那就是得到了认识。他们感受到"可靠性"：但在这种理智的可靠性背后，却隐藏着对一种恐惧的安抚：他们想要规则，因为他们解除了世界的恐惧性。对不可计算之物的恐惧乃是科学的隐含本能。

　　规则性对疑问性的（亦即恐惧性的）本能具有麻痹作用："说明"，也就是指明一个发生事件的规则。对"规律"的信仰乃是对任意之物的危害性的信仰。信仰规律的善良意志促使科学取得胜利（特别是在民主时代里）

5[11]

理智不能批判自身,恰恰是因为它不能与别种理智相比较,是因为它的认识能力只有面对"真实的现实"时才显露出来,也就是说,是因为我们为了批判理智,就必须是一种具有"绝对认识"的更高级的生物。而这一点的前提就是:撇开一切透视性的考察方式和感性的－精神的获得方式,有某物存在,有一种"自在"(An-sich)——然而,对事物之信仰的心理学推导使我们不能谈论"自在之物"。

5[12]

基本问题:透视是否属于本质?而且不光是一种观察方式,不同本质之间的一种联系?是不是不同的力处于联系中,以至于这种联系维系于感知之透镜?倘若一切存在本质上都是某种感知之物,那么这就是可能的。

5[13]

形式相似性指示着亲缘关系,起源于共同的形式,——词语的语音相似性指示着词语的亲缘关系,这乃是一种推断方式,inertia[惰性]就是以这种方式提示出来的:仿佛更有可能的是,一种形式是一次形成的,而非几次形成的……

现象的演替,更准确地来描述,是不能给出过程的本质的——但至少,具有伪造作用的媒介(我们的"自我"——)的恒定性是在此存在的。这就仿佛诗韵在一种语言向另一种语言的翻译过程中消失了;但却引发了一种信仰,即在原始语言(Ursprache)中一首诗原是有韵律的。因此演替序列就唤起一种信仰,即对一种超越我们所见的变化的"联系"的信仰。

5[14]

科学的发展越来越把"已知之物"消解于某个未知之物中:但它所意愿的恰恰是相反的东西,而且是从那种要把未知之物归结于已知之物的本能出发的。

总而言之,科学准备了一种自主的无知,一种感觉,即:"认识"根本不会发生,梦想"认识"发生乃是一种傲慢自大,更有甚者,我们丝毫没有留下什么概念,哪怕只是把"认识"当作一种可能性来承认——"认识"本身是一个充满矛盾的观念。我们把人类古老的神话和虚荣转渡为一个冷酷的事实:自在之物是没有的,"自在的认识"同样也不允许成为概念。"数字和逻辑"(Zahl und Logik)造成的诱惑

"规律"造成的——

"智慧"作为摆脱透视性估价(亦即"权力意志")的尝试,乃是一个敌视生命的和消解性的原则、征兆,就像在印度人那里,等等。占有力量之弱化。

5[15]

人们越是做出努力,把一切都转渡为我们感官中僵死而无生命的东西(例如把一切都消解于运动等等之中),〈那〉就越是可以把我们的感官所提供的一切所见所闻都消解于我们生命的机能

中,也就是作为欲求、感知、情感等等。

5[16]

在最表面的现象中,也就是在能够计数、计算、触摸、观看的地方,能够查明数量的地方,是最早能获得科学的准确性的。于是,最贫乏可怜的此在(Dasein)领域首先得到了扩建,硕果累累。一切都必须得到机械论上的说明,这个要求乃是一种本能,仿佛最富有价值和最基本的认识恰恰是在那里最早得以成就的:这是一种幼稚。事实上,对我们来说,能够计数和把捉的一切东西是鲜有价值的:人们用"把握"(Begreifen)对付不了的地方,才被我们视为"更高的"。逻辑学和机械学只能应用于最表面的东西:真正说来,只是一种图式化技巧和缩略化技巧,一种通过表达技巧对杂多的掌握,——不是"理解"(Verstehen),而是一种以告知(Verständigung)为目的的标示。把世界还原到表面来进行思考,这意思就是首先使世界变成"可以把握的"。

逻辑学与机械学决没有触及因果关系——

5[17]

191

忍受不可靠性之苦的怀疑时代怎样转向一种一成不变的信仰:另一方面,随着一种对昔日教条和束缚的憎恶,人类只能迟缓地迫使自己接受一种总体信仰(因为他们并没有忍受不可靠性之苦,倒是乐此不疲)。后面这种被迫的总体信仰和总体化具有决定性的价值:虽然有相反倾向,它们还是成长起来了。关于系统构想的起源:a)来自图式化的木瓜脑袋;b)来自对不确定性的忍受;c)

比较稀罕的情形,是在那些不喜欢千篇一律的图式化并且〈是〉incerti amici[喜欢不确定性]的人们那里。

5[18]

"凡可证明的东西就是真实的。"这是一种对"真实"概念的任意规定,这种规定是不可证明的!这是一种简单的"这应当被视为真实的,应当被叫做'真实的'"!背地里隐含着对"真实"概念的这样一种效用的利用:因为可证明的东西诉诸头脑里最普遍的东西(诉诸逻辑):为什么它当然地不再作为大多数人在利益方面的一个有用性标尺。"真实的"、"被证明了的",亦即根据推理得出的,前提是,被用作推理的判断已经是"真实的"(也就是得到普遍承认的)。因此,根据一种得到普遍承认的推理方式而被归结于普遍得到承认的真理的东西,就是"真实的"。这意思也就是:所谓"凡可证明的东西就是真实的"已经预先设定了给定的真理———

5[19]

与我们有某种相关性的世界只是虚假的,是不现实的。——而所谓"现实的、真正现存的"这个概念,只是我们从"与我们相关"中抽取出来的;我们在我们的兴趣方面越多地受到触动,我们就越多地相信一个事物或者本质的"实在性"。所谓"它实存"(es existirt)意味着:我感到自己在它那里是实存的。——自相矛盾。

生命越是来自那种感觉,我们就越是把意义置入被我们当作这种激发的原因来相信的东西之中。所以,"存在者"就被我们把握为对我们起作用的东西、通过其作用证明自己的东西。——所谓"不现实的"、"假象的",或许是那种不能产生作用,但表面看起来产生作用的东西。——

不过,假如我们把某些价值置入事物之中,那么,这些价值就会在我们忘了我们是施与者之后,反过来对我们产生作用。

假如我把某人看作我的父亲,那么,对于他针对我的每一个表示,都会得出多种多样的结论:他的表示会得到不同的阐释。——可见,我们对事物的理解和解说,我们所作的对事物的阐释,是这样进行的,即:这些事物对我们的所有"现实"影响因此是不同地显现出来的,经过了重新阐释,简言之就是不同地发挥作用的。

现在,如果对事物的所有理解都是错误的,那就可以得出,事物对我们的所有影响都是根据一种错误的因果关系而被感觉和解释的:质言之,我们是根据谬误来测量价值与非价值、利与害的,与我们有某种相关性的世界是虚假的。

5[20]

微风清冷而纯粹地吹拂
——我想要

白昼泛着悲伤

傍晚,你勇敢的心疑惑而疲惫地观望。

火焰带着苍白的肚皮,它的脖子贪婪地伸向纯净的高空

5[21]

在我看来,我所面临的难题具有极其根本的重要性,以至于我竟然差不多每年都有几次想象,设想那些有才智的人——我把这些个难题对他们作了说明——必须把自己的工作放到一边,才能在这当儿完全投身于我的事务中。这时候每次发生的相反的事情,如此滑稽而可怕地成了我所期待的东西的反面,以至于我这个识人老手也学会了为自己感到害臊,〈而且〉总是不得不重新改学新手指南——人们把自己的习惯看得比自己重要千百倍——他们的优势……

5[22]

基本答案:

我们相信理性:但理性乃是苍白概念的哲学,语言乃是根据最幼稚的偏见构造起来的

现在我们把不和谐和问题穿凿附会地加入事物之中,因为我们唯以语言形式进行思维——因此相信"理性"的"永恒真理"(例如主词、谓词等等。

如果我们不愿意在语言的强制下进行思维,那我们就会停止思维,我们恰恰还会达到那种怀疑,即在这里把一种界限看作界限。

理性思维乃是一种根据我们不能摆脱的模式进行的阐释。

5[23]

自愿离弃、沉着冷静、对事物与偶然事件亲切随和,对细微至极的健康阳光感恩不尽,承受痛苦如同承受一个规则、一种条件,如同承受某种自我意愿之物,并且随着狡诈的强制性、为了我们的目的而加以利用、进行探问——

5[24]

在人的身体里,内在的牲畜不断地嘟哝和咕噜

5[25]

不仅经历着作为偏见的道德,而且要超越受到高度尊敬的以往的道德性类型

以一种嘲讽式的无所不知,高蹈于以往整个 vita contemplativa〔沉思的生活〕之上

以一种十分恶劣的意志,待在以往某一个世界观角度,尽管好奇心已经一度把我卷入任何一个世界观角度之中:以一种越来越严厉的意志,亲自去体验一下那种状态,即所有这些个别的被人们称为哲学或者"宗教"的世界透视角度赖以〈形成〉的那种状态

5[26]

关于某种听由我们去征服的无限之物的有所体验的暗示

5〔27〕

为了理解这本书,人们必须同意我的一些前提

5〔28〕

每个人本身都能够把道德看作偏见,然后甚至还能在这种怀疑论的胜利中享受到一种霞光般的幸福——

5〔29〕

人们一定要以身体和心灵去体验那些伟大的问题

5〔30〕

关于离自己最远的状态、关于智慧,民众合理地具有极其错误的概念

5〔31〕

每个伟大的问题都是一种征兆:一个人凭着一定的力量、精细、棘手之感,以这样一种危险,以这样一种预感,把它从自身中驱赶出来了

5〔32〕

民众需要那些给他们做出好榜样的人:而且又根据自身以及他们必须靠自己来克服的一切(它被解释为有关一个胜利的克服者的理想),他们为自己的最高级的人的种类赢得了一种标准。这

其中隐藏着一大危险。人们确实要真诚,要承认何以基督(举例说来)只不过是"普通人"的一个理想。

5[33]

民众往往带着有失天真的严肃性问一位哲学家,他是不是真的就像他所传授的学说那样生活:民众在心里作出判断说,道德说教是轻松的,是少有意义的,而有点意思的是过道德生活,过无论哪一种道德生活。这乃是一种幼稚病:因为,如果某人没有在他谈论的土地上生活过,他又怎能知道个中原委!

假如一位哲学家———

民众要求一位哲学家不撒谎:因为民众相信,唯有真诚者才能认识真理。同样地,哲学家得毫无肉欲地生活,断了俗念

5[34]

才智卓越的人能感觉到感性事物的魅力和魔力,这是其他人,那些具有"肉制心肠"的人,根本不能设想的——也是不可以设想的:——他们乃是最真诚的感觉论者,因为他们承认感官具有一种更为基本的价值,胜于那种细密的筛子,那种细薄化的装置,或者就可以说,胜过人们用大众语言所讲的"精神"。感官的力量和强力——这是一个发育良好的、完整的人身上最本质性的东西:首先必须有杰出的"动物"——要不然,一切"人化"有何意思呢!

5[35]

请注意! 欧〈洲〉的整个道德有利于群盲,原因是:所有较高级

的、稀罕的人们,他们的悲伤就在于,使他们别具一格的一切东西都是伴随着缩减和诋毁的感觉而为他们所意识的。今人的强壮乃是悲观主义的阴暗化过程的原因:平庸者就像群盲一样是喜悦的,没有多少问题和良知。关于强者的阴暗化:叔本华、帕斯卡尔

请注意!群盲的某个特性表现得越危险,就越彻底地受到排斥。

5[36]

我们的"认识"局限于对量的确定,也就是说

但我们不可能用什么来阻止把这种量的差异当作质来感觉。质是一种对我们而言的透视性真理;并不是一种"自在"。

我们的感官是以某个特定的份额为中心的,它们就在其中发挥作用,也即说,我们感觉到与我们的生存条件相关的大和小。倘若我们使我们的感官的敏锐性增加或者减小十倍,那我们就会完蛋。这就是说,我们也把与我们的生存可能性相关涉的大小关系当作质来感觉。

5[37]

描写一下认识论思维是如何影响人们的,在生理学上。原始的,——如何?

5[38]

我的生存的自相矛盾之处在于:我作为彻底的哲学家更彻底

地必需的一切自由——摆脱职业、女人、小孩、朋友、社会、祖国、家乡、信仰,差不多也要摆脱爱和恨——,我把它们感受为同样多的匮乏,因为我总算还是一个活物,而不是一个单纯的抽象机械。我必须补充说,在任何情况下我都没有坚实的健康状态——而且,我只有在健康的时机才能更容易地感受那些匮乏的重负。我始终也还不懂得把那五个条件归结在一起,我动摇不定的健康状态的一种差强人意的中等状态正是以这五个条件为基础的。尽管如此,倘若为了给自己创造这五个条件,我就剥夺了自己那八种自由①,那就会是一个后果严重的错误:这是对我自己的处境的一个客观看法。——

　　这件事复杂化了,因为我此外还是一位诗人呢,尽管是多么蹩脚,不过还是带有所有诗人的种种需要;其中包括同情感、出色的家务、荣耀以及诸如此类(有鉴于这些需要,除了"狗窝活法",我没有其他名称来表示我自己的生活了)。再有,这件事更趋于复杂化了,因为我此外还是一位音乐家呢:以至于真正说来,在我的生活中没有任何———

5[39]

　　——我讲的是民众道德家们和"圣人们"的语言,而且毫无拘束地,原本地,既兴奋又快乐地讲着这种语言,但同时在这方面也有一种杂耍演员的享受,后者离嘲讽不太远了——也就是关于下面这一点,即:现代思想最精巧的形式在这里不断被回译成这种幼

---

　　① 指前文"摆脱职业、女人……"的"自由"。——译注

稚的语言——也就是说，伴随着一种隐秘的胜利，对于被克服的困难以及这样一种冒险行为的表面不可能性的胜利

5[40]

论道德的谱系。

第一篇论文
弗里德里希·尼采著。

2. 禁欲理想
3. 责任。
4. "我"与"他"。

5[41]

帕〈西法尔〉①序幕，对我而言久已得到了证明的最大善行。情感的权力和严厉，无法形容，我不知道基督教如此深邃地取得、并且如此鲜明地带向同感的任何东西。完全提升了并且把捉住了——没有一个画家像瓦格纳这样画出如此无比伤感和温柔的目光

在把握一种可怕的确信方面的伟大，诸如同情之类的东西就是从这种确信中涌出来的：

---

① 瓦格纳的作品，首演于1882年，三幕舞台节日祭祀剧。——译注

[5.1886年夏至1887年秋]

我所知道的崇高感的最伟大杰作,在把握一种可怕的确信方面的权力和严厉,在有关这方面的同情中的一种无法形容的伟大性之表达;没有一个画家像瓦格纳在序幕最后一部分中那样,画出这样一种幽暗的、伤感的目光。但丁也没有,列奥那多①也没有。

仿佛多年以来,终于有人跟我讲了一下这些我关心的问题,当然并没有我正好在为此准备的答案,而是以基督教的答案——那说到底就是比我们前二个世纪产生出来的心灵更为强大的心灵的答案。不过,在倾听这种音乐时,人们把新教教徒如同一种误解一般撇在一边:情形就像瓦格纳在蒙特卡罗②的音乐促使我——正如我不想否认的那样——也把通常听到的十分优秀的音乐(海顿、柏辽兹、勃拉姆斯、赖尔的《西古德序曲》)③同样地撇在一边,如同一种对音乐的误解。真是怪了!稚气未脱时我曾赋予自己一个使命,把这种神秘搬上舞台;———

5[42]

基督教理想批判
　　贫困,
　　贞洁,

---

① 列奥那多(Lionardo):指达·芬奇。——译注
② 蒙特卡罗(Montecarlo):摩洛哥地名。——译注
③ 赖尔(Ernest Reyer,1823-1909):一译"雷耶",法国歌剧作曲家和音乐评论家。作于1884年的《西古德序曲》(Sigurd Ouvertüre)是其代表作。——译注

恭顺。

欧洲人的苦行(Fakirthum)志气。

200 5[43]

"这个年轻的犹太人,既温柔又可怕,既敏感又专横,既幼稚又深刻,充满了一种崇高道德的无私热忱和一种高尚人格的炽烈。"①

(《福音书》)勒南。

产生九月恐怖大屠杀的自私、贪婪、暴力和凶残,是来自封建制度而非其失败。②

冯·济贝尔③!!

5[44]

让我们就这样向盲者、信任者、简单者、平和者、驴子表示敬意,让我们保护和捍卫所有这些毫无恶意的、毫无疑问的、刚挤出的牛奶一般温暖的热心肠,使它们免受我们自身的伤害,除了生活最棘手的标志,即我们不认识自己,它们在生活中一无所有……让我们用这种迅速地对我们自己的坏日子默不作声的技巧来挽救它

---

① 原文为法文。——译注
② 原文为法文。——译注
③ 冯·济贝尔(Heinrich von Sybel, 1817-1895):德国历史学家,曾被选为普鲁士议会议员,1875年起任普鲁士档案馆馆长,支持俾斯麦的铁血政策。著有《德意志国王》、《1789-1795年大革命时代历史》等。——译注

们——因为连我们有时也需要一片绿洲,一片人的绿洲,在那里人们会遗忘,会信赖,会安然入睡,会重新梦想,会重新热爱,会重新成就"人性"……

5[45]

在此期间,一位十分怪异的先生,名叫泰奥多·弗里契,莱比锡人,他和我有通信往来:因为他纠缠不休,我不得不踢了他几脚。今天这种"德国人"总是越来越令我恶心。

5[46]

我们北极乐土居民^①。

既不能通过水面,也不能通过地面
发现通往北极乐土的道路
——品达

超越北方、冰冻、冷酷、死亡——我们的生命!我们的幸福!

5[47]

这些道德论者,他们如何能充当我们合适的 auditorium[听众]呢,他们有一种无耻的纠缠劲,只会听对他们来说有结果的东

---

① 北极乐土居民(Hyperboreer),又音译为许佩博雷人,希腊神话和传说中的一个居住在雪地、长生永福的民族。——译注

西,以及一般地,某物是否对他们有结果。关于前言。

"我对此具有什么?
我在此显出什么样子?
"我在此擅自做什么?"

——非法的精神。

5[48]

请注意!"德国青年"和其他狂热的长角牲畜——刚挤出的牛奶一样的热心肠

5[49]

道德作为人类的最大危险

德性,例如作为诚实,作为我们的高贵而危险的奢侈;我们未必要拒绝它带来的害处。

5[50]

1) 那种典型的变化,法国人中的 G. 福〈楼拜〉和德国人中的 R. 瓦〈格纳〉为之给出了最清楚的例子:在 1830 至 1850 年之间,对爱情和未来的浪漫主义信仰转变为对虚无的要求。
2) 欧洲的悲剧时代:受对虚无主义的斗争制约。

[5.1886年夏至1887年秋]

也许可为第十条的标题。

3) 法国人对色彩的感觉意味着什么,德国人对音调(特别是"和谐")的感觉意味着什么?部分地是为一种比较粗糙的人而备的兴奋剂,部分地是为一种比较骄傲自大的人而备的兴奋剂。

4) 悲观主义与美〈学〉理论

5) 苏格拉底以降的希腊哲学,作为病态的征兆,因而也是基督教的准备。

6) 无政府主义

7) 反对因果论。一个原因的诸条件。

8) 教育的谎言。柏拉图。也包括所有"理想"。但教育何为呢?把经久不变的产物创造出来,使某种长久之物能够在其中生长。

9) 一种道德品质的荣誉是如何形成的?

10) 道德通向平庸化、水准的降低。何以在这里有一种保存本能在说话。

10) 在伟人身上,生命的特殊性质、不公、谎言、剥削也最大。但只要他们发挥了巨大的作用,他们的本质就被最佳地误解了,就被阐释为善了。典型如卡莱尔就是阐释者。

11) 强化与改善之间的对抗。

12) 反对原子论。

13) 对自我的信仰。

14) 设想出一种新的完满性,使得我们人的全部急迫困境和非确信感不至于造反。

15) 强大的人是如何形成的?参看———

16) 陶醉的种类?

17) 对于高山、荒漠、campagna Romana[罗马竞技场]、民族主义,我们的感官意味着什么呢?

18) 哥白尼以来人类的缩小。

19) 价值评估作为原因和作为结果

20) 连续性也只不过是描写。

21) 不可知论者

22) 论精神的放荡——

什么是理智的堕落?

23) 音乐的支配地位意味着什么?

24) 热衷于人物,作为道德的缓和。

(父亲、祖宗、王侯、教士、上帝)

25) 秘密的宗教仪式("戏剧")。

26) 惩罚:对一种高等类型的维护。

27) 科学的"假象"。关于演戏。

28) 论权力生理学

29) 我们的欧洲文化——与亚洲佛教的解救方案相对立,它要求什么呢?

30) 解释,而非说明。

31) 论逻辑:求相同性的意志之为强力意志。

32) "自在之物"

33) 反对机械学

34) 对辩证法的信仰中的道〈德〉偏见

35) 理想的诽谤性质。

36) 关于科学需要的心理学。

37) 现代的阴暗化过程

38) 演戏

39) 艺术中的蛊惑因素

40) 今日基督教中的享乐主义。

41) 无论是康德还是黑格尔还是叔本华,都是受道〈德的〉基本判断规定的。柏拉图、斯宾诺〈莎〉亦然。

42) 对喜悦、反讽的误解。

43) "良心的谴责"

44) 道〈德〉判断的翻转

45) 环境学说

46) 大众化理想,阿西西的方济各。

47) "我们非道德论者"。

48) 自由感。

49) 什么是高贵的?(红色大理石花纹的书)

50) 所有伟人皆恶人

51) 科学性之伪善

52) 正如笛卡尔根据上帝的本性来论证感官知觉的真理性一样,人们也可以拒绝康德关于创造出幻想的理性的学说。就此而言,甚至认识理论也取决于一种对此在之道德特征的先行决定。

英国人以为,人们将仅仅听从一位道德的上帝。——无神论者恰恰在道德问题上最具偏见。

53) 快感乃是在轻微的阻力上引发的权力感:因为在全部有机体

中都持续地存在着对无数阻碍的克服——这种胜利感作为总体感而得到意识,作为快乐、"自由"

相反:如果有严重的阻碍,权力感也就发动不起来了。

请注意!可见不快感根本不同于快感,后者乃是权力感,这种权力感必须以小小的阻碍和不快感为自己的前提,才能被激发出来。

5[51]

  等级

  报复。

  真理与真实性。

  正义、惩罚等。

  同情

5[52]

  座右铭:决不与参加虚伪的种族欺骗的人打交道。

  (为了在今天的大杂烩欧〈洲〉挑起种族问题,需要多少谎言和泥坑啊!)

5[53]

这个世纪之为上个世纪的遗产

  1)感觉主义的,享乐主义的

   (或者悲观主义的)

  2)狂热的——道德的

自由、认识、幸福

联合起来

3)———

5[54]

能量守恒定律要求永恒轮回。

5[55]

心理学家的主要谬误:他们把模糊的表象视为一个低级的观念种类,与清晰的表象相对立:但疏离于我们的意识、并且因而变得模糊的东西,可能因此本身是完全清晰的。变得模糊乃是意识之透视角度的事情。

"模糊性"乃是意识观点的一个结果,未必是某种为"模糊之物"所固有的东西。

5[56]

作为"统一性"进入意识之中的一切东西,都已经是无比复杂的了:我们始终只具有一种统一性的假象。

爱的现象乃是更丰富、更清晰、更可理解的现象:在方法上置于前面,而不对它的最终意义作出某种决定。

请注意!即使"意识"中心并不与生理中心相合,生理中心仍有可能是心理中心。

情感(快乐与痛苦)的理智性,亦即说,它是受那个中心控制的。

5[57]

虚无主义问题(反对悲观主义等等)

针对它的斗争使它变得强壮。

这个世纪的一切积极力量似乎都只是为它作准备的。

例如自然科学

说明:一种对事物的估价的没落,这种估价给人一个印象,仿佛任何其他估价都是不可能的。

5[58]

道德作为种属的幻想,为的是驱使个体为未来牺牲自己:表面上承认他本身具有一种无限的价值,使得他以这种自身意识去压制、遏制自己的天性的其他方面,难以对自身感到满足。

对道德迄今为止所完成的东西的深深感恩:然而现在只还有一种压力,或许会变成灾难!这种感恩本身作为诚实性迫使人们去否定道德。

5[59]

科学工作的前提:一种对科学工作的联合和持续的信仰,以至于个体只能从事每一个还是那么渺小的部分,又相信自己的工作不是徒然的。这种———

存在着一种巨大的麻痹:徒劳地工作,徒劳地奋斗。——

积累性时期,这时候力量、权力手段已经找到,可供将来使用:

科学作为中间站,那些平庸的、更多样、更复杂的人们就在那里获得他们极其自然的发泄和满足:对所有这些人来说,行为(That)都是不可取的。

5[60]

康德的教条精神

5[61]

一个时刻,人有充裕的力量为自己效劳的时刻:科学旨在引发这种自然奴隶制。

于是人就能获得闲情逸致:造就自身,成为某种新的更高级的东西。新的贵族统治

于是就有大量德性存活下来,它们现在成了生存条件。

不再需要特性,因而就失去它们。

我们不再需要德性:因而我们就失去它们。无论是关于"统一必不可少"的道德,关于灵魂得救的道德,还是关于不朽的道德:都是一种手段,一种使人有可能达到巨大的自我抑制的手段(通过一种巨大的恐惧情绪:::①

形形色色的困厄,人是通过它们的培育而成形的:困厄教人劳动、思考、克制自己

生理净化和强化

新的贵族统治需要一个对立面,需要斗争对手:它必须具有一

---

① 原文即有三个冒号。——译注

种可怕的紧迫性,自我保存的紧迫性。

人类的两种未来:

1)平庸化的结果

2)有意识的突出、自我塑造

一种制造鸿沟的学说:它保存最高等的和最低等的种类(它摧毁中等种类)

以往的贵族统治,宗教的和世俗的,都丝毫没有表现出对一种新贵族统治的必然性的反对。

关于支配性构成物的理论,代替:社会学

5[62]

人们可以一直把真理给予自己,直到人们已经充分地提高,不再需要谬误的强制教育了。

如果人们对此在(Dasein)进行道德审判,那它就令人厌恶了。

5[63]

人们不应该虚构虚假的人物,例如,不该说"自然是残酷无情的"。要径直认识到:并不存在这样一种负有责任的中心人物,放轻松些吧!

人性的发展。A.赢获凌驾于自然的权力,而且为此也要赢获凌驾于自身的某种权力。为了在与自然和"野兽"的斗争中使人得以实现,道德是必需的。

B. 如果已经争得了凌驾于自然的权力，那么人们就能利用这种权力，以便自由地进一步培养自己：强力意志作为自我提高和强化。

5[64]

什么是"被动的"？抵抗和反应。在前进运动中受到阻碍：也就是一种抵抗和反应行动

什么是"主动的"？向权力伸展

"营养"只是衍生的，原始的东西乃是：意愿把一切包括于自身中

"生育"只是衍生的：原始地，在一种意志不足以把整个被占有之物组织起来的地方，就有一种反意志开始生效，后者开始着手一种释放，一个新的组织中心，在一种与原始意志的斗争之后

快乐作为权力感（以不快为前提）

5[65]

一切思想、判断、感知作为比较，都是以一种"设为相同"为前提的，更早地，还以一种"搞成相同"为前提。搞成相同就等于把所占有的材料吞食到阿米巴（Amoebe）中。

后来就是记忆了，因为在这里，搞成相同的欲望已经表现为受抑制

的了:差异被保存下来。记忆乃是一种分类和装箱,是主动活跃的——谁?

5[66]

非理性倾向的价值

　　例如:母爱、对"作品"的爱,等等
并不是"利他主义的"!

5[67]

　　必需的并不是对人类的"道德教育",而是关于谬误的强制训练,因为"真理"令人厌恶,生命令人扫兴,假如人还没有无可逃地被推入自己的轨道之中,并且以一种悲剧性的骄傲承担起他诚实可靠的见识。

5[68]

　　生理学家就如同哲学家一样相信,意识,随着它在明晰性方面的增加,在价值上也一道增长了:最明晰的意识、最逻辑、最冷静的思想是属于第一等级的。不过——这种价值取决于什么呢?从意志的发动来看,最肤浅、最简化的思想乃是最有用的(因为它只剩下少数动因了)——事情因此可能就是如此,等等。请注意!
　　行动的准确性就在于与那种有远见的、并且常常不确定地下判断的预防心理的对抗:后者是受更深的本能引导的。
请注意!价值是根据有用性的广度来测量的。

5[69]

我们的激情和爱好意愿获得自己的满足,此外也意愿达到对理智的主宰

5[70]

1.历史哲学。

2.心理学。

3.希腊文化。

4.道德哲学。

5.希腊哲学史。

虚无主义:一种总体估价的没落

(即道德的总体估价)新的阐释力量付诸阙如。

论价值史。

权力意志及其变形。

(以往的道德意志是什么:一座学校)

作为锤子的永恒轮回。

5[71]

欧洲虚无主义。

伦策海德[①]　　　　　　　　　　1887年6月10日

---

① 伦策海德(Lenzer Heide):瑞士地名。——译注

一

基督教的道德假设提供了何种优势?

 1)它赋予人一种绝对的价值,与他在生成和消逝之流中的渺小和偶然相对立

 2)它效力于上帝的律师,因为它留给这个世界(尽管有痛苦和祸害)完满性的特征,——包括那种"自由"——祸害显现为完全的意义。

 3)它确定一种关于人身上的绝对价值的知识,并且因此赋予他恰恰对最重要之物来说适当的认识

 它防止人把自己当作人来鄙弃,防止人袒护生命,防止人怀疑认识:它是一种保存手段;——总而言之:道德乃是反对实践的和理论的虚无主义的一大手段。

二

 可是,在把道德培养起来的各种力量中,有一种叫真诚性:这种真诚性最终会反对道德,揭示道德的目的论,道德的利害观——人们对这种长期的根深蒂固的欺骗感到绝望,怀疑自己能否摆脱之;而现在,对这种欺骗的认识正在起着兴奋剂的作用。有关虚无主义。眼下我们要查明我们身上的需求,它们是由长期的道德解释培植起来的,现在作为对非真实性的需求向我们表现出来。而另一方面,它们似乎正是维系价值的东西,我们就是为了它们而经受生活的。这样一种对抗性,即对我们认识的东西不能估价和重视,而对我们想要欺骗自己的东西再也不允许估价和重视:——得

出一个消解过程。

三

事实上，我们不再多么需要反对第一种虚无主义的手段了：在我们欧洲，生命不再是那样不确定、偶然、荒唐。这样一种对人的价值、对祸害的价值等等的巨大增扩，现在不是多么需要了，我们忍受着对这种价值的巨大减低，我们可以承认大量荒唐和偶然：人已经取得的权力现在允许一种对培育手段的削减，而这其中，道德的阐释曾是最强大的培育手段。"上帝"是一个太过极端的假说。

四

不过，极端的立场并没有被缓和的立场所取代，而倒是又被极端的、但颠倒了的立场取而代之了。而且这样一来，如果我们不再能坚持对上帝的以及一种本质上道德性的秩序的信仰，那么，对自然的绝对非道德性的信仰、对无目的状态和无意义状态的信仰，就成了心理学上必然的情绪。虚无主义现在表现出来，并不是因为此在的痛苦比以前更大了，而是因为人们根本上对包含在祸端中、实即在此在中的一种"意义"采取了不信任的态度。一种阐释崩溃了；但因为它被视为这样一种阐释，所以看起来，仿佛此在中根本就没有什么意义，仿佛一切都是徒劳的。

五

说这种"徒劳！"乃是我们当代虚无主义的特征，这一点还有待证明。对我们早先的价值评估的怀疑一直上升到这样一个问题:"难道所有'价值'不是一个诱饵,一个使喜剧得以拖延下去、而又根本接近不了答案的诱饵吗?"这种延续,带有一种"徒劳"、没有目标和目的的延续,乃是最令人麻痹的想法,尤其是当人们理解下面这一点,即:人们受到愚弄,但又没有力量不让自己受愚弄。

六

让我们来思量一下这个想法的最可怕形式:此在,如其所是的此在,没有意义和目标,但无可避免地轮回着,没有一个直抵虚无的结局:"永恒轮回。"

此乃虚无主义的最极端形式:虚无("无意义")永恒!

佛教的欧洲形式:知识和力量的能量迫使人们达到这样一种信仰。这是一切可能假设中最科学的假设。我们否定最终目标:倘若此在有一个最终目标,则它必定是已经达到了的。

七

于是人们就理解了,这里所追求的是一个泛神论的对立面:因为说"一切都是完美的、神性的、永恒的",这同样也会迫使人们达到一种对"永恒轮回"的信仰。问题是:随着道德的出现,连这样一种对万物的泛神论的肯定态度是不是也变得不可能了?从根本上讲,确实只有道德的上帝被克服了。设想一个"超越善恶的"上帝,这有意义吗?这种意义上的泛神论是可能的吗?莫非我们取消了过程中的目的观念,而仍然对这个过程作了肯定?——倘若在那个过程的每个因素中都取得了某个东西,而且始终是相同的东西,那么就会是这样的情形。

斯宾诺莎赢获了这样一种肯定态度,因为每个因素都具有一种逻辑的必然性:而且,他以自己的逻辑基本本能战胜了这样一种世界性质。

八

但他的情况只是一个个案。每一种基本特征,作为一切事件之基础、在任何事件中表现出来的每一种基本特征,倘若它被某个个体当作自己的基本特征来接受,那就一定会促使这个个体欢欣鼓舞地去赞同普遍此在(Dasein)的每一个瞬间。关键或许就在于:人们要带着欢悦把自身的这种基本特征当作好的、富有价值的。

九

现在,道德保护了生命,使之免于在这些被人强制和压迫的人们和阶层那里陷入绝望、跃入虚无:因为对人的昏聩无能——而不是对自然的昏聩无能——会产生出对生命的最绝望的愤世嫉俗。道德把掌权者、残暴者、一般而言的"主人"当作敌人来对待,普通〈人〉必须得到保护而免受这些敌人的侵犯,也就是说,普通人必须首先得到激励和强化。因此,道德已经教人最深刻地仇恨和蔑视统治者的基本特征,即:他们的权力意志。要废除、否定、瓦解这种道德:这或许就是给最令人痛恨的本能配备了一种相反的感觉和估价。倘若受苦受难者、受压迫者失去了信仰,即相信自己具有一种蔑视权力意志的权利,那么,他们就会进入毫无希望的绝望阶段。倘若这个特征对生命来说是本质性的，倘若即便在那种"求道德的意志"中也只有这种"权力意志"伪装起来了，甚至那种仇恨和蔑视也还是一种权力意志，那就会是上面所讲的情形了。受压迫者或许已经看到，他们与压迫者是站在同一个地面上的，压迫者在受压迫者面前并没有任何特权，并没有任何更高的地位。

十

倒是相反！生命中没有什么东西是有价值的，除了权力等级——假定生命本身就是权力意志的话。道德保护了失败者，使之免于虚无主义，因为道德赋予每个人一种无限的价值，一种形而上学的价值，并且把它列入一种与世俗权力和等级制度不相配的秩序之中：道德教人顺从、谦恭等等。假如对于这种道德的信仰趋于毁灭了，那么，失败者就再也不会有自己的慰藉了——而且就会归于毁灭。

十一

这种归于毁灭表现为一种自取灭亡，一种对必须摧毁的东西的本能选择。失败者的这样一种自我摧毁的征兆就是：自我解剖、中毒、迷醉、浪漫主义，尤其是本能性的强制行动，人们正是以这种行动把强大者变成死敌（——仿佛要把自己培育为自己的刽子手），求摧毁的意志，后者乃是一种更深刻的本能的意志，自我摧毁的本能的意志，力求进入虚无之中的意志。

十二

虚无主义,乃是失败者不再有任何慰藉的征兆:他们为了被摧毁而去摧毁,他们在解除道德之后,就不再有什么理由"屈从听命"了——他们把自身置于对立原则的地基上,并且也在自己的角度意愿取得权力,因为他们迫使强大者成为自己的刽子手。既然一切此在都已经丧失了"意义",那么,这就是佛教的欧洲形式了,即无为。

十三

这种"困厄"决没有变得更大些:相反!"上帝、道德、屈从"成了救药,处于可怕的、深度的困苦层面上:积极的虚无主义出现在相对来讲十分有利地构成的情况中。感到道德已经被克服了,这一点已然是以一种相当程度的精神文化为前提的;而这种精神文化又是一种相当的富足生活。通过哲学见解的长期争执,直到对哲学的无望怀疑,造成了某种精神上的困乏,而这同样也表明那些虚无主义者在等级上决不是更为低下的。人们可以想想佛陀出世时的处境。永恒轮回的学说或许有着高深莫测的前提(正如佛陀〈的〉学说具有此类前提,例如因果概念等等)。

十四

现在,什么叫"失败"呢?主要在生理上,而不再在政治上。在欧洲(在所有阶层中),最不健康的人的种类就是这种虚无主义的基础:他们会把对永恒轮回的信仰感受为一种诅咒,受了这种诅

217 咒,人们就不再对什么行为畏畏缩缩了:不是被动地消除,而是要把在此程度上无意义和无目标的一切东西都消除掉,尽管这只是一种痉挛,一种盲目的暴怒,因为人们已经认识到,一切都永恒地存在了——也包括这种虚无主义和摧毁欲的要素。——这样一种危机的价值就在于,它能净化,它能把相近的元素集中在一起,并且使它们相互腐败,它能把共同的使命分派给思维方式相互对立的人们——也把这些人中间比较虚弱、比较不可靠的人们揭露出来,因而从健康的观点出发,发起一种力量等级制:把命令者认作命令者,把服从者认作服从者。当然啰,撇开了一切现存的社会制度。

十五

谁将证明自己是其中的最强大者?是最平凡的人,是这样一些人,他们不需要任何极端的信条,他们不仅承认,而且也热爱相当一部分偶然、荒唐,他们可能大大降低人类的价值,以此来设想人类,而并没有因此变得渺小和虚弱:健康方面的最富有者,足以对付大多数倒霉事,因此并不怎么怕倒霉——这些人,他们确信自己的权力,并且以有意识的骄傲来表现人类已经获得的力量。

十六

这样一种人怎么会想到永恒轮回呢?——

5[72]

道德的自身扬弃
　　正直
　　公正、惩罚、同情等等。

5[73]

善与恶的彼岸
　　17个印张,后半部分

5[74]

　　　　论道德的谱系
　　　　一部论战之作

　　　弗里德里希·尼采著。

　　　　　　　冷漠、嘲讽、残暴——
　　　　　　　智慧就是这样要求我们的:
　　　　　　　它是一位女性,永远只爱武士。
　　　　　　　《查拉图斯特拉如是说》。

　　　莱比锡,
　　　C.G.瑙曼出版社。

5[75]

> 强力意志。
> 重估一切价值的尝试。

> 1. 论真理的价值。

> 2. 由此得出的结论。

> 3. 论欧洲虚无主义的历史。

> 4. 永恒轮回。

5[76]

> 作为意志的道德

5[77]

> 箴言与飞矢。

> 弗里德里希·尼采著。

> 由作者根据本人著作汇编而成

5[78]

> 一个非道德论者的箴言。

5[79]

　　这个褊狭平庸的时代,现在我不得不以某种方式勉强忍受之。真正说来,对这个时代做出一种检验,试试具有伟大风格的心理学是什么,那是毫无意义的;——为了能够理解人们是怎样获得对此种陌生的关键事物的认识的,或许有谁哪怕仅仅以千分之一的热情和痛苦对待我呢?……

　　还有,为了能以25岁的年纪构想出《悲剧的诞生》,一个人必须已经对自身中的一切作多少体验啊!

　　我从未抱怨我无法形容的匮乏:决不听一种类似的声音,决不受相同的痛苦和意愿。

　　我自己知道,在任何文献中都没有具有此种丰富心灵经验的图书,而且从最伟大的直到最细微和最精巧的东西都是如此。除了我,没有人能认识和弄懂这一点,原因在于以下事实,即:我注定要在一个蠢材发达的时代里生活,而且还是在一个民族中间,这个民族在一般心理事物方面还缺乏任何预备性训练(那是席勒和费希特严肃对待过的一个民族!!)。要是我来想一想,像罗〈德〉①这种〈人〉根本上如同蠢牛一样对待我:到底应当———

5[80]

八

　　最后,我至少要用一句话来指明一个巨大的还完全没有被揭

---

① 罗德(Erwin Rohde):德国古典学者,尼采友人,两人之间多有书信交流。——译注

示出来的事实,它只是慢慢地、慢慢地被确定下来的,那就是:迄今为止,没有比道德问题更为根本性的问题了。在迄今为止的价值序列中,所有伟大的构想正是从它们的①推动力中获得其起源的(——例如,通常被称为"哲学"的一切东西;而且,这甚至上升到最终的认识论前提上了)。但还有比道德问题更为根本的问题:只有当人们抛弃了道德〈的〉偏见时,人们才能看到这些问题……

5[81]

 a)伟大的风格

  赤裸之物:对趣味的心理学净化。

 b)综合之人不可能从"蚂蚁"中生长出来。

  我们的社会仅仅代表教化

  "被教化者"缺失。

 c)日本的切腹自杀

 d)为认识者重新赢获对情绪的权利

5[82]

 唯在有契约处才会有法律;但为了能让契约存在,必须有某种权力平衡状态。如果没有这种权力平衡,如果两个太过不同的权力量相互冲突起来,那么,强者就会侵犯弱者,使后者不断弱化,直到最后出现屈服、适应、顺从、吞并:也就是说,到最后,两者合而为一了。为了使两者保持为两者,如前所述,就必须有

---

① 指道德问题。——译注

一种平衡状态；而且因此所有的法律都要归结于一种先行的权衡。所以，如果人们用手上的一个秤来表示公正（正确的比喻或许是，把公正放在一个秤上面，从而公正就使两个秤盘保持着平衡状态），那就不是什么好想法了——因为这会让人误入歧途的。可是，人们却错误地表达了公〈正〉：人们也对公正说了错话。公正并不表示："各得其所"，而始终只是说"你怎样对我，我亦怎样对你"。两个相互发生关系的权力为毫无顾忌的权力意志配上一副笼头，不仅相互成为相同的，而且也意愿成为相同的，这就是世间一切"善良意志"的开端。因为一个契约不仅包含着对于一个持存的权力量的单纯肯定，而且同时也包含着一种意志，要把这样一种两个方面的量作为某种持续的东西肯定下来，因而也在某个程度上维护自身：——如前所述，这其中就隐含着所有"善良意志"的萌芽。

5[83]

在这里，我们暂时还没有从艺术家出发来看审视审美状态的问题，而是从观众的角度来看的。这时候，首先必须说明的是，这并不是"沉思状态是什么以及它如何可能？"的问题。迄今为止，从哲学〈家〉方面，人们都把沉思状态与审美状态混为一谈了，并且都把两者看作一体的；但实际上，前者只是后者的一个前提而已，而不是后者本身：只不过，正如我们必须立即补充的，所谓后者的条件也不是在下面这种意义上来讲的，就仿佛前者是后者的真正原因和生成基础似的。或许这是完全错误的断言了：这种唯一的"必要性"（Muß），这种使人们变得"具有审美感"

的"必要性",根本不同于那种以沉思状态为结果的"必要性",尽管如前所述,后者是前者的一个前提,而且为了使审美状态能够出现,这个前提是必须满足的。然而,一旦地面得到了廓清,同样就可以———

5[84]

尽可能多的国际权力——为的是熟练世界透视。

5[85]

每年五章。

5[86]

而正如贝都英人①所言:"连烟雾也对某物有好处"——因为烟雾告知行人,接近一个好客的人家了。

5[87]

为了让一个人超越于人类之上,对于所有其他人而言则代价太大了。②

——孟德斯鸠。

---

① 贝都英人(Beduine):阿拉伯半岛和北非的游牧和半游牧的阿拉伯人。——译注
② 原文为法文。语见孟德斯鸠:《苏拉与欧克拉底的谈话》,1722年。——译注

5[88]

犹太人的历史对于"理想主义者"的形成来说是典型的。"上帝与以色列"结盟。首先是精致化：公正的上帝始终只与公正的以色列结盟。其次，最终上帝却是爱以色列的，哪怕它受苦受难，甚至为它的罪责之故受苦受难，如此等等。

古老的以色列与塔西佗①笔下的德国人相类：贝都英的阿拉伯人与科西嘉人亦然。德布罗斯院长②访问时的热那亚人与今天的热那亚人。

5[89]

反对那个大错误，仿佛我们的时代（欧洲）表现出人类的最高类型似的。而毋宁说：文艺复兴时期的人类是更高级的，希腊人亦然；确实，也许我们处于相当深的部位："理解"（Verstehen）并不是最高力量的标志，而是一种极度疲乏的标志；道德化本身乃是一种"颓废"。

5[90]

拿破仑的一句话（1809年2月2日对勒德雷尔③讲的话）：

---

① 塔西佗(Publius Cornelius Tacitus,约55-约120)：古罗马历史学家、政治家、文学家。主要著作有《编年史》、《历史》、《日耳曼尼亚志》等。——译注
② 德布罗斯(de Brosses,1709-1777)：法国法官和作家。第戎法院第一院长。——译注
③ 勒德雷尔(Pierre-Louis Röderer,1754-1835)：法国政治家和经济学家，拿破仑执政时期的亲密同伴。著有《革命精神》等。——译注

"我爱权力；不过我爱的是艺术家身上的权力……我爱它，犹如一个音乐家爱他的小提琴；我爱它，为的是从中拉出声音、和弦、乐声。"①

5[91]

(《两个世界杂志》②，1887年2月15日。泰纳)

"主人能力突然发挥出来：被包括在政治家当中的艺术家剑已出鞘(de sa gaine)；他在理想之物与不可能之物中进行创造。③ 人们重又把他认作他本身所是：但丁和米开朗琪罗的死后弟兄，而且实际上，就他的幻想的坚实轮廓，他的梦想的强度、连贯性和内在逻辑，他的沉思的深邃，他的构想的超人般伟大来看，他就可以与他们相提并论；其天才具有同样的标准和同样的结构；他是意大利文艺复兴时期三大思想家之一。"④

请注意——

但丁、米开朗琪罗、拿破仑——

5[92]

论更高级的人。

或者：

---

① 原文为法文。——译注
② 原文为法文。——译注
③ 此句原文为德、法文混用。——译注
④ 末句原文为法文。——译注

查拉图斯特拉的诱惑。

弗里德里希·尼采著。

5[93]

狄奥尼索斯哲学。

一种梅尼普讽刺文体①。

弗里德里希·尼采著。

5[94]

对抗问题,它们的解决最终取决于意志(取决于力量——)
1. 在人〈类〉的强大与种族的延续之间
2. 在创造力与"人性"之间
3. ———

5[95]

在这样一种发自最内在心灵的呼唤之后听不到回答的声音,这是一种可怕的体验,最坚强的人都可能毁于这种体验:它把我从所有与活生生的人的联系中提了出来。

---

① 梅尼普讽刺文体(Satura Menippea):一种源自希腊犬儒派哲学家梅尼普(Menippos)的文类(文体)。——译注

5〔96〕

关于希腊人的思考。

附一篇致雅各布·布克哈特的前言。

弗里德里希·尼采著。

5〔97〕

1. 欧洲虚无主义。
2. 迄今为止敌视生命的道德。
3. 迄今为止的道德本身是"非道德的"

5〔98〕

一

如何才能把人类提升到他最伟大的壮丽和强大境界呢？思考这个问题的人首先要理解，他必须置身于道德之外——因为道德本质上是与此背道而驰的，凡在那种壮丽的发展出现之处，道德就要阻碍或者毁灭之。原因在于，这样一种发展实际上要利用和消耗数量巨大的人群，以至于一种相反的运动实在是太过自然了：相对虚弱、柔嫩、平庸的人们不得不结成同党，反对那种生命和力量的光辉，而且，他们为此就必须对自身取得一种新的估价，藉着这样一种估价，他们便能谴责这种极为丰盈的生命，甚至可能摧毁这种生命。因此，就道德意在征服生命类型而言，它具有一种与生命为敌的倾向。

5[99]

请注意！

1）通过消除非利己主义伦理学的"自我"来接近美学的尝试（作为这种伦理学的准备）

2）使认识接近美学的尝试（纯粹主体，"客体的纯粹镜子"）

——相反：在美学考察中，客体完完全全被伪造了

"纯粹的、无意志的、无痛苦的、无时间的认识主体"

——根本不是"认识"！

——意志，它强调所有这一切（并且消除其余的），就是在某个客体身上有助于意志达到自我满足和和谐的一切

虚构和臆想一个世界，我们寓于这个世界而以我们最内在的需要来肯定自己

颜色、声音、形态、运动——无意识的回忆在活动，其中还保存着这些性质（或者组合）的有用特性

一种极其有趣的和过度有趣的对事物的臆想

一种根本的伪造，一种对一味起确定和认识作用的客观意义的径直排除

对典型的简化、强调——享受那种通过插入一种意义而造成的征服

在思想上去除被直观者（例如一片风景、一场暴风雨）身上一切危害性的和怀有敌意的因素

审美观众允许一种征服，并且做与他通常对外来之物所做的

相反的事情——他公布自己的怀疑,没有丝毫防御——一种特殊状态:信赖的、敬畏的、可爱的接受

意志

? 对原因和典型(主导者)感兴趣

5[100]

关于对理想的批判:这种批判是这样开始的,即人们干脆取消了"理想"一词:对愿望(Wünschbarkeiten)的批判。

5[101]

倾听一个可怜的无政府主义者尖叫鬼,他用自己仇恨的毒汁溅污了整个历史,想以此说服我们,去做一个历史学家。

5[102]

蠢牛堆中的一种生命!

5[103]

为了能够在26岁时写出《悲剧的诞生》[①],人们必须已经体验到什么啊!

5[104]

但不能冲着一位教授喝倒彩:这太不礼貌

---

① 尼采《悲剧的诞生》撰于 1870 - 1871 年,时 26 岁(尼采生于 1844 年)。——译注

5〔105〕

良知所肯定的行动就是善的！仿佛一件作品之所以是美的，仅仅是因为它完全使艺术家感到满意！"价值"信赖于行为者的伴随性快感！（——在这里谁能算清楚传统要素中的虚荣、宁静等等！）

另一方面，所有决定性的和富有价值的行动，都是在没有那种可靠性的情况下完成的……

人们必须注意按照客观价值进行判断。共同体的"好处"是这样一种好处吗？是的：只不过它通常又与共同体的"快感"混为一谈了。一种"糟糕的行动"对共同体起兴奋剂的作用，并且首先会激起十分不舒服的感觉，就此而言，它或许是一种富有价值的行动。

5〔106〕

反对群盲道德。一次宣战。

5〔107〕

批判"正义"和"法律面前人人平等"：到底由此要取缔什么呢？紧张关系、敌对关系、仇恨之心，——但一种错误看法在于：如此一来"幸福"就增加了：科西嘉人比大陆人享有更多的幸福

5〔108〕

基本错误：把目标投向群盲而不是投向个体！群盲是手段，仅

此而已！然而现在，人们试图把群盲当作个体来理解，而且赋予他们一种比个人更高的地位，——其深无比的误解啊！！！把造就群盲的同情刻画为我们本性中更有价值的方面，也是如此！

229 5[109]

今天这些巴黎诗人和小说家，灵敏猎奇的狗仔，它们以兴奋的双目跟踪着"女人"，直抵其奇臭无比的隐秘部位

5[110]

  居里①：《雨〈堡〉的道德神学概论》，1862年
  施泰因②：《静修士③研究》，1874年
  布雷德④：《催眠术》，普赖尔德文翻译，1882年
  克雷默⑤：《东方文化史》
  克雷默：《伊斯兰主流观念史》，1868年
  克雷默：《伊斯兰地区历史概述》，1873年

---

① 居里（Jean Pierre Gury，1801-1866）：法国道德神学家。——译注
② 施泰因（Heinrich von Stein，1857-1887）：英年早逝的德国哲学家，尼采友人。——译注
③ 静修士（Hesychasten）：十四世纪时希腊正教神秘主义者，主张通过静坐、冥想、祈祷、禁欲、苦行可形成超感官能力而与神对话。——译注
④ 布雷德（James Braid，1795-1860）：英国外科医生，对催眠的生理机制多有研究。——译注
⑤ 克雷默（Cremer）：指东方学者、维也纳大学教授阿尔弗雷德·克雷默（Alfred Kremer，1828-1889）。——译注

[6. 1886年夏至1887年春]①

6[1]

如果人们身上有一颗坚强而发育良好的心灵,人们就能让自己享受这种优美的非道德性奢侈了。

尾声和终曲

6[2]

善与坏②的彼岸?
一部哲学论战著作。

(对新近出版的《善恶的彼岸》一书的补充和解说)

弗里德里希·尼采著。

6[3]

七个序言

---

① 相应的手稿编号为:Mp XIV 1,第416—420页。Mp XVII 3a. Mp XV 2d. P II 12b,第37页。——译注

② 此处尼采未用他通常用的"恶"(Böse),而是用了"坏"(Schlecht)。——译注

232

> 附录：放浪公子之歌。
> "我住在自己的房子里，
> "从来没有效仿什么人，
> "而且还嘲笑任何大师，
> "任何不会自嘲的大师"

弗里德里希·尼采著。

莱比锡，E.W.弗里茨施出版社。

6[4]

序言与后记。

我的著作只讲我自己的体验——好在我已体验多多——：我在其中存在，全身全意——为何要隐瞒之呢？那是 ego ipsissimus [最本己的我]，而且甚至可以说是 ego ipsissim*um* [这个最本己的我]。① 然而，我始终只需要几年时间的间距，就能感受到那种专横的欲望和力量，后者就是要表现出所有此类体验、所有此类陈旧的状态。我的全部著作都回溯到这一步，只有一个唯一的，但十分重要的例外。有些著作甚至就像前面几个不合时宜的考察，甚至在一本早先出版的书《悲剧的诞生》的成书时期和体验时期之后：一个相当精细的观察者和比较者怎么会看不到这一点。那种针对

---

① 此处拉丁文 ipsissimus 为形容词 ipse（自己的、自身的）阳性最高级；ipsissimum 则为该形容词的中性最高级。——译注

[6.1886年夏至1887年春]

大卫·斯特劳斯①的德意志狂、臃肿迟钝和孤芳自赏而作的愤怒爆发,把那些情绪发泄出来了,当年身为学生,我就是带着这些情绪而置身于德国教养和教养上的市侩习气中间;而我针对"历史病"所讲的话,我是作为这样一个人来讲的,这个人学会了从这种毛病中复元,根本就无意于在未来放弃"历史"(Quod demonstratum est[此即要证明的]——)。当我向我的第一个,也是唯一的一个教育者,即叔本华,表达我的感激之情时——我现在仍对他怀着更强烈的感激——,就我个人来说,我置身于道德论的怀疑和消解之中,已经相信"根本不再有什么"了,正如人们所讲的,也不相信叔本华了。正是在那个时期,我完成了"论非道德意义上的真理和谎言"这篇秘而不宣的著作,——但看起来,早在《悲剧的诞生》及其关于狄奥尼索斯精神的学说中,叔本华的悲观主义就已经被克服掉了。在瓦格纳的拜罗伊特胜利庆典上(拜罗伊特意味着一位艺术家取得了最伟大的胜利),我敬献给他一个祝词;这个祝词同时也是一种宣布与之脱离和疏远的行为。瓦格纳本人并没有低估这一点:只要人们热爱,就不会画出这样的"肖像",并且根本不会欣赏这样的"肖像"——"每一个准确地检验自己的人都知道,欣赏本身包含着一种神秘的敌对态度,对立观看的敌对态度",我在上述著作的第46页上如是说。为了能够谈论最内在的孤独和匮乏的漫长岁月,只是凭着《人性的,太人性的》一书,我才有了那种应有的冷静自若。这本书表现出一位心理学家的喜悦而好奇的冷酷,

---

① 大卫·斯特劳斯(David Strauß,1808-1874):德国哲学家,青年黑格尔派代表人物,著有《耶稣传》、《基督教教义》等。——译注

他为自己查明自己过去的大量痛苦事物、纯粹的事实、正确的事实,并且可以说牢牢地用针刺穿了这些事实:——在这样一种工作中,众所周知,人们总会在指尖上流点血的⋯⋯为了最后说出我觉得有必要以上面给出的暗示为这本书的读者准备什么:这本书的情况(它的最后一部分由此得到了澄清)与我以往的著作并无二致,——那是我身后的一部分。这本书的基础、想法、最初的笔记和方案,属于我的过去,也就是那个莫名其妙的时期,我写作《查拉图斯特拉如是说》的时期;因为这种同时性的缘故,或许就可以为领会上述这本难以理解的著作提供有用的指示了,尤其也有助于领会该书的形成:这并非无关紧要。当时此类想法有助于我,无论是为了休养生息,还是作为在一种无限冒险而有责任的大胆行为中的自我审问和自我辩护;但愿人们能为一个类似的目的来利用这本从中产生的书!或者也作为一条曲折缠绕的人行道,它一再不知不觉地引向那个充满危险的火山底部,而上面刚刚提到的查拉图斯特拉的福音就是从中产生出来的。无论这个"未来哲学的序曲"多么确定地没有,也不应对查拉图斯特拉的讲话作出注解,它也许倒是一个暂时的疑难词语释义汇编,那本书(一个在所有文献中都找不到蓝本、范例、比喻的成果)中最重要的概念创新和意义更新,一度在某处出现并且得到了命名。最后,我的读者先生们,假如恰恰这些名目不讨你们喜欢,不能引诱你们,甚至假如 vestigia terrent [足迹惊吓了我]⋯⋯,那么,是谁对你们说,我另有所愿?对于我的儿子查拉图斯特拉,我要求的是敬畏;而且只有极少数人才得到许可,得以去倾听查拉图斯特拉。与之相反,对于我,他的"父亲",人们尽可以嘲笑,就像我自己所做的那样:这两者

甚至都是我的幸福呢。或者,套用〈那句〉悬挂在我门上的习语,上面讲的一切还可以简单说成:

> 我住在自己的房子里,
> 从来没有效仿什么人,
> 而且还嘲笑任何大师,
> 任何不会自嘲的大师。

* * *

6[5]

《诗人与旋律家。希腊教会圣歌中重音节奏的起源》①。爱德蒙·布维②作

第 16 卷,第 384 页。

尼姆,圣母升天出版社,1886 年。

W. 梅耶尔:《拉丁和希腊韵律诗歌的开端和起源》,巴伐利亚皇家科学院论文 1884 年。

巴尔贝·德奥勒维利③

---

① 原文为法文。——译注
② 爱德蒙·布维(Edmond Bouvy,1847—1940):法国学者。——译注
③ 朱尔·巴尔贝·德奥勒维利(Barbey d'Aurevilly,1808-1889);又译"道里维利"、"道勒维",法国浪漫派小说家。——译注

《作品与人类》。

对历史的感知。

6[6]

原则性的东西。

致逻辑学家。

论关于权力感的学说。

反对唯心论者。

反对现实虔信者。

关于天才的启蒙

有德性者身上的可疑之物。

论对恶的尊敬。

艺术家问题。

政治。

女性与爱情。

民众与"民族"。

音乐与音乐家

论宗教批判。

有才智的人

孤独。

6[7]

论哲学家的心理学。人们如何取得勇气长久地逗留于抽象;柏拉图感受到的冷却效果;也许为印度人所感受和寻求过的催眠效果。对唵(Om)①的要求根本上是不是印度教苦行僧的要求,即通过所有可能的手段而使人变得毫无情感的要求;在斯多亚派那里也是同样情况吗?——最粗野的感官欢娱与思辨梦幻的并存。

6[8]

倘若我们把自己的感官强化或者钝化十倍,那我们就会毁灭。感官的特性与某个保存可能性的中间人相关。被我们感受为大、小、近、远的东西亦然。我们的"形式"——对此,不同于人的其他生物可能根本感知不到什么——:我们的生存条件规定着那些最普遍的规律,我们在其中才看到、才可以看到形式、形态、规律……

6[9]

如果在人类命运的整个历史上并没有什么目标,那我们就必须插入一个:假如我们必须有一个目标,而另一方面,一个内在目标和目的对我们来说已经是显而易见的了。而且,我们之所以必需有一个目标,是因为我们必须有一种意志——后者乃是我们的命脉。"意志"作为"信仰"的赔偿,也即如下观念的赔偿:存在着一种神性的意志,一种对我们有所安排的意志……

---

① 唵(Om):印度教诵经用语,佛教六字真言之一。印度教把"唵"看作神圣的音节,梵的标志。"唵"音节被说成是已有、现有和将有的一切。参看《薄伽梵歌》,中译本,张保胜译,北京,1989年,第96-97页。——译注

6[10]

如果我们不想让哲学的名声蒙受耻辱，那就让我们抛弃掉某些陈词滥调吧，例如"世界进程"这个概念：对于所谓"世界进程"，我们是一无所知的。"世界"概念就已经是一个限界概念了：以此词语，我们把握到一个领域，我们把我们全部必然的无知都打发到这个领域里。

6[11]

把范畴虚构出来的创造力效力于需要，即可靠性的需要，根据符号和声音达到快速理解的需要，缩略手段的需要：——在"实体"、"主体"、"客体"、"存在"、"生成"那里，重要的并不是形而上学的真理。——强大者乃是那些已经把事物的名称变成了规律的人们：而在强大者中间，最伟大的抽象艺术家创造了范畴。

6[12]

群盲越是危险地表现出一种特性，就必定越彻底地受到排斥。此乃诽谤史上的一个基本定律。也许，在今天，十分可怕的权力还必须受到禁锢。（参看我的《人性的，太人性的》第2卷结尾）

6[13]

我们最终将摆脱最古老的形而上学贮存，假如我们能够摆脱它的话——也就是那种贮存，它已经被归并于语言和语法范畴中，并且变得如此不可或缺,以至于看起来,倘若我们放弃了这种形而上学,我们就会停止思维。恰恰哲学家们知道自己最难摆脱那种信仰,即理性的基本概念和范畴就立即归于形而上学确定性的领域了:自古以来他们就相信理性是形而上学世界本身的一部分,——在他们心中,这种最古老的信仰就如同一种极强大的反击一再爆发出来。

6[14]

质是我们不可超越的范限;我们不可能受任何妨碍,把单纯的量的差异感受为某种与量根本不同的东西,亦即感受为不再能相互还原的质。然而,只有"认识"一词才能表示其意义的一切东西,是与能够被计算、被衡量、被测度的那个领域,亦即量相联系的——;而反过来,我们的所有价值感觉(也就是我们的感觉)恰恰是附着于质的,也就是附着于我们的、唯为我们所有的透视性的"真理"的,后者是完全不能被"认识"的。明摆着,每一个与我们不同的生物感受的是不同的质,因而生活在一个不同的世界里,不同于我们所生活的世界。质是我们人真正的特异反应性:要求我们人的此类解释和价值成为普遍的、也许决定性的价值,这一点乃是那种始终还在宗教中有其最坚固地盘的人类骄傲的遗传癫狂症之一。难道我还必须反过来补充说,量"本身"并没有出现在经验中,我们的经验世界只不过是一个质的世界,因此逻辑学和应用逻辑(诸如数学)属于具有规整、征服、简化、缩略作用的权力的手段? 这种权力就是生命,也就是某种实际而有用的东西,即保存生命的力量,但恰恰因此也丝毫不〈是〉某种

"真实之物"。

6[15]

不要在事物中寻找意义;而是把意义插入事物中!

239 6[16]

如果人们有了理想,理念还有何用!有美好的情感足矣。

6[17]

我说愿望,而不说理想。

6[18]

人们不再从道德中进食;因此人们也不再根据道德"做好事"了。

6[19]

现象癖(Phaenomeno-Manie)。

6[20]

没有鼻子或者带有伤风鼻塞的精灵,这整个精神种类,我称之为公牛(Thierochs)。

6[21]

拥有一个理想,这几乎是从拥有理念中分娩出来的。在某个

适当的场合,有一双美目,有美好的情感,而且首要地,有时有一种不可宽恕的愚蠢行为,这就够了

如果人们有了理想,理念还有何用!这时,有一双美目,有丰满的胸脯,有时有一种不受任何理性伤害的特等的愚蠢行为,这就够了。

6[22]

在未来艺术家中间。——我在此看到一位音乐家,他讲起罗西尼和莫扎特的语言犹如讲自己的母语,那种温柔的、纵情的、时而柔和时而喧嚷的音乐民族语言,带着它那对一切,甚至也对"粗鄙之物"的戏谑式宽恕,——不过在这里,他并没有错过一种取笑,一种对娇惯者、诡诈者、迟产儿的取笑,同时他也从内心深处不断地取笑美好的古时代及其十分美好、十分古老、古色古香的音乐:不过却是一种本身充满爱意、充满感动的取笑……那又怎样呢?难道这不是我们今天可能具有的对待过去的最佳态度吗?——以此方式感恩地回顾,并且就此仿效"古人",带着丰富的乐趣和爱意去面对祖辈的全部荣耀和耻辱(那是我们的源头),同样也带着那种极其精细的混合起来的轻蔑,如若没有后者,一切爱都会过于迅速地败坏和腐烂,变得"愚不可及"……或许人们也可以指望和设想某个类似的东西来表示词语的世界,也就是:有朝一日有一个大胆的诗人哲学家(Dichter-Philosoph),他过度诡诈而"迟产",但却能够讲从前的民众道德论者和神圣人物的语言,而且讲得如此毫无拘束、如此原本地道、如此激动人心、如此诙谐直率,仿佛他本

身就是"原始人"中的一员似的；不过，为这个十分狡猾的人提供一种无与伦比的享受，也就是去倾听和认识在此真正发生的事情——正如在这里，现代思想最不信神和最不神圣的形式，被不断地回置入清白无辜和太古时代的情感语言之中，并且在这种认识中一道体验那个自负骑士的隐秘胜利，这个骑士面前困难成堆，乱成一团，而且已经跳越了不可能性本身。——

6[23]

在我看来无所谓的是，今天是否有人以哲学怀疑论的谦逊态度或者以宗教的顺从态度说："事物的本质是我不知道的"，或者另一个人，一个还没有充分学会批判和怀疑的更无畏者说："事物的本质很大部分是我不知道的。"针对这两种说法，我坚持认为，它们无论如何都得预先确定、想象还有太多太多的东西有待认知，仿佛作为这两者的前提的那个区分，也就是关于"事物的本质"与一个现象世界的区分，是正当的。为了能够作出这样一种区分，人们必须设想我们的理智带有一种充满矛盾的性格：一方面，它为透视性的观看作好了准备，恰恰为了使我们的种类的本质能够保持在此在(Dasein)中，这是必需的；而另一方面，它同时又具有一种能力，就是把握这种透视性的观看本身、把握现象之为现象的能力。这就是说，它配备了一种对"实在性"的信仰，就仿佛这是唯一的"实在性"，而且又配备了关于这种信仰的洞见，即：从一种真实的实在性来看，这种信仰只不过是一种透视性的限制。然而，以此洞见来观照，一种信仰却不再是信仰，它作为信仰消解掉了。质言之，我们不可如此矛盾地来设想我们的理智，即：它是一种信仰同时又是一种关于这种信仰本身的知识。让我们取缔"自在之物"吧,而且与之相随,取缔"现象"这个最模糊不清的概念!这整个对立,就如同那个"物质与精神"的更古老对立一样,已经被证明为毫无用处的了。

6[24]

这种命运如今笼罩着欧洲,那就是:恰恰它最强大的子孙迟迟难以达到繁荣——,他们多半已经少年招厌、暮气沉沉、归于毁灭了,原因就在于,他们以自己全部强大的激情痛饮了失望的酒杯——在今天就是认识的酒杯:——而倘若他们不曾同时是最失望者,那他们就不会是最强大者了!因为这就是对他们的力量的考验:只有从整个时代病态出发,他们才能获得他们的健康。迟到的春天乃是他们的标志;补充一句,还有迟到的愚拙、迟到的愚蠢、迟到的放肆!我们的青春是在它不再被猜想时到来的,我们把生命的季节推延了。但愿我们能从中理解:谁与我们相类似,最多地惊奇于自己。因为今天的情形是多么危险:我们少年时光曾经爱恋过的一切都把我们欺骗了;我们注视着我们最后的爱——那使我们承认这一点的爱——我们对于真理的爱——让我们来看看,连这种爱也还在欺骗我们!——

6[25]

对迄今为止悲观主义的批判

向以下问题的最终还原:它有何种意义?以此来防御幸福论的观点。对阴暗化的还原。——我们的悲观主义:世界并不是值得我们相信的东西,——我们的信仰本身已经把我们对于认识的欲望提高到了这样的程度,以至于我们今天必须说出这一点。首先,它因此被视为更少价值的:它就是这样首先被感受到的——只不过在这种意义上,我们是悲观主义者,亦即具有那种想要毫无保留地承认这种重估,并且不以旧的方式在我们面前扯淡、说谎的意志……正是这样一来,我们找到了也许能推动我们去寻求新价值的激情。总而言之,世界或许比我们所以为的有价值得多——我们必须探出我们的理想的幼稚性,而且,也许在对此类理想作出最高解释的意识中,我们甚至也没有给予我们的人类此在一种适当而合理的价值。

是什么东西被神化了?团体内部的价值本能(使团体的延续成为可能的东西);

243 是什么东西受到了诽谤?把高级的人与低级的、制造鸿沟的欲望隔离开来的东西。

因果论批判。

因果论甚至还不是一种解释,而只是一种表述,描述;"先后相继"始终还有待解释。

"认识"概念批判。

针对"现象"。

我们伟大的谦逊:不把未知之物神化;我们刚刚开始知之甚少。虚假而挥霍的努力。

我们的"新世界":我们必须认识,到何种程度上我们就是我们的价值感的创造者，——也就是能够把"意义"投置到历史之中……这种对真理的信仰在我们心中走向其最后结果——你们知道它的内容如何：——如果竟有某个东西需要膜拜，那么，这就是一个必须膜拜的假象，即：谎言——而非真理——才是神性的……？

6[26]

论欧洲虚无主义的历史。

关于永恒轮回的学说。

论等级。

最高价值感批判
　　它的起源　1)来自病者和失败者的领域。
　　　　　　2)来自群盲及其本能——喜悦而阴郁的宗教。244
对立价值的开端：——
　　为什么处于劣势？
对"善人"的批判（上帝批判）。
对以往情绪评判（等级制）的批判。
对以往哲学家的批判（作为部分病态的、部分群盲式的愿望的后果）。

求真理的意志
恐惧、懒惰、感性、支配欲、占有欲——及其变形。

疾病、年纪、疲乏——

情绪形态学:把情绪还原为权力意志。
有机的功能,被视为权力意志的组织。
关于支配性构成物的理论:
　　有机体的发育。
群盲:一个过渡形式,一个用于保存更多样的、更强壮的类型的手段。
"完满化":还原为类型的更强大化。
　　　　　　　　　　　条件:奴隶制、等级。

——在何种意义上讲连衰落和解体也是一种"权力意志"?

在人类机体中最高的本质种类表现为超凡脱俗的情绪、命令性的、占上风的。

什么是"精神智慧"?

宇宙学的透视。

245　支配性的类型及其心理学
　　男人(一种胜利的后果)
　　立法者
　　征服者
　　教士
与"牧人"与"主人"相对立(前者是保存群盲的手段,后者是群盲何以存在的目的。
贵族
　　什么是美?胜利者和成为主人者的表达。

提纲草案：

权力意志。

重估一切价值的尝试。

——塞尔斯马里亚

1888年8月最后一个星期天

我们北极乐土居民。——对问题的奠基。

第一章:"什么是真理?"

第一节:谬误心理学。
第二节:真理和谬误的价值。
第三节:求真理的意志(唯在生命的肯定价值中得到辩护。

第二章:价值的起源。

第一节:形而上学家。
第二节:homines religiosi[宗教徒]。
第三节:善人与改善者。

第三章:价值冲突

第一节:关于基督教的思索。
第二节:论艺术生理学。
第三节:论欧洲虚无主义的历史。

心理学家的消遣。

第四章：伟大的正午。

第一节：生命原则"等级制"。
第二节：两条道路。
第三节：永恒轮回。

[7.1886年底至1887年春]^①

〈第一章:"什么是真理?"〉

〈第一节:谬误心理学。〉

7[1]

谬误心理学

自古以来,我们都把某种行动、性格、此在的价值置于意图之中,置入目的之中,而人们都是为这种目的之故而作为、行动和生活的;趣味的这样一种古老的特异反应性,最终会发生一种危险的转折,——假如事件的无意图性和无目的性越来越多地进入意识的前台。于是,似乎就酝酿了一种普遍的贬值:"一切都没有意义"——这句忧伤的名言意思是说:"一切意义皆在意图中,而且假如根本没有意图,也就根本没有意义了"。按照这种估量,人们就不得不把生命的价值置入"死后的生命"之中;抑或把生命的价值置入观念或人性或民族的持续进化过程中,或者是超越人类之外的持续进化过程中;不过,这样一来,人们就进入无限的目的进程

---

① 相应的手稿编号为:Mp XVII 3b。——译注

（Zweck-progressus in infinitum）中了，最后，人们就不得不在"世界进程"中确定自己的位置（也许是以那种反鬼神论的观点，即认为这就是进入虚无的进程）。

与此相反，对"目的"需要作一种更严厉的批判：人们必须认识到，一个行动决不是由一个目的引起的；目的和手段是解释，在解释中，一个事件的某些要点会得到强调和遴选，代价是牺牲其他要点，而且是大多数要点；每当人们奔着一个目的去做某事时，都会出现某种根本不同的和不一样的东西；关系到每一种有目的的行动，情形就如同所谓的太阳放射的热量的合目的性：太大的热量浪费掉了；几乎微不足道的一部分是有"目的"、有"意义"的——；一个带有"手段"的"目的"是一个十分不确定的描写，这种描写作为规定、作为"意志"固然可以发号施令，但却是以一个由服从者和驯化工具组成的系统为前提的，后者以完全牢靠的伟大之物取代了不确定之物（也就是说，我们想象一个由设定目的和手段的、更聪明但也更狭隘的理智组成的系统，为的是能够赋予我们唯一熟悉的"目的"以"一个行动的原因"的作用：而真正说来，我们是没有这个权利的（这意思就是，为了解决一个问题而把问题的答案放进我们的观察所达不到的世界中了——），最后：在引发合目的的行动的那些作用力的变化序列中，为什么"一个目的"就不可能是一个伴随现象呢？——一个先行被抛入意识中、有助于我们确定事件之方向的苍白图像，作为事件本身的征兆，而不是作为事件的原因？——但这样一来，我们就批判了意志本身：把在作为意志行为的意识中出现的东西当作原因，这难道不是一种幻想吗？难道所

[7.1886年底至1887年春]

有意识现象不都只是最终现象(End-Erscheinungen)，一个链条的最后环节，但表面上就它们在一个意识平面内的先后次序来说是自行制约的？这或许是一种幻想吧。——

反对所谓的"意识事实"。观察是千难万难的，谬误也许是一般观察的条件

我有意地伸展我的胳膊；假定作为民族的一员，我对人类身体的生理学以及人类身体运动的机械规律所知甚少，那么，真正说来，与随后所发生的事情相比较，还有比这种意图更暧昧、更苍白、更不确定的东西吗？还有，假定我是一个最敏感的机械师，而且特别精通这里所应用的公式，那么，我伸展自己的胳膊就不见得会好些或者会坏些。在此情形中，我们的"知识"和我们的"行为"是截然分离的：就仿佛是在两个不同领域里。——另一方面：拿破仑实施一项远征计划——这是什么意思呢？在这里，计划实施过程所包含的一切东西都是有意识的，因为一切都必须得到指令；但即便在这里，也已经是把下属当作前提了，他们要解释一般指令，适应当下困境、势力范围等等之类。

世界并非如此这般存在的：而且生命体乃是以世界向它们显现出来的样子来看世界的。倒不如说：世界是由这些生命体组成的，而且对每个生命体来说都有一个细小的视角，生命体正是由此来衡量、觉察、观看或者不观看的。"本质"付诸阙如："生成之物"、

"现象"乃是唯一的存在种类。|?①

"变化",没有一种变化是无根据的——总是已经以某个隐藏在变化背后的东西为前提的。

"原因"与"结果":从心理学上来推算,这是在动词中表达出来的信仰,主动与被动,行为与遭受。这就是说:发生事件被分离为一种行为与遭受,对一个行为者的假定是先行的。这背后隐藏着对行为者的信仰:仿佛哪怕去掉了"行为者"身上的一切行为,行为者本身也还剩了下来。这里的潜台词始终是这样一种"自我观":一切发生事件都被解释为行为,带着一种神话,一个与"自我"相应的本质———

---

① 原文如此。——译注

〈第二节:真理和谬误的价值。〉

7[2]

真理和谬误的价值

我们的估价的起源:源于我们的需要

我们的表面上的"认识"是不是也只能在更老旧的估价中去寻找,后者已经如此牢牢地被吞食了,以至于它们已经成了我们的基本组成部分?以至于真正说来,只有较新鲜的需要与最老旧的需要的结果动手打架了?

世界如此这般地被看待、被感觉、被解释,使得有机生命在这种解释的透视角度中得到保存。人不只是一个个体,而是在某一条确定路线上繁衍下去的总体有机物。人持存着,这已经表明,一个阐释种类(尽管是不断扩展的阐释)也持续下来了,阐释系统并没有发生变化。"适应"。

我们的"不满"、我们的"理想"等等,也许就是这种被吞食的阐释、我们的透视性观点的结果;也许有机生命终将毁灭于此——正如机体的分工同时也造成各个部分的萎靡和弱化,终于导致整体的死亡。有机生命的灭亡就像个体的灭亡一样,目的必定都是为了它的最高形式。

真理和谬误的价值

(19)

价值评估　A)作为结果(生命,或者没落
　　　　　B)作为原因

容易误解的解释

假面舞会

作为诽谤术、自我夸耀

受等级制约

受种族制约

星期日价值与日常价值

在危机中、在战争和危险中,或者在和平中

在一种理想的荣誉中、在对其对立面的谴责中的形成过程。

对抗:在强化与"改善"之间、在个体的强化与一个种族的强化之间、在一个种族的强化与"人类"的强化之间。

请注意!"创造性的东西"有多深入?

为什么一切活动,包括一个感官的活动,都与快乐感相联系?是因为事先有一种阻碍、一种压力存在吗?或者倒是因为一切行为都是一种克服、一种主宰,都造成权力感的增长?——思想的快乐。——说到底它不只是权力感,而是对创造和对被创造者的快乐感:因为一切活动都是作为关于一个"作品"的意识而为我们所意识的

真理和谬误的价值

一个艺术家经受不住现实,他旁顾左右又频频回顾。他严肃

认真的看法是：一个事物的价值就是那种阴影般的残余，人们从颜色、形态、声音、想法中获得的残余；他相信，一个事物、一个人越是变得细微、稀薄、稍纵即逝，其价值就越是增长起来：愈少实在，就愈有价值。这就是柏拉图主义：不过后者还更拥有一种勇敢，在倒转方面：——它根据价值程度来衡量实在程度，并且说："理念"愈多，存在愈多。它把"现实性"概念倒转过来了，并且说："凡是你们认为现实的，都是一种谬误，而我们愈接近'理念'，〈就愈接近〉真理"。——明白这意思吗？这曾是最大的信仰改宗：而且因为它被基督教所采纳了，所以我们就看不到这件令人奇怪的事情了。柏拉图曾是一位艺术家，他从根本上讲是偏爱假象（Schein）胜于存在（Sein）的：也就是说，他偏爱谎言和真理的虚构，偏爱非现实之物胜于现成之物，——而他是多么坚信假象的价值，以至于他把"存在"、"原因"和"善"、真理之类的属性——简言之，被人们赋予价值的其他一切东西——都赋予假象了。

　　价值概念本身，被看作原因：第一个看法。

　　值得授予荣誉的一切属性，都被馈赠给理想了：第二个看法

254

〈第三节:求真理的意志。〉

7[3]

求真理的意志

"不可知论者",自在的未知之物和神秘之物的敬仰者,他们是从哪里获得权利,把一个问号当作上帝来崇拜呢?一个上帝,如此这般保持于遮蔽之中的上帝,也许值得害怕,但肯定不值得崇拜啊!还有,为什么未知之物就不可能成为魔鬼呢?而"它是必须被崇拜的"——那么,在此起统率作用的就是一种体面本能了:这乃是英国式的。

先验论者,他们发现,所有人类知识都满足不了人类心灵的愿望,而倒是与之相矛盾的,使之颤栗的——他们天真地在某个地方设定了一个世界,这个世界却能与人类的愿望相合,而且同样显示〈自身〉为我们的认识所达不到的:他们以为,这个世界就是真实的世界,与之相比,我们可认识的世界只不过是错觉。康德就是这样看的,吠檀多哲学(Vedanta-Philosophie)早就是这样了,某些美国人也是这样看的。——"真实的",这对他们来说意思就是:符合我们心灵的愿望。从前,"真实的"意味着:符合理性。

255 现代最普遍的标志:人类在自己的心目中已经不可思议地丧失了尊严。长期地作为一般此在(Dasein)的中心和悲剧英雄;然后至少在努力证明自己〈是〉与此在的决定性的和本身富有价值的方面有着亲缘关系——就像所有形而上学家所做的那样,他们意欲坚守人类的尊严,并且相信道德价值乃是基本价值。谁若放弃上帝,就会愈加严格地恪守道德信仰。

　　　　　　　　　　　　求真理的意志

　　情绪的削弱。

A、　a、意志、意图、激烈的欲望进入一个方向中

　　b、目的，更少激烈的，因为此间出现了关于手段和途径的观念

　　c、"根据"，没有欲望：根据律的心理学上的可靠性在于对意图（作为任何事件的原因）的信仰

B、区分性思维乃是占有意志中恐惧和谨慎的后果。

　　对于一个客体的正确表象原本只不过是达到把捉、把握、夺取之目的的手段。

　　后来，这种正确的表象本身就被感觉为一种把捉，一个使满足得以出现的目标。

　　最后，思维成为权力的征服和运用：一种拼合，把新事物置入旧序列中的排列，等等。

C、新事物带来恐惧：另一方面，为了把新事物把握为新事物，恐惧必须已经在此存在

　　惊奇乃是削弱了的恐惧。

已知之物激发信赖感

　　　　"真实的"乃是某种唤起可靠感的东西

inertia[惰性]首先试图在每一种印象中引发一种等量齐观：这就是把新的印象与旧的记忆等同起来；它要的是重复。

恐惧教人去区分、比较

在判断中有一种意志剩余（应当如此这般存在），一种快感剩

余(肯定之快感:)①

请注意:比较不是一种**原始的**活动,而是等量齐观!判断原始地不是一种关于某物如此这般存在的信仰,而是关于某物应当如此这般存在的意志。

请注意:痛苦乃是一种具有最粗糙形式的判断(否定性的)。

快感乃一种肯定

关于"原因与结果"的心理起源。

求真理的意志

阐释

何以世界解释乃是一种支配性欲望的征兆。

艺术世界观:直面生命。但在这里没有对审美直观的分析,把审美直观还原为残暴、安全感、裁决感、局外感等等。人们必须对付艺术家本身及其心理学(对游戏欲望的批判,作为力的释放、有关变化的乐趣、有关对自己的灵魂的挤压的乐趣,艺术家的绝对利己主义等等)。他把哪些欲望纯化了?

科学世界观:批判那种对于科学的心理需要。意愿使事物变得可理解;意愿使事物变得实际、有用、可利用——:在何种意义上是反美学的。唯有价值能够得到计算。在何种意义上一个平均种类的人想要在此取得优势。如果历史竟以这种方式被占有,那是

---

① 原文如此。——译注

可怕的——优越者、裁决者的王国。他把哪些欲望纯化了？

宗教世界观：对宗教人的批判。未必是道德的人，而是获得强大提升和深度萎靡的人，他用感恩或者怀疑来阐释前者，而不是从自身来推导前者（——后者也没有——）。本质上是感到自己"不自由"的人，他把自己的状态、屈从本能纯化了。

道德世界观。社会等级感被置入宇宙之中：不可动摇、规律、有序和同等，此类东西因为受到最高评价而在最高位置上被寻求，在宇宙大全之上，或者在大全背后，同样地———

什么是共同的：支配性的欲望可以被视为最高的价值审判机关，其实可以被视为创造性的和统治性的力量。不言自明，此类欲望要么相互敌对，要么相互制服（综合地讲也可能结合起来），要么在统治中变化。但它们的深度对抗是如此之大，以至于在它们要得到全部满足时，就必须设想一个深度平庸的人。

对艺术家来说，"美"之所以是处于一切等级制以外的东西，是因为在美中对立面受到了压制，权力的最高标志，亦即超越对立的东西；此外没有张力：——不再需要什么力量，一切都如此容易跟随、服从，并且为了服从而装出最可爱的表情——这一点使艺术家的权力意志感到轻松愉快。

　　　　　世界解释
　　　　　及其共同点。

〈第二章：价值的起源。〉

〈第一节：形而上学家。〉

7[4]

形而上学家

蠢货：拉梅内①、米什莱②、维克多·雨果

出于对无条件权威的习惯，最后就形成了一种对无条件权威的深刻需要：——这种需要是如此强烈，以至于在一个批判时代里，诸如康德时代里，它本身就表明自己比对批判的需要更优越，而且在某种意义上，它善于征服和利用批判性理智的全部工作。——在下一代人身上（他们通过自己的历史本能必然被引向每一种权威的相对性上了），这种需要再度表明了自己的优越性，这时它也利用了黑格尔的进化哲学、被改名为哲学的历史学本身，并且把历史说成是道德理念的不断自我启示、自我赶超。自柏拉图以降，哲学都处于道德的统治之下；甚至在柏拉图的先行者那里，道德的阐释也起着决定作用（在阿那克西曼德那里，万物的毁

---

① 拉梅内（Robert de Lamennais，1782－1854）：法国神甫、哲学家、政论家。主张宗教应与政治和教育分离。著有《宗教实质流变论》、《论革命进程与反对教会的战争》等。——译注

② 米什莱（Jules Michelet，1798－1874）：法国历史学家，主张民主主义和反教权主义。著有《法兰西史》、《法国革命史》、《十九世纪史》等。——译注

灭乃是因为它们摆脱纯粹存在而受到惩罚,在赫拉克利特那里,现象的规律性乃是整个生成的道德合法性特征的证据)

什么是道德行为的标准呢? 1)它的无私性;2)它的普遍有效性,等等。但这是军营的道德观念(Stuben-Moralistik)。人们必须研究一下民众,来看看每一次都是什么标准,其中表达出什么。一种信仰:"这样一种行为属于我们第一性的生存条件。"所谓非道德的,意思就是"带来灭亡的"。现在,所有这些群体(在其中已经发现了上述诸定律)都已经毁灭了。此类定律中个别总是重新得到强调,因为每一个新构成的群体都需要它们,诸如"不可偷盗"之类的定律。在社会共通感(例如 imperium romanum[罗马帝国])未能被要求的时代里,欲望就投身于"灵魂得救"(在宗教上讲):或者"最大的幸福"(在哲学上讲)。因为甚至希腊的道德哲学家们也不再对自己的 πόλις[城邦]有感觉了。

斯宾诺莎的心理学背景。可怜啊!
1)处于显突地位的是**享乐主义**观点:持久的欢乐何在,或者说,欢乐的情绪怎样才能被永恒化?
只要欢乐关联于某个个别事物,那它就是受限制的和短暂易逝的;当欢乐不再随事物发生变化,而是居于不变的联系中时,它就变成完满的;当我把宇宙大全转变为我的所有,即 omnia in mea[我身上的一切],并且在每个瞬间里都能就这种 omnia mea[我的一切]说"mecum porto"[我带着自己的一切],这时候,欢乐才是永恒的
在《理智改进论》(tract. de intell. Emendatione)(《文集》,第

二卷)第 413 页上:"我已经做出决定,要探究是否能找到某个东西,拥有了它,我就可以永远获得一种持久而至高的欢乐的享受。""对于一种永恒和无限的本质的热爱,乃以一种排除所有悲哀的欢乐来充实心情。""至高的善乃是对于我们的精神与宇宙的统一性的认识"。

2)自然的-利己主义的观点:德性与权力是同一的。它并不断念,它满怀渴望;它并不与自然斗争,而是为自然而斗争;它并不消灭最强大的情绪,而是满足最强大的情绪。我们的权力所要求的东西就是善的;反之则是恶的。德性来自追求和自我保存。"我们所做的,是为了保存和增扩我们的权力"。"我理解的德性和权力是同一个东西"。

Finis = appetitus[目的 = 欲望]。Virtus = potentia[德性 = 力量]。《伦理学》,第四部分,定义七、八。①

3)这个特殊的"思想家"露出了马脚。认识成为所有其他情绪的主宰;认识是更强大的。"我们真正的活动在于思维本性,在于理性沉思。对活动的欲求 = 要合乎理性地生活的欲求。

"我没有十分重视柏拉图、亚里士多德和苏格拉底的权威";对于那种有关"实体形式"的学说(经院哲学表达方式中的目的概念),他称之为"无数蠢事当中的一种"。

费尔巴哈的"健康而新鲜的感性"

---

① 参看斯宾诺莎:《伦理学》,中译本,贺麟译,北京,商务印书馆,1991 年,第 171 页。——译注

《未来哲学的原理》,1843 年。

反对"抽象哲学"

古代哲学把人视为自然的目的

基督教神学把人的拯救看作神性天命的目的。

奇怪的斯宾诺莎:"所谓 conscientiae morsus[痛苦的情绪],我理解为由一个与所有期望相反的过去事物的表象所伴随的悲伤。"《伦理学》,第三部分,命题十八,附释一、二,第 147－148 页。情绪定义之十七,第 188 页。①

如果所期望的结果没有出现,恐惧突然中止了,那么,对立面就是 gaudium[喜悦、愉快]。尽管有 K. 费舍尔②的说法,但在这里,斯宾诺莎或许还是有可能选择 a potiori[占有]这个名称的:还有,他是把所指对象视为任何"良心谴责"的客观核心。确实,就自身而言,他必定要否定罪责;那么对他来说,剩下来的"conscientiae morsus"[痛苦的情绪]这个事实是什么呢?

如果究其根本,万物都借助于神性力量而发生,那么,万物以自己的方式就是完满的,事物本性中就没有什么恶事;如果人完全

---

① 参看斯宾诺莎:《伦理学》,中译本,贺麟译,北京,商务印书馆,1991 年,第 113 页以下,第 156 页。——译注

② 费舍尔(Ernst Kuno Berthold Fischer,1824－1907):德国哲学史家,新康德主义早期代表人物之一。主要著作有《近代哲学史》(六卷本)、《康德生平及其学说的基础》、《美的概念》等。——译注

不自由,那么人类意志的本性中就没有恶;如此说来,恶事和恶就不在事物中,而只是在人的想象中。

上帝身上没有意志、理智、人格和目的。

斯宾诺莎反对那些说上帝 sub ratione boni[以善的理智方式]创造万物的人们。这些人似乎是假定了上帝之外的某个不依赖于上帝的东西,上帝在自己的行动中指向这个东西犹如指向一个典范,或者,上帝追求这个东西犹如追求一个目标。这真是使上帝臣服于天命:此乃最大的无稽之谈。《伦理学》,第一部分,命题三十三,附释二。①

任何事件的终极根据都是"上帝意愿它们",ignorantiae[无知的]安瑟伦。不过,上帝的意志却是人类达不到的。在这种思想方式中,真理就会对人类永远遮蔽起来,倘若不是数学(数学并不关心目的,而只是关心量的本性和特性)为人提供了真理的另一个准绳的话。

笛卡尔说"我曾把许多东西视为真实的,而这些东西的谬误我现在已经认识到了"。斯宾诺莎说"我把许多东西视为善的,而对于这些东西,我现在已经认识到了它们是空洞的和无价值的"。"如果存在着一种纯真的和永恒的善,那么,这方面的满足同样也是持久的和不可摧毁的,我的快乐也就是永恒的了"。

263　心理学上的错误结论:仿佛一个事物的持久性担保了我对于该事物所具有的情绪的持久性!

---

① 参看斯宾诺莎:《伦理学》,中译本,贺麟译,北京,商务印书馆,1991年,第32页以下。——译注

("艺术家"的完全不在场)一个把自己的欲望神化的逻辑学家的至高而滑稽的迂腐

斯宾诺莎以为自己已经绝对地认识了一切。

这方面他拥有最大的权力感。这种欲望压服和消灭了所有其他欲望。

关于这种"认识"的意识在他那里持续着:由此产生一种"对上帝的爱",一种对此在(Dasein)的欢乐,而在通常情况下也就是,对所有此在的欢乐。

一切恶劣情绪,悲伤、恐惧、仇恨、嫉妒,从何而来呢?它们来自同一个源泉:我们对过去事物的热爱。有了这种热爱,连那些欲求的整个种类也都将消失

"尽管我清楚地洞察到了世界之善的虚无性,但我却不能完全摆脱贪婪、感官之乐和虚荣心。不过这一点我是体会到了:只要我的精神在那种沉思中生活,它就避开了这些欲求——而且这一点给我带来了大安慰。因为我从中看到,那些恶事并非不可救药。一开始,新生命就是奇怪的、短促的瞬间——"

与清晰推断的价值相比较,没有什么东西是有价值的。所有其他价值都只不过是不清晰思维的结果。对生命中所有善的轻蔑拒绝;对一切事物的不断诽谤,为的是把统一性带向至高境地,这种清晰的思维。"所有怀疑皆起因于人们无序地探究事物"。!!!

正如在叔本华那里:在审美静观的支配下,各种欲求都默然终止了。

一种心理学的经验，得到了错误而普遍的解释。

莱布尼茨："人们必须与我一起 ab effectu[依据效果]来下判断：因为上帝选择了这个如其所是的世界，所以，这个世界便是最好的世界。"《神正论》，第 506 页。

康德的神学偏见，他的不自觉的独断论，他的道德主义视角是支配性的、操纵性的、命令性的

Πρῶτον Ψεῦδος[第一谎言]：认识之事实是如何可能的？
认识竟是一个事实吗？

什么是认识？如果我们不知道什么是认识，那么，我们就不可能解答是否有认识的问题。太好了！然而，如果我并不知道是否有认识，是否可能有认识，那么，我就根本不能以理性的方式提出"什么是认识"的问题。康德相信认识之事实：这就是他想要的幼稚性：关于认识的认识！

"认识就是判断！"但判断是一种信仰，相信某物如此这般存在的信仰！而不是认识！

"一切认识都在于综合判断"——不同表象的一种必然而普遍有效的联结——

带有普遍性特征（事情在所有情形下都如此表现而非别样）

带有必然性特征（不能做出相反的断言）

那种关于认识的信仰的合法性总是被预设为前提：正如关于良心判断的情感的合法性被预设为前提一样。在这里，道德存在学乃是支配性的偏见。

可见推论就是：1)有一些断言，我们把它们视为普遍有效的和

必然的

  2)必然性和普〈遍〉有效性之特征不可能来自经验

  3)因此,这种特征必定不在经验中,而是从别处得到论证,必定具有另一个认识源泉!

  康德的推论:1)有一些断言,它们唯在某些条件下才是有效的

  2)这个条件就是,它并非来自经验,而是来自纯粹理性

  所以:问题就在于,我们对此类断言的真理性的信仰是从哪里获得根据的呢?不,我们这种信仰是从哪里获得判断的!然而,一种信仰的形成、一个强大信念的形成,乃是一个心理学问题:而且,一种十分有限和狭隘的经验往往会完成这样一种信仰!

  这种信仰已经是有前提的,那就是:不仅有"data a poteriori"["后天的材料"],而且也有 data a priori[先天的材料]、"先于经验"的材料。必然性和普遍性决不能通过经验而得出:那么,说它们在此是在没有一般经验的情况下出现的,这话何以是清楚明白的呢?

  没有个别的判断!

  一个个别的判断决不是"真实的",决不是认识,唯在诸多判断的联系、关系中,才能产生出一个保证。

  是什么把真实的信仰与虚假的信仰区分开来?

  什么是认识呢?他"知道"这个,这简直是妙不可言啊!

  必然性与普遍性决不能由经验得出。也就是说,是不依赖于经验的、先于一切经验的!

  那种先天地发生的、也即不依赖于一切经验而来自纯粹理性的认识,乃是"一种纯粹的认识"。

  逻辑原理,同一律和矛盾律,是纯粹的认识,因为它们先于一

切经验。——然而,这根本不是什么认识嘛!而是一些规整性的信条!

为了论证数学判断的先天性(纯粹的合理性),空间必须被理解为纯粹理性的一个形式。

休谟曾声称:"根本就没有什么先天综合判断。"康德说:有的!数学的判断就是嘛!而如果有这样一种判断,那么,也许也就有了形而上学,一种通过纯粹理性对事物的认识吧!Quaeritur[有人会问]。

数学之可能性条件决不是形而上学的可能性条件。

一切人类认识要么是经验要么是数学。

一个判断是综合的:也就是说,它把不同的表象联结起来

一个判断是先天的:也就是说,那种联结是一种普遍的和必然的联结,决不能通过感性知觉,而只能通过纯粹理性得出来。

如果真的有先天综合判断,那么,理性就必须能够联结:这种联结乃是一种形式。理性必须拥有给出形式的能力。

空间和时间作为经验的条件

267 康德把法国大革命称为从机械⟨的⟩国家向有机的国家的过渡!

康德断言,科学中具有独创性和开创性的人物,即所谓的"大头人物",是与天才特别不一样的:他们所发现和发明的东西,也是可以让人学习的,是完全被理解和习得了的。在牛顿的著作中,没有什么东西是不可学的;荷马却不像牛顿这样可理解了!"可见在科学中,伟大的发明者与极其辛苦的摹仿者和学徒之间,只有程度

上的差异而已"。心理学上的习语!!

"音乐是与某种文雅教养的缺失相联系的","它仿佛是强行产生的","它使自由中断了"。

音乐与色彩艺术构成以"美的感觉游戏"为名的一种特有种类绘画与园林艺术结伴。

人性是否有一种向善的倾向,该问题是通过下述问题而得到准备的,即:是不是有一种事情,它除了通过人类的那种道德素质就不可能得到别的说明。这就是革命。"人类历史上这样一种现象再也不能被遗忘,因为它揭示了人类天性中一种力求更好的素质和能力,诸如此类的东西,或许还不曾有一个政治家经过苦苦思索而从迄今为止的事物发展过程中得出来过"。

如果人性不断变坏变恶,那么,人性的目标就是绝对的坏和恶了:这种恐怖主义的想法是与幸福主义的想法或者"千年至福说"(Chiliasmus)相对立的。如果说历史是在进步与倒退之间摇摆不定的,那么,它的整个活动就是无目的的和无目标的,无非是一种忙碌的蠢事,以至于善与恶互为抵消,而这个整体则表现为一出滑稽闹剧:康德把这叫作市侩的(abderitisch)想法。

〈康德〉在历史中看到的无非是一种道德运动。

"一个认真的异端法官就是一种 contradictio in adjecto[有矛

盾的形容法、术语矛盾]"

　　心理学上的习语

　　在康德看来,如若没有再生,所有人类的美德就都是一些耀眼的蹩脚货。这种改善只有借助于理智性格才是可能的;要是没有后者,就不会有自由,既不会有世界中的自由,也不会有人类意志中的自由,也不会有达到恶之解脱的自由。如果这种解脱并不在于改善,那它就只可能在于毁灭。经验性格的起源、向恶的习气、再生,在康德那里乃是理智性格的行为;经验性格必须在其根源处经历一种改过自新。

　　整个叔本华。

　　同情是一种情感挥霍,一条危害道德健康的寄生虫,"增加世上的祸害,这不可能成为义务"。如果人们只是出于同情而行善,那么人们就不会对自己有益,也不会对他人有益。同〈情〉并不基于准则,而是基于情绪;它是病态的;别人的苦难感染了我们,同情是一种传染。

　　全部卑躬屈膝的神情和话语:"在人间所有民族中间,德意志人以何种迂腐把〈这一点〉发挥到了极致","这难道不是关于一种蔓延开来的在人间阿谀奉承的习气的证明吗?""但谁若把自己弄成蠕虫,他此后就不能抱怨自己受到了践踏"。

　　"有两件东西,我们愈经常、愈持久地加以思索,它们就愈使心

[7.1886年底至1887年春]

灵充满永远新鲜、不断增长的赞赏和敬畏,那就是:我们头上的星空和我们心中的道德法则"。

康德接着说:"第一个有关无数世界的景象,可以说消灭了我作为一个动物性造物的重要性,这个造物在一段短促的时间里(人们不知道怎么回事)被赋予了生命活力后,必须把它所由以生成的物质再交还给行星(宇宙中的一颗微粒)。与此相反,第二个景象则无限地提升我作为一个理智存在者的价值①

自由的可想象性基于先验感性论。如果事物本身具有时间和空间,那么现象就类似于自在之物了,那么在两者之间就不可能有现象了,那么就不会有什么东西独立于时间了,那么自由就是绝对不可能的了。自由只能被看作某个本质的特性,这个本质不受时间条件的限制,也就是说,它不是现象,不是表象,而是自在之物。

为什么现象不是自在之物呢?因为现象在空间和时间中存在,而空间和时间乃是纯粹直观。

针对所谓的心理学上的自由,康德说:"倘若我们的自由在于我们作为一个 automaton spirituale[精神自动机]是受表象驱动的",那么,"这种自由根本上就并不比一把煎肉锅铲的自由更好些,一把锅铲一旦被上紧了发条,也会自动完成自己的运动"。

在现象界,自由是不可思议的,无论是外部的还是内部的

---

① 原文到此中断。参看康德:《实践理性批判》,结论;此处译文参看中译本,韩水法译,北京,1999年,第177页。——译注

271 〈第二节:homines religiosi[宗教徒]。〉

7[5]

homines religiosi[宗教徒]

宗教改革:庸俗本能的最具欺骗性的爆发之一种

一些强大的、变得不可遏制的、彻底庸俗的欲望想要爆发出来:所急需的无非是一些托词,尤其是要虚构一些大话,有了此类大话,这些野蛮动物就可以得到释放了。

路德这个心理类型:一个粗野的、不地道的农民,他用"新教的自由"把所有积累起来的粗暴需要都发泄出来了。

人们再度想成为主人,再度掠夺、压服、咒骂,还考虑到感官想要获得清算:首要地,人们看到了对巨大的教会财富的渴望。

教士有时就是上帝本身,至少是上帝的代表

就本身来说,禁欲的习惯和训练还远不能透露出一种反自然的和敌视此在的信念:蜕化和病态亦然

自我克制,带着严厉而可怕的捏造:一种拥有和要求对自身的敬畏的手段:禁欲之为权力的手段

272 教士乃是一种超人的权力感的代表,本身作为某个上帝的好演员,他的天职就是要表现这个上帝;教士本能地抓住这样一些手段,借助于这些手段,他在对自身的强力控制中获得了某种令人恐惧的特性

教士乃是超人权力的代表,着眼点在于对伤害能力和利用能力的认识、预知,也在于对超人的喜爱和幸福种类:——

[7.1886年底至1887年春]

——在健康人、有福之人、希望之人、强者面前的"诸神"之演员

——"救世主"的演员,根本上求助于病患者和匮乏者,求助于怨恨(ressentiment)之人,求助于受压迫者以及———

——教士乃是某种具有超人性质的东西的演员,他们必须使这种东西变得显而易见,不论是关于理想,还是关于诸神或者关于救世主:他们在其中看到了自己的天职,他们拥有这方面的本能;为了使这一点尽可能地变得可信,他们必须在类似化过程(Anähnlichung)中走得尽可能地远;首要地,他们作为演员的聪明才智必须获得好良心,只有好良心才能真正说服人们。

273

〈第三节：**善人**与**改善者**。〉

7[6]

善人

毫无顾忌的诚实。

(9)

一种道德理想的胜利就像任何胜利一样，是通过同一种"非道德的手段"而取得的：暴力、谎言、诽谤、不公

"你不应撒谎"：人们要求诚实性。然而，对事实的承认（不受骗上当）恰恰在骗子那里表现得最出色，他们也完全认识到了这种通俗的"诚实性"的非事实性。人们常常讲得太多或者太少：要求用人们讲的每一句话来袒露自己，这是一种幼稚。

人们要说出他所想的，人们要成为"诚实的"，必得满足以下条件：也就是在被理解的条件下（inter pares[同类中间]），而且是在善意地被理解的条件下（再说一遍：inter pares[同类中间]）。人们对异己之物隐藏自身：而且，谁想要获得什么，就得说出他曾经要对自己有什么想法，而不是说出他正在想什么。（"强者永远撒谎"）

一种想要贯彻自己或者维护自己的理想，力求通过以下途径

274 找到支持：a）通过一种被放置在下边的来源；b）通过一种所谓的与已经现存的强大理想的亲缘关系；c）通过对神秘的敬畏，仿佛在这里有一种不可讨论的强力在讲话似的；d）通过对其敌对理想的

诽谤;e)通过一种关于它能带来的优势的骗人学说,诸如幸福、灵魂安宁、和平,或者甚至也包括一个强大上帝的助力,等等。

关于理想主义者的心理学:卡莱尔、席勒、米什莱

如果人们已经揭露了一种理想借以保持自己的整个防御措施,那么它因此就已经被驳倒了吗?理想使用的是使一切生命体得以生存和成长的手段——它们统统是"非道德的"。

我的意见:生命和增长赖以出现的一切力量和欲望,都是借助于道德的魅力而得到证明的:道德作为否定生命的本能。为了解放生命,就必须消灭道德。

善人

关于群盲道德批判。

inertia[惰性]的活动场地:

1)在信任中,因为怀疑必须有张力、观察、思索

2)在尊重中,在其中权力的间距大,屈服是必然的:为了不害怕,就得试着去爱,去高度评价,把权力差异解释为价值差异:使得这种关系不再反叛。

3)在真理感中。什么是真实的?在做出一种说明的地方,一种使我们的精神努力降到低限的说明。除此之外,谎言是很费力的。

(21)

4)在同情中。等量齐观、试图相同地感受、试图采纳一种现成的感觉,这乃是一种轻松快活:这是某种应对activum[主动]的被动态度,而这个主动的东西维护和不断确证着那种价值判断的最

本己权利。这种价值判断永不安宁。

5)在判断的不偏不倚和冷静中:人们害怕情绪的劳顿,宁可袖手旁观,保持"客观"

(18)

6)在诚实中:人们宁愿服从一种现成的法律,也不想创造一种法律,也不想命令自己和他人。害怕发布命令——宁可屈服也不愿统治。

7)在宽容中:害怕行使权利、进行判决

权力意志的隐蔽种类

1)对自由、独立性的要求,也是对均衡、和平、协调的要求;隐居者亦然,"精神自由";在最低等的形式中:意求此在(dasein)的一般意志,"自我保存欲望"

2)适应,为的是在更大整体上使其权力意志得到满足:屈服,使自己在掌权者那里显得不可或缺、有用场;爱,作为一条通向更强大者之心脏部位的秘密路径,——为了统治更强大者

3)责任感、良心、想象的慰藉,属于一个比事实上的掌权者更高的等级;对一种等级制的赞赏,它允许判决,包括对更强大者的判决;自我谴责。发明新的价值表(犹太人是经典的例子)

道德作为非道性的作品。

A. 为了使道德价值取得统治地位，必须有纯粹非道德的力量和情绪相助。

B. 道德价值的形成本身乃是非道德的情绪和顾虑的作品。

道德作为谬误的作品。

道德渐渐趋于自相矛盾。

报复。

诚实性、怀疑、时代、判决。

道德信仰的"非道德性"。

步骤：

    1) 道德的绝对统治

        一切生物学现象都是根据道德来衡量和判决的

    2) 把生命与道德等同起来的尝试（一种觉醒的怀疑论的征兆：道德不再被感受为对立面），更多手段，本身是一条超验的道路

    3) 生命与道德的对峙：道德从生命角度受到判决和审判。

在何种程度上道德曾对生命构成危害

    a) 危害对生命的享受、对生命的感恩等等

    b) 危害对生命的美化、高贵化

    c) 危害对生命的认识

d) 危害对生命的发挥，因为生命力求把自己的最高现象与自身分裂开来

277 复核：道德对生命的用处。

道德作为更大整体的保存原则，作为对成员的限制："工具"

与激情对人的内在危害相比，道德作为保存原则："平庸者"

反对深重困厄和萎缩的毁灭生命的作用，道德作为保存原则："受苦者"

道德作为反对强权者的可怕爆发的原则："低等者"

个别哲学家的狭隘高傲作为纯粹理性更为相称

反对道德中的一般情感（康德）

反对同情

反对情绪

善人

谦逊的危险。——在无论是我们的力量还是我们的目标都没有决定性地进入我们的意识的时候，就过早地去适应一个环境，适应由偶然性把我们置入其中的任务、社会、日常秩序和劳动秩序；由此争得的过早的良心安全感、舒适感、共同感，这种过早的谦逊，作为对内外骚动的摆脱，它讨好、纵容情感，并且以最危险的方式压制情感；按照"与自己同类"的方式学会尊重，就仿佛我们自己心中没有了设定价值的尺度和公理似的，对趣味（它也是一种良心）的内在声音做出同样估价的努力，成为一种可怕的、精致的羁束：如

果爱和道德的一切纽带的突然崩裂最终并没有引发大爆炸,那么,这样一种精神也就会萎靡、缩减,变得阴阳怪气、精打细算。——对立的东西已经够糟的了,但始终还好些:苦于它的周遭环境,苦于这种环境的赞扬以及拒斥,从中受到伤害,开始溃烂,而又没有透露出来;以无意的怀疑态度来抵御这种环境的爱,学会沉默,也许人们是通过讲话来隐藏这种沉默,为了一时的喘息、流泪、高雅的慰藉而创造一个隐匿之所和猜测不到的孤独——直到人们终于变得足够强壮,能够说:"我与你们又有何干系啊?"并且走他自己的路。

德性作为恶习是如此危险,因为人们从外部让它们作为权威和法律横行于世,并且并没有从自身而来把它们生产出来,就像权利那样,后者作为极其个人的正当防卫和急需品,作为恰恰属于我们自己的此在和善行的条件,是我们所认识和承认的,至于其他人是否与我们一道在相同的或者不同的条件下成长,那是无关紧要的了。这样一个关于非个人地被理解的、客观的德性的危险性的条例,也适合于谦逊:许多出类拔萃的人物就毁于谦逊。

有一些心灵在变得强硬的时候才有意义。对于此类心灵来说,谦逊的道德性乃是最恶劣的软化。

善人。

极少数人成功地在我们生活于其中、我们自古〈以来〉就习惯了的东西中看出一个问题,而人们的目光恰恰不能适应于此:关于我们的道德,在我看来直到现在都还没有发生这种情况。

"每个人都作为他人的对象",这个问题乃是至高的荣誉授予的动因;为了自身——不!

"你应当"这个问题:一种不懂得论证自己的癖好,类似于性欲,不应当受到欲望的谴责;相反地,它应当成为欲望的价值计量器和法官!

平等问题,而我们人人都渴望表彰和出众:正是在这里,我们应当反过来向自己提出要求,恰如向他人提出要求。

这是多么乏味、明显是发疯:可是——人们还觉得这是神圣的,属于更高等级,而与理性的矛盾几乎没有被注意到。

牺牲精神和忘我精神是别具一格的,对道德的无条件服从,还有那种信仰,即在道德面前人人平等的信仰。

对幸福和生命的忽视和放弃是别具一格的,完全放弃自己的价值设定、严格要求人人都放弃价值设定。"行动的价值是确定的:每个个人都屈从于这种估价。"

我们看到:一个权威在讲话——谁在讲话呢?——人们可以宽恕人类的骄傲,如果他尽可能往高处寻找这种权威,以便在后者的统治下尽可能少地感到屈辱。那么——是上帝在讲话!

人们需要上帝,作为一种无条件的制裁,上帝没有高于自己的法官,作为一种"绝对命令"——:或者说,只要人们相信理性的权威,人们就需要一种使这种信仰合乎逻辑的统一性形而上学(Einheits-Metaphysik)。

现在,假如上帝信仰已经完蛋了:那么就得重提一个问题:"谁在讲话?"——我的回答并非出于形而上学,而是出于动物生理学:是群盲本能在讲话。群盲本能意欲成为主人:所以才有它的"你应当!"它意愿使个人仅仅在整体意义上、为整体的利益而发挥作用,他仇恨解脱者——他把对一切个人的仇恨都转向这个解脱者

让我们来考量一下,为这样一种道德规范(一种"理想")付出了多么昂贵的代价。现在,它的敌人就是——利己主义者

在欧洲,自身缩小化过程的伤感的机敏(帕斯卡尔、拉罗斯福哥)

非群居动物的内在弱化、沮丧、自身消耗

把平庸特性不断地强调为最有价值的特性(谦逊、按部就班、工具本性)

坏良心混入一切自负骄横、原初之物中:

于是就有痛苦:——于是就有强大成功者的世界的阴暗化

群盲意识被转嫁到哲学和宗教之中:包括它的恐惧,它的———

别管一种纯粹忘我的行动的心理学上的不可能性

我的哲学以等级制为定向:而不以个人主义道德为定向。群盲的意义应当在群盲中占上风,——但不能越出群盲之外:群盲的领导者需要对自身行动作一种根本不同的评价,独立不羁者,或者"食肉动物"等等亦然。

远离两种运动,即个人主义道德和集体主义道德,因为连前者也不知道等级制,并且想给予一个人与所有人相同的自由。我的

想法并不围绕自由的程度,即给一个或者另一个或者所有人的自由的程度,而是围绕着权力的程度,即一个人或者另一个人应当对其他人或者所有人行使的权力的程度,或者更确切地说,在何种意义上一种自由之牺牲、一种奴役化本身,为一个更高级类型的产生奠定了基础。以极其粗糙的形式来想:为了促成一种比现在的人更高的种类的此在,人们怎么能牺牲掉人类的发展呢?——

人们可不能弄错了自己!如果有人在自身中像利他主义所理解的那样来倾听道德命令,那他就属于群盲。如果有人拥有相反的情感,如果有人在自己的非自私的和忘我的行动中感受到自己的危险、自己的误入歧途,那他就不是群盲中的一员。

一个人证明给他人看的行动应当比他证明自己的行动更高级,而他人也同样如此,如此等等;〈人们〉之所以能把行动称为善的,只是因为一个人在行动时心里没有自己,而只想着〈他者〉的幸福——这个看起来疯狂的想法自有其意义,因为作为集体精神的本能,它的依据是那种估价,即:个人根本上没什么要紧的,但所有人集合起来就十分重要了,前提是,他们要构成一个共同体,具有共同的感受和共同的良心。也就是一种练习,熟练某个确定的目光方向,是力求一个透镜(Optik)的意志,一个想使人不可能看到自己的透镜。

我的想法:目标缺失,而且目标必须是个人!

我们看到普遍的繁忙喧闹:每个个人都被牺牲掉了,都充当了

[7.1886年底至1887年春]

工具。人们穿过大街,是不是满地"奴隶"呢。何去何从?

道德现象一直谜一般让我操心。今天我或许知道给出一个答案了。对我来说,邻人的幸福应当比我自己的幸福更有价值,这意味着什么呢?但邻人自己应当以与我不同的方式估价他自己的幸福,也就是应当把我的幸福置于他的幸福之上,这又意味着什么呢?

是否一个人从孩提时代起就习惯于———
一种与自己时代的偏离的优势。

把整个道德化作为现象收入眼帘。同样作为谜团。

这个甚至被一种哲〈学〉视为"既定的"的"你应当",意味着什么呢?

因为说到底,为了以这种精巧的方式成为非道德的,人们就需要很多道德性:我愿用一个比喻。
一个生理学家对某种疾病感兴趣,而一个病人想治好自己的这种病,两者的兴趣是不相同的。假定那种疾病是道德——因为道德其实就是一种疾病——,而我们欧洲人就是患这种病的病人:如果说我们欧洲人同时也是对这种病充满好奇心的观察者和心理学家,那会出现一种什么样的烦恼和困难啊!难道我们也将一味认真地希望摆脱道德吗?我们愿意这样做吗?且不管我们是否能够做到?我们是否能够被"治好"?——

谦逊,例如对悲观主义问题来说,是快乐占上风还是痛苦占上风

对我们的认识的价值问题亦然

——什么东西迄今一直受到了阻碍呢?我们的试验欲望,这个危险太大了,"灵魂得救"

283　战胜旧上帝就是战胜一个诽谤世界的原则——异教的胜利——但世界在全新的恐惧中显示自己

——"亟需统一"和"追求上帝的国度吧:你就将获得别的一切东西!"(所谓"别的东西",例如也包括爱邻人、现在意义上的道德)

(8)

请注意!把好良心还给恶人——这曾是我不由自主的努力吗?
而且之所以要还给恶人,是因为他是强壮的人吗?(在此要援引陀思妥耶夫斯基对囚犯的审判。)

善人

良心的谴责:标志着性格不能胜任行为。善行之后也会有良心的谴责:善行的非同寻常特性,从旧环境中显突出来——

一个行动的最近来历联系于这个行动:但继续回溯,还有一个继续朝前指示的来历:个别的行动同时也是一个广大得多的后起事实的一个环节。较短的过程与较长的过程是分不开来的——

〈第三章:价值冲突。〉

〈第二节:论艺术生理学。〉

7[7]

论艺术生理学

致艺术家。

区分:意欲乞灵于自己的艺术的艺术家与其他艺术家,诸如但丁、歌德。

基于何种需要?从"作品"反推到艺术家。

"成就"证明什么:无论如何都是一种对艺术家的误解,多半也是对作品的误解。

苛求的感觉——这意味着什么呢?

逻辑之缺失——精神(esprit),主体(sujet)。

　　教化之可检验性的缺失

"自然主义"——它意味着什么?首要地是一种兴奋剂——丑陋和阴森之物造成激动。

"浪漫主义"——它意味着什么?

民族国家对于"欧洲心灵"发展的态度。

艺术与教会的关系。

美学理论中的悲观主义(巴那斯派①的"无利害的直观")。

285 ——对于这整个浪漫〈主义〉音乐(包括贝多芬在内),我无福消受,我也不够健康。我所急需的,乃是能使人们忘记痛苦的音乐;是使动物般的生活感到被神化、战胜自己的音乐;是使人们想要舞蹈的音乐;在这种音乐中,人们也许会以犬儒哲学的方式问:消化好吗?通过轻快的、果敢的、自信的、放纵的节奏使生命变得轻松,通过纯真的、温柔的、善意的和谐使生命容光焕发——这就是我从全部音乐中取得的东西。根本上,对我来说节拍适可而止就行了。

自始至终都是瓦格纳,这在我已经是不可能的了,因为他连走步都不能,更不消说舞蹈了。

但这些是生理学上的判断,而不是美学的判断:只不过——我再也没有美学了!

他能走步吗?

他能舞蹈吗?

——借得的形式,例如勃拉姆斯,作为典型的"摹仿者",门德尔松的有教养的新教亦然(模仿一个更早的"灵魂"……)

——瓦〈格纳〉身上道德的和诗意的替代物,这一种艺术作为弥补其他艺术的缺陷的权宜之计。

——"历史感",通过创作、言说而得的灵感,那些典型的变化,

---

① 巴那斯派(les Parnassiens):又译"高蹈派"。1866年在法国巴黎成立的诗人团体,因所出诗选《当代巴那斯》而得名(巴那斯为古希腊神话中阿波罗和缪斯诸神居住的山)。该派倡导"为艺术而艺术",是法国象征主义文学的前驱。——译注

这方面最清晰的例子在法国人当中是 G. 福楼拜，在德〈国人〉中间是 R. 瓦〈格纳〉

就像对爱情和未来的浪漫主义信仰转变为对虚无的要求，1830 年至 1850 年

如果已经获得了某个东西，那么，这就是一种对感官更无害的行为，一种对感性更快乐、更善意、更歌德式的态度

同样也是一种关于认识的更高傲感觉：以至于"不谙世故者"很少得到信任

艺术生理学

286

贝多芬——一个可怜的伟人，聋子、爱恋者、怀才不遇者和哲学家，其音乐充满了宏大或痛苦的梦想。①

莫扎特——表达出完全德国的情感，质朴的纯真、忧郁、沉思的温柔，朦胧的笑意，爱的羞涩。②

热烈而又精细的（exalté et raffiné）钢琴。门德尔松③用热烈、精致和多愁善感的梦想装饰着它们。④

---

① 原文为法文。——译注
② "质朴的……"之后原文为法文。——译注
③ 门德尔松（Mendelssohn，1809—1847）：德国指挥家、作曲家、钢琴家。——译注
④ 原文为法文。——译注

酸涩的苦恼欲望、破碎而不平的叫喊、现代人的激情，出自梅耶贝尔①的全部和弦。②

就画家而言。

所有这些现代（音乐家）都是诗人，他们原本想做画家。有的想要在历史中寻求戏剧素材，有的想要寻求风俗画卷；有的翻译了宗教，有的翻译了一种哲学。③那个模仿拉斐尔，另一个则模仿最初的意〈大利〉大师；风景画师们利用树木和云朵来创作颂歌和哀歌。没有一个是单纯的画家；全体都是考古学家、心理学家、某种回忆或理论的导演。他们喜欢我们的博学（Erudition），我们的哲学。他们像我们一样，充斥着普遍观念。他们热爱一种形式，并不是为了形式本身之故，而是为了形式所表达的东西。他们是博学的、受过折磨的、沉思的一代人的子嗣——与古老的大师相距甚远，后者不读书，而只是想着为自己的眼睛提供一种享受。

我们的状态：富裕使敏感性增长；人们忍受极小的痛苦；我们的躯体得到了更好的保护，我们的心灵愈加病态了。平等、舒适的生活、思想自由，——但同时还有怀恨的嫉妒、达到的盛怒、现在的焦躁、对奢侈的需求、各国政府的频繁更替、怀疑和探寻的折磨。④

---

① 梅耶贝尔（Giacomo Meyerbeer，1791－1864）：德国作曲家。1826年起寓居巴黎，发展了当时盛行于法国的大歌剧体裁。所作歌剧场面宏大、布景华丽、偏重外在效果。主要代表作有《恶魔罗勃》、《法国清教徒》等。——译注
② 原文为法文。——译注
③ 原文为法文。——译注
④ 后半句原文为法文。——译注

[7.1886 年底至 1887 年春]

——人们所失与所得一样多——

与 1750 年的市民相比较,1850 年的市民更幸福些吗?他们不那么受压制,更加有教养,生活更为富裕,^①但并没有更快乐———

在 17 世纪,没有比一座山脉更丑陋的了;人们对此有千百个倒霉念头。人们厌倦于野蛮了,正如我们今天厌倦于文明。今天的街道多么干净,警察绰绰有余,风气如此平和,大事化小,皆在预见中,以至于人们热爱伟大和出乎意料之事。^② 风光变幻犹如文艺;那时候,文艺提供甜蜜的长篇小说和风流美文;今天的文艺则提供暴烈的诗歌和生理学家的戏剧。^③

这片荒野,处处裸岩密布,不可调和,生命的敌人——丢弃了我们的人行道、我们的写字间和我们的店铺。^④ 唯因此,我们才热爱之

关于德拉克罗瓦^⑤

用色彩歌唱^⑥

"维克多·雨果声音的回响

---

① 原文为法文。——译注
② 后半句原文为法文。——译注
③ 后半句原文为法文。——译注
④ 后半句原文为法文。——译注
⑤ 德拉克罗瓦(Eugène Delacroix,1798-1863):法国画家。代表作有《自由领导人民》、《阿尔及尔妇女》等。——译注
⑥ 原文为法文。——译注

在战争期间已经潜入法国心灵之中,那英国的诗意忧伤,德国的哲学抒情①

维克多·雨果的互补性灵魂②

在1830年和1840年的浪漫主义者身上,音乐占上风。

德拉克罗瓦

安格尔③,一个激情音乐家,对格鲁克④、海顿、贝多芬、莫扎特的崇拜。

安格尔对他的罗马学生们说:"如果我能够把你们都变成音乐家,你们就会像画家一样获胜"——)⑤

同样,荷拉斯·韦尔内⑥,对唐璜怀有一种特殊的激情(正如门德尔松1831年所证实的那样)

司汤达亦然,他说自己:———

德布罗斯院长说到 campagna Romana[罗马竞技场]:"罗慕洛斯准是醉了,竟梦想着在这么丑陋的一个地方筑城"⑦

---

① 后半句原文为法文。——译注
② 原文为法文。——译注
③ 安格尔(Jean Auguste Dominique Ingres,1780-1867):法国画家,古典主义画派的最后代表。主要作品有《爱蒙夫人像》、《泉》、《土耳其浴》等。——译注
④ 格鲁克(Christoph Willibald Gluck,1714-1787):德国歌剧作曲家。主要作品有《奥菲欧》、《阿尔旦斯特》、《巴吕德与爱莱娜》等。——译注
⑤ 原文为法文。——译注
⑥ 荷拉斯·韦尔内(Horace Vernet,1789-1863):法国画家。——译注
⑦ 原文为法文。——译注

[7.1886年底至1887年春]

费奈隆①比较了哥特式风格与一种恶劣的说教。

夏多布里昂②1803年在致丰塔纳③的信中给出了对 compagna Romana[罗马竞技场]的最初印象。

拉马丁④为索伦托和波西利普⑤找到了语言——

维克多·雨果醉心于西班牙,因为它是"汲取古代文化最少的国度,因为它根本就不必接受任何古典文化的影响"⑥

连德拉克罗瓦也不喜欢罗马,罗马使他感到恐惧。他醉心于威尼斯,就像莎士比亚、拜伦、乔治·桑⑦一样。在戈蒂埃⑧那里也有对罗马的反感——在理查德·瓦格纳那里亦然。

我们的民主制中可笑的东西:黑色长袍……

嫉妒、忧愁、缺乏分寸和礼貌,乔治·桑、维克多·雨果和巴尔

---

① 费奈隆(Francois de Salignac de la Mothe Fenelon,1651-1715):法国作家、教育家。主要作品有《泰雷马克历险记》、《死者对话录》、《论女子教育》等。——译注
② 夏多布里昂(François René de Chateaubriand,1768-1848):法国作家。主要著作有《基督教真谛》,中篇小说《阿达拉》、《勒内》等。——译注
③ 丰塔纳(M. de Fontanes,1757-1821):法国诗人、政治家。——译注
④ 拉马丁(Alphonse Marie Louis Prat de Lamartine,1790—1869):法国诗人、历史学家。主要著作有诗集《沉思集》、《新沉思集》,长诗《约瑟兰》,小说《葛莱齐拉》等。——译注
⑤ 索伦托(Sorrent)和波西利普(Posilipp):意大利地名。——译注
⑥ 原文为法文。——译注
⑦ 乔治·桑(George Sand,1804-1876):法国女作家。主要作品有小说《印第安娜》、《瓦朗蒂娜》等。——译注
⑧ 戈蒂埃(Théophile Gautier,1811-1872):法国诗人、小说家、文学评论家。首倡"为艺术而艺术",成为巴那斯派的美学纲领。主要作品有诗集《死的喜剧》、《珐琅与玉雕》等,小说《莫班小姐》等,文学评论《论怪诞》、《浪漫主义史》等。——译注

扎克作品的主角们①

（以及瓦格纳的）

文艺复兴的趣味②

其中含有一种室内陈设（Ameublement），闪亮又阴郁，一种既雕琢又优美的风格③

这是一个力量和刻苦、敢于创造、过度的快乐和可怕的劳作、耽于声色和英雄主义的时代④

让娜·达尔布雷，亨利四世之母，根据奥比涅⑤的判断："王妃唯在性别上是女人，实则其灵魂充满阳刚之气，有着干大事业的强有力精神，所向无敌的心灵"。⑥

行动、果敢、享受，挥霍自己的力量和辛劳，沉醉于当下的感觉中，始终忙碌于永远鲜活的激情，承受并寻求一切过度的反差，这就是16世纪的生活。⑦

---

① 原文为法文。——译注
② 原文为法文。——译注
③ 原文为法文。——译注
④ 原文为法文。——译注
⑤ 奥比涅（Théodore Agrippa d'Aubigné，1552－1630）；又译"多比涅"，法国作家。著有诗集《悲歌集》、散文集《写给孩子们的自传》，小说《弗奈斯特男爵的奇遇》等。——译注
⑥ 原文为法文。——译注
⑦ 原文为法文。——译注

在这些暴力和享乐之中,虔信很是炽烈。① 宗教在当时并不是一种德性,而是一种激情。人们上教堂就如同上战场或者赴幽会。

十字军东征时代的骑士——强壮的小孩(enfants robustes)。处在杀戮和号叫中的一只食肉动物。如果盛怒消失了,他们就会回过头来泪流满面,兴奋地相互拥抱,温柔地。

"适意"、"不适意"的判断,例如音乐——根据我们感到"合法的"、理性的、有意义的、意味深长的东西而变化和排列。

艺术生理学

意义和对细微差别的乐趣(真正的现代性),对并非普遍的东西的乐趣,是与欲望背道而驰的,后者在把握典型方面有其乐趣和力量,类似于鼎盛时期的希腊趣味。一种对生命体的丰富性的压制就蕴含于其中,尺度成为主人,强大心灵的那种安宁成为基础,这些心灵缓慢地运动,厌恶过于有生命力的东西。一般的案例、规律受到尊重和强调;相反地,特例则被撇在一边,细微差别被抹杀了。坚固的、强大的、结实的东西,广泛而有力地休养生息,并且积蓄自己的力量的生命——它"令人喜欢":也就是说,它与人们对自身的看法相一致。

---

① 原文为法文。——译注

291　　　　　〈第三节：论欧洲虚无主义的历史。〉

7[8]

虚无主义

关于前言。

迄今为止，我一直忍受着一种折磨：在我看来，生命据以发育的所有规律，似乎都是与像我们这样的人赖以承受生活的那些价值相对立的。看起来，似乎这并不是许多人有意识地遭受的状态：尽管如此，我却愿意把一些标志编排起来，根据这些标志，我假定这就是我们这个现代世界的基本特征、现代世界真正悲剧性的难题，作为隐秘的困境，也是现代世界所有困境的原因，或者对现代世界所有困境的解释。这个难题是我已经意识到了的。

虚无主义

A

要从一种对我们今天的人〈类〉十分热烈的尊重出发：

不能为表面现象所欺骗（这个人类少有"显著效果"，但它给出完全不同的延续保证，它的发展速度是缓慢的，但节奏本身是十分丰富的）

健康在增加，强壮生命的现实条件得到认识，并且渐渐被创造出来，"禁欲主义"之反讽（ironice）——

292　　对极端的畏惧，某种对"正确道路"的信赖，没有什么狂热；一种对狭隘价值的暂时适应（诸如"祖国"，诸如"科学"等等。

可是，这整个画面始终还是模棱两可的：

——它可能是生命的一种上升运动
——或者却可能是生命的一种下降运动。

B

对"进步"的信仰——在理智的低级领域里,它表现为上升的生命;但这是一种自欺;

在理智的高级领域里,它表现为下降的生命

对征兆的描绘。

观点的统一:关于价值标准的不可靠性。

对一种普遍"徒劳"的恐惧

虚无主义。

C

一切价值标准对道德价值标准的依赖关系

宗教的、审美的、经济的、政治的、科学的

D

道德信仰没落的标志。

虚无主义

没有比一种与生命之本质相冲突的愿望更危险的了。

虚无主义的后果(对无价值状态的信仰)作为道德〈的〉估价的

结果

293 利己主义已经使我们感到索然无味了（即使在认识到非利己主义的不可能性之后）

必然性已经使我们感到索然无味了（即使在认识到一种 liberum arbitrium〔选择自由、随心所欲〕和一种"精神自由"的不可能性之后）

我们看到，我们是达不到我们的价值所寄托的那个领域的——因此，我们生活于其中的那个领域还绝没有获得价值：相反，我们已经疲惫不堪，因为我们已经失去了主要动力。"过去全是徒然"！

道德对认识的阻碍。

例如，试图把生命与道德统一起来（等同起来），并且在道德面前为生命辩护

最初的利他主义

无私的思想方式可能也是没有义务（sans obligation）和认可（sanction）的

道德在何种意义上阻碍了科学。

个体的价值，"永恒的心灵"，心理学的伪造

反抗因果性：物理学的伪造

反对一般发生史：历史学的伪造。

认识论的伪造

〈第四章：伟大的正午。〉
〈第一节：生命原则"等级制"。〉

7[9]

方法论上的：内在的与外在的现象学的价值。

A. 意识后来发育不全，为了外在的目的，遭受了最大的谬误，甚至本质上是某种具有伪造、粗糙化、概括作用的东西

B. 与之相反，对感性世界的现象的观察要复杂、精细和准确百倍。外在的现象学赋予我们绝对最丰富的材料，并且允许我们获得更大的观察严格性；而内在的现象则不好把握，与谬误更亲近（内在的过程本质上是生产谬误的，因为生命只有在这样一些狭隘化、提供透视角度的力量的引导下才是有可能的）

请注意：所有运动都是一个内在事件的标志（Zeichen）：——也就是说，所有内在事件巨大的占优势的部分，仅仅是作为标志而被赋予我们的。

生命原则

以往生物学家的基本错误：事关宏旨的不是种类，而是要发挥更强大作用的个体（多数人只是手段而已）

生命并不是内部条件对外部条件的适应，而是权力意志，后者从内部而来越来越多地征服和同化"外部"

这些生物学家继续进行道德〈的〉价值评估（利他主义的本身更高级的价值，对于统治欲、战争、非功利性、等级制和阶级制的敌视态度）。

反对如下理论,即认为具体个体心里想的是种类、他的后代的优势,付出的代价是自身的利益:这只是假象而已。

个体极其看重性本能,这并不是个体重视种类的结果:倒不如说,生育是个体的真正成就,因而也是他最高的利益,他最高的权力表现(当然,这不是从意识出发来判断的,而是从整个个体化的中心出发来判断的)

生命原则

意识,完全从外部开始,作为"印象"的协调和意识化——原初地最远离于个体的生物学中心;但这是一个不断接近那个中心的深化和内化过程。

关于逻辑学的形成。设为相同、视为相同这样一种基本癖好要得到修正,要通过利与害、通过成果来加以约束:形成一种适应,一种能够使这种癖好得到满足的比较温和的度,而不能立即否定生命,使生命陷入危险之中。这个过程完全吻合于那种外部的机械过程(后者是前者的象征),即:细胞原生质不断同化自身占有的东西,并把它纳入自己的形式和序列之中。

个体化,从物种起源理论的观点来判断,显示出一分为二的不断蜕变,以及各个个体的同样不断的消逝,为的是使进化继续下去的少数个体的利益:每一次都有太大的量消亡("肉体")。基本现象:无数个体为了少数个体的缘故而牺牲掉了,成为少数个体的可能性条件。——人们一定不能受骗上当:各民族和种族的情形也是完全如此:他们形成"肉体",以生育个别的有价值的个体,使伟大的进程得以继续下去。

生命原则

历史中的诸种权力也许是可以认识的,既然已经摆脱了一切道德的和宗教的目的论。一定是这些权力,同样也在有机此在的整个现象中起着作用。最清晰的表达在植物领域里。

对动物的伟大胜利:动物之为奴隶,

或者作为敌人。

——男人对女人的伟大胜利:女人

除了——例如——在健康人与病人之间的大波动。

人的尊严被置于何方了:

  驾驭了人身上的动物性 ⎫
  驾驭了人身上的女人性 ⎭ 希腊理想

与此相反,基督教的尊严:

  驾驭了人身上的骄傲

  驾驭了———

生命原则

——更大的复杂性,清晰的离析,发展起来的器官和功能的相互并存,伴随着中间环节的消失——如果这就是完美性,那么就会有一种权力意志在有机过程中产生,借助于后者,那些支配性的、塑造性的、命令性的力量总是扩大自己的权力领域,并且总是一再在其中简化自己的权力领域:命令不断增长着。
　　　　　　　　　　　　　．．．．．

　　——与进化速度的加速过程相关的有用性,乃是另一种"有用性",不同于那种与对进化者最大可能的固定和延续相关的有用性。

　　精神只不过是一个为更高的生命、为生命之提高效力的手段和工具:而至于善,就像柏拉图(以及他之后的基督教)所理解的,在我看来甚至是一个危害生命、诽谤生命、否定生命的原则。

7[10]

　　人们知道这样一种人,他们沉湎于"理解一切即宽恕一切"这句名言。他们是一些弱者,首要地是一些失望者:如果说在一切当中都有某种东西要宽恕,那么,其中是不是也有某种东西要蔑视呢?此乃失望之哲学,它在这里多么人道地用同情把自己包裹起来,并且发出一道甜蜜的目光。

　　他们是一些浪漫主义者,在他们那里信仰成了泡影:现在,他们至少还愿意来看看,一切是如何运行和如何流失的。他们称之为为艺术而艺术、"客观性"等等。

7[11]

　　难道不是起于有关空与实、紧与松、静与动、像与不像的假象吗——难道不是这种最古老的假象被弄成了形而上学吗?
　　前几个世纪的欧洲哲思,带有某种威严和正直
　　——什么是认识呢?我能认识吗?

7[12]

　　大众的理想,善人、无私者、圣徒、智者、公正者。呵,马可·奥勒留[①]!

[①] 马可·奥勒留(Marc Aurel, 121-180):全名为 Marcus Aurelius Antoninus,古罗马皇帝,新斯多亚派哲学代表人物之一。——译注

299 7[13]

人们必须睁开眼睛：如果有某个从一开始就衰老的年轻人，总是把自己的成〈年〉当作悲观〈主义〉智慧和美化来加以炫耀。

如果有一个困倦的、失败的、从一开始就衰老的年轻人，总是把自己的成年当作一种深刻的、奋争的、受苦受难的内心生活和啤酒生活（Bierleben）的结果———

或者有一个多管闲事的、不安分的叽叽喳喳的蠢女子，把自己的虚荣心散发到印刷纸上

什么是我从哲学伪币铸造业角度已经体验到的一切：这头困倦的从一开始就衰老的蠢驴，它把自己的成年———

7[14]

哲学被康德界定为"关于理性之限界的科学"！

说有一种"真理"，是人们能够以某种方式接近的——

如果我把一个有规则的事件纳入一个公式中，那我就简化、缩略了对于整个现象的描画，等等。可是我并没有确定什么"规律"，而倒是提出了如下问题：某物在此重复出现，这是由何而来的？有一种猜测认为，符合这个公式的是一个由首先未知的力和力的发动组成的复合体：在这里，认为力服从于一个规律，以至于由于这种服从，我们总是看到相同的现象——这种想法属于神话。

7[15]

伦理学或者"关于愿望的哲学"。"这本应是别样的",这应当成为别样的:也即说,不满乃是伦理学的萌芽。

人们或许可以自救,首先是在人们没有情感的地方进行挑选;其次是理解狂妄和胡闹:因为要求某物与原样不同,意思就是要求一切都不同,——这包含着一种对整体的拒斥性批判——就此而言是……但生命本身就是这样一种要求啊!

确定什么存在、如何存在,看起来比任何一种"本应如此存在"都要高尚、严肃得多:因为后者作为人类的批判和狂妄,似乎从一开始就注定了是可笑的。这其中表达出一种需要,要求世界的设置与我们人的幸福相吻合;也表达出那种要尽可能多地根据这项任务来行动的意志。另一方面,只有"本应如此存在"这样一种〈要〉求才引发了另一种对什么存在的要求:因为关于什么存在的〈知〉识,已经是诸如"如何?这是可能的吗?为什么恰恰如此?"之类的问题的结果。关于我们的愿望与世事不符的惊奇,结果导致了对世事的认识。也许事情还是别个样子的:也许就是那种"本应如此存在",我们征服世界的愿望,——

7[16]

我们的标志,例如,对基督教的批判态度,《人性的,太人性的》第2节,第182页。

划界表

例如,与理想主义者和浪漫主义者划界

作为戏子和自欺者

与沉思冥想者划界。

与民族主义划界。

论孤独心理学。

向谬误致敬。

人化与人的放大之间的对抗。

与寻求者、渴求者对立的丰富者和馈赠者。

审美状态是双重的。

书与人。

健康问题。

现代音乐。

古典教育。

大都市。

理智的恶习

7[17]

迄今为止,精神的寄生虫们已经引起了我极大的厌恶:在我们这个病态的欧洲,人们到处都可以看到他们稳坐泰山,而且怀着对于世界的最好良心。兴许有一点点沮丧,有一点点悲观主义气息,但本质上却是贪婪的、肮脏的、玷污的、潜入的、阿谀的、小偷般的、龌龊的,——而且就像所有渺小的罪人和微生物一样地无辜。他们乞灵于其他人拥有精神以及对精神的慷慨施舍:他们知道,丰富的精神本质上一定是无忧无虑、落落大方、终日地甚至挥霍性地发挥出来——

因为精神是一个糟糕的管家,不会注意到一切都是靠他过活的。

7[18]

"任何活动本身都是带来快乐的"——生理学家说。何以这么说呢?是因为积聚起来的力量带有一种冲动和压力,一种使人把行为感受为解放的状态吗?或者,何以每一种活动都是一种对困难和阻力的克服呢?还有,许多小小的阻力,一再被克服之后,轻松地并且就像在某种有节奏的舞蹈中,都带有某种权力感的刺激?

快乐作为权力感的刺激:总是预设了某种起抵抗作用和要被克服的东西。

所有快乐与不快现象都是理智性的,对某些阻碍现象的总体判断,对此类阻碍现象的解释

7[19]

在意志相对薄弱和相对丰富多样的时代里,一种高度的蜕化和古怪并非径直就是危险的,并没有决定任何一种把人从社会团体中淘汰出去的过程;另一方面,人们并不会立即趋于毁灭,因为所有力量的平均量本身在十分任意和自私的本质中向外阻碍着攻击性的和有权势欲的倾向。

此种时代的危险就是浓缩了的意志强大者;而在强大的时代里,危险则在于那些不可靠者。

7[20]

自苏格拉底以降的哲学家道德,乃是一种堂吉诃德行径

(Don-Quixoterie)

一出好戏

一种自我误解

它究竟是什么呢?

特异反应的:对辩证法的热情,乐观主义的——过度刺激的感性以及由此带来的恐惧

所有欺诈和自欺中最大的一种就是,在善、真、美之间设定某种同一性并且把这种统一性表现出来

反对智者的斗争在心理学上是难以把握的:为了不至于与他们混淆起来,一种分离是必需的(把一切都引向这里,因为他们感到自己是相似的)。围绕青少年而展开的竞争——

苏格拉底的德性、反讽和机敏——在柏拉图那里就是恋人(鸡奸者)、艺术家(?)、寡头政治家——

独立声明、逃出城邦的流亡、脱离来源——

以"道德"和辩证法为立场的文化批判!!!——

"历史意义"的绝对缺乏——

颓废之征兆——

——是不是迄今为止所有特殊的道德运动都是颓废的征兆?

7[21]

关于(理想的)愿望的透视主义(Perspektivismus)

7[22]

有人指责:他的脾气对此表示肯定

精神的缺席往往使我们愉快

7〔23〕

请注意！从心理学角度看，我有两种感觉：

其一，对裸体的感觉

其二，追求伟大风格的意志（少数几个主要命题，它们处于最
　　　严格的联系中；没有精神，没有修辞）。

7〔24〕

道德所赞扬的全部欲望和权力对我来说是本质性的，就如同
道德所诽谤和拒斥的东西，例如作为权力意志的公正，作为权力意
志的求真意志

7〔25〕

反对达尔文主义。

——器官的用处并不说明它的形成，恰恰相反！

——一个特性得以形成的年代是极其漫长的，这种特性并不
保存个体，对个体是没有好处的，至少在与外部环境和敌人的斗争
中是这样

——到底什么是"有用的"呢？人们必须问："是对于什么有用
的？"例如，有利于个体延续的东西，或许对个体的强壮和富盛是不
利的；能保存个体的东西，或许同时也会使个体固定下来，使个体
停滞不前。另一方面，一种缺失、一种蜕化，也可能是极有用的，因

为它能对其他器官发挥刺激作用。同样地,一种困境也可能成为生存条件,因为它会使某个个体降低到集约而不至于挥霍的程度。

——个体本身作为各个部分的斗争(围绕食物、空间等等的斗争);它的发展系于个别部分的胜利、优势地位,系于其他部分的萎缩、"器官形成"。

——在达〈尔文〉那里,"外部环境"的影响被荒唐地高估了;生命过程的本质要素恰恰是巨大的塑造力量、自内而外创造形式的力量,这种力量消耗、榨取"外部环境"……

——自内而外构成的新形式并不是为了某个目的而形成的,但在各个部分的斗争中,一种新形式如果与某个局部益处没有联系就不会长期存在下去,进而根据使用越来越完满地组织起来。

——倘若只有持久地证明自己有用的东西才保存下来,那么,首当其冲的就是那些危害性的、摧毁性的、分解性的能力、无意义之物、偶然之物,———

7[26]

说我们对 campagna Romana[罗马竞技场]抱有同感,这意味着什么呢?还有高山?我们的民族主义意味着什么呢?

理想主义或者自欺。

文明批判。

十字架的变形。

畏惧的精致化

肉欲的精致化。

轻蔑的精致化

7〔27〕

更丰满的生命概念
陶醉种类
现代的演戏(例如"祖国":在何种意义上我们昧着良心去做爱国主义者)
整个欧洲的虚妄。
鸿沟——

7〔28〕

强壮的人,在一种强壮的健康本能方面强大的人,他消化自己的行为就像消化一日三餐;他甚至对付得了不易消化的食物:不过在大事情上,有一种完好而严格的本能引导着他,使他不做任何违心之事,正如他不吃不对自己胃口的东西。

7〔29〕

论现代恶习的历史。
无政府主义。

7〔30〕

——哲学上的古代的质朴性,心理学上的无辜;它的"方式"是无聊的。

对照一下古代,信仰理性(理性的神性起源)、信仰德性(作为精神的最高理性状态和独立状态)的古代,基督教教导人们的则是这样一种怀疑：一切东西根本上都是恶的和不可救药的，精神的骄傲乃是它最大的危险，等等。

7[31]

欧洲的悲剧时代：是由那种与虚无主义的斗争决定的。

7[32]

绝对缺乏对于接受真理的准备；没有教育层次；盲目信赖精神；现代的"好心肠"。

7[33]

反对"环境"理论。物种非常重要。环境仅仅得出"适应"；在其中起作用的是积聚起来的全部力量。

7[34]

因果论。这种"相互关系"始终还需要解释："自然规律"就是一种解释，等等。

"原因与结果"要回溯到"行为和行为者"的概念上。这种区分从何而来呢？

运动是一种非机械的事件的特征。停留在机械论的世界观上——这就好比一个聋子把一件作品的总谱当作目标。

逻辑——它的本质没有得到揭示。是清晰描述的艺术吗？

7[35]

对人类目标的批判。古代哲学意欲何为？基督教想干什么？还有吠檀多哲学？佛陀？——而这种意志背后隐藏着什么？

以往理想的心理学起源：它们究竟意味着什么呢？

7[36]

假定我们通常的世界理解是一种误解：难道我们就可能设想一种连这样一种误解都得到认可的完满性了吗？

对一种新完满性的设想：与我们的逻辑、我们的"美"、我们的"善"、我们的"真"不相符合的东西，可能倒是具有某种更高意义上的完满性，比我们的理想本身更高。

7[37]

  vis est vita, vides, quae nos facere omnia cogit
  [看哪，力量就是生命，正是它迫使我们作出一切]
卢齐利乌斯①

  Βίος καλεῖται δ' ὃς βία πορίζεται
  [生命就是获得暴力]。②

---

① 卢齐利乌斯(Gaius Lucilius, 约前180 - 前102)：古罗马讽刺诗人。著有诗作30卷，名为《闲谈集》，仅存残篇。——译注

② 如上编注所示，此希腊文诗句引自梅南窦(Menander, 约六世纪)，后者为东罗马帝国历史学家。著有关于东罗马帝国的历史著作，原著已佚，仅存残卷。上列编注中的斯卡里格可能指人文主义学者、哲学家斯卡里格(J. Caesar Scaliger, 1485 - 1558)，也可能指古典学者、语言学家斯卡里格(J. Justus Scaliger, 1540 - 1609)。——译注

7[38]

第一性的问题压根儿不是我们是否对自己满意,而是我们究竟是否对无论某个什么东西满意。假定我们要在某个独一无二的瞬间表示肯定,那么,我们借此就不只是对我们自己,而是对所有此在(Dasein)都表示了肯定。因为没有什么东西是自为独立的,无论是在我们自己身上,还是在事物中,都没有这样的东西;而且,如果只有绝无仅有的一次,我们的心灵犹如一根弦因幸福而颤动,发出鸣响,那么,为了限定这个唯一的事件,就必须要有所有的永恒性——而且在我们进行肯定的这样一个唯一的瞬间里,所有的永恒性都已经得到赞成、解救、辩护和肯定了。

7[39]

一颗丰盈而强大的心灵不光能对付痛苦的,甚至可怕的损失、匮乏、剥夺、轻蔑:它是从此类地狱中走出来的,带有更伟大的丰富性和强大性:而且极而言之,具有一种在爱之福乐当中的全新生长。我认为,那个已经对每一种在爱中生长的最低条件有所猜度的但丁,当他就他的地狱之门写道:"连我也是永恒之爱创造的",这时候,他是〈理解了的。〉

7[40]

世界已经长成庞然大物了,而且还在持续不断地生长:我们的智慧终于学会了把自己想成渺小的;我们学者们甚至刚刚开始节制知识……

7[41]

逻辑学是从欲望的土壤中生长出来的:以群盲本能为背景,对相同情形的假定是以"相同的心灵"为前提的。以理解和统治为目的。

7[42]

悲观主义所揭示的"真实世界"与一个生命可能世界之间的对抗:——为此人们必须检验真理的权利,有必要以生命来衡量所有这些"理想欲望"的意义,为的是把握上面这种对抗的本色:那是病态而绝望的、死死抓住彼岸不放的生命与更健康、更愚蠢、更虚妄、更丰富、更无危害的生命的斗争。也就是说,并不是与生命斗争的"真理",而是与另一种生命斗争的生命。——可是,生命意愿成为更高的种类!——这里必须证明:一种等级制是必要的,——第一性的问题乃是生命种类的等级制问题。

7[43]

虚无主义作为对世界的道德解释的结果。
等级制。
永恒轮回。

7[44]

达尔文生物学意义上的"有用",也就是在与他者的斗争中表明自己是有利的。但在我看来,丰富感、变得更强大的感觉,完全撇开斗争中的用场,就是真正的进步:唯从这种感觉中才产生出斗争意志，——

7[45]

一.

以生命为尺度的价值批判。

二.

价值的起源

三.

作为权力意志的生命

四.

被颠倒者

他们的锤子"轮回学说"。

7[46]

我就是这种人的喉舌：

不是为未实现的理想所苦，而是为已实现的理想所害！也就是说，所苦的是：对于我们所描绘的并且大肆宣扬的理想，我们以一种轻率的鄙视来加以对待——

一种危险的怀乡，怀念从前心灵的"荒野"，怀念成就伟大的条件，差不多是暴虐行径的条件——

我们享受着我们更混乱、更野蛮、更疯狂的瞬间，我们或许能够犯一种罪行，只是为了看看一种良心谴责到底是什么意思——

我们自命不凡，反感于"善人"的日常诱惑、善的社〈会〉制度的日常诱惑、正派的博学多才的日常诱惑——

我们并没有患"腐败"病,我们完全不同于卢梭,并不渴求"善的自然人"——

我们对善感到厌烦,而不是对苦难感到厌烦:我们再也不会十分严肃地对待疾病、不幸、衰老、死亡了,至少是以佛教徒的严肃态度,仿佛是要作出对生命的种种抗辩似的。

7[47]

爱国精神批判:谁如果超出自身感觉到那些价值,那些在他看来比"祖国"、社会、血缘和种族亲缘的福利高出百倍的价值,——那些超越祖国和种族的价值,也就是国际的价值——那么,倘若他想要扮演"爱国主义者"的话,他就会成为一个伪善者。这乃是坚持(甚或赞赏和颂扬)民族仇恨的人和心灵的一片低洼地:世袭王朝的家族充分利用这种人,——而且又存在着足够的商业阶层和社会阶层(自然也包括可收买的小丑、艺术家),当这些民族的硝酸重又拥有权力时,他们就达到了自己的要求。事实上,是一个较低等的种类获得了优势地位——

7[48]

痛苦的理智性:它本身并不标示眼前什么受到了危害,而是标示这种危害对于一般个体来说具有何种价值。

有没有一类痛苦,是由"种类"承受的,而不是由个体来承受的——

主动和被动意味着什么呢?难道不是意味着做主人和被征服吗 还有主体和客体呢?

7〔49〕

价值问题比确信（Gewißheit）问题更为基本：后者唯有在价值问题得到解答的条件下才能有其严肃性。

存在与假象，从心理学上来考虑，得不出任何一种"自在存在"，任何一个"实在性"标准，而只能得出虚假性程度的标准——用我们赋予某个假象的份额的强度来衡量。

7〔50〕

关于真理、真实、确信的问题。

关于善的问题

关于公正的问题。

关于尺度的问题。

关于等级制的问题。

7〔51〕

侵犯要么挑起反应，要么诱发臣服

7〔52〕

基督教的解释者们，如卡莱尔，在今天乃是不诚实性的形式：

对信仰时代的赞赏亦然。

7[53]

观念与感知之间进行的不是一种生存斗争,而是争夺统治地位的斗争:——被克服的观〈念〉并没有被消灭,而只是被遏制或者被驯服了。在精神领域不存在什么消灭……

7[54]

给生成打上存在之特征的烙印——这是最高的强力意志。

双重的伪造,一方面是基于感官的伪造,另一方面是基于精神的伪造,旨在保存一个存在者世界,一个持久之物、等价之物等等的世界。

一切皆轮回,这是一个生成世界向存在世界的极度接近——此乃观察的顶峰。

从附加给存在者的价值中,产生出对生成者的谴责和不满:既然这样一个存在世界(Welt des Seins)只是被虚构出来的。

存在者的变形(物体、上帝、理念、自然法则、公式等等。)

"存在者"作为假象;价值的颠倒:假象曾经是价值赋予者——

认识本身在生成中是不可能的;那么,认识是如何可能的呢?作为关于自身的谬误,作为权力意志,作为欺骗意志。

生成作为虚构、意愿、自我否定、自我克服:不是什么主体,而是一种行为、设定,创造性的,没有"原因与结果"。

艺术作为要求克服生成的意志,作为"不朽化",不过目光短浅,各各按照透视角度;仿佛在细微处重复着整体之趋向

一切生命所显示的东西,必须被视为总趋向的缩小公式;因此是一种对"生命"概念的重新确定,作为权力意志

替代"原因和结果",是生成者的相互斗争,经常带有敌人的啜饮声;生成者没有一个常数。

既然人们已经认识到了旧理想的动物性起源和功利性,那么,这些旧理想就不能用来阐释整个发生事件了;此外,一切①都是与生命相违背的。

机械论理论的无用性——给出无意义状态之印象。

以往人类的全部理想主义正在转变为虚无主义——转变为对绝对无价值状态即无意义状态的信仰……

理想的毁灭,新的荒芜,新的艺术,旨在坚守,我们这些两栖动物。

前提:勇敢、耐心、义无"反顾",没有任何向前的冲动

请注意!查拉图斯特拉经常对所有从前的价值采取讽刺态度,那是由于他的丰富性。

7[55]

314 如果"只有一种存在即自我",其他所有"存在者"都是根据自我的形象被制作出来的,——如果对自我的信仰最终取决于对逻辑的信仰,亦即对理性范畴的形而上学真理的信仰:而另一方面,

---

① 应指"一切旧理想"。——译注

如果自我表明自己是某种生成着的东西:那么———

7[56]

反对物理学上的原子。为了把握世界,我们必须能够对世界作出计算;为了能够对世界作出计算,我们必须拥有恒常不变的原因;因为我们在现实中找不到此种恒常不变的原因,所以我们就把它们虚构出来——那就是原子。此即原子论的起源。

世界的可计算性、一切事件都可以用公式来表达——这真的是一种"把握"吗?倘若在一种音乐中可计算的和能够约缩为公式的一切东西都是被计算好了的,那么,在这种音乐中到底有什么东西得到了把握呢?——之后就有了"恒常不变的原因"、事物、实体,也即某种"无条件的东西";虚构——人们获得了什么呢?

7[57]

有一个忧郁的下午,斯宾诺莎对自己大为不满:有一件小事他怎么也忘不了——他在这件小事上责备自己。突然,他自言自语道:这就是 morsus conscientiae[痛苦]啊!可是何以这种 morsus conscientiae[痛苦]还可能出现在我身上呢?

7[58]

对基督教理想的批判:它的前提乃是心灵的实存条件——事关永恒的生命,也关乎罚入地狱或者永恒福乐

315 **7[59]**

决定论只会损害那种道德,后者相信 liberum arbitrium[选择自由、随心所欲](作为道德性的前提),相信"责任"

7[60]

反对实证主义,它总是停留在现象上,认为"只有事实";而我会说:不对,恰恰没有事实,而只有阐释。我们不能确定任何"自在的"事实(Factum):有此类意愿,也许是一种胡闹罢。你们说"一切都是主观的":但这已经是解释了,"主体"不是任何给定的东西,而是某种虚构的东西、隐蔽的东西。——最后,把阐释者置于阐释后面,这是必要的吗?这已经是杜撰、假设了。

只要"认识"一词竟是有意义的,则世界就是可认识的:但世界是可以不同地解说的,它没有什么隐含的意义,而是具有无数的意义,此即"透视主义"。

我们的需要就是解释世界的需要:我们的欲望及其赞成和反对。每一种欲望都是一种支配欲,都有自己的透视角度,都想把自己的透视角度当作规范强加给其他欲望。

7[61]

      暂时的章节标题。
人的"改善"与"扩大"(或者是驯化与强化)的对抗
基督教理想批判(恭顺、贞洁、贫困、天真)
斯多亚派理想批判(包括"苦行僧")

伊壁鸠鲁派理想批判(包括"奥林匹亚的"——还有"沉思冥想者")

奴隶制的变形

艺术家与征服者。美想要什么？

公正、罪责、惩罚、责任——立法者。

浪漫主义理想批判,同样也要批判那种赋予悲观主义者以仇恨和蔑视之力量的理想

生命的阐释特征(虚无主义意味着什么?)　"无目标性"

下个世纪及其先行者。

行动批判(原因与结果、行为、目的)

等级制

7[62]

只有极少数人弄得清楚,那种关乎愿望的立场,即任何一种"应当如此而其实没有"甚或"本来就应当如此",包含着什么:一种对事物整个进程的判决。因为在其中没有什么孤立的东西:最细微的东西承载着整体,在你渺小的过失上矗立起未来的整个大厦,在每一次针对最细微的东西的批判中,整体一道受到判决。现在,假如道德规范(连康德也这样认为)从来没有得到完全实现,而且作为一种彼岸之物悬于现实之上,而在任何时候都没有落入现实之中:那么,道德或许就包含着一种对整体的判断。不过对于这个整体,还不妨问一问:道德是从哪里取得这种权利的? 这个部分何以在这里充当了对于整体的法官呢?——而且,倘若这实际上是一种无法

根除的本能,是这样一种道德〈的〉判断和对现实的不满(正如人们所断言的那样),那么,这种本能也许就并没有一同归属于那些无法根除的愚蠢,包括我们的种类的不满足状态?——然而,我们说了这番话,我们就做了我们所谴责的事情;愿望的立场、未被授权的法官游戏的立场,也属于事物之进程的特征,任何不公正和不完美状态亦然,——这就是我们实现不了的关于"完美性"的概念。任何想要得到满足的欲望都表现出它对事物现状的不满:如何呢?也许是由完全不满足的、满脑子都是愿望的各个部分组成了整体?难道"事物之进程"就是"离开这里！离开现实!",就是永远的不满足本身吗?莫非愿望就是驱动力本身?就是——deus[上帝]吗?

在我看来重要的是摆脱大全(das All)、统一性,某一种力、某个无条件之物;人们或许只好把它视为最高的机关,把它命名为上帝。人们必〈须〉把大全粉碎掉;忘掉对大全的尊重;为着最切近的东西、属于我们的东西,取回我们已经赋予未知之物〈和〉整体的东西。例如康德说:"有两个事物永远值得敬仰"——今天或许我们更愿意说:"消化更值得尊重。"大全总是带来老问题:"祸害何以可能?"等等。也就是说:没〈有〉大全,没有伟大的感知能力或者发明能力或者力量仓库:在其中[＋＋＋]

7[63]

所有哲学最终要揭示的难道不是理性运动的前提条件吗?我们对自我的信仰,作为对一个实体的信仰,作为对唯一实在性的信仰,我们竟能根据这种实在性宣判事物的实在性?最古老的"实在论"最后才出现:那是在整个人类宗教史重新被认作心灵迷信史的同一时期里。这里有一个限制:我们的思想本身就蕴含着那种信仰(以其对实体－属性、行为、行为者等等的区分),而放弃这种信仰意味着不再可以思想。

可是,一种对于本质之保存来说极为必要的信仰,是与真理毫不相干的,对于这一点,举例讲来,人们甚至可以从以下事实中见出:我们必须相信时空和运动,而并没有感到不得不在这里把绝对的[＋＋＋]

7[64]

[＋＋＋]一切价值

第一章。

欧洲虚无主义。

第二章。

最高价值批判。

第三章。

一种新的价值设定的原则。

第四章。

风纪与培育。

草于1887年3月17日尼斯。

I. 任何一种纯粹道德上的价值设定（譬如佛教的价值设定）都以虚无主义而告终：这对欧洲来说是可以预期的！人们以为有一种无宗教背景的道德主义就足够了：可这样一来，通向虚无主义的道路就是势所必然的了。在宗教中缺的是那种强制性，即把我们视为价值设定者的强制性。

7[65]

人们每每多么愚蠢地把成就与它可怜的起点当作一个东西了！即便在艺术家那里亦然：人们怎能从作品反推艺术家呢！荷马——难道你们没有感到那个悲观主义者和过度兴奋者，他因为自己痛苦的缘故而虚构出那种威严崇高之人的尽善尽美的丰富性！哲学家的理论要么是对自己的敏感性经验的粗暴普遍化，要么就是他借以主宰这种敏感性的手段，——智慧等等。

——由之通入精神冷酷、刻板固执。

四

利己主义及其问题！拉罗斯福哥①身上基督教的阴暗化，此人到处搬弄利己主义，并且以为利己主义降低了事物和德性的价值！与他相反，我首先试图证明的是，除了利己主义根本就不可能有其他什么东西了，——对于ego[自我]变得虚弱微薄的那些人

---

① 拉罗斯福哥（Larochefoucauld，全名为Francois de La Rochefoucauld，1613-1680）：法国作家。著有《箴言集》、《随笔集》等。——译注

来说,伟大之爱的力量也将是虚弱的,——最有爱心者主要是由于他们的自我的强壮,——爱乃是一种利己主义的表达,如此等等。实际上,错误的估价针对的是利益:1)那些得到好处和帮助的人们的利益,即群盲的利益;2)〈它〉包含着一种对生命之基础的悲观主义怀疑;3)〈它〉想否定那些最出类拔萃的和发育最好的人们;恐惧;4)〈它〉要帮助失败者获得权利以对抗胜利者;5)〈它〉导致一种普遍的欺诈,而且恰恰就在最富有价值的人们那里。

五

音乐及其危险性,——它的纵情享乐,它为基督教状态而准备的复活术,尤其是为那种被移植的感性与祈祷之发淫状态的混合而准备的复活术(阿西西的方济各)——与头脑的肮脏以及心灵的迷狂密切相关;使意志破碎,使敏感性过于紧张,这些音乐家是淫荡的。

请注意!艺术得以成长的诸原因(内在状态):而且,十分不同于〈各种〉作用。

7[66]

哪种人在读我的著作时可能会产生坏感觉?撇开——多么陈腐的做法——那些根本"不理解"我的著作的人们(诸如受过教养的下流坯和大城市的蠢妇人,或者教士,或者"德国小鬼",或者所有喝啤酒和散发出政治气味的人们)。例如就有一些文学家,他们用精神做肮脏的交易,愿意靠他们的意见为"生"——因为他们已经发现,在一个意见中(至少在某些意见中)有某种东西是值钱的,——针对他们,从我的著作中吹来一种冰冷的蔑视的持久气息。同样地,我也难以令文学女人们开心,正如她们所习惯的那样,用的是病态的性具和手指上的墨水渍;也许是因为我把女人看得太高了,以至于我想把她们降到墨鱼的水平上?同样地,我也明白,为什么所有夸张的鼓吹者都对我心生怨恨:因为他们恰恰需要那些德性原则的大话和噪音,对于后者,我———还有那些一旦感到一种刺痛就会暴跳如雷的人们———

所有这些对手都不曾在我眼里:但有另一个对手,其痛苦却也使我自己悲痛:——那就是那些正在从乌合之众中艰难地提升自己的人们,具有道德渴望、斗争张力的人们,热烈地要求高贵的人们。在他们看来,情形似乎一定是,从我的著作中他们仿佛看到了一只嘲讽的眼睛,后者摆脱不了他们细小的英雄气概——不断呈现在这只眼睛面前的,是他们整个轻微的困苦,以及他们的疲乏,所有厌烦者的空虚所必需的东西,他们蚂蚁般的攀登和栽跟头。

7[67]

最近,莱比锡的一位叫泰奥多·弗里契的先生给我写了信。在德国,决没有比这些反犹太主义者更无羞耻和更为愚笨的团伙了。为了答谢,我回信时狠狠踢了他一脚。这个恶棍,还竟敢使用查〈拉图斯特拉〉这个名字!可恶!可恶!可恶啊!

7[68]

请注意!!

竟至于相对于在无神论者中间,人们在虔信者和信神者中间更难以发现道德事物方面的自由思想(例如,帕斯卡尔在道德问题上比叔本华更为自由,更解放思想)

7[69]

在爱比克泰德①和蒙田这两个人物身上,帕斯卡尔看到了自己真正的引诱者,针对他们,他必需一再为自己的基督教辩护,确保自己的基督教。

7[70]

在人类底层的乌烟瘴气之上,存在着一种更高级的、更光明的人类,后者在数量上看是十分微小的——因为按其本质来讲,一切出类拔萃者都是稀罕的——:有人属于这种人类,并不是因为他比底层的人们更有天赋,或者更有美德,或者更有英雄气概,或者更可爱些,而是因为他更冷酷、更光明、更有远见、更孤独,是因为他忍受着孤寂,偏爱孤寂,要求孤寂,把孤寂当作幸福、特权,其实就是把它当作此在(Dasein)之条件,是因为他生活在乌云雷电以及暴雨狂风之中,但同样也生活在阳光、雨露、雪花以及必然地来自高空以及——如果它是运动的——永远只在自上而下的方向上运动的一切之中。向着高空的野心并不是我们的野心。——对我们来说,英雄、殉道者、天才和狂热者还不够平静、忍耐、精细、冷静、从容。

---

① 爱比克泰德(Epictet,约66-约130):古罗马斯多亚派哲学家。——译注

[8.1887年夏]①

〈第一章:"什么是真理?"〉

〈第三节:求真理的意志。〉

8[1]

真理问题

　　对信仰的需要乃是真实性的最大障碍。

　　　　　　　　　　　　　　　　　　　　　求真理的意志
虚假性。　　　　　　　　　　　　　无意识的虚假性。

　　每一种自主的本能都以其他本能为自己的工具、侍从、奉承者:它决不让人称呼自己的丑名,而且它绝不容忍其他任何赞词,他没有间接地分享的赞词。

　　在每一种自主的本能周围,所有赞扬和责难都凝结为一种固定的秩序和礼节。

　　此乃虚假性的一个原因。

---

① 相应的手稿编号为:Mp XVII 3c。——译注

每一种追求统治权,但受到某种束缚的本能,自为地,为了支持自己的自我感觉,为了强化,都需要所有美好的名目以及得到赞赏的价值:结果,它就敢于多半借着它所反对、它想摆脱的"主人"的名义招摇过市。(例如在基督教价值的统治下的肉欲或者权力欲)

此乃虚假性的另一个原因。

在这两种情形下,完全的幼稚性都占了上风:虚假性没有进入意识之中。如果人看到驱动者与它的"表现"("面具")是分离的,那么,这就是破碎了的本能的标志——一个自相矛盾的标志,而且是极少获胜的。表情、话语、情绪当中的绝对清白无辜,虚假性当中的"好良心"、人们借以取得最伟大和最壮丽的话语和姿态的可靠性——所有这一切都是为获胜所必需的。

在另一种情形下:在极端的明见性中,为了获胜,就需要演员的天才以及在自制方面的非凡修养。因此,教士们就是最灵巧的、自觉的伪善者;其次是王侯们,他们的地位和出身使他们养成了一种演戏本事。第三是社会名流、外交人物。第四是女人们。

基本思想:虚假性表现得如此深刻,如此全面,意志如此这般地指向直接的自我认识和直呼其名的行为,以至于下面这种猜测具有很大的可能性:真理、求真理的意志真正说来乃是某种完全不同的东西,而且也只不过是一种伪装。

在种种伪装中的感性

  作为理想主义("柏拉图"),是青年人所特有的,创造出一种凹面镜图像,犹如情人在特殊亲密的情形下表现出来的那样,在每个事物周围铺设一种表面装饰、放大、美化、

无限性

在爱的宗教中:"一个美少年、一个美女",具有某种神性,一个新郎,一个心灵的新娘

在艺术中,作为"装饰性的"力量:就像男人看女人,恨不得把自己的一切优点都当作礼物送给她,艺术家也是如此,他把自己的感性投放在一个他通常所尊重的客体上面——这样一来,他就完成了一个客体(把它"理想化"了)

在男人关于女人所感受的那种意识影响下,女人迎合男人的理想化努力,往往梳妆打扮、步态优美、婀娜多姿,表现得温柔多情而善解人意。同时,她又故作羞怯、矜持、不可侵犯——以那种本能的直觉,即这种做法可增强男人的理想化能力。(——在这种女人本能的非凡精巧性中,羞怯决非始终都是故意的虚伪:女人猜想,正是天真确实的羞怯感多半能引诱男人,迫使他作出高估。因此之故,女人是天真的——基于那种本能的精巧,这种本能劝她去发挥清白无邪的用处。一种有意的对自己视而不见……

凡在伪装更强烈地发挥作用的地方,当它未被意识时,它就会成为无意识的。

关于艺术的起源。那种做得完美、看得完美的行为,乃是载满了种种性力的大脑系统所特有的(与情人幽会的夜晚,最细微的偶然事件也会得到美化,生命成为高雅事物的序列,所谓"失恋者的不幸比任何其他东西都更有价值"):而另一方面,每一个完美和美好之物都起着一种无意识的回忆作用,即对那种爱恋状态及其观看方式的回忆——事物的每一种完美性、事物的全部美,都通过邻

接、接近(contiguity)重又唤起爱神的极乐。在生理学上讲:艺术家的创造本能和精液(semen)在血液中的分布……对艺术和美的要求乃是一种对于传送给大脑的性欲的狂喜快感的间接要求。变得完美的世界,通过"爱"……

伪装中的"群盲欲望"

艺术家身上的欺骗和伪装欲望突然出现

伪装中的冥想欲望。

伪装中的残暴

伪装中的疾病和蜕化。

伪装中的老年
(作为虚无主义
(作为年轻的和遗传的价值的回归——理智和性格的张力已经破碎了,例如理〈查德〉·瓦〈格纳〉

vis inertiae[惯性力]的伪装

〈第二章:价值的起源。〉

〈第一节:形而上学家。〉

8[2]

论形而上学的心理学

这个世界是虚假的——因此有一个真实的世界。

这个世界是有条件的——因此有一个无条件的世界。

这个世界是充满矛盾的——因此有一个无矛盾的世界。

这个世界是生成着的——因此有一个存在着的世界。

纯属谬误推论(对理性的盲目信赖:如果 A 存在,则它的对立概念 B 也一定存在)

此类推论是由痛苦激发出来的:根本上乃是一些愿望,想要有这样一个世界;同样地,对一个令人痛苦的世界的仇恨,也表达在对另一个世界、一个有价值的世界的想象中;在这里,形而上学家对现实的怨恨乃是创造性的。

第二类问题:痛苦为何?……在此得出了一种推论,即对真实世界与我们这个虚假的、变化的、令人痛苦的和充满矛盾的世界之间的关系的推论。

1)作为谬误之结果的痛苦:谬误是如何可能的?

2)作为罪责之结果的痛苦:罪责是如何可能的?

(——把来自自然领域或者社会的纯粹经验普遍化,并且把它投射到"自在"之中)

可是,如果从因果角度看,有条件的世界是由无条件的世界来限定的,那么,导致谬误和罪责的自由也一定是由这个无条件的世界一道来限定的,而且人们又会问:为何?……所以,虚假、生成、矛盾、痛苦的世界是被意愿的:为何?

这些推论的错误:构成了两个对立的概念,——因为如果有一种实在性与其中一个概念相应,那么"必定"也有一种实在性与另一概念相应。"要不然,人们能从哪里获得它的对立概念呢?"——因此,理性乃是一种关于自在存在者的启示的源泉。

然而,那些对立面的起源未必需要归结于一个超自然的理性源泉:相反,只要端出这些概念的真正发生过程就足矣——这种发生过程起于实践领域,起于功利领域,而且恰恰因此而有其强大的信仰(如果人们没有按照这种理性来进行推论,人们就会毁灭于此:但因此并没有"证明"理性所断定的东西)

在形而上学家那里由痛苦引起的偏见:那是十分幼稚的。"永恒极乐":心理上的荒谬。勇敢而富有创造性的人决不会把快乐和痛苦理解为终极的价值问题,——那是一些伴随状态,如果人们要达到某个东西,人们就必须意愿两者。——形而上学家和宗教徒看到快乐和痛苦问题的突现,这一点表现了他们身上某种疲惫和病态。甚至道德对他们来说也具有这样一种重要性,只是因为道德被视为消除痛苦的重要条件。

由假象和谬误引起的偏见亦然:痛苦的原因乃这样一种迷信,即相信幸福与真理是联系在一起的(混淆:幸福在于"确信"、在于"信仰")

〈第二节:homines religiosi[宗教徒]。〉

8[3]

关于"homines religiosi"["宗教徒"]

禁欲理想意味着什么?

依然新鲜的沉思默想的生活方式的预备形式,极端地,为的是获得尊敬并且取得对自身的尊敬(反对非活动性的"坏良心")这种非活动性的条件是有待寻求的

一种对心灵之干净的感觉,用巴罗克方式来表达

一种囚徒状态(为自己准备大量精美食品),作为对一种超级野蛮的贪欲状态的补救(这种贪欲要避开各种"引诱")——作为对感官的仇恨,生命表达自己。

一种生命的赤贫化,一种对冷漠、安宁的需要。苦行僧的窍门。"老年"

一种病态的脆弱性,敏感性,某种老处女般的东西,回避生活:间或有一种错误地被引导的性爱和"爱情"的歇斯底里

对谦恭("绝对服从")的批判,间或是对权力本能的批判,即寻求绝对"工具"或者作为工具而获得最多的权力本能。这方面的聪明,懒惰(恰如在贫困和贞洁中)

对贫困的批判(虚假的弃权和竞争,作为达到统治地位的聪明手段。

对贞洁的批判。有用性:它给予时间、独立性——理智〈的〉娇生惯养,这在女人们中间是不堪经受的——家庭是一个喋喋不休

的大窝。〈它〉蕴含着力量,防止某些疾病。女人和小孩的自由避开大量诱惑(奢侈、对权力的奴性、编排

一个人,在他身上自然的神秘多样性和丰富性在发生作用,可怕之物与令人陶醉之物的一个综合,某种允诺,某种更丰富的知识,某种更丰富的能力。禁欲理想始终表达出一种失败,一种匮乏,一种生理冲突。令人深思的是,真正说来,只有教士这个禁欲主义者种类才依然为当代人所熟悉:此乃人类蜕化和失败的表达。——而且正如我们关于浪漫主义艺术家所讲的那样,人们也可以说,真正说来,只有浪漫主义的教士才为我们所熟悉——古典主义的教士本来是可能的,他很可能也在此存在过。以一个古〈典主义〉〈教士〉的这样一种可能性,人们来设想一下 museo Borbonico Neapels[那不勒斯波旁博物馆]中的柏拉图:这是不是一个有胡子的狄奥尼索斯,考古学家们没有把握。这对我们来说应该是无关紧要的:而确定无疑的是,人们在这里假定了一个教士类型,——并不是一个禁欲类型……

基督教的教士代表着反自然,代表着智慧和善的权力,但却是反自然的权力和反自然的智慧,反自然的善:敌视权力、认识以及———

权力作为奇迹权力
智慧作为反理性
爱情作为反性欲

对于尘世间强大者的仇恨,以及一种隐藏的根本性的竞赛和竞争——人们想要的是心灵,人们把身体让给心灵——

对精神、骄傲、勇气、自由、精神之放纵的仇恨

对感官、感官之乐、一般快乐的仇恨,以及一种对感性和性欲的不共戴天的仇恨

基督教教士做错了这件事——诽谤的和可耻的导致误解的意志,对起源处出现的狂热崇拜和神秘仪式中的性意志的误解……

基督教教士自始就是感性的死敌:人们不能设想一种比纯洁地充满预感而又庄严的态度更大的对立了。例如,在雅典最值得尊敬的女性崇拜中,性象征的当前呈现就是以这样一种态度〈而被感受到的〉。生育行为乃是一切非禁欲宗教中固有的奥秘:一种关于完善和神秘意图的象征,关于未来的象征(再生、不朽

〈第三节：善人与改善者。〉

8[4]

善人与改善者。

对身体上的和心灵上的特权者的仇恨：丑陋而失败的心灵反对美好、高傲、欢快的心灵的暴动。

它们的手段：对美、高傲、快乐的怀疑

反自然的东西作为更高级的东西
- "毫无功绩"
- "危险是巨大的：人们应当颤抖并且感到不妙"
- "自然性是恶的；违背自然乃是正当的事情。违背"理性"也是正当的。

又是这些教士们，他们充分利用这种状态，为自己赢得"民众"。"罪人"喜欢上帝甚于喜欢"公正者"。

这就是反对"异教"的斗争（良心的谴责乃是摧毁心灵和谐的手段）。

平庸者对特立独行者的仇恨，群盲对独立不羁者的仇恨

习俗作为真正的"德行"
- 反对"利己主义"：价值只是对"他者"而言
- "我们人人平等"
- 反对统治欲，一般地反对"统治"

反对特权

反对宗派主义者、自由精神者、怀疑论者

反对哲学(对立于工具本能和棱角本能)

在哲学家本身那里的"绝对命令"、道德的本质"无所不在"

三个断言：
  不高贵者是更高级者(抗议"俗人")
  反自然者是更高级者(抗议失意者)
  平庸者是更高级者(抗议群盲、"中等者")

在道德史上也就表现出一种权力意志，通过

时而是奴隶和被压迫者	做出试验，实施
时而是失败者和自苦者	对他们最有利的
时而是平庸者	价值判断。

就此而言，道德现象从生物学的观点出发是极其可疑的。道德迄今为止的发展有以下代价：

  统治者及其特殊本能
  成功者以及美的人物
  无论哪种意义上的独立不羁者和特权者

可见，道德是一种反运动，反对自然那种谋求达到一个更高级类型的努力。它的效果是：

  对一般生命的怀疑(因为生命的各种趋向被感受为"不道德的"

  无意义状态，因为最高价值被感受为与最高本能相对立的——荒谬。

"更高人物"的蜕化和自我毁灭,因为恰恰在他们身上,那种冲突被意识到了。

道德中的奴隶起义:怨恨是创造性的。被压碎者、被践踏者,对他们来说,真正的反应已经不起作用了。

因此:首先是一种否定性价值(在高贵的道德中则相反,这种道德起源于一种对自身的得意洋洋的肯定)。

"恶人"(真正说来乃强者)

对贵族价值的诽谤方法:(骄傲、美、幸福、喜悦、感性、富有借助于1)不愿观看,2)愿虚伪地观看,3)愿向里观看。

颠倒:把怨恨本身解释为德性(公正感)的尝试

事实上的、畏惧的卑贱状态乃是"谦恭"

非攻击性、"胆怯"、等待作为"忍耐"

  作为"善"、作为"对敌人的爱"、作为"博爱",也作为"对上帝的服从",上帝命人们听从"当权者"

复仇愿望乃是"上帝对其敌人的胜利",同样地,看见失败时表现出来的残暴乃是"对上帝之公正的胜利"

它的不幸乃是对"被选中者"的检验、准备,是表彰,本身就是聪明("为的是将来获得更丰厚的报偿")

生活在"希望"中,在"爱"中,在"信仰"中

  (对贫困者和受压迫者的上帝的信仰)

贫困之尊严作为"礼拜"

总而言之,试图自我满足并且说服自己,"人们不仅会更好",而且也"会更好地拥有"。"善人",真正讲来即是弱者。

——其中有最深的欺诈和谎言。——

人的内化过程(作为疾病)

这种内〈化〉的形成,是〈因为〉强大的欲望随着和平和社会的建立无法向外发泄,就与幻想结盟,试图向内取得补偿。对敌意、残暴、仇恨和暴力的需求后退了,"倒退了";在认识意愿中包含着占有欲和征服;在艺术家身上出现了倒退了的伪装力量和欺骗力量;欲望被改造为人们与之斗争的恶魔,如此等等。

意识作为疾病

人一再把自身置入他还不具备任何本能来加以直觉的那些境地之中:也就是短暂地进行实验和根据"推理"进行行动,而不是根据本能。"理性主义的"事件,例如,法国大革命。

新鲜事物脱不了坏良心
例如婚姻
和善的、同情的、宽恕的情感(久已与自我毁灭联系在一起了)
要求探究的意志(作为反对权威的意志)
伟大的自然之征服(作为不信神状态)
和平
商人、税吏

在那些高贵的种属那里,它们放弃复仇,与至高的暴力相对抗。
也就是说,"法律意识"与坏良心关系密切

8[5]

每一种不公都是某种非自愿的东西:因而是一种 συμφορά[命运、偶然]:柏拉图在《法律篇》第九和第十〈卷〉中在谈到盗窃神庙圣物和谋害父母的恶行时如是说。

8[6]

个人责任感的发育受到了遏制:通过绷得紧紧的性别组织(后果并不涉及行为者,而且每个行为者都承担了所有人的后果——最为奇异的也许是首脑的"良知"情况,他不得不为相关的一切赎罪)
大事件:
　　男人对女人的胜利(好战的、男权
　　和平对战争的胜利

8[7]

说谎的乐趣乃是艺术之母,恐惧和淫荡乃是宗教之母,Nitimur in vetitum[竭力禁止]和好奇乃是科学之母,残暴乃是非利己主义道德之母,悔恨乃是社会平等运动的源头,权力意志乃是公正的源头,战争乃是真诚(善的良知和喜悦)之父,男权乃是家庭的源头;怀疑乃是公正和沉思的根源

8[8]

《查拉图斯特拉》

这部著作中的每一个词语都一定既使人痛苦，使人受到伤害，又使人深深地心醉神迷：——凡没有如此这般被理解的，就是人们根本没有理解的。

[9.1887年秋]①

第一卷

9[1]

原则与预先考量。

1. 论欧洲虚无主义的历史。
作为以往理想的必然结论:绝对的无价值状态。

2. 关于永恒轮回的学说:作为虚无主义的完成,作为危机。

(1) 3. 哲学的整个发展乃是求真理的意志的发展史。这种意志的自身置疑。社会价值感发酵成为绝对的价值原则。

(2) 4. 生命问题:作为权力意志。(社会价值感暂时占优势是可以理解的,而且是有用的:这关系到一个基础的建立,在此基础上,一个更强大的种类终于成为可能的了。)强者的尺度:能够在颠倒了的价值评估下生活,并且永远重新意愿这种价值评估。国家和社会作为基地:世界经济观点,作为培育的教育。

---

① 相应的手稿编号为:W II 1。——译注

340 **9[2]**

(3)

对善人的批判。(并非对伪善的批判:——这充其量有助于我开心和保养)以往与可怕的情绪及其弱化、抑制的斗争——:道德作为渺小化。

9[3]

(4)

康德:使英国人的认识论怀疑主义对德国人来说成为可能的

1)因为他使德国人的道德需要和宗教需要对怀疑主义发生兴趣(正如出于同样的原因,现代学者们把怀疑论当作奥古斯丁的柏拉图主义的准备来利用;正如帕斯卡尔甚至利用道德主义的怀疑论来激发信仰需要(为信仰需要"辩护")

2)因为他用经院哲学的方式装扮和扭曲了怀疑主义,因此使之能够为德国人科学上的形式趣味所接受(因为洛克和休谟本身过于明朗和清晰,按照德国人的价值本能来讲,就是"过于肤浅"了——)

康德:一个渺小的心理学家和善于识人者;在伟大的历史价值方面,他的看法粗糙而失策(法国大革命);卢梭式的道德偏执狂,具有隐秘的基督教价值观;完全的教条主义者,但带有一种笨拙的对于这一癖好的厌恶情绪,乃至于希望对〈它〉施以压制,但也因为怀疑论而立即感到厌倦了;尚未受任何世界主义审美趣味和古代

美的气息的熏陶……是一个拖延者和中介者,而不是什么原创的东西

(——就像处于机械论与唯灵论之间的莱布尼茨

就像处于十八世纪的趣味与"历史感"(——它本质上是一种异国情调感)的趣味之间的歌德

就像处于法国音乐与意〈大利〉音乐之间的德国音乐

就像处于罗马帝国与民族主义之间的卡尔大帝①。

起中介、桥梁作用,——卓越的拖延者。

9[4]

结论:"曾经是他的一位老师"

人类如何使自己成为不朽……②

(《地狱篇》,第15歌,第85行)

9[5]

(5)

关于民族天才的特性,着眼于外来之物和移植之物。

英国天才把他接受的一切都粗糙化和自然化

法国天才把一切都冲淡、简化,对一切都想当然,把一切都装

---

① 卡尔大帝(Karl der Große,768-814在位):又译"查理大帝",法兰克王国加洛林王朝的第二位国王,在位时使法兰克王国发展到了顶峰。——译注

② 但丁诗句,原文为意大利文:come l'uom s'eterna...。——译注

扮得漂漂亮亮；

德国天才把一切都混合、调和、搅拌起来，加以道德化。

意大利天才大大地对移植之物作了最自由和最精细的应用，并且插入远甚于抽离：作为最丰富的天才，他作了最多的馈赠。

9[6]

(6) 关于美学

感性 ⎫ 提高了的、常胜的生命的形象及其美化力量：
陶醉 ⎭ 以至于有某种完满性被置入事物之中

反过来说：完满性之美在哪里显示出来，感性和陶醉的世界就在哪里一道被激发出来，从古老的并生状态（Verwachsenheit）当中。因此，宗教的幸福包含着感性和陶醉。

而艺术家的感觉论上的敏感性同样是本质性的。

"美的"对快乐有点燃作用；人们可以想一想"爱情"的美化力量。难道不会是相反地，倒是被美化者和完满者温柔地激发起感性，使得生命作为舒适感而起作用么？——

9[7]

(7)

精神性当中的过剩力量，为自身设立新的目标；完全不只是作为对低级世界或者有机体、"个体"的保存起命令和引导作用的东西。我们比个体更丰富，我们是整个链条，还带有这个链条的全部未来的使命。

9[8]

关于计划。

以完全自然主义的价值取代道德价值。对道德的自然化。

以关于支配性构成物的学说取代"社会学"

以情绪的透视学说(其中包含着一种情绪等级制)取代"认识论"。

变形了的情绪:它们的更高级秩序,它们的"精神性"。

以永恒轮回学说(此乃培育和选择的手段)取代"形而上学"和宗教

(8) "上帝"作为至高要素:此在(Dasein)乃一种永恒的神化与非神化。但其中并没有价值的顶点,而只有权力的顶点

对机械论和材料的绝对排除:两者只不过是低贱等级的表达形式,情绪("权力意志")的最非精神化的形式

世界之愚昧化作为目标,与权力意志一致,后者使诸因素尽可能相互独立:美作为获胜者的习惯和娇惯的标志:丑恶之物乃诸多失败的表达(在有机体本身中),没有什么遗传!这个链条作为整体而增长——

从生成之顶点(在最奴性的基础上对权力的至高精神化)倒退,这乃是此种至高的力量的后果,这种力量反对自身,既然它再也不需要组织什么,它就把自己的力量用于解体……

a)对群体生活的越来越大的战胜,并且使之臣服于一个较小,但较强的数量。

b)对特权者和强者的越来越大的战胜,因而出现了民主制度,最后出现了成员们的无政府状态。

9[9]

当代音乐。
一部论战著作
弗里德里希·尼采著。

9[10]

第二部论战著作
作为道德的群盲透镜(Heerden-Optik)。
在道德家和道德哲学家中间。
一种与道德的决裂。

对于道德,等级差异贡献了什么?
禁欲理想贡献了什么?
群盲贡献了什么?
哲学家们贡献了什么?
食肉动物的情绪贡献了什么?

9[11]

在道德家中间。——伟大的道德哲学家。道德作为以往哲学家的厄运

卢梭。康德。黑格尔。叔本华。利希腾贝格[①]。歌德。

[①] 利希腾贝格(Georg Christoph Lichtenberg,1742-1799):德国哲学家、物理学家。著有《物理学和数学论文》、《箴言集》等。——译注

格拉西安①。马基雅弗里。加利亚尼②。蒙田。帕斯卡尔。
卡莱尔。G.爱略特③。H.斯宾塞。
圣伯夫。勒南。龚古尔④。司汤达。拿破仑。
柏拉图。爱比克泰德。伊壁鸠鲁。塞涅卡。马可·奥勒留。

9[12]

(9)

奥芬巴赫⑤:法国音乐,具有伏尔泰精神,自由而放纵,带有一丝讥讽的冷笑,但却明快、风趣到了平淡无奇的地步(——他没有涂脂抹粉——),而且并没有娇滴滴的、病恹恹的或者金色维也纳式的感性。

---

① 格拉西安(B.Grazian,1601-1658):西班牙哲学家。——译注
② 费迪南多·加利亚尼(Neapolitaner Ferdinando Galiani,1728-1787):意大利十八世纪著名的修道院院长、经济学家,那不勒斯启蒙运动领导者之一。其著名口号是:"没有货币即没有自由。"著有《货币论》等。——译注
③ 乔治·爱略特(George Eliot,1819-1880),原名玛丽·安·艾文思(Mary Ann Evans),英国女作家,主要作品有小说《亚当·比德》、《弗洛斯河上的磨坊》等。——译注
④ 龚古尔兄弟(Goncourts):指爱德蒙·于奥·德·龚古尔(Edmond Huot de Goncourt,1822-1896)和于勒·于奥·德·龚古尔(Jules Huot de Goncourt,1830-1870),兄弟俩同为自然主义代表作家。主要合著有《大革命时代法国社会史》,长篇小说《列莱·莫伯兰》以及《龚古尔日志》等 。——译注
⑤ 奥芬巴赫(Jaques Offenbach,1819-1880):法国作曲家、大提琴家。原籍德国。代表作有轻歌剧《地狱中的奥菲欧》、《美丽的海伦》和浪漫歌剧《霍夫曼的故事》等。——译注

9[13]

价值。

"生命的价值":——但生命乃是一个个案,人们必须为一切此在(Dasein)辩护,而不仅仅是为生命辩护,——这个辩护原则乃是生命据以说明自己的东西……

生命本身不是达到某物的手段;它是权力之增长形式的表达。

——我们不再把我们的"愿望"弄成审判存在的法官!

——我们不会重又把我们的发展的最终形式(例如精神)安置为这种发展背后的某种"自在"

9[14]

末章:最终愿望。

书的结尾(智慧本身如同生命:)深刻而有诱惑力。

9[15]

(10)

德尔图良①关于那些恶的天使所讲的话,人们也可以对禁欲的教士们来说。

关于那些恶的天使,德尔图良说(《护教篇》,第22节):

---

① 德尔图良(Quintus Septimius Florens Tertullian,约160－约230):古代基督教神学家,被称为"第一个拉丁教父"。著有《护教篇》、《论异端无权成立》、《论灵魂》等。——译注

"在疾病治疗方面,它们是真正的巫师。因为它们首先进行折磨;然后它们就不断开出新的有害的药方,直到奇迹出现:——可是人们仍然相信,它们是有帮助的,因为它停止了折磨。"

9[16]

(11)

"己所不欲,勿施于人"。这个"于"是可鄙的。不高尚的……

1)如果人们有权去施,人们绝没有因此就承认他人也有权施于我们……

2)对一个特别适合于某项任务的人来说,此类难堪的结果并没有作为反对这项任务的理由而得到考虑:也许它们可以成为刺激物。

愚昧无知莫过于端出一种道德上的夸张(例如:要爱你们的敌人!)。人们由此就把理性从道德中驱逐出去了……道德中的自然

绝对的信念:高与低的价值感是不同的;低等者缺乏大量的经验,自低等向高等,误解是必然的。

9[17]

(12)

对人的缩小必须长久地被视为唯一目标:因为首先得建

立一个广大的基础,以便一个更强大的人的种类能够站立在上面。何以迄今为止每一个得到强化的人的种类都站在低等种类的水平上呢———

9[18]

(13)

反对基督教理想的斗争,反对关于"极乐"和作为生命目标的拯救的学说的斗争,反对天真者、纯洁心灵、受难者和落难者等等的至高地位的斗争(——上帝、上帝信仰还与我们何干!时至今日,"上帝"只不过是一个褪了色的词语,甚至再也不是一个概念了!)可是,正如伏尔泰临终前所讲的:"别跟我谈那个人!"①

究竟何时何地有一个人,可以算作是以类似于那种基督教理想的方式进行观看的呢?至少对于一个心理学家和肾脏检查者必须具有的眼睛来说!——人们浏览了普鲁塔克②的所有主角。

9[19]

(14)

阿西西的方济各:受爱戴的、大众化的,诗人,为了最低等

---

① 参看科利版第13卷,11[95]。——译注
② 普鲁塔克(Plutarch,约46-约120):古希腊传记作家、散文家。代表作为《列传》,其中希腊名人传和罗马名人传各23篇。——译注

的人们而反对贵族统治和灵魂等级制。

9[20]

(15)

苏格拉底:反对高贵的本能,十分粗俗(反对艺术,但以典型的科学方式。嘲笑勒南的失策本能,后者把高贵(noblesse)与科学搅和在一起。)

科学与民主是紧密联系在一起的(尽管连勒南先生也这样说),确凿如艺术与"好的社会"。

9[21]

(16)

    向恶习致敬:

希腊文化   与鸡奸

德国音乐   与嗜酒

科学   与

复仇欲

9[22]

(17)

历史中的大谎言:

仿佛曾经有异教的堕落,它为基督教开辟了道路!而实际上那是古代人的衰落和道德化!把自然本能重新解释为恶习,这是早就发生的事啊!

——仿佛教会的堕落乃是宗教改革的原因;那只不过是借口,是宗教改革的煽动者的自我欺骗——其实当时有的是种种强烈的需求,它们的残酷性急需一种精神上的掩饰

9[23]

(18)

对垂死者的言语、举止和状态的欺骗性解释:例如,把对死亡的恐惧与对"死后"的恐惧彻底混为一谈……

9[24]

作为诱惑之书的 imitatio[摹仿](在孔德那里)

9[25]

四位伟大的民主主义者:苏格拉底、基督、路德、卢梭

9[26]

(19)

与永恒不变之物的价值(斯宾诺莎的幼稚性,笛卡尔亦然)相对立,乃是最短促而易逝之物的价值,是生命这条长蛇肚皮上闪烁着的诱人的金色光芒——

9[27]

(20)

用力求达到我们目标的意志、因而也就是力求达到其手

段的意志来替代道德。

用自然命令替代绝对命令

不想得到任何赞扬：人们所作所为乃是对他有用的、或者使他愉快的、或者他必须做的事。

9[28]

(21)

心理学家的大伪造：
1) 人类追求幸福
2) 道德是通向幸福生活的唯一道路
无聊而空洞的基督教的"极乐"概念

9[29]

⟨(22)⟩

勒南先生的绝对的本能匮乏，他把科学与高贵（noblesse）混为一谈。科学根本上是民主的和反寡头政治的。

9[30]

(23)

概念之纠正

利己主义。如果人们理解了何以"individuum"[个体、个人]是一个错误，每个个体毋宁说恰恰是直线进行的整个过程（不只是

"遗传的",而是它本身……),那么,这个个体就具有一种无比巨大的重要性。在这一点上,本能说得完全正确;凡这种本能减退处(——凡个人只为他人效力而为自己寻求一种价值的地方),人们肯定能推断出疲乏和蜕化。观念上的利他主义,彻底地和没有伪善地,乃是这样一种本能,它至少可以为效力于其他利己主义而创造出第二种价值。可是,它多半只是虚假的:一条为保存本己的生命感、价值感而走的弯路——

9[31]

(24)

在哲学中就像在战场上,关键在于

——内在线索——

9[32]

谁不曾参与拜罗伊特的可恶的蒙昧主义

9[33]

(25)

风纪之缺失:将来需要大量禁欲苦行来强化意志,自愿的自身弃绝

9[34]

(26)

工人应当像战士那样学会感受。有一份酬金,一份工资,但得

不到支付！付清与业绩之间没有任何关系！相反,要按其特性来为个人定位,使之能够作出他职责范围内的最佳业绩。

9[35]

(27)

1.虚无主义乃是一种常态。

虚无主义:没有目标;没有对"为何之故?"的回答。虚无主义意味着什么呢?——最高价值的自行贬黜。

它是**两义**的:

A))虚无主义作为提高了的精神权力的象征:作为积极的虚无主义。

它可以是强者的标志:精神力量可能如此这般地增长,以至于以往的目标("信念"、信条)已经与之不相适应了

——因为一种信仰一般而言表达的是生存条件的强制性,一种对某个人物借以发育、生长、获得权力的各种关系的权威的屈服……

另一方面,它也可能是不充分的强者的标志,目的是创造性地重又设定一个目标、一个为何之故、一种信仰。

作为强暴性的破坏力量,它达到它的相对力量的极大值,作为积极的虚无主义。它的对立面或许是疲乏的虚无主义,后者不再进攻,其最著名的形式就是佛教:作为消极的虚无主义。

虚无主义表现为一种病态的中间状态(巨大惊人的概括、对根本无意义的推论就是病态的):要么生产性的力量还不够

强大；要么颓废还在犹豫不决，还没有找到它的辅助手段。

B))虚无主义作为精神权力的下降和没落：消极的虚无主义。

作为一种弱者的象征：精神力量可能已经困倦、已经衰竭，以至于以往的目标和价值不适合了，再也找不到信仰——

价值和目标的综合（每一种强大的文化都以此为基础）自行消解，结果是各种价值相互冲突；导致瓦解

一切令人振作、有疗救作用、提供慰藉、令人麻醉的东西纷纷出笼了，披着形形色色的伪装，宗教的、或者道德的、或者政治的、或者美学的，等等

2. 上述假设的前提

没有真理；没有事物的绝对性质，没有"自在之物"

——这本身就是一种虚无主义，而且是极端的虚无主义。它径直把事物的价值设入其中，而没有、也不曾有一种实在与此价值相适应，相反，只有一种价值设定者方面的力量的标志，一种对于生命目的的简化

9[36]

求真理的意志作为权力意志

9[37]

判断的本质（肯定之设定）。

9[38]

(28)

　　"我相信事情是这样这样的",这一价值评估乃是"真理"的本质

　　在价值评估中表达出保存和增长的条件

　　我们一切认识器官和感官只是着眼于保存条件和增长的条件而发展起来的

　　对理性及其范畴的信赖,对辩证法的信赖,也就是逻辑学的价值评估,只是证明由经验证明的这些东西对于生命的有用性,而并没有证明它们的"真理性"。

　　必须有大量信仰存在,人们可以作出判断,没有对所有本质性价值的怀疑:——

　　这乃是一切生命体及其生命的前提条件。因此,必须把某物看作真实的,这一点是必然的,而不是:某物是真实的。

　　"真实的世界与虚假的世界"——我把这个对立归结于价值关系

　　我们已经把我们的保存条件投射为一般存在之谓词

　　为了繁荣发达起来,我们必须固守于我们的信仰——由此我们已经得出:"真实的"世界并不是可变的和生成的世界,而是一个存在着的世界。

9[39]

(29)

价值及其变化与价值设定者的权力增长相关

得到容许的"精神自由"的非信仰之尺度,乃是权力增长的表达

"虚无主义"乃是精神的至高权力的理想,最充沛的生命的理想:既是破坏性的又是嘲讽性的

9[40]

(30)

所谓事物具有某种自在的性质,完全撇开解释和主体性,这乃是一个根本无益的假说:它预先假定了,解释活动和主体存在并不是本质性的,一个事物脱离了一切联系仍然是一个事物。相反地,事物表面的客观特征:难道它不只是会导致主体范围内的一种程度差异吗?——兴许慢慢变换的东西向我们表明为"客观"延续的、存在着的、"自在的"

——客体只是主体内部的一个虚假的种类概念和对立面吗?

9[41]

(31)

一种信仰是什么?它是如何形成的?一切信仰都是一种

持以为真(Für-wahr-halten)。

　　虚无主义的极端形式或许是：一切信仰，一切持以为真，都必然是错误的：因为压根儿就没有一个真实的世界。也就是说：这是一个透视主义的假象，其起源就在我们心中（因为我们不断地迫切需要一个狭隘的、压缩的、简化的世界）

　　——力量的尺度就在于：为了不致毁灭，我们就只好承认虚假性、谎言的必要性。

　　就此而言，作为对一个真实世界的否定，对一种存在的否定，虚无主义可能是一种神性的思想方式：——

9[42]

(32)

　　快到1876年时，我理解了通过瓦格纳能谋求什么，我于是害怕看到我以往的整个意愿都烟消云散；而且通过需要方面的深刻统一性的全部纽带，通过一种感激之情，通过浮现在我眼前的无可替代性和完全的相互惦记，我当时受到瓦格纳的牢牢束缚。

　　差不多与此同时，我觉得自己难分难解地被禁囿于我的语文学和教学活动中了——被禁囿于我生命的一个偶然事件和权宜之计中了：我再也不知道该如何脱身，我已经精疲力竭，被耗尽了。

　　在这个时候我理解了，我的本能所谋求的东西乃是与叔本华相反的，那就是要为生命辩护，即使在生命最可怕、最模糊、最具欺骗性的现象中：——对于后者，我已掌握了"狄奥尼索斯"公式。

（——有人认为"物之自在"必然是善的、福乐的、真实的、统一的；与之相反，叔本华对作为意志的"自在"的解释则是一个本质性的步骤：只不过他并不理解这种力求神性化的意志，因为他耽于道德基督教的理想中

叔本华依然如此深远地受制于基督教价值，以至于现在，在自在之物在他看来不再是"上帝"之后，它就不得不成为恶劣的、愚蠢的、卑下的了。他理解不了，可能有不同存在之可能性的无限多种方式，甚至是上帝存在之可能性的无限多种方式。

诅咒那种目光短浅的二分①：善与恶。

9[43]

(33)

虚无主义"何为？"的问题是以过去的习惯为出发点的，借助于这个习惯，目标似乎是从外部被提出来、被赋予、被要求的——也即是通过某种超人的权威。在人们已经荒疏了对这种权威的信仰之后，人们却还是按老习惯去寻求另一种权威，后者懂得无条件地说话，能够规定目标和使命。现在，首先出现的是良知的权威（道德越是从神学中解放出来，就越是具有强制性）；作为对一种人格权威的补偿。或者是理性的权威。或者是社会本能（群盲）。或者是具有某种内在精神的历史

---

① 二分（Zweiheit）]《权力意志》第二版第 1005 条中误为自由（Freiheit）。——编注

学,后者于自身中有自己的目标,人们可以沉湎于其中。人们想躲避意志,躲避对某个目标的意愿,躲避为自己赋予一个目标的风险;人们想推卸责任(——人们或许会接受宿命论)。356
最后就是:幸福,以及——带着几分伪善——大多数人的幸福
个体的目标以及它们的冲突
集体的目标与个体目标相冲突
每个人都参与其中,哲学家亦然。
人们以为:1)一个特定的目标根本没有必要
  2)也根本不可能预见
  恰恰就在现在,当意志在至高的力量中或许成为必需时,它却是最虚弱和最怯懦的。
  绝对地怀疑意志对于整体的组织力量。

  一切"直观性的价值评估"鱼贯而出的时代,仿佛人们从中能够获得别处再也得不到的指示。
  ——对"何为?"的回答受到下述各项的要求
  1)良知
  2)追求幸福的欲望
  3)"社会本能"(群盲)
  4)理性("精神")
  ——只是为了不必意愿,必须为自己设定这个"何为"。
  5)最后:宿命论,"没有答案",但是"去任何什么地方","意愿一个何为是不可能的",带着顺从……或者反

抗……目标方面的不可知论。

6)最后,否定作为生命之何为;生命作为某个把自己理解为无价值的并且最终扬弃自己的东西。

9[44]

(关于第三篇文章)

(34)

主要观点:人们并没有认为高等种类的使命在于对低等种类的引导(诸如孔德所做的那样——),而是把低等种类视为一个更高的种类赖以实现它自己的使命的基础,——它只有在这个基础上才能够立身。

强大而高尚的种类赖以保存自身(在精神培育方面)的条件,是与斯宾塞之类小贩们的"工业大众"的条件相反的。

凡一味听任最强大的和最丰硕的人物,而使此类人物的生存成为可能的东西——悠闲、冒险、无信仰、放荡不羁本身——,倘若它听任中等人物的支配,那就必然会毁掉后者——而且它实际上也这样做了。在这里相合适的是勤劳、规矩、适度、固定的"信念",——质言之就是群盲道德:有了这种道德,这个中等种类将趋于完满。

虚无主义的原因:

1)高等种类的缺乏,也就是缺乏这样的种类,它们取之不尽的成果和权力维护着那种对人类的信仰。(人们想到拿破仑的功劳:几乎本世纪所有的高级希望)

2)低等种类"群盲"、"大众"、"社会"荒疏了谦恭的态度,并且夸张了它们对宇宙价值和形而上学价值的需求。这样就把整个此在(Dasein)庸俗化了:因为只要大众占了上风,他们就会对特立独行者实行暴政,使之丧失自信而成为虚无主义者。

构想高级类型的一切尝试都是失败的("浪漫派"、艺术家、哲学家、反对卡莱尔把最高道德强加给他们的企图)。

反抗高等类型,此乃结果。

一切高等类型的没落和不稳固;反对天才的斗争("大众诗歌"等等)。把对低等者和受苦者的同情当作心灵之崇高的标准。

缺乏哲学家,行为的阐明者,不光是改写者

9[45]

(35)

大体上,每个事物的价值量就等于人们为它所付出的。不过,如果人们说的是孤立的个体,那么这个说法就不对了;个人的伟大能力完全超出了他自己为之所做的、所牺牲的、所遭受的。但如果人们来考察一下自己的种类前史,那么,人们也会在那里发现那种历史,即各色各样的舍弃、争斗、劳作、实施而大大地节约和积蓄了力量的历史。伟人之所以成为伟人,是因为他付出了如此之多,而不是因为他犹如一个奇迹,作为天意和"偶然"的馈赠而现身。"遗传"是一个错误概念。为了一个人的成就,他的祖先们已经付出了代价。

9[46]

(36)

　　　　求真理的意志
　　　　　　1) 作为征服和与自然的斗争
　　　　　　笛卡尔对学者的判断
　　　　　　2) 作为对支配性的权威的抵抗
　　　　　　3) 作为对危害我们的东西的批判

9[47]

　　科学方法的历史, A. 孔德差不多把它理解为哲学本身

9[48]

(37)

　　　　在"真"和"不真"之间下断定,一般地就是对事实真相的断定,根本不同于那种创造性的设定,即那种包含在哲学之本质中的构成、塑造、征服、意愿。把一种意义投放进去——这项任务绝对地始终还是多余的,假如其中并没有任何意义的话。音调的情形就是这样,而民族的命运亦然:它们能够胜任对不同目标作极为不同的解释和定向。更高级的阶段是一种目标设定,进而赋予事实以形式,也就是对行为的解释,而不只是概念的改写。

9[49]

(38)

人与其说是他的父母的孩子,还不如说是他的四个祖父母的孩子:原因在于,在我们生下来的时候,我们的父母多半还没有确定自己;祖父母类型的胚胎在我们身上成熟起来;而在我们的孩子们身上,我们的父母的胚胎才成熟起来。

9[50]

(39)

《新约全书》决非无辜。人们知道它的成长基础。这个民族,这个带着某种对自身的无情意志的民族,在它失去了任何自然依靠并且久已丧失了它的生存权利之后,却懂得了实现自己,为此亟需把自身完完全全建立在非自然的、纯粹想象的前提之上(作为特选民族、作为圣徒团体、作为希望民族、作为"教会"):这个民族完美无缺地、带着某种程度的"良知"实施欺骗(pia fraus[善良的欺骗]),〈以为〉当人们进行道德说教时,就不可能十分小心谨慎了。如果犹太人作为无辜本身出现,这种危险就变大了:当人们读《新约全书》时,应当始终掌握着自己的那一丁点儿理智,那种怀疑和恶意。

出身最卑微的人,部分地是无赖,良好而可敬的上流社会的渣滓,本身是远离文化气味而成长起来的,没有教育,没有知识,全然不知道在精神事物中可能有良知这种东西("精神"一词始终只是作为误解而出现的:人人都在讲的"精神"对这些民众来说始终还是"肉体"而已)但是——犹太人:本能上就是聪明的,从一切迷信的前提出发,因其无知本身而具有制造某种诱惑的优势

9[51]

(40)

在何种意义上权力意志作为唯一的和绝对的非道德之物剩余下来了:参看斯〈图亚特〉·穆勒(关于孔德)

"我们认为生命并非多么富于乐趣,以至于它可能照料不了所有那些具有利己倾向的人们。相反地,我们认为,一种对利己倾向的足够满足——不是过度地,但也许到令人最完全地获得享受的那个程度——几乎总是对善意的欲望产生有利的影响。在我们看来,对个人乐趣的道德化的要义并不在于,人们把个人乐趣限制到尽可能小的程度上,而倒是在于要培养那种愿望,即与他人(甚至与全体他人)分享个人乐趣的愿望,在于人们鄙弃所有那些不能以此方式与他人分享的乐趣。只有一种倾向,或者说爱好,经常与这个条件不相容,那就是统治的欲望——这种追求包含着相应的对他人的贬抑,并且以此为前提条件。"

9[52]

(41)

我们当中最勇猛者都没有足够的勇气面对自己真正知道

的事情……某人留在何处或者尚未出现,某人在何处能下判断说"这就是真理",这是由他的勇敢程度和强度来决定的;至少胜于无论何种眼与心的敏锐或迟钝。

9[53]

(42)

犹太人在艺术领域略具天才,他们有海因里希·海涅和奥芬巴赫,这位才智卓绝、纵情恣意的萨蒂尔①。作为音乐家,奥芬巴赫忠于伟大的传统,对于不光长着耳朵的人来说,他是对那些伤感和彻底蜕化了的德国浪漫派音乐家的真正解脱

9[54]

——女人意愿在她所爱者那里受苦……

9[55]

(43)

根据一个人对人有什么用处,或者有什么价值,或者有什么害处来评估他的价值:这不多不少就等于根据所产生的效果来评估一件艺术作品。不过,一件艺术作品是可以与其他艺术作品相比较的;而这与和其他人相比较的人的价值是根本不搭界的。

"道德的评价",只要它是一种社会的评价,就完全是根据

---

① 萨蒂尔(Satyr):希腊神话中耽于淫欲的森林之神。——译注

人的作用来衡量人的。

一个心直口快的有着独特趣味的人,为自己的孤独所包围和掩藏,变得不善言辞、沉默寡言——一个落落大方的人,也就是一个属于更高级的、至少不一样的种类的人。你们如何能因为无法认识他、无法加以比较而贬低他呢?

在那个典型的庸人、英国佬 J. St. 穆勒那里,我发现了对于这样一种价值的典型迟钝。例如,穆勒说到 A. 孔德:"他在早些时候带着一种愤怒来看待拿破仑的名声和纪念,这种愤怒为他带来了至高的荣誉;后来,他却宣布拿破仑是一个比路易·菲利普①更值得尊重的独裁者;——那是这样一个东西,它使人们衡量出他的道德标准已经下降到了何种程度上了"。

道德〈上的〉贬值带来的后果是最大的判断迟钝:一个人本身的价值被低估、几乎被忽略和被否定了。

质朴目的论的残余:只从人的角度看人的价值

9[56]

历史学家和其他掘墓人,是一些在棺材与棺材碎片之间生活的人——

9[57]

(44)

哲学乃是发现真理的艺术;在亚里士多德看来就是这样。

---

① 路易·菲利普(Louis Philipp,1773－1850):法国国王(1830－1848),史称奥尔良公爵。1830 年七月革命后取得王位,1848 年二月革命后逃亡英国。——译注

与之相反，伊壁鸠鲁派则利用亚里士多德的感觉主义认识论，对真理之追求采取了完全嘲弄性的和拒斥性的态度；"哲学是一种生活艺术"。

9[58]

三大幼稚：

　　认识是谋求幸福的手段（仿佛……）

　　　　是谋求德性的手段（仿佛……）

　　　　是谋求"对生活的否定"的手段，

　　——因为它是导致失望的手段——（仿佛……）

9[59]

(45)

——它们就这样矗立在那里，来自远古时代的价值：谁人能推翻它们，这些重重的、毫不动摇的起重机？

——它们的意义是一种荒谬，它们的要害是一种癫狂

——急躁而激昂的人物，唯凭着人们所猜出的真理，我们才相信他们：一切证明意愿都使我们变得难以驾驭，——看见学者及其轻手轻脚的步态，我们就立即逃之夭夭。

——顽固的人物，精细而吝啬

——住在你们周围的，马上会住惯的。

——干涸的沙质心灵，干旱的河床

——有着持久的意志，充满深深的猜疑，从寂寞的苔藓中滋长

——暗地里烧毁，不是为了自己的信仰，而是为了使自己不再

有勇气去信仰

——在细小的圆满事实面前卑躬屈膝

——在该做的时候不愿做的事,人们就要事后来补做;人们得"好好地做"自己没有好好地干过的事。

9[60]

(46)

巨大的自我沉思:并不是作为个体,而是作为人类意识到自身。让我们沉思自身,让我们回想:让我们踏上大大小小的道路

A、人寻求"真理":一个并不自相矛盾的世界,一个不欺骗、不变化的世界,一个真实的世界——一个没有痛苦的世界:矛盾、欺骗、变化——乃是痛苦的原因!他并不怀疑有一个如其应当存在那样的世界;他想为自己寻找通向这个世界的途径。(印度式的批判:甚至"自我"也是虚假的、不实在的。)

在这里,人是从哪里取得实在性概念的呢?——

为什么他恰恰从变化、欺骗、矛盾中派生出痛苦呢?还有,为什么倒不是他的幸福呢?……——

对一切消逝、变化、转变之物的轻蔑、仇恨:——这种对持存者的估价从何而来?

显然,在这里,求真意志只不过是对一个持存者世界的要求而已。

感官会欺瞒,理性来纠正谬误:因此,人们作出推论,以为理性是通向持存者的道路;最非感性的理念必定最接近于"真

实的世界"。——大多数不幸起于感官——感官是骗子、迷惑者、毁灭者：

幸福只有在存在者中才可能是确实可靠的：变化与幸福是相互排斥的。照此看来，最高的愿望是要与存在者化为一体。这就是通向最高幸福的独特道路。

总而言之：如其应当存在那样的世界是实存着的；我们生活于其中的这个世界，只是一个谬误而已，——我们这个世界不应当实存（existiren）。

对存在者的信仰仅仅表明自己〈为〉一个后果：真正的 primum mobile[第一推动力]乃是对生成者的无信仰，对生成者的怀疑，对一切生成的蔑视……

哪一种人进行这样的反思呢？是一个非创造性的、受苦受难的种类；一个厌倦生活的种类。倘若我们设想出一种相反种类的人，那么，这种人就不必有对存在者的信仰：更有甚者，他们会蔑视存在者，把存在者视为僵死的、无聊的、冷漠的……

相信应当存在的世界存在着（ist），真正地实存着，这乃是那些非创造性的人们的信仰；他们不想创造一个如其应当存在那样的世界。他们把这样一个世界设定为现成的，他们寻求通达这个世界的手段和道路。——"求真理的意志"——乃是求创造的意志的昏聩无能

| 要认识：某物如此这般存在 | 自然的力度方面 |
| 要行动：某物如此这般生成。 | 的对抗。 |

虚构一个世界，一个合乎我们愿望的世界，这是心理学上的诡计和阐释，为的是把我们尊重、我们感到适意的一切与这个真实世界联系起来。

这个层次上的"求真理的意志"本质上是阐释的艺术；其中始终还包含着阐释的力量。

这同一种人，变得更加贫困一等了，不再拥有阐释的力量、创造各种虚构之物的力量，成就了虚无主义者。虚无主义者是这样一种人，对于如其所是地存在的世界，他断定它不应当存在；对于如其应当是地存在的世界，他断定它并不实存。① 据此看来，此在（dasein）（行动、受苦、意愿、感受）就没有什么意义了："徒然"的激情乃是虚无主义者的激情——同时作为激情，还是虚无主义者的前后不一致。

不能把自己的意志置入事物之中的人，丧失意志和力量的人，至少还会把一种意义放置进去，亦即会置入一种信仰：相信已经有一种意志在那里，这种意志意愿、或者应当意愿进入事物之中。

这就是意志力的尺度：人们能在多大程度上缺少事物的意义，人们能在多大程度上坚持生活于一个无意义世界中：因为人们自身组织了这个世界的一小部分。

因此，哲学的客观眼光就可能成为意志贫乏和力量匮乏的标志。因为力把比较切近和最切近之物组织起来；那些只愿意确定

---

① 尼采此处用词极为严格：前句指向"如其所是地存在的"本质世界，故用了动词"存在"（sein），后句指向"如其应当是地存在的"理想世界（道德世界、神性世界），故用了动词"实存"（existiren）。可见尼采的虚无主义直指形而上学的本质－实存、存在学－神学双重结构。——译注

什么存在的"认识者",乃是一些不能如其应当存在的那样来确定什么的人们。

艺术家是一个中间种类:他们至少能确定应当存在之物的一个譬喻——他们是创造性的,因为他们其实是在改变和改造;他们不像认识者,后者听任万物如其所是地保持原样。

哲学家与悲观主义宗教的联系:这同一种人(——他们赋予受最高评价的事物以最高级的实在性。

哲学家与道德家及其价值标准的联系。(道德的世界解释作为意义:在宗教意义没落之后——

对哲学家的克服,通过对存在者世界的毁灭:虚无主义的中间阶段:在那种颠覆价值、把生成之物这个虚假世界当作唯一之物来神化和赞成的力量出现之前。

B.作为正常现象的虚无主义,可能是不断增长的强壮或者不断增长的虚弱的征兆

- 一方面,创造、意愿的力量增长到了如此地步,以至于它不再需要这样一种总体阐明和意义设置("进一步的任务"、国家等等)
- 另一方面,甚至创造出意义的创造性力量也减退了,而且〈成为〉对支配性状态的失望。无能于信仰某种"意义","无信仰"

着眼于这两种可能性,科学意味着什么呢?

1) 作为强壮和自我控制的标志,作为疗救性的、带来慰藉的幻想世界的可能缺失

2)作为销蚀性的、折磨性的、失望的、削弱性的

C.对真理的信仰,得到某个被信以为真的东西的支持的需要:撇开以往一切价值感的心理学上的还原。畏惧、懒惰

——无信仰亦然:还原。要是根本就没有一个真实的世界,无信仰何以获得一种更新的价值呢(由此,以往被浪费在存在世界上的价值感又会释放出来)

9[61]

伟大的方法论家:亚里士多德、培根、笛卡尔、A.孔德。

9[62]

〈(47)〉

各个认识论基本立场(唯物主义、感觉主义、唯心主义)何以是估价的结果:最高快感("价值感")的源泉对于实在性问题也是决定性的。

——实证知识的尺度是完全无关紧要的,或者是次要的:人们不妨看看印度的发展史。

佛教对一般实在性的否定(虚假性＝苦难)乃是一个完满的结果:不可证明、无法达到、缺乏范畴,不光对于一个"自在世界"来说是这样,而不如说是对人们赖以获得这整个概念的错误程序的认识。"绝对实在性"、"自在存在"(Sein an sich)是一个矛盾。在一个生成着的世界里,"实在性"始终只不过是一种以实践为目的的

简化，或者是一种基于粗糙器官的欺骗，或者是一种生成速度上的差异性。

逻辑上的世界否定和虚无化起于以下情形：我们必须把存在与非存在对立起来，而且要否定"生成"概念（"某物生成"），如果存在———

9[63]

存在与生成

"理性"在感觉主义基础上展开，在感觉之偏见基础上展开，亦即是在对感觉判断之真理的信仰基础上展开的。

"存在"是"生命"概念的普遍化，而"生命"（呼吸）即"富有生机"、"意愿、作用"、"生成"

与之对立的是："了无生机"、"不生成"；"不意愿"。也就是说：与存在者对立的并不是非存在者，并不是虚假之物，也不是死亡之物（因为唯有某种能够生的东西才能死）

"灵魂"、"自我"被设定为原事实（Urthatsache）；凡有生成处，都被置入了"灵魂"。

9[64]

(48)

散布谣言的哲学家，他们不是从自己的生活出发，而是根据关于某些论题的证据的收集来构造一种哲学

决不想为了观看而观看！作为心理学家，人们必须生活和期待——直到自身中大量体验经过筛选的结果已经结束了。人们决

不能知道自己是从何而来知道某物的

否则就会有一种恶劣的表面和做作。

——对个案的无意遗忘是哲学的,不是愿意遗忘,蓄意的抽离:后者毋宁说标志着那种非-哲学的本性。

9[65]

瓦〈格纳〉身上我〈曾经赏识〉的东西,乃是他以自己的艺术和风格所支持的反基督的美好部分(多么聪明啊!——

我是全体瓦格纳信徒当中最失望者;因为在前所未有地适合于成为异教徒的时候,他却成了基督徒……假如我们德意志人在严肃的事情上向来是严肃认真的,那我们其实统统是德国的无神论者和嘲讽者:瓦〈格纳〉亦然。

9[66]

(49)

价值重估——这是什么意思呢?必须是那些自发的运动全都在场,新的未来的、更强大的运动:只不过它们还带着错误的名称,受到错误的估价,而且还没有意识到自身

一种对已经达到的东西的勇敢意识和肯定

一种对陈旧估价的老套惯例的摆脱,这些陈旧估价在我们已经达到的最美好和最强大的东西中使我们蒙受耻辱。

9[67]

(50)

拉罗斯福哥的不情愿的幼稚性,他满以为自己说出了某种凶恶的、精细的和悖谬的东西——当时,心理事物当中的"真理"曾是某种令人惊讶的东西——例如:"伟大的灵魂,并不比寻常的灵魂更少激情更多德性,而只是一些有着更多伟大计划的灵魂"。① 可是,约翰·斯图亚特·穆勒②(他把尚福特③称为十八世纪更高贵和更哲学的拉罗斯福哥——)在拉罗斯福哥身上只看到了一个最敏锐的观察者,即人类心情中起源于"习惯性的自私自利"的一切东西的观察家。他还补充道:"一个高贵的精神将不会下决心去把一种对卑鄙和低级之物的持久考察的必然性加给自己。这或许是为了表明,性格的高尚和高贵能够战胜哪些腐败有害的影响。"

9[68]

亨利四世的复杂性格:帝王般威严而肃然,又带有一个丑角的无常脾气,忘恩负义又忠诚可靠,慷慨大度又狡猾奸诈,充满才智、

---

① 原文为法文。——译注
② 约翰·斯图亚特·穆勒(J. Stuart Mill,1806－1873):英国哲学家、经济学家、逻辑学家。哲学上持功利主义观点。著有《逻辑体系》、《论自由》、《功利主义》等。——译注
③ 尚福特(Chamfort,1741－1794):原名尼古拉·塞巴斯蒂安·罗克,法国作家、社会评论家和法国大革命的先驱者。——译注

英雄气概和荒唐之举。

"在弗里德里希大帝①的著作中,人们看到从马可·奥勒留那里传下来的啤酒和香烟污渍"

海军将军科利尼②和大康迪③,是由于他们的母亲而成为蒙莫朗西④人的。男性的蒙莫朗西人乃是优异而刚毅的战士,但不是天才。

同样地,元帅拿骚的莫里茨⑤和拿骚的海因里希⑥又在蒂雷纳⑦身上复活了,他们的外甥,他们的姐姐伊丽莎白的儿子

大康迪的母亲,夏洛特·德·蒙莫朗西,全身心地爱上了亨利四世。亨利四世说她〈是〉一个独一无二的女人,不光是在美貌方面,而且也在胆略上。

当老侯爵米拉波⑧看到他的儿子如何倾向于"走向好耍笔杆

---

① 弗里德里希大帝(Friedrich des Grossen,1712—1786):即弗里德里希二世,又译腓特烈大帝(腓特烈二世),普鲁士国王(1740-1786)。——译注

② 科利尼(Garpard de Châtillon de Coligny,1519—1572):法国海军上将。曾支持新教改革,为胡格诺派。——译注

③ 大康迪(Le Grand Condé,1621—1686):原名为路易二世·波旁·康迪(Louis II de Bourbon Condé),法国亲王和将军。三十年战争后期任法军统帅。——译注

④ 蒙莫朗西(Montmorency):法国最有名的豪门望族之一。——译注

⑤ 拿骚的莫里茨:应指尼德兰元帅和军事家莫里茨亲王(Johann Moritz,von Nassau,1604-1679),一译摩利士,是蒂雷纳元帅的舅舅。——译注

⑥ 拿骚的海因里希(Heinrich von Nassau,1611-1652):莫里茨亲王的弟弟。——译注

⑦ 蒂雷纳(Henri de Turenne,1611-1675):一译"杜伦尼",法国名将,路易十四时期元帅。——译注

⑧ 米拉波(Honoré Gabriel Riqueti de Mirabeau,1749—1791):18世纪法国资产阶级革命时期立宪派领袖之一。著有《论专制》。——译注

子又粗制滥造的流氓"①时,他发出了哀叹

"一个自负、多产的天才"②——米拉波说他的家族。

拿破仑:"我有着强健执拗的神经;要是我的心脏不以一种持续的慢速跳动,我简直就会发疯"。③

笛卡尔把一个学者的发现与人们对自然的战役的后果相提并论。

伏尔泰讲,他在八天时间里完全做好了《喀提林》,④"这一壮举让我吃惊,还让我恐惧"。⑤

9[69]

布丰有言:"天才无非是长久的忍耐"。⑥ 这话多半是对的,如果人们想到天才的前史,想到家族借以积聚力量资本的忍耐力——

9[70]

贝多芬在行走中作曲。所有天才的瞬间都伴随着一种肌肉力量的过剩

这在任何意义上都意味着服从理性。如果每一种天才的兴奋

---

① 原文为法文。——译注
② 原文为法文。——译注
③ 原文为法文。——译注
④ 喀提林(Lucius Sergius Catilina,前108－前62):古罗马"喀提林事件"的首领。伏尔泰著有戏剧《喀提林》。——译注
⑤ 原文为法文。——译注
⑥ 原文为法文。——译注

首先都要〈求〉大量肌肉能量,——它普遍提高了力量感。反过来,一种强大的行进增强了精神能量,直至陶醉

9[71]

(51)

  请注意:什么叫"功利的",这完完全全取决于意图、目的;而意图又完完全全取决于权力的等级:因此,功利主义不可能〈是〉一个基础,而只可能〈是〉一种后果学说,〈是〉不能绝对地造成一种对于所有人的约束性的。

9[72]

(52)

  知识之为达到权力的手段、达到"似神性"(Gottgleichheit)的手段

  古圣经的传说相信,人拥有知识;人之所以被逐出天堂,只是因为上帝现在害怕人,把他从有生命树、不朽树的地方赶了出去;倘若人现在也吃生命树上的果子,那么,上帝的权力就要完了:除此之外,整个文化都是人类不断增长的恐惧,以巴别塔为象征,带着"不着边际的"目的。上帝把人类分隔开来,使人类四分五裂;语言多样性是上帝的一个应急措施,他将更好地对付个别的民族,因为他们现在忙着相互残杀。

  在《旧约全书》的开头,有一个著名的关于上帝之畏惧的故事。人被说成是上帝的一个失策,动物亦然;人被认作上帝的对手,上帝的最高危险;劳作、困厄、死亡,乃是上帝为了遏

制对手的紧急自卫手段;

对上帝的畏惧:人是上帝的一个失策;

  动物亦然

 道德:

  上帝之所以要禁止知识,是因为知识要达到权力,达到似神性。假如人永远保持极其愚蠢的样子,上帝本来是乐于看到人获得不朽性的

  上帝为人创造了动物,然后又创造了女人,以便人有伴侣,——以使人有消遣娱乐(以便人不至于生出坏念头,不去思考,不去探讨知识

  然而,魔鬼(蛇)却向人透露了知识是什么意思。

  上帝的危险是巨大的:现在他必须把人从生命树那里赶出去,并且通过困厄、死亡和劳作来遏制人。真正的生命被说成是上帝的一种紧急防卫,一种非自然的状态……尽管如此,文化,也即知识功业,却追求神似性:它高高地堆积起来,直冲云霄。现在,战争被认为是必需的(语言乃是"民族"的起因),人们应当自相残杀。最后注定要没落。——

  人们信仰的是这样一个上帝啊!……

9[73]

(53) 对一个形而上学世界的需要乃是由于,人们知道从现成的世界里得不到任何意义、任何目标。"因此,人们推断说,这

个世界只可能是虚假的。"

"虚假性"与"无意义状态"、"无目的状态"的关系:从心理学上来解释,这意味着什么呢?

非现实性、梦幻等等。

(现实与梦幻通过什么区分开来呢?通过意义联系,通过非偶然之物、非任意之物、原因。可是,笼统地看一看此在整体,都会让人觉得是无意义的、任意的、无目的的,现成的目的只不过是欺诈,等等)。

机械论的因果性本身或许尚能胜任一种朝向虚假性的完全解释:确实,它挑起这种虚假性。

9[74]

启蒙运动时期

接着是感伤主义时期

在何种意义上叔本华属于"感伤主义"

(黑格尔属于精神性)

9[75]

(54)

有这样一个时期,当时,陈旧的假面和对情绪的道德装饰引起了反感:赤裸裸的本性,在那里,权力的量被直接理解为决定性的(决定等级的),在那里,伟大的风格重又出现,表现为伟大的激情的结果。

9[76]

(55)

遗腹子(——对他们的理解的困难;在某种意义上从来没有被理解过)

伊壁鸠鲁?

叔本华

司汤达

拿破仑

歌德?

莎士比亚?

贝多芬?

马基雅弗里:

这些遗腹子们将更糟糕地被误解,但更好地被了解为趋时之人。或者,更严格地说:他们决不会被理解:而且〈因而〉就有了他们的权威。(理解即是敉平)①

9[77]

(56)

所有学说都是多余的,对它们来说,并非一切都已然取决于积蓄起来的力量和爆炸材料。唯当那些为旧价值所折磨而又没有意识到的新需要、新需求的张力已经出现时,才能达到

---

① 括号中原文为法文。参看1[182]。——译注

一种对价值的重估，———

9[78]

(57)

谁若知道一切荣耀是如何产生的，也就会对德性所享有的荣耀产生怀疑。

9[79]

(58)

　　　　什么是赞扬？——

在五谷丰登、风调雨顺、胜利、婚礼、和平时的赞扬和感谢——凡节日都需要一个作为情感发泄对象的主体。人们意愿把一切好事都归于某人，人们意愿行为者。在一件艺术作品面前的情形亦然：人们并不满足于艺术作品；人们赞扬创作者。——那么，什么是赞扬呢？那是一种关于所接受的善行的平衡，一种归还，一种对我们的权力的证明——因为赞扬者作出肯定、判断、估量、校正：他给予自己能够肯定的权利，能够分配荣誉的权利……提高了的幸福和生命感也是一种提高了的权力感：由此出发人们进行赞扬（——人们由此出发去发现和寻求一个行为者，一个"主体"——）

感谢作为善意的报复：平等和骄傲应当同时得到维持的地方，报复得到最佳实施的地方，感激就最严格地得到要求和实施。

9﹝80﹞

"我的恼怒的冬天"。

"这就是最新之人中的一员

他变得无限度地放肆"

"嘲讽与火焰中的醌醌诞生"

9﹝81﹞

柏辽兹的序曲《罗马狂欢》作于 1844 年

（奥芬巴赫）

9﹝82﹞

第二个佛教。

对尘世的文化作了一个了结的虚无主义灾难。

其征兆是：

  同情的剧增

  精神过劳

  把问题还原为快乐与不快的问题

  引发一种反击的战争荣光

  招来一种反运动、引发最衷心的"义气"的国家界限亦然，

  宗教的不可能性，不能用教义和寓言来延续宗教

9﹝83﹞

    论道德的谱系。

第二篇论战文章
弗里德里希·尼采著。

第四篇：道德中的群盲本能。

第五篇：论道德非自然化的历史。

第六篇：在道德家和道德哲学家中间。

后记。一种与道德（作为哲学家们的妖精①）的决裂。迄今为止，道德——我曾经说过这一点——都是哲学家们的妖精。它是悲观主义和虚无主义的原因……

其最高公式的表达。

任务。

进入欧洲悲剧时代

9[84]

(59)

伟大的虚无主义的伪币铸造，通过对道德价值的聪明滥用：

a) 爱之为非人格化；同情亦然。

b) 唯有非人格化了的理智（"哲学家"）才认识真理，"事物的真实存在和本质"

c) 天才、伟人之所以伟大，是因为他们不去寻求自身和自己的事情：人的价值增长与他对自身的否定成正比。叔

---

① 此处"妖精"原文为Circe，又译喀耳刻，为荷马史诗《奥德赛》中的女巫。——译注

本华,第 2 卷 440 ss。

d)艺术乃是"纯粹的、摆脱意志的主体"的功业,对"客观性"的误解。

e)幸福之为生命的目的;德性之为达到目的的手段

叔本华对生命的悲观主义判决,乃是一种道德上的转移,即把群盲标准转移到形而上学中去。

"个体"是无意义的;因此赋予个体一种在"自在"中的起源(而且"个体"此在的意义乃是迷误);双亲只是"偶然原因"而已。

造成的恶果是,科学理解不了个体:这是迄今为止都在一条线上的整个生命,而不是生命的结果。

9[85]

(60)

受到赞扬的状态和欲望:

温和、公道、适度、谦逊、敬畏、体贴、勇敢、贞洁、正派、忠诚、笃信、正直、可信、献身、同情、热心、认真、质朴、和善、公正、慷慨、宽容、顺从、无私、无妒忌心、善良、勤劳

请注意!要区别:上述品质何以被限定为达到某个特定意志和目的(往往是一个"恶的"目的)的手段

——要么作为一种占统治地位的情绪(例如:精神性)的自然后果

——要么是一种困境的表达,可以说,作为生存条件(例如:市

民、奴隶、女人，等等）

总之：上述品质一概不是因为它们自身的缘故而被认为善的，都不是自在自为地"善的"，相反，它们已经服从"团体"、"群盲"的标准，被认为是达到"团体"、"群盲"之目的的手段，对维护和促进来说是必需的，具体说来也是一种真正的群盲本能的结果，因而是效力于一种与上述德性状态根本不同的本能的：因为群盲对外是有敌意的、自私自利的、无情的、充满着统治欲、怀疑等等。

在"牧人"身上出现了一种对抗：他必须具有与群盲相反的品质群盲与等级制不共戴天：群盲的本能有利于平均主义者（基督）；对于强大的个人（统治者们（les souverains）），群盲是有敌意的、不公的、过分的、苛求的、放肆的、冷酷的、怯懦的、欺骗的、虚假的、无情的、阴险的、妒忌的、报复的。

9[86]

(61)

道德主义的自然论：把表面上不受束缚的、超自然的道德价值归结为它的"自然"：也即归结为自然的非道德性，归结为自然的"功利性"等等。

我可以把此类考察的倾向称为道德〈主义的〉自〈然论〉：我的任务在于，把表面上不受束缚的和变得非自然的道德价值置回到它们的"自然"之中——亦即置回到它们的自然的"非道德性"之中。

请注意！与犹太教的"神圣性"及其自然基础的比较：与

专制地被制定出来的道德法则一样,脱离了自己的自然(——直至与自然的对立——)。

"道德的非自然化过程"(所谓"理想化")的步骤

  作为通向个体幸福的道路

  作为认识的后果,

  作为绝〈对〉命令,摆脱了———

  作为通向神圣化的道路

  作为对生命意志的否定

道德对生命的逐步敌视。

9[87]

(62)

  在道德中受压制和受排斥的**异端邪说**

  概念:异教的

   :主人道德

   :德性(virtù)

9[88]

(63)

  从《新约全书》中,特别是在新约福音书中,我完全没有听出什么"神性"来:而毋宁说,我听到了极度的诽谤癖和毁灭癖的一种间接形式——最不诚实的仇恨形式中的一种:

  ——缺乏对一个更高种类的全部认识

  ——对各种市侩气的大胆滥用;整部箴言宝典被充分利

用、被张扬了；上帝的到来是为了对那些罗马税吏说话，这有必要吗？如此等等。

没有比这样一种反对法利赛人①的斗争更寻常的了，他们凭借的是一种荒谬而不切实际的道德虚假性——这个民族总是对这样一种力气活儿②持有乐趣。

对"伪善"的谴责！出于这样一张嘴！

没有比这种对敌人的处理办法更寻常的了——高贵的最棘手种类的一个 indicium[标志、证明]，或者并不是……

倘若有人仅仅说出第一百个部分，那么，〈他〉作为无政府主义者就活该没落了。

彼拉多③，唯一的正派人物，他对于这种犹太人的"真理"废话的蔑视(dédain)，仿佛这样一个民族在事关真理时是可以发表意见的；他 α γεγραφα[所写的]，他的善意努力，意在摆脱这个荒唐的谋杀犯。在这种努力中，他除了一个傻瓜，几乎看不到其他什么东西了……

对于那句从未得到充分责难的话"我就是真理"，他感到恶心。

---

① 法利赛人(Pharisäer)：古犹太教一个派别的成员，该派标榜恪守教规，基督教圣经中称他们是言行不一的伪善者。——译注

② 此处"力气活儿"原文为法文：tour de force，或引申为"了不起的成功、功力之作、壮举"。——译注

③ 彼拉多(Pontius Pilatus，? －约36)：全名本丢·彼拉多。罗马帝国驻犹太、萨玛利亚、以土米亚总督(26－36年在任)，任内镇压犹太人反抗运动。《新约全书》称耶稣是由他判决钉死于十字架的。——译注

9[89]

(64)

为了能思考和推理,对存在者的假设是必要的:逻辑学只运用表示始终不变之物的公式

因此,这种假设或许尚不具有对实在性的证明力量:所谓"存在者"归属于我们的透镜系统。

"自我"之为存在者(——不受生成和发展的影响)

由主体、实体、"理性"等等之类组成的虚构世界是必需的——:在我们身上有一种规整、简化、伪造、人为分割的权力。"真理"——主宰感觉多样性的意志。

——根据确定的范畴把现象排列起来

——在此我们是从对事物的"自在"的信仰出发的(我们把现象视为现实的)

生成世界的特征是不可表述的、"虚假的"、"自相矛盾的"

认识与生成是相互排斥的。

因此,"认识"必定是别的某种东西:必须先有一种力求认识的意志,一种生成本身必须创造出存在者的幻觉。

9[90]

在这些论战著作中,我继续进行我的战役,反对非哲学的、同样后果严重的对道德的总体高估———

9[91]

(65)

克服决定论。

某物有规则地出现并且可预见地出现,由此并不能得出结论:它必然地出现。一定量的力在任何确定情形中都以一种唯一的方式确定和表现出来,这并没有使它成为"不自由的意志"。"机械论的必然性"并不是事实情况:是我们穿凿附会的阐释才把它置入事件之中的。我们把事件的可表述性解释为一种支配事件的必然性的后果。然而,根据我做某件确定之事,决不能得出结论:我不得不做此事。这种强制性在事物当中是根本不可证明的:这个规则仅仅证明,这同一事件并不是另一个事件。只是因为我们主体的解释把"行为者"置入事物之中,才出现了一个假象,仿佛一切事件都是一种施加给主体的强制性的结果——由谁来施加呢?又是一个"行为者"。原因与结果——这是一对危险的概念,只要人们想的是某个起引发作用的东西和某个受作用的东西。

A) 必然性不是一个事实情况,而是一种阐释。

B) 如果人们认识到"主体"不是什么起作用的东西,而只是一种虚构,那就会得出各种各样的后果。

我们只是根据主体的模式把物性构想出来,并且在阐释中把它置入感觉的杂乱无章之中。如果我们不再相信起作用的主体,那么,对起作用的事物的信仰,对那些现象(我们称之为事物)之间的相互作用、因果关系的信仰,就作废了。

这样,**起作用的原子**的世界当然也就作废了。作出关于这个世界的假设始终是有前提的,那就是:人们需要主体。

最后,"**自在之物**"也就作废了:因为这根本上乃是一个关于"自在主体"的设想。但我们明白了,主体是虚构出来的。"自在之物"与"现象"的对立是站不住脚的;而这样一来,"现象"概念也就失效了。

C) 如果我们放弃了起作用的**主体**,也就放弃了受作用的**客体**。持续性、自身相同性、存在,既不寓于被称为主体的东西之中,也不寓于被称为客体的东西之中:它们是一些事件复合体,从其他复合体来看,它们表面上是持续存在的——举例说来,通过事件速度上的差异性,(静止与运动、坚实与松弛:所有这些对立本身并不实存,它们事实上仅仅表达了程度差异,后者对某种透镜尺度来说显出对立的样子。

其实并没有对立:只是从逻辑学的对立而来,我们才有了对立概念——而且是从逻辑学的对立出发错误地转嫁到事物中的。

D) 如果我们放弃了"**主体**"和"**客体**"概念,也就放弃了"**实体**"(Substanz)概念——因而也就放弃了"实体"概念的各种变式,譬如"物质"、"精神"以及其他假定性的本质,"质料的永恒性和不变性",诸如此类。我们摆脱了质料性。

从道德上讲来:世界是虚假的。但只要道德本身是这个世界的一部分,那么,道德也是虚假的

求真理的意志乃是一种使……固定,一种使……真实而持续,是对那个虚假特性的消除,通过重新解释把这个虚假特性置入存在者之中。

385　因此,真理并不是某个或许在此存在、可以找到和发现的东西,——而是某个必须创造出来的东西,是为一个过程,尤其是为一个本身没有尽头的征服意志给出名称的东西:把真理放进去,这是一个 processus in infinitum〔通向无限的过程〕,一种积极的规定,而不是一种对某个或许"自在地"固定的和确定的东西的意识。这是一个表示"权力意志"的词语

生命是建立在一种对持续地和规则地轮回之物的信仰的基础上的;生命越是强大,这个可推测的、仿佛已经变成存在的世界必定越广大。逻辑化、理性化、系统化乃是生命的辅助手段。

人把他追求真理的欲望、他在某种意义上外在的"目标"投射为存在的世界、形而上学的世界、"自在之物"、已经现成的世界。

人作为创造者的需要已然臆造了他所加工的世界,对它作了预言:这种预言(对真理的"这样一种信仰")乃是人的依靠所在。

一切事件、一切运动、一切生成,都是一种对强度和力量关系的确定,都是一种斗争……

"个体幸福"与"种类幸福"同样都是虚构的:前者不能为后者而牺牲,远远地看,种类恰如个体一样,也是某种流动的东西。"种类的保存"只不过是种类增长的结果,也即借助于一个更强大的品种对种类的克服的结果

一旦我们设想有某个人，他对我们这样那样的存在等等负责（上帝、自然），也就是说，一旦我们把自己的实存、幸福和贫苦作为意图加给他，我们也就败坏了自己的生成之清白无辜。于是我们就有了某个人，他意愿通过我们并且与我们一道达到某种东西。

表面的"合目的性"（"无比优越于所有人类艺术的合目的性"）仅仅是那种在一切事件中运作的权力意志的结果

变得更强大的生成过程带来与一个合目的性方案相类似的秩序

表面的目的并不是蓄意的，可是，一旦达到了对一种微弱权力的优势，而且这种微弱权力作为较大权力的功能、一种等级秩序而运作，则这种组织一定给人有一种手段与目的的秩序的假象。

反对表面的"必然性"

——它只是一种表达，表示一种力量并非也是某种不同的东西。

反对表面的"合目的性"

——它只是一个表达，表示权力领域及其相互作用的秩序。

逻辑的确定性、透彻性乃是真理的标准（"omne illud verum est, quod clare et distincte percipitur"["凡是我十分清楚、极其分明地理解的，都是真实的"]①，笛卡尔语）：于是，机械的世界假

---

① 原文为拉丁文。参看笛卡尔：《谈谈方法》，中译本，王太庆译，北京，商务印书馆，2001年，第28页。——译注

设就是合乎期望的和可信的了。

然而，这是一种粗糙的混淆：如同 simplex sigillum veri[简单性乃真理之标志]①。人们从何处得知事物的真实性质就在于这样一种与我们理智的关系中呢？——难道不会是别种情形吗？难道不会是那种最多地赋予理智以权力感和可靠感的假设最多地受到理智的偏爱、重视，而且因此被标识为真实吗？——理智把自己最自由和最强大的能力设定为最有价值的，因而是真实的东西的标准……

> "真实的"：从情感方面来看——：就是最强烈地激发情感的东西（"自我"）
>
> 从思维方面来看——：就是赋予思维以最大力量感的东西
>
> 从触觉、视觉、听觉方面来看——：就是在此引起最强烈抵抗的东西

所以，对于客体来说，成效方面的最高程度唤起那种对客体之"真理"，即现实性的信仰。力量感、斗争感、抵抗感劝说我们：有某种在此受到抵抗的东西。

9[92]

李普〈曼〉，第 11 页。

动力，"实在的活动趋势"，还受到阻碍，它试图实现自己
——"权力意志"   "张力"

---

① 叔本华的警句，可参看上文 2[77]。——译注

"贮存和积聚起来的运动趋势"

9[93]

(66)

我也想把禁欲主义重新自然化；用强化之意图来取代否定之意图；一种意志体操；各色匮乏和附加的斋期，甚至在最有才智的人身上（马尼饭店的晚餐：①纯粹精神性的美食者带着吃坏了的胃）；与我们凭自己的力量获得的意见相关的一种行为病案；一种带有冒险和随意性危险的尝试。——人们或许也应当虚构出检验方法，来检查守信能力的强度。

9[94]

恐怖也属于伟大：人们不能受骗上当。

9[95]

论著。

迄今为止人们是从哪里把"真实的世界"制作出来的？
道德的非自然化也是良知的非自然化（包括禁欲主义）（包括理性、
　　烦琐哲学、国家
合目的性。
必然性。

---

① 马尼饭店的晚餐（Dîners chez Magny）；原文为法文。——译注

道德中的群盲本能。

哲学家的妖精。

未来的强者。

悲剧时代:永恒轮回学说。

心理学的伪币铸造。

价值判断支配下的逻辑。

美。作为艺术的虚无主义。

有一种形而上学吗?……

9[96]

三种虚假性:

　　因果性

　　合目的性

　　必然性

价值的非自然化

各种对立代替等级秩序

被摈弃的世界

9[97]

(67)

　　我们不能同时肯定和否定同一件事情:这是一个主观的经验定理,这里面没有表达出什么"必然性",而只表达出一种无能。

　　如果照亚里士多德看来,矛盾律是一切基本定律中最确定的,如果它就是最后的、最基本的定律,构成一切证明的基础,如果其他所有公理的原则都包含在这个定律中,那么,人们就应该更为严格地考量一下,它根本上已经预先假定了何种断言。要么,它是对现实之物、对存在者作了某种断言,好像人们早就已经从别的什么地方知道了这种东西,好像相反的谓词是不能够被加在这种东西上的。要么,这个定律想要说的是:相反的谓词不应当被加在这种东西上。这样的话,逻辑学或许就成了一种命令,不是为了认识真实之物,而是为了设定和设想一个对我们来说应当称之为真实的世界。

简言之,悬而未决的问题是:逻辑学的公理适合现实吗?或者,它们是为了首先给我们创造现实、'现实性'这个概念而使用的标准和手段吗?⋯⋯不过,为了能够肯定前一个问题,如前所述,人们或许一定已经认识了存在者;而实际情况根本不是这样。因此,这个定律并不包含真理的标准,而是包含着对于应当被视为真实的东西的一个命令。

假如根本就没有这样一种自身同一的A,就像所有逻辑学(也是数〈学〉)的定律以这个A为前提一样,而这个A或许已经是一种虚假性,那么,逻辑学就不会以一个纯粹虚假的世界为前提了。实际上,我们相信这个定律,是受那种似乎使它不断得到证实的无限经验认识之印象的影响。"物"——这是A的真正基础:我们对物的信仰是对逻辑的信仰的前提。逻辑学的A如同原子一样,是对"物"的一种重构⋯⋯由于我们并没有理解这一点,而且我们从逻辑学中取得了真实存在的标准,我们就已经上了路,要把所有那些本质、实体、谓词、客体、主体、行动等等,都设定为实在性:也就是构想出一个形而上学的世界，亦即"真实的世界"（——但这个"真实的世界"再度成为虚假的世界……）

最本源的思维行为，即肯定和否定，持以为真和不持以为真，由于它们不仅以一种习惯，而且也以一种正当性（Recht）为前提，所以，它们从根本上必须被持以为真或者不真。它们已然受制于一种信仰，即相信我们是有知识的，相信判断**能够**真正切中真理：——质言之，逻辑并不怀疑自己能够对自在的真实有所陈述（也就是说，相反的谓词不可能与这种真实相适合）

这里起支配作用的是一种感觉主义的粗糙偏见：感觉会教给我们关于事物的真理，——我不可能在同一时间言说同一个事物，说它是硬的又是软的（"我不可能同时拥有两种对立的感觉"，这个本能的证据——十分粗糙而错误）。抽象的不矛盾律起于下述信仰：我们能够构成概念，一个概念不仅标示某个事物的真实，而且把捉住了这种真实……事实上，逻辑（如同几何和算术）只适合于**我们已经创造出来的**虚构的真理。逻辑乃是一种尝试，它企图按照一个由我们所设定的存在模式去把握现实世界，更正确地讲，企图使现实世界能为我们所表述、计算……

9[98]

(68)

我们的理性信仰的心理起源。

"实在性"、"存在"之类的概念来自我们的"主体"情感。

"主体"：是从我们出发得到阐释的，以至于自我被视为主体，被视为一切行为的原因，被视为行为者。

逻辑－形而上学的假设，对实体、偶性、属性等等的信仰，其说服力在于那种习惯：我们习惯于把我们的所有行为都视为我们的意志的结果，以至于作为实体的自我没有进入变化的多样性之中。——然而，并没有什么意志。——

我们根本就没有什么范畴，可以用来把一个"自在世界"与一个"现象世界"区分开来。我们所有的理性范畴都具有感觉主义的起源，都是从经验世界中解读出来的。"心灵"、"自我"——这个概念的历史表明：甚至在这里也有最古老的区分（"气息"、"生命"）———

如果并没有什么物质，也就没有什么非物质性。这个概念再也没有什么内涵……

没有什么主体"原子"。一个主体的范围总是在不断增大或者不断缩减——系统的中心不断地推移——；假如系统不能把合适的团体组织起来，它就会一分为二。另一方面，对于较软弱的主体，系统也不至于消灭它，而是可能把它变成自己的活动机能，直至在某种程度上与之一道构成一个新的单元。没有什么"实体"，而毋宁说有某个本身追求强化的东西；而且它只是间接地"保存"自己（它欲赶超自身——）

9[99]

请注意！不要做聪明人，作为心理学家；我们甚至不可以聪明一时……谁若想从自己的知识、自己的识人本事中谋取蝇头小利

(——或者是大利益,犹如政治家那样——),他就要从普遍性回到最个别的情况;不过,这种透镜与那种不同的、只有我们才可能需要的透镜是对立的:我们是从最个别性的东西向外观看的——

9[100]

〈〈69〉〉

"种类"——

向更高权力发展:种类只不过是速度的相对降低,标志着达到快速强化的先决条件的可能性开始缺失(种类并不是目标:对于"自然"来说至关重要的最终目标,或许是种类之保存!!)

9[101]

请注意!这个人使人们相互结识,——他就想如此这般通过他们谋取蝇头小利(或者是大利益,犹如政治家那样)。那个人使人们相互结识,——他意求一种更大的利益,感到自己比他们优越,他要求蔑视。

9[102]

(70)

美学。

我们把一种美化和充盈投置入事物之中,并且在事物身上进行虚构,直到它们反映出我们自身的充盈和人生乐趣——这样的状态有：

性欲

陶醉

膳食

春天

战胜敌人、嘲讽

精彩表演；残暴；宗教情感的狂喜。

尤其是其中三个要素：

性欲、陶醉、残暴：所有这些都是人类最古老的节庆快乐，所有这些同样在原初的"艺术家"身上占上风。

相反地：如果我们遇到显示出上述美化和充盈的事物，那么，兽性此在(das animalische Dasein)就会以一种对那些领域(上述所有快乐状态都在其中各得其所)的激发来作出应答：——兽性快感和欲望的这些非常细腻的差别的一种混合，就是审美状态。只有在那些根本上能够胜任肉体 vigor[生命力、精力]的有所给〈出〉和溢流的充盈性的人物身上，才会出现这样一种审美状态；在 vigor[生命力、精力]中始终包含着 primum mobile[第一推动力]。清醒者、疲乏者、衰竭者、形容枯槁者(例如一位学者)，是绝对不可能对艺术有什么感受的，因为他不具有艺术家的原始力量，对丰富性的迫切要求：不能予者，也不能受。

"完满性"——上述状态(特别是性爱等情形)质朴地表明：最深的本能究竟把什么认作更高级的、更值得想望的、更有价值的，那就是其类型的上升运动；同时，本能真正追求的是何种状态。完满性：这是它自己的权力感的极大扩展，是丰富性，是超越所有边缘的必然溢出……

艺术令我们回忆兽性 vigor[生命力、精力]的状态；一方面，艺术是旺盛的肉身性向形象和愿望世界的溢出和涌流；另一方面，艺术也通过提高了的生命的形象和愿望激发了兽性功能；——一种生命感的提升，一种生命感的兴奋剂。

丑陋之物何以也能具有这样一种力量呢？只要丑陋之物还对艺术家的获胜能量有所传达，艺术家就主宰了这个丑陋和可怕之物；或者说，只要丑陋之物稍稍激发了我们身上的残暴欲（也许是使我们痛苦的欲望，是自虐：而且由此就有了对于我们自身的权力感。）

9[103]

请注意！人如果病了，就该躲起来，躲到某个"洞"里去：越是有独立理性，就越是只具有兽性。

9[104]

"我要某个东西"；"我想某个东西或许是这样的"；"我知道某个东西是这样的"。——力度：意志之人、渴求之人、信仰之人

9[105]

(71)

关于计划。

请注意！1) 关于所有重要的时代、民族、人类和问题，一句话。

2) 无数美好的轶事，可能是历史学上的。

3) 好斗的、冒险的、棘手的——

4) 充满抑郁的喜悦的若干个地方——

5) 被低估和被诽谤者的代言人（——声名狼藉者的代言人……）

6) 迟缓的、迷惑性的、紊乱

7) 米诺陶洛斯①，灾难（人们必须用人祭来供奉这个想法——多多益善！）

9[106]

(71)

我们的心理学观点取决于以下想法

1) 传达是必要的，而且为了传达，必须有某个东西是确定的、被简化了的、可准确表达的（首先在同一情形中……）。但为了使某个东西能够成为可传达的，它必须让人感到是安排好了的，是"可以重新认识的"。感官材料是由理智安排的，被

---

① 米诺陶洛斯(Minotauros)：希腊神话中半神半牛的怪物，食人肉，饲养于克里特岛的迷宫中。——译注

还原为大致的主线条,被弄成类似的,被归并成同类。也就是说:感觉印象的模糊性和混沌性可以说被逻辑化了。

2)"现象"世界是被安排好的世界,被我们感觉为实在的。"实在性"就在于相同的、熟知的、相近的事物的不断重复出现,在于这些事物的被逻辑化的特征,在于相信我们在此是能够计算、预计的。

3)这个现象世界的对立面并非"真实的世界",而是无形式的、不可表述的感觉混沌之世界,——也就是现象世界的另一个种类,一个对我们来说"不可知的"世界。

4)如果完全撇开我们的感官的感受性和知性的主动性来追问"自在之物"可能是怎样的,那么,人们就不得不用一个问题来加以拒绝:我们何以知道有事物呢?"物性"只是我们创造出来的。问题在于,是不是还可能有许多种创造这样一个虚假世界的方式——还有,是否这种创造、逻辑化、安排、伪造就是得到最佳保证的实在性:质言之,是不是只有"设定事物"者才是实在的;还有,是否"外部世界对我们的影响"也只不过是这样一个意愿主体的结果……

"原因与结果",对一种战争和一种相对胜利的错误解释

其他的"生物"是根据我们来行动的;我们的安排好的虚假世界(Scheinwelt),乃是对它们的行动的安排和征服;一种防御措施。

唯有主体是可证明的:只有主体,这是一个假设——"客体"只不过是主体对主体的一种作用……一种主体模式

9〔107〕

(72)
悲观主义向虚无主义的发展。

价值的非自然化。价值的经院哲学。价值,孤立地、理想主义地,没有去控制和引导行为,而是谴责和反对行为。

设置各种对立,以取代自然的强度和等级。对等级制的仇视。各种对立是合乎一个卑俗时代的,因为它们更容易理解

这个堕落的世界,鉴于一个人工建成的、"真实的、有价值的世界"

最后:人们发现人们是用什么材料把"真实世界"建造起来的:而现在,人们只剩下了那个堕落的世界,并且把那种最高的失望一道算入它的卑鄙无耻的账户里

于是,虚无主义出现了:人们只保留了指向性的价值——而且此外无它!

在此形成了强者和弱者的问题:
1)弱者粉碎于此
2)较强者摧毁没有粉碎的东西
3)最强者克服指向性价值。
——这些加在一起,构成悲剧时代

关于悲观主义批判。
"痛苦压倒快乐",或者倒过来(快乐主义):这两种学说本身就

是上述第(3)点的路标,虚无主义的……

因为在这里,除了快乐或者痛苦现象,两种情形中都没有设定别的最终意义。

但这种说法出于一种人,这种人再也不敢设定一种意志、一种意图、一种意义:——对任何一种健康人来说,生命的价值绝对不是以此类次要事物为尺度的。而且,一种痛苦的优势或许是可能的,但尽管如此,它却是一种强大的意志,一种对生命的肯定,一种对这种优势的急需

"生命不值得";"听天由命";"为什么流泪呢?……"——这是一种软弱而伤感的思维方式。"一个快乐的怪物也胜于一个令人厌烦的感伤者"。

刚强有力者的悲观主义:在一场可怕的搏斗,甚至战胜之后的"目的"问题。比起我们的感觉是好还是坏的问题来——因而也就是他人的感觉是好还是坏的问题,某个东西要重要百倍,那就是:一切强大天性的基本本能。简言之,我们有一个目标,为此之故我们毫不迟疑,不怕牺牲,不怕危险,不怕担当任何灾难厄运:伟大的激情。

9[108]

"主体"其实只是一种虚构;当人们谴责利己主义时所讲的自我,① 根本上是不存在的。

---

① "利己主义"原文为Egoism,"自我"原文为Ego。——译注

9[109]

(73)

请注意！既然犹太人已经转入新的此在条件中了，就要使他们有勇气获得新的品质；恰如这一点只合乎我的本能，而且以此为途径，我也没有通过一场现在正占据上风的带毒的反运动把自己搞糊涂。

9[110]

(74)

写生、风景画，作为虚无主义的征兆（在艺术和心理学中）决不从事散布谣言的心理学！决不为观察而观察！这将给出一个错误的透镜，一种斜视，某个被强制和被夸张的东西。体验之为体验意愿；如果人们在此向自身眺望，那是不会成功的；天生的心理学家就像天生的画家，谨防为了观看而观看；他决不会"按照自然"工作——他把对体验之物、"案例"、"自然本性"的筛选和表达托付给自己的本能，——他意识到普遍之物本身，而不是对确定案例的任意抽象。谁会有不同做法呢，就像巴黎那些贪得无厌的小说家们（romanciers），他们可以说在暗中伏击现实，天天把一堆稀奇古怪的东西带回家去：最后会有什么结果呢？充其量是一堆马赛克，某种拼凑添加、色彩醒目、骚动不安的东西（就像在龚古尔兄弟那里）。——从艺术家意义上讲，"自然"从来不是"真实的"；它夸张、变形、留下空白。"向自然学习"是屈服、软弱的标志，是一种有失艺术家身份的宿命论。观看存在之物（Sehen, was ist）——这要求一种特别不同的精神类型，要求事实，要求定位者：如果人们把这种意义的全部强度发挥出来，那么，他本身就是反艺术的。

描写性音乐；听任现实发挥作用……

所有这些艺术种类都更轻松、更可摹仿；天赋不足者要的就是这些艺术种类。对本能的呼吁；感应性的艺术。

9[111]

瓦格纳，有生之年就有过一段迷信，此间已经深深卷入难以置信的云雾中了，以至于有关这个人，唯有荒唐悖谬还能得到信任

9[112]

(75)

在那个古典与浪漫的对立背后，是不是隐藏着作用与反作用的对立呢？……

9[113]

请注意！对于有些命运，人们不能审视，而必须强咽下去：就像在喝马黛茶①时一样，这样做会改善它们的味道。

---

① 马黛茶：一种用巴拉圭冬青叶煎制的饮料。——译注

9[114]

请注意!那个利己主义种类,正是它驱使我们为了他人的缘故去做什么和不做什么

9[115]

(76)

要考量一下:

　　　　这本完满的书。——

1)形式、风格

　一种理想的独白。吸取一切学究气的东西,成其深度深度激情、忧烦的全部重点,甚至软弱、缓和、太阳方位的全部重点,——短暂的幸福、高雅的喜悦——对示范的克服;绝对个人的。没有"自我"……

　一种记忆(memoires);最抽象的事物最有血肉、血迹斑斑

　整个历史如同亲身经历和遭受(——唯有这样它才成为真实的)

　仿佛一种精神对话;一个预先要求、挑战、死亡咒语

　尽可能大量的可见之物、确定之物、典范之物,谨防当前之物。

　　一切趋时之物

　避免"高尚"说辞,一般而言,要避免可能包含一种出风头意味的话语。

不是"描写";把所有的问题都转变为情感,直至
热情——

2)收集明确的话语。对话〈语〉的偏爱。
哲学术语的替代词:尽可能用德语,表达为公式。
描述最有才智的人的全部状态;使得整部著作包含了它们
的次序。
(——立法者的状态
诱惑者的状态
被迫牺牲者、动摇者的状态——
伟大责任的状态
患不可知病的状态
患不得不装假病的状态
患不得不伤心病的状态,
有摧毁快感的状态

3)根据一种灾难来构造作品

取得从意志向悲观主义的引子。不是作为受难者、失望者来
讲话。"我们并不相信德性和美好的肿块"。

羊人剧①

---

① 羊人剧(Satyrspiel):希腊戏剧中由森林之神担任合唱的滑稽剧,作为悲剧的
三部曲后的附加剧。——译注

结尾

插话：忒修斯①、狄奥尼索斯与阿里阿涅德之间的短小对话。

——忒修斯变得荒唐可笑了，阿里阿德涅说道，忒修斯变得规矩了——

忒修斯对阿里阿德涅之梦的妒忌。

这位主人公自我赞赏，变得荒唐可笑了。阿里阿德涅的悲叹

狄奥尼索斯没有妒忌："我对于你的爱，如何可能是对忒修斯的爱呢？"……

最后情节。狄奥尼索斯与阿里阿德涅的婚礼

"如果人成了神，就不会妒忌了，狄奥尼索斯说，除非是对诸神的妒忌。"

"阿里阿德涅啊，狄奥尼索斯说，你是一座迷宫：忒修斯在你这里迷路了；他再也没有小线团了；现在什么对他管用，使他不至于为米诺陶洛斯吃掉？把他吃掉的，要比米诺陶洛斯更坏。"你恭维我，阿里阿德涅答道，但我已经对我的同情感到厌烦了，所有英雄都应当在我身上毁灭。这就是我对忒修斯最后的爱："我要把他毁灭"。

---

① 忒修斯(Theseus)：又译"提修斯"，传说中的雅典王，希腊神话中著名的大英雄之一，据传是他解开了米洛斯的迷宫，杀死了米诺陶洛斯。——译注

9[116]

(77)

卢梭,这个典型的"现代人",理想主义者与流氓无赖集于一身,而且是因为后者之故而成为前者的,这个人物必须有"道德尊严"及其姿态才能经得住自己,同时由于无节制的虚荣和无节制的自我蔑视而忧伤:这样一个怪胎,已经在我们新时代的门槛旁安营扎寨,劝告人们要"回归自然"——他究竟要回何方?

我也讲"回归自然":尽管这根本不是一种"回归",而是一种"上升"——上升到人类强大的、阳光般纯粹的、可怕的自然和质朴中,后者可以轻松地对待伟大的使命,因为它或许已经厌倦和厌恶渺小。——in rebus tacticis[在策略上],特别是在战略上,拿破仑就是"回归自然"的。

十八世纪,人们把我们十九世纪所展开和所承受的一切都归功于十八世纪:道德狂热、情感的娇弱化(以利于弱者、被压迫者和受难者)、对形形色色的特权者的仇恨(Rancüne)、对"进步"的信仰、对"人性"偶像的信仰、荒唐的平民骄傲以及对丰富激情的渴求——两者都是浪漫主义的——

我们对革命(révolution)的敌视并不针对沾满血污的闹剧(farce),革命赖以进行的"非道德性";毋宁说,我们的敌视针对的是革命的群盲道德性,是它始终还在赖以发挥作用的"真理",是它赖以迷住一切平庸心灵的关于"正义、自由"的传染性观念,是它对更高阶层的权威性的打击。在它周围发生了如此可怕和血腥的事情,给这种平庸性的放纵以一种伟大的假象,以至于它作为戏剧也诱惑了最骄傲的精神。

9〔117〕

在顺从成为一种宽恕的地方,人们就得顺从:也就是说,当人们丰富到不必取得什么时,就得顺从。

9〔118〕

他爱这一点,只要他有权保持,直至一种偶然助他一臂,——而且直至他拥有权利

9〔119〕

(78)

"对趣味的净化"只可能是一种对类型的强化的后果。我们今天的社会只体现了教养;缺乏有教养者。缺乏伟大的综合的人:在这种人身上,各种不同力量毫无疑虑地为某个目标而受到束缚。我们所拥有的是多重的人,也许是迄今为止出现过的最有趣的混沌:但并不是创世之前的混沌,而是之后的混沌,多重的人——歌德乃是这个类型的最完美体现(——根本就不是什么威严崇高之人!)

对伟大情绪的权利——对认识者来说必须重获伟大情绪!既然非自身化和"客观性"迷信甚至在这个领域里也创造

了一种虚假的等级制。叔本华教导我们说:恰恰只有摆脱情绪,摆脱意志,才能达到"真实",达到认识;而没有意志的心智除了事物真实的、真正的本质之外,根本就看不到别的了。当他这样说时,上面讲的谬误就登峰造极了。

艺术中的同一种谬误:仿佛只要一切都是在没有意志的情况下被直观到的,则一切都是美的。

反对艺术中的"目的"的斗争,始终就是反对艺术中的道德化倾向、反对使艺术隶属于道德的做法的斗争。为艺术而艺术(l'art pour l'art)意味着:"让道德见鬼去吧!"——不过,即使这样一种敌视也表明了偏见的压倒优势;如果人们把道德说教者和"人类改善者"的情绪排除在艺术之外,那就再也不会从中得出结论:没有"情绪",没有"目的",没有一种审美之外的需要,艺术竟是可能的。"反映"啦,"摹仿"啦,很好,但究竟如何呢?一切艺术都有所称赞、有所颂扬、有所提取、有所美化——它们以某种方式强化着某种价值评估:难道人们仅仅应当把这一点视为一个附带现象,一个偶然作用吗?抑或,这就是以艺术家的"能力"为基础的?艺术家的情绪关涉到艺术本身吗?或者倒是关乎生命?关乎一种生命愿望?

还有,大量的丑陋、拙劣、恐怖,是艺术要描绘的么?艺术是想以此来为生命解除痛苦吗?就像叔本华所以为的那样,艺术是要配合一种断念、一种听天由命吗?——然而,艺术家首先要把自己在生命的这种可怕性方面的状态传达出来:这种状态本身就是一种愿望,谁体验了它,就给它最高程度的尊敬,并且把它传达出来,假如他是一个善于传达的动物,也即是一位艺术家。面对一个强大的敌人、一种巨大的不幸、一个可怕的难题而表现出来的勇敢——它本身就是生命的更高状态,是所有崇高艺术所颂扬的。好战的心灵在悲剧中欢庆它们的农神节;①战争和胜利的幸福、对于受苦受难和奋力抗争之人的难以忍受的残酷,就像惯于受苦和寻找痛苦的人所特有的一切。

9[120]

(79)

在我们这个文明化了的世界里,我们差不多只能见到那种萎靡不振的罪犯,后者为社会的诅咒和蔑视所压倒,不相信自身,常常贬低和诽谤自己的行为,构成一个失败的罪犯类型;而且,我们反对如下看法,即认为:所有伟人皆罪犯,只不过他们具有伟大的风格,而不是可怜的风格;犯罪是一种伟大(——因为这个说法起于肾脏检查者的意识,以及所有潜入伟大心灵深处的人们的意识)。出身、良心、义务方面的"放荡"——每一个伟人都明白自己的这种危险。不过,他也意求这种危险:他意求伟大的目标,而且因此之故,也意求达到伟大目标的手段。

---

① 农神节(Saturnalien):古罗马庆祝农神萨杜恩(Saturn)的节日。——译注

9[121]

(80)

要把追求自己的自然欲望的勇气还给人。

要控制人的自我低估（不是作为个体的人的自我低估,而是作为自然的人的自我低估……）

既然知道各种对立是我们投置到事物中去的,那就要把它们从事物中抽离出来。

要从一般此在(Dasein)中把社会特异反应性抽离掉（罪责、惩罚、正义、真诚、自由、爱等等）

端出文明难题。

向"自然性"的进步：在所有政治问题上,也包括在政党关系上,甚至商人团伙或者工人、企业家团伙的关系上,事关宏旨的都是权力问题——首先是"人们能够做什么？"的问题,然后才是"人们应当做什么？"的问题。

在这里,在伟大政治的构造中间,依然吹奏着基督教的号角（例如在每日战报或者国王对民众的讲话中）。而这越来越变得不可能了,因为它有悖于趣味和风化。"王子的喉咙"不是上帝的事情。

十九世纪相对十八世纪的**进步**。

——根本上,我们是要使善良的欧洲人发动一场反对十八世纪的战争。——

1.在相反的意义上,"回归自然"越来越确定地被理解了,超过了卢梭的理解。抛弃田园和歌剧!

2.越来越确定的反理想主义,更客观、更无畏、更勤勉、更有节制、更怀疑突变,反革命的

3.越来越确定地把身体健康问题置于"心灵"问题之前:后者被理解为前者导致的一个状态,至少是前者的前提条件———

9[122]

(80ª)

论基督教的系谱学

——胆怯者的狂热,他们一旦离开自己的国度之后就不敢返回去了,直到他们由于恐惧和恐惧的折磨,到了要毁灭自己的国度的地步。

——更大的勇气和性格的强壮意味着:停住或者甚至于回头,以此作为继续行进。毫不胆怯的回头比毫不胆怯的继续行进更艰难。

9[123]

(81)

关于虚无主义者的起源。

人们有了直面自己真正知道的东西的勇气,只是为时晚矣。从根本上讲,我一直是一个虚无主义者,不久前我才承认了这一点:我作为虚无主义者赖以前进的活力、冷漠,在这个

408　基本事实上欺骗了我。如果人们迎向一个目标,那似乎就不可能说:"无目标性本身"是我们的信仰准则。

9[124]

(82)

　　　　作为诱惑手段的道德。

　　"自然是善的,因为一个智慧而善良的上帝乃是自然的原因。那么,应该由谁来对'人的堕落'负责呢?就是其暴君和诱惑者们,统治阶层——人们必须把他们消灭掉。"

　　：①卢梭的逻辑(试比较帕斯卡尔的逻辑,后者对原罪作了推论)

　　人们不妨比较一下路德的类似逻辑

　　：两者都在寻找一个借口,以采取一种作为道德-宗教义务的贪得无厌的复仇需求。对统治阶层的仇恨企图把自己神圣化……

　　("以色列的罪孽":教士权力地位的基础)

　　人们不妨比较一下保罗的类似逻辑

　　：上帝这个主题始终是此类反应出现的前提,诸如正义、人性等等主题。

　　(在基督那里,民众的欢呼似乎是他被处死的原因;自始就是一场反教士的运动)

　　(——即使在反犹太主义者那里,也总是相同的招数:用

---

① 此处句前冒号,原文如此。以下不再作说明。——译注

道德上的拒绝判决来打击对手,并且为自己保留了法律惩处的作用。)

请注意!道德审判作为权力手段。

    A. "坏良心的激发",旨在使救星、教士以及诸如此类成为必需的,或者:

    B. 好良心的激发:目的是为了能够把它的对手当作坏人来处理和战胜

9[125]

(83)

反对卢梭:自然状态是可怕的,人是猛兽,我们的文明是一次空前的战胜这种猛兽本性的胜利:——这是伏尔泰得出的结论。他感觉到了文明状态的减弱、精美、精神快乐;他蔑视头脑狭隘,哪怕是以德性为形式表现出来的;他也蔑视禁欲主义者和僧侣的不够精致。

人在道德上的无耻似乎预先占据了卢梭;人们可以用"不公"、"残暴"之类的说法最大地煽动被压迫者的本能,这种本能通常处于vetitum[禁止]和失宠之魔力中:以至于被压迫者的良心会劝阻他们的叛乱欲望。这些解放者特别要寻求一点:赋予他们的同党以高等人物的宏大腔调和姿态。

9[126]

(84)

悲观主义的主要症状。

马尼饭店的晚餐。

俄国的悲观主义。托尔斯泰、陀思妥耶夫斯基

美学的悲观主义,为艺术而艺术,"描述",浪漫的和反浪漫的悲观主义

410 认识论的悲观主义。

叔本华。"现象主义"。

无政府主义的悲观主义。

"同情之宗教",佛教的预备运动。

文化悲观主义(异国情调。世界主义)

道德论的悲观主义:我本身

牵引法(Distraktionen),对悲观主义的暂时解脱。

伟大的战争,强大的军事组织,民族主义

工业竞争

科学

消遣

　　在此让我们来分离一下:

　　作为强大的悲观主义——在哪里?在它的逻辑的能量中,作为无政府主义和虚无主义,作为分析论。

　　作为没落的悲观主义——在哪里?作为娇弱化,作为世界主义的感觉,作为"理解一切"(tout comprendre)和历史主义。

9[127]

虚无主义的起源。

虚无主义的逻辑

虚无主义的自我克服。

克服者与被克服者。

9[128]

(85)

临界张力:极端者露出面目,取得优势。

9[129]

新教的没落:在理论上和历史上被理解为半吊子的。天主教在事实上的优势;新〈教〉的情感已经幻灭,以至于最强大的反新教运动不再作为本身被感受了(例如瓦格纳的《帕西法尔》)。法国的整个高级智慧在本能上是天主教的;俾斯麦已经明白,根本上再也没有什么新教了。

9[130]

〈(86)〉

批判现代人

(及其道德主义欺骗)

"善人",只是被坏机制(暴君和教士)腐化和引诱了

理性作为权威;历史作为对谬误的克服;未来作为进步。

基督教的国家、"军队之神"

基督教的性活动或者婚姻

"正义"王国、"人性"崇拜

"自由"

　　现代人的浪漫姿态：

高贵的人(拜伦、维克多·雨果、乔治·桑

高贵的愤怒

通过激情的神圣化(作为真实的"自然"

支持被压迫者和失败者：历史学家和小说家的座右铭。

义务的斯多亚主义者

"自我牺牲"作为艺术和认识

利他主义(作为最虚假的利己主义形式

　　(功利主义)最富感情的利己主义。

9[131]

(87)

　　这一切就是十八世纪。与之相反，没有从十八世纪遗传下来的东西有：漫不经心、喜悦开朗、优美雅致、精神圣洁；精神的速度已经改变了；精神细腻和明晰方面的享受已经让位给色彩、和谐、大众、实在性等等方面的享受。精神现象上的感觉主义。质言之，这就是卢梭的十八世纪。

9[132]

　　精湛技艺与德性

9[133]

科学无良知乃是灵魂的毁灭。拉伯雷。良知无科学则是得救——①

9[134]

(88)

1814年,奥古斯丁·蒂埃里②读了德·蒙洛西埃③在其《论法兰西君主制》一书中讲的一段话:他用一声愤怒的叫喊来回答,并且开始写自己的著作。这个流亡者说:"获得解放的种族、从我们手中夺走的奴隶种族、称臣纳贡的民族、新的民族,释放令让你们自由,而不是让你们变得高贵;对于我们,一切都是权利;对于你们,一切都是恩典,我们与你们绝非同一个共同体;我们由我们自身构成一个整体。"④

9[135]

(90)

---

① 原文为法文。——译注
② 奥古斯丁·蒂埃里(Jacques Nicolas Augustin Thierry,1795-1856):法国历史学家。主要著作有《诺曼人征服英国史》、《关于法国史的通信》、《历史研究十年》等。——译注
③ 德·蒙洛西埃(de Montlosier,1755-1838):原名为费朗西斯·戴雷诺。法国政论家、政治家。——译注
④ 原文为法文。——译注

"新教的自由"、"鉴于本己良心的责任",路德的这些美好的伪善:根本上是"权力意志"的最胆怯形式。因为这就是他的三个等级:a)自由、b)正义、c)爱

413 9[136]

信仰乃是一种"神圣的疾病",ἱερὰ νόσος[神圣的疾病]:赫拉克利特早就意识到了这一点。信仰,一种令人疯狂的内在强制性,即:某物应当是真实的……

9[137]

(91)

反对伟大人物的斗争,根据经济学的理由来辩护。这些伟人们是有危险的,是偶然事件、特殊者、狂风暴雨,是十分强大的,足以去置疑缓慢地被构造和被奠基的东西。对于这种爆炸性的东西,我们不仅要毫无危害地把它拆卸掉,而且要尽可能地预防它的形成……文明社会的基本本能。

9[138]

(92)

请注意!要个别地、逐步地、试探性地使用一切可怕之物:文化的使命就是要做到这一点;然而,在文化壮大到足以担当此使命之前,它还必须控制一切可怕之物,调节之,掩盖之,甚至于诅咒之……

——凡在一种文化开始作恶的地方,它都会借此表现出

一种恐惧姿态,也就是一种虚弱……

论题:一切善都是被利用的从前的恶。

准则:一个时代、一个民族、一个个人所允许的激情越是可怕、越是巨大(因为它能够把激情当作手段来使用),则它的文化的地位就越高级。(——恶的王国变得越来越小……)

——一个人越是平庸、软弱、屈从、怯懦,他就越多地作为恶人来作恶:在他那里,恶的王国是最广大的,最低级的人将处处都看到恶的王国(即禁止他、对他有敌意的王国)。

9[139]

(89)

总而言之:要驾驭激情,而不是削弱或者根除激情!

意志的主人力量越大,激情就会获得越多的自由,多得多的自由。

"伟人"之伟大,是由于他的欲望的自由空间,是由于更大的权力,后者善于使用这些宏伟的猛兽。

——文明的每个阶段上的"善人"都是既无危险,又大有用场的人:一种中心;一种共同意识的表达,就是关于人们用不着害怕,但尽管如此却不可蔑视的人的意识……

教育:本质上是为了维护规则而用一种转移、引诱、病变而毁掉特殊者的手段。

这是冷酷的:但从经济角度看,却是完全合理的。至少在那个漫长时代里,———

　　　　教化：本质上是维护平庸者而建立反对特殊者的趣味的手段。

　　　　一种具有特例、试验、危险、差别的文化，乃是一种伟大的力量财富的结果：任何贵族文化皆倾向于此。

　　　　唯当一种文化必须控制住一种力量的过剩时，在它的土地上才可能有一座奢侈文化的温室———

9[140]

(93)

　　　　我的尝试，试图把握社会判断和价值评估的绝对合理性：当然摆脱了那种要在此计算出道德结果的意志。

　　　　：心理学的谬误和模糊的程度，目的是要为那些对保存和权力提高来说本质性的情绪辩护（为情绪创造好良心）

　　　　：愚蠢的程度，为的是使一种共同的调节和估价保持可能（为此就有教育、对教育环节的监督、管教）

　　　　：审讯、怀疑和不宽容的程度，目的是要把特立独行者当作罪犯来处理和压制，——为的是赋予他们本身以坏良心，使得他们内在地也患上特立独行的病。

　　　　道德本质上作为防御，作为防御手段：就此而言乃是未充分发育的人的一个标志，第123页

　　　　（无动于衷；斯多亚的；

　　　　充分发育的人首先拥有武器，他是进攻性的

战争工具转变为和平工具了(由鳞皮和平板、羽毛和毛发做成的工具)

总而言之:道德恰恰是如此"不道德",如同世上的任何其他事物一样;道德性本身乃是非道德的一种形式。

上述见解带来的大解放,对立远离了事物,一切事件的一致性得到了挽救——

9[141]
(94)
劳累过度、好奇和同情——我们现代的恶习

9[142]
(95)
文化与文明的顶峰是彼此分离的,对于这两个概念的对抗,人们可不能弄糊涂了。

从道德上讲,文化的重大契机乃是堕落时代;人类所意求和强制的驯化("文明")的时期乃是不宽容时代,对最有才智和最勇敢的人物及其最深刻的敌手来说不宽容的时代。

9[143]
(96)
对象方面的原因是多么微不足道啊!精神就是激发生机者!在所有关于"拯救"、爱、"福乐"、信仰、真理、"永恒生命"的激动闲谈当中,充斥着何种病态而顽冥的空气呵!与之相反,人们有一天会拿起一本真正异教的书,例如佩特罗尼乌斯①的书,其中根本就没有言说、意愿和评价按照一种基督教伪君子的价值标准来看并非罪恶、更非死罪的东西。而且尽管如此,对于更纯净的空气,对于更快速的步履的优越智慧,对于那种变得自由而过剩的、确信未来的力量,人们会有何种快感啊!在整本《新约全书》中,连一则笑话都没有出现:而这一点就已经驳倒了一本书……与之相比较,《新约全书》始终是没落文化和堕落的一个征兆——而且它就发挥了这样的作用,作为腐败的酵素

9[144]

(97)　　　　　关于"逻辑虚假性"。

"个体"和"种类"概念同样地错误,而且完全显而易见。"种类"仅仅表达以下事实,即:大量相似的东西同时出现,其发展和变化速度延缓了一长段时间,以至于事实上细微的进展和增长可以忽略不计(——一个发育阶段,这时候,自我发育并不明显,以至于仿佛获得了一种平衡,并且有可能出现这样一种错误观念,即:这里已经达到目标了——而且发育过程中有过一个目标……)

形式被视为某种延续的,因此更有价值的东西;不过,形式只是我们虚构出来的;而即使事物经常"获得这同一种形

---

① 佩特罗尼乌斯(Petronius,? -66):古罗马作家,为暴君尼禄的宠臣。著有欧洲第一部传奇小说《萨蒂利孔》,仅存残篇。——译注

式",那也并不意味着:这就是同一种形式,——相反地,始终有某种新东西显现出来——而且唯有我们,唯有进行比较活动的我们,才把这个与旧事物相似的新东西一道计入"形式"的统一性之中。仿佛应当有一个类型被达到了,似乎它就呈现在成形过程之前,寓于成形过程之中。

形式、种类、规律、理念、目的——这里处处都犯着同样的错误,都是把一种虚假的实在性强加给一种虚构,仿佛发生的事件都蕴含着某种服从,——在此人们对事件作了一种人为的分离,把行为者是什么与这种行为的方向分离开来了(然而,这个什么与这个方向只是我们设定起来的,依据是对我们的形而上学-逻辑教条的服从:决不是一个"事实")

对于这种强制性,使人们去构成概念、种类、形式、目的、规律(一个由同一性事态组成的世界)的强制性,人们不应当这样来理解,仿佛我们因此就能够把真实的世界固定下来了;而是应当把它理解为这样一种强制性,即要为我们预备一个使我们的实存成为可能的世界的强制性——我们要借此创造一个世界,对我们来说可计算的、简化了的、可理解的等等的世界。

这同一种强制性在于由理智支持的感官的主动性,——这种简单化、粗糙化、强化和浓缩,乃是一切"重新认识"、一切把事情弄清楚的能力的基础。我们的需要已经使我们的感官精确化了,使得"相同的现象世界"总是一再复返,因此而获得了现实性的假象。

我们这种不得不相信逻辑的主观强制性仅仅表达出:早在逻辑学本身被我们意识之前,我们所做的也无非是把逻辑学的假设置放入事件之中:现在我们就在事件中寻找它们——我们再也不能做别的了——而且我们误以为,这种强制性会保证某物的"真理性"。在我们极其长久地推动了相同化、粗糙化和简单化之后,我们就创造了"事物"、"相同事物"、主体、谓项、行为、客体、实体、形式。

世界逻辑地向我们显现出来,是因为我们已经首先把它逻辑化了

9[145]

(98)

论权力的"马基雅弗里主义"
(无意识的马基雅弗里主义)

权力意志的显现

a) 在各色被压迫者、奴隶那里,显现为求"自由"的意志:似乎唯有摆脱才是目标(道德的和宗教的:"对自己的良心负责";"新教自由"等等)

b) 在某个比较强大、正在向权力发展的种类那里,显现为要求强势的意志;如果起先毫无成效,那就限制为要求"公正"的意志,亦即要求与其他支配性种类所拥有的同等的权利(权利斗争……)

c) 在最强大者、最富有者、最独立者那里,显现为"人类之爱",对"民众"、福音、真理、上帝的"爱";显现为同情;"自我牺牲"等等,作为征服、吸引、使用;显现为本能性的一体预期,即对人们能够赋予其方向的一种巨大权

力的预期:英雄、预言家、凯撒、救世主、牧人(——也包括性爱:性爱意愿征服、占有,并且显现为献身……),说到底只不过是对自己的"工具"、对自己的"马儿"的爱……,其信念就是:某某属于自己,自己是能够利用某某的人。

"自由"、"正义"和"爱"!!!

对权力的无能:这种无能的虚伪和聪明:

作为服从(顺从、责任之骄傲、德行……)

作为屈服、献身、爱(对命令者的理想化、神化,作为赔偿和间接的自我美化)

作为宿命论、听天由命

作为"客观性"

作为自我压制(斯多亚主义、禁欲苦行、"非自身化"、"神圣化")

(——处处表现出一种需要,就是还要以某种方式行使一种权力,或者有时为自己创造一种权力的假象(作为陶醉)

作为批判、悲观主义、愤怒、纠缠不休

作为"美好的心灵"、"德性"、"自我神化"、"越位"、"世界的纯洁"等等(——洞见到那种对权〈力〉的无能,后者乃是对仇恨的伪装)

有一些人为了那种允诺权力的幸福优势的缘故而意愿权力(政治党派)

另一些人意愿那种本身带有幸福和快感方面的可见劣势和牺牲:野心家

另一些人意愿权力,只是因为他们不然的话就会落入自己不愿依赖的他人手中。

关于难题:是否"权力意志"中的权力只是手段。细胞原生质侵占某物,并且把它无机化,也就是强化自己,行使权力以强化自己。

在何种意义上细胞原生质在侵占和无机化时的行为是了解那些材料相互间的化学行为的关键(斗争和确定权力)

9[146]

(99)

反对卢梭:遗憾的是,人再也不是十分恶了;卢梭的对手们说:"人是猛兽",很遗憾他们讲得不对。该诅咒的并不是人的堕落,而是人的柔弱化和道德化;卢梭最强烈地反对的领域,恰恰包含着相对来讲还强大的和有良好教养的一类人(——这类人还没有削弱伟大的情绪,即权力意志、享受意志、发号施令的意志和能力)。人们必须比较一下十八世纪的人与文艺复兴时期的人(也包括十七世纪的法国人),才能体会到关键之所在:卢梭乃是自我蔑视和狂热虚荣的一个征兆——这是两个标志,表明他缺乏主导性意志;他进行道德说教,并且作为怨恨者在统治阶层中寻找自己的可怜处境的原因。

9[147]

(100)

　　　　德性以何种手段获得权力？
　　恰恰就是用政治党派的手段：对已经占有权力的对立德性的诽谤、怀疑、暗中损害，把它们的名字改掉，对它们进行系统的迫害和盘问：也就是说，通过纯粹的"非道德性"。
　　一种欲望要拿自己怎么办，才能成为德性呢？——改名换姓；对自身意图的原则性否定；练习自我误解；与现行公认的德性结盟；公开敌视自己的对手。尽可能换取奉若神明的权力的庇护；陶醉、激动、理想主义的伪善；赢得一个党派，要么与之一起发达，要么趋于毁灭……，成为无意识的、天真质朴的……

9[148]

〈(101)〉

　　　　变形学说：
　　　性的变形
　　　残暴的变形
　　　怯懦的变形
　　　复仇欲、愤怒的变形
　　　懒惰的变形
　　　统治欲的变形
　　　勇猛的变形
　　　谎言、妒忌的变形

诽谤的变形

占有欲的变形

仇恨的变形

这是为一个时代所蔑视和仇视的东西,被当作退化的德性,一个更早时代的理想的残余,但却是以萎缩的形式("罪犯"……)

9[149]

(102)

人们如何动作,才能使与生命敌对的趋势获得成功呢?

例如:贞洁

贫困和乞讨

愚蠢和粗野

自我轻蔑

对此在的蔑视

9[150]

(103)

关于价值评估的透镜:

目的的量(大、小)的影响。

手段上的才智的影响。

行动上的手法的影响。

成功或者失败的影响

敌对力量及其价值的影响

被许可者和被禁止者的影响

对价值评估的观点产生影响的目标方面的量:大罪犯和小罪犯。即使在意愿者本身那里,被愿望者的目标方面的量也决定着,意愿者在此是尊重自己,还是感到怯懦和可怜。——

进而就是对价值评估的观点产生影响的手段方面的才智程度。哲学上的革新者、尝试者和残暴者显得与强盗、野蛮人和冒险者多么不同!——"无私者"的假象。

最后是高贵的风度、姿态、勇敢、自信——它们怎样改变着对以此方式获得的东西的估价呵!

禁令的作用:任何有所禁止的权力都懂得在被禁止者那里激起一种恐惧,产生出"坏良心"(亦即对某物的欲望,又意识到这种欲望得到满足的危险性,不得不采取秘密行动、偷偷摸摸、小心谨慎;每一种禁令都会在那些不愿屈从,而只是被逼服从的人那里导致性格变坏)

9[151]

(104)

权力意志只能在对抗中表现出来;它要搜寻与自己对抗的东西,——当细胞原生质伸出它的伪足四处摸索时,那是它的原始倾向。占有和同化首要地是一种征服意愿,一种造型、构成和改造,直至最后使被征服者完全过渡到进攻者的权力范围之内,并且使进攻者得到增扩。——如果这种同化没有成功,那么,这个产物可能就会蜕变分裂;而且,这种二重性表现为权力意志的结果:为了不放弃被占有者,权力意志会分化为两个意志(可能不会完全放弃彼此之间的联系)

既然追求权力的基本本能已经赢得了更具才智的形态，那么，"饥饿"就只不过是一种狭隘的适应了。

9[152]

道德偏见把一种精神深深地置入等级制中，由此精神就失去了特权、a parte[分离]的本能，创造性人物的自由感，"上帝之子"（或者魔鬼之子——）的自由感。至于这种精神是否宣讲现行道德，或者用自己的理想来批判现行道德，那是无关紧要的：他因此就是群盲中的一员——哪怕他是作为群盲至高的必需品，作为"牧人"……

9[153]

(105)

未来之强者。

有时部分必需、部分偶然所达到的东西，乃是产生一个更强大的种类的条件：现在我们能够理解，也有意识地愿意理解这一点了。我们能够创造使这样一种提高成为可能的条件。

直到现在，"教育"才想到了社会功用：并不是未来的可能功用，而是对恰好现存的社会的功用。人们想要的是为现存社会服务的"工具"。假如力量的丰富性越来越大，那就要想到一种力量的排放，后者的目标或许并不涉及社会功用，而涉及一种未来的功用，——

人们越多地理解了何以当代社会形式处于一种激烈的变化之中，以至于有朝一日再也不能为它自身之故而存在，而只还作为手段落在某个更强大的种族手里,那么,或许就得提出上面这样一项任务了。

人的日益缩小恰恰是一种推动力,促使人们想到一个更强大种族的培育:后者的过剩或许恰好在于,被缩小的种类(species)虚弱化了(意志、责任、自信、为自己设定目标的能力)

手段或许就是历史所传授的手段:相反的保存兴趣所造成的孤立化在今天乃是通常的情况;练熟相反的价值评估;作为激情的间距;自由的良知在今天最受低估、最受禁止。

欧洲人的均衡乃是一个不可阻挡的伟大进程:人们本应进一步加速这个进程。

一种撕裂、间距、等级制的必然性因此已经出现了:而不是延缓上述进程的必然性

这个取得均衡的种类一旦获得就需要一种辩护:它效力于一个更高的、自主的种类,后者高踞于前者之上,并且只有高踞于前者之上才够得着自己的任务。

唯以统治执政为己任的不光是一个主人种族;而是一个具有自己的生命领域、具有一种力之过剩(对于美、勇敢、文化、风度乃至于最精神性的东西而言的力)的种族;一个肯定性种族,它可以给予自己任何大奢侈……,强大得足以不需要德性命令之暴行,富有得足以不需要节俭和拘泥,处于善恶的彼岸;一座适合于挑选出来的特殊植物的温室。

9[154]

(106)

人是非动物①和超动物；较高级的人是非人和超人：这就联系在一起了。随着人的每一次向伟大和高度的增长，他也就长到深度和可怕之物中了：没有另一方，人们也就不应要求这一方——或者毋宁说：人们愈彻底地要求一方，也就愈彻底地达到另一方。

9[155]

(107)

在今天，德性再也得不到信仰了，它的吸引力消失了；想必会有人，比如作为一种非同寻常的冒险和放纵形式，懂得重新把这种德性投到市场上去。它要求自己的信徒有太多的放肆和偏颇，以至于它现在没有了直面自身的良心。不过，对无良心者和完全无所用心者来说，这也许正是它的新魔力——它现在成了它以往从来不曾充当过的东西，即一种恶习。

9[156]

(108)

心理学的伪造

心理学的重大罪行：

---

① 非动物（Unthier）：或译"怪物"、"猛兽"。——译注

[9.1887年秋]

1)一切不快、一切不幸,都是因为不公(罪责)而被伪造出来的(人们使痛苦失去了无辜)

2)一切强大的快感(纵情、肉欲、胜利、骄傲、放肆、认识、自信和自在幸福)都被打上了有罪、诱惑、可疑的烙印。

3)虚弱感、最内在的怯懦、缺乏直面自身的勇气,都被戴上了神圣化的名称,被当作最值得想望的东西来传授。

4)人身上的一切伟大特性,都被曲解为非自身化了,被曲解为为了某个他者、他人而牺牲自己;即使在认识者那里,即使在艺术家身上,非人格化(Entpersönlichung)也被假装为他们最高的认识和能力的原因。

5)爱情被伪装为献身(以及利他主义),而实际上,爱情是一种额外取得(Hinzu-Nehmen),或者说是一种由于人格的充盈而作出的交付(Abgeben)。唯有最完全人格的人才能爱;非人格化者、"客观化的人"是最恶劣的情人(——人们不妨去问一问女人们!)。对上帝的爱、对祖国的爱,也是同样的情形:人们必须牢牢地守住自己。

利己主义作为自我化,利他主义作为他者化。

6)生命作为惩罚,幸福作为诱惑;激情是恶魔般的,对自身的信赖是邪恶的。

请注意!这整个心理学是一种阻碍心理学,一种出自恐惧的围城(Vermauerung);一方面,乌合之众(失败者和平庸者)想以此来抵御强者(——并且摧毁发展中的强者……),另一方面,所有人都把他们自己借以最佳地成长的那些欲望神圣化,并且懂得只对他们保持尊重。试比较犹太教士。

9[157]

(109)

I. 对历史的原则性伪造，为的是让历史交出道德估价的证据。

a) 一个民族的没落与堕落

b) 一个民族的繁荣与德性

c) 一个民族的顶峰（"它的文化"）作为道德高度的结果

II. 对伟大的人物、伟大的创造者、伟大的时代的原则性伪造

a) 人们希望，信仰是伟人的标志：然而，无所用心、怀疑、允许放弃一种信仰、"非道德"也归于伟大（凯撒、弗里德里希大帝、拿破仑，而荷马、阿里斯托芬、达·芬奇、歌德亦然——人们总是避而不谈主要的事情，即他们的"意志自由"——)

9[158]

我所反对的东西：一个特殊种类向常规宣战，而不明白常规的持续存在乃是特殊者价值的前提。例如，闺中女人们没有感受到她们的异常需要的显突出格，却想要完全移动一下女人的地位……

9[159]

(110)

    谁的权力意志构成道德呢?

  自苏格拉底以降的欧洲历史有一个共同点:试图把道德的价值抬高到超越其他所有价值的统治地位上,使得它们不仅应当是生命的领袖和法官,而且也是

  1. 认识

  2. 艺术

  3. 国家和社会奋斗事业的领袖和法官。

  "变得更善"就是唯一的任务,其余一切都是达到这一任务的手段(或者是干扰、阻碍、危险:因而要抗争,直至毁灭……)

  中国也有一场类似的运动

  印度也有一场类似的运动。

  道德权力方面的这样一种权力意志在迄今为止的地球上出现过巨大的发展。这种权力意志意味着什么呢?

  答曰:——在它背后隐藏着三种权力:1)群盲反对强者和独立不羁者的本能;2)受苦者和失败者反对成功者的本能;3)平庸者反对特殊者的本能。——这场运动的巨大优势,正如其中也有大量暴行、虚妄和偏见一道出了力:(因为道德与生命基本本能的斗争史,本身就是迄今为止地球上存在过的最大的非道德性……)

430 9[160]

(111)

认识论本身的道德价值

对理性的信赖——为什么不是怀疑呢?

"真实的世界"应当是善的世界——为什么呢?

虚假、变化、矛盾、斗争被贬为不道德的:要求进入一个没有所有这一切东西的世界。

虚构出一个超验的世界,以便为"道德自由"留地盘(在康德那里)。

辩证法作为通向德性的道路(在柏拉图和苏格拉底那里:显而易见,因为诡辩术被视为通向非道德的途径)

时间和空间是理想的:因而就有了事物本质的"统一性",因而就没有了"罪恶",没有了恶事,没有了不完满性——一种对上帝的辩护。

伊壁鸠鲁否定认识的可能性:为的是把道德的(或者说享乐主义的)价值当作最高价值来维护。奥古斯丁也干同一件事;后来帕斯卡尔("腐败的理性")为了基督教价值也有此举。

笛卡尔对一切变化之物的蔑视;斯宾诺莎亦然。

9[161]

(112)

道〈德〉价值对于审美价值的支配地位(或者说,相对于后

者的优先地位,或与后者的对立关系和死敌关系)

9[162]

(113)

悲观主义升起的原因

1)迄今为止,最强大的和最有前途的生命欲望都遭受了诽谤,以至于生命开始诅咒自身

2)人不断增长的勇敢、正直和大胆的怀疑,把握住上述生命本能的不可替代性,并且直面生命

3)唯有对那种冲突毫无感觉的极平庸者才兴旺发达,比较高级的种类却归于失败,并且作为蜕变的产物而反感自己,——而另一方面,平庸者却以目标和意义自诩,显得咄咄逼人(——再也没有人能回答一个"何为何往?"的问题了;——)

4)缩小、痛苦、不安、急促和拥挤持续地增长,——对这整个繁忙活动以及所谓的"文明"的当前化变得越来越轻松了,个体面对这种硕大无朋的机构会变得沮丧和屈从。

9[163]

(114)

　　　　　受道德价值统治的大伪造。

1)在历史中(包括政治)

2)在认识论中

3)在关于艺术和艺术家的评判中

4) 在关于人和行动(关于民族和种族)的估价中

5) 在心理学中

6) 在哲学的构造中("道德的世界秩序"以及诸如此类)

7) 在生理学、进化论中("完善化"、"社会化"、"物种选择")

9[164]

权力意志。

重估一切价值的尝试。

第一章:

虚无主义作为以往最高价值之结论。

第二章:

以往最高价值之批判,

对通过它们道出肯定和否定的东西的洞见。

第三章:

虚无主义的自我克服,

对以往被否定的一切东西的肯定尝试。

第四章:

克服者与被克服者。

一个预言。

9[165]

(115)

现代精神的放荡

由于形形色色的道〈德〉装饰:

华丽话语有：

宽容（对于"肯定和否定之无能"）

同情的宽度①＝三分之一冷漠，三分之一好奇，三分之一病态的激动性

客观性＝没有人格，没有意志，无能于"爱"

反对常规的"自由"（浪漫主义）

反对伪造和谎言的"真理"（自然主义）

"科学性"["人性证明"（document humain）]，用德语来讲，就是廉价小说和加法取代了结构和布局

"激情"取代了无序和无度

"深度"取代了混乱、符号纷乱

  关于"现代性"

a) 精神的放荡

b) 演戏

c) 病态的烦躁（作为"事实"的环境）

d) 五光十色

e) 劳累过度

  对"现代性"的最好抑制和补救办法

1. 普遍服役义务，要有停止一切娱乐的真正战争
2. 民族狭隘性（简化、集中，但在这当中也由于过度劳累受到挤压和耗竭）
3. 改善了的营养（肉类）

---

① 原文为法文：la largeur de sympathie。——译注

4. 住所不断提高的洁净和健康程度

5. 生理学对于神学、道德学、经济学和政治学的优势地位

6. 在其"职责"的要求和履行方面的军事严格性(人们不再夸奖……)

9[166]

(116)

美学。

为了成为经典作家,人们

必须具备所有强大的、表面看来充满矛盾的天赋和欲望:但这样一来,这些天赋和欲望就会在同一枷锁下结伴而行

必须来得正是时候,才能把某个文学或艺术或政治的属类推到其高峰和极顶(:而不是在这件事已经发生之后……)

必须反映一种总体状况(无论是民众还是一种文化)的最深刻和最内在的核心,时间要凑在它还存在着、还没有因为对外来之物的摹仿而变了本色的时候(或者说还是依赖性的……)

不是一种反作用的精神,而是一种推论性的和向前指引的精神,在任何情形下都表示肯定,即使带着它的仇恨

"这难道不是就包含着最高的人格价值吗?"……也许我们必须考量一下,这里是不是有道德〈的〉偏见在起作用,还有,伟大的道德高度是不是兴许本身就构成一种与经典的矛盾呢?……

把音乐"地中海化":这就是我的口号……

道德怪胎是不是在言行上都势必成为浪漫主义者呢?……一个特性压倒其他特性(就像在道〈德〉怪胎那里),这样一种优势正好与经典权力处于敌对之中,旗鼓相当:假如人们拥有这种高度,而依然成为经典作家,那么,甚至就可以大胆地得出结论:人们也拥有同样高度的非道德性。这也许就是莎士比亚的情形(假如他真的是培根勋爵的话:———

9[167]

(117)

商人和掮客的优势,甚至在最精神性的领域里
　　文学家
　　"代言人"
　　历史学家(作为过去与当代的撮合者)
　　非秘传者与世界主义者
　　自然科学与哲学之间的掮客
　　半拉子神学家。

9[168]

(118)

　　　　关于"现代性"之特征。
中间产物的过多发展
类型的萎缩
传统、学派的中断,
本能的至高统治地位(在意志力、要求目的和手段的意愿出现

衰弱之后……)(哲学上的准备:无意识更有价值)

9[169]

(119)

叔本华作为后颤音:革命之前的状况。

……同情、感性、艺术、意志薄弱、最具精神性的欲望的天主教——根本上,这就是美好的十八世纪了。叔本华对意志的基本误解(仿佛渴求、本能、欲望就是意志的本质要素)是典型的:把意志贬值到萎缩地步。对意愿的仇恨亦然;试图在"不再意愿"、"毫无目标和意图的主体存在"("纯粹的无意志的主体")中,见出某种更高级的东西,实即这个更高级的东西、富有价值的东西。意志疲乏或者薄弱的大征兆:因为意志根本上完全是把渴求当作主人来对待、为渴求指明道路和尺度的东西……

9[170]

(120)

美学。

艺术当中的现代伪造业:被理解为必需的,也即是合乎现代心灵最根本的需要的

人们要填补天赋的缺陷,更要填补教育、传统、训练的缺陷

第一:人们为自己寻找少有艺术细胞的观众,他们在自己的热爱方面是无条件的(——而且立即就会拜倒在人物脚

下……)。我们这个世纪的迷信、对天才的迷信,就是为此效力的……

第二:人们喋喋不休地谈论一个民主时代的失望者、虚荣者、自我遮掩者的晦暗本能:姿态的重要性

第三:人们把这一种艺术的程式纳入另一种艺术中,把艺术的意图与认识的意图、或者教会的意图、或者种族利益(民族主义)的意图、或者哲学的意图混淆起来——人们一下子敲响所有的钟,激起一种模糊的怀疑:人是一个"上帝"

第四:人们对女人、受苦者、被激怒者阿谀奉承;甚至在艺术上,人们也让 narcotica[麻醉剂]和 opiatica[鸦片制剂]占据优势。人们使"有教养者"、诗人和古老故事的读者们心里发痒

9[171]

(121)

请注意!对"公众"(Publikum)与"讲台"(Coenakel)的区分:在前者,人们今天必须成为江湖骗子,在后者,人们意愿成为技艺名家,此外无他!我们这个世纪里特殊的"天才们"超越了这样一种区分,在两方面都是了不起的;维克多·雨果和理查德·瓦格纳的伟大骗术,但却伴随着如此之多真正的名家气派(Virtuosenthum),以至于他们也竭尽艺术本身的意义上最精巧的诡计

因此缺乏伟大气象:1)他们具有一个变幻不定的透镜,时而着眼于最粗俗的需要,时而着眼于最巧妙的需要

9[172]

(122)

向着贡扎加①堡垒,在墨西拿②之外。

关于序言。最深刻的沉思状态。为了疏远自己而做了一切事体;无论是通过爱还是通过恨,都不再结合在一起。犹如在一座古老的堡垒旁。战争的痕迹:也有地震的痕迹。遗忘

9[173]

(123)

种族和等级估价上的道德。

鉴于在任何种族和任何等级那里,情绪和基本欲望都对它们的生存条件有所表达(——至少是它们得以最长期地实现自己的那些条件:)

:这就要求它们是"有德性的":它们得改变自己的性格,发起怒来,抹掉自己的过去

:这就意味着,它们应当不再相互区别开来

:这就意味着,它们应当在需要和要求方面相互接近——更清晰地讲:它们应当归于毁灭……

因此,追求一种道德的意志就证明自己是那个种类对其

---

① 贡扎加(Gonzaga):意大利地名。——译注
② 墨西拿(Messina):意大利地名。尼采著有《墨西拿牧歌》,收入科利版第3卷。——译注

他种类的专制统治,这一种道德就是为这个种类特制的:此乃有利于统治种类的消灭或者划一(或者是为了不再对统治种类感到恐怖,或者是为了自己为统治种类充分利用)

"消除奴隶制"——所谓对"人的尊严"的赞许,实际上是消灭一个根本不同的种类(——埋葬后者的价值和幸福——)

一个敌对种族或者一个敌对等级的强大力量的根基,被解释为它最凶恶、最恶劣的东西:因为它会借此伤害我们(——它的"德性"受到诽谤,改掉了名目)

如果它伤害我们,那就被视为一种对人类和民众的反动:但从它的观点出发,我们就是它所欢迎的,因为我们是一些使他人能够从我们身上得益的人。

"人化"的要求(它十分天真地以为自己拥有了"什么是人性的?"这个公式)乃是一种伪善,借着这种伪善,一种完全确定的人的种类力求取得统治地位:更准确地讲,一种完全确定的本能,即群盲本能。

"人人平等":这一点隐蔽于那种越来越多地把人与人等量齐观的倾向中。

着眼于通俗道德的"兴趣"(窍门:把伟大的渴望、统治欲和占有欲变成德性的保护者)

何以对一切必须赊欠和要求借贷的东西,各色商人和贪婪者都必须坚持要求相同的品质和相同的价值观念:所有世界贸易和交换可以说都在强求和收买德性。

国家亦然,官员和士兵的一切统治欲也是如此;科学亦

然，为了以信赖和节约力气的态度来工作

教士亦然。

——也就是说，在这里就在强求一种通俗道德，因为借此能争得一种优势；而且为了使这种道德取得胜利，就要对非道德性实施战争和暴力——根据何种"权利"呢？根本不是根据什么权利：而是依照自我保存的本能。相同的阶级在非道德性对它们有用场的地方就利用非道德性。

9[174]

(124)

　　力的增殖，尽管有个体的暂时衰落

——对一种新水平的证明

——一种积聚力量的方法论，保存小成绩，与不经济的浪费相对立

——破坏性的本性暂时得到征服，成为这种未来经济制度的工具

——保存弱者，因为巨量的细微劳动是必须有人做的

——保存一种信念，使弱者和受苦者还有可能生存

——培植作为本能的团结，反对恐惧本能和奴性本能

——与偶然性作斗争，也与"伟人"的偶然性作斗争

9[175]

(125)

　　德性的庇护。

占有欲
统治欲
懒惰 　　所有人都对德性这件事感兴趣:
幼稚 　　因此它稳如泰山。
害怕

9[176]

⟨(126)⟩

对于斯宾诺莎,歌德说:"我感到自己与他很近,尽管他的精神世界要比我的深刻得多,纯粹得多",——歌德有时把斯宾诺莎称为他的圣徒。

9[177]

(127)

  周游于现代心灵的整个圆周,遍历它的每个角落——此乃我的野心、我的折磨,也是我的幸福

  真正地克服悲观主义——;一道歌德式的目光,充满作为结果的爱意和善意。

请注意!我的著作应当包含一种对我们这个世纪的综观,对整个现代性、对既有"文明"的综观。

9[178]

(128)

    三个世纪。

它们各各不同的敏感性的最佳表现:

贵族主义：笛卡尔，理性的统治地位，意志自主性的证明

女权主义：卢梭，情感的统治地位，感觉自主性的证明

（虚伪的）

兽性主义：叔本华，欲望的统治地位，兽性自主性的证明

（更诚实，但也更阴暗）

十七世纪是贵族主义的，规矩有序，高傲地反对兽性，严格地对待心灵，"不温和"，甚至毫无情感，"非德国的"，厌恶滑稽戏和自然之物，概括化，对过去很有把握：因为它相信自己。大量骨子里的食肉动物，大量禁欲习惯，为的是保持主人地位。意志刚强的世纪；也是有强烈激情的世纪。

十八世纪是由女人统治的，热情奔放，卖弄风趣，平淡乏味，但带有一种为愿望、心灵效力的精神，在享受精神极致方面显得放荡，暗中销蚀一切权威；醉态的、喜悦的、明亮的、人道的、对自己作假、大量骨子里的流氓、社会性的……

十九世纪是更兽性的、更隐秘、更丑陋、更实在、更粗俗，而且恰恰因此"更好"、"更诚实"、对任何"现实"更卑躬屈膝、更真实，毫无疑问；更自然；然而意志薄弱，哀伤，模糊而贪欲，又是宿命论的。无论对于"理性"还是"心灵"，都是既不害怕又不崇尚；深深地相信渴望的统治地位（叔本华说"意志"；但他的哲学的最大特征却是：其中没有意志，对真正的意愿的绝对否定）。甚至道德也被还原为一种本能（"同情"）。

[9.1887年秋]

孔德是十八世纪的延续(心灵统治头脑,认识理论上的感觉论,利他主义的梦幻)

科学在此程度上已经独立自主了,这证明十九世纪已经摆脱了理想的支配地位。某种愿望上的"无需要状态"才使我们有可能实现我们的科学好奇心和严格性——这是我们的一种德性……

浪漫主义是十八世纪的后颤音;一种堆积起来的渴望,要求十八世纪对伟大风格的狂热(——事实上是演戏和自欺:人们曾想表现强大的本性、伟大的激情)

十九世纪本能地寻求那些理论,借助于这些理论,这个世纪感到它对事实的宿命式的屈服是完全合理的。黑格尔反对"感伤"和浪漫理想主义的成就已经见于他的思想方式的宿命论特性,表现在他对胜利者方面的更伟大理性的信仰,以及他对现实"国家"(取代"人类"等等)的辩护。叔本华:我们是某种蠢货,充其量也就是某种扬弃自身的东西。决定论的成就,对从前被视为绝对的"约束性"的系谱学划分,关于环境和适应的学说,把意志还原为反射动作,对作为"作用因"的意志的否定;最后——是一种真正的改名换姓:人们极少看到意志,以至于这个词语变得毫无约束,不足以标识某个他物了。

其他理论:关于客观的、"无意志的"考察的学说,作为通向真理的唯一道路;也是通向美的唯一道路;机械论,机械过程的可计算的呆板性;所谓"自然主义"。对作为原则的选择性的、定向性的、阐释性的主体的消除——也包括对"天才"的

信仰，为的是拥有一种屈服权

康德，以其"实践理性"，以其道德狂热，成就了整个十八世纪；还完全外在于历史运动；根本没有看到他那个时代的现实，譬如革命；丝毫未受希腊哲学的影响；义务概念的幻想家；感觉论者，带着独断论纵容的隐秘癖好——我们这个世纪里回到康德的运动，是一场回到十八世纪的运动：人们意欲为自己重新谋求一种对旧理想和旧幻想的权利，——因此就是一种"设定界限"的认识论，也就是一种允许任意地设定理性之彼岸的认识论……

黑格尔的思想方式与歌德的思想方式没有多少差别：听听歌德关于斯宾诺莎的谈论。要把万物和生命神化的意志，以便在自己的直观和论证中获得安宁和幸福；黑格尔处处见出理性，——在理性面前，人们不能屈从，不能满足。在歌德身上有一种近乎欢乐的和令人信服的宿命论，这种宿命论不事反抗，不知疲乏，力求从自身中构成一种总体性，那是一种信仰：相信唯有在总体性中一切才能得救，才能显出善良和合理。

歌德于自身中发掘和克服他的十八世纪：革命者的多愁善感、自然热情、非历史性、理想主义、非务实和不实在；他求助于历史学、自然科学、古典文化，斯宾诺莎也是这样（作为至高的现实主义者）；首要地，带有完全固定的视野的实践活动；他没有与生活隔离；他并没有畏缩，尽可能多地承担，超越自身，实现自身，——他要的是总体性，他反对理性、感性、感情、意志的分离，他严于律己，自我教化……他肯定一切伟大的现

[9.1887年秋]

实主义者(拿破仑——歌德的至高体验)

9[179]

(129)

歌德:一种克服十八世纪的卓越尝试(回到一个文艺复兴时期的人的种类),来自这个世纪的一种自制:他在自身中激发了这个世纪最强大的欲望,并且把它推向结束。但他为其个人所达到的东西,并不是我们的十九世纪……

——他构想了一个有高度教养的、控制住自身的、敬畏自身的人,后者不敢让自己获得心灵和自然状态的全部丰富性(直到闹剧和滑稽戏),因为他是十分强大的,足以做到这一点;这种宽容大度之人并非来自虚弱,而是来自强大,因为他懂得把通常人物毁灭的原因利用为对他的推进;这是一种极其广博的,但并不因此而混乱的人。他的补充是拿破仑(稍为逊色的是弗里德里希大帝),拿破仑同样接过了反对十八世纪的斗争。

请注意!在某种意义上讲,十九世纪也追求歌德为自己所做的一切:一种理解、赞成、坐视的普遍性是他所特有的;一种放肆的实在论,一种对事实的敬畏——何以总结果不是歌德,而是一种混沌,一种虚无主义,一种毫无成效,后者又可以不断追溯到十八世纪(例如作为浪漫主义,作为利他主义,作为女权主义,作为自然主义)

9﹝180﹞

(130)

　　亨德尔①、莱布尼茨、歌德、俾斯麦——德意志强大种类的典型代表。毫无疑虑地生活在种种对立之中,充满了那种提防信念和教条的灵活力量,其做法是:利用一方反对另一方,又为自己保留了自由。

9﹝181﹞

(131)

　　一个体系学者,一个哲学家,他再也不愿对自己的精神承认:他活着,他犹如一棵树枝茂叶盛,贪婪地蔓延,绝对不知道休止,直到他从自己身上切掉了某种无生命的东西,某种木质的东西,一个方方正正的枯枝,一个"体系"。——

9﹝182﹞

(132)

　　"没有基督教信仰,帕斯卡尔认为,你们就会成为自己,恰如自然和历史,一个庞然大物和一个混沌世界。"②我们已经实现了这个预言:在虚弱而乐观的十八世纪把人类美化和理

---

① 应指格奥尔格·弗里德里希·亨德尔(Georg Friedrich Händel, 1685-1759):德国作曲家。重要作品有清唱剧《以色列人在埃及》、《弥赛亚》、《参孙》等,管弦乐曲《水上音乐》等。——译注

② 后半句原文为法文。——译注

[9.1887年秋]

性化之后

叔本华与帕斯卡尔。在一种本质性意义上,叔本华是重新接纳帕斯卡尔运动的第一人:一个庞然大物和一个混沌世界,①因此是某种必须否定的东西……历史、自然和人本身!

我们无能于认识真理,这种无能乃是我们的堕落、我们的道德沉沦的结果:帕斯卡尔如是说。而这根本上也是叔本华的主张。"理性之堕落越深重,救世学说就越有必要"——或者,以叔本华的说法,越有必要否定

9[183]

(133)

十七世纪为人所苦恼,同样也为一大堆矛盾所苦恼,我们是"一堆矛盾"②;这个世纪力求发现人、整理人、发掘人:而十八世纪却力求把人们对人的本性的知识遗忘掉,旨在使人适应自己的乌托邦。"浅薄、温和、人道"——追求"这种人"——

十七世纪力求抹掉个体的痕迹,以便使作品尽可能地类似于生活。十八世纪则力求通过作品而对作者感兴趣。

十七世纪在艺术中寻求艺术,即文化的一个片段;十八世纪用艺术来为对社会本性和政治本性的改革作宣传。

---

① 原文为法文。——译注
② 原文为法文。——译注

"乌托邦"、"理想人"、自然神性化、出风头的虚荣、对社会目标宣传的屈从、江湖骗术——这就是我们从十八世纪得到的东西。

十七世纪的风格:确切、精确和自由(propre, exact et libre)

强大的个体,自满自足或者在上帝面前热心出力——与那些现代作者的纠缠不休和急色匆忙,——这是一些对立面。"自我生产"——这可以与波尔-罗雅尔的学究们相比较。

阿尔菲爱里①对伟大的风格有感觉

对滑稽戏(有失体面者)的仇恨,自然意义的缺失,这是十七世纪的要素之一。

9[184]

(134)
卢梭:规则建基于情感
自然作为公正之源泉

---

① 维克多·阿尔菲爱里(Vittorio Alfieri, 1749-1803):意大利剧作家、诗人。剧作有《克娄巴特拉》、《索尔》、《安提戈涅》等,另著有《自传》、《文学原理》等。——译注

[9.1887年秋]

人完善自身的尺度就是人对自然的接近(在伏尔泰看来,就是人对自然的疏远。

相同的时代,对一方来说是进步、人道的时代,而对另一方来说就是不公和不平等的恶化时代。

伏尔泰还是在文艺复兴意义上理解人性(humanità)的,他对于德性(virtù)(作为"高等文化")的理解亦然。他为诚实的人(honnêtes gens)和有教养的人(de la bonne compagnie)的事业而战斗,为趣味、科学、艺术事业而战斗,为进步本身和文明事业而战斗。

1760年前后战斗打响了:这位日内瓦公民和图尔那主人(le seigneur de Tourney)①。只是从那时起,伏尔泰才成为他那个世纪的伟人,成为哲学家、宽容的代言人和无信仰的鼓吹者(在此之前,他只不过是一个才子(un bel esprit))。对卢梭的成就的妒忌和仇恨推动他前进,使他"登上高峰"——

——对于"庸众",有一个赏罚分明的上帝②——伏尔泰。

批判两种有关文明价值的观点。

社会的虚构,在伏尔泰看来最美好的虚构,除了维持和完善它,没有更高的目标了;恰恰这就是尊重社会风俗的正派人(honnêteté);德性是一种服从,一种为了维护"社会"而对某些必要的"偏见"的服从。

---

① 图尔那(Tourney):瑞士地名,位于法国与瑞士交界处。伏尔泰晚年曾在图尔那附近的凡尔那(Ferney)小镇修建别墅居住。——译注
② 此句原文为法文。——译注

448　　　　文化传教士、贵族、常胜的统治阶层及其估价的代表。但卢梭始终是粗俗之人，即便身为文人①，这是闻所未闻的；他对他自身之外的一切事物的无耻蔑视。

　　卢梭的病态多半为人们所赞赏和模仿。（拜伦勋爵与他意气相投：也拧足了劲谋求崇高的仪态，谋求充满仇恨的愤怒；"卑劣行径"的标志；后来，通过威尼斯获得了平衡，他明白了什么更轻松更愉快……无忧无虑（l'insouciance））

　　尽管出身不好，他却为他自己的身份感到骄傲；不过，如果有人向他指出他的出身，他就会失去自制……

　　卢梭无疑患了精神病，伏尔泰却是异乎寻常地健康而轻松。病人的怨恨；他精神错乱的时期也就是他蔑视人类的时期，以及他怀疑的时期。

　　卢梭对天意（Providenz）的辩护（反对伏尔泰的悲观主义）：他需要上帝，才能诅咒社会和文明；万物必定本身就是善的，因为是上帝创造了万物；唯有人才使人堕落。作为自然人的"善人"是一种纯粹的幻想；然而，凭着关于上帝这个作者的教义，就是某种可能的和有根据的东西了。

　　　　　　　　卢梭的影响：
把愚蠢视为伟大，浪漫主义（不是最强大者的第一例）
"不受限制的受难权"
"自我的畸形扩展"

---

① 原文为法文。——译注

"自然情感"

"一百年以来,人们在政治上都把一位病人当作领袖"

卢梭的浪漫主义①

激情,

"自然性"

疯狂的魅力

庸众的怨恨作为法官

弱者荒唐的虚荣

9[185]

(135)

我重新提出这些尚未了结的问题:

文明问题,1760年前后卢梭与伏尔泰之间的斗争

人会变得更深刻、更多疑、"更不道德"、更强大、更自信——而且因此"更自然"——这就是"进步"

(与此同时,通过一种劳动分工,变坏的阶层与变得温顺听话的阶层就会相互分化:结果是,总体事实不能直接引人注意了。)……强大的力量、强大力量的自制和魅力意味着:这些强大的阶层拥有使人们把他们的变坏当作某种高级的东西来接受的艺术。每一种"进步"都包含着一种重新解释,即把强化了的因素重新解释为"善"(也就

---

① 原文为法文。——译注

是说———

9［186］

(136)

十九世纪的难题。它强大的方面与虚弱的方面是不是相互联系在一起的？它是不是由同一块木头雕刻而成的？它的种种理想及其矛盾的差异性，作为某种更高级的东西，是不是由一个更高的目的决定的呢？——因为，那种成就伟大的先行规定或许就在于，在此范围内、在激烈的张力关系中生长。不满足状态、虚无主义，可能成为一个良好的标志。

9［187］

贝勒①生于1783年1月23日

9［188］

一本为了思想的书，此外无他：它属于那些以思想为乐趣的人们，此外无他……

它是用德语写成的，这一点至少是不合时宜的：我但愿它是用法语写的，以便它不至于表现为对德意志国界内无论哪一种语音的提倡。

关于思想的书，——它们属于那些以思想为乐趣的人们，此外

---

① 贝勒（Henri Beyle）为法国作家司汤达（Stendhal）的笔名。——译注

无他……今天的德国人再也不是什么思想者了:他们别有乐趣和疑虑。作为原则的权力意志或许是他们难〈以〉理解的……正因此,我曾希望我的查〈拉图斯特拉〉不是用德语写成的

我怀疑一切体系和体系学者,对所有这些人退避三舍:也许人们还会在这本书背后发现我躲避过的体系……

追求体系的意志:在一个哲学家那里,用道德的说法,是一种更精致的堕落,一种性格毛病,用非道德的说法,是他想要装出比人们更愚拙的样子的意志——更愚拙,这意思就是:更强大、更简单、更有控制力、更没有教养、更能发号施令、更专横……

我不再重视读者:我如何能够为读者写作呢?……而我记录自己,为的是自己。

9[189]

在今天,恰恰在德国人中间最少有思索。但有谁知道呢!即便在两性中,人们也将不再需要民族权力挥霍的牺牲品,也即不再需要愚昧化了。

9[190]

我讲授查拉图斯特拉:但我何以能这样对德国人明珠暗投呢!

[10. 1887年秋]①

10[1]

Halkyonia[安静的日子]。

一个幸运儿的午后。

弗里德里希·尼采著。

10[2]

(137)

我的五个"否定"。

1.我反对罪责感以及把惩罚概念搅拌到物理世界和形而上学世界中去、同样也搅拌到心理学、历史解释中去的做法。洞见到以往所有哲学和价值评估中的道德化。

2.我对传统理想、基督教理想的重新认识和抽取,即便是在人们因对基督教的教条形式经营不善而致破产的地方。基督教理想的危险性隐藏在它的价值感中,隐藏在那个可能缺乏抽象表达的东西中:我反对潜伏的基督教(例如在音乐中,在社会主义中)

---

① 相应的手稿编号为:W II 2。——译注

[10.1887年秋]

3.我反对卢梭的十八世纪,反对他的"自然",反对他的"善人",反对他对情感的统治地位的信仰——反对人的娇弱化、虚弱化、道德化:一种理想,它产生于那种对贵族文化的仇恨,实际上就是那种放纵无度的怨恨感的支配地位,被虚构为斗争的标准。

——基督教徒的罪感道德

怨恨道德(一种贱民态度)

4.我反对浪漫主义,其中既有基督教理想又有卢梭的理想,而同时又带有一种对教士-贵族文化的古时代的思慕,〈对〉德性(virtù)、"强大的人"的思慕——某种极度杂交的东西;一种虚假的和仿效的更强大的人类,它看重的是极端状态,并且在其中看到了强大的标志("激情崇拜")

——对更强大的人、极端状态的要求

对最具表现力的形式、具有表现力的狂乱(furore espressivo)①的摹仿并非来自丰富性,而是来自匮乏。

(在诗人中间,例如斯蒂夫特和凯勒,②是更强大、内心健康的标志,作为———)

5.我反对群盲本能的优势地位,在科学与群盲本能串通一气之后;反对人们对一切等级制和间距的内心仇恨。

——在十九世纪,相对地从丰富性中产生出来的东西,惬

---

① 原文为意大利文。——译注
② 斯蒂夫特(Adalbert Stifter,1805-1868):奥地利小说家。著有长篇小说《晚来的夏天》、《维第科》等;戈特弗里德·凯勒(Gottfried Keller,1819-1890):瑞士德语作家。著有长篇小说《绿衣亨利》、《诗歌集》等。——译注

意地……
技巧、喜悦的音乐等等
伟大的技巧与创造性 ⎫
自然科学　　　　　　⎬ 十九世纪的强大、
历史学(?)　　　　　 ⎭ 自信的相对产物

455 **10[3]**

(138)

    我通向"肯定"的新道路。

  我对悲观主义的新理解,把它视为对此在(Dasein)可怕和可疑方面的一种自愿探寻:借此我就弄清楚了类似的过去现象。"一种精神能忍受和冒险一试多少'真理'"?关于它是不是强大的问题。这样一种悲观主义可能会通向那种狄奥尼索斯式的对世界的肯定形式,如其本身所是的那样:直到对其绝对轮回和永恒性的愿望:这或许就给出了一种关于哲学和感受性的全新理想。

  此在迄今为止一味被否定的各个方面不仅要被理解为必然的,而且要被理解为值得想望的;而且不光从迄今为止一直被肯定的方面来看是值得想望的(比如作为后者的补充和条件),而且是因为它们自身之故,作为此在更强大、更富成果、更真实的方面,其中更清晰地表达了此在的意志。

  必须对此在迄今为止一味被肯定的各个方面作出评估;必须把在此真正表示肯定的东西抽取出来(一方面是受苦者的本能,另一方面是群盲的本能,以及那第三种本能:大多数

人反对特立独行者的本能)

关于一个更高级的种类的构想,按以往的概念来看,这是一个"非道德的"的种类:它在历史中的征兆(异教的诸神、文艺复兴的理想)

10[4]

(139)

人们如何驾驭了文艺复兴时期的理想?十七世纪的人、十八世纪的人、十九世纪的人。基督教的复发(＝宗教改革),耶稣会教(Jesuitismus)与君主制度结盟

10[5]

(140)

十九世纪所发现的不是卢梭的"自然人",而是一个关于"人"的更真实形象,——它有勇气去发现……总的来看,这对基督教的"人"概念来说部分地就成了一种修复。人们没有勇气去做的事,就是对这种"自在之人"的径直赞同,以及在这种人身上确实地看到人类未来。同样地,人们也不敢把人之恐惧感的增长理解为每一种文化增长的伴生现象;在这一点上,人们始终还屈服于基督教的理想,并且站在这种理想一边去对抗异教,同样也对抗文艺复兴时期的德性(virtù)概念。但人们并没有因此获得解决文化问题的钥匙:而且实际上仍然停留在有利于"善人"的历史的伪币制造上(仿佛只有"善人"才是人类的进步),停留在社会主义理想上(亦即在摆脱了基

督教的世界里基督教和卢梭的残留物)

　　反对十八世纪的斗争:歌德和拿破仑对这个世纪的彻底克服。叔本华也与这个世纪斗争过;但他无意间回到了十七世纪,——他是一个现代的帕斯卡尔,具有帕斯卡尔的价值判断,而没有基督教……叔本华不够强大,不足以达到一种全新的肯定。

　　拿破仑:更高的和可怕的人的必然一体性得到了把握。"男人"得到了恢复;而女人重又从蔑视和恐惧中赢得了应有的赞许。"总体性"作为健康和最高的积极性;行动中的直线、伟大风格被重新发现了;最强大的本能,生命本身的本能,即统治欲,得到了肯定。

10[6]

(141)

　　请注意!只要有人好意思以某种方式在自身那里抓住情感的一种多〈余的〉基督性,那他就不是我们中的一员:在我们这里,旧理想问心无愧……

10[7]

(142)

　　想一想:何以对神性天命的危险信仰还一直延续下来——它是历史上存在过的对人和理性来说最有麻痹作用的信仰了;何以在"自然"、"进步"、"完美化"、"达尔文主义"的公式的影响下,在关于幸福与道德、不幸与罪责的某种一体性关系的迷信的影响下,基督教的预设和阐释还一直香火不断。那种对事物运动、"生命"、"生命本能"的荒谬信赖,那种庸人的听天由命,也就是相信人人都只须履行自己的义务,一切就能良好运作——诸如此类的东西要有某种意义,就只有假定事物是 sub specie boni[由善的方式]引导的。即便是宿命论,我们今天的哲学感受性形式,也是那种关于神性命定的最长久信仰的一个结果,一个不自觉的结果:就仿佛万物如何运作恰恰与我们无关(——仿佛我们可以听任万物运行:每个个体本身都只是绝对实在性的一种模式——)

人们把下述各项归诸基督教:

把罪责和惩罚概念搅拌到一切概念中

对道德的胆怯

对事物运动(向"更好"运动)的愚蠢信赖

对自身的心理欺诈。

10[8]

(143)

社会内部的一种情绪分工:结果是个体和阶层都去培养那种不完整的,但恰恰因此更有用的心灵种类。何以在社会内部的每一个类型那里,某些情绪几乎退化了(根据另一种情绪的更强大发展来看)。

关于对道德的辩护:

经济学的辩护(目的是尽可能利用个体之力量,反对对一切特殊例外的东西的浪费)

美学的辩护(提高坚固的类型连同对本己类型的快感)

政治的辩护(作为经受住不同权力等级之间的沉重张力关系的艺术——

生理学的辩护(为了支持失败者和平庸者而作的那种估价的虚构优势——旨在保存弱者

10[9]

(144)

每一种理想都是以爱与恨、尊重与蔑视为前提的。primum mobile[第一推动力]要么是积极的情感,要么是消极的情感。譬如,在所有怨恨理想中,仇恨和蔑视都是primum mobile[第一推动力]。

10[10]

(145)

对以往理想的经济学估价

立法者(或者社会本能)挑选一部分状态和情绪,通过它们的活动,一种调节功能得到了保证(一种机械论,作为那些情绪和状态的有规则的需要的结果)

假如这些状态和情绪带有令人痛苦的成分,那么,就必须找到一个手段,通过一种价值观来克服这种痛苦,使人感受到痛苦是有价值的,也就是在更高意义上快乐的。用公式来表述:"某种不快如何变成愉快?"例如,当它能够充当力量、权力、自制的证据时,或者当我们对法律的服从、适应得到尊重

的时候。同样也作为集体精神、同胞意识、祖国意识的证据，我们"人道化"、"利他主义"、"英雄主义"的证据

人们乐于做不快之事——理想的意图所在。

10[11]

(146)

我尝试一种对德性的经济学辩护。——这项任务就是要尽可能地〈去〉利用人，并且尽可能地使得人接近于准确无误的机器：为此目的，人就必须用机器之德性装备起来（——人必须学会把他机器般有用地劳作的状态感受为最高价值的状态；为此就亟需尽可能地使他对其他人失去兴趣，尽可能使他变得危险和臭名昭著……）

在这里，第一块绊脚石就是所有机械活动所造成的无聊、单调。学会忍受这种无聊、单调，而且不光是忍受，也要学会看到这种无聊为某种更高的刺激所围绕：这就是迄今为止所有高等教育事业的任务。学会某种与我们毫不相干的东西；而且就在其中，在这种"客观的"活动中感受到自己的"义务"；学会把欲望与义务相互区分开来加以估价——这就是高等教育事业不可估量的使命和成就。因此，迄今为止的语文学家自在地都是教育家，因为他的活动本身就是一种迈向卓越的单调活动的典范：以他为旗帜，青少年学会了"死记硬背"，这乃是他们将来机械地、优异地完成义务的第一个先决条件（作为国家官员、丈夫、办公文秘、报纸读者和战士）。这样一种生存也许比任何其他类型更需要一种哲学上的辩护和美化：从

某个可靠的主管机关出发,适意的情感根本上必须被贬降为低贱的等级;"自在的义务",也许甚至就是着眼于一切不适意之物的敬畏的激情——以及这样一种超越所有功利性、愉悦性、目的性的要求,乃是雄辩的、命令式的……机械的生存形式乃是最高的、最值得尊敬的生存形式,是自我崇拜的。
(——类型:康德乃是"你应当"这个形式概念的狂热信仰者)

10[12]

哲学家以及其他更高级的保姆,青年人就在他们的胸脯上吮吸智慧之奶

10[13]

(147)

对生物学家虚假的"利他主义"的嘲笑:变形虫的繁殖表现为掷掉包袱,表现为纯粹的优势。排泄无用的材料

10[14]

人们如何使德性取得了支配地位。
一篇 tractatus politicus[政治探讨]。
弗里德里希·尼采著。

10[15]

(148)

连续体(continuum):"婚姻、财产、语言、传统、家族、家

庭、民族、国家",这些构成高低秩序的连续性。有关这个连续性的经济学就在于不断劳动的优势的过剩,也在于劣势的激增:它的部件更替和持续化的更大代价。(起作用的部件的增多,它们其实经常空闲着,于是就有更大的置办代价,用于保存的代价也颇可观。)优势在于,避免中断,节省由于中断产生的损失。没有比新的开端更昂贵的了。

"生命此在的优势越大,保存和创造的代价也就越大(食物和繁殖);由于已经达到的生命高度而导致毁灭的危险和可能性也就越大"。

10[16]

(149)

"低等生存与高等生存之间的区分在技术上是站不住脚的,因为任何一个动物、任何一种植物,都以尽可能完美的方式去实现自己的使命;迟钝甲虫的飞行并不比蝴蝶为自己使命所作的翩翩起舞更不完美。这个区分是一个经济学的区分;因为复杂的有机体能够成就更多又更完美的工作,而且从这些成就中得到的好处是如此之大,以至于借此超过了已经显著地提高了的保存成本和创造成本。"

10[17]

(150)

必须证明的必然性:一种对人和人类的越来越经济的消耗、一种关于利益和功效的越来越坚固的相互缠绕在一起的

"机构",包含着一种对立运动。我把这种对立运动称为对人类的一种奢侈和过剩的离析(Ausscheidung):在其中应当出现一个更强大的种类,一个更高级的类型,后者具有不同于普通人的形成条件和保持条件。众所周知,对于这个类型,我的概念、我的比喻就是"超人"(Übermensch)一词。

在上述第一条道路上(它现在完全可以一览无余了),会出现适应、平坦化、更高的中国特性(Chinesenthum)[①]、本能的谦逊、对人之缩小过程的满足——人之水准的一种停滞状态。如果我们首先具有那种必然即将来临的全球经济总体管理,那么,人类作为机器就可能在为之效力过程中找到自己的最佳意义:作为一个由总是越来越细小、越来越精微地"适应"的齿轮组成的巨大齿轮体系;作为一个越来越使所有居支配地位的和发号施令的元素成为多余的过程;作为由巨大的力组成的整体,其个别的要素就是最小力、最小价值。与这样一种使人缩小并且使人适应一种专门化功用的过程相对立,需要有相反的运动——即生产综合性的、累积性的、辩护性的人,对这种人来说,那种人类的机械化就是此在(Dasein)的一个先决条件,作为他赖以为自己发现更高存在形式的一个基座……

他同样也需要人群、"平庸者"的敌对态度,与后者相比的距离感;他特别喜欢他们,以他们为生。这种更高形式的贵族

[①] 尼采在此似乎意指人类(作为管理机器中的一个齿轮)的一种适应服从的和千篇一律的存在方式。——译注

制度就是未来的形式。——从道德上来说,上面讲的那个总体机械,即所有齿轮的团结合作,乃是对人类的剥削的极致:但它是以使这样一种剥削具有意义的人们为前提的。要不然,它事实上就只是对人这个类型的总体缩减,价值缩减,——这是一种最大的衰退现象。

——人们看到,我所反抗的乃是一种经济学乐观主义:仿佛随着所有人不断增长的开支,所有人的利益也必然会增长。然而在我看来情形恰恰相反,所有人的开支将累积成一种总体损失:人将变得更渺小;——结果是人们再也不知道这个巨大的进程到底是为何服务的。一个为何?一个新的"目的"吗?——这正是人类所必需的……

10[18]

(151)

以营养和消化为比喻来说明"现代性"。

感受性,非常地敏感(——在道德主义的盛装下作为同情的增强——),互相矛盾的印象前所未有地丰富:——膳食、文学、报纸、形式、趣味,甚至风景等等的世界主义。

这种涌入的速度是一种最急板的速度;印象被抹掉了;人们本能地拒绝接纳、深化某个东西,拒绝"消化"某个东西

——其结果是消化能力的削弱。于是就会出现一种适应,对这样一种印象堆积的适应;人荒疏了动作;他只还从外部对刺激作出反应。他分发自己的力量,部分用在占有上,部分用在防御上,部分用在反击上。

自发性的深度削弱：——历史学家、批评家、分析者、阐释者、观察者、搜集者、读者——全体都是反应的天才：全体皆科学！

把自己的本性人为地装扮为"镜子"；有趣，但可以说只是表皮的有趣；一种根本的冷漠，一种均衡，靠近薄薄的表层下面的一种固定的低温，而在这个表层上面有温暖、运动、"风暴"、波浪的嬉戏

外部的灵活性与某种深深的沉重和疲乏的对立。

465 **10[19]**

(152)

实体概念是主体概念的一个结果：并不是反过来！如果我们放弃心灵、"主体"，那就在根本上失去了"实体"的前提条件。人们会获得存在者的等级，人们会丧失这个存在者。

对"现实性"的批判："现实性的多或者少"，也就是我们所相信的存在等级，将通向何方？

我们的生命感和权力感的程度（被体验者的逻辑和联系）给予我们"存在"、"实在性"、非假象的尺度。

主体：这是表示我们对一种统一性的信仰的术语，即在最高的实在感的所有不同要素中间的统一性：我们把这种信仰理解为一种原因的结果，——我们相信我们的信仰到了这样的地步，以至于为了这种信仰的缘故，我们竟虚构了"真理"、"现实性"、"实体性"。

"主体"乃是虚构，仿佛我们身上许多相同的状态是由一

个基体(Substrat)导致的结果。然而,是我们首先创造了这些状态的"相同性";把这些状态设为相同并且对它们作出安排,这是事实,而不是相同性(——后者毋宁说是必须否定的——)

10[20]

(153)

存在着这样一些情形,在其中,有一种为我们作证的同情令人愤怒:例如,径直在一种异乎寻常的本身具有自在价值的行动之后。可有人却祝贺我们,说"我们了结了这个行动",等等。

在我的批评者身上,我常得出一种无赖的印象:并不是人们说了些什么,而是我说了些什么这一事实以及何以恰恰是我能够这样说——这似乎就是他们唯一的兴趣了,一种犹太人的纠缠劲头,对于后者,大家实际上是以拳打脚踢作答的。466人们对我作出评判,为的是⟨要⟩与我的作品脱尽干系:人们宣布它的起源问题——这被认为足够了——已经解决了。

10[21]

(154)

宗教

在原始人内在的心灵家当(Seelen-Haushalt)中,对恶的恐惧占着优势。什么是恶呢?概有三件:偶然、不确定、突发。原始人是怎样与恶作斗争的呢?——他把恶设想为理性、权力、人格。由此他就赢得了与上述三者达成一种合约,并且先行对它们施加影响的可能性,——先发制人。

——另一种解救办法就是,断言这些恶事和害处只是表面的、虚假的:人们把偶然、不确定、突发事件的结果解释为善意的、有意义的⋯⋯

——首要地,人们把坏事阐释为"应得的":人们把恶当作惩罚来辩护⋯⋯

——总而言之:人们屈服于恶:整个道德的和宗教的阐释都只是一种对恶的屈服形式。

——相信恶中有善意,这种信仰就意味着放弃与恶作斗争。

现在,整个文化史都表现为那种对偶然、不确定、突发事件的恐惧心理的减退。所谓文化就是让人学会算计,学会因果思维,学会先发制人,学会对必然性的信仰。随着文化的增长,那种原始的对祸恶的屈服形式(被称为宗教或者道德)、那种"对祸恶的辩护",对人类来说就变得多余了。如今,人类发动了对"祸恶"的战争——他要取消之。是的,一种充满安全感、对于规律和可预见性的信仰的状态是有可能的,在其中它就作为厌倦进入意识之中,——对偶然、对不确定和突发事件的乐趣作为痒痒的刺激突现出来⋯⋯

让我们在这个最高文化的征兆那里停留片刻——我称之为强者的悲观主义。

人类现在再也不需要一种"对祸恶的辩护"了,他径直反对这种"辩护":他要完全彻底地(pur,cru)享受祸恶,他发现毫无意义的祸恶是最有趣的东西。如果说人类从前不得不有一个上帝,那么,现在令他欣喜的则是一个没有上帝的无序世界,一个偶然世界,其中充斥着恐怖、模糊、诱惑的世界……

在这样一个状态中,需要一种"辩护"的恰恰是善,也就是说,善必须有一个凶恶的和危险的根基,或者说,必定在自身中包含着一种大愚蠢:于是就还讨人喜欢。

现在,动物性不再激起残暴了;一种富有才智的和幸运的傲慢自负有利于人中禽兽,在这样的时代就是精神的最得意洋洋的形式。

现在,人类变得十分强大,足以对一种上帝信仰感到羞愧了:——现在人类可以重新扮演 advocatus diaboli[魔鬼律师]的角色了。

如果人类实际上是赞成对德性的维护的,那么,他之所以这样做,就是为了那样一些原因,也即在德性中让人看出一种精巧、狡诈、利欲形式和权力欲形式的那些原因。

甚至连这样一种强者的悲观主义,最后也不免终结于一种神义论(Theodicee),亦即一种对世界的绝对肯定,但为的是人们从前借以否定世界的那些原因:而且就如此这般地构想了这个世界,即事实上已经达到的最大可能的理想……

10[22]

(155)

总体认识。

事实上,任何一种伟大的增长也都会带来一种巨大的分裂和消亡：

痛苦、没落的征兆属于大步前进的时代。

人类每一种可怕而强大的运动一道创造了一种虚无主义运动。

有时候，一种影响深远的、极其重要的增长的标志，向新的此在条件过渡的标志或许就在于：悲观主义的极端形式，即本真的虚无主义，诞生了。

这一点我已经理解了。

10[23]

(156)

总体认识：我们现代世界的模棱两可的特征，——正是这类征兆可能指向没落和强大。而且强大、努力争得的成熟状态的标志，可能由于传承下来的（落后的）情感贬值而被误解为虚弱。质言之，情感作为价值感并不处于时代巅峰

推而广之：价值感始终是落后的，它表达的是一个很早时代的保存－增长条件：它与新的此在条件作斗争，它并不是从这些条件中成长起来的，并且必然误解了这些条件，教人们要怀疑地看待这些条件，等等：它阻碍新事物，唤起对新事物的怀疑……

例子：———

10[24]

(157)

艺术的道德化。艺术乃是摆脱了道德〈的〉狭隘化和褊狭

[10.1887年秋]

观点的自由;或者,是对道德的狭隘化和褊狭观点的嘲讽。向自然逃遁,在那里,自然的美与恐怖配成一对。伟人的构想。

——脆弱的、无用的奢侈灵魂,吹一口气就能使它们变得暗淡无光,"美丽的灵魂"

——唤醒那些已经苍白不堪的理想,它们带有无情的严厉和野性,成了它们所是的最壮丽的怪物

——一种幸灾乐祸的享受,享受那种心理学的观点,即认识到所有道德化的艺术家那里违心的弯弯曲曲和装模作样。

——艺术的虚假性,——把它的非道德性揭露出来

——把"理想化的基本权力"(感性、陶醉、极丰富的动物性)揭露出来

10[25]

(158)

错误的"强化"

在浪漫主义中:这种持续的表现力(espressivo)并不是强大的标志,而是一种匮乏感的标志

诗情画意的音乐,即所谓的戏剧音乐,首要地是更为轻松的(就像自然主义小说中对行为(faits)和特征(traits)的粗暴兜售和罗列)

"激情",神经和疲乏心灵方面的一件事;就像人们对高山、荒漠、暴风雨、放荡和丑陋的享受,——对大量之物和坚固之物的享受(譬如在历史学家那里

事实上确有一种对情感放纵的崇拜。何以强大的时代具有一种相反的艺术需要——需要一种对激〈情〉的超越〈?〉

乐队音乐的色彩、和谐、神经质粗暴；小说中刺目的色调对于令人激动的材料的偏爱（性爱或者社会主义或者病理学；这一切都是标志，表明今天人们是为谁而工作的，为劳累过度者和精神涣散者或者被削弱者。

——人们必须施暴，才能从根本上发挥作用。

10[26]

(159)

结论。——我们终于敢为规则辩护了！

10[27]

(160)

科学，它的两个方面：

着眼于个体

着眼于文化复合体（所谓"水平"）

——根据前一个方面和后一个方面，作出的是对立的估价。

10[28]

(161)

取代"社会"，文化复合体乃是我的主要兴趣（可以说作为整体，相关于它的组成部分）

10[29]

(162)

人们必须用什么样的手段来对待粗野的民众,而且,手段的"野蛮"决不是肆意和任意的东西。当人们以其所有欧洲式的娇惯一度被置于那种必然性之中,不得不在刚果或者无论什么地方去主宰野蛮人,这时候,人们实际上就能一清二楚地理解上面这一点了。

10[30]

(163)

对总体权力之增长的认识:清算一下,何以这样一种增长也包括了个人的、阶层的、时代的、民族的评价在内。

一种文化的重心的推移。

每一种大增长的代价:谁来承担啊!何以这种代价现在必定是庞大无比了。

10[31]

大革命使拿破仑成为可能:这就是对大革命的合法性辩护。以一个类似的代价,人们一定会期望我们整个文明的无政府主义式的倒塌。拿破仑使民族主义成为可能:这就是对民族主义的限制。

多么陈腐呵,撇开道德性和非道德性不谈:因为凭此类概念,我们甚至还不能触及到一个人的价值。

人们开始———

一个人的价值并不在于他的有用性:因为即使他对任何人都没有用处,他也会存在下去。还有,为什么恰恰这个散发出极其有害作用的人就不可能成为整个人类的顶峰:如此崇高,如此优越,以至于万物由于嫉妒而毁灭在他身上

472 **10[32]**

(164)

A. 通向权力之路:以一种旧德性之名来推行新德性
: 为之激发出"兴趣"("幸福"作为其结果,而且是相反的)
: 针对其阻力的诽谤技巧
: 充分利用优势和偶然事件去美化它
: 通过牺牲和孤立而把它的追随者变成狂热分子
: 伟大的象征手法

B. 已经达到的权力
1)德性的强制手段
2)德性的诱惑手段
3)德性的礼仪(宫廷侍从)

10[33]

(165)

——艺术家并不是具有伟大激情的人,尽管他们老是向我们、也向自己唠叨这一点。而且这有两个理由:他们缺乏对于自身的羞耻感(他们盯着自己,因为他们活着;他们埋伏起来,他们过于好奇了……),而且也缺乏对于伟大激情的羞耻

感(他们剥削作为艺术家的自身,他们的天赋贪得无厌……)

而其次:1)他们的吸血鬼,他们的天赋,经常会嫉妒他们这样一种对力量(也叫激情)的挥霍;2)他们的艺术家的贪婪保护他们,使他们免于激情之苦。

有了一种天赋,人们也会成为一种天赋的牺牲品:人们生活在自己的天赋的吸血鬼的控制下,——人们生活———

人们不能通过表现激情来对付自己的激情:而毋宁说,如果人们把激情表现出来,那么他就与激情断绝了关系。(歌德则有另一番教诲:在这里他想要误解自己:一个像歌〈德〉这样的人感受到了不精致①

10[34]

——两种虚无(Nichtsen)之间的一道裂口——

10[35]

(166)

——恶习与某种确然令人难堪的东西紧紧联系在一起,以至于说到底,为了摆脱这个与自己联系在一起的东西,人们就得避开恶习。著名的唐豪舍②事件就是这样。在瓦格纳的音乐中,唐豪舍丧失了耐心,在女人维纳斯(Venus)那里再也

---

① 此句似未完。——译注
② 唐豪舍(Tannhäuser):德国传说中的流浪骑士,瓦格纳同名歌剧的主角。——译注

按捺不住自己了;突然间,德性战胜了诱惑;有一位图林根[①]少女大受赞扬;而且,用最强烈的讲法,他甚至喜欢沃尔夫拉姆·冯·埃申巴赫[②]的曲子……

10[36]

(167)

——今天我们这些宿命论者,最终会更多地为摩尔人舞蹈所具有的淫荡伤感所触动,而不是为德国华尔兹舞的维也纳式的性感所感动——后者乃是一种过于妖艳、过于单调的性感。

10[37]

(168)

现代艺术乃是一种制造残暴的艺术。——粗糙的和鲜明的线条逻辑(Logik des Lineaments);动机被简化为公式,——公式乃是折磨人的东西。在线条范围内出现了一种野蛮的杂多性,一种巨大的量,令感官迷乱;色彩、质料、欲望的凶残性。例如:左拉、瓦格纳;在更精神性的秩序上是泰纳。总的说来就是逻辑、巨量和凶残……

---

① 德国地名。——译注
② 沃尔夫拉姆·冯·埃申巴赫(Wolfram von Eschenbach,约1170—1220):德国诗人,著有三部骑士史诗《帕西法尔》、《维利哈尔姆》、《蒂图艾尔》。——译注

10[38]

(169)

474

人类是按照自己为之作出的消耗量来估价一个事物的。为了使一种德性能为人类所珍视,人们必须迫使——或者引诱——人类为之作出大量消耗

我们如何能使人类对一种舒适的恶习失去兴趣呢?只有一种做法:使他们对这种恶习感到难受。我们如何能劝服酒鬼,使他讨厌酒精呢?我们就要使酒精变得令人作呕,我们就要调制出龙胆苦酒。我们必须对恶习作一种混合——:此乃道德家的第一诀窍。

10[39]

(170)

群盲的本能把中间和中等估价为至高无上的和最有价值的:这是多数人所处的地方;这是他们在那里处身的方式和方法;由此,这种本能就成为所有等级制的敌人,它同时也把一种自下而上的上升视为一种从大多数到极少数的下降。群盲感觉到特立独行者——无论是低于他们的还是高于他们的——都是与他们为敌、伤害他们的东西。对于高高在上的特立独行者,即更强壮者、更强有力者、更有智慧者、更有成就者,群盲的手段是说服这些人去充当看护人、牧人、警卫的角色——做他们的头等仆人:于是乎,群盲就把一种危险转变为

一大好处了。处于中间层,恐惧就终止了;在这里,人们决不会孤独;在这里少有误解空间;在这里有的是平等;在这里独自的存在并不被认为是一种指责,而是被认为是真正的存在;在这里充斥的是满足感。怀疑针对的是特立独行者;特立独行的存在被视为罪责。

10[40]

(171)

在艺术和科学的整个链条中,倘若缺了女人,缺了女人的功业,难道就会少掉某一环吗?且让我们承认有特例——特例证明常规——在所有并不构成功业的事体中,在书信、回忆录乃至世上存在的最细腻的手工活方面,质言之,在所有并不构成行业的事体中,女人都做得很圆满,而这恰恰是因为女人从中得以完成自身,因为女人由此得以听从她所拥有的唯一的艺术动力,——她想卖弄……然而,女人与真正艺术家的热烈的冷漠态度又有什么关系呢?——真正的艺术家承认一种音调、一丝气息、一记蹦跳要比他自身更有分量;他竭力要抓住自己最隐秘和最内在的东西;他不承认一个事物有某种价值。除非女人善于变成形式(——女人出卖自己,使自己成为公共人物——)。艺术,艺术家所从事的艺术——你们根本就不理解它是什么:一种对所有羞耻心(pudeurs)的谋杀?……只是从本世纪开始,女人才胆敢一试那种向文学的转向(——走向好耍笔杆子又粗制滥造的流氓,①用老米拉波的话

---

① 原文为法文。——译注

来说):女人做作家,做艺术家,丧失了本能。但何苦来着呢?人们不妨有此一问。

10[41]

现代抒情诗的顶峰,已经为两个天才兄弟所登上,那就是海因里希·海涅和阿尔弗雷德·德·缪塞①

我们的不朽人物——我们并没有太多:阿尔弗雷德·德·缪塞,海因里希·海涅,第267页。

席勒是一个戏剧大师:但戏剧与我们有何相干!

10[42]

(172)

主要命题。在何种意义上完全的虚无主义是以往理想的必然后果。

——不完全的虚无主义,它的形式:我们就生活于其中。

——逃避虚〈无主义〉的种种尝试,而没有去重估那些价值:会产生相反的效果,使问题尖锐化。

10[43]

(173)

完全的虚无主义者——虚〈无主义者〉的眼睛,它把事物

---

① 阿尔弗雷德·德·缪塞(Alfred de Musset,1810-1857):法国作家。著有长篇自传小说《一个世纪儿的忏悔》,诗集《西班牙和意大利的故事》,长诗《罗拉》、《夜歌》等。——译注

理想化而使之丑陋不堪,对自己的记忆背信弃义(——它使自己的记忆失落、凋零;它无法防止记忆褪色,变得死尸般苍白无力,犹如记忆把虚弱泼在遥远和过去之物上;而且,虚无主义者也不会把没有对自己干的事加诸于人〈类〉的整个过去,——他使记忆失落

10[44]

(174)

那种不再有任何理由自卫和进攻的人会变成什么呢?假如一个人失去了他借以防御和进攻的情绪,他还剩下什么情绪呢?

10[45]

(175)

人们应当逐步地缩小和界定道德王国;既然本能极长时期里都被冠以虚伪的德性美名,人们就应当澄清真正的在此运作的本能,并且对本能表示敬意;人们应当出于对自己越来越专横地宣扬的"正派性"的羞耻心而忘却那种想否认和毁损自然本能的羞耻。这乃是力量的尺度,可以衡量人们能够在何种程度上放弃德性;而且,或许要设想一个高度,在此高度上,对"德性"概念的感受会完全改变,以至于它听起来就像德性(virtù),文艺复兴时期的德性,摆脱伪善的德性。可是暂时地——我们离这个理想还多么遥远啊!

道德领域的缩小:此乃道德进步的一个标志。凡在人们

还不能进行因果思考的地方，人们就以道德方式进行思考。

10[46]

(176)

关于道德的非自然化。人们把行为与人分离开来；人们用仇恨或者蔑视来反对"罪恶"；人们相信，有一些行为本身就是善良的或者恶劣的。

10[47]

(177)

"自然"的修复：一种行为本身在价值上是完全空洞的，一切都取决于谁做出这种行为。同一个"罪行"可能在一种情形下是最高的特权，而在另一种情形下可能是耻辱的标记。事实上，裁判者的自私自利就在于，他们着眼于自己的利害关系（——抑或着眼于与自己的相似或者不相似关系），来解释一种行为或者它的行为者。

10[48]

哪一个时代，人们要求雨有神性，人们相信通过对神性的祈祷就能有利尿剂一般的作用！

10[49]

(178)

关于自我轻蔑者的唯心主义。

"信仰"抑或"功业"？——但说一种特定的估价（说到底就是信念）是为着"功业"(Werke)、为着某些功业的习惯而额外产生出来的，这与说"功业"是从一种单纯的估价中产生出来的一样自然，也一样不自然。人们必须练习，不是练习价值感的强化，而是练习行动；人们必须首先能够做些什么……路德那种基督教的半吊子(Dilettantismus)。信仰是一种备忘记号(Eselsbrücke)。背景是一种深刻的信念，同样也是路德及其同类关于他们对基督教功业之无能状态的本能意识，是一种个人性的事实，被蒙上了一层极端的怀疑，怀疑是不是每个行为都是罪恶，都归于撒旦；结果，实存(Existenz)的价值就落到个别的高度紧张的无所作为状态上（祈祷、感情抒发等等）。——最后，他或许是对的：在宗教改革家的全部行为中表现出来的本能，乃是世上最残酷的本能。对他们来说，唯有在对自身的绝对回避中，在堕入对立面的过程当中，仅仅作为幻象（"信仰"），此在(Dasein)才是可忍受的。

10[50]

(179)

犯罪归于以下概念："反抗社会制度的起义。"人们并不"惩罚"一个起义者：人们压迫他。一个起义者可能是一个可怜可鄙的人；就本身而言，一种起义是无可蔑视的——而且，就我们的社会种类来说，起义本来还不至于贬低一个人的价值。在某些情形下，人们或者得尊重这样一个起义者，因为他

[10.1887年秋]

感受到我们社会中某种必需用战争来对付的东西:这时候,他把我们从瞌睡中唤醒。

罪犯对某个个体干了某件个别的事,这一点并不能反驳以下事实,即他的整个本能在战争状态下都是反对整个制度的:作为单纯征兆的行为。

人们应当把惩罚概念归结为如下概念:对起义的镇压、针对被镇压者的安全措施(完全监禁或者半监禁)。但是,人们不应当用惩罚来表示轻蔑:无论如何,罪犯也是一个人,一个拿自己的生命、荣誉、自由冒险的人——是一个有勇气的人。同样地,人们也不应当把惩罚看作赎罪;或者把它看作一种清算,就仿佛在罪与罚之间存在着某种交换关系似的,——惩罚并不净化什么,因为犯罪并没有弄脏什么。

人们不应当封死罪犯与社会和解的可能性:假如他并不隶属于罪犯种族。如果他隶属于罪犯种族,那么,人们就应当在他有敌对行为之前就对他作战(一旦把他制服,就先行手术:把他阉割拉倒)。

人们不应当把罪犯的恶劣举止算作他的缺陷,更不应把他低下的智力状态算作他的缺陷。罪犯误解自己,此乃最寻常不过的事情了:尤其是他的反叛本能、失势的积恨(rancune des déclassé),往往是他不能自觉意识到的,往往要导致误读(faute de lecture);他受恐惧、失败的压力而诽谤和蔑视自己的行为;还完全不考虑那些个情形,其时——从心理学上来看——,罪犯屈服于一种未被理解的欲望,并且通过一个次要情节把某个虚假动机强加在自己的行为之上(诸如通过一种抢劫，结果沾了血腥……）

　　人们可要小心，不能根据个别行为来看待一个人的价值。拿破仑就对此提出过警告。那些浮皮潦草的行为尤其是完全无关紧要的。如果我们当中有人对于任何犯罪（比如谋杀）全不在意——那又是何故呢？原因在于：我们缺乏一些相应的有利环境。倘若我们干了这种勾当，那么，这说明了我们价值中的什么呢？倘若我们干了一些犯罪勾当，我们的价值会缩减吗？相反：并不是人人都能干一些犯罪勾当的。倘若人们不相信我们有力量，有时会杀死一个人，那么，人们本身就是在蔑视我们。几乎在所有犯罪中，同时都表现出一个男子汉不可或缺的特质。陀思妥耶夫斯基说到那些在西伯利亚教养所里的囚犯，说他们构成了俄罗斯民族中最坚强和最可宝贵的部分，这不是没有道理的。如果说在我们这里罪犯是一种营养不良、枯萎不堪的植物，那么，这就使我们的社会关系蒙受了耻辱；在文艺复兴时期，罪犯发迹了，而且获得了其独特的德性，——诚然是文艺复兴时期的德性，是 virtù，即摆脱了道德的德性。

　　人们只能把这样一些无法蔑视的人往高处〈去〉提升；道德的蔑视乃是一种比任何犯罪都更伟大的侮辱和危害。

10[51]

（180）

　　那种理想的大色情作家，那种变形了的和被误解了的性感的圣徒，那些典型的"爱"之使徒（诸如拿撒勒的耶稣、圣阿西西的方济各、圣弗朗索瓦·德·波勒①):在他们那里,错失的性欲由于无知而仿佛误入歧途了,直到最后还不得不在鬼怪身上得到满足:在"上帝"那里,在"人类"那里,在"自然"那里。(这种满足本身不只是一种虚假的满足:它是在"unio mystica"["神秘结合"]的心醉神迷者那里实现的,尽管总是超出他们的意愿和"理解",但并非就没有最性感和最自然的性满足的生理伴生现象。)

10[52]

(181)

   艺术家们的虚无主义

  自然因其明朗亮丽而残暴;以其旭日东升而愤世嫉俗

  我们对各种感动怀有敌意

  我们要遁入某个地方,在那里自然能够激发我们的感官和想象力;在那里我们一无所爱;在那里我们不会想起这个北国自然的道德上的虚假性和细腻性;——而且在艺术中亦然。我们偏爱不再令我们想起"善和恶"的东西。我们的道德论者的敏感性和痛苦能力,犹如在一种可怕而幸运的自然中、在感官和力量的宿命论中得到了解救。毫无善意的生命

  善行在于自然对善与恶的巨大冷漠(Indifferenz)景象中

  历史中无公正,自然中无善事:因此,悲观主义者若是一个艺

---

① 圣弗朗索瓦·德·波勒(Francois de Paule,1416-1507):意大利修士,天主教托钵修会之一小兄弟会的创始人。——译注

术家,就会走向历史深处,在那里,公正本身的缺席依然以卓越的幼稚质朴显现出来,在那里恰恰有一种完美性表现出来……

同样也走向自然深处,在那里恶和冷漠的特征不能隐瞒自己,在那里自然表现出完美性的特征……

虚无主义艺术家在对犬儒主义的历史、犬儒主义的自然的意愿和偏爱中露出真相。

10[53]

(182)

十九世纪人类的自然化过程

(——十八世纪是优雅、精致、宽宏(généreux sentiments)的世纪)

不是"回归自然":因为当时还根本没有一种自然的人性。具有非自然和反自然价值的经院哲学乃是常规,是开端;人在长期斗争后走向自然——人决不会"回归"……自然:也即敢于成为像自然一样非道德的。

我们对宽宏感采取了粗暴的、直接的、完全的讥讽态度,尽管我们屈从于这种宽宏感。

更为自然的乃是我们的上流社会,富人、有闲者的社会:人们相互捕猎,性爱是一种使婚姻在其中充当一种障碍和一种刺激的运动;人们消遣,为享乐之故而生活;人们首先重视的是身体的优先性,人们好奇而大胆。

更为自然的乃是我们对认识的态度:我们具有最纯洁无邪的精神放荡(libertinage),我们仇视庄严而肃穆的样式,我

[10.1887年秋]

们对最受禁止的东西感到赏心悦目,倘若我们在通向认识的道路上感到无聊,那么,我们就几乎不晓得认识的兴趣了。

更为自然的乃是我们对道德的态度。原则成为可笑的;毫无讽刺地,再也没有人敢于谈论自己的"义务"了。不过,人们却重视一个有益的、善意的信念(——人们在本能中看到了道德,贬斥其余——)。此外还有几个荣誉概念。

更为自然的乃是我们的政治态度:我们看到权力问题,一定量的权力反对另一个一定量的权力的问题。我们不相信一种不以权力为基础的权利能够得到实现;我们认为所有的权利都是征服。

更为自然的乃是我们对伟大的人和事的重视:我们把激情看作一种特权,凡没有包含大犯罪的地方,我们根本不会感到什么伟大;我们把一切伟大存在都设想为一种置身于道德关联之外的行为。

更为自然的乃是我们对自然的态度:我们再也不是为了"清白"、"理性"、"美"的缘故而热爱自然,我们巧妙地把自然"妖魔化"和"愚蠢化"。可是,我们并没有因此而蔑视自然,倒是感到自己从此以后在自然中更为亲切和熟稔了。自然并不谋求德性:我们因此敬重自然。

更为自然的乃是我们对艺术的态度:我们并不要求艺术制造美丽的虚假谎言等等;时下占上风的是粗暴的不动声色地下断言的实证主义。

总而言之:有迹象表明,十九世纪的欧洲人较少对自己的本能感到羞愧;他们已经迈出了一大步,有望有朝一日承认自己无条件的自然性,即自己的非道德性,毫无怨恨:相反地,他们强壮到足以独自经受这一景象。

在某些人听来,这就仿佛是腐化的推进:而且确实地,人类并没有接近卢梭所讲的"自然",而是在他断然拒斥的文明方面〈迈进了〉一大步。我们强化了自身:我们又接近于十七世纪了,尤其是十七世纪末的趣味(当古、勒萨热、勒尼亚尔)。①

10[54]

(183)

新教,那种精神上不纯的和无聊的颓废形式,迄今为止,基督教就是以这种形式在平庸的北方懂得了保存自己:作为某种半拉子的和复合的东西,它对于认识来说是富有价值的,因为它把关于不同制度和起源的经验集于那些相同的脑袋中

复合构成物的价值、心灵马赛克的价值,甚至无序而荒废的理智预算的价值

采用顺势疗法的基督教,新教乡村牧师的基督教

不谦逊的新教,宫廷教士和反犹太主义投机者的新教。

10[55]

(184)

——当一个哲学家沉默时,可能是心灵的顶峰;当一个哲

---

① 弗洛朗·嘉当·当古(Florent Carton Dancourt,1661—1725):法国戏剧家。阿林·勒内·勒萨热(Alain René Lesage,1668—1747):法国讽刺作家。让-弗朗西斯·勒尼亚尔(1655—1709):法国喜剧大师。——译注

学家自相矛盾时，可能是爱的表现；认识者的一种骗人的神性是可能的……

有人不无文雅地说："伟大的心灵不配流露自己所感受的烦恼。"①只不过人们必须补充一点：不怕丢人现眼、毫无体面，这同样可能是心灵的伟大……一个恋爱中的女人牺牲她的名誉……；一个"爱着"的认识者牺牲他的诚实；一个爱着的上帝变成犹太人……

10[56]

在德国知识分子中有多少闷闷不乐的沉重、麻木、湿气、晨服，有多少"啤酒泡沫"啊！德国的博学青年嗜酒成癖，从精神角度看几乎是一种亵渎，无论如何是一种彻底的疑问；啤酒带来的温柔蜕化：在一个已经变得臭名昭著的案子中，我曾指出过这一点（斯特劳斯蜕化为"旧信仰和新信仰"的作者）。在任何时候，人们都不难想象那些有"精神"的德国学者（——而且，光有精神是不够的，人们首先还必须剥夺自己的精神，从自身那里切除精神……）：幸好其他学者是有头脑的，其中有一些学者还有那种著名的"天真烂漫"，总是预感着什么……我们的特权就在于：凭这种"预感"，德国科学发现了人们难以抓住的、也许根本就不存在的事物。人们差不多必须成为犹太人，才能够身为德国人而不去预感。

---

① 原文为法文。——译注

10[57]

(185)

  道德化与非道德化的历史。

  定理一:根本就没有什么道德行为:它们完全是被想象出来的。

  不光是因为它们是不可证明的(譬如,康德就承认了这一点,基督教亦然)——而是因为它们根本就是不可能的。通过一种心理学的误解,人们发明了一种与驱动力的对立,而且相信已经表明了这些驱动力中的另一个种类;人们虚构了根本就不存在的 primum mobile[第一推动力]。有一种估计端出了"道德"与"非道德"的对立;而根据这种估计,人们就必须说:

  只存在着非道德的意图和行为。

  定理二:"道德"与"非道德"这整个区分的出发点在于,无论道德的行为还是非道德的行为,都是自由自发的行为,——质言之,存在着这样一种行为,或者换言之:道德判断根本上只与某个种类的意图和行为相关,那就是自由的意图和行为。

  然而,这整个种类的意图和行为是纯粹虚构的;道德尺度唯一可依据的世界根本就不存在

  既没有道德的行为,也没有非道德的行为。

  "道德"与"非道德"这对对立概念由以产生的心理学谬误。

[10.1887年秋]

"无私的"、"不利己的"、"否定自身的"——这一切都是不实在的、虚构的。

关于"自我"(ego)的错误的教条主义:"自我"本身被看作原子论的,处于与"非我"(Nicht-ich)的虚假对立中;同样摆脱了生成,成为某种存在者。自我的虚假实体化:这种实体化(相信个体不朽)尤其受宗教-道德风纪的压力而变成了信条。根据这种对自我的人为分离和自在自为的说明,人们看到了一种似乎无可反驳的价值对立:个别自我(Einzel-ego)与巨大惊人的非我(Nicht-ich)。看来显而易见的是,个别自我的价值只可能在于:与巨大惊人的"非我"相联系,或者隶属于后者并且为后者之故而实存。——在这里,群盲本能是决定性的:没有什么比个人自主性更与这种本能相悖了。但假如自我被理解为一种自在自为(An-und-für-sich),那么,它的价值必定在于自身否定。

也就是说:1) 虚假地把"个体"独立化为原子

2) 群盲之评价,它断然拒绝保持为原子的意愿,并且把这种意愿感受为敌意的

3) 作为结论:通过改变个体目标来克服个体

4) 于是似乎就有否定自身的行为:围绕这些行为,人们曾幻想整个充满对立面的领域。

5) 人们曾经设问:在哪些行为当中人最强烈地肯定自己?围绕这些(性欲、占有欲、统治欲、残暴等),积聚了魅力、仇恨、轻蔑:人们相信存在着无私的欲望,人们摒弃所有自私的欲望,要求无私的欲望

6)从中获得的结果:人们干了什么?人们摈斥了最强烈、最自然的欲望,甚至还是唯一实在的欲望——为了找到一种今后值得赞扬的行为,人们不得不否定行为中有此种欲望在场

psychologicis[心理学]中的巨大伪造。甚至任何一种"自满"都只有通过下列途径才重又成为可能的,即人们 sub specie boni[以善的方式]误解和安排了这种"自满"。

相反:那个从对人的自满的剥夺中获得好处的种类(群盲本能的代表,例如教士和哲学家们),则成为精细的和心理上敏锐的,得以表明自私自利其实是处处占着上风的。基督教的结论:"一切皆罪恶;我们的德性也是罪恶。人的绝对卑鄙。无私的行为是不可能的。"原罪。质言之:既然人把自己的本能与纯粹虚构的善的世界对立起来了,那么,他也就终结于自我轻蔑,也即无能于"善的"行动了。

请注意!基督教以此标示在心理学的目光尖锐化方面的一个进步:拉罗斯福哥和帕斯卡尔。基督教在要点上把握了人类行为的本质相似性及其价值相似性(——一切都是非道德的)

人们于是就当真了,要培育那些消灭了自私之心的人们——教士、圣徒。而且,如果说人们怀疑那种成就"完美性"的可能性,那么,人们并没有怀疑对完美之物的认识。

当然,圣徒、教士、"善人"的心理学必定会纯粹幻术般地告吹。人们宣布现实的行动动机是恶劣的:为了仍然能够行动,仍然能够规定行动,人们不得不把根本不可能的行动描写为可能的,并且可以说把这些行动奉若神明。人们曾以虚妄诽谤它们,现在又以同一种虚妄崇拜它们,把它们理想化。

针对生命本能的暴怒乃是"神圣的"、值得崇敬的。

绝对的贞洁、绝对的顺从、绝对的贫乏:教士的理想。

施舍、同情;牺牲、骑士阶层;对美、理性、感性的否定;对于人们拥有的一切强大品质的郁闷目光:普通教徒的理想。

人们在前行:受诽谤的本能也力求获得某种权利(譬如路德的宗教改革:在"福音自由"名义下的道〈德〉欺骗的最粗糙形式)——人们用神圣的名字来为它改名。

:受诽谤的本能力求证明自己是必然的,以便有德性的人根本上成为可能的:人们必须生活,为他人而生活(pour vivre pour autrui)。利己主义作为达到目的的手段……

:人们继续前进,无论是利己主义的冲动还是利他主义的冲动,人们都力求给予一种生存权利:对一方的权利平等,如同对另一方的生存权利(从有用的观点看)

:人们继续前进,人们寻求更高的有用性,因为与那种利他主义的、就多数人的幸福和促进人性等等方面来看无用的观点〈相〉比较,人们偏爱利己主义的观点。也就是说:自我权利方面的一种优势,但却是在某个极端利他主义视角下("人类的总体效用")

:人们力求使利他主义的行动方式与自然性达成和解,人们寻求生命基础上的利他主义;人们寻求利己主义以及利他主义,它们同样植根于生命和自然之本质中。

:人们梦想这种对立会在某个将来消失掉,那时候,通过持续不断的适应,利己主义同时也就是利他主义……

:最后,人们明白,利他主义的行动只不过是利己主义行动的一个种类,——还有,人们热爱、自行挥霍的程度就是对于个体权力和人格的程度的一个证明。质言之,由于人们使人变得更加恶,人们也就使人变得更加善了,——还有,人们不是一个没有他者的人……由此拉开了帷幕,可以明见迄今为止的道〈德〉心理学的巨大伪造。

结论:只存在着非道德的意图和行为

于是,所谓道德的意图和行为必须被证明为非道德性。

(——此乃 Tractatus politicus[政治探讨]的任务)

(——所有欲望都从这一种权力意志中派生出来:本质上相同的)

(——生命概念——它在本能的权力等级的表面对立("善与恶")中表现出来,暂时的等级制,某些本能在这种制度下受到抑制或者被利用

(——对道德的辩护:经济学上的,等等。

反对第二个定理。决定论:挽救道德世界的尝试,因为人们把它易位了——变成未知之物。既然我们的价值估价在这个以机械论观点设想的世界里没有任何位置,那么,决定论就仅仅可以拿我们的估价耍把戏。因此,人们必须抨击和削弱决定论:同样也要驳斥我们区分自在世界与现象世界的权利。

10[58]

(186)

在第一章中:虚无主义作为理想价值的后果

文明问题

十九世纪,它的两义性:

迄今为止都没有摆脱道德。悲观主义者乃是道德激情的造反者

道德作为悲观主义的原因

悲观主义作为虚无主义的预备形式

在第二章中:道德化的历史

人们如何使德性占上风

道德作为哲学家的女妖

在第三章中:真理问题

在第四章中:更高级类型的历史,在我们把世界非神化之后

拉开一个鸿沟的手段:等级制

关于最肯定世界的学说的理想

悲剧时代。

上帝理想中的心理学幼稚性

10[59]

(187)

人的价值的等级制。

a)人们不应根据个别的事功来评价一个人。表皮的行为。没有比一种有格的行为更稀罕的了。某个等级、某种地位、某个种族、某种环境、某种偶然——一切都更容易在一种事功或者行为中表现出来,甚于一个"位格"(Person)。

b)人们根本不应假设许多人是"有位格的人"。而且,有的人是有多重位格的人,大多数人则不是有位格的人。某个

类型的延续取决于平庸的性格;凡在这种平庸的性格占上风的地方,位格之存在(Person-Sein)或许就是一种浪费,一种奢侈了,这时候盼望一个"位格"就根本没有什么意义了。那是载体、传动工具。

c)"位格"乃是一个相对孤立的事实;因此,着眼于连续流动和平庸性的远为重大的分量来看,位格就几乎是某种反自然的东西了。位格的形成包含着一种时间上的孤立、一种对于防御实存和武装实存(Wehr-und Waffen-Existenz)的要求,就像把某物嵌砌到墙壁里去,是一种更大的隔绝力量;还有,首要地,是一种微小的印象性(Impressionabilität),比中等之人(其人性是传染性的)所具备的印象性要小得多。

关于等级制的第一个问题:某人如何是非群居的,或者如何是群盲性的。

(在后面这种情形中,这个人的价值在于那些特性,那些保障其群盲、类型之持存的特性;而在前一种情形中,这个人的价值则在于那种使之显突出来、使之孤立、使之得到保卫,并且使之有可能群居的东西中。

结论:人们不应根据群盲类型来评价非群居类型,也不应根据非群居类型来评价群盲类型。

从高处来看:两者都是必然的;同样地,它们的对抗也是必然的,——而且,没有东西比那种"想望"更得排除掉,或许从两者中会发展出某个第三者(作为雌雄同体的"德性")。这并不像性的接近和和解那样"值得想望"。典型继续发展,鸿

[10.1887年秋]

沟越来越深……

两种情形下的蜕化概念:如果群盲接近于非群居者的特性,而非群居者接近于群盲的特性,——简言之,如果两者相互接近。这个蜕化概念离开了道德〈的〉判断。

10[60]

(188)

与音乐相比,所有通过话语的传达都具有无耻的特性;词语使人浅薄而愚蠢;词语使人失却人格:词语使非同寻常者变得平庸不堪。

10[61]

(189)

人们要在哪里寻求**更强大的天性**。

非群居种类的毁灭和蜕化要大得多、可怕得多:他们具有群盲的本能,具有反对自身的价值传统;他们的防御工具、他们的防护本能自始就不够强大,不够可靠,——他们能兴旺起来,得归于大量偶然性恩赐(——他们最频繁地在最低等和最背弃社会的因素中繁荣昌盛:如果人们要寻求有格之人,准能在那里找到,甚至要比在中等阶级那里保险得多!)。

以"权利平等"为目标的等级斗争和阶级斗争。如果说这种斗争差不多完成了,那就开始了反对非群居人格的斗争。在某种意义上讲,这种人格最容易在民主社会里得到保存和发展:在不再需要更野蛮的防御手段,而且某种对于秩序、诚实、公正、信赖的习惯属于常态之时。

最强者必定受到最严厉的束缚、看管,被锁上镣铐监视起来:群盲本能意愿如此。对他们来说,这是一种制度,一种关乎自我征服、禁欲主义越位或者损耗劳动(在其中人们再也得不到自身了)方面的"义务"的制度。

10[62]

把自己对犹太人的商业智慧的嫉妒之心隐藏在道德性公式之中,这是反犹太主义的,是卑鄙的,是无耻的流氓之举

10[63]

主要观点:拉开距离,但并不制造任何对立。

把中等产物替换下来,并在影响方面加以缩小:这是保持距离的主要手段。

10[64]

(190)

荒谬而可鄙的理想主义种类,它不愿平庸地拥有平庸性,而且不是在某种特殊存在那里感受一种胜利,而是对怯懦、虚假、渺小和悲惨感到愤怒。人们不该对这一点有别样要求!而且要把鸿沟撕得更大些!——人们应当迫使更高种类通过一种牺牲把自己分离出来,这种牺牲是该种类必须为自己的存在带来的

10[65]

(191)

请注意！何以带有悲观主义的基督教世纪比十八世纪还强大些——相应地，希腊悲剧时代——

更虚弱、更科学，以及———

——十九世纪反对十八世纪——
遗产何在
反对十八世纪的逆行何在，更无"精神"、更无趣味
超越十八世纪的进步何在
（更黑暗、更实在、更强大——）

10[66]

(192)

你们的亨利克·易卜生是我十分清楚的。以他所有的"求真理的意志"，他未敢放弃道德的物质世界幻觉说（Moral-Illusionismus），后者说的是"自由"，而不愿承认什么是自由："权力意志"在那些缺失权力意志的人们那里发生的变形的第二个阶段。在第一个阶段，人要求来自那些权力拥有者方面的"公正"。在第二个阶段，人们说的是"自由"，也就是想要摆脱那些拥有权力的人。在第三阶段，人们说"权利平等"，也就是说，只要人

10[67]

对于新教及其神学家和教士们那种丑态百出的平庸性,我从未看走过眼。

10[68]

(193)

不要使人变得"更善",不要根据某种道德跟人讲话,好像真的有"自在的道德性"或者一种理想的人似的;而是要创造必须有强壮的人的状态,这种人本身将需要、因而将拥有一种使人变得强壮的道德(更清晰地讲:一种身体-精神的纪律)!

不能为蓝蓝的眼睛或者丰满的胸脯所诱惑:灵魂的伟大性质丝毫不具有任何浪漫主义的东西。而且很遗憾,甚至也毫无可爱之处!

10[69]

(194)

让我们来看看,"名副其实的基督徒"是怎样着手做所有这些违背自己本能的事情的:对美者、辉煌者、富有者、高傲者、自信者、有见识者、强大者的玷污和怀疑——总而言之,是对整个文化的玷污和怀疑:其意图在于剥夺文化的好良心……

人们倒是可以读一读《新约圣经》之后不久出现的佩特罗尼乌斯:人们是怎样呼吸的,人们是怎样拍出讨厌的臭马

10[70]

(195)

一种信念,它自称为"理想主义"①,不愿让平庸状态保持平庸,不愿让女人成为女人。不要千篇一律啊!我们要清楚,得为一种德性付出多大的代价:而且,德性绝不是通常值得想望的东西,而是一种高贵的癫狂,一个美好的特例,具有获得强大心情的优先权……

10[71]

(196)

这些女人们,她们殷切期待着教士或者市长大人给她们许可,允许她们去满足自己的性欲,同时放弃总是只在一个男人身上满足自己的性欲的诺言

性欲的满足与后代繁殖问题是两件根本不同的东西,两种根本不同的兴趣,"婚姻"就如同一切制度一样,是某种根本性的欺骗……

10[72]

(197)

首批基督徒狡诈的犹太式聪明

---

① Idealismus,也可译"唯心主义"。——译注

人们一定不能受到误导:"不要审判",他们说,但他们却把不属于他们的信仰的一切东西统统打发入地狱里了。由于他们让上帝来审判,他们就审判了自己;由于他们颂扬上帝,他们就颂扬了自己;由于他们要求自己能胜任的德性,——更有甚者,是要求他们为了忍受而必需的德性——他们就给出一大假象,即为了善而战斗和斗争的假象;而实际上他们只是为自己的种类保存而奋斗。由于他们相互间是和气的、温良的、宽厚的、友好的、快乐的,他们就听从自己最内在的群盲需要;但他们的聪明想要的情形是,他们对于自己也还要求这一点。于是,甚至最不可避免的东西也依然表现为服从、功劳,——这就扩张了自尊心……

——不断地颂扬自己,但决不向自己供认这一点。绝对的派系伪善,它为自己保留了德性以及围绕德性的竞争:也包括认识、"真理";也包括从前的统治以及对所有敌人的复仇。

——呵,这种谦恭的、贞洁的、宽厚的欺骗!谁受得了它啊!……"我们的德性、我们的幸福、我们的简朴应该为我们作证!"

——在世界范围里使自身成为可能的,实现自己:人们发觉,他们身上具有犹太人的气质和聪明。首先,人们必须分离开来;其次,明显地,人们必须把自己当作"特选民族";再有,隐秘地,人们不必把某种价值秩序设定起来,而是要设定以下对立面:"我们"与"世界"

10[73]

(198)
　　读一读作为诱惑之书的《新约》吧：
　　德性被占有了，在本能中，人们借助于德性来吸引公众意见
　　而且是极其微薄的德性，它为理想的羊群所赞赏，此外再无别的(包括牧人在内——)：一种渺小的、温顺的、善意的、乐于助人的和热情快乐的德性，对于外界绝对毫无要求，——它划清了"世界"与自身的界限
　　最荒谬的黑暗，仿佛人类的命运就是这样围着它打转的：教区一方是正义，世俗一方则是谬误，是永远卑鄙和邪恶的东西。
　　最荒谬的仇恨，对一切权势的仇恨，但不敢动一毫发！一种内在的超脱，它在表面上使一切从旧(臣属与奴役；擅于把一切都弄成为上帝和德性效力的手段)

10[74]

　　女人：大量烟雾与谎言之间的一个小小火炉。

10[75]

　　基督教乃是群居动物的驯化；渺小的群居动物的德性乃是这种唯一的德性(——人最渺小的种类的自我保存的状态和手段被改称为德性；《新约全书》乃是最佳诱惑书)

10[76]

婚姻的价值恰恰与缔结婚约者的价值一样多:也就是说,婚姻通常是少有价值的——;"婚姻本身"甚至根本没有什么价值,——恰如其他所有的制度。

10[77]

(199)

基督教作为群畜道德的一种非自然化:受到绝对误解和自我蒙蔽

民主化乃是这种道德的更自然的形态,一个更少虚伪的形态

事实:被压迫者、低贱者、大量奴隶和半奴隶意愿获得权力

第一阶段:他们解放自己,——他们启动自身,首先是想象中的,他们相互结识,他们实现自己

第二阶段:他们进入斗争,他们意愿得到承认、平等权、"公正"

第三阶段:他们意愿特权(——他们把权力的代表拉到自己一边)

第四阶段:他们意愿独享权力,而且他们也确实拥有权力……

在基督教中要区分以下三个因素:

a)形形色色的被压迫者

b) 形形色色的平庸者

c) 形形色色的失意者和患病者

基督教与第一个因素一起反对政治权贵及其理想

与第二个因素一起反对形形色色的特殊者和特权者(精神的、感性的——)

与第三个因素一起反对健康者和幸福者的自然本能。

如果是基督教获得胜利,那么第二个因素就会受到重视;因为这时候,基督教就会说服健康者和幸福者服从自己(作为基督教事业的战士),对于强大者亦然(由于征服大众而令人感兴趣),——而现在,基督教就是群盲本能,在任何角度来看都是富于价值的平庸本性,后者通过基督教获得了它的最高认可。最后,这种平庸本性如此深刻地意识到自己(——赢得对自身的勇气——),以至于它也在政治上给予自己权力⋯⋯

——民主制乃是自然化了的基督教:一种"回归自然",既然只有通过一种极端的反自然性才能克服相反的估价。——结果:贵族制理想就从现在起非自然化了("高等人"、"高贵"、"艺术家"、"激情"、"认识"等等)。浪漫主义作为对特殊者、天才等等的崇拜。

10[78]

"要当心最初的念头;它总是慷慨的。"①塔列朗②对那些年轻

---

① 原文为法文。——译注
② 塔列朗(Charles Maurice de Talleyrand-Périgord,1754—1838):法国外交大臣。著有《回忆录》等。——译注

的公使馆秘书说。

10[79]

(200)

犹太教教士们懂得把他们要求的一切都当作上帝的规章、当作针对上帝戒律的后续效果而端出来……同样地,还有那种东西,它有利于保存以色列,把以色列的生存可能性(例如,一批作业:作为民族意识之核心的割礼、牺牲崇拜)不是当作自然来采纳,而是当作"上帝"来采纳。——这个过程不断继续;在犹太教内部,此类"作业"的必要性未曾被感受到(即未曾被感受为与外界的分离),可能有一种教士般的人被设想出来了,这种人犹如"高贵人物"一般对待贵族们;灵魂的一种毫无等级偏见的和可以说自发的教士性质,现在,为了把自己的对立面鲜明地与自己区别开来,灵魂不是注重"作业",而是注重"信念"了……

根本上,这里的关键问题又在于贯彻某种特定的灵魂,仿佛是在一个教士般的民族内部的一场民族起义,——一场来自下层(罪人、税吏、女人、病夫)的虔信运动。拿撒勒的耶稣乃是他们借以认识自己的标志。还有,为了能够相信自己,他们又需要一种神学的变容:为了给自己创造信仰,他们所亟需的无非是"上帝之子"……而且,恰如教士们歪曲了以色列的整个历史,人们也再次作了试验,竟要在此篡改人类历史,以使基督教表现为以色列的最基本事件。这一运动唯有在犹太教的土壤里才可能形成:犹太教的主要勾当就是把罪责与不幸(Schuld und Unglück)纠缠在一起,并且把一切罪责都归结为对于上帝的罪责:就此而言,基督教乃是第二股力量。

10[80]

(201)

　　这些渺小的群盲德性根本就不能通向"永恒的生命":它们如此这般地登上舞台,而且靠此类德性大出风头,尽管十分聪明,但对于在此还睁着双眼的人来说,这却是所有戏剧中最可笑的一出了。如果人们把这出戏弄到了一种可爱的小绵羊般温顺的完美性程度,那么,人们就根本得不到一种在人间和在天上的优先权了;这样一来,人们充其量始终不过是一只可爱而荒唐的长着角的小绵羊而已——假如人们没有以宫廷布道者的样子满怀虚荣心,并且由于摆出法官般的姿态而丑态百出。

　　在这里用来装扮渺小德性的美轮美奂的缤纷样子——犹如神性品质的反照

　　每一种德性的自然意图和用处原则上都是隐秘不宣的;唯着眼于一个神性的戒律、一个神性的典范,它们才是富于价值的,唯着眼于彼岸的神性财富(宏伟壮丽的:仿佛关乎"灵魂之拯救":但实际上只是一种手段,为的是在此以尽可能十分优美的情感来"经受"之。)

　　关于道德的非自然化。

10[81]

在新德国明显缺乏羞耻感;即便在皇宫里,到现在为止也都显示出一种恶劣的意志,就是要防止沾上那种最可轻蔑和最丢人现眼的基督教卑躬屈膝态度的怪物:然则一切可以要求什么呢——礼节、好趣味、聪明。

(还有什么比宫廷教士更伤害宫廷的呢?)

10[82]

(202)

个人主义乃是"权力意志"的一个简朴的和尚未自觉的种类;在这里,个人觉得已经足以摆脱一种社会优势力量(无论是国家的还是教会的……)。个人并非与作为有格之人(Person)的自身对立起来,而只是作为个别的人;他代表所有个人与总体性相对立。这就是说:他本能地把自身等同于每个个别的人;他并非作为有格之人,而是作为与总体性对立的个别人而去夺取他要取得的东西。

社会主义只不过是个人主义者的一种宣传手段:它懂得人们为了获得什么就必须组织起来,形成一种总体行动,形成一种"权力"。但它所意愿的,并不是作为个别人之目的的集体,而是作为使许多个别人成为可能的手段的集体:——此乃社会主义者的本能,关于后者,他们经常自欺欺人(——撇开他们为了实现自己而不得不经常自欺不谈)。利他主义的道德说教是为个人利己主义服务的:十九世纪最常见的虚妄之一。

无政府主义又只不过是社会主义的一种宣传手段;社会主义以之来激发恐惧感,而以这种恐惧感,社会主义就开始了法西斯恐怖统治:首要地——它把胆大妄为者、亡命之徒争取到自己一边,即便还是在精神层面上。

尽管如此:个人〈主义〉仍然是权〈力〉意〈志〉的最简朴的阶段。

如果人们已经获得了一定程度的独立性,那么,人们就会意愿更多:这时就凸现出那种根据力量程度的分类:个别人不再立即把自己看成一样,而是寻求他的相似者,——他把他者与自己区分开来。与个人主义相继而来的是肢体形成〈和〉机构形成:相近的倾向排在一起,并且作为权力进行活动,在这些权力中心之间有摩擦、战争,双方力量的认识、均衡、接近,对功效替换的确定。最后:一种等级秩序。

请注意!1. 个人解放自己

2. 他们进入斗争,他们对"权利平等"达成一致(——"公正")作为目标

3. 如果达到了这个目标,则事实上的力的不对等就进入一种放大了的作用之中(因为总体上和平占着上风,而且十分微小的力之量(Kraft-Quanta)已然构成种种差异,这些差异在过去几乎等于零)。现在,个别的人把自己组织成团体;这些团体谋求特权和优势地位。斗争以较为缓和的形式重新开张。

请注意！只要人们尚未拥有权力，人们就意愿自由。如果人们拥有了权力，人们就意愿优势；如果人们争不到优势（若人们还过于虚弱而达不到优势），人们就意愿"公正"即平等的权力。

10〔83〕

（203）

  首先，有德性的先生们啊，你们在我们面前没有任何优越性可言，我们想要你们把谦逊牢牢记在心上：劝导你们德性的乃是一种可怜的自利和聪明。而且，倘若你们身上有更多的力量和勇气，或许你们就不会如此这般地把自己贬降到德性的零度了。你们尽自己所能：一方面是你们不得不做的——你们的情况迫使你们去做——，另一方面这事使你们愉快，又一方面这事看起来对你们有利。但是，如果你们所做的仅仅是合乎你们爱好的事，或者是你们的必需品对你们的要求，或者是对你们有益的事情，那么在这方面，你们就既不可夸奖自己，也不应受到别人的夸奖！……如果人们仅仅是有德性的，那他就是一个彻底渺小的人：这一点可是骗不了人的呵！在无论哪个方面得到注意的人，都还决不是此类德性蠢驴：他们最内在的本能，即他们的权力量的本能，在此并没有得到清算；而你们最低限度的权力丝毫都没有表现出比德性更智慧的东西。然而，你们有你们的数量：而且只要你们施暴，我们就要跟你们战斗……

10[84]

(204)

　　虚伪的假象,它粉饰了所有的市民秩序,就仿佛后者是道德的畸形怪胎似的……例如婚姻;劳动;职业;祖国;家庭;秩序;权利。然而,由于它们全都是为着最平庸的人的种类建立起来的,为的是预防特立独行者和特立独行的需求,所以,如果在此出现了许多谎言,人们也必定感到是合理的。

10[85]

(205)

　　一个有德性的人之所以属于一个较低贱的种类,乃是因为他并非"有格之人"(Person),而倒是依照一个一劳永逸地确立的人的模式存在的,由此获得自己的价值。他并没有自己独立的价值:他能够得到比较,他有自己的同类,他不应该是单个的……

　　如果来算算善人的特性,它们为什么使我们感到舒适呢?因为我们不需要战争,因为善人并没有把怀疑、谨慎、专心和严厉强加给我们:我们的惰性、好心肠、轻率过上了好日子。这就是我们的舒适感了,我们从自身而来把它投射出来的,并且把它当作特性、价值而归于善人。

10[86]

(206)

我根本就不喜欢那个拿撒勒的耶稣或者他的使徒保罗,他们给小人物们灌输了如此之多的东西,仿佛他们那可怜的德性真有什么意思似的。人们不得不为此付出了太高的代价:因为他们使德性和人身上更可宝贵的品质声名狼藉了,他们把坏良心与高贵心灵的自我感觉相互对立起来了,他们误导了坚强心灵勇敢的、慷慨的、大胆的、无节制的倾向,直到它自我毁灭……

感人的、天真的、无私的、女子般热恋的和胆怯的;年轻女子般狂热的前性感(Vorsinnlichkeit)的魅力——因为贞洁只不过是性感的〈一种〉形式(——性感的先在形式)

10[87]

(207)

纯属力的问题:在多大程度上得以反对社会保存条件以及社会偏见呢?——在多大程度上得以激起它的使大多数人毁灭的可怕特性呢?——在多大程度上能迎向真理,并且把真理的最可疑方面牢记心间?——在多大程度上能以"人们能主宰它们吗?"这样一个问号,去直面痛苦、自我轻蔑、同情、疾病、恶习?……(——凡不能杀害我们的,就将使我们变得更强壮……)——最后:在多大程度上能承认平庸人物的规矩、普遍、渺小、善意、正派、本分,而又没有因此让自己庸俗化呢?……最强大的性格试金石:不让自己因善的诱惑而毁掉。善作为奢侈,作为狡诈,作为恶习……

10[88]

(208)

　　婚姻乃是一种姘居形式,市民社会赋予这种形式以许可证,不言而喻,此乃出于自私自利,而非出于道德性……婚姻乃是市民社会所喜欢的姘居方式,因为在这里,本能不是毫不前瞻后顾地行动的,而只是申请许可证……对于这种勇气和自信心的缺失,社会是感激的,社会尊重婚姻,因为婚姻是一种对于社会的屈服形式……婚姻乃是一种原则上允诺很多的姘居形式:在其中人们不能允诺的东西得到了允诺,那就是"永远之爱",——在其中,性的作用被设定为人们能要求的"义务"……但此乃"现代婚姻"

10[89]

(209)

　　迄今为止,道德价值都是最高价值:谁能怀疑这一点呢?……如果把道德价值的那个地位去除掉,我们就改变了全部价值:于是,迄今为止道德价值等级制的原则也就被推翻了……

10[90]

(210)

让我们把至高的善从上帝概念中排除出去吧：善是配不上上帝的。同样地，也让我们排除最高的智慧吧：——那是哲学家们的虚荣，它酿成了一个智慧怪物关于上帝的这样一种癫狂：上帝应当尽可能对他们一视同仁。不！上帝乃至高的权力——这就够了！一切都来自这个至高权力，从中产生了——"世界"！为了有一个识别标志，可以用符号来标示

  D.O.［万能的上帝］①   omnipotens［万能的］

10[91]

(211)

基督教作为解放了的犹太教（其方式犹如一种受地域和种族限制的高贵性，最终要从这些条件中解放出来，并且开始寻求那些有亲缘关系的因素……）

 1）作为以国家为基础的教会（教区），作为非政治产物

 2）作为生命、培育、实践、生活艺术

 3）作为罪之宗教（罪是对上帝的违犯，作为唯一的违犯方式，作为一切苦难的唯一原因），具有赎罪的万能工具。唯在上帝那里有罪孽；至于什么对人类犯了过错，人不

---

① 此处 D.O. 即 Deus omnipotens［万能的上帝］。——译注

[10.1887年秋]

应该妄下断语,也不应该要求对它作出说明,除非是以上帝的名义。一切戒律(爱)也是这样,一切都系于上帝,而且人的所作所为都是为上帝的缘故。这当中隐藏着一种高超的聪明才智(——十分艰难的生活,就像在爱斯基摩人那里,唯拥有极温和、极宽厚的信念时才是可忍受的:犹太-基督教教义为了"罪人"的利益而反对罪——)

10[92]

(212)

  基督教的生活,正如它作为理想浮现在保罗眼前,并且为保罗所宣讲的那样,其实就是犹太教的生活,也许不是统治家族的生活,而是小人物们的生活,也即在少数派教徒聚居区里生活的犹太人的生活。那是从最受尊重和爱戴者的角度被体验、被看待的——这种理想:它被认作其他种族的人们的典范,假定这些人们是在类似的条件下生活的。此乃保罗干的勾当:他认识到可以把犹太人的私生活应用到普天之下小人物们的私生活上。从犹太教角度,他意识到,一种人如何实现自己,同时又不去占有权力,甚至不允许有对权力的意图。对于一种绝对特权的信仰,特选者的幸福(后者使任何一种可怜和匮乏都显得高贵)——也即作为反馈和鼓舞,家族、小型宗教团体的德性,无条件的严肃性,都集中在一点上,在于他们的生活不能为他们置身于其中的那些敌手们所损害——还有,一切镇静作用、缓和作用、恢复作用、祈祷、音乐、共同进餐和心灵剖白、忍耐、宽恕、相互帮助和相互效劳，首要地是那种灵魂的静守，为的是不使愤怒、猜疑、仇恨、嫉妒、复仇等情绪抬起头来……禁欲主义并不是这种生活的本质；罪只是在下述意义上才处于意识的前台，即在它意味着它的救赎状态和回赎状态不断临近之际（——如此，罪就已然是犹太教的了：不过，一个犹太教徒是完全对付得了这种罪的，恰恰对此他有了自己的信仰；那是人们独自完全对付得了的东西；而且假定一切不幸都与罪相关（或者说都与罪孽相关），那么就会有一种医治一切不幸本身的药物——而且此外，这种不幸也就得到了辩护，而不是毫无意义的……

10[93]

(213)

根据《新约全书》来掌握诸如佩特罗尼乌斯之类的人物，这令人何等神清气爽啊！人们是如何立即又得到了恢复！人们是怎样来感受那健康的、放纵的、自信的和恶意的智慧的啊！——而最后，人们依然面临着如下问题："比起这整个微不足道的骄横基督徒的机智和虚伪，难道古代的肮脏不是还有更多的价值吗？"

10[94]

(214)

欧洲的王公们真应该好生想一想，他们是否能够没有我们的支持。我们非道德论者——在今天，我们是为了取胜而不需要任何盟友的唯一力量:因此,我们乃是强者中的强者。
我们根本就无须说谎:有不说谎的势力吗?! 一种强大的诱惑
为我们而战,这也许是世间最强大的诱惑了——真理的诱
惑……真理吗? 是谁把这个词塞进了我的喉咙里? 但我又把
它吐了出来;不过,我算是羞辱了这高傲的字眼:不,我们也不
需要它,没有真理,我们照样会获得权力,走向胜利。为我们
而战的魔术师,会使我们的敌人晕头转向的维纳斯的媚眼,这
乃是最高的魔法了,是无所不用其极的诱惑:我们非道德论
者——我们是极端的人……

10[95]

"噢,阿里阿德涅,你本身就是迷宫:人们再也摆脱不了你"……
"狄奥尼索斯,你是在奉承我,你才是神性的呢"……

10[96]

(215)

基督教-犹太教的生活:在这里,怨恨并不占上风。唯有
大肆的迫害才能煽起此类激情——尽管爱的火焰也即仇恨的
火焰。

当人们看到为自己的信仰而牺牲了自己的最爱时,人们
就会成为攻击性的;人们把基督教的胜利归于它的迫害。
请注意! 基督教的禁欲主义并不是特有的:叔本华误解了
这一点。只不过,禁欲主义长到基督教里去了:所到之处,
在没有基督教的地方也都有了禁欲主义。

请注意！忧郁症的基督教，良知的动物式折磨和拷问，同样仅仅归属于某一片土壤，即基督教价值赖以植根的土壤：它并非基督教本身。基督教容纳了这片腐朽土壤的全部病态：人们或许唯一地可以谴责基督教的是，它不善于抵抗任何传染病。不过，恰恰这一点是它的本质：基督教乃是一个颓废类型。

在有高贵遗风的古代世界里，人们曾以深深的蔑视来对待基督徒。这种深深的蔑视与人们今天对于犹太人的本能反感同出一辙：那是自由和自觉的等级对于那些人的仇恨，即那些压制自己，并且把胆怯的笨拙姿态与一种荒唐的自我感觉联系在一起的人们。

《新约全书》乃是一个完全非高贵的人的种类的福音；他们对于更多价值的诉求，实即对于所有价值的诉求，实际上具有某种令人气愤的性质，——至今依然。

10[97]

(216)

如果说人们尽管完全适应了市民的安分守己，却又为自己的非道德性的需要腾出了空间：

那么，何以我们今天作为认识者使用了我们所有的恶的欲望，并且远远不能在德性与认识之间订立一种结盟愿望呢

所有恶的欲望都成了明智的、好奇的和科学的

谁对德性感到轻松，他也就还会取笑德性。德性的严肃性是得不到维护的：他达到了德性又跳过了德性——跳往何处呢？进入险恶用心（Teufelei）之中。

——由于他达到了德性,他就超越了德性,——而且同时从德性中想出一个小小的险恶用心,尊敬自己的上帝无异于上帝的丑角。

在此期间,我们所有的恶劣癖好和冲动已经变得多么明智啊!有多少科学的好奇心折磨着它们啊!纯属认识的鱼钩!

10[98]

(217)

我抗议什么呢?抗议人们没有把这种渺小而友善的平庸性、心灵的这样一种安宁平静(这种心灵不知道伟大的力量积聚的伟大动力)看作某种高级的东西,甚至于人的尺度。

请注意!培根①有言:"infimarum virtutum apud vulgus laus est, mediarum admiratio, supremarum sensus nullus."["庸众对最低级的德性也加以赞扬,对中等的德性深表仰慕,对最高级的德性则无动于衷。"]但基督教作为宗教却属于 vulgus[庸众];它对于最高的 virtus[德性]种类是毫无感觉的。

10[99]

〈(218)〉

叔本华对天才的非自然化:"一个不忠于自己使命的知识分子"

---

① 此处用了英国哲学家弗兰西斯·培根(Francis Bacon,1561-1626)的别名 Bako von Verulam。——译注

10[100]

在与罪犯和疾病(诸如就所有梅毒患者来说)的斗争中,人们或许可以采用阉割法:可是何为呢!人们可要想得更经济些啊!

10[101]

(219)

此在(Dasein)作为惩罚与忏悔:"关于原罪的神话乃是唯一能使我与《旧约》和解的东西。"——叔本华

10[102]

(220)

请注意!我的肯定性主题——它们是什么呢?

——还有,我最主要的否定——它们是什么呢?

——还有,我的新问题和问号的领域——它们是什么呢?

10[103]

(221)

对于这些与我有某种关系的人们,我愿他们受难、孤独、病痛、受虐、受辱,——我希望他们全然不知深重的自我轻蔑、自我怀疑的折磨、压抑者的苦难:我对他们毫无同情,因为我对他们的唯一希望是今天能够证明的,无论某人是不是有价值,——那就是:他坚定不移,巍然矗立……

我还没有结识任何一个理想主义者,倒是结识了许多说谎者——

10[104]

(222)

叔本华希望人们把流氓们阉割掉,把蠢女人关进修道院:从何种观点出发这是可想望的呢?流氓有一点优于平庸者,那就是:他是不平庸的;而蠢人有一点优于我们,那就是:他不能忍受平庸样子……更可想望的事情或许是,其间的鸿沟越来越大了,——也就是说,流氓习气和愚蠢行径增多了……如此这般地,人的本性得以扩展……但最后,恰恰这也是必然之事;它出现了,并不指望我们是不是想望它。愚蠢行径和流氓习气不断滋长:这属于"进步"。

10[105]

(223)

关于十九世纪的强大。

我们比十八世纪更中世纪;不只是对异己之物和稀罕之物更好奇或者更敏感。我们造了革命的反……

我们已经从对理性(raison)的畏惧这个十八世纪的幽灵中解放出来了:我们又敢于抒情、荒谬和天真地生活了……一句话:"我们是音乐家"

——我们不怕荒谬,同样也不怕可笑

——魔鬼得到上帝的宽容和恩宠:更有甚者,魔鬼有一种

兴趣，作为自古以来被误认、被诽谤者，——我们是魔鬼的名誉救星

——我们不再把伟大与恐怖分离开来

——我们把美好的事物与最恶劣的事物合在一起来考虑：我们已经克服了从前的荒谬无稽的"愿望"（它只求善的增长，而不要恶的增〈长〉——）

——对文艺复兴理想的怯懦已经松弛了——我们敢于为达到文艺复兴的风俗本身而努力——

——对教士和教会的不宽容同时也告终结："信仰上帝是非道德的"，但在我们看来，恰恰这一点就是这种信仰的最佳辩护形式。

尽管如此，我们赋予自身一种权利。我们不怕"美好事物"的反面（——我们正在寻求这一面……我们对此有足够的勇气和好奇心），例如在希腊文化中，在道德上，在理性那里，在好趣味那里（——我们推算人们用所有这些宝贝搞出来的损害：有了这样一种宝贝，人们把自己弄得几乎赤贫了——）同样地，我们也不隐瞒恶劣事物的反面……

10[106]

"意见是人性之半"，拿破仑如是说

10[107]

(224)

我是不是以此伤害了德性呢？……没有，恰如无政府主

义者并没有伤害王公贵族们:只是他们被击中以后,他们重又稳坐钓鱼台了……因为过去始终如此,将来也将如此:人们对一件事物的最好利用莫过于对它穷追不舍……这件事——我已经做了。

10[108]

〈〈225〉〉

　　反对懊悔。我不喜欢这种对自己行为的胆怯;在不期而至的耻辱和窘困的冲击之下,人们不应该自暴自弃。在此,一种极端的骄傲是更加合适的。说到底,自暴自弃又有何益!决没有一个行为是因为将来要懊悔而被取消掉的;同样地,也不会因为它将被"宽恕"或者"将获得抵偿"而取消掉。为了信仰一种偿还罪责的权力,人们不得不成为神学家:我们这些非道德论者是宁愿不相信"罪责"的。我们认为,所有行动从根子上讲都是价值同一的,——同样地,那些反对我们的行动,从经济学上来看,恰恰因此也总还可能是有益的、普遍可想望的行动。——在个别情形下我会承认,一种行为对我们来讲或许是可以不去干的,——只不过事态促使我们去干了。——莫非我们当中有谁不曾受事态促动,干过一系列犯罪的勾当吗?……因此,人们决不能说:"你本不应该做这事那事",而始终只能说:"这事我不曾做过上百次,多么稀奇啊!"——最后,唯绝少数的行动是典型的行动,而且真正是某个有格之人的缩略;而鉴于大多数人不是有格之人,也就少有人是可以通过某个个别行为来刻画其特性的。受制于事态的行为,作为随某种刺激而产生的触发,纯然是表皮的,纯然是反映性的:在我们存在的深度受之触动、得到追问之前。一种愤怒、一个动作、刺上一刀:这与有格之人又有何干系啊!——行为经常引起一种目光呆滞和不自由状态:以至于行为者通过自己的记忆就像着了魔似的,而且感到自己只不过是这种回忆的附属物。这样一种精神干扰,一种催眠形式,是人们首先要与之斗争的:某个个别行为,不论它是何种行为,其实与人们所做的一切相比都等于零,是可以忽略不计的,并不会使计算变得错误。社会可能具有某种低劣的兴趣,也即仅仅从某一个方向上来推算我们整个生存情况,就仿佛我们生存的意义就在于引发某个个别行为似的;这种兴趣不该传染给行为者本身:遗憾的是,这种事几乎是不断发生着的。原因系于以下事实:任何具有非常后果的行为都伴随某种精神干扰,甚至这种后果是好是坏都是无关紧要的。我们不妨来看看一个分享某种诺言的恋人;也不妨来看看一位在剧场里获得满堂喝彩的诗人;至于 torpor intellectualis[理智的麻木],他们与突然被人们抄了家的无政府主义者没有什么分别。——有失我们体面的行动是存在的:那些被视为典型的行动或许会把我们贬入某个低等种类。在这里,人们只得避免这种错误,即要避免把它们视为典型的。不配我们去做的相反的行动种类也是存在的:从某种特别充沛的幸福和健康中诞生的高人,由一阵狂飙、一种偶然一度掀起的我们至高的心潮:此种行动和"作品"(——)并不是典型的。人们决不能以其作品为尺度来衡量一个艺术家。

10[109]

(226)

人们应当反对德性说教者来捍卫德性:德性说教者乃是德性最坏的敌人。因为他们把德性当作所有人的理想来教导;如此一来,他们就剥夺了德性所具有的那种稀罕、独特、特例、超凡的魅力,——德性的高贵魔力。同样地,人们也应当反对那些顽冥不化的理想主义者,他们热心地敲打所有的锅盆,听到空洞的声音时才感到满意:要求伟大的和稀罕的东西,并以愤怒和轻蔑来断定这种东西不在场,这是何种幼稚啊!——譬如,显而易见,一种婚姻的价值限于缔约双方,这就是说,一种婚姻总的来说会成为某种可鄙而失礼的东西:任何一位牧师、任何一位市长都不可能从中弄出别的花样来。

德性具有平庸之人反对自己的全部本能:它是无益的、不明智的,它具有隔绝作用,它与激情相近而难于为理性所通达;它败坏性格、头脑、感官——总是以不好不坏的中等人为尺度来衡量的;它发起对秩序的敌视,对隐藏在每一种秩序、制度、现实之中的谎言的敌视,——假如人们根据它对他者的作用的危害性来评判它,那它就是最糟糕的恶习了。

——我从下述几点上看出了德性:1)它并不要求为人们所认识;2)它并非处处都以德性为前提,而恰恰是以某个其他东西为前提;3)它并不苦于德性之缺席,而是相反地,把这一点视为间距关系,根据这种关系,某物才能因德性而受尊重:

它并不公布自己;4)它不做宣传煽动……5)它不允许任何人充当法官,因为它始终是一种自为的德性;6)它恰恰要做所有通常受禁止的事:以我的理解,德性就是所有群盲立法范围内的真正 vetitum[禁条、被禁之物];7)质言之,它是文艺复兴式的德性,即 virtù,非伪善的德性……

10[110]

(227)

最后,我得到了什么呢?我们不可对自己隐瞒这个最奇特的结果:我赋予德性一种新的魅力,——它发挥出某种禁令的作用。德性具有我们对自己的最精致的正直,它已经被放到科学的良心谴责的"cum grano salis"[相应的限制、话中有话]之中腌了起来;它具有旧式的气息,是仿古典风格的,以至于它现在终于能招引那些狡诈者,使之生出好奇心;——简言之,德性起着恶习作用。唯在我们已经把一切都认作谎言、假象之后,我们才重又获得了许可,得以接近这种最美好的虚妄,即德性的虚妄。再也没有什么机关能禁止我们这样做了:唯因为我们已经表明德性乃是非道德性的一种形式,所以德性又得到了辩护,——着眼于其基本含义,德性得到了编排和归类,它分担了一切此在(Dasein)的基本非道德性,——作为第一流的奢侈形式,最目空一切的、最昂贵和最稀罕的恶习形式。我们解除了德性的袈裟,我们把德性从大众的胡搅蛮缠中解救了出来,我们剥夺了德性那种愚蠢的呆板、空茫的眼睛、僵硬的发型、僧侣般的肌肉。

10[111]

(228)

论等级制

在典型的人身上什么是平庸的呢？他并不把事物的反面了解为必然的：他与弊端作斗争，就仿佛人们可以放弃这些弊端似的；他不愿以一方来忍受另一方，——他想要消抹和磨灭一个事物、一种状态、一个时代、一个人物的典型性格，因为他仅仅承认它们的特性的一部分，而要取消其他的特性。平庸者的"愿望"就是我们其他人所要与之斗争的东西：把理想把握为某种东西，在它身上不应该留下什么危害、凶恶、危险、可疑、毁灭性的东西了。我们的看法正好相反：随着人的每一种增长，其反面也必定一起增长，最高的人——假如可以有这样一个概念的话——或许是这样一个人，他把此在(Dasein)的对立特征最强烈地表现出来，作为此在的灵光和唯一辩护……普通人只可能表现出这样一种自然特征的一个很小的角落：当元素的多样性和对立面的紧张性增加时，也就是说，当人的伟大性的前提条件增加时，他们就会归于毁灭。人必须变得更善和更恶，此乃我用来表示上述不可避免性的公式……

大多数人把人表现为断片和部件：只有当人们把它们合计在一起时，一个人才会冒出来。在这个意义上，所有时代、所有民族就都有某种碎片性质；人是一件一件地发育起来的，这也许属于有关人类发育的经济学。因此，人们完全应该承认，这里的关键仍然只是综合的人的实现，而低等的人，巨大的多数，只不过是前奏和训练而已，通过这些前奏和训练的相互配合，就会在某处形成完整的人，里程碑式的人，后者标明人类迄今为止已经前进了多远。人类并没有在某条唯一的路线上前行；这个已经达到的类型经常又会消失掉……

——例如，我们以三个世纪的所有紧张努力，还没有重新达到文艺复兴时期人类的水平；而文〈艺复兴时期〉的人〈类〉又是落后于古代人的……

——人们必须拥有一个尺度：我要区分伟大的风格；我要区分主动性与反应性；我要区分过剩的挥霍者与受苦难的狂热者（——"理想主义者"）

521 **10**[**112**]

(229)

任何一个社会都有此倾向，即把它的敌人贬为漫画，而且可以说绝其食粮逼其投降，——至少是在其观念上。例如，我们的"罪犯"就是这样一幅漫画。在罗马-贵族政体的价值制度中间，犹太人被还原为漫画。在艺术家中间，"庸人和市民"成为漫画；在虔信者中间，不信神者成为漫画；在贵族中间，民众成为漫画。在非道德论者中间，道德家成为漫画：例如，在我这里，柏拉图就成了漫画。

10[113]

(230)
　　做宣传是下流的:但多么聪明！多么聪明啊！

　　无论人们遵循着何种奇异古怪的理想(例如,作为"基督徒",或者作为"自由精神",或者作为"非道德论者",或者作为德意志帝国人——),人们都不应该要求理想是这样的:因为这样一来,人们就剥夺了理想的特权、优先权特征。人们应当有理想,为的是使自己出类拔萃,而不是为了把自己等量齐观。

　　然而,大多数理想主义者立即为自己的理想做宣传,仿佛要不是所有人都认可之,他们就不能拥有对理想的权利似的,这到底是怎么回事呢？……例如,所有那些胆大妄为的小女人们不允许自己学拉丁文和数学,她们就会干出这种事。是什么迫使她们做这种事的？我担心,是群盲本能,是对群盲的畏惧:她们为"女人解放"而战斗,因为她们以一种慷慨行径的形式、打着"为了他人"的旗号,极其聪明地贯彻自己渺小的私人分裂主义……

　　只成为某个理想的传教士和代表者,此乃理想主义者的聪明:在那些相信无私和英雄主义的人们眼里,他们就是以此来"美化"自己的。可是:真正的英雄主义却在于,人们并不在牺牲、献身、无私的大旗下战斗,而是根本就不战斗……"我就是这样;我就愿意这样:——你们见鬼去吧！"

10[114]

(231)

　　　　针对女性的"高贵"观的战争——多一点野蛮是不可免的；根本就与犯罪不相干。甚至其中也没有什么"自满"；人们必须同样冒险地对待自身，诱惑地、败坏地——这与"美好心灵"之类的虚假空谈毫不相干——我要为一种更强壮粗暴的理想制造空间。

10[115]

　　偶然：关于希腊人
　　　　关于异教

10[116]

(232)

　　　　　　　　美学。
　　关于我们的现代音乐：旋律萎靡不振了，这与"理念"、辩证法的萎靡不振，与最富才智的精神运动的自由的萎靡不振，是同一回事，——一种笨拙和滞胀，它发展为新的冒险，甚至发展为原则——到最后，人们就只有自己的天赋、自己的天赋狭隘性的原则了。

　　就一个天才的基本条件来说，奥〈芬巴赫〉比瓦格纳更天才……

　　"戏剧音乐"，胡说八道嘛！那简直就是糟糕的音乐，如此确凿无疑地作为———

替代手段乃是嘲弄,带着欢舞和讥笑的精神

如果人们再也不知道如何达到崇高的精神性以及这同一种精神性的幸福(例如伏尔泰的幸福),那么,"情感"、"激情"就成为代用品。从技术上讲,"情感"、"激情"是更为轻松的——它以贫乏得多的艺术家为前提。向戏剧的转向表明,一个艺术家善于驾驭虚假手段(Scheinmittel)更甚于驾驭真正的手段。我们有戏剧油画、戏剧抒情诗等。

10[117]

(233)

我已经向贫血的基督徒理想宣战了(连同那些与之亲近的东西),意图不在于消灭它,而只是为了对它的专制统治作一了结,为新的理想、为更健壮的理想留下地盘……基督教理想的延续乃属于世上存在的最值得想望的事物:而且就是为那些理想之故,那些想要在基督教理想之外,并且也许超出基督教理想而起作用的理想——为了成为强大的,它们必须有对手,强大的对手。——所以我们非道德论者就需要道德之权力:我们自我保存的欲望要求的是,我们的对手们保持着力量,——只要求成为支配他们的主宰。——

10[118]

(234)

叔本华把高等的理智解释为对意志的解脱;他不愿意看

到对道德偏见的摆脱（这种摆脱就在于激发伟大的精神），不愿意看到天才的典型的非道德性；他人为地把只有自己尊重的东西，即"非自身化"(Entselbstung)的道德价值，也设定为最具精神性的活动的条件，即"客观"观察的条件。意志抽离之后，"真理"就显露出来，甚至也在艺术中……

纵观一切道德〈的〉特异反应性，我看到一种根本不同的估价：这样一种在"天才"与道德和非道德的意志世界之间的荒谬分离，是我所不晓得的。道德的人乃是一个比不道德的人更低等的种类，一个更虚弱的种类；的确——按照道〈德〉来讲，他是一个类型，只不过并非他自己的类型；一个复制品，无论如何是一个好的复制品，——其价值的尺度在他自身之外。我是根据其意志的权力和丰富性的量来估价人的：而不是根据其意志的削弱和消解；我把那种传授意志之否定的哲学视为一种毁坏和诽谤的学说……

——我根据意志对于抵抗、痛苦和折磨的忍受程度以及善于把自己转变为优势的程度来估价一种意志的权力；根据这种尺度，我必定不会把此在(Dasein)的凶恶和痛苦特性当作对此在的谴责，相反地，〈我〉把握住一种希望，即希望生命有朝一日变得比过去更凶恶和更痛苦……

叔本华所设想的精神的极点，就是要达到如下认识：一切都没有意义；简言之，就是要认识：善人本能地就要做什么……他否认可能有更高级的理智种类——他把自己的洞见视为一个 non plus ultra［极点、绝顶］……在这里，精神性被远远地排列在善之下；精神性的最高价值（例如作为艺术）或许就是劝告、准备道德皈依:道德价值的绝对统治。——

除了叔本华,我还要刻画一下康德的特征(歌德关于彻底之恶的段落):毫无希腊性,彻底反历史的(关于法国大革命的段落)以及道德狂热分子。在他那里也隐含着神圣性……

我需要一种对圣徒的批判……

黑格尔的价值"激情"

斯宾塞先生的小商贩哲学:除了庸人理想,完全没有什么理想。

一切哲学家、历史学家和心理学家的本能原理:必须证明人身上富有价值的一切,艺术、历史、科学、宗教、技术等,在目标、手段和结果上,都是道德上富有价值的、受道德制约的。要着眼于最高价值来理解一切:例如,卢梭关于文明的问题"文明使人变得更善吗?"——一个滑稽的问题,因为其对立面是显而易见的,恰恰就是有利于文明所讲的话

10[119]

(235)

我们"客观者"。——

为我们开启通向那些最遥远和最生疏的存在和文化种类之大门的,并不是"同情";而倒是我们的平易近人和毫无偏见,后者恰恰并不"同情",相反地,是对人们从前忍受的无数事物①(发怒或者感动,或者充满敌意地冷眼相看——)感到

---

① 此处中译文未能显明德语动词"忍受"(leiden)与动词"同情"(mit leiden)和名词"同情"(Mitleid)之间的字面和意义联系。——译注

赏心悦目。现在，具有种种细微差别的痛苦对我们来说是有趣的：这样一来，我们诚然不是更具同情心者，尽管痛苦的景象彻底使我们震动，使我们泪流满面：——我们绝对不是因此有了更乐于助人的心情。

在这样一种自愿的直面种种困苦和消逝的意愿中，我们变得更强大和更有力量了，胜过18世纪；此乃一个证据，证明我们在力量方面的增长（——我们已经接近于17世纪和16世纪了……）。然而，把我们的"浪漫主义"理解为我们"美化了的心灵"的证据，这乃是一种深刻的误解……

我们意愿强大的感觉（sensations），就像所有较野蛮的时代和民众阶层所意愿的那样……也许人们必须把这一点与神经衰弱者和颓废者的需要区分开来：后者需要胡椒粉，甚至需要残暴……

我们所有人都在寻找一些状态，在其中，市民道德不再有发言权，更不用说教士道德了（——读每一本散发着某种牧师和神学家气息的书，我们都会有一种值得同情的痴呆和贫困的印象……）"善的社会"乃是这样一个社会，根本上，人们在其中感兴趣的无非是市民社会中受禁的和名声不好的东西：书籍、音乐、政治、女人品评的情形亦然。

10[120]

要就他们的价值进行追问：

柏拉图。爱比克泰德。马可·奥勒留。伊壁鸠鲁。
奥古斯丁。帕斯卡尔。

边沁①、孔德。黑格尔。

图书：
罗伊特的《奥古斯丁与中世纪宗教启蒙》
圣伯夫的《波尔-罗雅尔》②
泰希穆勒:《希腊哲学》③

10[121]

(236)

有人恰恰仅只尊重道德的价值,他把其他所有的东西与善、恶、改善、灵魂得救等相比较,把它们都置于隶属地位,把它们都看得微乎其微——这是如何可能的呢？例如,阿米埃尔④就是这样。道德特异反应性意味着什么呢？——我是在心理学上发问的,也是在生理学上发问的,例如帕斯卡尔。也就是在其他伟大的性质并没有缺失的情形中；也包括叔本华的情形,后者明显地重视自己并不拥有和不能够拥有的东西……——这难道不是一种对于实际的痛苦状态和不快状态所作的完全合乎习惯的道德阐释的后果吗？这难道不就是一种

---

① 边沁(Jeremy Bentham,1748-1832):英国伦理学家、法学家,功利主义主要代表。著有《道德与立法原则》《义务论或道德科学》等。——译注
② 指法国作家、批评家圣伯夫的《波尔-罗雅尔修道院史》(1840-1859,五卷本)。——译注
③ 参看21[1]及编注。——译注
④ 阿米埃尔(Henri Amiel,1821-1881):瑞士作家、哲学家。主要作品《私人日记》传达出怀疑主义、悲观主义情绪。——译注

特定种类的敏感性吗？——这种敏感性并不理解它的诸多不快感觉的原因,却相信可以用道德〈的〉假说来说明自己。结果,甚至一种偶尔的舒适和力量感,也总是立刻又在"善的良知"、上帝临近、拯救意识的透镜照耀下显现出来……可见,道德特异反应者具有如下可能性:

1)要么,他确实由于接近于社会中的德性类型而具有他自己的价值:"老实人"、"正派人",——那是一个极可尊敬的中等状态:就全部能力来讲是平庸的,但就全部意愿来讲则是正直的、认真的、坚定的、受敬重的、可靠的

2)要么,他相信自己具有自己的价值,因为他以为根本就不能对自己的所有状态作另外的理解……,他对自身一无所知,他如此这般地解释自己。

道德乃是人借以忍受自己的唯一的阐释模式……一种骄傲吗？……

528 **10[122]**

(237)

人们怎能使平庸者失去对自己的平庸性的兴趣呢！正如人们所见,我所做的是相反的事体:因为离开这种平庸性的每一个步骤——以我的说法——都通向非道德性……

10[123]

(238)

经院哲学最持久的延续——善、恶、良心、德性,纯属起源

于想象的实体

10[124]

(239)

关于最普遍之物的思索总不免是落后的:例如,有关人类的终极"愿望",哲学家们从来就没有真正地把它当作问题来对待过。他们全体天真地着手对人的"改善",就仿佛我们通过某种直觉就会超脱这样的问题:为何之故就要"改善"呢?人变得更有德性,或者更聪明,或者更幸福,这何以是可想望的呢?假如人们根本就不知道人的"为何之故?"(Warum?),那么,任何这样的意图就都是毫无意义的;而如果有人想要这一个,天晓得,也许他就不可以要另一个了?……德性的增长与聪明和见识的增长是同步一致的吗? Dubito[我怀疑]:我自会有太多的机会来作出相反的证明。难道严格意义上作为目标的德性事实上不是一直就与幸福处于矛盾之中吗?而另一方面,难道德性就不需要不幸、匮乏和自虐,以之为必要的手段吗?而且,倘若至高的见识就是目标所在,那么,莫非人们恰恰因此不必拒绝幸福之提升吗?并且因此不必选择危险、冒险、怀疑、诱惑,以之作为通向见识的道路?……

还有,如果人们想要幸福,那么,人们也许就不得不与"精神的贫者"为伍了。

10[125]

(240)

好意的、乐于助人的、善良的信念,绝对不是为了从这些信念出发的利益的缘故而获得成功的:而是因为它们乃是丰富心灵的状态,这些心灵能发送,能承荷自身的作为生命丰富感的价值。看看行善者的眼睛吧!这是自我否定的反面,对自我(moi)的仇恨的反面,"帕斯卡尔主义"的反面。——

10[126]

(241)

从虚弱中产生的一切,从心灵的自我怀疑和虚弱多病中产生的一切,是毫无用处的:而且是当它在对全部家当的最大浪费中表现出来之际。因为举个例子来说,它毒化了生命……一位教士的目光,他的苍白越位对生命造成的伤害甚于他全部的奉献所带来的益处:此种越位中伤生命……

10[127]

(242)

专注于自身及其"永恒福乐"①,并非一种丰富而自信的人物的表现:因为,这种人物会向魔鬼探问自己是不是会成就极乐,——这种人物对于无论何种形态的幸福毫无兴趣,他是

---

① 德语原文为 das ewige Heile,或译"永恒的解脱"、"永生"。——译注

力量、作为、欲望,——它把事物烙印在自己身上,他对事物施暴……基督教乃是那些根基不稳者的一种浪漫主义疑心病。——凡在享乐主义观点占上风的地方,人们不可能推断出痛苦以及某种败坏。

10[128]

(243)

　　何以在禁欲主义的非自身化道德的压力下,恰恰是爱、善、同情,甚至于公正、慷慨、英雄气概之类的情绪,必定会受到误解:主要篇章。

　　正是人格的富有、自身丰富性、充溢和分发、本能的安康以及对自身的肯定,它们构成伟大的牺牲和伟大的爱:这些情绪是从强大的和神性的自身性(Selbstigkeit)中生长出来的,就如同成为主人的意愿、僭越、内在可靠性、要求拥有一切的权利一样地确凿。那些在通常的理解看来相互对抗的信念毋宁说只是一种信念;而且,如果人们没有坚定而勇敢地守住自身,那他就不能分发任何东西,就不能援臂相助,就不能成为庇护和支撑……

　　人们怎么能够这样来曲解此类本能,认为人是把与其自身相接近的东西感受为有价值的?要是人把他的自身委诸另一个自身呢!

　　呵,关于心理学上的卑鄙和谎言,它们迄今为止都在教会和患了教会病的哲学中说着大话!

　　如果人是有罪的,彻头彻尾地,那他就只好恨自己。根本上，他或许也不会以另一种感觉去对待他的同类，有别于对待他自己；人类之爱需要一种辩护，——其要义在于：上帝对之下了命令。——由此得出的结论是，人的所有自然本能（爱的本能等等）在人看来似乎本身都是不允许的，而且唯有在否定了它们之后，依据一种对上帝的顺从，才能得到应有的重视……帕斯卡尔，这位值得赞赏的基督教逻辑学家，他走得多么远啊！人们不妨来考量一下他与自己妹妹的关系，第162页："不让自己爱"，这在他看来就是基督教的。

10[129]

请注意！对假设的证明与根据假设所作的说明——不能混为一谈！

10[130]

"在伊斯兰教中，屠宰团体依然是神圣团体：谁若参加我们的礼拜仪式，吃我们宰杀的肉类，他就是一位穆斯林。"

10[131]

(244)

"一种狂热崇拜的戒律转变为一种文化戒律。"穆罕默德禁止人们食血（异教徒给牲畜放血，为的是在饥饿困境中制作一种带血的香肠）

主要仪式：让血白白流掉

葡萄酒和油是非阿拉伯的（在献祭时）

10〔132〕

———因为我们以往的价值乃是虚〈无主义〉赖以从中得出结论的东西

10〔133〕

(245)

情绪统统是有用的,有的是直接有用,有的则是间接有用;从有用角度来看,要固定无论何种价值序列都是绝对不可能的,——从经济学上来衡量,自然界的力确实统统是好的,532 也即是有用的,而同样地,从这些力中也散发出如此之多的令人恐怖而无可抗拒的灾祸。人们顶多可以说,最强烈的情绪乃是最有价值的:因为并没有更伟大的力量源泉了

10〔134〕

(246)

有关道德贬值及其"利"与"弊"的市侩褊狭和乡俚看法亦有其好的意义;那是社会的必然视角,它所能综览的只不过是着眼于结果来看切近的和最切近的东西。——国家和政治家就必须有一种更多地超道德的思想方式:因为国家和政治家必须算计宏大得多的效应综合体。同样地,一种世界经济或许是可能的,它具有如此长远的视角,以至于一时间,它所有个别的要求都会显得是非正义的和任意专横的。

10［135］

(247)

　　基督教作为最私人的此在形式是有可能的；它以一种狭隘的、抽象的、完全非政治的社会为前提，——它属于秘密结社。与此相反，一个"基督教国家"，一种"基督教政治"，——它们只不过是那些有理由作出感恩和祈祷之辞的人们嘴里的感恩和祈祷之辞而已。这些人也把一个"乌合之众的上帝"当作总参谋长来谈论：他们并没有以此欺骗什么人。实际上，连基督教大主教也在从事马基雅弗里的政治：前提是他并没有从事恶劣的政治。

10［136］

(248)

　　与对自我（ego）的道德〈上的〉贬低亦步亦趋地，甚至在自然科学中也出现了一种对类（Gattung）的高估。然而，类与自我一样，也是某种虚幻的东西：人们作出了一种错误的区别。比起多环节链条上的单元，自我要多出千百倍；自我就是链条本身，完完全全；而且，类乃是对这一链条的多样性及其局部相似性的一种单纯抽象。正如人们经常断言的那样，个体要为类而牺牲，这种说法根本就不是事实：而毋宁说，它只不过是一种错误解释的样本。

10[137]

(249)

　　　　一种客观的价值设定的必然性。

　　鉴于相互作用的巨大性和多样性,正如每个有机体的整个生命所表现出来的那样,其由情感、意图和估价所组成的有意识的世界乃是一个小小的片断。这个意识片断就是目的、缘故吗?我们没有任何权利为那个生命总体现象设定目的:显然,意识只不过是一个手段而已,更多地在生命的展开和权力扩张过程中的手段。所以,把快乐或者精神性,或者德性,或者无论何种个别意识领域,设定为最高价值,而且也许就根据这些个别领域来为"世界"作出辩护,这种做法乃是一种幼稚病。——这是我的基本抗辩,对于所有哲学的-道德〈的〉宇宙论和神义论(Kosmo-und Theodiceen)、对于以往哲学和宗教哲学中所有缘故(Warum)和最高价值的基本抗辩。一种手段被误解为目的了:而生命及其权力提高反而被贬抑为手段了。

　　倘若我们想要把某个生命目的设定得足够广大深远,那么,这个目的或许就不可能与任何有意识生命的范畴相合;而毋宁说,它甚至不得不把任何范畴都解释为达到自身的手段……

　　"生命之否定"作为生命的目标、进化的目标,此在(Dasein)作为大蠢事:这样一种错乱的阐释只不过是一种用意识要素(快乐与痛苦、善与恶)来衡量生命的做法的畸形产物而已。在这里,手段是针对目的而提出来的;"非神圣的"、荒谬的、首要地令人厌恶的手段——使用这样一种手段的目的能有什么用处啊!可是,错误就在于,我们没有去寻求能说明这种手段的必然性的目的,而是自始就预设了一个恰恰排除这种手段的目的:这就是说,我们把一种关于某种手段(即适意的、合理的、有德性的手段)的愿望当成了规范,我们据此才设定何种总目的是值得想望的……

基本错误始终在于,我们不是把意识设定为总体生命的工具和个别性,而是把它设定为标准、生命的最高价值状态:质言之,是关于 a parte ad totum[从部分到整体]的错误视角。何以所有哲学〈家〉都本能地致力于设想一种总体意识,一种关于一切发生事件的有意识的共同经历和共同意愿,一种"精神"、"上帝"。可是我们必须对他们说:恰恰这样一来,此在(Dasein)就成为怪物了;一个"上帝"和总感觉(Gesammtsensorium)或许确实是某种必定使此在遭受谴责的东西……我们要说的正是:我们已经消除了设定目的和设定手段的总意识:这是我们的一大宽解,——这样,我们就不必成为悲观主义者了……我们对此在的最大谴责就是上帝之实存(Existenz Gottes)……

10[138]

(250)

维护"上帝"概念的某种意义的唯一可能性,或许就是:上帝,不是作为推动力,而是作为至高状态,作为一个时代(Epoche)……权力意志发展过程中的一个点,根据这个点,同样也可以把进一步的发展解说为从前(das Vorher)、到此为止(das Bis-zu-ihm)……

——从力学角度来看,总体生成的能量始终是恒定的;从经济学角度来看,能量上升到某个顶点,就又会下降到一个永远的循环之中;这种"权力意志"就表现在解释(Ausdeutung)中,表现在力之消耗方式中——能量向生命和生命最高潜能的转变因此显现为目标。在发展的不同阶段上,同一个量的能量具有不同的意义:

——构成生命之增长的东西,乃是越来越节约和广泛地进行计算的经济学,它以越来越少的力量获得越来越多的东西……作为理想,最小消耗原则……

——世界并不谋求一种持续状态,这是已经得到了证明的唯一事情。所以,我们必须这样来设想世界的最高状态,即:它不是一种均衡状态……

——某个世事的相同事件的绝对必然性,就如同其他所有永恒世事的相同事件一样,并不是一种凌驾于事件之上的决定论,而是仅仅表达了一点,即:不可能的东西就是不可能的……某种特定的力就只能是这种特定的力;它只能依照自己的强度向某个量的抵抗力发泄自己——事件与必然事件乃是一种同义反复。

10[139]

宁作罗马最末一个,不作外省第一个:即便是罗马最末一个,也还沾点皇家气嘛。

10[140]

具有最平凡细微形式的生命可能最先达到完美:例如,歌德就说……可是在最细微中存在着最先的东西———

10[141]

(251)

我爱那些有羞愧感的不幸者;他们不会满怀苦闷地把他们的夜壶倒到胡同里;他们的心灵和口舌还留下了如此之多的好趣味,还能对自己说:"人们必须尊重自己的不幸,人们必须隐藏自己的不幸"……

10[142]

——比起今天那些悲观主义者先生们,人们一定已经体验过更为糟糕、更为深层的东西了,这些瘦猴子们,为了能对自己的悲观主义持有敬意,他们不会去碰触糟糕和深层的东西。

10[143]

(252)

使我们感到轻松的莫过于智慧地、忍耐地、从容地满怀宽容、耐心和同情了;我们以一种荒谬的方式对万事万物都采取不人道和不公正的态度,我们宽宥一切。宽宥,这恰恰就是我们的要素。正因此,我们要对自己更严格些,至少偶尔要在自己身上培育一种细微的情绪,一种细微的情绪恶习。这可能会使我们恼怒——而且私下里,我们会嘲笑我们在此给出的方面——:但这有何用啊!我们再也没有其他自制方式了……

10[144]

(253)

〈人们〉已经把残暴精致化,使之变成悲剧性的同情,以至于把残暴本身给否定了。以爱之激情(amour-passion)为形式的性爱亦然;作为基督教顺从的奴隶想法;作为恭顺的悲悯之情;例如,作为悲观主义、帕斯卡尔主义或者卡莱尔主义等等的 nervus sympathicus[同情神经]的病态。

10[145]

(254)

我的价值观点:要看是出于充盈还是出于要求……要看人们是观望还是助一臂之力……或者视而不见,袖手旁观……要看是出于积聚的力而"自发地",还是单纯反应性地受激发、受刺激……要看直接地出于少量因素,还是出于对于大量因素的强制统治,以至于当这种统治需要时就可利用这些因素……要看人们是问题还是答案……要看是在任务轻微时显得完美,还是在目标特殊时显得不完美……要看人们是真实的,还是仅仅是戏子,人们作为戏子是真实的,还是只不过是一个摹仿的戏子,人们是"代表",还是被代表者本身——要看是"人格",还是仅仅是各种人格的一个聚合(Rendez-vous)……要看是因疾病而病态,还是由于过于健康而病态……要看人们是作为牧人而前进,还是作为"特立独行者"(第三种类:作为逃遁者)而前进……要看人们是需要尊严——还是需要"小丑"?要看人们是寻求抵抗,还是回避抵抗?要看人们是由于"太早"而不完美,还是由于"太迟"而不完美……要看人们是出于天性而肯定或否定,还是一把五彩缤纷的孔雀羽毛做的拂尘?要看人们是否足够自豪,不为自己的虚荣而害羞?要看人们是否还能应对良心的谴责(这种种类将日趋稀罕:从前良心咬人过多①:现在看起来它再也没有足够坚实的牙齿了)?要看人们是否还能胜任一种"义务"?(——有这样一种人,倘若他们被剥夺了"义务",他们就会剥夺自己其余的生命快乐……尤其是女人们、天生恭顺者……)

10[146]

(255)

请注意!我要把在这个地方继续前行的任务托付给一个不同于我自己的精神种类。我的头脑不够狭隘,不足以应付一个体系——而且更应付不了我的体系……

10[147]

"思维必然性就是道德必然性"。"一个命题的真理性的最后

---

① 此处中译文未能充分显示动词"咬(人)"(beiβen)与"良心的谴责"(Gewissensbisse)之间的字面联系。——译注

试金石乃是它的否定式的不可理解性"(赫尔伯特·斯宾塞)这个说法是荒唐的。

"把一个精神产物搞成客观真理性的试金石;一个信仰命题的抽象表达成了它的真理性的证明,成了辩护"

10[148]

存在着天生温柔而病态的人物,即所谓的"理想主义者",他们除了犯罪再也干不了更高级点的事了,粗俗(cru),生硬(vert):这就是对他们渺小而苍白的此在生命(Dasein)的大辩护,一种对长期的怯懦和欺骗的清偿,至少是强壮的一个瞬间:然后,他们就会因之而毁灭。

10[149]

(从前良心咬人过多:现在看起来它再也没有足够坚实的牙齿了)

10[150]

道德作为最高的贬值

要么,我们的世界是上帝的作品和表现(样态):那么,这世界就必定是极其完美的(莱布尼茨的推论……)——而且,人们不会怀疑自己能够认识完美性的内涵——那么,恶、祸就只可能是虚假的(更彻底地,是在斯宾诺莎那里的善恶概念)或者,恶、祸必定是从上帝的至高目的中推演出来的(——比如作为一种特殊的上帝恩惠的结果,上帝许可在善与恶之间作出选择;不至于成为一个自动机械的特权;冒着弄错、选错之危险的

"自由"……例如,在辛普里丘对爱比克泰德的注解中)

要么,我们的世界是不完美的,祸和罪是实在的,是决定了的,绝对是世界本质中固有的;那么,我们的世界就不可能是真实的世界;那么,认识就只不过是否定世界的途径,那么,认识就是一种迷途,是可以被认作迷途的。此乃叔本华在康德的前提基础上提出的意见。幼稚啊!或许确实这只是另一种 miraculum[奇迹]!更为绝望的是帕斯卡尔:以他的理解,如若这样,那么甚至认识也必定是堕落的、被歪曲了的——哪怕只是为了把世界理解为值得否定的,也必须有启示……

(256)

何以叔本华〈的〉虚无主义始终还是那创造了基督教有神论的相同理想的结果

关于最高愿望、最高价值、最高完美性的可靠性程度是如此之大,以至于哲学家们以此为出发点,就如同以一种先天的绝对确定性为出发点:处于最高峰的"上帝"乃是被给定的真理。"与上帝同在"、"献身于上帝"——此乃几千年之久最幼稚而最令人信服的愿望(——然则一件令人信服的事物之所以还不是真实的,是因为它只是令人信服的。为蠢驴做的注脚)

人们已经忘了承认,那种对于理想的设定同样也具有人格的实在性(Personen-Realität):人们成了无神论者。然而,人们真的放弃了理想吗?——从根本上讲,那些最后的形而上学家们始终还是在理想中寻求真正的"实在性"、"自在之物",与后者相比,其他一切东西都只是虚假的。他们的教义是：因为我们的现象世界如此显然地不是那个理想的表现，所以它就不是"真实的"，——而且根本上，它甚至不能归结于那个作为原因的形而上学世界。无条件的绝对之物，只要它是那种最高的完美性，它就不可能充当一切有条件之物的基础。另有所图的叔本华不得不把那个形而上学的基础设想为理想的对立面，设想为"恶的盲目的意志"：如此这般地，它就能成为在现象世界中启示自身的"显现者"了。然而，即便这样，他也没有放弃那种理想的绝对性——他是暗度陈仓……（在康德看来，要为 ens perfectum[完美存在者]解除对于这个世界的如此这般之存在（das So-und-So-sein）的责任，简言之，要说明恶和祸，就必须有关于"理智自由"的假设：一位哲学家的一种骇人听闻的逻辑……）

10[151]

(257)

以上帝之辩护为目的的道德假说：在辛普里丘对于爱比克泰德的注解中得到了很好的表达，这就是说：恶一定是自愿的（只有这样，善的自愿性才能为人们所相信），而另一方面，在一切祸事和痛苦中都包含着一种疗救目的

罪责（Schuld）概念是不能归结为此在的终极基础的，而惩罚（Strafe）概念乃是教育方面的善行，因此也是一个善的上帝的行为。

道德评价对于其他所有评价的绝对统治地位：人们并不怀疑上帝不可能是恶的，而且不可能干什么害人之事，也就是

说，说到完美性，人们想到的只是一种道德的完美性

10[152]

(258)

假如竟要设立一个神性的和彼岸的更高领域，唯它才能认可人类的制度，那么，人们就要来考虑一下所有人类制度所造成的损害。由于人们习惯于进而在这种认可中见出价值（例如在婚姻中），人们就降低了它的自然尊严，有时甚至否定了这种尊严……由于人们尊奉上帝的反自然性，自然就受到了猜忌的评判。"自然"差不多成了"可鄙的"、"恶劣的"……

一种信仰的厄运，一种对于作为上帝的至高道德性质的实在性的信仰的厄运：以这种信仰，一切真正的价值都被否定了，从根本上被理解为非价值了。于是，反自然性登上了王位。以一种无情的逻辑，人们达到了否定自然的绝对要求。

10[153]

(259)

道德超越性（Moral-Transscendenz①）造成的自然贬值过程的**残余**：

非自身化的价值，利他主义崇拜

对一种在结果游戏范围内的复仇的信仰

---

① 疑为 Transcendenz 的误植。——译注

对"善"的信仰,对"天才"本身的信仰,就仿佛前者与后者一样都是非自身化的结果

对市民生活的教会认可(Sanktion)的延续

对于历史(作为以道德化为目标的教育事业)的彻底的误解意愿,或者历史观点上的悲观主义(——后者乃自然贬值过程的一个结果,恰如那种伪辩护,那种不想看见悲观主义者所见之物的意愿……

10[154]

(260)

我的意图,是要表明一切事件的绝对同质性,并且要表明对道德〈上的〉区分的应用只是有限的,是受视角限定的;是要表明,在道德上受到赞扬的一切,与所有非道德之物本质上是相同的,并且就如同任何道德的发展,只有以非道德性的手段以及为了非道德的目的才是有可能的……;反过来讲,从经济学角度来看,一切因为非道德而声名狼藉的东西,乃是更高级的和更原则性的东西,而且一种向生命的更大丰富性的发展必然地决定着非道德性的进步……"真理性"程度,乃是我们允许自己洞见这种事实的程度……

10[155]

(261)

在今天,即便在非音乐家中间,也存在着一种音乐家悲观主义。谁不曾体验过这种悲观主义呢?谁不曾诅咒过它

呢？——这个不祥的小鬼，它折磨着自己的钢琴，直到后者发出绝望的叫喊声，它亲手把最阴暗、最灰色的和声烂泥推向自身。于是，人们就被认作悲观主义者了。——但人们是否因此也被认作有音乐才能的呢？我是不会相信这一点的。纯种的瓦格纳信徒是没有音乐细胞的；他几乎屈从于音乐的自然力，大抵就像女人屈从于她的催眠师的意志——而且，为了能够做到这一点，他就不可通过一种严肃而精细的良知对于 rebus musicis et musicantibus[音乐和音乐家的谜]产生怀疑。上面我说过"大抵就像"——：但也许这里的关键问题还不只是一个比喻。我们得考量一下瓦格纳所偏爱的那种获得效应的手段（——这种手段的相当一部分是他不得不首先为自己发明出来的）：——动作的选择、其乐团音色的选择、对逻辑和韵律求积法的令人恶心的回避、偷偷摸摸、走马观花、其"无限曲调"的歇斯底里：——它们令人诧异地类似于催眠师借以发挥效应的手段。——还有，难道这样一种状态，譬如，《罗恩格林》①序曲把男听众，尤其是女听众置于其中的那种状态，本质上不同于梦游般的狂喜吗？——我听到过一位意大利女士在听完上述序曲后的说法，她以瓦格纳女信徒所擅长的那种美丽迷人的眼神说道："犹如伴着这音乐入眠！"②——

---

① 瓦格纳作于1845年的浪漫歌剧。——译注
② 此句原文为意大利文：come si dorme con questa musica!。——译注

10[156]

〈(262)〉

"自由婚姻"乃是一种荒谬;离婚方面的宽松化向前推进了〈一〉段路:从根本上讲,只不过是下面这回事情的危险后果,即人们在建立婚姻制度时过多地为个体准备了空间,〈而且〉让社会放弃了它对于婚姻之实现的责任。

婚姻:构想了一种优异的、无偏见的强制性设置,具有大量见识(bon sens)而又毫无感伤性,粗劣、四四方方、旨在满足那些平庸天性和自然需要,而后者正是所有主要制度所要考虑的。不过我认为,没有任何理由使我们带着一种迷信的惊恐来看待通奸。相反地,人们应当感激的是,在婚姻制度最大可能的延续方面,好歹有了一个自然阀门,使得这种制度不至于破裂。此外,一桩美满的婚姻受得了小小的例外;它本身就可能成为自身美满性的考验。原则上说来,在通奸与离婚之间,前者就是如此———

婚姻乃是这样一个自然片断,它受到社会最高价值的表彰:因为它本身就是从受社会保护和保障的制度中生长出来的。在〈婚姻〉中,没有什么比一种荒唐的理想主义〈更〉不合适了:已经被当作原则的"恋爱婚姻"就是这样一种理想主义。

对于婚姻,亲人们应当有更多的话要说,而不只是众所周知的"两厢情愿"。

从爱情中是弄不出任何制度的:人们从性欲和其他自然欲望中搞出制度,而婚姻正是用来满足这种欲望的。

人们恰恰因此也应当撇开教士:如果人们授权给这位死心塌地的反自然主义者,使他能为婚姻幸福出一份力——或者竟至于能投入到婚姻幸福中去,那么,人们就在婚姻中使自然①蒙受耻辱了。

10[157]

(263)

道德阉割术。——阉人理想。

一

律法,关于一个团体的某些保存条件的彻底现实主义的表述,它禁止某个特定方向上的某些行为,尤其是当这些行为反对这个团体时:这个团体并不禁止引发这些行为的信念,——因为它在另一个方向上是需要这同一些行为的——也即为了反对这个共同体的敌人。现在,道德理想主义者登场了,说"上帝看的是心灵:行为本身还不算什么;人们必须根除引发行为的敌对信念……"。在通常情况下,人们对此一笑了之;唯在那些特殊情形下,当一个共同体绝对地不必为自己的生存而进行战争的时候,人们才会

---

① die Natur,或译"天性"、"本性",我们有时在译文中处理为"自然天性"。——译注

来理会这些说法。人们放弃了一种再也看不出功利性的信念。

例如,佛陀现世时就是这种情形,那是在一个十分和平的,甚至精神上过度劳累的社会里。

同样地,第一个基督教团体(包括犹太教团)也是这样的情形。它出现的前提条件是绝对非政治的犹太社会。基督教只可能在犹太教的土壤里成长起来,也就是说,只可能在一个已经放弃政治,并且在罗马事物秩序范围内过着一种寄生生活的民族内部成长起来。基督教向前迈进了一步:人们可以更变本加厉地"阉割"自己,——环境允许人们这样做。

请注意!如果人们说"爱你们的敌人吧",那么,人们就把自然天性从道德中赶了出去:因为现在,"应当爱你的邻人,恨你的敌人!"①这样一种自然天性,在律法中(在本能中)已经变得毫无意义了;现在,连对邻人的爱也必须首先得到重新论证(作为一种对上帝的爱)。到处都安插了上帝,而抽掉了"功利":处处都否定所有道德的真正来历;对自然的尊重恰恰在于对一种自然道德的承认,而现在这种对自然的尊重被彻底地消灭掉了……

这样一种被阉割了的人类理想的诱惑力从何而来呢?为什么这种理想并不令人厌恶,就像诸如阉人的观念使我们厌恶一样?……答案恰恰也在这里:尽管惨无人道的残害是阉

---

① 《马太福音》,第5章,第43行。——译注

人声音变得甜蜜的条件,但阉人的声音也并不使我们厌恶……恰恰由于德性切除了"男性的肢体",所以,一种前所未有的女性化音调被带入德性中了。

另一方面,如果我们来想想一种具有男性德性的生活所带来的可怕的冷酷、危险和不可揣度——科西嘉人的生活今天依然如此,或者异教阿拉伯人的生活(后者在细节上都与科西嘉人相类:连歌曲可能都是科西嘉人创作的)——那么,我们就能理解,恰恰最强壮的一种人如何为"善"、"纯洁"这样一种淫声荡气所吸引和震撼……一支牧人曲子……一首田园诗……"善人":诸如此类的东西在〈有〉骇人听闻的敌意的时代里起了最强烈的作用(——罗马人发明了田园诗般的牧人乐曲——所谓发明,也就是必需)。

二

但就此我们也认识到,"理想主义者"(——理想之阉人)何以也能从一种完全确定的现实中走出来,而不只是一个幻想者……他恰恰已经意识到,对于他那种实在性来说,这样一种有关特定行为的粗暴的禁止规章令(以律法这种粗暴的通俗方式)是毫无意义的(因为本能恰恰就被削弱为这种行为了,由于长期缺乏训练、缺乏对训练的强制)。阉割主义者表述了一系列全新的适合于某个完全确定的种类的人的保存条件:在这方面,他是一个实在论者。他的立法手段与旧立法者一模一样:求诸于形形色色的权威,求诸于"上帝",利用"罪与罚"之类的概念,也就是说,他利用了旧理想的全部附属物:只

[10.1887年秋]

不过是以一种新的解释,例如把惩罚弄得更内在化了(比如作为良心的谴责)。

实际上,一旦人这个种类的生存的特殊条件终止了,他们也就趋于毁灭了——一种塔希提岛①上的岛国幸福,就像当时罗马行省渺小的犹太人的生活。他们唯一的自然敌人是他们自己的生长之地:他们必须与这片土地斗争,面对这片土地,他们必须重新唤起进攻和防御的情绪;他们的对手就是旧理想的信徒(——相对于犹太教理想,保罗乃是这种敌对的卓越代表,而相对于教士禁欲理想,路德乃是这种敌对的卓越代表)。佛教之所以是道德阉割术的最温和形式,是因为它没有任何敌人,因而可以把自己的全部力量都用〈在〉根除仇恨情绪上。反对怨恨的斗争几乎表现为佛教徒的首要任务;唯其如此,心灵的安宁才得到了保证。自我解脱,但毫无憎恨之心:这诚然是以一种变得非常温和而甜美的人性为前提的——圣徒……

三

道德阉割主义的聪明。人们如何来进行一场针对男性情绪和估价的战争呢?人们没有肉身上的暴力工具,人们只能进行一场狡计、魔法、欺骗的战争,简言之,一场"精神的"战争。

处方一:人们为自己的理想竟要利用德性,人们要否定旧理想,直至与一切理想对立起来。这也包括诽谤术。

处方二:人们要把自己的类型设定为一般价值尺度;人们

---

① 塔希提岛(Tahiti):太平洋上一岛屿。——译注

要把自己的类型投射到事物中去,到事物背后,到事物的命运背后——作为上帝。

处方三:人们要把自己的理想的敌人设定为上帝的敌人,人们要为自己发明获得伟大激情、获得权力的权利,诅咒和祝福的权利,——

处方四:人们要从那种针对自己理想的敌对态度中引出此在的一切痛苦、一切恐惧、可怕和灾难:——一切痛苦都伴随着惩罚:即便在信徒那里亦然(——除非那是一种考验,等等)。

处方五:人们要走得如此之远,以至于把自然当作自己理想的对立面来加以非神性化:人们把它视为对忍耐心的一大考验,视为一种长期坚持于自然性的殉道,人们要熟练于蔑视那种种面对所有"自然之物"的神色和态度。

处方六:反自然的胜利,理想的阉割主义的胜利,纯粹、善、无罪、福乐之世界的胜利,被投射到未来之中,作为终结、结局、大希望,作为"上帝之国的来临"。

——难道我希望,人们还能嘲笑一个渺小种类的这样一种向万物之绝对价值尺度的提高吗?……

10[158]

(264)

"思想着:故有思想者"①:此乃笛卡尔之论证的结果。然

---

① 显然指涉笛卡尔的原理:"我思故我在"(ego cogito ergo sum)。——译注

而,这就意味着已经把我们对于实体概念的信仰设定为"先天真实的"(wahr a priori)了:——如果思想着,那就必定有"进行思考"的某个东西,但这简直就是我们为某个行为设定一个行为者的语法习惯的一个表达。质言之,这里已经作出了一个逻辑-形而上学的假设——而且不光是断言……借助于笛卡尔,人们并没有达到某个绝对确定之物,而只是达到了某种十分强大的信仰的事实。

如果人们把这个原理归结为"思想着,故有思想",那么,人们所作的只是一种单纯的同义反复:而且恰恰是成问题的"思想的实在性"没有被触及到——也就是说,以这种形式,是不可能拒斥思想的"虚假性"的。而笛卡尔原来想要的东西是:思想不仅具有一种虚假的实在性,而且具有一种自在的实在性。

10[159]

(265)

与不断上升的生物等级制相应的"伪装"的增长。在无机界似乎没有这种伪装,在有机界才开始有了狡计:植物就已经精于此道。最最高级的人,诸如凯撒、拿破仑(司汤达对他有精辟之论),高级的种族(意大利人)、希腊人(奥德赛)亦然;诡计多端属于人类提高过程的本质……戏子问题。我的狄奥尼索斯理想……有关所有有机体作用、所有最强大的生命本能的透镜:一切生命当中意愿错误的力量;错误作为思维的前提本身。在有所"思想"之前,必须已经有所"虚构"(dichten)了;正确地构想成同一的情形、构造成相同者的虚假性,这比对相同者的认识更为原本。

10[160]

妖魔鬼怪、道德的喉音、悲惨的插科打诨

10[161]

让人跟着翩翩起舞的真理,——适合于我们双脚的真理……

10[162]

今天有乌云:但这是我们不让自由、通气、快乐的精神舒舒服服享受一天的理由吗?

10[163]

(266)

请注意!——他们摆脱了基督教的上帝——现在,难道他们因此必须越来越抓紧基督教的道德理想不放吗?这是一个英国式的合乎逻辑的想法;我们想把这一点转让给爱略特①那里的道德女人(——在英国,为了每一种摆脱神学的小小解放,人们都必须以一种可怕的方式作为道德狂热者为自己恢复名誉……)这在那里是人们要偿还的惩罚……

如果人们放弃了基督教信仰,那么,人们就剥夺了自己对于基督教的道德价值判断的权利。这一点绝对不是不言而喻

---

① 应指英国女作家乔治·爱略特(George Eliot, 1819-1880)。——译注

的:在今天,不管英国的自由思想者多么平庸乏味,人们都必须把这一点揭露出来。基督教乃是一种构想完好而整全的关于万物的观点。如果人们从中拆出对基督教上帝的信仰,那么,人们就将使它的整个评价体系分崩离析:人们手上就再也没有什么牢靠的东西了!基督教预先假定,人不知道也不可能知道,对他来说什么是善什么是恶:他信仰上帝,唯有上帝才知道善恶;基督教道德乃是一种来自彼岸的命令,而且作为这样一种东西超越于人类的评判。——英国人现在相信自己自然地知道什么是善的什么是恶的,因而就不再需要基督教了,这本身就是基督教价值判断占据支配作用的后果——直到最后遗忘了他们的来源,他们极其局限的对于此在生活的权利。

10[164]

(267)

请注意!存在着十分天真幼稚的民族和人类,他们相信,持续的好天气乃是某种值得想望的事:即便在今天的 rebus moralibus[道德事务]中,他们也还相信,只有"善人"才是值得想望的东西,此外无他——而且人类的发展进程正是朝此方向进行的,最后只剩下了这个善人(人们的一切意图都必须朝向这个唯一目标——)。这种想法是极度不经济的,而且如前所述,此乃幼稚之极点。人们所想到的乃是"善人"搞出来的安逸(——善人并没有引发任何恐惧,他允许人们休养生息,人们能取得的,他都能给予;———

10〔165〕

〈(268)〉

教会的滥用败坏了什么:

1) 禁欲:人们几乎还没有勇气,去揭露为意志教育效力的禁欲的自然功利性,它的不可或缺性。我们荒唐的教育界(呈现在它眼前的乃是作为规整模式的"可用的国家公仆")相信有了"课程"、有了脑力训练就足够了;他们甚至理解不了,首先必须有另一种东西——意志力的教育;人们要通过所有的考试,唯独不要这门主课:人们是否能够意愿,人们是否可以许诺:年轻人甚至连对自己的本性这样一个最高价值难题的疑问和好奇都没有产生,就要完成学业了

2) 斋戒:在任何意义上,甚至作为手段,用来维持对一切美好事物的精细享受能力(例如,暂时〈地〉不读书;再也不听音乐;不再和蔼可亲;人们也必须为自己的德性拥有斋戒日)

3) "僧侣",暂时离群索居,例如严拒通信;一种最深刻的自我沉思和自我重新发现,它并不想避开"诱惑",而是想避开"义务":摆脱环境的循环舞蹈(Cirkeltanz),摆脱那些容易腐败的细小习惯和法则的专横统治;一场针对在单纯反应中浪费我们力量的做法的斗争;一种给予我们的力量以时间的尝试,使之积聚起来,重新成为自发的。仔细看看我们的学者们吧:他们只还消极地思考,也就是说,他们必须通过读书才能思考

4) 节日。为了不至于把基督教徒和基督教价值的现时在场感受为一种压力(在此压力下,任何真正的节日气氛都见鬼

去了），人们就必须是十分粗鄙的。在节日里包含着：自豪、忘情、放纵；对各色各样的严肃性和市侩气的嘲弄；一种出于动物般的充沛和完美而达到的对自身的神性肯定——纯然是一些耶稣基督不能坦白地表示肯定的状态。

节日乃是地道的异教。

5）面对自己的天性毫无勇气：装扮成"道德性"——

为了赞成自己身上的某种情绪，人们无需任何道德公式衡量人们能够在何种程度上肯定自己的天性的尺度，——人们必须在多大或者多小程度上求助于道德……

6）死亡

10[166]

(269)

道德主义的诽谤术问题。

迄今为止，道德乃是生命的最大诽谤者和掺毒者

人们得思索一下，道德对人的败坏必须到何种程度，才能写下下面的句子：

"任何一种大痛苦，无论是身体上的还是精神上的，都表明我们理应得到什么；因为倘若我们并不是理应得到它，它就不会来到我们身上。"叔本华，第 II 卷，第 666 页。

10[167]

(270)

美学。

关于美和丑的产生。在美学上，凡本能地与我们相抵触

的东西,就是根据最悠久的经验,业已证明对人有害的、危险的、理应怀疑的东西:突然发言的审美本能(譬如在厌恶时)包含着一种判断。就此而言,美就处于功利、善行、生命提高之类的生物学价值的一般范畴之内;但却是这样,即十分遥远地让我们回忆和联想到有用事物和状态的大量刺激,都会给予我们美感,也就是给予我们权力感增加的感受(——也就是说,不只是事物,而且也包括这些事物的伴生感受或者它们的象征)

这样,美与丑就被认为是有条件的了;亦即着眼于我们最低层的保存价值。想要撇开这一点来设定美与丑,那是毫无意义的。这种美与这种善、这种真一样并不实存(existirt)。具体说来,关键又在于某个种类的人的保存条件:所以,群盲就与特立独行之人、超－人(Über-mensch)不同,会在不同事物身上获得美的价值感。

正是这种表层之透镜(Vordergrunds-Optik)仅仅考虑到美的价值(也包括善和真的价值)得以产生的切近结果。

着眼于结果链条来看,所有本能判断都是近视的:它们劝告人们首先要做什么。本质上,理智乃是一个阻碍装置,它阻止人们对本能判断作出快速反应:它有所阻拦,深谋远虑,对结果链条看得更长远。

美和丑的判断是近视的——它们总是具有针对自身的理智——:但却是极有说服力的;在它们最快地作出决定、作出肯定和肯定的地方,还是在理智发言之前,它们就向我们的本能发出呼吁了……

各种最习以为常的美的肯定相互激动和激发；一旦审美欲望发动起来，就会在"个别的美"周围结晶出整个丰富的具有不同来源的其他种种完美性。要保持客观性，或者说，要取消解释性的、附加性的、填充性的虚构力量（——后者乃是那种对各种美的肯定的联结），这是不可能的。一位"美女"的样子……

可见：1）美的判断是近视的，它只看到切近的结果

2）它给予激发自己的对象一种魔力，这种魔力是受各种不同的美的判断的联合所制约的，——但这种魔力是与那个对象的本质完全格格不入的。

感觉一个事物是美的，这意思就是说：必然错误地感觉这个事物……（——顺便说一说，为何恋爱结婚是社会上最不理性的结婚方式——）

10[168]

(271)

美学。

是否以及**在何处**着手进行"美"〈这种〉判断，这是（一个个体或者一个民族的）力的问题。充盈感、积聚起来的力的感觉（出于这种感觉，人们就可以勇敢而愉快地接受许多东西，而懦弱之人却对之不寒而栗）——权力感还会对事物和状态道出"美"的判断，而昏聩无能的本能只能把这些事物和状态评价为可憎的、"丑恶的"。对于我们差不多对付得了的东西的觉察，如若它是我们亲身遇见的东西，作为危险、难题和诱

惑——这样一种觉察甚至还决定着我们的审美肯定：（"这是美的"乃是一种肯定）

从大处来看，由此即可得知，对于可疑事物和可怕事物的偏爱乃是强者的一个标志；而对于秀丽和妩媚之物的趣味则是弱者、谨小慎微者的事体。对于悲剧的快感标志着强大的时代和性格：它的 non plus ultra［极点、绝顶］也许是 div〈ina〉 com〈media〉［神〈性的〉喜〈剧〉］。这就是英雄精神，它们置身于悲剧性的残酷中来肯定自身：以它们的坚强足以把痛苦当作快乐来感受……与之相反，假如弱者们渴望享受一种并非为他们设计的艺术，那么，为了说服自己对悲剧感兴趣，他们会做些什么呢？他们会把他们自己的价值感穿凿附会地灌注到对悲剧的解释之中：例如，"道德的世界秩序的胜利"，或是关于"此在生命毫无价值"的学说，或是听天由命的要求（——或者也包括亚里士多德那里的半医学、半道德的情绪宣泄）。最后：恐怖艺术，只要它能激动神经，就可能作为兴奋剂在弱者和衰竭者那里受到敬重；譬如说在今天，这就是瓦〈格纳〉艺术受到青睐的原因了。

一个人在多大程度上能给予事物以恐怖、可疑的特征，这是幸福感和权力感的一个标志；还有，他究竟是不是最后需要"答案"，——

——这样一种艺术家悲观主义正好是道德-宗教悲观主义的配对物，后者苦于人的"堕落"、此在之谜团。这就一定要一个答案，至少要一种对于答案的希望……受苦受难者、绝望者、怀疑自身者，一句话，就是病者，他们为了经受生活，在任

何时候都需要迷人的幻象("极乐"概念就具有此种起源)

——一个类似的情形:颓废艺术家,他们根本上是对生命采取虚无主义的态度,他们逃遁到形式美之中了……逃遁到那些特选的事物之中,在那里,自然变得完美无缺了,在那里,自然漠然无殊地伟大而美好……

——因此,"对美的爱"就可能是某种不同于看到一种美、创造一种美的能力的东西:它可能恰恰是无能于美的表现。

——那些了不起的艺术家,那些能让每一种冲突发出谐和和音的艺术家,他们还能使自己的强大有力和自我解救对事物有益:他们以每一件艺术作品的象征意义表达出自己最内在的经验,——他们的创作乃是对自己的存在的感恩。

悲剧艺术家的深邃之处就在于,他的审美本能能综观更远的结果,他不会近视地滞留于切近之物,他们从总体上肯定那种为恐怖的、恶的、可疑的东西辩护的经济学,而且不光光是……辩护。

10[169]

存在着大量诽谤文献(其中有《新约全书》;教父;仿效;帕斯卡尔;叔本华),也伴以一种诽谤艺术(后者包括诸如瓦格纳的《帕西法尔》)。

10[170]

(272)

请注意! 基督教道德理想的狂热崇拜的更隐蔽形

式。——自然幻想家提出来的那个阴性的和怯懦的"自然"概念(——离开所有对于恐怖、无情和犬儒作风的本能,哪怕是"最美的"方面),一种努力从自然中读出那种道德基督教的"人性"的尝试,——卢梭的自然概念,仿佛"自然"就是自由、善良无辜、公道、公正、田园生活……根本上始终是基督教道德的狂热崇拜……

——让我们收集一下诗人们真正崇敬的东西,例如在崇山峻岭上,等等——歌德想要从自然身上获得什么,——为什么他要敬仰斯宾诺莎呢——对上面这种狂热崇拜的前提的完全无知……

——在孔德和斯图亚特·穆勒那里,阴性的和怯懦的"人"概念,甚至可能是崇拜对象……这始终又是基督教道德的狂热崇拜,换了个新名目而已……自由思想者,例如居约①

——阴性的和怯懦的"艺术"概念,作为对一切受苦受难者、失败者的同情(甚至历史学,例如蒂埃里的历史学):它又不外乎是基督教道德理想的狂热崇拜

——现在还有,甚至于整个社会主义理想:无非就是一种对基督教道德理想的愚蠢误解

559 **10**[171]

谬误之数量已经减少了:自由思想者的信仰幼稚性

---

① 居约(Jean Marie Guyau,1854-1888):法国哲学家。著有《一个哲学家的诗》、《从社会学的观点看艺术》、《未来无宗教说》等。——译注

进步作为生命的明显改善

　　作为逻辑的凯旋

　　作为爱的凯旋（居约）富耶①

　　达到对自身和事物的完美认识，以及由之而来达到一种
　　　对自身的思想的更大坚定性

　　我发现绝〈对的〉君主政体、神〈性的〉权利、特权阶层、奴隶制被当作严重的谬误来看待了

10[172]

　　书本：imitatio[仿效、摹仿]、基督教道德

10[173]

　　叔本华说《奥义书》的作者"作为人几乎不可设想"

10[174]

　　欲望放大了人们想拥有的东西；欲望由于不满足而增长，——最伟大的理念就是那些创造了最激烈和最持久欲望的理念。我们对事物的欲望越是增长，我们就越是赋予事物更多的价值：如果"道德价值"已然成了最高的价值，那么这就表明，道德理想成了最得不到满足的理想。就此而言，它被视为一切痛苦的彼岸，福乐的手段。人类以不断增长的情欲去拥抱幻想的云朵：最后，人类就把

---

　　① 富耶（Alfred Fouillée，1838－1912）：法国哲学家、心理学家和社会学家。著有《观念力心理学》《观念力伦理学》《观念力进化论》等。——译注

自己的绝望、无能命名为"上帝"了……

10[175]

对平庸的憎恨有失一个哲学家的身份：这几乎是对他的"哲学"权利的一个疑问。恰恰因为他是特殊者，他才必须为常规辩护，他才必须在所有平庸者面前保持充分的对自身的勇气。

10[176]

(273)

如今，社会上蔓延着大量的顾忌、礼貌和照顾，在异己权利面前，甚至在异己要求面前的自愿的止步不前；更有甚者，通行着一般人类价值的某种善意本能，它表现在每一种认识方式的信赖和信誉中；对于人的尊重，而且根本上不只是对于有德性之人的尊重——也许是使我们得以最鲜明地与一种基督教估价区分开来的要素。如果我们竟还要聆听道德说教，我们就很有些反讽味道了；在我们眼里，如若人们要说教道德，人们就是在贬低自己，而且变得搞笑了。

这种道德论上的自由性乃是我们时代的最佳标志之一。如果我们要寻找明确缺乏这种自由性的个案，那就会使我们感到身患疾病（英国的卡莱尔个案、挪威的易卜生个案、全欧洲的叔〈本华〉悲观主义个案）。如果有某个东西要与我们时代和解，那就是大量的非道德性，它允许自己而又没有因此看轻了自己。倒是相反！——相对于无文化的粗野，文化的优越性究竟构成什么？例如文艺复兴相对于中世纪?——始终只有一点:大量的受承认的非道德性。由此得出的结果必然就是,人类进化的所有高度必定呈现在道德狂热者眼前:作为腐败的 non plus ultra[极点、绝顶](——人们不妨想想柏拉图关于伯里克利①的雅典所作的评判,萨伏那洛拉②关于佛罗伦萨的评判,路德关于罗马的评判,卢梭关于伏尔泰的社会的评判,德国人针对歌德的评判。)

10[177]

(274)

　　人们必须来总算一下,作为最高道德理想性之结果积聚起来的一切东西是什么:几乎所有其他的价值如何围绕着理想而结晶下来了

　　这就证明,理想曾是最长久地、最强烈地受到追求的,——它是不曾被达到过的:要不然,人们就会对它失望了(或者说,就会引起一种更平凡的估价了)

　　人身上最高的荣誉和权力:即便从最强大者方面来说。

　　唯一真实的幸福种类

　　一种对于上帝、不朽的特权,有时是对于 unio[统一性]的特权

　　对于自然的权力——"创造奇迹的人"(帕西法尔)

---

① 伯里克利(Perikles,约前495-前429):古雅典民主派领导人、政治家,曾积极推进雅典的民主政治。——译注

② 萨伏那洛拉(Girolamo Savonarola,1452-1498):中世纪后期意大利宗教改革家,多明我会会士。以异端罪被判火刑处死。——译注

对于上帝的权力,对于灵魂的极乐和诅咒的权力,等等

圣徒作为人的最强大种类——:这种理念把道德完美性的价值提升得如此之高。

人们必须努力想象那种总体认识,去证明最道德的人乃是最强大的、最神性的人

——对感官、欲望的控制——一切都激起了恐惧……反自然性表现为超自然性、彼岸性了……

562 **10[178]**

(275)

  "基督教理想":犹太式地、聪明地张扬开来。
  心理学的基本欲望,基督教理想的"本性":
  :反抗支配性精神权力的起义
  :尝试把那些使最低贱者的幸福成为可能的德性搞成所有价值的评判理想,——把它称为上帝:赤贫生活阶层的保存本能
  :根据理想来为彻底放弃战争和暴动辩护,——同样地也为顺从辩护
  :互爱,作为上帝之爱的结果
  窍门:否定所有**自然的** mobilia[无常之物],把它们颠倒为精神性彼岸之物……完全为自己去充分利用德性以及对德性的敬仰,逐步否认所有非基督教因素具有德性。

10[179]

(276)

怨恨布道之类型
关于神圣的厚颜无耻性的问题。

保罗《哥林多前书》第1章第20行:

上帝岂不是叫这世上的智慧变成愚拙吗?

第21行:世人凭自己的智慧,既不认识上帝,上帝就乐意用人所当作愚拙的布道拯救那些信的人。

第26行:按着肉体有智慧的不多,有能力的不多,有尊贵的也不多。

第27行:上帝却拣选了世上愚拙的,叫有智慧的惭愧;又拣选了世上软弱的,叫那强壮的羞愧;

第28行:上帝也拣选了世上卑贱的,被人厌恶的,以及那无有的,为要废掉那有的;

第29行:使一切有血气的,在上帝面前一个也不能自夸。

保罗《哥林多前书》第3章第16行:

岂不知你们是上帝的殿,上帝的灵住在你们里头吗?

第17行:若有人毁坏上帝的殿,上帝必要毁坏那人,因为上帝的殿是神圣的,这殿就是你们。

《哥林多前书》第6章第2行:你们岂不知圣徒要审判世界吗?若世界为你们所审,难道你们不配审判这最小的事吗?你们岂不知我们要审判天使吗?何况今生的事呢!①

---

① 此节《圣经》中译文参看《新旧约全书》,中国基督教协会,南京,1994年,新约部分,第184页以下。译文略有改动。——译注

＊　　＊　　＊

　　人类不得不为这些小人物们的自我神化付出了相当昂贵的代价：再说一遍，那就是犹太教

　　"特选民族"；世界、针对自身的罪恶；神圣的上帝作为"固执的理念"；罪恶作为苦难的唯一因果关系；所有非罪恶之物只不过是虚假苦难。针对罪恶，有一种随时准备好的方便手段……

10[180]

(277)

　　是不是这同一种对历史的狂妄而虔诚的阐释方式（例如：为了证明教士习俗的有效性而采取的绝对伪造），对耶稣历史的犹太－基督教的阐释者和叙述者也完全有效呢？——
　　保罗安排好的：a)为我们的罪而死；b)复活的意义

10[181]

(278)

　　基督教赖以构造自己的那种实在性，乃是少数派教徒的小小犹太家族，带有其温暖和柔情，带有其在整个罗马帝国前所未闻的而且也许不曾被理解的乐于助人、相互担保，带有其隐蔽的和蒙上谦恭外衣的"特选民"的骄傲，带有其毫无嫉妒的对占上风的、拥有荣耀和权力的一切东西的最内在的否定。把这一点认作权力，把这种心灵〈的〉状态认作感染性的、诱惑

性的、对于异教徒来说也有传染力的——此乃保罗的天才:充分利用潜在的能量宝藏,利用明智的幸福宝藏,用于一个"具有更自由的信仰的犹太教会",充分利用处于外来统治之下的教区自我保存方面的全部犹太教经验和高超技巧,也包括犹太教的煽动手段——他猜想这就是自己的使命了。他所发现的恰恰是那个绝对非政治的、被撇在一旁的小人物种类:他们的自我维护和自我实现的艺术,在一部分德性中得到培育之后,表现了德性的唯一意义("某个特定种类的人的保存和提高的手段")

从小小的犹太教区里出现了爱的原则:那是一颗更加狂热的灵魂,它在这里,在谦恭和贫穷的灰烬中燃烧:所以它既不是希腊的,也不是印度的,更不是日耳曼的。保罗所创作的爱之赞歌不是什么基督教的东西,而是闪族式的永恒火焰的一种犹太式的熊熊燃烧。如果说基督教在心理学方面做了某种重要的事体,那就是在当时那些占上风的相当冷漠和相当高贵的种族那里提高了灵魂的温度;那就是发现了,通过一种温度的提高,最不幸的生命也能够变得丰富而异常珍贵……

显而易见,从统治阶层来说,是不可能发生这样一种转渡的:当时犹太教徒和基督教徒对自身采取了恶劣的态度,——而且,在恶劣态度下的灵魂的强壮和狂热,往往令人讨厌,几乎会激起厌恶之感。(——当我读《新约全书》时,就看到了这样一种恶劣态度。)为了感受到富有魅力的东西,人们就必须通过卑贱和窘困之态与这里所讲的低等民族类型相投合……

这是一种考验，可检验人们体内是否具有某种古典趣味，人们是如何对待《新约全书》的（参看塔西佗①）：谁若没有反抗，谁若没有诚实而透彻地从中感受到 foeda superstitio[卑鄙的迷信]的某种真相，人们为了不至于弄脏自己而撒手抛弃的某种东西，那么，他就弄不明白什么是古典的。人们必须像歌德那样去感受"苦难"——

10[182]

"救恩来自犹太人"——基督教的创立者如是说（《约翰福音》，第4章，第22行）。而人们竟信仰他了！！！

10[183]

(279)

如果人们承认自己对于《新约全书》的第一印象：某种趣味恶劣、令人厌恶和令人反感的东西，一种伪君子的多愁善感，全然令人厌恶的浅薄象征；还有，隐匿角落和秘密结社的腐败风气：——人们就不会表示同情了。彼拉多，伪善的法利赛人——

10[184]

(280)

关键不在于某物是否真实，而在于某物如何起作用——

---

① 塔西佗（Publius Cornelius Tacitus，约55－约120）：古罗马历史学家、政治家、文学家。主要著作有《编年史》、《历史》、《日耳曼尼亚志》等。——译注

[10.1887年秋]

绝对缺乏理智上〈的〉诚实性。一切都是善的,谎言、诽谤、极其厚颜无耻的装扮,只要有助于提高那种温度,——直到人们"相信"——

一种正规训练,使人获得达到某种信仰的诱惑手段:对那些可能产生矛盾的领域的原则性蔑视(——理性、哲学、智慧、怀疑、谨慎等领域);一种对某个学说的厚颜无耻的赞扬和美化,这个学说不断引证的说法是:上帝就是这个学说的赋予者——使徒无足轻重——,在此没有什么可批评的,而只能信仰、采纳;接受这样一种救世学说,乃是极其特殊的恩典和恩惠;最深的感恩和谦恭就是人们得以接受这个学说的状态……

人们不断谋求的是那种怨恨,即这些低贱者感受到的对一切受尊重之物的怨恨:人们向这些低贱者描述这个学说,把它描述为反对世俗智慧、反对世俗权力的学说,这就诱使他们接受这个学说。它要说服形形色色的受排斥者和失败者,它对最不显眼和最谦恭屈从的人许诺了极乐、优越、特权;它煽动那些贫困、渺小、愚蠢的头脑走向一种荒唐的狂妄自大,就仿佛他们就是大地的意义和精华了——

再说一遍,对于这一切,人们不能给予足够深的蔑视:我们大可免了对这个学说的批判;只要看看它所动用的手段,就能知道人们该拿它怎么办了。在整个精神史上,没有比基督教更加无耻和更加露骨的谎言了,没有比基督教更加深思熟虑的卑劣行径了——然而——它与德性达成了协议,它毫无廉耻地一味为了自己利用全部德性的迷惑力……它与荒谬悖论的权力达成了协议,与古老文明对于胡椒和荒唐的需要达成了协议;它令人困惑,它使人愤慨,它煽动人们进行迫害和虐待,——

正是以这同一种深思熟虑的卑劣行径,犹太教士确立〈了〉自己的权力,犹太教会得以创立起来……

人们应当区分:1)"爱"这种狂热激情的暖意(依据一种热烈的感性基础);2)基督教的绝对非高贵性

——不断夸张,饶舌

——缺乏冷静的智慧和讽刺(——没有出现任何糟糕的诙谐,更不消说良好的诙谐了)

——所有本能中的非军事性

——针对男性骄傲、感性、科学、艺术的教士式偏见。

10[185]

(281)

在这本书中,绝对没有什么精神性的东西:"精神"本身唯作为误解而出〈现〉。

这种对立十分重要:"精神与肉体。"① 在这里,"精神"是在一种教士意义上被解释的

精神乃是激发生机者;肉体是无益的——《约翰福音》,第6章,第63行

---

① 或译为"灵与肉"。——译注

10[186]

连基督徒们也做了这件事,就像犹太人以及被他们当作生存条件和革新的那个东西,用他们的大师之口说出这件事,并且因此装饰了后者的生活。同样地,他们把全部格言至理都交还给这位大师——:简言之,他们的实际生活和活动都被描述成一种服从,并且因此为了他们的宣传而得到辩护。

一切的关键何在,在保罗那里已经得出:那是不足挂齿的。另一件事,就是从被他们视为神圣的东西中构造出一个圣徒类型。

整个"奇迹说",也包括复活说,都是全体教徒自我美化的结果——教徒们相信,他们自己所具有的东西,也是他们的大师在更高程度上所具有的(或者说从大师身上派生出他们的力量……)

10[187]

下列说辞的深度卑鄙:"为了淫乱之故,男子当各有自己的妻子,女子也当各有自己的丈夫:释放胜过忍受发淫之苦。"《哥林多前书》,第7章,第2行①

10[188]

(282)
    基督徒们如何也可能成为"主人"。——

---

① 此处据原文译出。现有中译本译作:"但要免淫乱的事,男子当各有自己的妻子,女子也当各有自己的丈夫。"参看《新旧约全书》,中国基督教协会,南京,1994年,新约部分,第188页。——译注

某个团体(氏族、宗族、群体、教团)的本能中包含着一点，即：它感觉到自己赖以保存的那些状态和渴望本身就是宝贵的，比如驯服、互惠、照顾、适度、同情，——因此，凡妨碍或者违背这些状态和渴望的一切东西，都得受到抑制。

同样地，在统治者(无论是个体还是阶层)的本能中也包含着一点，即：他们要庇护和表彰那些德性，那些使臣服者变得方便可用和恭顺听话的德性(——那些状态和情绪，它们尽可能地与自己的状态和情绪相疏远)

569 群盲本能与统治者本能在赞扬一定量的特性和状态方面达到一致：但却出于不同的原因，前者出于直接的利己主义，而后者出于间接的利〈己主义〉。

主人种族之臣服于基督教，根本上乃是下列认识的结果：基督教是一种群盲宗教，基督教教人顺从；简言之，基督徒比非基督徒更容易统治。时至今日，教皇还在用这样一种暗示建议中国皇帝接受基督教的宣传

此外，基督教理想的诱惑力也许能对那些热爱危险、冒险和冲突的人们发挥最强烈的影响；这些人无所不爱，在这一点上孤注一掷，但同时能够获得一种 non plus ultra[极点、绝顶]的权力感。人们不妨想想神圣的特利莎①，处身于其兄弟们的英雄本能中间：——在那里，基督教表现为一种意志放纵、意志坚强的形式，表现为一种堂吉诃德的英雄主义行为……

---

① 特利莎(Theresa)，应指奥地利女皇玛丽亚·特利莎(Maria Theresa, 1717-1780)，即位时导致奥地利王位继承战争；后为夺回西里西亚，与法、俄结盟，导致奥、普、俄、瑞、法七年战争。——译注

10[189]

(283)

　　保罗:一个鼓吹者放纵无羁的,甚至疯狂的虚荣心;带着一种精巧的聪明,后者决不承认他真正想要的是什么,以及这种自欺本能地运用的是什么,作为迷惑手段。低声下气地,偷偷地给出被选中状态的诱人毒药……

10[190]

(284)

　　在佛教中充斥着这样一个思想:"所有欲望,所有引发情绪和血气的东西,都会演变成行动",——唯在这个意义上才告诫人们不行恶事。因为行动——它没有任何意义,行动附着于此在中:而所有此在(Dasein)都是毫无意义的。他们在恶中看到了力求达到某种非逻辑因素的动力:达到对那些手段的肯定,它们的目的是为人们所否定的。他们寻求一条通向非存在的道路,并且因此断然拒绝情绪方面的所有冲动。例如,不可报复! 不可与人为敌! ——在这里,厌世者的享乐主义提供了最高的价值尺度。对佛教徒最为疏远的,莫过于使徒保罗的犹太狂热:或许没有什么比虔信之人的这样一种紧张、热烈、不安更与佛教徒的本能相悖了,尤其是那种感性形式,即基督教以"爱"的名义把它神圣化了的感性形式。尽管如此,正是这些有教养的,甚至精神卓越的等级在佛〈教〉中找到了自己的如意算盘:一个由于几百年之久的哲学家斗争而疲惫不堪的种族,却并不在所有文化之下,犹如那些从中产生了基督教的阶层……从根本上说,在佛教的理想中也出现了对善与恶的摆脱:其中也虚构了一种精巧的道德彼岸性,后者与完善境界的本质相合,〈其〉前提条件是:人们也只是暂时需要善行,仅仅是作为手段,——目的就是为了摆脱所有行动。

10[191]

(285)

我把基督教视为迄今为止存在过的最灾难性的诱惑欺骗,巨大的非神圣谎言:尽管有种种通常的伪装,我仍旧要从理想中提取基督教的后裔和萌芽,我要防止所有对基督教的半拉子的和似是而非的立场,——我不得不与基督教作战。

小人道德(Kleine-Leute-Moralität)成了事物的尺度:此乃文化迄今为止所具有的最令人恶心的蜕化。而这种作为"上帝"的理想岂能永远压在人类头上!!

10[192]

(286)

关于计划。

激进的虚无主义,如果〈关乎〉人们赞赏的最高价值,那就是这样一种信念:此在(Dasein)是绝对无法忍受的;还要加上这样一种认识:我们丝毫无权来设定一个彼岸或者一种事物的自在,说后者是"神性的",是真正的道德。

这种认识乃是已经培养起来的"真诚性"(Wahrhaftigkeit)的结果:因而本身就是道德信仰的结果。

此乃二律背反:只消我们相信道德,我们就要谴责此在。

悲观主义的逻辑臻于最后的虚无主义:在此是什么在推动?——关于无价值状态、无意义状态的概念:何以道德的评价隐藏在其他高级价值背后?

——结论:道德的价值判断就是判决、否定,道德乃是对于求此在的意志的背弃……

问题:但什么是道德呢?

10[193]

(287)

异教的-基督教的

异教的,就是对自然的肯定,对于自然的清白无邪感,"自然性"

基督教的,就是对自然的否定,对于自然的无尊严感,反自然性

例如,彼得罗尼乌斯是"清白无邪的";与这位幸运者相比,一个基督徒已经永远地失去了这种清白无邪。

可是,因为说到底,连基督教的地位也必定仅仅是一种自然状态,而又不能理解自己,所以,所谓"基督教的",就意味着一种被提升为原则的心理〈学〉解释的伪币铸造……

10[194]

(288)

"为道德而道德"——道德的非自然化过程的重要一步：道德本身表现为最终价值。在这个阶段上，道德本身弥漫了宗教：比如在犹太教中。同样也有这样一个阶段，这时候，道德又自行脱离宗教，而且对道德来说，任何一个上帝都是不够"道德的"：于是，道德就偏爱非人格的理想……此即现在的情形。

"为艺术而艺术"——这是一个同样危险的原则：人们借此把一个虚假的对立面带入事物之中，——结果就是一种对实在的诽谤（"理想化"而至于丑恶）。如果人们把一种理想与现实分离开来，那人们就会排斥现实，使之贫困化，对之进行诋毁。"为美而美"，"为真而真"，"为善而善"——此乃对于现实事物的恶的看法的三种形式。

——艺术、认识、道德都是手段：人们并没有认识到其中含有提高生命的意图，而是把它们联系于一种生命的对立面，联系于"上帝"，——仿佛是一个更高级的世界的启示，这个世界间或为此类启示所洞穿……

——"美和丑"、"真和假"、"善与恶"——这些区分和对抗显露出此在之条件和提高之条件，并非一般人类的此在条件和提高条件，而是无论何种坚固而持久的、与自己的对手相排斥的复合体的此在条件和提高条件。由此引发的战争乃是根本所在：作为强化孤立状态的隔离手段……

10[195]

(289)

斗争的结果：战斗者力求把对手改造成自己的对立面，——当然是在想象中

——他力求相信自己，直到他能够拥有对于"好东西"(guten Sache)的勇气(仿佛他就是好东西)：就好像理性、趣味、德性都会被他的对手所制服似的……

——他所必需的信仰，作为最强大的防御手段和进攻手段，乃是一种对自身的信仰，但这种信仰却会把自己误解为对上帝的信仰

——从来不去设想胜利的好处和用处，始终只是想着为胜利而胜利，也即"上帝的胜利"——

——每个处身于斗争中的小团体(甚至个体)都力求去说服自己："我们具有好趣味、好判断以及为我们的德性"……斗争迫使他们有了这样一种自我估价的夸张……

10[196]

(290)

赞成悲观主义者的引论，——同时也是反对悲观主义者的引论……悲观主义者在今天并没有忍受我们此在的可疑性。对于这些人，我无话可说：他们能读报纸，能对恶劣的犹太人作出考虑。——关于绝对孤独的一句话：谁若没有用百分之一的激情和爱情来对待我，他就会对我充耳不闻……迄

今为止,我一直都在艰难度日……

10〔197〕

(291)

"要简单啊!"——错综复杂的、不可捉摸的肾脏检查机向我们提出的一个要求,它简直就是一种愚蠢……要自然啊!但如果人们恰恰是"非自然的",那又如何呢……

10〔198〕

(292)

"这样你们就不会作小孩状了":我们离这种心理上的天真质朴有多远呵!

10〔199〕

(293)

　　心理学的前提:无知和无文化,忘了任何羞耻的愚昧无知:大家设想一下雅典城中这样一些厚颜无耻的圣徒

　　:犹太人的"特选者本能":他们毫无顾忌地以为自己拥有全部德性,并且把世界的剩余部分视为他们的对立面:心灵之卑鄙的深刻标志

　　:完全缺乏现实的目标,缺乏现实的使命,为此人们就需要其他一些不同于伪君子品性的德性,——国家替他们做了这项工作:但这个厚颜无耻的民族仍在做此事,仿佛他们就不

需要国家似的。

骗人的对立面

"从肉身生的,就是肉身;从灵生的,就是灵"《约翰福音》,第5章,第6行

"尘世的"——"天国的"

真理、光明、黑暗、审判:谁若做恶事,他就会仇恨光明,不会走向光明,意在使他的所作所为不受惩罚。而谁若行真理,他就会走向光明,使他的所作所为大白于天下……不过,所谓审判就是:光明进入世界之中了;而人热爱黑暗甚于光明。

对未来的可怕滥用:

审判乃是一个基督教思想,而不是一个犹太教思想:它乃是所有暴动者的基本怨恨念头。

极度的不体面,人们以此来评判基督徒生活以外的所有生活:他们不满足于卑鄙地设想自己的真正敌人,他们一点也不需要对他们之外的所有东西作一种总体诽谤……一个下流而狡诈的灵魂与神圣的狂妄自大最好地调和起来:最早的基督徒即是见证。

未来:他们就此狠狠地索取报酬……这是世间存在的最肮脏的精神种类:

基督的整个生活可以这样来描述:他帮助种种预言得到权利,这就是说,他如此这般地行为,使得预言获得了权利……

576 10[200]

(294)

《马太福音》,第5章,第46行:因为你们若单爱那爱你们的人,你们有什么赏赐呢?就是税吏不也是这样做的吗?

你们若单请你们弟兄的安,你们又有什么特殊呢?税吏不也是这样做的吗?

两个动机:赏赐和隔离

《马太福音》整个第6章都在运用这样一种美好的道德:要是你们是聪明的,你们就要小心,不可将你们的善行暴露在众人面前。因为否则的话,你们就不能得天父的赏赐了。"——你父在暗中察看,必然报答你。"

第6章,第14行:因为你们不饶恕人的过犯,所以你们的天父也不会饶恕你们的过犯。

此处每一句话都道出对统治阶级的宗教实践的深刻敌意。

这整个就是要归结为伪善、贪婪(第6章,第19行:"你们不要为自己积攒财宝在地上等等,你们不能又侍奉神,又侍奉玛门"①第6章,第24行)

"你们要先求神的国和神的义:这些东西都要加给你们了"②(即食物、衣物、全部生活必需品、全部照顾):简

---

① 玛门(Mammon):意为"财利"。——译注
② 《马太福音》,第6章,第33行。——译注

直就是胡说八道嘛!"无忧无虑过日子"——恰恰促成神的考验、信仰的考验(第30行:"神这样来装扮野地里的草,何妨你们呢?你们这些将信将疑的人哪!")

《马太福音》,第7章,第1行:"你们不要论断人,免得你们被论断……你们用什么量器衡量人,人也必用什么量器衡量你们"

《路加福音》,第6章,第35行:你们倒要爱仇敌,也要善待他们,并要借给人不指望偿还:你们的赏赐就必大了,你们也必作至高者的儿子。

这整个无私道德乃是一种针对法利赛人的怨恨。而犹太人则表现在:这种道德说到底也还被描述为有利可图的……

穷人、饥饿者、痛哭者、受仇恨者、受排斥者、受恶意诽谤者的福音。

——对门徒的勉励:当那日,你们要欢喜跳跃,因为你们在天上的赏赐是大的。他们的祖宗待先知也是这样。[1](这是何种毫无节制的狂妄啊,竟要向这些可怜的无赖门徒暗示,他们可以感到自己有与先知同样的地位,因为他们具有一样的命运!——)

于是就诅咒富足的人、饱足的人、喜悦的人、有学问的人、受尊敬的人!(这些始终就是法利赛人:"他们的祖宗待假先知也是这样")

---

[1] 《路加福音》,第6章,第23行。——译注

这是一种十足的市侩气，因为它的缘故，没有人需要从天而来进行道德说教，比如对税吏说"别再要求了，因为是已经定好的！"或者对武士说"不要对任何人施暴啊，也不要对任何人行不公"

这种僧侣式的不宽容

《马可福音》，第6章，第11行："何处的人不接待你们，不听你们，你们离开那里的时候，就把脚上的尘土跺下去，对他们作见证。我对你们说：实在的，最后审判时，所多玛和蛾摩拉①也比这样的城市更可忍受。"

于是人们设想这些可怜的无赖伪君子悄悄穿过乡村，口袋里揣着此类最终宣判的诅咒

要是不袒护其中受到攻击的一切，人们就读〈不〉了这本书：例如法利赛人和经师

还有，这些狂妄的诺言，例如《马可福音》，第9章，第1行："我实在告诉你们：站在这里的，有人在没尝死味以前，必要看见，神的国大有能力临到。"

《新约全书》由于其"因为"（Denns）而名誉扫地……

在牺牲精神和自我否定背后总是隐含着神圣的犹太人的自私自利：例如《马可福音》，第8章，第34行：

"若有人要跟从我，就当舍己，背起他的十字架，来跟从我。因为（——我们要注意《新约全书》中的那些"因为"——

---

① 所多玛（Sodom）和蛾摩拉（Gomorra）：亚伯拉罕时的两座城名。因其居民一味行淫，罪孽深重，上帝从天降火烧了两城。可参看《创世记》第18-19章。——译注

它们包含着它的反驳——)凡要救自己生命的,必丧掉生命;凡为我和福音丧掉生命的,必救了生命。"
一切都被伪造和败坏了:

  作为惩罚的死亡;肉身;尘世;认识;作为赏赐的永恒生命

  全部爱的行动、善行和心灵〈的〉细腻,作为特选者的狡诈,从异常丰富的酬劳方面来看的特选者

  全部德性丧失了它们的"清白无邪"……

  ——对福音说教的反驳就在于它们的"因为"

"凡使这信我的一个小子跌倒的,倒不如把大磨石拴在这人的颈项上,扔在海里。"——耶稣说,《马可福音》,第9章,第42行。

  倘若你的一只眼叫你跌倒,就去掉它。你只有一只眼进入神的国,因为你有两只眼,并且被抛入地狱之火里;在那里,虫是不死的,火是不灭的。《马可福音》,第9章,第47行

  ——一种对阉割术的要求;如何从相应的段落中得出来,《马太福音》,第5章,第28行:"凡看见妇女就动淫念的,这人心里已经与她奸淫了。若是你的右眼叫你跌倒,就剜出来丢掉。宁可失去百体中的一体,不叫全身丢在地狱里。"(第31行,他始终还停留在性欲章节和关于通奸的诡诈观点上:因为离婚已然是通奸了……)①

---

① 《马太福音》,第5章,第32行:"只是我告诉你们:凡休妻的,若不是为淫乱的缘故,就是叫她作淫妇了。人若娶这被休的妇人,也是犯奸淫了。"中译文参看《新旧约全书》,中国基督教协会,南京,1994年,新约部分,第5页。——译注

如果基督教只不过是一种聪明的自私自利,那么,把它清理掉就是一种更聪明的自私自利——

10[201]

(295)

此乃迄今为止世上存在过的最严重的自大狂种类:如果这些骗人的渺小的伪君子怪胎开始为自己主张"上帝"、"最后审判"、"真理"、"爱"、"智慧"、"神圣精神"之类的话语,并且借此使自己与"世俗"划清界限,如果这种人开始根据自身来颠倒价值,仿佛价值就是整个剩余部分的唯一意义、精华、尺度和分量,那么,人们就该为他们造好精神病院,而用不着做别的什么事了。说有人迫害了他们,这乃是具有伟大风格的古式愚蠢:人们因此是对他们小题大作了,从他们身上弄出了一种严肃。

这整个灾难的可能性基础在于:世上早就有过一个类似的自大狂种类,即犹太自大狂:一方面,犹太人与基督教犹太人之间形成了鸿沟,而且基督教犹太人只有通过犹太人才能获得此在权利,自此以后,基督教犹太人就不得不再次运用犹太人本能所发明出来的自我保存程序,而且把它用在一种向自我保存的最后提升过程中——;另一方面,为了给希腊人和罗马人提供一种道德狂热,并且予以美化,古希腊的道德哲学已经竭尽全力了……柏拉图,通向腐败的一大过渡,他首先误解了道德的本性,把道德视为意义、目的———,他已然用自已关于善的概念废黜了希腊诸神,他已然有了犹太式的虚伪了(——在埃及?)

10[202]

(296)

"自在之物"(Ding an sich)乃是荒谬的。如果我撇开一个事物的所有关系、所有"特性"、所有"活动",那也就不会有这个事物剩下来了:因为物性只是由我们虚构出来的,出于逻辑的需要,也就是说,目的是为了进行描述和互相理解,而不是———(为了把那些关〈系〉、特性、活动的多样性联结起来)

10[203]

(297)

有鉴于某个上帝,近代人多半在一种不断增长的对这个上帝的道德化过程中施展自己的理想化力量——这意味着什么呢?没什么好事,而是人〈类〉力量的一种缩减——

因为就本身来说,反面情形或许是可能的:而且确实有这方面的征兆。上帝,被认为已经摆脱了道德的存在,把整个丰富的生命对立面逼入自身之中,并且在神性的痛苦中对它们进行解救、辩护:——上帝作为彼岸,"善与恶"这种可怜的二流子道德的顶头上司。

这同一种人,他只愿意有"好天气",他也只希望做"善人",根本上就是想要有好性格,——至少是不断增长的善的统治地位。恰恰相反地,带着一双优越的眼睛,人们倒是希望那越来越大的恶的统治地位,人对于狭隘的和可怕的道德束缚的不断摆脱,力量的增长,目的是为了能够利用〈这种〉最伟大的自然威力、情绪冲动……

10[204]

(298)

尽管人们对理〈智的〉清洁性的要求还是十分微薄的,但人们仍阻止不了在接触《新约全书》时感受到某种无法言传的厌恶:因为最无资格者要求参与决定大问题,他们这种肮脏而放纵的狂妄,其实就是他们对此类大事的裁决要求,超出了任何尺度。《新约全书》以无耻的轻佻态度来谈论那些难以达到的问题,诸如生命、世界、上帝、生命的目的,仿佛它们并不是什么问题,而干脆就是这些小小的伪君子都知道的事情

10[205]

(299)

主张和断言我们根本不知道的事物整体的此在(Dasein),准确地讲是因为这个主张含有一个优势,即可以对事物一无所知。这乃是康德的一种幼稚病,是满足需要——也即道德形而上学需要——的结果。

10[206]

(300)

道德的非宽容性是人类软弱的一个表达:人害怕自己的

"非道德性",他必须否定自己最强大的欲望,因为他还不知道如何利用它们……大地上最富庶的地带就这样处于最长久的荒芜状态:——那种能够在这里作主人的力量付诸阙如……

尼采手稿和笔记简写表[①]

D 18　　　　《善恶的彼岸》付印稿,作者亲笔。

P II 12b　　四开本。残篇,60 页。构思和残篇。1872/1873 年冬,1874 年末。科利版第 7 卷:25、37。此外,第 60 页有关《人性的,太人性的》(1878 版);第 37 页,1887 年春:科利版第 12 卷:6。

W I 3　　　四开本。136 页。计划、构思、残篇。有关《善恶的彼岸》的笔记。1885 年 5—7 月。1886 年初。科利版第 11 卷:35;科利版第 12 卷:3。

W I 7　　　四开本。80 页。残篇。有关《善恶的彼岸》的笔记。1885 年 8—9 月。1886 年初。科利版第 11 卷:40;科利版第 12 卷:3。

W I 8　　　四开本。290 页。计划、构思、残篇。有关《善恶的彼岸》以及 1886/1887 年序言的笔记。1885 年秋至 1886 年秋。科利版第 12 卷:2。

W II 1　　　四开本。142 页。计划、构思、残篇。后面极大部分残

[①] 据科利版《尼采著作全集》第 14 卷第 21—35 页的总简写表,此处仅列出本卷编注中出现的尼采手稿和笔记缩写。——译注

篇由尼采本人标上了 1—136 的序号。1887 年秋。科利版第 12 卷：9。

W II 2　四开本。142 页。计划、构思、残篇。后面极大部分残篇由尼采本人标上了 137—300 的序号。1887 年秋。科利版第 12 卷：10。

W II 3　对开本。200 页。计划、构思、残篇、摘录。前 40 页的极大部分残篇由尼采本人标上了 301—372 的序号。1887 年 11 月至 1888 年 3 月。科利版第 13 卷：11。

N VII 2　八开本。194 页。有关《善恶的彼岸》的计划、草案、残篇和笔记，即兴札记和书信草案。1885 年 8—9 月。1885 年秋至 1886 年春。科利版第 11 卷：39；科利版第 12 卷：1。

N VII 3　八开本。188 页。有关《善恶的彼岸》和《论道德的谱系》的计划、草案、残篇和笔记，即兴札记和书信草案。科利版第 12 卷：5。

Mp XIV 1　散页文件夹。有关《人性的，太人性的》(1878 年版) 的笔记，"索伦托纸"。抄写者（部分）：阿尔伯特·布伦讷、海因里希·科塞利茨（彼得·加斯特）。后来又作有关《善恶的彼岸》的笔记，1876/1877 年冬至 1877 年秋。科利版第 8 卷：20、23、25；科利版第 12 卷：6。

Mp XV 2　散页文件夹。有关《快乐的科学》的笔记，主要关于该书第 5 卷（第 2 版）。1885 年 6—7 月。1886 年初至1886年春。1886年夏至1887年春。科利版第11卷:38;科利版第12卷:3、4、6。

Mp XVI 1 散页文件夹。有关《善恶的彼岸》的笔记。1885年6—7月,1886年初至1886年春。科利版第11卷:38;科利版第12卷:3、4。

Mp XVII 3 散页文件夹。计划、草案、残篇。1886年初至1887年夏。科利版第12卷:4、6、7、8。

读经典·新时尚

DER WILLE ZUR MACHT

Friedrich Nietzsche

权力意志

下 卷

〔德〕尼采 著

孙周兴 译

目 录

［11. 1887年11月至1888年3月］…………………………………… 1
［12. 1888年初］………………………………………………………… 223
［13. 1888年初至1888年春］…………………………………………… 243
［14. 1888年春］………………………………………………………… 247
［15. 1888年春］………………………………………………………… 449
［16. 1888年春至1888年夏］…………………………………………… 539
［17. 1888年5月至6月］………………………………………………… 582
［18. 1888年7月至8月］………………………………………………… 596
［19. 1888年9月］………………………………………………………… 605
［20. 1888年夏］………………………………………………………… 615
［21. 1888年秋］………………………………………………………… 656
［22. 1888年9月至10月］……………………………………………… 661
［23. 1888年10月］……………………………………………………… 678
［24. 1888年10月至11月］……………………………………………… 696
［25. 1888年12月至1889年1月初］…………………………………… 718

尼采手稿和笔记简写表………………………………………………… 731
译后记…………………………………………………………………… 735

[11. 1887年11月至1888年3月]①

1887年11月24日于尼斯②

11[1]

(301)

　　凡人们得不到的东西,人们不应苛求自己。人们得问一问自己:是想走在前面呢?还是想为自己而行进?在前一种情形下,人们充其量只能成为一位牧人,这是庸众的迫切要求。在后一种情形下,人们必须能够另一番作为——能够自发地为自己而行进,必须能够另辟蹊径。在这两种情形中,人们都必须做到与众不同;而人们能够做到其中一件事,就不该想望另一件了。

11[2]

(302)

　　对人迁就凑合,热情好客:此乃大度的行为,但并不高贵。在许多遮掩的窗户和锁闭的店铺上,人们却能够认识一些高

---

① 相应的手稿编号为:W II 3。——译注
② 尼斯(Nizza):法国地名。——译注

贵好客的心灵:因为他们起码空出了最佳的房间,他们期待着来客,不必迁就凑合的来客……

11[3]

(303)

人们成为艺术家是有代价的:人们把所有非艺术家所谓的"形式"感受为"内容"、"事物本身"。这样一来,这些人当然就归入一个颠倒了的世界:因为现在,在这些人看来,内容成了某种纯粹形式的东西,——包括我们的生活。

11[4]

有一封书信让我想起德国青年,那些头上长角的西格弗里德①和其他瓦格纳信徒。佩服啊,德国人的知足常乐!在北德有一些谦逊的知识分子,甚至《十字架报》(Kreuzzeitung)的才智也让他们心满意得了。一位局外人或许有时也会起疑心:这个年轻帝国充满对殖民地和拥有土地的丰富非洲的渴望,是不是在不知不觉中也已经吞并了那两个著名的棕黑色岛屿,合恩岛②和婆罗洲③……

11[5]

如果人们是那种哲学家,与过去的哲学家毫无二致,那么人们

---

① 西格弗里德(Siegfriede):瓦格纳作品《尼伯龙族的神话》中的人物。——译注
② 合恩岛(Horneo):南美洲最南端的岛屿,属智利。——译注
③ 婆罗洲(Borneo):印度尼西亚称加里曼丹岛,为世界第三大岛。——译注

就不能正确地洞察过去和将来之物：——人们只看到存在者。但是，因为并没有什么存在者，所以，留给这位哲学家的就只有想象了，以之作为他的"世界"。

11[6]

如果人们总是寻根究底，人们就会毁灭。

11[7]

两个春天之间的一条毛虫，已然长了小小的翅膀：———

11[8]

"一种追求更佳的动力"——乃"下台"的公式。

11[9]

(304)

　　圣伯夫：毫无男人味；充满一种对一切男子气的虚假仇恨：他到处闲荡、胆怯、好奇、无聊、造谣中伤，——压根儿就是一妇人，具有女人的报复欲和女人的感性（——后者把他扣留在寺院和神秘主义的其他温床附近，有时甚至接近于圣西门①主义者了）。此外他还是一个真正的诽谤天才，手段极其丰富多样，举例说，能够以致命的方式吹捧某人；不无一

---

① 圣西门(Claude Henri de Rouvroy de Saint-Simon，1760－1825)：法国空想社会主义者。著有《一个日内瓦居民给当代人的信》、《人类科学概论》、《论实业制度》等。——译注

种优雅的演奏高手的热心肠,总是想在某个合适的地方,也就是在有所畏惧的形形色色的听众面前,把他的技艺好好炫耀一番。当然啰,他也会在背后报复他的听众,偷偷地、狭隘地、肮脏地;一切注定高贵的人们一定会在特殊情况下为此而忏悔,因为他们具有对自身的敬畏,——而他却决没有这种敬畏感!光是男子气、高傲、整体性、自信之类的东西,就已经激怒了他,使他颤抖而躁动不安。——现在,按照法兰西精神的尺度和需要来看,他就是一位体面的(comme il faut)心理学家了;而法兰西精神是那么迟迈、病态、好奇,与他一样喜欢探听、贪得无厌;和他一样到处打听秘密;本能地力求从私底下结识他人,与狗类相互间的做法没有多少差别(的确,狗也以自己的方式成为心理学家)。他在根本上说是粗俗的,与卢梭的本能相类,因此是浪漫主义者——因为在一切浪漫主义中,群盲们都是嘟囔着要求"高贵"的;他是革命性的,但由于畏惧而一直勉强抑制着自己。在一切强大的事物面前(舆论、学院、宫廷,甚至波尔－罗雅尔修道院),他没有了自由。他彻头彻尾地厌倦了自己,有时甚至不相信自己有活着的权利;一个从青年时代起就挥霍自己的家伙,他自己也感到挥霍了自己,变得越来越瘦弱和衰老。只是出于怯懦,这个人终于还活下来,日复一日地苟延着;这个人对人和物的一切伟大之处都心生怨恨,痛恨一切相信自己者,因为遗憾的是,对诗人和半雌雄来说,这就已经足以把伟大感受为权力了;这个人就像那条著名的蠕虫一样不断地蜷缩起来,因为他感到自己总是受到了某个伟大的东西的践踏。作为没有标准、没有脊梁和支柱的批评家,他对于各色各样的事物总有一番世界主义的放荡者(libertin)的鼓噪,但本身又没有勇气去承认自己放荡(libertinage),因而屈从于某种不确定的古典主义。作为没有哲学和目光之强力的历史学家,他本能地拒绝在一切大事情上下判断的任务,并且端出一副客观性的面具(——与此一体的是最后一个法兰西帝国拥有过的最糟糕模式);而在那些细小琐事上——这是多么蹩脚啊——,他却有着一种精致而充分发挥的鉴赏力,而且真的有直面自身的勇气、对于自身的兴趣(——在这方面,他与巴那斯派(Parnassiens)①诗人们相接近,他们与他一样都表现出一种现代的自我蔑视、自我抛弃的最精致和最纯粹的形式)。"圣伯夫有一次见到了头一个皇帝。那是在布劳涅森林里:他正在撒尿。是不是可以说,他一直就是以这个姿势来观察和判断伟人们的呢?"(《龚古尔日志》,第2卷,第239页)②——他的恶毒敌人龚古尔兄弟③如是说。

11[10]

颓废类型。
浪漫主义者
"自由精神"圣伯夫
演员。

---

① 参看上文7[7]及注释。——译注
② 原文为法文。——译注
③ 龚古尔兄弟(Goncourts):参看上文9[11]及注释。——译注

虚无主义者。

艺术家。

野蛮者。

敏感者。

11[11]

在爱情中,唯一的胜利就是逃跑。① ——拿破仑。

11[12]

canis reversus ad vomitum suum[狗会转过身去吃自己的呕吐物]②

11[13]

哲学家们不是为了相互爱戴而生的。群鹰不在田野中飞翔。得把这地方留给松鸡,留给椋鸟……在高空翱翔,长着利爪,这就是伟大天才的命运。③ ——加利亚尼。

11[14]

偶然性乃命运之父,也常常是德性之继父。——加利亚尼。④

---

① 原文为法文。——译注
② 原文为拉丁文。——译注
③ 原文为法文。——译注
④ 原文为法文。——译注

11[15]

(既无爱情又无诸神;正是这双重的恶把我们杀戮。叙利·普吕多姆①。)②

11[16]

在乔治·爱略特这位乡村小女子的所有道德说教背后,我总是听到一切文坛女新手那种激动的声音:"我审视自己,我阅读自己,我对自己心醉神迷,并且说:我有这等才气,可能吗?……"

11[17]

报纸的 vomitus matutinus[早晨呕吐物]

11[18]

si hortum cum bibliotheca habes, nihil deerit[若有一座花园和一室藏书,我就别无所求矣]。③ 西塞罗。

---

① 叙利·普吕多姆(Sully Prudhomme,1839-1907):法国诗人,1901年诺贝尔文学奖获得者。主要作品有:《命运》、《诗之遗嘱》、《论美术》、《孤独与深思》等。——译注

② 原文为法文。——译注

③ 原文为拉丁文。——译注

11[19]

notum quid foemina furens[知道一个狂怒的女人]。① 维吉尔②《伊尼特》,第 6 行

11[20]

"一个快乐的怪物也胜于〈一个令人厌烦的感伤者〉"③

11[21]

人类如何使自己成为不朽(《地狱篇》,第 15 歌,第 85 行)④

11[22]

"我自己造就了自己",⑤我就像洛卜·德·维加⑥戏剧里那个老头一样微笑着说。因为我实在再也不知道自己现在多大年纪,还将活多久……

---

① 原文为拉丁文。《伊尼特》为维吉尔所著史诗。此处引文似有误,原文应为:notumque furens quid femina possit[也深知一个狂怒的女人会干出什么]。相关情节为:特洛伊城被希腊人攻陷后,特洛伊王子埃尼阿斯(Aeneas)率领部下出海逃亡,在迦太基为女王狄多(Dido)所收留。狄多爱上了埃尼阿斯,但埃尼阿斯仍然离开了。——译注
② 维吉尔(Publius Vergilius Maro,公元前 70 - 前 19):简称 Virgil,古罗马诗人。著有《牧歌集》、《农事诗集》、史诗《伊尼特》等。——译注
③ 原文为法文。参看 9[107]。——译注
④ 原文为意大利文:come l'uom s'eterna。参看 9[4]。——译注
⑤ 原文为西班牙文:Yo me sucedo a mi mismo。——译注
⑥ 洛卜·德·维加(Lope de Vega,1562 - 1635):西班牙戏剧家、作家,西班牙戏剧的开创者。主要作品有剧作《羊泉村》、《看守菜园的狗》等,史诗《被征服的耶路撒冷》,抒情诗集《神圣的诗》等。——译注

11[23]

——即使这样,人们也还有充分的理由感到满足和感恩,哪怕只是以那个年老的调情者的方式,那个 tamquam re bene gesta〔犹如大功告成后〕与恋人幽会后回家的老调情者。他以一个圣徒的温良对自己说:Ut desint vires, tamen est laudanda *voluptas*〔即便力有不逮,也要赞美快乐〕。

11[24]

(305)

乔治·桑。我读了《旅行者书信》的第一封:与卢梭所著的一切一样,根本上都是错误的,都是道德主义的欺骗,就如同她本身一样,这位"女艺术家"。我受不了这种花哨的裱糊布风格,同样受不了粗俗之人对"高贵的"激情、英雄气概和英雄思想的这样一种激动野心。在写这些书信时想必她是多么的冷酷,就如同维克多·雨果、巴尔扎克,如同一切真正的浪漫主义者。而她是多么沾沾自喜地在那里,这位多产的胖母牛,与卢梭本人一样,带有某种德国味,不过只是在一切法兰西趣味和精神结束后才可能有一点德国味……然后,埃纳斯特·勒南却对她爱慕有加……

11[25]

(306)

那些成就命运的人们,那些通过承担自身而承荷命运的人们，所有那些英雄般的负重者：他们多么愿意让自己休息一下啊！他们多么渴望具有强壮的心脏和颈背，以便至少一时半刻能解脱压逼他们的重负！而他们的渴望是多么徒劳！他们期待着；他们看着一切与他们交臂而过。没有人投合他们，哪怕仅仅以千分之一的痛苦和激情，没有人猜得出他们何以要等待……最后，他们终于学会了第一条生活智慧：不再等待；然后很快也学会了第二条：要随和、要谦逊，从现在起容忍所有人、所有事物——质言之，要承担更多，比他们以往承担的更多一点……

11[26]

(307)

——而且谁如果能毫无偏见地来推算人类在大地上以无论何种方式达到一种完满性的各种条件，他就会注意到，此类条件包含着多少奇异而令人痛苦的东西。看起来，似乎每一种伟大的增长都急需某种粪便和肥料。让我们举一个荒谬的例子，着眼于现代女性的完满化，一位在这个棘手的问题上也许不可低估的权威人士，德莫尔尼①，法国近来最富经验而且"最有体会的"妇女问题专家，曾有如下主张：女性为了达到完满，可能要由一种恶习相助，那就是同性恋，"使女人变得精致、完美，得以实现"。——

1887 年 11 月 25 日于尼斯

---

① 德莫尔尼（Duc de Morny，1811－1865）：法国政治家、剧作家，拿破仑三世的同父异母兄弟。主要作品有《大道上》、《丈夫的谋略》等。——译注

11[27]

(308)

科西玛·瓦格纳女士①是我认识的唯一一位伟大女性；但按照我的看法，她也毁掉了瓦格纳。何以至此呢？瓦格纳"得不到"这样一位女性，他出于感恩而迷恋于她。——瓦〈格纳〉的歌剧《帕西法尔》自始就是瓦格纳审美趣味的下降，变成了他的女人（即李斯特的女儿）的天主教本能；那是一种感恩和谦卑，一位软弱、复杂和病态的家伙对一位懂得保护和激励他的女人的感恩和谦卑，也就是对一位更强大、心胸更狭隘的女人的感恩和谦卑——说到底就是那种男人对"永恒女性"永远的怯懦行为。——是不是以往所有艺术家都被他们爱慕的女人毁掉了呢？如果这些极其虚荣和好色的花花公子（因为几乎统统是这种货色）第一次最切身地经历那种偶像崇拜，也就是女人在此类情形下懂得以其全部最高尚的和最低级的欲望来推动的偶像崇拜，那么，他们很快就会完蛋：残留的最后一点批判意识、自我蔑视、谦逊和在伟大事物面前的羞怯之心，都会消失殆尽——从此以后，他们会干出任何堕落的勾当。——这些艺术家在他们最艰难和最强大的发展时期完全有理由蔑视他们的追随者；这些变得沉默寡言的艺术家必然地成了每一种有才智的初恋的牺牲品（——或者毋宁说，成了那些女性的

---

① 科西玛·瓦格纳（Cosima Wagner, 1837 - 1930）：音乐家李斯特之女，理查德·瓦格纳的知己和第二任妻子。——译注

牺牲品,这些女性具有足够的才智,在艺术家的最个人性的东西方面表现得十分聪明,"懂得"他的苦难,"爱着"他们……)

11[28]

男人迷恋于他得不到的女人。

女人天生是偶像崇拜者,却会毁坏她的偶像——她的丈夫。

11[29]

对于事物发展的根本原因,人们不能又通过对发展的探究来寻找;人们不能把它理解为"生成着的",也不能把它理解为已经生成的……

"权力意志"不可能是已经生成好的

11[30]

(309)

当人们理解了,万物如何如其应当发展那样真正地发展,每一种"不完满性"以及对"不完满性"的苦恼属于**至高的愿望**,这时候,人们就赢得了考察的高度,得以鸟瞰一切……

11[31]

(310)

未来欧洲人的总面貌:绝顶聪明的奴隶,极其勤劳,根子上十分谦和,过度好奇,多重性格,娇生惯养,意志薄弱——那是一种世界主义的情绪混乱和心智混乱。从这种人身上怎么可能突现出一个更强大的种类呢？这样一个具有古典主义趣味的种类？古典主义趣味：那就是力求简化、强化的意志，力求幸福可见性的意志，力求恐怖的意志，敢于袒裸心理的勇气（——简化乃是力求强化的意志的结果；使幸福成为可见的和心理的袒裸，乃是力求恐怖的意志的结果……）。为了挣脱那种混乱状态而达到这样一种形态构成——为此就需要一种强制：人们必须作出选择，要么走向毁灭，要么获得成功。一个绚丽的种族只可能从可怕而强大的开端中产生。问题在于：二十世纪的野蛮人在哪里呢？显然，他们只有在巨大的社会主义危机之后才会形成和巩固起来，——他们将是能够做到对自己极其严酷、并且能够保障最长久的意志的分子。

11[32]

(311)

    论"牧人"的心理学。伟大的庸人。

  人们不是不能够对自己隐瞒以下事实：为了留下深远而广大的大众效应，必须有一种平庸的精神和趣味，而且举例说来，当特吕布勒教士①极有道理地把伏尔泰称为"完美的庸人"②时，这还不能被理解为对伏尔泰的耻辱？（——倘若伏尔泰并不是这种庸人，倘若他是一个例外，就像那个那不勒斯

---

 ① 特吕布勒教士（Abbé Trublet，生卒年不明），1761－1770 年任法兰西院士。——译注
 ② 原文为法文。——译注

的加利亚尼是一个例外,那个乐观的世纪所产生的最深沉和最深思的小丑,那么,他的力量是从何而来发挥作用的呢?他对他的时代的优势从何而来?)此外,着眼于一个更为大众化的例子,人们或许还可以作出同样的断言:基督教的创始者也必定是某个"完美的庸人"。且让我们把著名的《马太福音》中耶稣在山上对门徒的教训的基本原理具体化为一个人格:——我们从此再也不会怀疑,何以恰恰是这样一位牧人和山上传道士对形形色色的群畜产生了诱惑力。

11[33]

(312)

——"我心中有一种近乎本能的信念,那就是:一切权贵说话时都在撒谎,写作时更是如此"。——司汤达

11[34]

(313)

福楼拜既受不了梅里美,也受不了司汤达;要是有人当面向他提起"贝尔先生"①,人们就可能使他大为光火。个中差别在于:贝尔传自伏尔泰,而福楼拜则是维克多·雨果的嫡传。

"1830年的男人们"(——男人们?……)带着挚爱发动

---

① 贝尔(Beyle)为司汤达的原名。——译注

了一场荒唐的崇拜,对阿尔弗雷德·德·缪塞①、理查德·瓦格纳;也带着放荡和恶习……

"我生于1830年!我是从《厄尔那尼》②中学会阅读的,我还想成为拉腊呢!我厌恶当代的一切卑劣,厌恶生存的平庸和俗常幸福的可耻。"③ 福楼拜。

11[35]

(314)

性欲、统治欲、对假象和欺骗的兴趣、对生命及其典型状态的大欢欣和大感恩——这在异教文化那里是本质性的,而且就它这方面来说是问心无愧的。——非自然(早在希腊古代)作为道德、辩证法,构成与异教的斗争。

1887年12月15日于尼斯

11[36]

你的权力量决定你的等级;剩下的就是怯懦了。

11[37]

谁的本能追求等级秩序,谁就憎恨中间事物和中间人物:一切

---

① 阿尔弗雷德·德·缪塞(Alfred de Musset,1810－1857):法国作家。著有自传性长篇小说《一个世纪儿的忏悔》、诗集《西班牙和意大利故事》等。——译注
② 《厄尔那尼》(*Hernani*):法国作家雨果的剧作。——译注
③ 引号中引文原文为法文。——译注

中等之物都是他的敌人。

11[38]

(315)

　　出于丰富充盈之压力,出于我们心中那些不断生长的、尚不知道如何发泄的力量造成的张力,产生出一种山雨欲来的状态:我们的天性变得阴沉了。这也是悲观主义……这是一种学说,一种结束了这样一个状态的学说,因为它对无论什么东西都发布命令,一种对价值的重估,借以为积聚起来的力量指明一条道路、一个方向,使之得以爆发出来,成为闪电和行动——它完全用不着成为幸福学说:它引发了那种已经压缩和积聚为痛苦的力量,从而带来了幸福。

11[39]

　　——对这些人我少有同情。我把他们当作螃蟹。因为首先,如果有人碰一碰它们,它们就躲起来;然后——它们就后退了。

11[40]

　　——刚挤出的牛奶一样的热心肠

11[41]

　　一位疲惫的漫游者,受到狂吠的狗的接待。

11[42]

——一个长期蹲在监狱里的逃犯害怕看守:现在他正惶恐地逃跑,一根棍棒的影子就使他直哆嗦。

11[43]

——文艺复兴式的德性,virtù,毫不虚伪的德性

11[44]

(316)

人们把自己的生命、健康和荣誉孤注一掷,这乃是高傲姿态和一种充溢泛滥的挥霍性意志的结果:并非出于博爱,而是因为每一种大危险都挑动着我们的好奇心,即关于我们的力量、勇气的大小的好奇心。

11[45]

(317)

爱默生①,一个非常开明、多重性格、诡计多端的幸运儿。这个人本能地以美食佳肴为生,而摒弃不易消化的食物。卡莱尔②虽然十分喜欢爱默生,但却说:"他不足以使我

---

① 爱默生(Ralph Waldo Emerson,1803-1882):美国散文作家、诗人。主要作品有《论文集》、《代表人物》、《诗选》等。——译注
② 卡莱尔(Thomas Carlyle,1795-1881):英国作家、历史学家、哲学家。主要著作有《法国革命史》、《宪章运动》、《论英雄与英雄崇拜》等。——译注

们啃一啃。"尽管卡莱尔的话有道理，但绝没有毁损爱默生。

卡莱尔，一个能言善辩、举止怪异的人，一个起于困苦的雄辩家，不断地渴望拥有一种强大的信仰，而又感觉无能于此（——正因为这样，他是一个典型的浪漫主义者——）。对一种强大信仰的渴望并不是对一种强大信仰的证明，而倒是相反地，如果人们拥有了强大的信仰，那就恰好表明：人们可以让自己享有怀疑和轻率的无信仰，——而人在这方面恰恰是足够富有的。对具有强大信仰的人，卡莱尔极表尊重，而对所有失去纯真的人，他极表愤怒。他以此来麻醉自己。这种为了道德说教而对自己的持续不断的狂热的不诚实使我对卡莱尔深感厌恶。英国人偏偏欣赏卡莱尔的诚实，此乃典型的英国风格；鉴于英国人是完全伪善的民族，这就不仅可以理解，而且是合理的了。根本上，卡莱尔是一个无神论者，虽然他本人并不情愿。——

11[46]

在这些好战的论著中，我继续进行了我的战役，反对以往价值判断中最严重者，反对我们对道德的高估——

我以这些战斗性的论著开始了我的战役，反对我们的一种最严重的道德判断，反对我们以往的估价和对道德的高估。可见，"和平"这样一个词放在这些论著的结尾是多么的蹩脚。

11[47]

——潮湿的理想与其他带着露水的清风

11[48]

(318)

立志成就大业、而且也寻求成就大业的手段的人物，势必是怀疑论者：这并不是说，他一定要装出怀疑论者的样子。他的强大之处包括在任何信念面前保持自由，有自由观察的能力。他的存在的伟大激情、基础和强力，比他本人更为开明、也更为专横，——这种伟大激情使用（不光是占有）了他的全部智力，使他变得毫不迟疑，赋予他追求非神圣的手段（甚至神圣的手段）的勇气。它赐予他信念，它需要信念，也消耗信念，但并不屈服于信念。这就表明只有它知道自己是独立自主的。相反地，对信仰的需要，对某种无条件的肯定和否定的需要，乃是弱者的需要；所有弱者都是意志上的弱者；所有意志上的弱者都是由于没有激情、没有绝对命令去发号施令。拥有信仰的人，任何种类的"信徒"，必然是一种依附性的人，也就是说，必然是一种不能把自己设为目的，甚至根本就不能自发地设定目的的人，——他们必定作为手段而被消耗掉……这种人本能地给予一种非自身化（Entselbstung）的道德以最高的荣誉；他们的一切，聪明、经验、虚荣，都会说服他们接受这种非自身化的道德。而且，甚至连信仰也还是一种非自身化形式。——

11[49]

(319)

有一个巨大的艺术领域,它现在是反德意志的,而且还将是反德意志的,德国青年,头上长角的西格弗里德和其他瓦格纳信徒,都被永远地排斥在该领域之外了。从这个艺术领域而来:——比才的绝招,后者促使一种全新的——也是多么古老的啊——敏感性获得了声望,迄今为止,这种敏感性在欧洲有教养的音乐中一直没有找到自己的语言。那是一种更南方的、更黝黑的、更焦灼的敏感性,它诚然不能为北方潮湿的理想主义所理解。非洲式的幸福,宿命般的喜悦,带着一双诱惑地、深沉而惊恐地扑闪的眼睛;摩尔人舞蹈的淫荡的抑郁感;闪烁着激情,犹如一把匕首般锋利而迅猛;还有,从午后苍茫大海上飘来的气息,令人们的心脏窒息,就仿佛令人回想起被遗忘的岛屿,人们曾在那里逗留,人们本该在那里永远地逗留……

反德意志的:歌剧丑角。摩尔人的舞蹈

审美〈的〉享受方面的其他反德意志的珍品

11[50]

"真实的世界",不论人们迄今为止如何构想之,——它始终不外乎是虚假的世界。

11[51]

为了允许自己做一件坏事,人们必须具有勇气:对此,大多数人过于胆怯。

11[52]

"海盗中间的凯撒"

11[53]

而且在这些诗人中,人们找到了以一种童真的方式嘶鸣的牡马

11[54]

(320) 论道德的统治。
人们如何促使道德获得统治地位。
一篇政治论文。
弗里德里希·尼采著。

前　言

这篇政治论文并不是人人都愿意听的:它论述的是道德之政治,论述道德政治的手段以及它获得权力的途径。道德力求达到统治地位,谁会禁止它这样做呢?可是它是怎样做的啊——!人们不相信这一点……因此这篇政治论文就不是人人都愿意听的。我们指定该文为那些人所用,

他们关心的并不是人们如何变得有道德,而是人们如何使人有道德,——人们如何使道德获得统治地位。我甚至想证明两者是不可兼得的:人们想要道德的统治地位,原则上就休想成为有道德的人了;恰恰因此,人们会放弃成为有道德的人。这种牺牲是巨大的,但为这样一个目标牺牲也许是值得的。哪怕还有更大的牺牲!……而且伟大的道德家中就有一些人为此冒了许多险。也就是说,他们已经认识并且预言了我在这篇论文中首次要传授的真理,那就是:为了达到道德的统治地位,人们绝对只能通过同一种手段,与人们一般地获取统治地位的伎俩相同的手段,而无论如何都不是通过道德……

如上所述,这篇论文讨论道德中的政治:它为这种政治设定了一个理想,它描写出这种政治必然的完美样子,如果这世上可能有什么完美的东西的话。现在,没有一个哲学家会怀疑政治中的完美性是何种类型的完美性;此即马基雅弗里主义。可是,马基雅弗里主义,纯粹、无杂质、生涩、新鲜,包含其全部的力量,全部的尖利(pur, sans mélange, cru, vert, dans toute sa force, dans toue son âpreté),乃是超人的、神性的、超验的,它是人无法企及的,人充其量只能有所触及而已……即便在这样一种更加狭隘的政治种类中,在德性政治中,看来理想也从未实现过。连柏拉图也只不过附带触及了这种理想。假如人们具有洞察隐蔽事物的明眼,那么,即便在最无成见和最自觉的道德主义者那里(——而且这其实是表示这些道德政治家、表示任何种类的新道德暴力的奠基者的名称），人们也能发现一些蛛丝马迹，看到就连他们也对人类的软弱表示了赞许。他们所有人，至少在他们困乏时，也都要为了自己去谋求德性：一个道德主义者的第一个重大错误，——行为的非道德论者必须成为这种道德主义者。至于他恰恰不能表现出这一点，那是另一回事了。或者毋宁说，这并不是另一回事：这样一种基本的自我否定（用道德的讲法：伪装）也一同归属于道德主义者及其最独特义务学说的规范：要是没有这种自我否定，道德主义者就决不会达到自己的完美性种类。摆脱道德，也摆脱真理，为了那个抵偿任何牺牲的目标：道德的统治地位——那个规范听起来就是如此。道德主义者必需有德性的态度，也必需有真理的态度；唯当他们屈从于德性，唯当他们丧失对德性的掌控，唯当他们本身成为道德的、成为真实的，他们的错误才开始了。此外，一个大道德主义者必然也是一个大戏子；他的危险在于，他的伪装不知不觉地成了自然天性，就像他的理想是要以一种神性的方式把他的 esse[存在]与他的 operari[活动、行动]区分开来；对于他所做的一切，他必须 sub specie boni[从善者的角度]来做，——他那崇高的、遥远的、高品位的理想！那是一种神性的理想！……而且实际上，据说道德主义者因此并不仿效比上帝本身更为渺小的榜样：上帝，世上最大的行为非道德论者，但尽管如此，上帝却善于保持自己的本色所是，那善的上帝……

11[55]

(321)

人们决不该原谅基督教，它毁灭了帕斯卡尔这样的人。人们决不该停止与基督教的斗争，因为它有意要摧毁的正是最强大和最高贵的心灵。只要这一点还没有彻底地消灭掉，即基督教发明的人的理想还没有彻底地消灭掉，人们就决不该讲和。基督教谎言、概念蛛网和神学的整个荒唐残余物，与我们毫不相干；它可能要荒唐千百倍，而我们或许不会对它动一根指头。然而，我们要与那种理想作斗争，它以其病态的美色和女性诱惑力、以其隐秘的诽谤者辞令来说服厌倦于所有怯懦和虚荣的心灵——最强大者也有厌倦的时候——，仿佛在此类状态下显得最有用和最可想望的一切东西，信任、善意、简朴、忍耐、对同类的爱、忠诚、献身于上帝，一种对其整个自我的摒弃和解除，甚至本身就是最有用和最可想望的东西；仿佛渺小微薄的心灵怪胎，规规矩矩的庸人和随大流的群盲，不仅优越于更强大的、更凶恶的、更贪婪的、更顽强的、更挥霍的、恰恰因此备受残害的人的种类，而且简直是为一般人类确立了理想、目标、尺度、最高愿望。迄今为止，这种理想的树立乃是人所遭受到的最阴森可怕的诱惑：因为随着这种理想，人类中发育得更强大的特立独行者和幸运儿就面临没落之险，而人这整个类型的求权力和求增长的意志，正是在这些特例身上获得进步的；以这种理想的价值，那些更丰富之人的增长就会被连根葬送掉，这些人因为他们更高的要求和使命的缘故而情愿忍受一种甚至更为危险的生活(用经济学的讲法：企业成本的提高就等于不可能成功获利)。我们反对基督教什么？那就是：基督教想要摧毁强者，它想要使强者丧失勇气，想要充分利用强者的不幸和困乏，想要把强者自豪的可靠性颠倒为不安和内心矛盾；基督教善于毒化高贵的本能，使之变得病态，直到他们的力量、他们的权力意志转向后退，去反对自身，——直到强者毁灭于自我鄙视和自我虐待的过度放纵：那种骇人听闻的毁灭，其最著名的例子就是帕斯卡尔。

11[56]

(322)

左拉：——有某种与泰纳①的竞争，学会了后者的手段，借以把一种怀疑的环境变成一种独裁。其中也包括对原则的蓄意粗糙化，以使那些原则作为命令而起作用。

11[57]

把握——这是一种赞同吗？——

11[58]

(323)

不去认识自身：此乃理想主义者的聪明之处。理想主义

---

① 泰纳(Hippolyte Adolphe Taine，1828－1893)：一译"丹纳"。法国文学批评家、史学家。主要著作有《英国文学史》、《艺术哲学》、《十九世纪法国哲学家研究》等。——译注

者:一种有理由不知道自己的人,而且他足够聪明,也能对这种理由一味保持模糊不清。

11[59]

(324)

这个文学女人①,内心失落、激动、空虚,带有每个时代痛苦的好奇心,偷偷聆听从时代组织深层中发出来的绝对命令,后者可以表述为她的 aut liberi aut libri[要么子女,要么书籍]:这个文学女人,教养十足,足以领会自然的声音,即便自然讲的是拉丁语;另一方面,她又是虚荣十足的,暗地里也还与自己讲一讲法语:"我审视自己,我阅读自己,我对自己心醉神迷,并且说:我有这等才气,可能吗?"②……

这个完美的女人努力做文学试验,犹如犯着一桩小罪,倏忽而过,东张西望着,看看是否有人在注意她,以及人们是怎样注意她的:她知道,一小块瑕疵和暗斑对于一个完美女人来说是多么相配,——她尤其知道,一切文学制作是怎样对女人发挥作用的,那是关于所有通常的女性羞耻心(pudeurs)的问号……

11[60]

(325)

现代的模糊。——

---

① 指乔治·爱略特。——译注
② 原文为法文。——译注

我看不出来,人们想拿欧洲工人做什么。欧洲工人的处境是太好了,以至于他们现在不再逐步地提出要求,不会提出更过分的要求了:他们终于独立自主了。希望这里能形成一种谦逊自足的人,最轻缓意义上的奴隶阶层,简言之,一个具有坚定不变性的阶层——这样一个希望已经完全破灭了。人们已经使工人变得擅长武力。人们赋予工人投票权、结社权。人们竭尽所能,败坏了工人的中国特性得以建筑于其上的本能,以至于今天的工人已经把他们的生存感受为一种危难状态(在道德上被表达为一种不公正……),而且也可以让人感受为这样一种状态……但再问一次:人们想要什么呢?如果人们想要一个目标,就必须要求手段。如果人们想要奴隶,——而且人们的确需要奴隶!——那就一定不能把他们培养成主人。

11[61]

(326)

"痛苦的总量超过了快乐的总量,因此世界的非存在胜于世界的存在":此类废话在今天自称是悲观主义

"世界不会是理性的智者,因为它为感觉主体带来的更多地是痛苦而非快乐"。

快乐和痛苦是次要的事情,并不是原因;[①]它们是等而次

[①] 此处中译文未显"次要的事情"(Nebensachen)与"原因"(Ursachen,可字面直译为"原始的事情")之间的字面联系。——译注

之的价值判断,只是从某种占统治地位的价值中派生出来的;那就是一种以感受形式来讲话的"有用"或"有害"的价值,因而绝对是短暂的和依赖性的。因为对于每一种"有用"或"有害",我们总是还得问许多个不同的问题:对什么"有用"或"有害"?

我蔑视这种敏感的悲观主义:它本身就是生命深度贫乏的一个标志。我绝不会允许像哈特曼①这样一只瘦猴来谈论他的"哲学悲观主义"。

11[62]

(327)

塔尔玛②说过:

是啊,我们必须敏感,我们必须体验情感,但要通过研究和反思才能更好地模仿,才能更准确地抓住其特点。我们的艺术要求深度。在舞台上不可能有任何即兴表演,否则就会失败。一切都得经过计算,一切都要预见到,既包括好像突然迸发出来的情感,也包括显得不由自主的骚动。——表面上好像灵机一动的音调、姿势和眼神,其实都已经排练上百遍了。幻想诗人寻求美丽的诗句,音乐家寻求一支旋律,几何学家寻求一个证明:他们当中没有人比我们更热衷于去发现那

---

① 哈特曼(Karl Robert Eduard von Hartmann,1842-1906):德国哲学家。著有《无意识哲学》、《哲学体系概论》等。——译注

② 塔尔玛(Francois Joseph Talma,1763-1826):法国演员。以扮演《查理九世》中的主角著称。——译注

种姿势和语调,后者可以使诗句中的一个停顿具有意义。所有热爱艺术的演员处处都会这样不断求索。——还需要对你们说什么吗?看哪,当我们热爱自己的艺术时,我们自己就成了观察对象。我曾有许多次极其悲惨的失败;我常感到深深的忧伤;这么说吧,经历了由尖叫和眼泪表现出来的痛苦的最初时刻之后,我觉得我情不自禁地回归到自己的痛苦中了,而且在我身上,不为我所知地,有个演员在研究着人类,认为自然高于人的作为。我们必须以这种方式来体验情感,为的是有朝一日能够使它产生出来;但并不是即兴的,并不是在舞台上当所有的眼睛都盯着我们的时候;再没有任何东西能够显露我们的处境了。最近,我与一位出色的女演员一起出演了《愤世与懊悔》①;她的表演是如此细腻,又如此自然而真实,把我深深地吸引住了。她也觉察到了。那是何等的胜利啊!可她却低声对我说:"当心呵,塔尔玛,您激动了!"事实上正是这种情感带来了麻烦;声音受了阻碍,记忆遗漏了,动作出错了,效果全毁了!啊!我们不是自然,我们只是艺术,艺术只能求助于模仿。

11[63]

莱辛把莫里哀贬于德图什②之下

---

① 《愤世与懊悔》(*Misanthropie et repentir*):德国作家科策比(Augustus von Kotzebue)作于1790年的五幕戏剧。——译注

② 德图什(Destouches,1680－1754):法国剧作家。——译注

《明娜·冯·巴尔赫姆》[①]——"一出推理的马里佛体[②]喜剧"。

11[64]

中国话:"因为我的爱人住在我心里,所以我要避免吃热的——心中的热度不能使他难受"

"哪怕你看见你母亲要饿死了,你也不能做有违道德的事"。

"要是你把五个感官都隐藏起来,宛若一只乌龟把头和四肢都缩回到壳中,这在你死后仍会让你受益:你将得到天国的极乐"

11[65]

"对于蒙田所作的论证中的许多迟疑和犹豫,人们感到惊讶。但既然已经被列在梵蒂冈的禁书目录上,所有派别都早已对之表示怀疑,他也许就自愿地在他危险的宽容、他受诽谤的无党派性上加上了一种问题的弱音器。认为人性就是进行怀疑的人性,这在他那个时代已经了不起了……"。

11[66]

梅里美,像一个有缺陷的珠宝匠和畸形的银匠一样优秀,[③]他属于 1830 年的运动,并不是因为激情(这是他所没有的),而

[①] 《明娜·冯·巴尔赫姆》(*Mina von Barnhelm*):莱辛的喜剧作品。——译注
[②] 马里佛体(marivaudage):18 世纪法国喜剧作家马里佛(Marivaux,1688 - 1763)的过分细致而矫揉造作的描写爱情心理的笔调。——译注
[③] 原文为法文。——译注

[11.1887年11月至1888年3月]

是因为他老谋深算的新颖手法(procédé),以及他对素材的大胆选择。

11[67]

我用瓦尔莫夫人①的庄重口吻来表达:"内心的沐浴"②

11[68]

"没有什么东西比一个善的行为更能带来不幸了"

11[69]

(328)

　　圣伯夫:"年轻人太热烈,养不成良好趣味。要有良好趣味,光有品尝精神中美好而温柔事物的能力还是不够的,还必须有闲暇,一颗自由而闲适的心灵,重新变得像婴儿一般纯真,不为激情所役,不汲汲于俗务,不为苦涩的操心和实利的关怀所折磨;一颗无所动心的心灵,甚至没有写作欲望的烈焰,不做自身名利心的俘虏;需要休息,需要遗忘,需要沉默,需要有周遭空间。为了享受精致的事物,精神中得具备何等的条件啊!"——

---

①　德博尔德－瓦尔莫夫人(Madame Desbordes-Valmore,1786－1859):法国女诗人。著有《诗歌集》、《哀歌与罗曼司》等。——译注
②　原文为法文。——译注

11[70]

《克里斯蒂娜》(大仲马①作)演出时:若阿利持有女王签署的护照。在他要使用的一刹那,他突然有了另一番考虑,合上了护照,并且说:"我们事实上是为了更大的需要而克制自己。"②

11[71]

(329)

痛苦和快乐是可以设想的最愚蠢的判断表达方式。当然这并不是说,以此方式表现出来的判断一定是愚蠢的。摒弃一切论证和逻辑性,在向一种热烈的占有欲或者排斥进行还原过程中的肯定或否定,一种命令性的、具有明显功利性的缩简:此乃快乐和痛苦。它们的起源在于理智的总领域;它们的前提乃是一种无限加速的感知、规整、概括、推算和推论:快乐和痛苦始终都是结局现象,而非"原因"……

快乐和痛苦能激起什么呢?关于这一点的裁定取决于权力的程度:就微弱量的权力来说,作为危险和要求迅速防御的强制力表现出来的同一个东西,在一种对于权力丰富性的更大意识中,可能产生一种肉欲的刺激,一种快感。

所有快感和不快感已然以一种根据总有益性、总有害性所作的衡量为前提了:也就是一个领域,在其中发生了对一个

---

① 大仲马(Alexandre Dumas,1802-1870):法国作家。著有《基度山恩仇记》、《三个火枪手》等。——译注

② 括号中引文原文为法文。——译注

目标（状态）的意愿以及对相关手段的选择。快乐和痛苦决不是"原始的事实"。

快感和不快感乃是意志的反应（情绪），在其中，理智〈的〉中心把某些已经出现了的变化的价值固定为总价值，同时也作为反作用的开始。

11[72]

(330)

倘若世界运动有一个目标状态，那么它必定是已经达到了的。但唯一的基本事实却是，世界运动根本没有什么目标状态；而且，任何主张必然有这样一个目标状态的哲学或者科学上的假设（比如机械论），都已经被这个基本事实所反驳了……我在寻求一个能正确对待这个事实的世界方案：生成应当得到说明，而不能乞灵于此类最终意图：生成必须理由充足地显现于每个瞬间（或者说不可贬值地：结果是一个）；绝对不可因为某个未来之物的缘故而为当前之物辩护，或者因为当前之物的缘故而为过去之物辩护。"必然性"并不以一种统摄万物、支配万物的总体权力为形态，也不以一种第一推动力为形态；更不是为了限定某种有价值之物的必然性。为了不至于把发生事件置于一种同感、共知而又无所意愿的存在物的观点之下，就有必要否定一种关于生成的总意识、一个"上帝"：如果"上帝"并不意愿什么，那它就是无用的，而另一方面，由此也就设定了一种对快乐和非逻辑（*Unlogik*）的累积，后者或许会贬低"生成"的总价值：幸亏恰好没有出现这样一种累积性的权力（——一个受苦受难的和综观万物的上帝，一种"总意识"和"普遍精神"——或许是针对存在的最大异议）。

更严格地：人们根本上就不能允许什么存在者，——因为要不然，生成就会丧失其价值，并且径直表现为无意义的和多余的。

因此我们要问：关于存在者的幻想是如何可能（必定）形成的？

同样地：所有以有存在者这样一个假设为依据的价值判断是如何被废掉的。

但这样一来，人们却认识到，这个关于存在者的假设乃是一切谤世说的源泉。

"更善的世界、真实的世界、'彼岸的'世界、自在之物"

1）生成没有目标状态，并不汇入一种"存在"中。

2）生成不是假象状态；也许存在世界才是一种假象。

3）生成在每个瞬间都是等值的：生成的价值总额保持相同；换言之：生成根本就没有价值，因为找不到某个东西，可以用来衡量生成的价值，并且使"价值"一词具〈有〉相关的意义。

世界的总价值是不可贬值的，因此哲学上的悲观主义不逮于宇宙万物。

11[73]

(331)

"价值"的观点就是鉴于生成范围内生命之相对延续的复

[11.1887年11月至1888年3月]

合构成物的保存-提高之条件的观点:

——:没有什么经久不变的最终的统一体,没有原子,没有单子:即使在这里,"存在者"也只是我们置入其中的,(出于实际的、功利的透视主义原因)

——"支配性构成物":支配者的范围持续地增大或者阶段性地增减;或者,在状态(营养)的有利和不利条件下

——"价值"本质上是此类支配性中心的增扩或缩减的观点(无论如何,此类支配性中心都是"杂多",而"统一体"在生成之自然中是根本不存在的)

——一定量的权力,一种生成,只要其中丝毫没有"存在"之特征;只要

——语言的表达手段无法表达生成:不断地设定一个比较粗糙的持存〈者〉、"事物"等等的世界,这乃是我们不可替代的保存需要。相对地,我们可以谈论原子和单子;而确定无疑的是,最微小的世界从延续来说是最经久不变的世界……

没有什么意志:有的是不断地增加或者丧失掉自己权力的意志草案(Willens-Punktationen)

11[74]

(332)

——因为根本就没有一个总过程(它被看作体系——),所以在"整体过程"中并没有考虑到人类的劳动:

——没有什么"整体",人类此在的所有贬值、人类目标的所有贬值,不可能着眼于某种根本就不实存的东西而

发生……

——必然性、因果性、合目的性乃是有用的虚假性

——意识的增强并非目标所在,目标乃是权力的提高,其中包括意识的功利性,对于快乐与不快也同样如此

——人们不能把手段当作最高价值尺度(也就是说,不能把意识的状态,诸如快乐和痛苦,当作最高价值尺度,如果意识本身是一种手段的话——);

——世界根本不是一个有机体,而是一团混沌:"精神性"的发育乃是使机体组织得以相对延续的一个手段……

——有关存在的总体特征,一切"愿望"都毫无意义。

11[75]

(333)

意志的满足并不是快乐的原因:我特别要与这种极端肤浅的理论作斗争。那是对最切近事物所做的荒谬的心理学上的伪币制造……

相反,意志意愿前行,总是要一再制服阻挡它前进的障碍。快乐感恰恰在于意志的不满足,在于意志如果限制和抵抗就得不到充分满足……

"幸福者":群氓理想

11[76]

(334)

我们的欲望(例如饥饿、性欲、运动欲)的常轨不满,本身

根本就不包含任何令人沮丧的东西；而毋宁说，这种不满会对生命感产生刺激作用，就像小小的痛苦刺激的每个节律都会强化生命感，尽管这也是悲〈观主义者〉向我们唠叨不已的：这种不满不是使生命索然无味，而是生命的伟大兴奋剂（Stimulans）。

——也许人们可以把一般快乐称为微小的痛苦刺激的节律……

11[77]

(335)

　　一种力寻求抵抗的阻力，为的是要主宰阻力。由此引起的失败和厄运的程度每每根据阻力大小而变化：而且，就每一种力都只能对阻力释放自己而言，每一种行动中就必然有一种不快的成分。只不过，这种不快乃作为生命的刺激而发挥作用：而且只会强化权力意志！

11[78]

(336)

　　最智慧的人，假定他们是最勇敢的，也最能体验最痛苦的悲剧。但他们之所以尊重生命，是因为生命构成他们最大的敌人……

11[79]

(337)

尤利乌斯·凯撒①抵御虚弱和头痛的手段:长途行军、简朴的生活方式、经常露宿野外以及不辞辛劳。总的说来,这些就是一般天才的保存条件。

11[80]

(338)

当心道德:它使我们自身贬值——

当心同情:它用他人的困苦加重我们的负担——

当心"精神智慧":它败坏性格,因为它使我们极其孤独,而孤独就意味着无约束无义务……

11[81]

——仅仅感受到生成,而没有感受到死亡吗(?)——

11[82]

生成的意义必定在每个瞬间都是已经充实了的、达到了的、完成了的。

---

① 尤利乌斯·凯撒(Gaius Julius Caesar,约公元前 100 - 前 44):古罗马统帅、政治家和作家。任内征服高卢,攻袭日耳曼,侵入不列颠,又转战小亚细亚。著有《高卢战记》、《内战记》等。"凯撒"后成为罗马及西方帝王习用的头衔。——译注

11[83]

〈〈339〉〉
人们所谓善的行为，乃是一种纯然的误解；此种行为根本上是不可能的。

"自私自利"如同"忘我无私"一样，乃一种流行的虚构；个体、心灵亦然。

在一个有机体内无比多样的发生事件中，我们所意识到的那个部分只不过是一个角落而已：而且，从其余的总事件而来，"德性"、"无私"这点东西以及类似的虚构，以一种完全彻底的方式被证明是撒谎。好的做法是去研究我们机体的完全的非道德性……

确实，从原则上讲，动物性功能比一切美好状态和意识高度要重要百万倍：后者乃是一种过剩，只要它们不必成为那种动物性功能的工具。

整个有意识的生命，精神连同灵魂、心灵、善、德性：它究竟是为什么服务的呢？服务于动物性功能之手段（营养和提高手段）的最大可能的完美化：首要地是生命提高的手段。

这原因在绝大程度上毋宁就在于人们所谓的"身体"和"肉体"：其余只是一个小小的附属物。使命是要继续编织整个生命线条，而且要使之变得越来越强大——这就是使命。但现在人们要来看看，心灵、灵魂、德性、精神如何正式密谋颠倒这一原则性使命：仿佛它们就是目标似的……生命的蜕化本质上是由意识的制造谬误的特殊能力决定的：至少意识是受本能控制的,而且因此最持久和最彻底地犯错。

根据这种意识的舒适感或者不舒适感来衡量此在(Dasein)是否有价值:人们还能设想一种更漂亮的对虚荣心的放纵吗？这确实只不过是一种手段;而且舒适感或者不舒适感其实也只是手段而已！——那么,价值客观地根据什么来衡量自身呢？唯根据提高了的和组织好的权力的量,根据在一切事件中发生的东西,即一种力求丰富的意志……

11[84]

"精神"被设定为世界的本质;逻辑性被设定为本质性的。

11[85]

(340)

通过酒精和大麻,人们把自己带回到人们已经克服(至少已经熬过)的文化阶段。所有食物都以某种方式给出一种启示,一种关于我们由之而生成的过去的启示。

11[86]

甚至智者行事也经常类似于那种蠢妇人,不把牛奶当食物,而把萝卜当食物:

11[87]

(341)

我想要索回我们赋予现实事物和想象事物的所有美和崇

高,把它们当作人类的财富和产品:作为人类最美的辩护辞。人作为诗人,作为思想家,作为上帝,作为爱,作为权力——:呵,关于人的君王般的慷慨大方,人把它赠送给事物了,为的是使自己贫困,感到自己可怜!人赞赏和崇拜,而且善于对自己隐瞒他就是那个创造了自己所赞赏的东西的人,这乃是迄今为止他最大的忘我无私。——

11[**88**]

(342)

在德国音乐的情感大杂烩中,残留着多少未可袒露的和本身一无所知的对于古老宗教需要的满足啊!有多少祈祷、德性、涂圣油、处女般的贞洁、薰香、卑躬屈膝和"斗室悔过"还在这里掺杂发言啊!这种音乐本身撇开了话语、概念和形象:呵,它多么善于从中渔利,那狡诈的阴阳怪气的"永恒女性"!如果那种本能得到了满足,那么,哪怕最真诚的良知也无需感到惭愧的,——而它是尚未得到满足的。这种良知是健康的、聪明的,而且只要它表达了在一切宗教判决面前的羞愧,那就是一个好的标志……尽管有这一切,这仍然是一种伪善……

相反地,如果我们提出,瓦〈格纳〉在他的最后日子里以危险的虚假谎言行事,此外加上宗教象征,如在《帕西法尔》中他暗示了圣餐迷信的荒唐,而且不只是作了暗示而已:那么,这样一种音乐就会激起愤怒……

11[89]

(343)

人类总是误解了爱情：人类相信，他们在爱情中是无私的，因为他们想要为另一个人带来好处，经常有违于自己的利益；但为此，他们就要占有那另一个人……在其他情形下，爱情乃是一种更精巧的寄生状态，是一个心灵危险而放肆地到另一个心灵里筑巢扎根——有时甚至是到肉体里筑巢扎根……而代价正是那个"主人"啊！

人牺牲了多少好处，人又是多么"无私"啊！人的一切情绪和激情都想要获得自己的权利——而且，情绪是多么远离于对自私自利的聪明利用啊！

人们不想要自己的"幸福"；为了能相信人总是寻求自己的利益的，人们就必须成为英国人；我们的欲望以一种持久的激情意欲侵占事物——其聚积起来的力量寻求抵抗的阻力

11[90]

理〈查德〉·瓦〈格纳〉的价值何在？唯有最佳地利用了瓦格纳的人才能告诉我们。暂时人们试图相信瓦〈格纳〉具有某种价值，他本人也曾非常乐意相信自己有那种价值……

11[91]

(344)

对卖淫的改良，而非取缔……

婚姻早就问心有愧了:人们应当相信这一点吗?是的,人们应当相信——

向老妇人致敬——

11[92]

现在我允许自己忘掉自己。后天我要恢复过来。

11[93]

(345)

人类迄今为止对付不了的一切,还没有人消化得了的一切,"此在之粪"——至少对智慧而言一直是最佳的肥料……

11[94]

(346)

那位皇帝①不断地责备万物的倏忽易逝性,为的是不把万物看得太重要,并且安然处身于其中。相反地,在我看来万物却是太有价值了,以至于不可能是如此倏忽而过的:我寻求每个事物的永恒性:难道人们可以把最宝贵的油膏和美酒倒进大海里吗?——而我的慰藉在于,曾在的一切都是永恒的:——大海把它重又冲刷出来了

---

① 指罗马皇帝马可·奥勒留(Marcus Aurelius,121-180)。——译注

11[95]

(347)

众所周知,有人在伏尔泰临终时刻还对他进行纠缠:"您信神灵基督吗?"本堂神甫问他。而伏尔泰对神甫说明,他想要安宁。这神甫心生不满,又重复了他的问题。这时候,这位垂死者爆发出他最后的愤怒:他大为恼火,狠狠地把这位僭越的提问者顶了回去:"见鬼!"——他冲着神甫喊道——"别跟我谈那个人!"①——不朽的遗嘱,高度概括了这位极其勇敢的思想家所作的斗争。——

伏尔泰下了判决:"在这位拿撒勒的犹太人身上,是毫无神性可言的":他身上的古典趣味就是这样下判断的。

古典趣味与基督教趣味设定了根本不同的"神性"概念;谁身上有古典趣味,他就只能认〈为〉,基督教是 foeda〈superstitio〉[卑鄙的〈迷信〉],基督教的理想是一种对神性的讽刺和贬低。

11[96]

(348)

在人们把行为者抽象地从行为中抽离了出来,并且因此使行为变得空虚之后,人们现在就要重新把行为者纳入行为中;

---

① 原文为法文。——译注

[11.1887年11月至1888年3月]

在人们把做某事(Etwas-thun)、"目标"、"意图"、"目的"人为地从行为中抽离了出来之后,人们现在就要把它重又置回到行为中。

所有"目的"、"目标"、"意义"都只是某种寓于一切事件之中的意志即权力意志的表达方式和变形;对目的、目标、意图的拥有和意愿,根本上无异于要求变得强壮的意愿,要求增长的意愿,以及也包括要求与此相关的手段的意愿;

所有行为和意愿中最普遍和最低层的本能之所以还是完全未知的和最隐蔽的本能,恰恰是因为实际上,我们总是遵循它的律令,我们就是这种律令……一切评价都只不过是为这样一种意志效力的各种结果和狭隘视角:评价本身就只是这种权力意志;从此类价值中的无论哪一种价值出发所作的存在批评(Kritik des Seins),乃是某种背谬的和令人误解的东西;假如其中开始了一种没落过程,那么,这个过程仍旧是为这种意志服务的……

对存在本身的评价:但这种评价本身仍然是这种存在——;而且,由于我们说不,我们始终还是在做我们本身所是……人们必须看清这种以此在(Dasein)为指向的神性的荒谬性;然后还必须力求猜度,由此到底发生了什么事。这是症候性的。

11[97]

(349)

哲学上的虚无主义者坚信:一切发生事件都是毫无意义

的和徒然的；而且，本不该有什么毫无意义的和徒然的存在(Sein)。但何来这种"本不该有"呢？但人们是从哪里取得这种"意义"、这种尺度的呢？——虚无主义者从根本上认为：对这样一种空虚而无益的存在的审视会使哲学家感到不满、无聊、绝望；这样一种见识有违于我们哲学家的精细的敏感性。结果是一种荒唐的评价：此在(Dasein)的特征必定会使哲学家感到愉快，如果它有理由持存的话……

现在我们就不难理解，发生事件范围内的愉快和痛苦只可能具有手段的意义。剩下的问题是：我们究竟是否能够看见"意义"和"目的"，关于无意义性或者其反面的问题是不是我们不能解决的。——

11[98]

(350)

短暂性的价值：没有持久性和自相矛盾的东西是鲜有价值的。可是，我们信以为持久的事物，其实是纯粹的虚构。如果一切皆流，那么，短暂性就是一种性质(即"真理")，持久性和不朽性就只不过是假象。

11[99]

(351) 虚无主义批判——①

---

① 在施莱施塔版中，标题为：论宇宙学价值的沦丧。——译注

一

作为心理状态的虚无主义必将登场，首先，当我们在一切事件中寻找一种本来就不在其中的"意义"时，它就会登场——因为寻找者最终会失去勇气。于是，虚无主义就是对于长久的精力挥霍的意识，就是"徒劳"的痛苦，就是不安全感，就是缺乏以某种方式休养生息和借以自慰的机会——那是对自身的羞愧，仿佛人们过于长久地欺骗了自己……那种意义或许曾经是：在一切事件中一种最高的道德规范的"履行"，道德的世界秩序；或者，社会交往中爱与和谐的增长；或者，对一种普遍幸福状态的接近；或者，甚至走向一种普遍的虚无状态——一个目标总还是某种意义。所有这些观念种类的共性是：应当有某个东西通过过程本身而被达到。——而现在，人们理解了，通过生成根本就获得不了什么，达不到什么……因此，对于一个所谓生成目的（Zweck des Werdens）的失望便成为虚无主义的原因：无论是着眼于某个完全确定的目的，还是一般地讲来对以往一切关于整个"进化"的目的假设（Zweck-Hypothesen）的不充分性的洞察（——人不再是合作者，更遑论生成的中心了）。

其次，作为心理状态的虚无主义就登场了——当人们假定了在一切事件中间有一个整体性、一种系统化，甚至一种组织化，以至于渴望赞赏和崇敬的心灵会沉迷于关于最高的支配和统治形式的总体观念中（——如果那是一位逻辑学家的心灵，那么，绝对的合逻辑性和实在辩证法就足以使之与一切和解……）。一种统一性，某种"一元论"形式：而且由于这样一种信念，人就处于对某个无限地优越于他的整体的深刻联系感和依赖感中，那就是神性的样式……'普遍的幸福要求个体的投身'……但是看哪，根本就没有这样一种普遍！根本上，人已经失去了对他自身价值的信仰，如果没有一个无限宝贵的整体通过人而起作用的话；这就是说，人构想了这样一个整体，为的是能够相信他自身的价值。

作为心理状态的虚无主义还具备第三种、也是最后一种形式。有了上述两个洞见，也就是已经认识到：通过生成是得不到什么的，在一切生成中并没有一种伟大的统一性可供个体完全藏身，犹如藏身于最高价值的某个要素中——于是，也就只剩下一条出路了，那就是把这整个生成世界判为一种欺骗，并且构想出一个在此世之彼岸的世界，以之为真实的世界。然而，一旦人发现，臆造这个世界只是出于心理需要，人根本没有权利这样做，那就出现了虚无主义的最后形式，它本身包含着对一个形而上学世界的不信，——它不允许自己去相信一个真实的世界。站在这个立场上，人们就会承认生成的实在性就是唯一的实在性，就会摒弃任何一条通向隐秘世界和虚假神性的秘密路径——但人们不能忍受这个世界，虽然人们并不就要否定它。

——究竟发生了什么事情呢？当人们明白了，无论是用"目的"概念，还是用"统一性"概念，或者"真理"概念，都不能解释此在的总体特征，①这时候，人们就获得了无价值状态的

---

① 此处"此在"原文为 Dasein。汉语学界对 Dasein 的译法较为混乱，有"存在、定在"等多种译法；在海德格尔那里还有"亲在、缘在"等译名。我们从陈嘉映教授统一按字面译为"此在"。——译注

感觉。用上述概念得不到什么，达不到什么；事件的多样性中没有普全的统一性：此在的特征不是"真实"，而是"虚假"……，人们根本就没有理由相信一个真实的世界……

质言之：我们借以把某种价值嵌入世界之中的那些范畴，诸如"目的"、"统一性"、"存在"等等，又被我们抽离掉了——现在，世界看起来是无价值的……

二

假如我们已经认识到，何以我们不再能根据上述三个范畴来解释世界，而且按照这种洞察，世界对我们来说开始变得毫无价值了，那么，我们就必须追问：我们对这三个范畴的信仰来自何处。——让我们来试试看，是不是可能解除对它们的信仰！如果我们贬黜了这三个范畴，那么，对于它们不能应用到宇宙大全上这一点的证明，就不再是对宇宙大全的价值贬黜的理由了。

* * *

结果：对理性范畴的信仰乃是虚无主义的原因——我们是根据与一个纯粹虚构的世界相联系的范畴来衡量世界的价值的。

* * *

——最后结果：一切价值，直到现在我们试图用来首先使世界变得能够为我们所估价、而且恰恰因此（在它们被证明为不适用之后)最后使世界贬值的所有这些价值,从心理学上来推算,都是旨在保存和提高人的支配性构成物的特定功利性视角的结果;而且,它们只是错误地被投射到事物的本质之中的。把自身〈设定〉为事物的意义和价值尺度,这始终还是人的夸张的幼稚性(hyperbolische Naivität)。

11[100]

(352)

人的生活应当为之效力的那些最高价值,尤其是它们对人的支配十分艰难而昂贵时:为了强调这些社会价值,仿佛它们就是上帝的指令似的,人们已经把它们构造为凌驾于人类的"实在性"、"真实的"世界、希望和未来的世界了。现在,当这些价值的平庸来源得到澄清之际,在我们看来宇宙大全就因此被贬值了,成为"无意义的"了……但这只不过是一种过渡状态而已。

11[101]

我根本就不希望参与那出可鄙的喜剧,在今天,尤其是在普鲁士,这出喜剧始终还被称为哲学悲观主义;我自己没有看到谈论这出喜剧的必要性。人们早就已经厌恶地避开这出戏了,〈它〉是由那只瘦猴冯·哈特曼先生作成的:每个把这个名字与叔本华的名字一起挂在嘴上的人,因此都在我眼里被抹掉了。

11[102]

(353)

人们不应对自己的行为生出怯懦。人们不应背弃自己的行为……良心的谴责是下流的。

11[103]

(354)

人们终于又会巧妙地把人类价值置回到某个角落里,一个唯它们才有权待着的角落:作为墙角站立者的价值(Eckensteher-Werthe)。已经有大量动物种类消失了;假如连人类也会消失掉,那么,世界也毫无损失。人们不得不充分地成为哲学家,方足以赞赏这种虚无(——Nil admirari[无动于衷、万事不心惊]——)

11[104]

(355)

如果人们弄清楚了自己的生命的"为何之故",那就会把生命的"方式"问题轻松打发掉。如果快乐和痛苦的价值受到了重视,而享乐主义-悲观主义的学说有了市场,那么,这本身就已经是一个标志,标明人们不相信缘故、目的和意义,标明一种意志匮乏。弃念断想、听天由命、德性、"客观性",可能至少已经标明:缺乏主题的时代开始了。

人们善于为自己设定目标———

11〔105〕

请注意！一个卑贱之人，一个怨恨之人，一个冤魂……

11〔106〕

不可混淆：一是根本无能于信仰的无信仰，二是无能于再去信仰某个东西的无信仰：一般来说，后一种情况乃是一种新信仰的预兆——

无力拒斥乃是这种作为无能的无信仰所特有的——无论是肯定还是否定，它都不知道反对……

11〔107〕

懒惰乃一切哲学的开端。——那么——难道哲学是一种恶习吗？……

11〔108〕

一个哲学家的休养方式和场所有所不同：例如，他在虚无主义中得到休养。相信根本就没有什么真理，此乃虚无主义者的信仰。对一个作为认识的斗士不懈地与完全丑陋的真理作斗争的人来说，这种信仰乃是一次大大的四肢舒展。因为真理是丑陋的

11〔109〕

如果人们从音乐中扣除戏剧音乐，好音乐总还在焉

11[110]

我们也相信德性:但那是文艺复兴式的德性,virtù,毫不虚伪的德性。

11[111]

(356)

何以心理学的基本信条统统是极恶劣的扭曲和伪造呢?例如,"人类追求幸福"——其中有什么是真实的啊!为了理解什么是生命,生命是何种追求和张力,上列公式就必定要既适用于树木和植物,同样又适用于动物。"植物追求什么呢?"——但在这里,我们已经虚构了一个虚假的、并不存在的统一体:如果我们端出"植物"这样一个拙劣的统一体,就已经隐瞒和否定了一种随着自身的和半自身的主动性而实现的百万倍的生长这样一个事实。终极的最微小的"个体"显然不是在一个"形而上学的个体"和原子意义上来讲的,它们的权力范围是不断推移的——这是最最显而易见的。而它们当中的每一个,如果是如此这般变化的,都是在追求"幸福"吗?——可是,一切扩张、吞并、增长都是一种对抵抗力的反抗,运〈动〉本质上是某种与痛苦状态联系在一起的东西:如果这里的推动者就是这样地意愿和不断寻求痛苦,那么,它无论如何都必然意愿某个不同的东西。——为什么一片原始森林里的树木们要相互斗争呢?为了"幸福"吗?——是为了权力……

人类,已经成了自然力的主宰,他自己的野性和放纵的主

宰：欲望已经学会了服从，学会了功利

与一个猿人相比较，人类表现出一种巨大的权力量——并非一种"幸福"的增长：怎么能说人类是追求幸福的呢？……

11[112]

(357)

就无畏和挑战不幸来看，高等的人是区别于低等的人的：如果幸福论的价值标准开始作为最高价值标准而生效（——生理疲倦、意志衰退——），那就是衰退的一个标志了。基督教以其"极乐"观点成为一种受苦受难和赤贫化的人的典型思维方式。而一种充沛的力量想要创造、想要受苦受难、想要痛苦〈地〉毁灭：对它来说，基督教的虚伪救恩乃是一种糟糕的音乐，僧侣的神情则是一种懊恼

11[113]

(358)

关于心理学和认识论。

我也抓住了内在世界的现象性：我们意识到的一切，都完全是首先设想好的、简化了的、模式化了的、被解释过的——内在"感知"的现实过程，思想、情感、渴求之间的因果统一，如同主体与客体之间的因果统一，都是对我们绝对隐藏的——而且也许是一种纯粹的想象。对于这种"虚假的内在世界"，人们是以在处理"外在"世界时所用的完全相同的形式和程序

来加以处理的。我们决不能偶然发现"事实":快乐和痛苦乃是后起的和派生的精神现象……

我们脱口说出"因果性";就像逻辑学所做的那样,在各种观念之间采纳一种直接的因果联系——这乃是极其粗糙和极其笨拙的观察的结果。在两个观念之间,还有一切可能的情绪在发挥它们的作用:但运动太快了,我们因此会错认运动,否定运动……

"思维",认识论者所设定的"思维",根本就不会出现:这乃是一种完全任意的虚构,其做法是强调过程中的某个要素而减去所有其他要素,一种为了明白理解的目的所做的人工设想……

"精神",某种思维着的东西:甚至可能是"绝对、纯粹、纯正的精神"——这种想法乃是那种错误的相信"思维"的自我观察的第二个派生结果:在这里,首先是想象出一种根本不会发生的行为,即"思维";其次又想象了一个主体基础,这种思维(不然就没有别的了)的任何行为都在这个主体基础中有其起源:也就是说,无论行为还是行为者,都是虚构出来的

11[114]

"意愿"不是"渴望"、追求、要求:它通过命令情绪而与后者区分开来

没有什么"意愿",而只有一种对某物的意愿(Etwas-wollen):人们不必从状态中剔出目标:就像那些认识论者所做的那样。正如他们所理解的,"意愿"与"思维"一样并不出

现:乃是一种纯粹的虚构。

某物被命令,这一点属于意愿(这当然不是说,意志"得到履行"……)

那种普遍的张力状态,一种力借此力求释放——并不是一种"意愿"

11[115]

(359)

在一个本质上虚假的世界里,真实性或许就是一种反自然的倾向:这样一种真实性可能只有作为达到某种特殊的更高的虚假性潜能的手段才具有意义。为了能够虚构一个真实之物、存在之物的世界,首先必须有那个真实者已经被创造出来了(其中包括:这样一个真实者"真实地"相信自己)

简单、透明、不自相矛盾、持久、保持不变、没有褶皱、不玩手段、没有帷幕和形式:这种样子的人按照自己的形象设想出一个作为"上帝"的存在的世界。

为了使真实性成为可能的,整个人类领域必须是非常干净、微小的和值得重视的:任何意义上的优势都必须落在这个真实者一边。——谎言、诡计、伪装必定激起惊异……

对于谎言和伪装的憎恨起于骄傲,起于一个过敏的荣誉概念;但也有这样一种憎恨起于怯懦:因为谎言受到了禁止。——在另一种人那里,"你不该撒谎"之类的所有道德劝诫都无助于反对那种不断需要谎言的本能:《新约全书》即是证明。

11[116]

(360)

　　有这样一些人,他们要探求在哪里某物是非道德的:如果他们判断说:"这是不公的",那么,他们是相信,人们必须把它废除和改变掉。相反地,只要我还没有弄清楚某个事情的非道德性,我就会不得安宁。如果我明白了这种非道德性,我就重又恢复了平衡。

11[117]

　　对一个放纵的人物来说,舞蹈是最自然的运〈动〉,他只喜欢用脚尖接触每一种实在,他痛恨沉湎于悲伤事物中

11[118]

我们北极乐土居民

(361)

　　我的结论是:比起迄今为止具有无论何种理想的"愿望的"人,现实的人的价值具有高得多的价值;一切有关人的"愿望"都是荒唐而危险的放纵,某个个别种类的人正是想以此放纵把自己的保存和增长条件当作法则强加给人类;直到现在,任何一个具有此种起源、获得了统治地位的"愿望",都贬低了人的价值、人的力量以及人对未来的确信;人的贫乏和隐秘理智得到了最大程度的暴露,即便在今天亦然,如果人还在意愿的话;迄今为止,人设定价值的能力发展得过于低下,不足以

公正地对待事实的（而不只是"愿望的"）人的价值；直到现在，理想都是真正地诽谤世界和人类的力量，是笼罩在实在性上面的瘴气，是使人走向虚无的大诱惑……

11[119]

(362)

序言。

我描述的是即将到来的东西：虚无主义的来临。我之所以能在此描述，是因为在这里发生的是某种必然的事情——有关征兆处处可见，只是还缺乏观察这些征兆的眼睛而已。对于虚无主义即将到来这一事实，我在这里不加褒贬。我相信将有一次极大的危机，将有一个人类进行最深刻的自我沉思的瞬间：人类是否能从中恢复过来，人类是否能制服这次危机，这是一个关乎人类的力量的问题：这是可能的……

现代人试验性地一会儿相信这种价值，一会儿相信那种价值，然后又把它取消了：过时的和被取消的价值的范围变得越来越丰富；价值的空虚和贫困越来越明显可感；这场运动是不可遏制的——尽管有过大规模的拖延企图——

现代人终于敢于批判一般价值了；他认识到价值的起源；他认识得够了，不再相信任何价值；激情已在那里，新的颤栗……

我叙述的是今后二个世纪的历史……

[11.1887年11月至1888年3月]

11[120]

(363)

　　在主体与客体之间发生着一种恰当的联系;客体乃是某种东西,它从内部来看就是主体。这是一种好心肠的杜撰,我想它曾有过自己的时代。一般地〈为〉我们所意识到的事物的尺度,确实完全取决于意识的粗糙的功利性:意识的这种褊狭视角怎么会允许我们对"主体"和"客体"作出触及实在性的陈述呢!——

11[121]

(364)

　　人们不能从一种力求自我保存的意志中推出细胞原生质最低层和最原始的活动:因为细胞原生质以一种不可思议的方式摄取了比保存所要求的更多的东西:而且首要地,它因此并不是在保存自己,而是蜕变了……在此起支配作用的欲望恰恰可以说明这种不求保存自己的意愿:按复杂得多的有机体来看,"饥饿"就已经是一种解释(——饥饿乃是一种专门化了的和后起的欲望形式,是一种分工的表现,服务于一种支配着饥饿的更高的欲望)

11[122]

(365)

　　——无论在历史中,还是在自然中,还是在自然背后,我们都没有重新找到上帝,这一点并没有使我们从中分离出来;使我们从中分离出来的是,我们没有把受到敬仰的上帝感受为"神性的",而是把它看作神圣的假面、愚笨(Moutonnerie)、荒谬而可怜的蠢货(Niaiserie),看作诽谤世界和人类的原则;质言之,我们否定上帝之为上帝。人类的心理欺骗的顶峰就在于:〈按照〉他自己关于那种恰恰在他看来显得善良、智慧、强大、富有价值的东西的褊狭尺度,把自己视作一个作为开端和"自在"(An-sich)的动物——而同时撇开使无论何种善、无论何种智慧、无论何种权力得以持存和获得价值的整个因果性。简而言之,就是把那些具有最后和最受限制之起源的因素设定为并非形成的,而是"自在的",甚至竟是一切形成过程的原因……如果我们从经验出发,从一个人明显地超出了人类尺度这样一种情形出发,那么我们就会看到,任何一种高度的权力本身都包含着摆脱善和恶的自由,同样也包含着摆脱"真"和"假"的自由,而且对于善所要求的东西,是不能给予考虑的:我们又一次把这同一个东西理解为一切高度的智慧——善与真实性、公正、德性以及其他的民众微弱估价一样,都在智慧中被扬弃了。最后是所有高度的善本身:善已然以一种精神上的近视和粗俗为前提,这难道不是显而易见的吗?难道善不是同样地也以一种无能为前提,即人类无能于着眼长远来区分真与假、利与弊吗?更不待说一种高度的权力为最高的善所控制就会带来最有害的后果(即"对祸害的废除")?——实际上,人们只要来看看,"爱之上帝"对自己的信徒们灌输了什么样的倾向:他们要为"善"而毁灭人类。——事实上,鉴于世界的现实性质,这同一个上帝已经证明自己是极其近视的、邪恶的和昏聩无能的上帝:由此可见上帝的构想有多少价值。

确实,知识和智慧本身是没有任何价值的;善同样也是没有价值的:人们总是首先还必须有一个使此类特性获得价值或者非价值的目标——可能存在着一个目标,由之出发,一种极端的知识表现出一种高度的非价值(Unwerth)(诸如当极端的欺蒙成为生命提高的前提之一时;同样地,当善仿佛使伟大欲望的弹簧疲软而乏力时……

既然给定了我们人类生命的本相,基督教式的所有"真理"、所有"善"、所有"神圣"、所有"神性",直到现在都表明自己一直是巨大的危险——时至今日,人类依然处于危险当中,大有可能因一种悖逆生命的理想性而招致毁灭

11[123]

(366)

　　　　　　虚无主义的临近。

　　虚无主义不仅是一种关于"徒然!"(Umsonst!)的考察,而且也不仅是相信一切都值得毁灭掉:人们援手相助,人们要毁灭……如果人们愿意,就可以说这是不合逻辑的:可是虚无主义者并不相信合逻辑的强制〈性〉……此乃强大精神和意志的状态:而且对于强大精神和意志来说,是不可能滞留在"判断"之否定上的:——行为的否定(Nein der That)起于它们

的天性。动手造成的虚无化协助了由判断造成的否定化。①

11[124]

(367)

如果我们是"失望者",我们也不是生命方面的"失望者":而不如说,我们已经看清了形形色色的"愿望"的真相。我们以一种嘲讽的愤怒冷对那个被叫做"理想"的东西;我们之所以蔑视自己,只是因为我们不能在任何时候都压制住那种被称为"理想主义"的荒唐冲动。纵容姑息比失望者的愤怒更强大。

11[125]

(368)

道德论者的完全非成熟状态,他们竟然苛求我们多重而隐秘的自身(Selbst)要保持简单纯一;他们说,"表现出你的本色吧":仿佛人们为此不必首先是某种存在(ist)的东西……

11[126]

(369)

四、请注意!同类选择、"精华"、孤立——

---

① 此处"动手造成的虚无化"德语原文为:Ver-Nichtung durch die Hand,"由判断造成的否定化"原文为:Ver-Nichtsung durch das Urtheil。其中"虚无化"(Ver-Nichtung)与"否定化"(Ver-Nichtsung)均为尼采所生造,在德语字面上仅有一个字母之差,其含义也难以明确区分。——译注

11[127]

(370)

请注意！反对公正性……反对约翰·斯图亚特·穆勒：我坚决拒斥他的卑劣行径，竟然说"要一视同仁；己所不欲，勿施于人"；他想把整个人类的交往都建立在功效的互惠性基础上，以至于任何一种行动都表现为一种对我们所受之物的偿还。个中前提乃是极其卑鄙的：在这里，我与你的行动的价值等值性被设为前提；在这里，某个行动的最个人化的价值被简单地宣布为无效（它不可能通过什么东西来补偿和偿还——）。"互惠性"是一大卑鄙；我所做的某事不允许、也不可能由某个他人来做，不允许有什么补偿——除非是在"我的同类"的特选领域里，inter pares[在同类中间]——；在一种更深层意义上，人们决不能交还什么，因为人们是某种唯一的东西，也只做唯一的事——恰恰这个基本信念包含着要把贵族与大众隔离开来的原因，因为大众相信"平等"，因而也相信可补偿性和"互惠性"。

11[128]

(371)

把一个民族的子孙们维系在一起的是亲缘感：在生理学上看，这种亲缘性要比人们通常所设想的强大千百倍。语言、风俗、利益和命运的共同性——所有这一切都很能说明相同祖先的人们为什么具有相互理解的能力。

11[129]

德意志精神的没落,它是与爱国精神和民族主义的兴起亦步亦趋的——

11[130]

我们不能对女人谈论诚实:"表现出你的本色吧",这话对女人来说,就差不多意味着它对男人提出要求时的反面意思

11[131]

——他被绿色木柴活活烧死,并不是因为他的信仰,而是因为他再也没有勇气信仰了。

11[132]

——人应当怎样:这话在我们听来就像"一棵树应当怎样"一样乏味

11[133]

请注意!人们承认古希腊人和文艺复兴时代的人的优越性——但人们不想知道这种人产生的原因和条件:关于希腊人,迄今为止仍缺乏较深刻的洞识

11[134]

"事物自在地具有某种性质"——对于这种教条主义的观念,

我们必须与之彻底决裂

11[135]

　　对大话的批判。——对人们所谓的"理想",我充满怀疑和恶意:这里含有我的悲观主义,我认识到,"高等的情感"何以是祸害的根源,也即是人类渺小化和价值贬降的根源。

　　——如果人们指望理想带来某种"进步",那么,人们每每是在自欺:迄今为止,理想的胜利每每是一种倒行逆施的运动。

　　——基督教、革命、废除奴隶制、权利平等、博爱、热爱和平、公正、真理:所有这些大话唯在斗争中才有价值,可作为旗帜:不是作为实在性,而是作为表示某种完全不同之物(甚至对立之物!)的奢华大话

11[136]

　　　　　　　对大话的批判。
　　权力意志的"自由"
　　"公正"
　　"权利平等"
　　"博爱"
　　"真理"(在宗派主义者那里,等等

11[137]

　　"个体不断增长的自主性":诸如富耶这种巴黎哲学家谈论的就是这个:他们其实只该来看看他们本身所是的盲从种类(race

moutonnière)!……

你们这些未来社会学家啊,睁眼看看吧!

"个体"已经在相反的条件下变得强壮了:你们却要描写人类极端的衰弱和萎靡,你们想要的是衰弱和萎靡本身,为此就需要旧理想的整套谎言!你们就是这种样子,真的把你们的群盲需要当作理想了!

完全缺乏心理上的诚实啊!

11[138]

(372)

理想的来源。探究理想产生的土壤。

A.从"审美"状态出发,在那里世界被看得更丰富、更圆满、更完美——

异教的理想:在其中,从歌剧丑角开始,自我肯定占了上风
——最高类型:古典的理想——作为一个具有所有主要本能的成功者的表现。
——其中又有最高风格:伟大的风格乃"权力意志"本身的表现(最为人所恐惧的本能敢于自我坦白)
——人们要付出——

B.从那些状态出发,在那里世界被看得更空洞、更苍白、更稀薄,在那里"精神化"和非感性占据了完美者地位;在那里残酷性、动物般的直接性、切近性在最大程度上被避免了:"智者"、"天使"(教士的=贞洁的=无知的)此种"理想主义者"的心理特性……

贫血的理想:有时候可能是那些人物的理想,即那些表现了第一种理想即异教理想的人物的理想(因此歌德在斯宾诺莎身上看到了自己的"圣徒")

——人们要算计,人们要选择——

C. 从那些状态出发,在那里我们感到世界更荒唐、更恶劣、更贫乏、更虚假,甚于我们所能猜测或者希望的关于理想的理想:把理想投射到反自然性、反事实性、反逻辑性之中。作出此种判断的人的状态(——世界的"贫困化"作为苦难的结果:人们要索取,人们不再给予——),

:反自然的理想

——人们要否定,人们要毁灭——

(基督教理想乃是介于第二种理想与第三种理想之间的一个过渡产物,时而偏于前者,时而偏于后者。)

三种理想

A. 要么是强化

　　(异教的)

B. 要么是稀释　　　生命

　　(贫血的)

C. 要么是否定

　　(反自然的)

"神化"的感觉或者在最高的充盈中

　　　　或者在最精细的选择中

　　　　或者在对生命的摧毁和蔑视中。

11[139]

张力、阻力、危险、合法怀疑的程度；那就是造成人类生命之牺牲的程度，那就是失败的可能性的大小程度，以及尽管如此人们仍勇于冒险的程度：——

11[140]

群盲理想——现在正趋于顶峰，成为"群体"的最高价值设定：赋予群体以一种宇宙的、实即形而上学的价值的尝试

反对群盲理想，我捍卫贵族主义。

一个本身保存着那种关于自由的顾虑和谨慎的社会，必须感到自己是特例，必须有一种相对于自身的权力，它与这种权力相对而显突出自己，它仇视这种权力，俯视这种权力

——我越是放弃权利，越是力求平等，我就越是沦于最平庸者的统治之下，最终沦于最大多数人的统治之下

——一个贵族社会为了在其成员之间保持高度的自由，本身是要有前提的，这个前提就是极端的张力，而这种张力起源于所有成员的对立欲望的现成状态：力求统治的意志的现成状态……

11[141]

如果你们想取消强大的对立和等级差异，那么，你们也就将废除热烈的爱情、崇高的信念、自为存在的情感。

11[142]

  论自由和平等社会的现实心理学:
  什么东西在衰退?力求自我责任的意志——此乃自律性没落
      的标志
     防御和进攻能力,甚至在最精神性的东西
     中亦然——此乃发号施令的力量
     敬畏感、隶属感、沉默能力。
     伟大的激情、伟大的使命、悲剧、乐观开朗

11[143]

       章节:
     对大话的批判。
     论理想的起源。
群盲理想 人们如何使道德达到统治地位。
     哲学家的女妖(Circe)。
禁欲理想 宗教理想。
     关于第Ⅰ、Ⅱ、Ⅲ种理想的生理学。
主人理想 政治理想。
     "科学"
精神性理想

Ⅲ. 群盲理想

Ⅲ. 主人理想

Ⅰ.反自然之理想

Ⅱ.精神性之理想

Ⅰ.异教理想

Ⅲ.隐士理想(斯多亚等)

Ⅱ.感性化之理想

图表：
论理想的起源

A.群盲理想

　主人理想

　隐士理想

B.异教理想

　反自然之理想

C.感性化之理想

　精神化之理想

　主导性情绪的理想

对大话的批判。

真理。

公正。

爱。

和平。

道德

自由。

善

诚实

天才

智慧

11[144]

帕斯卡尔:最坏的恶乃出于善意所做的恶。①

11[145]

"意识"的作用

事关宏旨的是,人们不能弄错"意识"的作用:那就是我们与已经由意识发展起来的"外部世界"的联系。与之相反,身体诸功能的互相协调方面的领导或者照料和预先操心,却是不会进入我们的意识的;精神上的储存过程亦然:毋庸置疑,为此要有一个最高的机构,一种起着领导作用的委员会(Comité),在其中不同的主要欲望行使它们的表决权力。"快乐"、"痛苦"就是来自这个领域的暗示:⋯⋯意志行为亦然。观念亦然

总而言之:被意识之物处于那些完全对我们隐瞒起来的因果联系中,——意识中的思想、感情、观念的相继序列并不表明这个序列是一个因果序列:但表面上却极像是一个因果序列。正是基于这种表面假象,我们建立了我们关于精神、理性、逻辑等等的整个观念(其实并没有所有这些东西:它们是虚构起来的综合和统一

---

① 原文为法文。——译注

单元)……而且又把这些东西投射到事物之中,到事物背后!

通常人们把意识本身当作感觉中枢和最高机构;但它实际上只不过一个传达手段:它是在交往中发展起来的,而且是以交往旨趣为着眼点的……在此所谓"交往"(Verkehr)也被理解为外部世界的影响和我们在这方面的必要反应;同样也包括我们对外界的作用。它并不是指导,而是一个指导器官(Organ der Leitung)——

11[146]

一个强大种类赖以自我保存的手段。

给予自己一种特殊行动的权利;作为自我克服和自由的尝试进入那些状态中,在那里自己不得不成为野蛮人

通过每一种禁欲方式谋得一种意志强度方面的优势和确信。

不说心里话;沉默;小心提防优雅。

学会服从,以此来检验自己的自我维护能力。把关于荣誉点的决疑论①推向精致之最。

决不作出结论说"要一视同仁"——而是相反!

把报复、可以回报当作特权来对待,当作表彰来承认——

不觊觎他人的德性。

---

① 决疑论(Casuistik):又译"殊案决疑论"、"决疑法",指道德和法律对个人特殊案例的处理。伦理学上的决疑论强调对案例个别的道德判断比一般道德原则更重要。——译注

11[147]

性欲理论:"渴望进入此在生活的'小精灵们',把它们对于生命的要求统一为一种集体要求,后者为意识所发觉,意识用它来满足自己的需要"——

勒南的话,哈特利①,富耶第217页。

11[148]

我们做了两千年之久的基督徒,现在,我们必须为此付出代价的时候到了:我们将失去我们赖以生活的重量,——有一段时间,我们会不知道何去何从。我们突兀冲入那些相反的估价之中,用的是我们做基督徒时采用的相同的能量尺度——我们曾以此作了荒唐的夸张,对基督教的———②

1)"灵魂不朽";"位格"(Person)的永恒价值——

2)"彼岸"的答案、方向、估价——

3)作为最高价值的道德价值,作为基本利益的"灵魂得救"——

4)"罪恶"、"尘世的"、"肉身"、"欲望"——作为"世俗"而受尽耻辱。

现在,一切都完完全全是虚假的,只是"话语",混乱、虚弱或夸张

---

① 应指戴维·哈特利(David Hartley,1705－1757):英国哲学家、自然神论者,心理联想说创造人之一。著有《论人及其心情、义务和希望》等。——译注

② 原文为断句。——译注

70　a) 人们尝试一种尘世的解决办法,但同样地也是在真理、爱、公正的最后胜利意义上:社会主义:"人格平等"

b) 人们同样地试图抓住道德理想(以非利己主义、自我否定、意志否定的优先性)

c) 人们甚至试图抓住"彼岸":尽管那只不过是一个反逻辑的未知 x:但人们立即加以铺垫,说可以从中引出一种老式的形而上学慰藉

d) 人们努力从发生事物中解读出老式的神性指导,具有酬报、惩罚、教育、引人向善的作用的事物秩序

e) 人们像从前一样相信善和恶:以至于人们把善的胜利和恶的消灭当作自己的使命(——这是英国式的,典型个案是约翰·斯图亚特·穆勒这个庸人)

f) 对"自然性"、欲望、自我的蔑视:甚至试图把最高的精神和艺术理解为一种非个性化的结果和一种大公无私(désintéressement)

g) 人们允许教会始终还对个人生活的所有重要体验和关键事务横加干预,为的是赋予它们庄严感、更高的意义:我们也拥有一个"基督教国家"、基督教"婚姻"——

11[149]

完全的虚无主义

它的征兆:伟大的轻蔑

伟大的同情

伟大的毁灭

它的顶点:一种学说,它恰恰能激发生命、厌恶、同情和毁灭的
快乐,作为绝对和永恒的学说来传授

11[150]

      欧洲虚无主义的历史。

  暧昧时期,形形色色的试验者,把旧事物保存下来,又不放弃新事物。

  明朗时期:人们理解了,旧事物与新事物是根本的对立面:旧的价值来自下降的生命,而新的价值来自上升的生命,——对自然和历史的认识再也不容许我们有这样的"希望",——所有旧的理想都是敌视生命的理想(产生于颓废又规定着颓废,不论是穿着多么华丽的礼拜天道德盛装)——我们理解旧的,而长期以来又不够强壮,不足以达到一种新的。

  三种伟大情绪的时期
      蔑视
      同情
      毁灭

  灾难的时期
      一种学说的临近,它对人类进行筛选……它促使弱者下定决心,同样也促使强者下定决心

11[151]

  "自由精神"所缺失的洞见:同一种纪律,它使强大的天性更加

强壮、并且使之具有从事伟大事业的能力,同样也会打碎平庸者,使平庸者萎靡。

：怀疑

：〈心胸〉豁达①

：试验

：独立自主。

11[152]

我的"未来"

一种严密的综合技工教育

兵役:使得一般情况下每个上流社会的男子都成为军官,无论他通常是什么

11[153]

有恶习的和放荡不羁的人们：他们对于欲望之价值的令人沮丧的影响。正是可怕的野蛮风俗,尤其是在中世纪,迫使人们形成一种真正的"德性联盟"——连同对构成人类价值的东西的种种可怕夸张。斗争着的"文明"(即驯化)需要形形色色的镣铐和刑罚,旨在反抗恐怖和野兽天性而维护自己。

这里有一种混淆是很自然的,尽管是有恶劣影响的:具有权力和意志的人类能够对自身提出的要求,也为他们可以给予自己的东西立了一个标准。此种人物乃是有恶习者和放荡不羁者的对立

---

① 原文为法文。——译注

面:尽管他们有时候也会做一些事情,而一个微不足道的小人或许就是因为这些事情而被证明为有恶习的和毫无节制的。

在这里,"在上帝面前人人都有平等价值"这样一个概念是特别有害的:人们禁止了那些本身属于强者特权的行动和信念,——仿佛强者本身有失人的身份似的。人们把最虚弱者(甚至包括那些对自身最虚弱无力者)的防护措施树立为价值规范,由此使强大之人的整个倾向声名狼藉。

这种混淆深入到这样一个地步,以至于人们径直为生命的高超大师(他们的专横与有恶习者和"放荡不羁者"恰成显明对照)烙上了极其耻辱的名声。即便现在,人们依然相信必须指责切扎雷·博尔吉亚①:这简直是可笑啊!教会根据德国皇帝的恶习把他们革出教会:仿佛一个僧侣或者教士可以一起来议论腓特烈二世②可能对自身提出来的要求。唐璜被发落到地狱中:这是十分幼稚的。难道人们没有注意到,天国里没有任何有趣的人吗?……只有一个给女人的暗示,暗示她们在哪里最能找到自己的福乐……如果人们稍作前后一贯的思索,此外还带着一种对于一个"伟大之人"是什么的最深刻洞察,那么,毫无疑问,教会是会把所有"伟大之人"都打入地狱的——,教会反对所有"人之伟大"……

---

① 切扎雷·博尔吉亚(Cesare Borgia,1475-1507):教皇亚历山大六世的私生子,巴伦西亚大主教、枢机主教。有座右铭"要么做凯撒,要么一事无成"。一般认为马基雅弗里《君主论》即以切扎雷·博尔吉亚为"新时代君主"之楷模。——译注

② 腓特烈二世(Friedrich II,1194-1250):又译"弗里德里希二世",德意志国王、神圣罗马帝国皇帝。在位时曾率第六次十字军东侵,占领耶路撒冷。其见解高度独立而现代,遭教皇反对,数被废黜和开除教籍。——译注

11[154]

"荣誉概念":依据于对于"好社会"的信仰,对于骑士般的主要品质的信仰,对于那种持续地表现自己的义务的信仰。本质上:人们并不看重自己的生命;人们无条件地重视毕恭毕敬的仪态,从人们为之感动的所有人方面(至少,就他们并不属于"我们"而言);人们既不是亲密的,也不是好心肠的,也不是快乐的,也不是谦逊的,除非 inter pares[在同类中间];人们总是在表现自己……

11[155]

新〈约〉全〈书〉

针对高贵者和强大者的战争,正如在《新约全书》中进行的那种战争,乃是一场列那狐①式的采用同样手段的战争:不过总是以教士涂圣油的方式,以坚决的拒绝方式,目的是要知道它自己的狡诈。

11[156]

人们谈论社会契约的"深度不公":仿佛此人出身好而那人出身不好这样一个事实就是一种不公正;或者,仿佛此人天生有这些性格而那人天生有那些性格这样一个事实就是一种不公正……这是我们必须无条件反对的。"个人"这个错误的概念造成了这种胡

---

① 列那狐(Reineke):动物寓言中的狐狸,常与大动物勾心斗角,总能以其狡黠取胜。——译注

说八道。把人与他在其中生长的环境隔离开来,并且把他当作一个"灵魂单子",可以说单纯地把他置入其中,或者任其落入其中:此乃可耻的灵魂形而上学的一个结果。没有谁赋予人以特性,无论是上帝还是人的父母都不曾有此作为;人存在(ist),人如此这般地存在着,人在此种环境里存在,没有谁能对此负责⋯⋯人现在所表现出来的生命红线,是不能从他曾是和必须是的一切分离出来的:由于人并不是一种长期意图的结果,从根本上来讲并不是一种力求某个"人的理想"或者"幸福理想"或者"道德理想"的意志的结果,所以,说人要朝着某个方向"滚动",那就是荒谬的:就仿佛某个地方有某种责任似的。

"苦难者"的反抗,针对

上帝
社会
自然
祖先
教育,等等

虚构了一些根本就不存在的责任和意志形式。在根本就没有正义和非正义的先决条件的情况下,人们不应该谈论一种非正义。说一个心灵本来就与任何心灵相同[①]——或者说应该相同:这是一种极其糟糕的乐观主义幻想。值得想望的倒是反面的情形,最大可能的不一样以及因此而来的摩擦、斗争和冲突:而幸好值得想望的就是现实!

---

① 或译"人同此心"。——译注

11[157]

对于平等权利的意图,说到底是对于平等需求的意图,我们这种商业和政治选票等值性的文明类型的一个几乎不可避免的结果,导致一种更高等的、更危险的、更奇特的、总而言之更新的人类的出局和缓慢消逝:试验仿佛终止了,达到了某种停滞状态。

11[158]

反抗者的悲观主义(而不是"愤怒的悲观主义")

11[159]

关于"大厌恶":既是患上的,又是自己造成的
  神经质的天主教色情文学
  法国的文学悲观主义 | 福楼拜。左拉。龚古尔。波德莱尔。
  马尼饭店的晚餐
关于"大同情"
  托尔斯泰,陀思妥耶夫斯基
  帕西法尔

11[160]

在波德莱尔看来,真正的文明在于原罪的缩减。① 波〈德莱尔〉

---

① "在于原罪的缩减"原文为法文。——译注

11[161]

法国人是饲养场里如此温顺的动物,任何一个栅栏都不敢跨越。① 波〈德莱尔〉

这是拉丁种的动物:在他的住处,污秽也不令他讨厌,在文学上,他是个恋粪者。他钟情于排泄物……② 波〈德莱尔〉

11[162]

《伪君子》③。不是一则喜剧,而是一个诽谤性小册子。一个无神论者,如果他恰好是一个受过良好教育的人,看过这个本子后就会想,人们决不应该向这个流氓提出一些难题。波〈德莱尔〉

11[163]

关于佩特罗尼乌斯,波德莱尔谈到其惊人的淫荡,其令人心酸的诙谐④

胡说:但有代表性……

11[164]

genus irritabile vatum[易怒的先知一族]

---

① 原文为法文。——译注
② 原文为法文。——译注
③ 《伪君子》(*Tartuffe*):法国喜剧作家莫里哀(Molière)的作品。——译注
④ 后半句原文为法文。——译注

11[165]

就像特里马西翁①,把他的双手放在奴隶的头发上擦干净……

11[166]

真切的书,真切的诗。

11[167]

拜伦:饶舌的。但反之,正是这些崇高的缺陷造就了伟大的诗人:总是与美感不可分离的忧郁,以及激烈的、魔鬼式的、火一般炽烈的个性。②

11[168]

"……人类中伟大者唯有诗人、教士和战士:歌唱者、赐福者以及牺牲和自我牺牲者。其余的人都只是为吃鞭子而生的……"

11[169]

"唯有贵族政体才是明智而可靠的。以民主制为基础的君主制或共和制同样都是荒诞而虚弱的"。

---

① 特里马西翁(Trimalchion):古罗马作家佩特罗尼乌斯(Petronius)小说《萨蒂利孔》中的暴发户。——译注

② 原文为法文。——译注

[11.1887年11月至1888年3月]

11[170]

"首先为了自己做一个伟人和圣徒"。

11[171]

"上帝是唯一为了统治甚至不需要实存的存在者"。

11[172]

关于"奉献"理论……

爱情乃是卖淫之瘾。它甚至不是一种高贵的快乐,高贵的快乐根本不会引向卖淫。卖淫之最的存在者,就是最卓越的存在者,就是上帝。在一场演出中,在一场每个人都享有所有人的舞会中。这是何种艺术呢?卖淫①

爱情可以起于一种慷慨的情感:卖淫之瘾。但它很快就会被占有欲所侵蚀。②

11[173]

论教会的女人气作为其独揽大权的理由。

11[174]

爱情犹如刑讯,或者犹如一次外科手术。情侣双方总有一方

---

① 此段原文为法文。——译注
② 此段原文为法文。——译注

是刽子手或者手术师。

爱情的最大乐趣何在呢？有人当着波德莱尔的面问道。一人答曰：在于接受。另一人答曰：在于奉献。这个人说：是自豪的快感。那个人说：是谦卑的快感（volupté d'humilité）。所有这些淫棍（orduriers）的讲法仿佛都是基督的摹仿。最后出现了一个恬不知耻的乌托邦主义者，竟断言爱情的最大乐趣在于为祖国造就公民。

至于我，我要说：爱情的独一无二、至高无上的快感就在于作恶的确定性。而男男女女们生来就知道，一切快感都在恶中。①

11[175]

女人们越是与我们疏离，我们就越是爱女人。对才女之爱乃是一种强奸者的快感。②

11[176]

瘦削比肥胖更赤裸裸、也更粗野。

11[177]

热情不用于抽象而用于其他事情上面，乃是虚弱和病态的表征。

11[178]

祈祷。故而要懂得享受苦涩的人生，并且祈祷，不停地祈祷。

---

① 此段原文为法文。——译注
② 此句原文为法文。——译注

祈祷是积聚力量的容器。

11[179]

民众为了不想要伟人而无所不为。所以,伟人为了生存就必须具有一种攻击力,一种比千百万个体发展起来的抵抗力更大的攻击力。

11[180]

关于瞌睡,每天晚上的不祥之遇①,人们可以说:人凭着一种勇敢入睡了。倘若人们不知道这种勇敢起于对危险的无知,那它就是不可理解的。

11[181]

这些漂亮的大船,轻轻漂荡在静静的水面上,这些强大的交通工具,神态闲散,诉说着乡愁,不正以一种无声的语言对我们说:"我们何时启程,驶向幸福的彼岸②?"

11[182]

在政治上,真正的圣徒是那些鞭笞和杀戮人民的人——为了人民的利益。

---

① 后半句原文为法文。——译注
② 后半句原文为法文。——译注

11[183]

美,正如波德莱尔所理解的那样(以及理查德·瓦格纳——),是某种炽热和悲哀,有一点不可靠,给人猜度的空间。

11[184]

一颗既诱惑又美丽的头颅,一颗女性的头颅,这是一颗使人同时梦想着快乐与忧愁(但以一种含混的方式)的头颅;它带着一种忧郁、一种慵懒,甚至是一种餍足的念头,——也可能是一种相反的念头,即一种炽烈、一种生命的欲望,又有一种酸楚涌上心头,犹如刚刚经历了失落或绝望。神秘、惋惜同样也是美的特性。

11[185]

一个美男子不必(也许在一个女人眼里不然)怀有这样一种肉欲观念,后者在女人看来通常是一种忧郁的观念,更是一种诱人的挑逗。不过,连这种男子也会有某种炽热和悲伤,关于精神需要,关于暗藏不露的抱负,一种权力观念,它根本上〈是〉隆隆作响(gronde)而又没有应用的,偶尔也有一种出于报复心的冷漠观念,①偶尔——在最有趣的情形下——是神秘,最后就是灾难(le malheur)。

11[186]

自我崇拜(Auto-idolâtrie)。性格的诗意和谐。性格与能力

———

① 后半句原文为法文。——译注

的谐调。保存全部能力。使所有能力增长。一种狂热崇拜。

11〔187〕

女人身上什么东西迷人,构成她们的美。

麻木的神情,厌烦的神情,心不在焉的神情,恬不知耻的神情,冷漠的神情,藏而不露的神情,支配的神情,坚毅的神情,恶意的神情,病态的神情,猫一般的、混杂着稚气、懒散和狡黠的神情。①

11〔188〕

在新教国家里,缺乏两件东西,它们对一个受过良好教育的男人的幸福来说是不可或缺的,那就是殷勤和崇拜(la galanterie et la dévotion)

11〔189〕

坏趣味的迷人之处:贵族式的乐趣是要令人反感。

11〔190〕

斯多亚主义只有一件圣事:自杀……

11〔191〕

女人是自然的,也就是说低劣的。她也总是粗俗的,也就是说与花花公子正相反。

---

① 原文为法文。——译注

11[192]

一切变化中同时既有可鄙也有可喜的东西,既包含了背叛也进行着清理。

11[193]

有一些人唯在人群中才开心。真正的英雄则能自娱自乐。

11[194]

人们必须劳动,若不是出于趣味,至少是出于绝望,因为认真考量一切之后,劳动是比消遣更少无聊的。

11[195]

完全还是小孩时,我就感到自己心里有两种冲突的情感:生命的恐怖和生命的狂喜。这正是一个懒散的神经质者的情况。①

11[196]

波德莱尔说自己:"德·迈斯特尔②和埃德加·坡③教会了我发牢骚"

---

① 冒号后的句子原文是法文。——译注
② 德·迈斯特尔(Joseph de Maistre,1753 – 1821):法国政治哲学家、欧洲保皇主义宗师。主要著作有《论法国》、《论教皇》、《论宪政的生成原理》等。——译注
③ 埃德加·爱伦·坡(Edgar Allan Poe,1809 – 1849):美国作家、文艺批评家,被视为侦探小说的先驱。代表作有长篇小说《毕姆历险记》等。——译注

11[197]

死刑,一种至今完全未被理解的神秘观念的结果。死刑的目标并不是要在物质上拯救社会:它是要在精神上拯救社会和罪犯。为使牺牲趋于完美,必须有牺牲品方面的赞成和快乐。用氯仿处死被判死刑者,或许是一种邪恶行径:因为这会使他意识不到自己牺牲者一般的伟大,①并且使之丧失了升天堂的机会。

就死刑而言,它起于渴望获得快感的人类心灵中的可鄙部分。残忍与快乐,②犹如酷暑与严寒,乃是同一的感觉。

11[198]

任何一种职务都有卑鄙的成分。

一个花花公子无所事事。您想想看,一个花花公子会怎样向民众说话,除了嘲弄还能有什么呢?

只有三种可尊敬的人物:教士、战士和诗人。认识、杀戮和创造。

其他人听任剥削压榨,注定当牛作马,也就是从事人们说的各种职业。

11[199]

乔治·桑这个女人是一个道德主义者。

——她有着著名的流畅文笔,为布尔乔亚们所喜爱。

---

① 后半句原文为法文。——译注
② 原文是法文。——译注

——她很愚蠢，很沉闷，很饶舌。在道德事情上，同样的判断深度，同样的细腻情感，就像门房和下女们。

——一个不愿离开舞台的幼稚老女人。

——她说服自己，相信自己的好心肠和好头脑，并且极其愚蠢地说服别人也这么做。

——我不能回想这只笨鹅（stupide créature），一想起来总不免生出一种厌恶的颤栗。

11[200]

我在法国感到无聊，因为那里所有人都与伏尔泰相似。伏尔泰是一个毫无诗意的人（爱默生把他遗忘了），街头混混们的头，浅薄者的王子，反艺术者，看门人的传道者。①

11[201]

伏尔泰对不朽灵魂的嘲讽，九个月间，灵魂居于屎与尿之间。波德莱尔从这种定位中猜到了"神意对爱情的戏弄和讽刺，在世代生成的模式上，则是一个原罪的表征。事实上，我们只能用排泄器官做爱"。②

11[202]

教会对爱情的消毒：婚姻

---

① 此句原文是法文。——译注
② 引号中引文原文是法文。——译注

11[203]

时髦。什么是高等人？不是什么专门人物。高等人是有闲暇和受过良好教育的人。富有且热爱工作。①

11[204]

爱情的无聊处就在于：它是一种犯罪勾当，人们在其中不得不有一个同谋。

11[205]

但愿你是耶稣会士和革命党，就像所有真正的政治家命中注定是这样的，事实上也就是这样的……

11[206]

独裁者只是人民的仆人而已，别无其他；而且，荣耀乃是适应的结果——适应一种带有民族劣根性的精神——

11[207]

什么是爱情呢？一种走出自我的需要。

人是一种会崇拜的动物。崇拜就是自我牺牲和卖淫。同样，一切爱情都是卖淫。

不可摧毁的、永恒的、普遍而有创造性的人类之残忍。对血腥

---

① 后两句原文为法文。——译注

的爱,沉醉于血,沉醉于民众。

11[208]

请注意!要蔑视民众,蔑视常识,蔑视心灵,蔑视灵感和自明性。①

人们怎么能让女人们进教堂呢?她们能与上帝进行什么样的谈话呢?

永恒的维纳斯(心血来潮、歇斯底里、奇思异想)是魔鬼的诱惑性形式之一。②

11[209]

在爱情中,情投意合(l'entente cordiale)是一种误解的结果。这种误解乃是乐事。③ 鸿沟依然没有消除。

11[210]

"要保持平庸啊!"④圣-马克·吉拉尔丹⑤高呼,怀着对高贵者的强烈仇恨。

---

① 此句原文为法文。——译注
② 此句原文为法文。——译注
③ 此句原文为法文。——译注
④ 此句原文为法文。——译注
⑤ 圣-马克·吉拉尔丹(Saint-Marc Girardin,1801-1873):法国文学史家。著有《戏剧文学教程》等。——译注

11[211]

人们不该把民众的功劳和恶习记到主宰他们的统治王侯们的账上。民众的功劳和恶习几乎总是要归于前一届政府的氛围。

路易十四继承了路易十三的人:光荣(gloire)。

拿破仑继承了共和国的人:光荣。

拿破仑①继承了路易·菲力普的人:耻辱(déshonneur)。

11[212]

人心中有不可根除的卖淫爱好:原来人有对孤独的恐惧。——人喜欢两人在一起。

天才(即 l'homme de génie)喜欢独处,所以孤独。

荣耀,就是保持孤独状态,并且以某种特别的方式自我出卖。

11[213]

正是这种对于孤寂的恐惧,对于在外在肉身中遗忘自己的需要,人们美其名曰爱的需要。

11[214]

论打女人的必要性。

---

① 后一拿破仑显然是指拿破仑三世(Napoleon III,1808-1873),即路易·波拿巴,拿破仑一世之侄,法兰西第二帝国皇帝。1848年二月革命后被选为共和国总统,1852年12月称帝,建立法兰西第二帝国。著有《政治沉思录》、《拿破仑观念》等。——译注

11[215]

就其本质来看,商业具有魔鬼般的凶恶。商业就是有借有还,借的时候还暗示着:得还给我更多的东西。①

——任何一个商人的思想都是十分污浊的。

——商业是自然的,因此是卑劣的。②

——所有商人当中最不可耻者是这样一种商人,他说:为了比那些品德不端的傻瓜们赚多得多的钱,我们要做有德性之人。对商人来说,诚实本身就是一种旨在赢利的投机。

——商业是邪恶的,因为它是自私的形式之一③——

11[216]

唯有通过误解,才可能人人协调一致。倘若人们不幸理解了自己,人们就决不会互相了解了。

一个有头脑的人,也就是从来不能与他人好好相处的人,应该训练自己,学会喜欢与傻瓜聊天,学会喜欢阅读烂书。他将从中获得苦涩的享受,后者将充分补偿他的厌倦。

11[217]

一位官员,一位大臣——他们可能是值得尊重的人:但他们绝不是神圣的。无个性的人,无独创性的人,是为职务而生的,也就

---

① 此句原文为法文。——译注
② 此句原文为法文。——译注
③ 此句原文为法文。——译注

是说,是为公仆身份而生的。

11[218]

每一张报纸都表明最可怕的人性反常:一系列恐怖(un tissu d'horreurs)。这杯令人倒胃的开胃酒伴着文明人的早餐时光。这世上的一切都显露出罪行:报纸、城墙和人脸。① ——碰到一份报纸,一只干净的手如何可能不厌恶地痉挛呢?……

11[219]

如果没有仁慈,我就只不过是一面响亮的铙钹。

11[220]

我的谦卑曾是上帝的恩典。

11[221]

意志的一切退却都丧失了部分实质。

11[223]

就像波〈德莱尔〉,有一天他感到愚蠢的翼风②从自己身上掠过

---

① 此句原文为法文。——译注
② 原文为法文。——译注

11[224]

要想治愈一切,苦难、疾病和忧郁,所缺的绝对只是工作成瘾。

11[225]

"Ridentem ferient ruinae"[毁灭将打击嘲笑者],①这是题写在他肖像上的话。

11[226]

一

人类必须完成一项总任务,人类作为整体要走向某一个目标,这种十分模糊而任意的想法还是十分年轻的。也许在它变成一个"固定观念"之前,人们又把它抛弃了……人类其实不是一个整体:它是一个由种种上升和下降的生命过程组成的无法分解的多样性——它并没有一个青年时代,也没有接着的壮年时代和最后的老年时代。也就是说,诸层次是混杂重叠在一起的——而且在几千年后,可能始终还有比我们今天能够证实的更为年轻的人的类型。而另一方面,颓废也属于人类的所有时代:到处都有渣滓和衰败材料,这就是生命过程本身,没落产物和残渣产物的排泄。

二

在基督教偏见的强力压迫之下,根本就不存在上述问题了:要

---

① 原文为拉丁文。——译注

旨在于个体灵魂的拯救；人类延续方面的多或少则不在考察之列。最佳的基督徒们曾希望这事尽可能快地有一了断：——对于个体所急需的东西，没有任何怀疑……现在，已经为每个个体提出了任务，正如在无论哪个将来也将为某个未来者提出来一样：价值、意义、价值领域是固定的、无条件的、永恒的、与上帝一致的……与这个永恒类型相偏离的东西则是有罪的、邪恶的、受谴责的……

对于每个灵魂来说，价值的重点就在于自身：得救或者诅咒！永恒灵魂的得救！自身化（Verselbstung）的极端形式……对每个灵魂来说，都只有一种完美化；都只有一个理想；都只有一条通向拯救的道路……平等权利的极端形式，联系于一种对本己重要性的极度荒唐的视觉放大……灵魂的重要性纯属荒唐，它以一种可怕的畏惧围着自己打转……

88

三

现在，再也没有人相信这种荒唐的妄自尊大了，而且，我们已经用一把蔑视的筛子筛选了我们的智慧。尽管如此，那种通过接近一个理想的人来寻找人的价值的视觉习惯，依然未受动摇：根本上，人们既要维护自身化视角，又要维护在理想面前的平等权利。总而言之，人们以为知道：着眼于理想的人，什么是终极愿望……

但这种信仰只不过是一种由基督教理想造成的巨大娇惯纵容的后果：在每一种对"理想类型"的慎重检验中，人们都会立即把这种基督教理想搬出来。人们相信，其一，知道向一个类型的接近是可想望的；其二，知道这个类型具有何种特性；其三，知道任何对这个类型的偏离都是一种倒退,一种阻碍,都是人类的一种力量和权力损失……梦想这种完美的人能为自己赢得绝对多数票:连我们的社会主义者,甚至功利主义者先生们,都不曾达到这种状态。——这样一来,似乎就有一个目标进入人类的发展过程之中了:无论如何,对于一种向着理想的进步的信仰,乃是今天用来设想人类历史上的一种目标的唯一形式。总而言之:人们已经把"上帝之国"的到达置入未来,置于尘世,置入人性之中,——但人们却从根本上坚持了对旧理想的信仰……

11[227]

要理解:

所有种类的沉沦和病态都持续地参与了总体价值判断:在已经占了上风的价值判断当中,颓废甚至达到了优势地位:我们不仅必须反对当前所有由于蜕化引起的作为后果的贫困状态,而且也必须反对迄今为止所有残留的、也即依然存活的颓废。人类对其基本本能的这样一种总体偏离,价值判断的这样一种总体颓废,乃是一个地地道道的问题,是"人"这个动物交给哲学家的真正谜团——

11[228]

悲观主义的主要种类,敏感的悲观主义(带有过重痛苦感的兴奋过度)

"非自由意志"的悲观主义(换种说法:缺乏对于刺激的抵抗力)

怀疑的悲观主义(害怕一切固定,害怕一切把握和触动)

与此相关的各种心理状态,人们统统可以在疯人院里看到,尽管有某些夸张。同样也可以看到"虚无主义"(穿透性的"虚无"感)

然而,帕斯卡尔的道德悲观主义属于哪个种类呢?

吠檀多派①哲学的形而上学悲观主义属于哪个种类呢?

无政府主义者的(或者雪莱的)社会悲观主义属于哪个种类呢?

同情的悲观主义(诸如列夫·托尔斯泰、阿尔弗雷德·德·维尼②)又属于哪个种类呢?

——难道这些不都同样地是沉沦和病态现象吗?……过分看重道德价值,或者过分看重"彼岸"之虚构,或者过分看重社会困境或一般苦难:对某个个别观点的任何此类夸张,本身就已经是一个病态的征兆。否定(Nein)胜过肯定(Ja)亦然!

在此不能混为一谈的是:对于言语和行为上的否定(Neinsagen und Neinthun)的乐趣来自肯定(Jasagen)的一种巨大力量和张力——那是所有富有而强大的人类和时代所特有的。可以说是一种奢侈;同样也是一种直面恐怖的勇敢形式;一种对于可怕和可疑之物的同情,因为此外人们也是可怕的和可疑的:意志、精神和趣味当中的狄奥尼索斯精神。

---

① 吠檀多派(Vedanta):形成于公元前四世纪至前二世纪的古印度教哲学派别,其经典《吠檀多经》宣扬梵我同一的理论。——译注

② 阿尔弗雷德·德·维尼(Alfred de Vigny,1779 - 1863):法国诗人、作家。主要诗作有《上古和近代诗集》、《命运集》等。——译注

11[229]

列奥巴尔迪①抱怨、而且也有理由抱怨:但他并不因此就属于完全的虚无主义类型。

11[230]

我为十来个灵魂写作,我也许永远见不到他们,但仍然会爱慕他们。司汤达。

11[231]

公元1844年,依赖于圣伯夫(约瑟夫·德洛尔姆)的波德莱尔说……圣伯夫对他说:"您说得对,我的诗与您的诗有关。我也品尝过同样的苦果,里面满是灰烬。"②

11[232]

波德莱尔:(《快感》,阿莫里的故事)

而在镜子前,我已经完善了
残忍的艺术,那是出身时一个魔鬼赋予我的,
——痛苦的艺术,为产生一种真实的快感,——
使其沾上鲜血,刮去其伤口。

---

① 列奥巴尔迪(Giacomo Leopardi,1798-1837):意大利诗人。受启蒙主义和烧炭党人思想影响,后思想趋于消极悲观。著有颂歌《致意大利》、《但丁纪念碑》以及散文集《对话》等。——译注

② 引号中引文原文为法文。——译注

11[233]

波德莱尔关于人类历史进展的观点。我们不会重又接近野蛮状态,比如按照南美共和国可笑的混乱(désordre bouffon),在那里,人们手持钢枪,在我们文明的废墟中间寻找着自己的食物。这或许还是以某种生命能量为前提的。机械学使我们美洲化,进步使我们心中的唯灵论部分萎缩了,结果,社会主义者所梦想的一切疯狂的东西,都落后于实际现实。没有宗教,没有私有财产;甚至不再有革命。在政治制度中也不会显示出普遍的堕落(只有普遍的进步:不在乎名目)。难道我必须说,政治中剩下的少量东西,在普遍兽性的束缚中艰难挣扎,政治统治者们为了维护自己和创造一种秩序幻象,将不得不乞灵于那些手段,后者将使我们的现实人性瑟瑟发抖,可是却如此坚硬!(骇人听闻的!)这样一来,那个十二岁的儿子将逃离家庭,因其贪婪的早熟而得解放,为的是发横财,为的是与他无耻的父亲竞争,成为一家报纸的创办人和股东,如此等等。——于是,甚至那些娼妓也会有一种无情的智慧,谴责一切,钱之外的一切,甚至谴责感官的错误!于是,被我们叫做德性的一切东西,都被视为某种极其可笑的东西——对财富的强烈欲望。① 公正将禁止那些不善于谋得自己的幸福的市民,等等。——堕落——

我时而感到自己作为一个预言家的可笑。就我而言,我知

---

① 此句原文为德、法文混用。——译注

道自己决不能从中找到一个神甫的仁慈。迷失在这个悲惨的世界里，与人群频繁接触，我犹如一个疲倦之人，回首往事，满目疮痍，唯有长年累月的醒悟和苦涩，面前则唯有一场风暴，其中毫无新鲜货色，既没有学说也没有痛苦。傍晚，这个男人度过了销魂的几小时——傍晚，这个人窃取了命运的一时欢娱——，晃着身子消化着晚餐，尽可能忘记过去，满足于现在，屈从于未来，沉醉于自己的冷血和纨绔做派，为自己没有与过去那些人一样低贱而自豪，凝视着雪茄的烟雾，他对自己说："重要的是，良知安在？"——

11［235］

来一点清新的空气吧！欧洲的这样一种荒唐状况再也不能持续下去了！在这种蠢牛般的民族主义背后隐含着某种思想吗？现在，当一切都指向更大的共同利益之时，激起这样一种粗野的自尊心又会有什么价值呢？……而且，这竟然被称为"基督教国家"！而且，宫廷教士之类的恶棍竟然就亲近于最上层！……而且，这个"新帝国"，又是建立在那个最陈腐和最可鄙的想法上的，那就是权利平等和选举平等……

而且这是在某种状态中，在那里，精神的非独立性和非民族化跃入眼帘，而今日文化的真正价值和意义就包含在一种相互的融合和促进中！

欧洲经济上的统一过程势在必行——而且同样地，作为反应，必将出现和平党派……

对某种毫无用处的状态中的优先地位的争夺：这种大都市文

化、报刊文化、狂热文化、"无目的状态"的文化

11[236]

　　一个和平党派，没有多愁善感的举动，它禁止自己和自己的子孙们进行战争；禁止动用法庭；它招致了斗争、冲突、对自己的迫害；至少在一个时期内，是一个受压迫者的党派；随即就是大党了。反对报复感和同情感。

　　一个战争党派，对自己同样讲原则，同样严厉，在相反的方向上前进——

11[237]

　　佛教与基督教：与怨恨作斗争。

11[238]

　　取缔"刑罚"。取代一切暴力手段的"平衡"。

11[239]

　　原始基督教乃是对国家的废除：
　　它禁止誓言
　　　　　兵役
　　　　　法庭
　　　　　自卫和对某个整体的保卫
　　　　　本族与外族的区分；等级制亦然
　　基督榜样：他不反抗加害于他的人们（他禁止防卫）；他不自

卫;更有甚者:"他要转过左脸让人打"①(对于"你是基督吗?"这个问题,他答道:"从现在起你们就会看到了",等等)

——他禁止自己的门徒们保卫他;他让人注意到,他可以得到帮助,但他不想要。

——基督教也是对社会的废除:它优待一切被社会排斥的东西,它发迹于那些臭名昭著者、受谴责者、种种麻风病、"罪人"、"税吏"和娼妓、最愚蠢的民众("渔夫");它鄙弃富人、学者、高贵者、有德性者、"君子"……

11[240]

  关于基督教的心理学问题

  动力依然不变:怨恨、民众起义、失败者反抗

  (佛的情形就不同了:佛教并非产生于一种怨恨运动。它反对怨恨,因为怨恨促发行动)

  这个和平党派明白,在思想和行动上放弃敌意,乃是一种区分和保存的条件

  :这里含有心理学的困难,它阻碍了人们对基督教的理解。那种把基督教创造出来的欲望会强求一种反对它自身的原则性斗争——

  唯有作为和平和无辜之党派,这种起义运动才有一种获得成

---

① 《马太福音》第5章,原话为:"有人打你的右脸,连左脸也转来由他打。"——译注

功的可能性:它必须通过极端的温和、甜蜜、温厚获胜,它的本能理解这一点——

绝招:否定、谴责欲望(人就是欲望的表现),通过行为和言语不断地夸耀这种欲望的对立物——

11[241]

生存权、劳动权、幸福权!!!

11[242]

一个"迷人博士"的美梦——勒南

11[243]

基督徒们从未实行耶稣为他们规定好的行动:而且,关于"信仰"和"通过信仰的辩护"的无耻闲谈,以及关于信仰至高而唯一的意义的无耻闲谈,只不过是教会没有勇气、更没有意志去信奉耶稣所要求的事业这样一个事实的结果而已。

11[244]

佛教徒的行为不同于非佛教徒;基督徒则与所有人一样行为,而且拥有一种充满仪式和情绪的基督教——

11[245]

欧洲基督教的深刻而可鄙的欺骗性:我们真的理应受到阿拉

伯人、印度人、中国人的蔑视……人们且听听第一个德国政治家关于欧洲真正忙碌了四十年的事情的讲话吧……人们且听听宫廷布道者－伪君子的语言吧

11[246]

——不要抵抗"恶"……
但如果人们并不相信善与恶,这又意味着什么呢?

11[247]

——旧法律反抗邪恶并且以怨报怨,新法律不报复,不反抗

11[248]

——只有当人们以德报怨,并且使人与人之间不再有差异时,事情才会好转

11[249]

耶稣否定教会、国家、社会、艺术、科学、文化、文明
所有智者在自己的时代里都同样否定文化价值与国家组织。——
柏拉图,佛陀,

11[250]

人们必须毁掉这座庙宇,三天后把它重建起来。

11[251]

一生当中,我一刻都没有成为过基督徒:我把自己目睹的一切都视为基督教,视为一种可鄙的话语歧义性,一种对于所有通常起统治作用的权力的真正胆怯……

基督徒拥有普遍义务兵役制、议会选举权、报章文化,并且处身于所有谈论着"罪恶"、"拯救"、"彼岸"以及十字架上的死亡之类的①——:人们如何可能受得了这样一种乱七八糟啊!

11[252]

你们所有人都没有勇气去杀死一个人,或者哪怕只是去鞭打一个人,或者哪怕只是去——但在国家中,巨大的疯狂征服了个体,以至于个体竟拒绝为自己所做的事负责(服从、誓言等)。

——一个人为效力于国家而做的一切,皆有悖于自己的天性……

——同样地,他为了将来效力于国家而学习的一切,也有悖于自己的天性

这是通过分工达到的:以至于再也没有人来承担全部的责任。

:立法者与执法者

:纪律教员与那些受纪律约束而变得严厉无情的人们

国家作为组织化的暴力行为……

11[253]

耶稣讲了些话,那么暧昧和神秘;哪怕只是把这些话看作真实

---

① 此句为断句。——译注

的，人们也需要信仰：

11〔254〕

"凡在人中间崇高的，就是一种对上帝的恐怖"

11〔255〕

欧洲的精神状态：我们的野蛮

关于一种个体人格延续性的可鄙而可怜的胡说八道：那是印度人、犹太人和中国人已经超越了的一个观点

对上帝的信仰

11〔256〕

进入真实的生命——

——人们过着普通的生活，由此把自己的个人生命从死亡中挽救出来——

11〔257〕

——教会正是耶稣布道所抨击的——而且他教导自己的门徒要反对教会，与之作斗争——

11〔258〕

——互惠性，要求得到酬报的隐含意图：人类价值贬降的最棘手形式之一。它带来那种"平等"，后者把距离的鸿沟贬为非道德的……

11[259]

——人们既没有生存权,也没有劳动权,更没有"幸福"权:个别的人与最低级的蠕虫并没有什么不同。

11[260]

——"为了信仰,要做什么?"——一个荒唐的问题。

11[261]

基督教缺乏的就是遵循基督下令要做的一切。
那是平庸的生活,但却是用蔑视的目光来解释的

11[262]

上帝创造了人,幸福、闲散、无辜而不朽:我们的现实生活则是一种虚假、堕落、有罪的此在(Dasein),一种惩罚性的实存(Strafexistenz)……苦难、斗争、劳动、死亡被估价为针对生命的抗辩和质疑,被估价为某种不该持续下去的非自然的东西;人们需要——也拥有!——对付这种东西的药物……

11[263]

从亚当开始,直到今天,人类一直都处于一种不正常的状态之中:为了结束这种不正常的状态,上帝亲自献出了自己的儿子来赎亚当的罪:生命的自然特性乃是一种诅咒和惩罚;基督把正常状态归还给信仰他的人:他使自己的信徒幸福、闲散和无辜。——可

是,如若没有劳动,大地就不会开花结果;如若没有痛苦,女人们就养不出小孩,疾病就不会终止:在这里,最虔信者与最不虔信者一样地处境恶劣。说人已经摆脱了死亡和罪恶,唯此类不允许检查的主张,是教会益发确定地坚持的。"他免除了罪恶"——不是通过自己的行动,不是通过他自己的一种严酷斗争,而是通过拯救行动而得到赎罪的——因而是完美的、无辜的、天堂般的……

真实的生命只是一种信仰(也即一种自欺、一种癫狂)。整个争斗不止、充满光明和黑暗的现实此在(Dasein)只不过是一种恶劣的、虚假的生活:从中解脱出来,乃是一项使命。

11[264]

宗教伪造了关于生活的观点:科学和哲学始终仅仅制作了这种学说的 ancilla[女婢]……

人们是不是信仰上帝、基督和亚当:人们达成一致的是,生活只是一种欺骗,根本不是真实、现实的东西——

11[265]

生活是恶劣的:而生活的改善并不取决于我们。这种改变是从我们之外的法则出来的。——科学上的决定论与对拯救行为的信仰,两者立身于相同的基础之上。

同样也在于:两者都赋予人类一种追求幸福的权利;两者都用这个尺度来谴责当下的生活——

11[266]

人人都在问:"为什么生活不像我们所愿望的那样?生活何时才像我们所愿望的那样呢?"

11[267]

请注意!请注意啊!"人,无辜、闲散、不朽、幸福"——这种关于"最高愿望"的观点是尤其要批判的。

为什么罪责、劳动、死亡、苦难(还有基督教所讲的认识……)背悖于最高的愿望?

"福乐"、"无辜"、"不朽"之类的腐败的基督教概念———

11[268]

"人类相互间的和平":作为可设想的至高的善:上帝之国

11[269]

你们要与所有人和平相处,不要审视任何人,就好像他人是一种虚无或者多么荒唐似的!如果和平受到了伤害,你们就要尽全力把它恢复起来。对上帝的尊重完完全全在于消除人类之间的敌意上。为了不至于伤害到内在的和平(这种和平才是真实的生活),你们要以最少的讨论来达成和解。什么东西尤其会损害和平呢?首先是性的欲望:一夫一妻制就是来对付这个的,而且难解难分。第二种诱惑是誓约:它把人类引入罪恶中:在任何情况下面,你们都不要向任何人宣誓,为的是只让上帝来做你们的主宰。第三种诱惑是那种叫做公正的复仇:你们要忍受烦恼,可不能以毒攻毒,以怨报怨啊!第四种诱惑是本族与外族的区分:你们不要因为你们的民族性和来源而破了与任何人的和平!

上述五条指令的践行能造成那种人心渴望的状态:四海之内皆兄弟,人人和平共处,人人都终生享有世上的财富……

《路加福音》,第4章,第18行

"主悦纳人的禧年"——从他口中吐出的迷人话语——

11[270]

人无权要求什么,人有义务来回报他所领受的善事:他不该与任何人发生争执。即便他献出了自己的生命,他也回报不了他所获得的一切;因此他的主不可能对他不公的。但如果人提出自己对于生命的权利,如果人与万物的原理(他正是从中获得生命的)发生争执,那他就只证明了一点——他并不理解生命的意义。在领受了某种善事之后,人还会要求其他的。寓言中的劳动者感觉闲散、不幸:主赋予他们最高的生命幸福——劳动。他们接受这个善事,总还是不满足。他们有自己的关于劳动权利的错误理论,因而也要求一种对自己劳动的酬报。他们并不理解,他们已经白白得了最高的财富,他们是要对此表示感谢的——而不是索要酬报。《马太福音》,第20章,第一行,《路加福音》,第17、5、10章。

这番教导的要义在于对个人生活的放弃:而你们要求的却是个人荣誉,——一种个人的酬报……世上有荣誉和个人权力;你们,我的门徒们啊,应该知道生命的真正意义并不在于个人幸福,而倒是在于:人为人人,在人人面前都要谦卑……基督劝告你们不要轻信:他教导你们真正区分善与恶、主与次……

使徒彼得不解这番教导:所以他缺乏信仰。按劳取酬唯从个人生活方面来看才有其意义。对于按劳取酬的信仰乃是关于个人生活的理论的一个结果……

11[271]

信仰不可能来自对其话语的信赖:它只可能来自对我们处境的洞察。人们不可能通过奖赏与惩罚的许诺来创造信仰——要是我们不接受那种依然向我们开放的拯救,那么,有"移山"之力的信仰就只能建立在关于我们无可逃的沉船之灾的意识基础上……——生命合乎主的意志——

11[272]

《马太福音》,第21章,第18行

——早晨回城的时候,他饿了。他看见路旁有一棵无花果树,就走到跟前,在树上找不着什么,不过有叶子,就对树说:从今以后,你永不结果子!那无花果树就立即枯干了。门徒看见了,便稀奇地说:无花果树怎么立刻枯干了呢?——

11[273]

五条命令:不可动怒;不可通奸;不可宣誓;不可用暴力自卫;不可上战场。你们可能暂时违反这些戒律,正如现在你们违反民法典(code civil)与世俗法典(code mondain)的条款。然而,在安宁的时刻,你们将不会做你们现在做的事了:你们将不会把一种实存(Existenz)组织起来,这种实存使不可动怒、不可通奸、不可宣誓、不可用暴力自卫、不可上战场这五戒的任务变得十分困难了。倒不如为自己组织一种实存,它会使你们难以做到这五戒!

11[274]

对于你们现在这种生活来说——托〈尔斯泰〉对不信神者、对我们这些哲学家说——你们其实没有任何规则,除了那些由你们所瞧不起的人所制订、并且由警察所实施的。耶稣的教诲给了你们这些规则,它们的的确确是与你们的法律相一致的,因为你们有关利他主义或者独特意愿的法律,无非是对耶稣这一教诲的一种蹩脚解释。①

托尔斯泰:《论宗教》,莫斯科,1884年1月22日

11[275]

根本没有上帝是为我们的罪而死的;根本没有什么因信得救;根本没有死后复活——这一切都是对本真基督教的伪造,而人们必须要那个不祥的古怪之人对这种伪造负责;

典范式的生命就在于爱和谦卑;在于那种甚至并不排除最低等者的心灵丰富性;在于正式放弃持有权利的愿望,放弃防卫,放弃个人胜利意义上的得胜;在于那种对尘世福乐的信仰(尽管有困苦、抵抗和死亡);在于那种和解,在于那种没有愤怒、蔑视的状态;不想得到酬报;不与任何人结盟;最具宗教-精神性的无主状态

---

① 破折号之后原文为法文。——译注

(Herrenlosigkeit);在要求贫困的臣服生活的意志支配之下,过着一种十分骄傲的生活。

既然教会已经采纳了整个基督教实践,并且完全真正地认可了国家生活,耶稣所反对和谴责过的那种生活,那么,教会就不得不在某些地方改变基督教的意义:把它变成对不可信之物的信仰,变成祈祷、礼拜、节日等等的仪式。"罪恶"、"宽恕"、"惩罚"、"奖赏"概念——所有这一切在原始基督教中完全微不足道,几乎被排除掉了,现在却占了上风。

希腊哲学与犹太教的一个可怕的大杂烩;禁欲主义;持久的审判和谴责;等级制;———

11[276]

如果人们不明白教会不只是一幅关于基督教的讽刺画,而且是一场有组织的针对基督教的战争:———

11[277]

托尔斯泰,第243页①

"耶稣的教义无论如何都不能与我们这个世纪人们面对世界的方式相反;首先它与他们的形而上学相一致,但又给了他们所没有的东西,那是他们不可或缺的,也是他们所寻求的:它给他们指明生活的道路,不是一条未知的道路,而是人人都探索过并且都熟

---

① 应指托尔斯泰:《论宗教》,1799年。——译注

悉的道路"。①

105　　第 236 页

在教会的解释（它们被视为信仰）与我们这代人的真实信仰（它在于服从社会和国家的法律）之间的冲突，已进入了一个尖锐的阶段，而我们大多数文明人只是靠着对市政官吏和军警的信任来了解自己的生活的。如果情况完全如此，那倒是非常可怕的；但幸运的是，有那么一些人，我们时代中最优秀的人，他们并不满足于这种宗教，而是拥有完全不同的一种信仰，那是与人的生命应当如何度过这一点相关的。这些人被看作最恶劣的、最危险的，而且主要地，被看作对一切存在者最不相信的人；然而，他们才是我们时代最相信福音教义的人，如果说不是全部，也至少是一部分……他们甚至常常会恨耶稣……迫害他们、诽谤他们，将是徒劳的，唯有他们，才会抗议而不是服从广受欢迎的秩序；因此，在我们时代里，唯有他们在过着一种经过认真思考的生活，而不是动物式的生活；唯有他们，才有信仰。②

11[278]

请注意！一旦人们着眼于人如何善于排除困难、坚持不懈、利用环境克服对手来看待人，则人们就不可能对人有充分的尊重了；与之相反，如果人们就人的愿望来看人，则人就是极其荒唐的猛兽……就仿佛为了恢复自己强大的男子汉德性，人就需要有一个

---

① 此段原文为法文。——译注
② 原文为法文。——译注

怯懦、懒惰、虚弱、媚人、恭顺等性格的游戏场所:看看人类的愿望、"理想"吧!有所愿望的人从自己身上的永恒宝物、从自己的行为中恢复过来:在虚无、荒唐、无价值、幼稚可笑的东西中。在这样一个点子多、办法多的动物身上,精神的贫困和无力是令人吃惊的。"理想"可以说是人类要偿付的处罚,为的是人在完成所有现实而紧迫的任务时必须承担的巨大费用。如果实在性中止或者消失了,就会出现梦想、疲惫、虚弱:所谓"理想"正是梦想、疲惫、虚弱的一种形式……如果最强大的人物和最昏聩无力的人物遭受到这种状态,则两者将并无二致:他们会作一番神化,把劳动、斗争、激情、张力、对立的中止神化了,总之是把"实在性"的中止神化了……把认识争斗、认识努力的中止神化了。

无辜:这是他们对愚昧化的理想状态的叫法

福乐:懒惰的理想状态

爱:再也不想有任何敌人的群盲的理想状态

由此,人们就把一切贬低和损害人类的东西都吹捧为理想了。

11[279]

耶稣把一种真正的生命、一种真实的生命与那种通常的生活加以对照:离他最远的莫过于一个"被永恒化了的彼得①"、一个永恒的人格延续之类的愚蠢的胡说八道。他所反对的正是"人格"的妄自尊大:他怎么可能想要把"人格"永恒化呢?

---

① 彼得(Petrus,?-约64):一译伯多禄,耶稣十二门徒之首。相传"彼得"之名为耶稣所取,意为"磐石"。天主教会认为他是第一代教皇。据史料推断,彼得约于罗马皇帝尼禄统治时期被捕,被钉十字架而死。——译注

同样地,他也反对教区内的等级制:他从未许诺过什么按功行赏:他又怎么可能认为彼岸有赏与罚呢!

11[280]

我看不出来,耶稣发起的起义是针对什么的:要是它不是针对犹太教会的话,——教会正是在我们今天的字面意义上被理解的……那是一次针对"善人和正义者"、针对"以色列圣徒"、针对社会等级制的起义——不是针对腐败,而是针对社会阶层、风俗礼仪、程式、秩序、特权、宗教傲慢以及宗教领域极端拘谨作风的专横统治,——那是对"高等人"的不信(Unglaube),此词是在宗教意义上来理解的,而这种不信在此导致了反抗,引发了一种对一切教士和神学家的谋杀。然而,受如此这般质疑的等级制却是犹太民族赖以继续存在下去的基础,是犹太民族千辛万苦争得的苟且偷生的最后机会,是犹太民族古老的政治特殊生存的遗物:一种对等级制的攻击就是对最深层的民族本能的攻击,对犹太人的民族自我保存意志的攻击。这个神圣的无政府主义者号召低等民众、被驱除者和"罪人们"与"统治阶层"发生冲突——他所使用的是一种至今也依然会被运送到西伯利亚的语言——;只要在此类情形下还可能有一种政治犯的话,那么,这个无政府主义者就是一个政治犯了。这一点也把他送上了十字架:这方面的证据是十字架上的题词,即:"犹太人之王。"没有任何理由与保罗一起断言耶稣是"为他人的罪"而死的……实际上耶稣是为他自己的"罪"而死的。倘若把这种人置于其他境况中,例如把他置身于今日欧洲中,那他就会作为虚无主义者而生活、说教和讲话;而且即便在此情形中,人们也会在他的同党那里听说,他们的大师是为公正和人间之爱而死的——不是因为他自己的罪责的缘故,而是因为我们的罪责的缘故(——也即如今的统治阶级的罪责:因为统治本身在无政府主义者那里就已经被视为罪责了。)

11[281]

保罗以一种对于非犹太人的需要的本能直觉,把早期基督教运动那种伟大的象征转化为明确的和非象征的东西:一方面,他从真实生活与虚假生活的对立中弄出这种尘世生活与那种以死亡为桥梁的、天国的彼岸生活的对立(——他把死亡这座桥梁置于时间运动中,无论是现在还是过去——)。为此目的,他动用了完全的异教,采纳了个体灵魂不朽观念,某种既反犹太教又反基督教的东西。然而,在整个世界上,凡有隐秘崇拜的地方,人们都相信这样一种延续,而且都是在一种赏与罚的视角之下。罪人必在彼岸还清罪责,这种观念的阴影造成了对异教的阴暗化;而举例说来,这样一种阴暗化就是伊壁鸠鲁所反对的……保罗的绝招是:把基督死后又为人所见这样一种信仰(亦即一种集体幻觉的事实)鼓吹成一种神学逻辑,就仿佛不朽与复活是主要事实,可以说是耶稣救恩秩序的最后一招(——为此,古代教徒们的整个学说和实践就必定被弄得乱七八糟了)

这正是事物的幽默所在,一种悲剧性的幽默:保罗恰恰大规模地重建了耶稣毕生宣布无效的东西。最后,当教会作好准备后,它甚至承认了国家的此在……

11[282]

请注意！佛教和平运动的一个幼稚发端，来自满怀怨恨的真正群盲……但却通过保罗转变为一种异教的神秘学说了，后者终于学会了与整个国家组织协调一致……并且发动战争、审判、刑讯、发誓、仇恨。

保罗是从具有宗教热情的大众的神秘需要出发的：他寻求一个牺牲者，一种借助各种隐秘崇拜形象坚持斗争的血腥幻术：十字架上的上帝、饮血、与"牺牲者"的 unio mystica[神秘合一]

他寻求把那种持续实存（Fortexistenz）（个体灵魂的福乐的、已经洗尽罪恶的持续实存）当作复活而与那个牺牲者发生因果关系（按照狄奥尼索斯、米什拉①、奥西里斯②的类型）

他急需使罪责和罪恶概念显突出来，不是一种新的实践（就像耶稣本身所指明和教导的那样），而是一种全新的崇拜，一种全新的信仰，对一种类似于奇迹的转变的信仰（因信得"救"）

他理解了异教世界的伟大需要，并且从基督的生死事实中弄出一种完全任意的选择，重新强调一切，处处设置重点……他已经从原则上宣布了原始基督教的无效……

对教士和神学家的谋杀，由于保罗而归结于一种新的教士团体和神学——一个统治阶层，也是一个教会

对"人格"的过度妄自尊大的谋杀，归结于对"永恒人格"的信

---

① 米什拉（Mithras）：古波斯琐罗亚斯德教中的善神、光明之神。——译注
② 奥西里斯（Osiris）：古埃及神话中的太阳神，后为冥神。——译注

仰(即对"永恒救恩"的忧心……),归结于对个人利己主义的最悖谬的夸张。

人们看到,随着十字架上的死发生了什么。保罗显现为不祥的反福音①的恶魔……

11[283]

一个人的有害性已然要成为一种对人的抗辩!……仿佛在生命的伟大推动者中间并没有大罪犯的位置似的!……

我们不以我们的愿望伤害动物们;也包括自然;但对于人类,我们却绝对有不同的意愿……

倘若必须要有一种意志、一种决定、一种表决才能形成那些异乎寻常的人,那么,这种人就决不会受到追求……

据我所知:倘若人们把伟大而稀罕的人的产生归结于众人的赞同(也包括:众人知道什么性格属于伟大,以及同样地,一切伟大是以谁为代价而发展起来的)——,那么,这决不会阻碍一个重要人物……

事物的进程并不取决于绝大多数人的赞同:正因为这样,世上才出了一些令人惊讶的事……

11[284]

在摩洛哥,人们可以认识中世纪;在科西嘉岛,人们可以了解

---

① 此处"反福音"(Dysangelium)为尼采的一个生造词语,与德文"福音"(Evangelium)一词相关。——译注

犹太人和阿拉伯人鼎盛时期的历史;在阿拉伯,人们可以熟悉宗法制时代;———

11[285]

感觉更强大——或者换种说法,即快乐——总是以某种比较为前提的(但未必是与他人相比较,而是与自身相比较,在某种增长状态中,而且人们首先并不知道怎样进行比较——)

——人工强化:无论是通过令人兴奋的化学药品,还是通过令人兴奋的谬误("幻觉")

例如,安全感,正如基督徒所具有的那种安全感。基督徒由于自己具有的可信任感、忍耐感和镇定感而感觉到自己的强大:他把这种人工强化归功于那种妄想,即以为自己受到了上帝的庇护

例如,优越感,比如当摩洛哥的哈里发①只看到地球仪上他的三大联合王国占了地球的五分之四面积时

例如,独一无二感,比如当欧洲人想象文化进程发生在欧洲,它本身就似乎是一种缩短了的世界过程;或者,基督徒使一切此在根本上都围绕着"人类之救恩"打转——

关键乃在于人们在哪里感受到压力、不自由:按照不同的情况,产生出不同的强大感。举例讲来,对于一位哲学家而言,置身于最冷酷、最严峻的抽象体操(Abstraktions-Gymnastik)当中,他就会获得如鱼得水之感;而色彩和音调则使他感到压抑,更谈不上那些阴郁的渴望了——其他人把它们称为"理想"。

---

① 哈里发(Chalif):穆罕默德的继承者,伊斯兰国家的领袖。——译注

11[286]

    关于自尊心的形态学：

  第一个观点

  A：在人格自尊心、价值设定的首创精神还根本不可能的时候，何以同情感和集体感就是较低级的、准备性的阶段

  B：何以集体自尊心的高度，对于部族间距的自豪感，非同寻常的自我感觉，对调解、平等、和解的反感，乃是一所培养个体自尊心的学校：这是因为它强制个人去体现整体的骄傲……因为个人要在人格上表现出集体，他就必须以一种对自身的极端尊重来言语和行动……

  同样地：如果个体感到自己是神性的工具和传声筒

  C：何以这些非自身化（Entselbstung）形式事实上赋予人格一种巨大的重要性：因为更高的暴力利用了这些形式：对自身的宗教性畏惧本身就是预言家、诗人的状态……

  D：何以对于整体的责任使个人养成、并且使个人有可能获得一道远大的眼光，一种严酷而可怕的手腕，一种仪态上的审慎、冷静和大方，后者或许不是他为自身的缘故而能承认的

  总而言之：集体自尊心是一所培养人格独立性的大预科学校

  高贵的阶层就是继承这种训练的阶层——

11[287]

  权力概念，无论是上帝的权力还是人的权力，总是同时包括了有益与有害两方面的能力。在阿拉伯人那里是这样；在希伯来人

那里亦然。所有长得强壮的种族概莫例外。

如果人们以二元论方式把这两种力量分离开来,那就是一个灾难性的步骤……道德因此就成为生命的掺毒者……

11[288]

我的朋友们啊,如今人们已经不得不用四肢在这个"国家"里爬行,并且像一头蠢驴那样叫唤:面对瘟疫,必须使用欺骗手段,称自己是一头蠢驴——这是为了不被这种疯狂所传染的唯一手段

11[289]

爱娃①就是那条蛇:她位于圣〈经〉谱系的顶端(正如蛇通〈常〉也作为专名出现在希伯来人那里)

11[290]

行割礼的意义是对第一流男子气概的一次检验(人们结婚前的一个成熟证据):阿拉伯人把行割礼叫做"剥皮"。这场面是在露天进行的:父亲和亲友拥在男孩的四周。手术师(tonsor)拔出刀,在割掉包皮之后,剥去阴茎(即外生殖器)连同从肚脐直到髋骨部位的所有的皮。这当儿,男孩右手持刀在手术师背上方挥舞,叫喊着:"割吧,别怕!"要是手术师犹犹豫豫的,手发起抖来,那就倒霉了!而如果男孩因为疼痛而大叫起来,他父亲就会当场把他杀死。

---

① 原文为 Heva,希伯来文,意为"生命",是夏娃(Eva)的最早称法。——译注

最后，男孩发出一声 gloria Deo[谢天谢地！]，进入帐篷里，痛得倒在地上。有些男孩因为严重化脓而死掉，十人当中最多有八人能活下来：他们没了阴毛，肚皮上留下一片苍白的皮肤。（在阿西尔①省）

11[291]

  野蛮的 = 未行割礼的，无论犹太人还是阿拉伯人皆然

11[292]

  基督教并没有理解圣餐：肉和酒通过自然途径变成耶稣的肉和血，由此达到 communio[共融]——

  所有集团都是血缘集团。血缘集团不仅是天生的，也可以后天获得；恰如血不只是天生的，也可以是后天获得的。凡共餐共饮者都从同一个源泉更新自己的血，都把同一种血带入自己的血管中。一个陌生人，甚至于一个仇人，若是与我们共餐（即便我们不乐意或者有违我们的意愿），那么，至少有一阵子，他因此会被纳入到我们的肉和血的集团中。

11[293]

  歃血为盟乃最古老的结盟手段。会宴社团是宗教集团。为结盟提供鲜血的牲畜就是牺牲品；结盟是通过各种牺牲品进行的。 114

---

① 阿西尔（'Asîr）：沙特阿拉伯地名。——译注

11[294]

"基督教"已经成了某种与其创建者的行为和意图根本不同的东西了

这就是古代伟大的反异教运动，利用了基督教创建者的生活、学说和"话语"来加以阐述，但却根据根本不同的需要模式，作了一种绝对任意的解释：被转渡为所有现有的隐秘宗教的语言了——

这就是悲观主义的临近，而耶稣是要为上帝的羔羊们带来和平和幸福

：而且是弱者、失败者、苦难者、受压迫者的悲观主义

它的死敌是：1)性格、精神和趣味上的权力；"世俗性"。2)古典的"幸福"，高贵的轻率和怀疑，坚定不移的自豪，智者古怪的放纵和冷漠的自足，在仪态、话语和形式方面的希腊式狡黠，——它的死敌就是罗马人，同样还有希腊人。

反异教（Antiheidenthum）要在哲学上论证自己并且使自己成为可能的努力：对于古代文化的双重形态的嗅觉，特别是对于柏拉图这个本能的反希腊者和闪米特人①的嗅觉……同样还有对于斯多亚主义的嗅觉，斯多亚主义本质上乃是闪米特人的作品（——作为威严的"尊严"、律法、作为伟大性的德性、自我责任、权威，作

---

① 闪米特人（Semiten）：一译闪族，古代包括巴比伦人、亚述人、希伯来人和腓尼基人等，近代主要指阿拉伯人和犹太人。——译注

为最高的个人自主性——这都是闪米特式的:

斯多亚主义者是一个包裹在希腊尿布和概念里的阿拉伯酋长

11[295]

基督教自始就把象征因素转化为粗鄙性了:

1)"真实的生命"与"虚假的生命"的对立:被误解为"此岸生命"与"彼岸生命"的对立

2)与易逝的个体生命相对立的"永生"概念,作为"个体不朽性"

3)按照希伯来—阿拉伯的习惯,通过共享饮食进行结拜,这种做法被当作"化体奇迹"①

4)"复活——"被当作是进入"真实的生命",是"重生"——由此得出:死后某个时候会出现的一种历史可能性

5)关于作为"上帝之子"的人子的学说,人与上帝之间的生命关系——由此得出:"神性的第二位格"——恰恰是要废除这一点:每个人与上帝的父子关系,也包括最低等的人

6)因信得救,也就是说,除了基督教导的生命实践,没有通向上帝之子的其他道路了——被倒转为这样一种信仰,即:人们必须相信某种奇异的赎罪,后者并不是通过人、而是通过基督的行为来实现的

由此,所谓"十字架上的基督"就必须得到重新解释了。基督

---

① "化体"(Transsubstantiation):又译"变体",指圣餐中面包和酒变成为耶稣的血和肉。——译注

之死本身根本不是要义所在……它更多地只是一个标志,标明人们应当如何对待当权者和世界的律法——不自卫……榜样就在这里了。

基督教只是接过了那种已然针对古典理想、针对高贵宗教的斗争

116　事实上,这整个改造过程就是一种向当时虔信大众的需要和理解水平的转化:就是那个大众,他们信仰伊西斯①、米什拉、狄奥尼索斯、"伟大的母亲",并且要求一种宗教具有如下要素:

1)彼岸之希望;

2)关于牺牲品的血腥幻觉,"神秘"

3)拯救行为、神圣传说

4)禁欲主义、厌世、迷信的"净身"

5)一种等级制、一种教区构成形式

简而言之:基督教适应于当时已经存在的、处处扎根生长的反异教,适应于伊壁鸠鲁反对过的崇拜……更确切地讲,就是适应于妇女、奴隶、**非高贵**阶层等低等大众的宗教。

于是,我们就有了如下误解:

1)位格不朽

2)所谓另一个世界

---

① 伊西斯(Isis):埃及神话中女神名,司丰产和繁殖。——译注

3) 处于此在解释之核心部位的惩罚概念和罪责概念的荒唐性

4) 人的非神性化而不是人的神性化,撕开了一条最深的鸿沟,唯有奇迹、唯有极度自我蔑视的虚脱才能跨越这条鸿沟

5) 整个世界充斥着腐败的想象和病态的情绪,而没有可爱而单纯的实践,没有一种在尘世能达到的佛教式幸福……

6) 一种教会秩序,拥有教士、神学、崇拜、圣礼;简言之,就是拿撒勒的耶稣曾经反对过的一切东西

7) 万事万物中的奇迹,迷信:而犹太教和最古老基督教的突出标识恰恰在于它们对奇迹的厌恶,它们相对的理性

11[296]

埃德蒙·龚古尔日志

"一个美国式的上帝,以一种完全人性的方式存在的上帝,戴着眼镜,小报上有关于他的各种证词"——一个照相中的上帝——

……她要求获得关于您的灵魂的新消息:"您有怜悯之心吗?"就仿佛她是在问:"您得感冒了?"

茹贝尔①:其思想缺乏法国式的确定性。既不清晰又不坦率。闻起来有一点日内瓦学派的味道:诸如内克尔夫人、德特拉西、茹

---

① 约瑟夫·茹贝尔(Joseph Joubert,1754-1824):法国作家。著有《箴言集》等。——译注

弗鲁瓦。① 糟糕的圣伯夫也出自该派。茹贝尔歪曲各种观念,犹如人们转动黄杨木(du buis)一般。

——人们偶尔有精神堕落(d'un encanaillement de l'esprit)的需要

——他的谈话缺乏恢弘气派;纯然纤细、微末、忸怩的东西(关于圣伯夫)

——古人谋求一种美好的实在吗?也许他们根本就不是什么"理想主义者"?

——他们寻找一个零,旨在使自己的价值增加十倍

——青春年少时,如果整个扩张活力由于大寂寞而倒退的话——

118　"人们感到在一个犹太教会堂里犹如在东方,在一种幸福的宗教中。一种与上帝的亲密关系,没有祈祷,犹如在基督教教会里,人们总是想宽恕了什么……

---

① 内克尔夫人(Mad. Necker,生卒年不详):法国女作家、社会活动家;德特拉西(de Tracy,1754-1836):法国哲学家;茹弗鲁瓦(Jouffroy,1796-1842):法国哲学家。——译注

[11.1887年11月至1888年3月]

伦勃朗的《四个理事》①;丁托雷托②的《圣徒马可的殉难》——对龚古尔兄弟来说就是世上最美的图画了。

英国式的安逸乃是一种对于身体健康的奇异理解,但却归于一种幸福,正如盲人可能需要的那种幸福:眼睛在这方面是不会满意的。

请注意!没有什么比一篇优美的论文写得更糟糕的了。③

福楼拜在《萨朗波》④中表现出来,夸夸其谈,慷慨激昂,迷恋浓重的色彩

——有一种语言是人们用来谈论古代的,把这一种语言发掘出来的唯一之人:《半人半马怪》中的莫里斯·德·盖兰⑤

——民众既不喜欢真实,也不喜欢质朴:他们喜欢小说和江湖骗子。

十分奇怪的是,一切手艺和一切工业主义中最纯粹者,最彻底

---

① 《四个理事》(4 Syndics):应指伦勃朗作于1662年的群像画《呢商同业公会理事》。——译注
② 丁托雷托(Tintoretto,1518-1594):意大利文艺复兴后期威尼斯画派重要画家之一。重要作品有《天国》、《最后晚餐》等。——译注
③ 原文为法文。——译注
④ 福楼拜的历史小说。——译注
⑤ 莫里斯·德·盖兰(Maurice de Guérin,1810-1839):法国浪漫派诗人。——译注

地奉献给艺术的这四个人,恰恰走上了轻罪法庭被告席①:波德莱尔、福楼拜、埃德蒙·龚古尔和于勒·龚古尔。

我们已经把所有交通工具的速度提高了十倍:而同时,我们心中对速度的要求也翻了百倍……

119　我恨一切印刷在纸面上的心。② 加瓦尔尼③。

诸古代文明的一种腐败在于:只还喜欢人类的作品而厌恶神的作品。④

我们这个世纪乃是不敬之杰作的世纪。⑤

阿尔及尔光照下的幸福,那是奉承式的光:人们如何呼吸喜悦……

当代法国的忧郁,那是一种非自杀式的忧郁,非渎神、非绝望的忧郁:一种忧愁,它也不乏甘甜,还有一丝反讽在露着笑意。⑥哈姆雷特、莱拉、维特和勒内本身的忧郁,则是我们所是的更北方

---

① 此句原文为法、德文混用。——译注
② 原文为法文。——译注
③ 应指加瓦尔尼(Paul Gavarni,1804-1866):法国版画家、油画家。——译注
④ 后半句为法文。——译注
⑤ 此句原文为法文。——译注
⑥ 此句原文为法文。——译注

民族的忧郁。

1830年的类型:充满活力的面貌,温和的表情,一种温柔的微笑拂面而来;习惯于战役、崇高的斗争、炽热的同情、年轻观众的高声喝彩;而在骨子里怀着悲哀和懊悔,无可抚慰,心碎欲裂;1848年的政治理念重又使这个类型瞬时狂热起来了。自此以后,就是百无聊赖,以及其思想和抱负的无所用心。一种卓越的精神,患了对一种政治、文学、艺术的理想的安宁乡思,细声细气地抱怨着自己,并且为了这下面事物的不完美性的幻影而一味地向自身报仇。

在现代法典中,荣誉就如同运气(la fortune)一样被遗忘了。决没有一个裁判荣誉的词语:决斗等等。今天的运气几乎只存在于交易所操作〈dans des opérations de bourse〉、经纪业、投机买卖、场外交易或者交易代理,就此而言,就没有任何计划去保护和保卫之;没有关于日常交易的规章;法庭无权干预所有交易所买卖业务;汇票代理人不给任何票据。①

拉布吕耶尔②:"可以用流氓,但要用得谨慎。"③

人们如何才能有勇气向戏剧观众讲话呢?这出戏受到一群乌

---

① 此段原文为法、德文混用。——译注
② 拉布吕耶尔(Jean de La Bruyère,1645-1696):法国作家。著有散文作品《品格论》等。——译注
③ 原文为法文。——译注

合之众、一帮蠢才的评估①……(人在孤独中才能注意书本——)

"若是好人,就会显得胆怯;人要被视为勇猛的,就必须是凶恶的":拿破仑三世的一个主题

"面对一片美好的风景,我在平原上的感受胜于在原野和密林中的感受"。我们过于文明了,过于苍老了,过于热衷于人工的和人造的东西,使得我们对于大地之翠绿和天空之湛蓝毫无兴趣和感觉了。

福楼拜亦然:里吉②山上的恐怖。

二十世纪文学:疯狂而又数学般精确,分析的-想象的:事物更重要、更显突,而不再是本质;爱情被取消了(早在巴尔扎克那里,金钱就进入了显要位置):更多地叙述头脑中的故事而不是心灵中的故事。

这些绝望,这些怀疑,不是对我们,也不是对我们的抱负,而是对时机和手段,非但没有使我们让步,反而在我们心中更加彻底、更加执拗、更加炽烈地产生了文学意识。而且,如果我们不是必须绝对地只为我们自己而思考和写作,把噪音留给别人,留给出版家、公众,那就让我们即刻行动起来吧。然而,正如加瓦尔尼所云:

---

① 此句原文为德、法文混用。——译注
② 里吉(Rigi):山脉名,位于瑞士境内。——译注

人不是完美的。①

《龚古尔日志》,第1卷,第147页。

咖啡馆乃是一种退化的状态:也许用一种气体(令人发笑的气体)就能获得四十生丁②的喜悦:半杯上天堂③

加瓦尔尼:这是残酷的,但事情就是如此,我对人生没有丝毫的崇敬之感。④　(但肯定是神经质的——)

福楼拜:观念来自形式,⑤该学派的最高公式,在泰奥菲尔·戈蒂埃看来

像我们这样的男人,就得有个女人,不那么高雅,没有多少教养,只是生性快乐,有着自然的精神,因为这样一个女人会让我们愉悦,让我们着迷,如同一只讨人喜欢的动物,我们能够喜欢这种动物。⑥

在所有男人读书和所有女人弹钢琴的时代里,世界就会彻底解体;它忘掉了红衣主教黎塞留⑦遗嘱中的一句话:"正如一具浑

---

① 原文为法文。——译注
② 生丁:法国、比利时等国的分币名称。——译注
③ 此句原文为法文。——译注
④ 后半句原文为德、法文混用。——译注
⑤ 原文为法文。——译注
⑥ 原文为法文。——译注
⑦ 黎塞留(Duc de Richelieu,1585-1642):1622年任红衣主教,1624年任路易十三的首相,成为法兰西王国的实际统治者。——译注

身长满眼睛的躯体会是一个怪物,一个国家也同样如此,如果所有的臣民都是饱学之士,我们就看不到服从了,傲慢自负就会司空见惯"。①

再没有画家了。一群灵巧的思想探索者。来自精神,而不是来自触觉,却是在题材的选择中。笔法文学。②

122　拉斐尔找到了古典〈的〉少女类型,通过把粗俗类型完美化——通过那种与美的绝对对立,就像达·芬奇在类型的精致与表情的稀罕中寻求这种美。一种十分人性的喜悦,一种圆满的美,一种近乎朱诺女神般的健康。它将永远受人喜爱。

伏尔泰乃旧法兰西的最后一个人物,狄德罗则是新法兰西的第一个人物。伏尔泰埋葬了史诗、寓言、短诗、悲剧。狄德罗则开创了现代小说、戏剧和艺术批评。

成为怀疑论者、宣布自己信奉怀疑主义——这是一条没有前途的糟糕道路! 怀疑的手段是反讽,这种表达形式至少会被笨蛋、弱智、傻瓜、蠢货、大众所接受吧?③ 那么,这样一种否定,这样一种怀疑一切的做法,就会违背所有人的幻想,至少是违背那些刺激所有人的幻想:人类的自鸣得意,它是以对自己的满足为前提

---

① 引号中原文为法文。——译注
② 此段原文为德、法文混用。——译注
③ 此句原文为德、法文混用。——译注

的,——人类良知的这样一种安宁,资产阶级装腔作势地把它冒充为他个人的良知的安宁。——

在这种形而上学独白的根基上,我感受到那种偏见——"对死后之事的操心和恐惧,是宗教教育带给那些最自由的心灵的"。①

男人向女人献上他所有的诗歌,由此做成了女人……加瓦尔尼

在小丑和走钢丝演员那里,他们的手艺即他们的义务:这些独一无二的演员,他们的天赋是无可争议的和绝对的,正像数学家的天赋,或者更有甚者,犹如空心筋斗的天赋。② 因为在此没有任何虚假的天赋假象:人们要么掉下来,要么没有掉下来。

再没有任何东西比外国人的法国心更迷人、更高雅的了,诸如加利亚尼的心灵、德利涅公爵③的心灵、海因里希·海涅的心灵。④

福楼拜:"说到底,工作才是逃避生活的最佳手段。"⑤

---

① 引号中原文为法文。——译注
② 后半句原文为法文。——译注
③ 德利涅公爵(prince de Ligne, 1735 – 1814):法国戏剧家、小说家、哲学家,与卢梭、伏尔泰等十八世纪法国文人过从甚密。——译注
④ 原文为法文。——译注
⑤ 原文为法文。——译注

维克多·雨果野心勃勃,想被人们看作一位思想家。令人惊讶的是:他身上所缺失的正是思想。他不是一位思想家,而是一个自然生物(Naturwesen)(福楼拜说是自然主义者):在他的血管里流淌的是树汁——

从情人到时尚。① 受《安东尼》②影响后,1830 年是阴郁情人。③ 这个风行一时的戏子为爱情中的引诱定下了调子。1860 年则是滑稽演员(farceur)(以格拉索④为榜样)

不再有农业劳动大军了。教育摧毁了劳动者种类,因而也摧毁了耕作农艺……

只要个人尚未加入一个完全文明化的社会里,就有真正的个人自由:在这种社会中,个人丧失了自己的全部所有,丧失了自己的财富,丧失了自己的良善。自 1789 年起,国家就魔鬼般地吸走了每个人的权利,而且我要来问一问:在国家的完美统治的名义下,未来是不是还为我们保留了一种完全不同的专制统治,在法国官僚专制主义的帮助下⑤——

---

① 原文为法文。——译注
② 《安东尼》(*Antony*):法国作家大仲马的剧本。——译注
③ 此句原文为德、法文混用。——译注
④ 格拉索(Grassot,生卒年未查明):十九世纪法国演员。——译注
⑤ 后半句原文为法文。——译注

11[297]

半面的优异：或者善人。

有一种尝试，设想神性是没有任何"恶的"特性和意图的。与此相应的是另一种尝试，要把人缩减成由其善的特性构成的一半：人在任何情况下都不应当害人，不应当意愿害人……

途径是：剪除导致敌意的可能性，根除怨恨，把和平当作唯一的和唯一得到赞同的内在状态……

出发点完全是思想上的：人们把"善"与"恶"设定为矛盾，人们于是认为，善人彻底地放弃和反对"恶"，这是顺理成章的事；人们因此认为，要回归整体，回归统一性，回归强壮，并且对他自己在相互对立的价值动力之间的内在无序和自我解体作一了结。

然而：人们把战争视为恶的——但又在进行战争！……换句话说，人们现在更不能停止仇恨，停止说不并付诸行动：例如，基督徒仇恨罪责（而并非仇恨罪人：正如虔诚的诡计把它们区分开来的那样）——而且恰恰通过这种对"善"与"恶"的错误区分，可憎之物、永远要斗争之物的世界得到了巨大增长。实际上，"善人"总是看到自己被恶所包围，在所有行为中都能看到恶——最终他会把自然理解为恶的，把人类理解为腐败的，把善良理解为恩宠。

——于是就形成了一个满怀仇恨和蔑视的类型，而它却断绝了在行动上用武力进行战争的手段：一个"特选者"、和平使者的腐朽种类

一、完全的"傻瓜"。

斯多亚类型。或者说：完全的傻瓜。坚定、自我克制、无可动

摇、平静,作为一种长久的意志的坚强不屈性格——深刻的安宁、防卫状态、山、好斗的怀疑——原则的坚定性;意志与知识的统一;对自身的尊重。隐居者类型。

一贯的类型:这里要弄清楚,人们也不允许仇恨恶,人们不允许反对恶,人们也不允许进行针对自身的战争;人们不仅要忍受这样一种实践带来的苦难;人们完全生活在积极的情感中;人们在话语和行为上偏护敌人;通过对种种平静的、善意的、和睦的、有益而可爱的状态的一种异期复孕①,人们使其他状态的土壤变得贫瘠了……,人们必须有一种持续不断的实践

在此达到了什么呢?——佛教类型:或者完美的奶牛

只有当没有一种道德狂热占上风,也就是说,只有当恶并不因其本身之故而受到仇恨,而只是因为它指出了通向各种令我们痛苦的状态(不安、劳作、忧心、混乱、依附)的道路,这时候,上面讲的观点才是可能的。

此乃佛教的观点:这里罪责并没有受到仇恨,这里"罪恶"概念付诸阙如。

二

不一贯的类型:人们进行针对恶的战争——人们相信,为善之故进行的战争并没有通常战争所带来的道德后果和性格后果(而

---

① 异期复孕(Superfötation):不同时期的卵子受精,以致同体怀有两个胎儿。——译注

且正因为这样,人们才把战争当作恶来憎恶)。事实上,比起任何一种人对人的敌意,这样一种针对恶的战争所具有的腐败作用要彻底得多;通常,作为敌人的"个人"(Person)至少在想象上会重新登堂入室(魔鬼、恶的灵魂等等)。针对我们身上糟糕的和可能具有糟糕起源的一切东西的敌意行为、观察、刺探,都结束于那种最痛苦和最不安的状态:以至于现在,"奇迹"、奖赏、狂喜、彼岸之解决都成为值得愿望的了……

基督教类型:或者完全的伪君子。

11[298]

关于他们内心世界的基本事实,人〈类〉的看法总是那么虚假、那么虚伪! 他们在此总是视而不见,他们在此总是三缄其口,抑或信口雌黄——

11[299]

大话
大人物
大时代。

11[300]

哲学家的"客观性":对自身的道德〈上的〉漠然,对好的和坏的后果的盲目;毫无疑虑地使用危险的手段;把性格的反常和多样当作优势来猜测和充分利用——

我对自身的深刻冷漠:我不想从自己的认识中获得任何好处,

也并不回避自己的认识带来的坏处——这里也包括人们可能会称之为性格之败坏的东西；这种视角位于外部：我运用我的性格，但我既没想到去理解它，也没想到去改变它——我一刻也没想过对德性的个人 calcul[计算]。在我看来，一旦人们对自己的个人事务发生兴趣——或者甚至于对自己的灵魂"得救"发生兴趣，那么，人们就对自己关闭了认识的大门！……人们不能过于看重自己的道德性，也不能放弃一种对道德性之反面的微薄权利……

在这里，也许有一种道德性遗产被设为前提了：人们察觉到，人们可以大量挥霍和抛弃掉这种道德性遗产，而不会由此变得特别贫困。决不能想试着去赞赏"美好灵魂"。要善于始终保持对于美好灵魂的优越感。要带着一种内在的嘲讽去直面德性巨人；明智地对待德性①——隐秘的愉快。

要围着自身转；没有变得"更善些"或者一般地只是变得"不同"的愿望；过于关注，不能把任何一种道德性的触手和网络投向事物——

11[301]

这个形象并非完美无缺。人们不光是用形形色色的智慧和箴言的伪君子外衣来装扮它，以至于它被庸俗化为"道德家"了：糟糕的是，人们并不是对这个类型本身毫无触动的。人们猜测，这个形象多么早地从一开始就不得不效力于种种不同的意图了：在短时间内，就只还存在着这个已经装扮好的形象的一种传统。看起来，

---

① 原文为法文。——译注

古代典型的以色列预言家强烈地影响了这个形象的描绘:非福音的面貌、盛怒、诅咒、整个如此不可信的"审判"预言、整个沙漠类型、针对法利赛人①和犹太教学者的肆无忌惮的语言、逐出圣殿
——也包括耶稣对无花果树的诅咒——典型的情形,人们在哪里以及如何不应该作出一个奇迹。

你不该诅咒。你不该施魔。你不该报复。你不该撒谎(——因为说一件事情只是由于它被视为真实的就具有了成为真理的悦目样子,那是一种谎言:人们一日三次都可以体会到这种 demonstratio ad absurdum[荒谬之证明]——

11[302]

这里,每一句话都是象征;根本上再也没有什么实在性可言。弄错这些象征的危险是非同寻常的。几乎所有的教会概念和估价都令人迷惑:人们根本不可能比教会的误解更加彻底地误解《新约圣经》了。教会缺失一切达成理解的前提,即:历史学家的中立性,后者甚至着魔地关心"灵魂得救"是否取决于言辞。

教会从来没有过要去理解《新约圣经》的善良意志:它要的是利用《新约圣经》来证明自己。它曾经并且正在这同一本《新约圣经》背后寻找一个神学体系:它预设了这个神学体系,——它相信这唯一的真理。首先需要十九世纪——不虔敬的世

---

① 法利赛人(Pharisär):古犹太教一个派别的成员,标榜墨守宗教法规,基督教圣经中称他们是言行不一的伪善者。法利赛人就成了"伪善者"的别名了。——译注

纪——,才能重新获得若干个极其暂时的条件,才能把这本书当作书(而不是当作真理)来读解,才能把这种历史并非当作"神圣的历史",而是当作一种充斥着寓言、虚构、伪造、羊皮纸、纷乱的暴行来加以重新认识,简言之就是把它当作实在性来加以重新认识……

人们没有充分说明,我们欧洲人依然生活在何种概念野蛮状态中。

请注意!人们可能曾相信,"灵魂得救"系于某一本书!……而且人们对我说,他们今天还信着这一点。

如果教会所维护的这样一种荒唐的《圣经》解释依然没有羞愧之色,那么,所有科学教育,所有批评和解释学又有何助益呢?

129 11[303]

爱情

瞧瞧清楚啊:女人的这种爱情、这种同情——还有什么更利己自私的东西吗?……而且,如果女人们作出牺牲,牺牲自己的荣誉、名声,那么,她们是为谁牺牲的呢?是为男人吗?抑或毋宁是为了一种毫无节制的需要?

——这恰恰就是自私自利的欲望:她们现在是不是有益于他人并且培植了感恩之情?……

——一种估价的这样一种纵欲(Hyperfötation)怎能把所有其他的东西神圣化呢!!

11[304]

我们或许有理由为此震惊：像狄克拉①所具有的这样一种狂热乃是人们原则上不可能赞同的东西。我们可能为诗人的天赋所吸引，去同情他所遭遇到的某一个个体：但他不能被用作一个普遍体系的基础，我们在法国只爱那些放之四海而皆准的东西。②

比起德国的戏剧道德，法国的就要严格得多了。这是由于德国人把情感看作道德的基础，而对我们而言这个基础乃是理性。对他们来说，一种诚挚、彻底、无限制的情感不仅能为它所引起的东西作辩解，而且还能使它变得高贵，以及使之神圣化——如果我竟敢使用这一表达的话。③ 我们有严格得多的原则，我们从不在理论上背离它们。错认一种义务的感觉在我们看来更多地只是一个缺点而已；我们会轻松地宽恕这种兴趣，因为这种兴趣更多地向自己的种种逾越投入了灵活和得体。感觉向意见挑战，诚实的意见（brave l'opinion），而意见由此受到刺激；兴趣力求通过爱护意见来欺骗意见，而且即使意见发现了这种欺骗，它也懂得对这种敬意表示感激。

11[305]

我们只把爱情看作是人类的激情，也就是说，其作用是让我们

---

① 狄克拉（Thekla）：殉道者，基督教圣女，相传为《圣经》抄写者。——译注
② 后半句原文为法文。——译注
③ 此处二句原文为法文。——译注

丧失理性,其目的是给我们带来享受。① B.贡斯当②。

11[306]

  统一法则使作品布局变得十分困难:它们把各种悲剧——尤其是历史悲剧——限定在某一空间之中。③——它经常迫使作家在事件和人物性格方面忽视真实的层次、细腻的差别;出现了空白、过于生硬的过渡。

  法国人只描绘一个事实或者一种激情。他们具有一种对于统一性的需要。他们拒斥性格中一切不能突出他们想要描绘的激情的东西;他们隐匿自己的主人公先前生活中一切与他们所选择的事实没有必然联系的东西。④

  法国体系以一种完全的孤立性来表现构成主题的事实,同样也这样来表现构成一切悲剧的动机的激情。兴趣、视角的统一性。观众认识到,那不是一个历史人物,而是一个人造的主人公,一个虚构的造物⑤——

11[307]

  爱情需要不安和畏惧吗?难道爱情需要嫉妒作催化剂吗?爱情是不是轻柔地飘向纯洁而安宁的梦幻空间?——在别的情形

---

① 原文为法文。——译注
② 邦雅曼·贡斯当(Henri Benjamin Constant,1767-1830):法国作家、政治家。著有《宪政论》以及长篇小说《阿道尔夫》等。——译注
③ 此句原文为法文。——译注
④ 此句原文为法文。——译注
⑤ 此段原文为德、法文混用。——译注

中,一种灵活而冷漠的自私自利或许就是第一位的德性,那是各种责任中最合理的①——

11[308]

环境算不了什么,性格才是一切。②

11[309]

人能改变处境;人挪得了地方改不了自己。③

11[310]

关于激情地位的整个观念:就仿佛受理性指导就是正当的和正常的——而激情则是不正常的、危险的、半兽性的东西,此外,就其目标来看,激情无非是快乐欲望……

激情受到了侮辱:1)就仿佛它只是不应有的方式,而且并非必然的和始终变动不居的;2)因为激情预计需要某种没有崇高价值的东西,一种愉快……

对激情和理性的错误认识,就仿佛理性是一个自为的本质,而不是各种不同激情和愿望的关系状态;就仿佛并不是每一种激情都内含着一定量的理性成分……

---

① 后半句原文为法文。——译注
② 原文为法文。——译注
③ 原文为法文。——译注

11[311]

人们只描绘一种激情(而不是一种完整的个体性格),人们由此获得了悲剧效果,因为那些总是混杂的个体性格有损于印象的统一性。但真实性即失落于此。人们会问:倘若英雄们并不是受这种激情所激发和推动的,那他们还剩下什么呢?确实只有一点点⋯⋯性格是不计其数的。戏剧激情则是微量的。"暴君波吕丰忒斯①是一种类型:暴君理查三世②则是个个体"③

11[312]

未来。反对伟大"激情"的浪漫派。

要弄明白:何以任何一种"古典"趣味都包含着一定量的冷漠、清晰、严厉:首先是逻辑、精神方面的幸福、"三一律"、专心——对情感、心情、精神的仇恨,对多样性、不可靠性、漂浮、预感的仇恨,恰如对简明、犀利、美丽、善良的仇恨。

人们不该玩弄艺术表达形式:人们应当改造生命,使生命从此必须表达自身⋯⋯

这是一出快乐的喜剧,我们到现在才学会嘲笑它,到现在才去观看它:赫尔德尔、温克尔曼、歌德和黑格尔的同时代人声称已经

---

① 波吕丰忒斯(Polyphonte):希腊神话中赫拉克勒斯之子,他杀其兄弟,墨塞尼亚国王克瑞斯丰忒斯,抢夺了王位,后被克瑞斯丰忒斯之子埃皮托斯杀死。——译注

② 理查三世(Richard III,1452-1485):1483年篡夺王位的英格兰国王。——译注

③ 引号中原文为法文。——译注

重新发现了古典理想……而且同时还有莎士比亚!

——而且,就是这同一类人,竟卑鄙地宣布与法国人的古典主义学派脱离了干系!

——仿佛在这儿不能像在那儿一样了解到本质真相似的!……

然而,人们却想要"自然"、"自然性":呵,多么愚蠢啊!人们竟以为古典性就是一种自然性!

不带任何偏见,决不优柔寡断,彻底地去思考一下,一种古典趣味可能在何种土壤里成长起来。

对人的硬化、简化、强化、恶化:所有这些都是共属一体的。逻辑和心理学的简化。轻视细节、复合性、不确定性——

德国浪漫派并没有抗拒古典主义,而是抗拒理性、启蒙、趣味、十八世纪。

浪漫的瓦格纳音乐的敏感性:对立、古典敏感性……

力求统一性的意志(因为统一性施行暴政:即对听众、观众施暴),但却无能于让它在大事上施暴:即着眼于作品本身(着眼于放弃、缩减、澄清、简化。

以量取胜(瓦格纳、维克多·雨果、左拉、泰纳),而从未凭着伟大品质

11[313]

"莫非你误以为,你当仇视生命,遁入荒漠,因为并非所有花一样的美梦都能实现?"——歌德笔下的普罗米修斯说。

11[314]

瓦格纳艺术:三种最时髦的需要之间的一个妥协:对病态的需要、对残酷的需要以及对无辜(即痴呆)的需要……

11[315]

为什么德国音乐在德国浪漫主义时代达到了顶峰呢？为什么德国音乐中没有歌德呢？而相反地,在贝多芬那里,又有多少席勒的成分,更确切地讲,又有多少"狄克拉"的成分啊！

——舒曼本身含有艾兴多夫、乌兰德、海涅、霍夫曼、蒂克①
——理查德·瓦格纳身上则具有《魔弹射手》②、霍夫曼、格林③、浪漫主义传说、本能的神秘天主教、象征主义、"激情的自由

---

① 约瑟夫·艾兴多夫(Joseph Freiherr von Eichendorff,1788—1857):德国诗人、作家。主要作品有长篇小说《预感与现实》,抒情诗《在清凉的土地上》以及《戏剧史》、《德国文学史》等。路德维希·乌兰德(Johann Ludwig Uhland,1787—1862):德国诗人。诗作具有民歌风格。著有《歌手的诅咒》、《诗集》、《关于诗歌和传说的历史文集》等。恩斯特·泰奥多尔·霍夫曼(Ernst Theodor Amadeus Hoffmann,1776—1822):德国小说家,属浪漫主义派。主要作品有《谢拉皮翁兄弟》、《小查克斯》等。路德维希·蒂克(Johann Ludwig Tieck,1773—1853):德国浪漫主义作家。著有小说《威廉·罗维尔》、《弗兰茨·斯坦恩巴尔德的漫游》等。——译注

② 指德国作曲家韦伯(Weber,1786-1826)创作的著名歌剧《魔弹射手》,被认为是第一部浪漫主义歌剧。"魔弹射手"(Freischütz)为德国传说中能用魔弹随心所欲击中目标的射手。——译注

③ 应指"格林兄弟",即雅各布·格林(Jacob Ludiwig Karl Grimm,1785—1863)和威廉姆·格林(Wilhelm Karl Grimm,1786—1859)。雅各布·格林为德国语言学家、历史比较语言学的奠基人之一。著有《德语语法》、《德语史》等。与其弟威廉姆·格林一起搜集德国民间故事、传说和童话,合编有《儿童与家庭童话集》、《德国传说》等,文学史上称为"格林兄弟"。——译注

思想"、卢梭的意图

《漂泊的荷兰人》①具有法国风味,在那里,1830年,阴郁情人乃为诱惑者类型。

——音乐崇拜:有关形式的革命浪漫主义

瓦格纳总结了浪漫主义,德国的与法国的——

11[316]

大话:

"灵魂的安宁"

"爱"

"古典趣味"

11[317]

在法国,民族主义败坏了性格;在德国,民族主义则败坏了精神和趣味:为了经受住一次大溃败——而且是最后的大溃败——,人们必须比胜利者更年轻和更健康

11[318]

瓦格纳的异国情调在"德意志狂"的信徒中间

11[319]

欧洲文化的幽默:人们把这个视为真实的,但却做着那个,例

---

① 瓦格纳的歌剧,首演于1843年。——译注

如，如果教会的《圣经》阐释（新教的阐释与天主教的阐释并无二致）一如既往地得到维护，那么，所有阅读和批评的技艺又有何用啊！

11[320]

瓦格纳信徒，草率地赞赏瓦格纳身上根本不美妙的一切，毋宁说是"瓦格纳式的"——

11[321]

——这种荒唐的细节繁缛，这种对细小线条、马赛克式拼接效果的强调：保罗·布尔热

伟大风格的虚荣心——同时又不想放弃他曾经做得比较好的东西，不想放弃细小、最细微的东西；这样一种细节上的繁缛；这样一种精雕细琢的工作，在无人能够关注细微的时际；这样一种眼睛的不安，因为我们的双眼时而要适应马赛克式的拼接风格，时而要适应放肆地挥洒的湿壁画①风格

听瓦格纳〈的〉音乐会激起我的独特痛苦。我把这种痛苦归结于以下事实：这种音乐类似于一种绘画，一种不让我有容身之地的绘画……为了理解它，我的双眼必须不断地调节到不同位置：时而要近视，才不至于放过这种极精巧的马赛克式精雕细琢的作品，时而得适应那种非要从远处来观看的放肆而残酷的湿壁画。某种外

---

① 湿壁画（Wand-Fresken）：在古代欧洲使用较多的、最易保存因而被认为在技术上最少缺陷的壁画画种。——译注

观上的不能把握构成瓦格纳音乐的风格:在这里,所谓风格是在风格之无能意义上来使用的

11[322]

瓦格纳:1)不能被其德意志倾向所欺骗

——他的敏感性根本不是德意志的;相反,他的精神和心智(包括风格)种类却是德意志的

——他对中世纪欧洲的伟大象征有着最深的同情,并且寻求此类象征的"载体"——

——他的主人公类型根本不是德意志的:唐豪瑟、漂泊的荷兰人、黎恩济、罗恩格林、艾尔莎、特里斯坦、西格弗里德、帕西法尔:①人们倒是来试试这些———:《工匠歌手》②依然

——"激情"崇拜不是德意志的

——"戏剧"崇拜不是德意志的:借助于表情的冲击力和可怖性,他获得了一种巨大的说服力。

2)什么是德意志的?

——不确定的象征手法,喜欢不准确的想法,虚假的"沉思",肆意妄为,缺乏冲动、诙谐和优雅,无能于宏大线条、必然性———

3)人们必须在大事上不被迷惑:瓦〈格纳〉的音乐剧是

---

① 均为瓦格纳歌剧中的人物。——译注
② 瓦格纳的歌剧作品《纽伦堡的工匠歌手》,1868年首演。——译注

一种倒退,更糟糕地,是音乐的一种颓废形式——

——他牺牲了所有音乐元素,牺牲了音乐本身,为的是从音乐中弄出一种表达艺术,一种强化、暗示、心理上诗情画意的艺术

同样地,迄今为止,他那杰出的演员本能和戏剧本能也不是德意志的(——如果人们从这种本能中把握到瓦格纳的主宰能力、他的主导性本能,那就根本理解不了瓦格纳)

德意志的深刻、多样、任意、丰盈、不确定:伟大的象征和谜团,随着来自遥远天际的轻微雷声而变得越来越响亮:德意志式的朦胧而凶险的天空,只把幸福认作漫画和愿望——

11[323]

他从何处得到追随者?从大量不懂音乐的、对音乐一知半解的、受过半拉子音乐修养的男男女女中,听懂瓦格纳正好迎合了他们的虚荣心

不懂音乐的、对音乐一知半解的教养狂热者的胜利,瓦格纳的宏大气概迎合了他们,就仿佛"听懂"瓦格纳就是优越性的一个标志似的

:瓦格纳唤起了美好的情感和高耸的胸脯

他尤其激发了一种狂热的——德意志的——自然感受———

——他对那些神秘的、色情的女人施行了催眠术,其做法就是使他的音乐能够为一个着迷者的精神所感觉,直到渗入其骨髓(——人们不妨看看《罗恩格林》序曲对内分泌的生理影响以及———

——同时,他每一次都达到了激情高潮,带着一种广度和血脉

膨胀,后者把他置于与所有气短者和瞬时戏剧家的对立之中

11[324]

　　教会的误解
　　圣餐
　　"上帝之子"
　　十字架上的耶稣之死作为
　　对"信仰"的
　　原罪史的偿还

11[325]

对善人的批判

　　正派、尊严、义务感、公正、人性、诚实、正直、良心——以这些动听的字眼,各种品质真的已经为其自身之故而得到了肯定和赞赏吗?或者,在这里,本身价值中性的品质和状态已经被移置于它们借以获得价值的某一种观点之中了?——难道这些品质的价值就在自身中,或者就在它们所带来(表面看来由它们带来的,人们期望由它们带来的)的好处和优势中?

　　在此我当然并不是指评判中的自我(ego)与他人(alter)的对立:问题在于是否就是它们带来的结果,无论就这些品质的载体而言,还就这些品质赖以获得价值的环境、社会、"人类"而言;或者,是否它们本身就具有价值……

　　换种问法:这种功利性是不是就意味着对相反品质的谴责、反对、否定呢(——不可靠性、虚假性、怪僻、自身不确定性、非人

性——)？受到谴责的是此类品质的本质呢，抑或只不过是此类品质的后果？

换种说法：具有上述第二类品质的人并不实存，这是值得想望的吗？——无论如何，这是人们所相信的——

但这里却隐含着狭隘利己主义的谬误、近视、偏见。

用另一种说法：创造出整个优势都集中到正派人一边的状态——从而使得相反的天性和本能消沉沮丧并且慢慢消亡，这是值得想望的吗？

——从根本上讲，这乃是有关趣味和美学（Aesthetik）的问题：让"最可尊敬的"也即最无聊的人的种类留存下来，这是值得想望的吗？剩下那些正人君子、有德性者、老实人、规矩人、正直者、"傻瓜笨蛋"？

——如果人们撇开大量的"异类"：那么，甚至正派人也根本不再有生存（Existenz）的权利了：再也不需要这种人了——而且在这里，人们明白了，唯有粗糙的功利性才使这样一种令人不堪忍受的德性获得了好评。

值得想望的事体也许恰好在反面：创造出那样一些状态，在其中"正派人"被贬降到一种"有用工具"的卑微地位上——作为"理想的群畜"，顶多也只是群盲的牧人：简言之，在那里，正派人再也达不到上层级别——：后者要求的是别的品质——

11 [326]

栏目

1. 论对"善人"的批判。

2.来自强者学校。

3.大话。

4.论对"基督性"的批判。

5.人们如何使道德获得统治地位。

6.审美价值;它的起源和未来。

7.虚无主义的来临。

8.论"现代性"

11[327]

虚无主义者的日记……

对所发现的"虚假性"感到毛骨悚然

空虚:再也没有想法;围绕那些毫无价值的事物的强烈情绪:

——这种赞成和反对的荒谬情绪冲动的旁观者

——优越而自负、恶意讥诮、冷对自身

——最强烈的情绪冲动显得像是一个说谎者:仿佛我们应当相信它们的对象,仿佛它们要诱骗我们——

——最强大的力量再也不知道,何去何从?

——万物依然在此,但没有了目的——

无神论作为无理想状态

充满激情的否定和无为阶段:在其中爆发出所蕴藏的对于肯定、对于崇拜的欲望……

蔑视阶段,甚至针对否定……

    甚至针对怀疑……

    甚至针对讽刺……

> 甚至针对蔑视……

灾难:谎言是不是某种神性的东西……

> 万物的价值是不是在于它们是虚假的?……
>
> 绝望是否只是一种对真理之神性的信仰的结果?……
>
> 说谎和造假(伪造)是否恰恰就是意义嵌入,一种价值、一种意义、一个目的
>
> 人们是否不应该信仰上帝,并非因为上帝是真实的(而是因为上帝是虚假的——?

11[328]

Ⅰ.

> 虚无主义概念。
>
> 论虚无主义者的心理学。
>
> 论欧洲虚无主义的历史
>
> "现代性"批判

> 大话。
>
> 来自强者学校。
>
> 善人。
>
> 基督性

> 理想的谱系
>
> 哲学家的女妖

审美价值:起源和批判

艺术和艺术家:新问号。

11[329]

请注意！对爱国主义的批判(论"现代性")。

11[330]

温克尔曼和歌德笔下的希腊人,维克多·雨果笔下的东方人,瓦格纳采纳的《埃达》①中的人物,司各脱笔下十三世纪的英国人——总有一天人们会发现这整个喜剧:所有这一切在历史上是极其虚假的,然而——在现代却是真实的!

11[331]

纸牌游戏。②

不要控诉任何人——

我的愿望没有足够的力量领导我——

---

① 《埃达》(*Edda*):分为《诗体埃达》与《散文埃达》,是两部用古冰岛语写成的、记述古代北欧英雄事迹的文学作品,成于12-13世纪间。《埃达》为日耳曼英雄传说的主要来源,瓦格纳歌剧多取材于此。——译注
② 原文为法文:Bési,常作 bésigue,为一种纸牌游戏。未知尼采为何用它作本节的标题。——译注

甚至嫉妒这些否定者:嫉妒他们的希望——他们竟能如此严肃地看待一种仇恨!

"这种力量用于何方?"——

不是对可笑之事的害怕——我已经超越之——,而是那种引起我害怕的仇恨和蔑视,阻止我与他们结盟。尽管如此,我还是一个有教养的人,① 而且讨厌与他们交道。

"倘若我感到对他们有更多的仇恨和嫉妒,我也许就与他们取得了一致意见了"。

"我害怕自杀,因为我害怕显示灵魂的伟大……我看到,这或许依然会成为一种欺诈,——对于过去所有不计其数的谎言来说,它是最后一个谎言!——自欺欺人,唯一地赌一把卓越辉煌,这又有何好处呢?——因为我向来与愤怒和羞愧格格不入,所以我再也不会绝望……"

如果您也发觉,我对您毫无同情,没有招呼您;而且我并不尊重您,没有把您等待……然而我却是在招呼您、等待您——

正如我始终都会做的那样,我能够拥有做一件善行的需要,并且以此为乐;不过此外我也希望作恶,并且同样地对此感到满意。

---

① 此句原文为德、法文混用。——译注

所有此类印象，如果它们竟能产生的话（那是十分罕见的），始终都是十分容易的……

"人们可以抱一根梁而不是一片碎木屑过河"①。我试〈验〉过放荡无度的生活，并且因此耗尽了自己的精力；然而我并不喜欢这种放荡，它并非我的目标。

如果人们不再跟随自己的祖国，那么，人们就不再有任何上帝，也就是说，生存（Existenz）中再也没有任何目标了……

人们可以无休止地阔谈一切，但我心中却只产生了一种没有意义和力量的否定。由于我是这样来说话的，我最后还是感到得意。万物始终脆弱而无力。

高尚的基里洛夫②为一个念头所战胜了：他于是开枪自杀了。我认为，此人心灵的伟大之处就在于：他已经失去了头脑。我永远也不可能如此行动的。我永远也不可能如此狂热地相信一个观念……更有甚者，在这样一个要点上关注观念，这在我是不可能的事……我决不会开枪自杀，永远不会……

我知道我该杀了自己，我该清洗掉身上的泥土，犹如一只可怜的昆虫。

---

① 原文为法文。——译注
② 基里洛夫（Kiriloff）：陀思妥耶夫斯基小说《群魔》中的人物，因被上帝"折磨了一辈子"而终于自杀。——译注

11[332]

论虚无主义者的心理学。

"在歌德看来,人类身上最值得敬仰的东西是:——逻辑一贯性,而这是虚无主义者所具有的。

在这段时间前后,他说服自己要纵情欢乐。人们可不能低估其中的逻辑;人们必须〈成为〉哲学家才能领悟个中道理。观念乃是欺骗;感觉是终极实在……正是那种对"真理"的最终渴望劝告人们要纵情欢乐——而不可能是"爱":所有的面纱和美化(即伪造)都必须〈被〉抛弃:因此必定就是纵情欢乐、痛苦以及两者的混合。

一种提高:痛苦比快乐更实在……快乐中的肯定性因素具有估价、欺骗和夸张的特征……

痛苦不易令人陶醉,它的清醒特性……

——要小心提防那种令人陶醉的和令人恍惚的痛苦……

——人们施加的痛苦比人们忍受的痛苦更实在——

11[333]

随着对上帝的否定一道出现的绝对变化——

我们绝对地再也没有主宰我们的主了;旧的价值世界乃是神学的——它已经被颠覆了——

更简明地讲:在我们头上没有更高的统治机关了:只消上帝可能存在,则现在我们本身就是上帝……

我们必须把曾经赋予上帝的属性赋予我们自己……

11[334]

无神论的逻辑。

如果上帝实存(existirt)，则万物都取决于上帝的意志，在上帝的意志之外我是一无所有的。如果上帝并不实存，则万物都取决于我自己，而且我就必须证明我的独立性——

自杀乃是证明自己的独立性的最圆满方式——①

上帝是必然的，因此它必定实存
但上帝并不实存
所以人们再也不能生活下去了。

这个念头也折磨了斯塔夫罗金②："当他信时，他不信自己在信；当他不信时，他不信自己不信。"

陀思妥耶夫〈斯基〉笔下的基里洛夫有一番经典表述：

我有义务肯定自己的不信；在我眼里，没有比对上帝的否定更伟大的观念了。什么是人类历史？为了不至于自杀，人类发明了上帝，除此之外人类一无所为。我是第一人，拒斥了上帝之虚构……

---

① 此处显然是指基里洛夫的方式和结局。——译注
② 斯塔夫罗金(Stavrogin)：陀思妥耶夫斯基小说《群魔》中的无政府主义者。——译注

杀死另一个人——这或许是最低形式的独立性：我想要达到的是独立性的至高点

早先的自杀者是有理由自杀的；而我却没有理由自杀，唯一的理由就是要证明自己的独立性——

11[335]

虚无主义的开端

　　接替、与故土决裂

　　　　非本土地(*unheimisch*)开始

　　　　令人恐怖地结束

11[336]

　　如果自然本身不曾爱惜自己的杰作，如果自然曾让耶稣在谎言中间、并且为了谎言而生活(——而且，大地应把它赋予生命的一切归功于耶稣——)，要是没有耶稣，这个星球以及星球上的一切就只是一桩蠢事，那么，这个星球就是建立在一种谎言、一种愚蠢的嘲笑上面的。因此，自然的法则本身也就成了一种欺诈(Imposture)和一出恶作剧(diabolische farce)。那么，如果你是一个人，你为何要活着呢？……

　　"但要是你失望了？要是你已经明白，全部谬误就在对旧上帝的信仰，那该怎么办？"

　　人类的救恩就取决于：向自己证明这种想法——

　　我弄不懂，迄今为止无神论者怎么可能知道没有上帝而又不立刻自杀……

"感觉到上帝不存在,而同时又没感觉到人们恰恰因此成了上帝,这是一件荒唐的事情:要不然人们就不会错过自杀的机会。如果你感觉到这一点,你就是沙皇大帝了,而且根本不会自杀,而将生活在荣誉的巅峰……

"我只是被迫成为上帝的,我是不幸的,因为我负有责任,要证明自己的自由。所有人都是不幸的,因为他们都害怕证明自己的自由。如果说人类直到今天还是如此不幸和如此可怜,那么,之所以会有这种事,是因为人类不敢在"自由"一词的最高意义上自由地表现出自己,是因为人类满足于一种幼稚的拒绝服从……因为我是非常不幸的,因为我非常恐惧。恐惧是人类之厄运——

这将挽救所有的人类,并且在身体上改造下一代:因为,据我来判断,以其当前的身体样子,人类还不能缺少这个旧上帝……三年以来,我一直在寻求自己的神性标志:而我已经把它找到了——那就是独立性。为了证明我的拒绝服从,证明我那全新的和可怕的自由,我愿意自杀"——

11[337]

五六秒钟而已,不会更多了:其间你们能突然感觉到永恒和谐的当前在场。人裹着短暂易逝的躯壳,不能忍受这一点;他不得不在身体上改造自己,或者不得不赴死。那是一种清晰而不值得讨论的情感。你们似乎觉得自己与整个自然相接通,你们说:"是的,这是真的啊!"当上帝创造世界后,他在每天结束时都说:"是的,这是真的啊,这很好啊!"这话不是感动,而是快乐。你们无所宽宥,因为没有什么要宽宥的。你们不再爱了——呵,这种情感比爱更崇高。最可怕的是它借以表达自己的令人毛骨悚然的确定性,以及它借以实现自己的快乐。如果这种情形更长久地持续下去,那么,心灵就不可能忍受了,它必定会消失掉——在这五秒钟内,我将经历整个人类生存,为了这种生存,我或许得献出自己的全部生命,这或许并不是太昂贵的代价了。为了更长久地承受这种情形,我们不得不在身体上改变自己。我相信,人类将停止生育。倘若已经达到了目标,那么子孙又有何用呢?——

对复活象征的理解:

"复活之后,人们将不再生育了,人们还将存在,犹如上帝的天使"。也就是说,目标已经达到了:子孙又有何用?……孩子身上表达了女人的不〈满〉……

11[338]

倘若人身体里有前后一贯性,那么,人头脑里也就会有前后一贯性。但人的大杂烩……

11[339]

最令我恼怒的是什么?就是看到:再也无人有勇气进行彻底思考了……

11[340]

一场大叛乱的先兆：一种根据命令的犬儒主义，一种对于骇人听闻事件的渴望，刺激、恼怒、厌烦。① 公众神经麻木，在错误的道路上再也认识不了自己

在危机时刻，人们感觉到有大量个人从人口最低层浮出水面，他们毫无目标，没有任何种类的观念，唯有通过对紊乱无序的热爱而与他们区分开来。他们几乎总是屈服于一小撮"前哨"(avancés)的推动，后者对他们为所欲为……

这些卑微之人(gens de rien)突然获得了显要地位，他们高声指责所有可尊重的事物，他们以往一直不敢吱声，而现在最有才华者也要默默地倾听他们讲话，甚至常常还带着赞许的微笑。

11[341]

——是在寻求一种犯罪式的团结精神，并且赢得对自己的控制吗？

刺探活动。在这个系统中，每个成员都在注意他者，其义务就是告密。每个人都属于所有人，而所有人也都属于每个人。所有人都是奴隶，在奴隶身份方面是相同的。极端情况下的诽谤和谋杀，但往往处处可见"平等"。首先要降低科学文化和天赋才能的水准！唯有较高级的知识分子才能接近一种科学的水准；但不可能有任何较高级的知识分子。能力高强的人总是抓住了权力，始

---

① 此句原文为德、法文混用。——译注

终是暴君。他们甚至于只能成为暴君,他们始终是作恶多于行善;人们要驱逐他们,或者就对他们施以酷刑(au supplice)。割掉西塞罗的舌头,挖掉哥白尼的眼睛,用石头砸死莎士比亚……奴隶们可以是平等的:没有暴君,则无论是自由还是平等,都还决不会出现,但在群盲中可以有平等占据上风……人们必定要把高山夷为平地;打倒教育和科学!人们千百年来受够了教育和科学;但人们不得不把服从组织起来,那是世上所缺乏的唯一东西。学习和研究的渴望乃是一种贵族的渴望。随着家庭或爱情的出现,对财产的渴望就会消失。我们将灭掉这种渴望:我们将包庇醉态、喧哗和告密。我们将宣传一种无与伦比的放纵不羁,我们将把天才扼杀在摇篮中。"把所有人都降到同一个水平上,完全的平等!"[①]

"我们学会了一门手艺,我们都是老实人;我们不需要别的什么了"——英国工人们新近如是说。唯有必要之物才是必然的,这话从现在起应当成为全球的座右铭。可是人们也需要痉挛,这一点由我们来操心,我们这些不同的领导者和指挥者……奴隶们是必须有主人的。完全的服从,完全的非个性化:但每隔三十年,人们都会发出痉挛的信号,所有人都会突然间开始相互撕咬,要吃掉对方,自然最后要达到某个点,为了唯一的目的,就是为了不至于无聊。无聊乃是一种贵族的情感;在社会主义里将没有任何欲望。我们为自己保留了痛苦和欲望,奴隶们将拥有社会主义……我们曾想到把世界交付给教皇。教皇可能会赤足走出他的宫殿,并且对民众说:"人们已经把我降到此地了!"——所有人都将拜倒在教

[①] 引号中句子原文为德、法文混用。——译注

皇脚下,包括军队。教皇高高在上,我们围着他,在我们中间产生了社会主义……国际性组织必定会与教皇取得一致:教皇很快会赞成,他别无出路……

您是多么美好啊!偶尔您竟忘了您身上的出色美妙之处!甚至于纯朴和天真!您无疑是在受苦,深深地受苦受难,基于这种纯朴。我是虚无主义者,但我爱美——je suis nihiliste, mais j'aime la beauté。① 虚无主义者就不爱美吗?虚无主义者所不爱的是偶像:我,我却爱偶像,而您就是我的偶像啊!

您并没有侮辱任何人,却普遍受人厌恶;您把所有人都视为自己的同类,而所有人都害怕您:此即公义。没有人胆敢上前拍您的肩膀。您是一位可怕的贵族,而且如果您这位贵族走向民主派,那就是一个诱惑者(un charmeur)。对您来说,牺牲自己的生命或者牺牲他人都是同样无关紧要的。您正是人们所必需的人……

我们闯入民众当中,我们现在已然无比强大了。我们的同类不光是那些扼杀、纵火和干出常规勾当(coups)的人们。这些人更多地阻碍我们……要是没有纪律,我就理解不了什么。我已经点了所有这些人的数;与儿童们一起嘲笑他们的上帝和摇篮的教师;为一位有良好教养的暗杀者辩护的律师,他证明了暗杀者比其牺牲品有更好的教养,暗杀者为了挣钱除了杀人没有别的办法;那些为了检验某种感觉而杀死一个农民的大学生们;系统地为所有罪犯开脱的陪审员们;惧怕法庭没有表现出充分宽宏大量的行政长官……在管理部门中间,在学者们中间——有多少人属于我们同

---

① 用法文重复前句。——译注

类呵！（——而且他们并不知道这一点！）……另一方面，处处可见一种巨大的虚荣，一种兽性的欲望……您知道我们对那些著名的理论有多感激吗？当我离开俄国时，利特雷①的理论正令人狂热，此人使犯罪接近于蠢事；我回去时，犯罪已经不再是一桩蠢事，而是常识②本身，几乎成了一种义务，至少是一种崇高的抗议罢。"嗳，一个开明的人如果急需钱用，怎么就不会去暗杀呢？"但这还没什么。俄罗斯人的上帝已经让位给了烈酒；所有人都是酒鬼，教堂里空无人影……如果我们是主人，我们就会治好他们……必要时我们就把他们流放到一片荒僻之地，让他们在那里待四十年。但有两代人必然要过放荡的生活，必须过一种低贱、出奇、龌龊的放〈荡生活〉③！直到现在，俄罗斯民族尽管行为粗鲁下流，言语愤愤不平，但仍然不识得犬儒主义。您知道俄国农奴尊重自己胜于屠格涅夫对自己的尊重吗？……有人打了〈农奴〉，但他依然忠于自己的上帝——而屠〈格涅夫〉却离弃了自己的上帝……

民众不得不相信，我们所有人都知道目标。我们将鼓吹毁灭：这种观念十分具有诱惑力。我们将叫火灾来帮忙——还有枪击……它藏了起来④……这需要一种闻所未闻的力量……

---

① 利特雷（Maximilien Paul Emile Littré，1801－1881）：法国辞书编纂家、哲学家。以编纂《法语词典》闻名于世。著有《法国语言史》、《保守、革命和实证主义》、《孔德和实证哲学》等。——译注
② 此处"常识"原文为法文 bon sens，或译为"健全的理智"。——译注
③ 此句原文为德、法文混用。——译注
④ 此句原文为法文。——译注

11[342]

装腔作势的戏剧狂(Theatromanie)

11[343]

"这人杀死那人"①

11[344]

十二月党人②(1825年的俄国起义)终其一生都在寻求那种危险:危险的感觉使之陶醉,成了其天性的一种需求……这些传奇勇士无疑很能理解恐惧:要不然,他们就会变得十分安静,而不至于把这种危险的感觉转变为他们的天性的一种需求了。不过,战胜自身的怯懦,带着这种胜利的意识设想自己会无所畏惧——这一点诱惑了他们!……包括所有形式的斗争;不仅在猎熊和决斗中,他们赏识自己身上的恬淡寡欢和坚强性格。

然而,现代人类神经过敏的素质却不再允许有这种自由而直接的感觉的需求了,这些感觉以这样一种炽热感情在美好的古代寻求若干个不安的人物。沙皇尼〈古拉〉或许在所有情形中都如同那些十二月党人一样勇敢:只不过,他或许在这种斗争中找不到任何乐子;他或许会以冷淡和无聊来接受这种斗争,就像人们承受一种令人不快的必然性。就愤怒来说,没有人能与他

---

① 原文为法文。——译注
② 十二月党人(Dekabrist):俄国贵族军官,1825年12月14日在枢密院广场发动反对沙皇的武装起义,受镇压后多被处死或流放西伯利亚。——译注

相提并论:他是冷静、沉着、理智的——所以他比其他任何一个人都更可怕。

11[345]

罗马传布了一个为第三种诱惑所驱使的基督;它宣称基督不能缺少一个尘世之国,恰恰因此也宣告了敌基督者的诞生……

11[346]

上帝作为民族性之标志

民族,那是上帝的肉身。只有当一个民族有自己的上帝,并且顽固地排斥所有其他的上帝;只有当一个民族坚信以自己的上帝能够获胜,并且把全世界的异己上帝驱逐出去,那么,它就是一个当之无愧的民族。

各民族受一种不知餍足的需求的力量驱动,走向自己的目标:那就是持续不懈的对自身生存的肯定和对死亡的否定。"生命的精神"、"活水之河流"、哲学家的美学和道德原则,都在于"寻找上帝"①。在其每一个生存阶段上,每个民族的发展目标都在于寻找上帝,一个自为的上帝,一个被该民族当作唯一真实的上帝来信仰的上帝。自始至终,上帝都是整个民族的合成人物。如果崇拜开始普及化,那么,各种民族性的毁灭就近在眼前了。如果诸神丧失了自己的个体特性,那么,它们就会消亡,诸民族也会与它们一起消亡。一个民族愈强壮,它的上帝也就愈鲜明地区分于其他民族

---

① 原文为法文。——译注

的上帝。人们从未发现过一个没有宗教的民族(亦即没有善恶概念的民族)。每个民族都是以自己的方式理解这些话语的。如果这些观念在若干个民族那里得到了相同的理解,那么,它们就会消亡,善与恶的差异就会开始渐趋黯淡,直至消失。理性从来不可能对这些概念作出界定,甚至不可能哪怕大致不差地把它们区分开来;理性总是以一种可耻的方式把它们混为一谈:科学最终会站在暴力一边。① 这尤其是通过半吊子的科学(Halb-Wissenschaft)而发生的,那是最大的厄运,是一切都得对之俯首称臣的暴君,甚至包括科学……

11[347]

犹太人仅只为期待真实的上帝而活着;古希腊人把自然神化,并且给后世留下了他们的宗教,也即哲学和艺术。罗马则把国家中的民众神化了。

11[348]

"如果一个伟大的民族不相信真理只在他们当中,如果他们不相信自己是唯一受到召唤、用其真理去唤醒并且拯救世界的民族,那么他们立刻就不再是一个伟大的民族了,而倒是成为人种志上的材料了"②。

一个真正伟大的民族决不会满足于一个次要的角色,一个本

---

① 此句原文为法文。——译注
② 此段原文为法文。——译注

身富有影响的角色也不能令它满足;它绝对需要头等角色。放弃此种信念的民族也就放弃了生存……

11[349]

就在这儿,有一种常识意义上的大胆藐视:①这话诱惑了你们!……

11[350]

人生的后半场是由习惯构成的;而在前半场,人们曾与这些习惯决斗。

11[351]

要想能抵抗常识,就得成为伟人:不做伟人就做孬种。

11[352]

马勒伯朗士有话:上帝,就因为它是上帝,所以只能以最简单的方式行动

"Dieu, parce qu'il était Dieu, ne pouvait agir que par les voies les plus simples"②

因此——没有什么上帝。

---

① 原文为法文。——译注
② 此句法文重复上句意思。——译注

11[353]

"跟着感觉走？"

人们为某种高尚情感所驱使，使自己的生命面临危险，并且处于一时冲动中：这是少有价值的……而且甚至并不表示什么……在这方面的能力上，人人都一样——而就这方面的决断来说，罪犯、强盗和科西嘉人肯定胜过我们这些正派人……

更高的阶段是：甚至要克服情绪激动，而且不因一时冲动做出英雄行为，——而是冷静地、理智地，没有暴风雨般的快感亢奋……

对于同情亦然：它首先通常必须经过理智的过滤，不然它就像任何一种情绪一样危险……

对一种情绪的盲目顺从，不论是一种高尚的和同情的情绪，还是一种敌意的情绪，都是最大祸端的原因所在……

性格的伟大不在于：人们并不拥有这些情绪——相反地，人们拥有这些情绪到了可怕的程度——而是在于：人们驾驭了这些情绪……而且甚至对这种驯服也还没有快感可言，而只是因为……

11[354]

基督教的误解

跟基督一起钉在十字架上的罪犯：——当这位要忍受痛苦死刑的罪犯本身断言："就像这位耶稣，毫不反抗、毫无敌意、善良而顺从地受难和赴死，只有这样方可称义"；那么这个罪犯就肯定了福音，并且因此升了天堂……

天国乃是一种心灵状态（——圣经里说到孩子们，"因为天国属于他们");而不是"超出尘世"的什么东西。

上帝之国不是按照编年史、不是根据日历"到来"的,不是有一天突然出现、而此前并不存在的某个东西:而不如说,它是一种"个人观念变化",是某种随时都会到来、而在任何时候都尚未存在的东西……

道德:基督教的创建者不得不为此赎罪,即他乞灵于犹太社会和知识界的最低层……

——这个最低层按照自己理解的精神构想了基督教的创建者……

——根据一种否定所有人格因素和历史因素具有实在性的学说,编造出一种救恩史,一个人格的上帝,一个人格的救世主,一种人格的不朽,并且保留了"人格"和"历史"的整个狭隘心胸,这真是岂有此理啊……

救恩传说代替了象征性的现世和永世、此地和四处,奇迹代替了心理象征

11[355]

如果说我对这位伟大的象征主义者有某种了解,那就是一点:他只看见和承认内心的实在性,而把其余事物(一切自然、历史、政治因素)仅仅理解为用作比喻的标志和时机——并不是把它们理解为实在性,不是把它们理解为"真实的世界"……

同样地,人子耶稣也不是历史上某个具体的个人,而是一个"永恒的事实",一个没有囹禁于时间之内的心理象征……

最后,在最高程度上,上面这一点也适合于这位典型的象征主

义者的上帝……适合于上帝之国,适合于"天国"……

"圣父"与"圣子":后者所表达的是万物进入那种总体美化状态(Gesammtverklärungs-zustand)的情况,而前者正是这种状态……

——而且,人们深深地误解了这种观念,以至于人们把安菲特律翁①的故事(一个伪装得很差劲的通奸故事)置于新信仰的顶峰(连同那种关于圣母玛利亚圣洁受孕的可恶观念:就仿佛怀孕本身是某种肮脏勾当似的——)

深度的蜕化:1)通过那种要历史地理解的意愿

2)通过那种要目睹奇迹的意愿(——仿佛关键问题就在于被打破和被战胜了的自然规律!)。

3)———

11[356]

人们假定,起初有粗糙的奇迹创造者的故事和拯救者的故事,精神的和象征的想象只是一种晚出的变形形式——除此之外,人们不可能对基督教有更多的误解了……

相反:基督教的历史乃是关于一种精深的象征主义的逐步的、越来越粗糙的必然误解的历史……:随着基督教在越来越广泛和粗鄙的民众(他们远离于基督教的原始本能)中间的不断传布(——他们缺乏理解原始基督教的全部条件——),一种传说、一种

---

① 安菲特律翁(Amphitryon):希腊神话人物,珀耳修斯的孙子,底比斯国王,相传宙斯与其妻阿尔克墨涅通奸,生下大力神赫拉克勒斯。——译注

神学、一种教会奠基（Kirchen-Gründung）得以显露出来了——：最低等阶层的需求，后来就是野蛮阶层的需求，带来了首先使基督教庸俗化、然后使之野蛮化的必然性……

教会就是那种要把庸俗而野蛮的基督教语言当作"真理"来维护的意志——……而且至今依然！

保罗的、奥古斯丁的柏拉图主义——：直到最后，这幅关于哲学和犹太教经师的无耻漫画得到了完成，即基督教神学……

基督教中有失体面的成分：

奇迹

灵魂的等级制、等级秩序

救恩史以及对救恩史的信仰……

"罪恶"概念

基督教的历史是这样一种必然性：一种信仰本身与那些应当借助于信仰得到满足的需求一样低级和庸俗——

……人们不妨来想想路德吧！这个充斥着如此粗俗之欲望的人物能够拿原始基督教做什么啊！

反自然过程（Entnatürlichung）的犹太阶段："脱落、不幸、忏悔、和解"作为剩余的模式，——此外就是对"世界"的仇恨

耶稣径直向心灵的"天国"状态冲去，在犹太教会的教规中找不到办法——他甚至把犹太教的实在性（它自我保存的需要）视为一无所有；他是纯粹内在的——

同样地，耶稣也不喜欢在与上帝交往方面的全部粗糙公式：他反对整个忏悔学说与和解学说；他指明，人们必须如何生活才能感到自己是"神性化的"——以及人们何以不能借助于对自己罪恶的

忏悔和悔恨而达到这种生活:"与罪恶无关",这是他的主要断言。为了成为"神性的",关键在于人们要厌恶自己:就此而言,甚至于罪人要比义人更善……

罪恶、忏悔、宽恕,——这一切不属于此……那是混合的犹太教,或者说,那是异教的

11[357]

这种深刻的本能,想着人们必须如何生活,才能感觉自己"在天堂里",而在其他情形下人们根本没有在天堂里的感觉……这就是基督教的心理实在

11[358]

我们十九世纪终于有了理解的前提条件,得以理解那个根本上被误解了十九个世纪的东西——即基督教……

人们曾经极其远离于那种可爱而认真的中立性——那是充满同情和精神风纪的状态——在所有教会时代里,人们都以一种可耻的方式,自私而盲目,纠缠不休,厚颜无耻,总是摆出一副极其卑躬屈膝的膜拜面孔

11[359]

基督教的象征主义依据于犹太教的象征主义,后者也已经把整个实在性(历史、自然)消解于一种神圣的非自然性和非实在性中了……它再也不愿看到真正的历史了——,它再也不对自然的成就感兴趣了——

158 11[360]

对于恶毒地对待我们的人,无论在行动还是在内心里,人们都不应当加以反抗。

人们不应当承认任何休妻的理由。也许也包括:"人们应当阉割自己。"

人们不应当在外乡人与本地人、外国人与本族人〈之间〉作出任何区分。

人们不应当对任何人发怒,人们不应当蔑视任何人……要暗中施舍——人们不应当有发财的意愿——

人们不应当发誓——人们不应当审判——人们应当和解,人们应当宽恕——不要当众祈祷——

让人们看看你们的善良之作吧!让你们的光闪烁起来吧!谁将升入天堂?那个依照天国圣父的意志行事的……

"永恒福乐"(Seligkeit)并不是什么被预言的东西:当人们如此这般地生活和行为时,它就在那里了:

教会不就是:"假的先知,外面披着羊皮,里面却是残暴的狼?"……

"预言、行奇迹、驱魔——这一切皆虚无"……

以一种十分荒谬的方式把赏与罚的学说掺和进来了:因此一切都被败坏了。

同样地,早期 ecclesia militans[争战的教会]实践、使徒的实践活动及其行为,以一种完全歪曲的方式被描绘成必要的、预先确定了的……

对早期基督徒的事实生平和学说的事后美化:就仿佛一切都是这样规定好了的……他们只是奉行而已……

整个先知的态度和奇迹创造者的态度,愤怒,对于审判的召唤,乃是一种可恶的腐败(例如,《马可福音》第六章第11行:"那些不接待你们的人……我告诉你们,真的,那结局就会成为所多玛和蛾摩拉",等等。)

无花果树

"一个先知在家里、在自己人身边毫无作用":胡说八道,这话的反面才是真理……

于是竟至于那些预言的实现:在这里,一切都是伪造和编造出来的!

11[361]

请注意!从其虚无主义出发,叔本华有完全的理由只把同情当作德性来保留:实际上,他以此最有力地推进了对生命意志的否定。同情与caritas[爱]相交织,因为同情允许沮丧者和虚弱者苟延残喘,并且繁衍后裔,那是自然的进化规律:它加速衰退,毁灭这个物种,——它否定生命。为什么其他动物种类能够健康地保存自己呢?那是因为它们没有同情心。

11[362]

请注意!反社会倾向、精神错乱、悲观主义:此乃颓废的三种典型形式。基督教,作为一种颓废宗教,是在蜂拥着所有这三类退化者的土地上生长起来的

11[363]

我们又恢复了基督教的理想:剩下的就是要规定其价值。

1.基督教理想否定了哪些价值:对立的理想包含了什么?

自豪感,间距的激情,伟大的责任,高傲,壮丽的兽性,好战和喜欢征服的本能,对激情、复仇、诡计、愤怒、肉欲、冒险、认识的神化……

:高贵的理想受到否定:人这个类型的美、智慧、权力、宏伟和危险性:设定目标的、"未来的"人(——这里得出了作为犹太教之推论的基督教信仰——)

2.基督教理想是可实现的吗?

是的,不过受到气候的制约……类似于印度教的理想……缺少劳作……——它脱离了民族、国家、文化共同体、审判权,它拒绝教育、知识、良好的教养、行业、商业……它取代了构成人类功用和价值的一切东西——它由于一种情感上的特异反应性而把人类隔绝起来——非政治的、反民族的,既非进攻性亦非防御性的,——唯在秩序井然的国家和社会生活范围内才是可能的,这种生活使这些神圣的寄生虫依靠公共的支出而得以繁衍开来……

3.基督教理想始终是求快乐的意志的一个结果——再不求别的什么了!"永恒福乐"被视为某种自我证明、不再需要任何辩护的东西,——其余的一切(生活和对待他人生活的方式)只不过是达到目的的手段……

——但这是低级地被思考的:对痛苦、对污染、对腐败的恐惧本身乃是放弃一切的充分动机……这是一种贫困的思想方式……

一个衰竭了的种类的标志……人们不应该受蒙骗("你们要变得像孩童一般")——相近的天性：方济各（神经质的、癫痫的、幻影的，与耶稣一般）

11[364]

关于基督教的历史。

环境的持续变化：基督教学说也随之不断地改变自己的重心……变得有利于低等者和小人们……

爱的发扬……

"基督徒"类型逐步地重新接受了他们自己原本否定掉的一切（他们经受了这种否定——）

基督徒变成公民、士兵、法官、工人、商人、学者、神学家、教士、哲学家、农夫、艺术家、爱国者、政治家、"王侯"……他们重新接受了他们曾发誓要抛弃的行为（——自卫、审判、惩罚、宣誓、区分不同民族、贬抑、愤怒……）

最后，基督徒的整个生活恰恰就是基督宣扬要解脱的那种生活……

教会差不多就属于反基督者的胜利，就像现代国家、现代民族主义一样……

教会乃是基督教的野蛮化。

已经主宰了基督教：犹太教（保罗）、柏拉图主义（奥古斯丁）、神秘崇拜（救赎说、"十字架"的象征意义）、禁欲主义（——敌视"自然"、"理性"、"感官"，——东方……）

11[365]

没有"神圣性"这个古怪的概念——

"上帝"与"人"并非相互分离的

没有"奇迹"——根本就不存在那个领域……

——唯一要考虑的是作为颓废的"宗教的"(也即象征－心理的)领域:"伊壁鸠鲁主义"的配对物……按古希腊的概念,天堂也是一个"伊壁鸠鲁花园"

这样一种生活缺乏使命

:它无所意愿……

:"伊壁鸠鲁的诸神"的一个形式——

:没有任何理由去继续设定目标:生儿育女……一切都已经达到了……

基督教在任何时候都还是可能的……基督教与那些用它的名字来美化自己的无耻教义中的任何一条都是没有关系的:它既不需要关于位格上帝的学说,也不需要关于罪恶、不朽、拯救、信仰的学说,它绝对不需要任何形而上学,更不需要禁欲主义,更不需要一种基督教的"自然科学"……

现在,如果有人说"我不愿当兵","我不关心审判","我不想当警察"——那他就是基督徒……"我不想做任何破坏我内心安宁的事情:而且,如果我不得不受此痛苦,那就没有比受苦受难更能保持这种安宁的了"……

关于人们应当信仰什么的整个基督教学说,整个基督教的"真理",纯属欺骗:而且恰恰就是使基督教运动得以发端的那个东西的反面……

恰恰教会意义上的基督教因素自始就是反基督教的东西:纯属事务和人物而非象征,纯属历史而非永恒的事实,纯属套话、仪式、教条而非一种生命实践……对于教义、崇拜、教会、神学的完全冷漠态度才是基督教的。

基督教的实践不是什么幻想,佛〈教〉的实践也不是幻想:它是幸福生活的一个手段……

11[366]

在某种意义上讲,我们这个时代成熟了(也即颓废了),就像佛陀时代一样……

因此,一种不带有荒谬教义的基督教信仰是可能的……

古代异种杂交说的最令人厌恶的怪胎

基督教信仰的野蛮化

11[367]

Christianismi et buddhismi Essentia.

[基督教的本质与佛教的本质]。

(原始佛教与原始基督教信仰的比较)

佛教、基督教信仰都是推论宗教(Schluß-Religionen):超越了文化、哲学、艺术、国家

A.共性:都反对有敌意的情感,——把有敌意的情感认作万恶之源。"幸福":只被看作内心的,——漠然于幸福的外观和光辉。

佛教：意愿摆脱生命、哲学上的明晰性；源自一种崇高的精神等级，出自较高的阶层中间……

基督教信仰：根本上也意愿摆脱生命（——"犹太教会"就已经是生命的一种颓废现象了），不过，由于一种深刻的无文化，对人们的意愿一无所知……耽于作为目标的"极乐"……

B.那些最有力的生命本能不再被感受为快乐的，而倒是被感受为痛苦的原因

对于佛教徒来说：只要这些本能促使人类行动（而行动被视为痛苦……）

对于基督徒来说：只要这些本能诱发敌意和冲突（而敌意、伤害被视为痛苦、对"内心安宁"的扰乱）

（相反，一位优异的战士却只有在一种激烈的战争和敌意中才拥有快乐。）

11[368]

耶稣类型。

如果人们设想耶稣身上有一种狂热的因素，那人们就弄错了……"专横的"勒南

——在这种信仰中没有任何痛苦，那是一种美好的福音，以及一个"美好的福音使者"的状态……

——这种信仰不是通过斗争获得的，它没有发展过程，没有任何灾难……而毋宁说是儿童般天真的……在此类人物那里，童年犹如一种疾病一样退却了——

——这种信仰不愤怒、不责备、不惩罚、不自卫——

——这种信仰并不带来"刀剑"……它没有料到它能分离……

——这种信仰既不通过奇迹来证明自己,也不通过奖赏的允诺来证明自己……它本身在任何时候都是自己的证明、奖赏、奇迹——

——这种信仰并没有把自己表述出来,因为它活着——它并不把此外任何东西视为实在的……"真实的"也即活生生的……

——预备性知识、阅读的偶然性(先知们)决定了它的概念语言:基督教中的犹太教因素首先是犹太人的概念世界。工具,犹太人的心理学:但人们在此要谨防混淆——:一个印度的基督徒不会利用数论派[①]哲学的表达方式,一个中国的基督徒也不会利用老子的表达方式——这根本就无关紧要——

基〈督〉作为"自由思想者":他不喜欢一切固定的东西(言辞、套话、教会、律法、教义)。"一切固定的东西皆致命……"。他只相信生命和生命体——而且,生命和生命体并不"存在"(ist),生命生成(wird)……

:他立身于一切形而上学、宗教、历史、自然科学、心理学、伦理学之外——:他从来都不知道有此类东西……

:他只谈论内心、体验:其余的一切只具有一种符号和语言手段的意义——

---

① 数论派(Sankhya):又称僧耶派,印度古代派别哲学之一,其基本学说为"因中有果论"。——译注

165 11[369]

关于耶稣类型。

——还能得出什么呢？对基督的智慧、同样也包括他的生活行为的整个动机说明……基督的生活行为应当作为对预言的顺从来完成的；他来实现，他有一个关于弥赛亚必须做和必须忍受的一切东西的模式，一个计划……另一方面，耶稣嘴里的每一个"因为"（denn）都是非福音的……利益、狡诈、奖赏、惩罚……

——还能得出什么呢：那种大肆的愤恨，从早期鼓吹煽动的激烈状态而来涌向他们的大师类型……他们按照自己的形象来制作这位大师，他们把他编造为一个行使审判的、怨天尤人的、愤怒而仇恨的先知……他们需要这样一个"典范"——：同样地也需要那种关于"重降"的信仰，关于"审判"的信仰（——这是犹太教的，参看《约翰启示录》）

在耶稣反对犹太教会的教士和神学家的姿态中，包含着心理学上的疯狂和冲突……

同样也表现在他对那些并不采纳他的人摆出的法官派头上……

同样也表现在那个关于无花果树的典型故事中——

关于这样一种学说的导师的心理学问题是准确无误的："他如何对待其他学说和导师？"

他的学说本身并非从矛盾和对立中生长起来的：我怀疑这样一个人物能够了解与自己学说对立和矛盾的东西……其学说绝对没有自由的想象，即不能自由地想象有不同评价和不同意愿的可能性……它不能设想相反的判断……当它作出相反的判断之际，它也只会以最内在的同情为一种"盲目"而伤心,而不会反驳之……

没有辩证法,没有对学说的无论何种可证明性的信仰,除了通过"内心的效应"而得到证明("果实"、"力量的证明")

这样一位导师不能作出反驳……他根本不懂人们可以怎样来与谬误作斗争……他不自卫,也不进攻……

相反地,他的任务是对古旧事物的说明、继承、细化、变换……简化……

11[370]

一种虚无主义的宗教,起源于一个老态龙钟而顽固不化、经历过所有强壮本能的民族,并且与之相适应——逐步传播到另一个环境中,最后进入那些年轻的、根本尚未有经历的民族中——

多么奇怪啊!向野蛮人、日耳曼人宣讲一种推论的、牧人的、夜晚的福乐!何以这一切必须首先被日耳曼化、野蛮化呢!这些人梦想的是一个阵亡英灵的殿堂……——:他们是在战争中得到全部幸福的!——向一片甚至还没有民族存在的混沌宣讲和传布一种超民族的宗教——

11[371]

|:①这种虚无主义宗教汇集了古代的颓废因素和同源的类似物,亦即:

a)弱者和败者(古代世界的废物,那是最激烈地拒斥古代世界

---

① 原文如此。——译注

的东西……

b)道德化了的和反异教的人们……

c)政治上的困倦者和冷漠者(自命不凡的罗马人……),空无所有的丧失民族特性者

d)厌倦自身者,——那些乐于参与地下阴谋的人——

11[372]

基督教是古代大规模的虚无主义运动,它结束于它的胜利;而从此它就占了上风……

11[373]

两次大规模的虚无主义运动:一是佛教,二是基督教。后者到现在才大体达到了文化状态,在此文化状态中,它才能实现自己的原始使命——那是它应有的水准……在其中它才能纯粹地表现自己……

11[374]

我们的优先地位:我们生活在一个比较时代,我们能够推算从未被推算的情况:我们就是一般历史的自我意识……

我们不同地享受,我们不同地受苦:对一个十分多样的东西的比较是我们最本能的活动……

我们理解一切,我们经历一切,我们再也没有敌对的情感了……无论我们在这方面是否失意,我们热情的、几乎深情的欲望都会大胆奔向最危险的事物……

"一切皆善"——要否定之,是颇费我们力气的……

如果我们一度变得如此不明智,结党反对什么,那我们就会受苦受难……

根本上,我们这些学者们今天正在最好地实现基督的学说——

11[375]

对希腊哲学的批判

自苏格拉底以来希腊哲学〈家〉的出现,乃是颓废的征兆;反希腊的本能流行起来……

"智者"还是完全希腊的——包括阿那克萨哥拉、德谟克利特、168 伟大的伊奥尼亚学派——

不过是作为过渡形式:希腊城邦丧失了它对自己的文化独〈特〉性的信仰,丧失了它对所有其他城邦的主宰权……

人们交流文化,亦即"诸神",——人们同时就失去了对 deus autochthonus[本地神祇]的特权的信仰……

不同来源的善和恶混合在一起:善与恶之间的界限模糊起来……

这就是"智者"——

与之相反,"哲学家"则是反动派:他要的是陈旧的道德……

——他在制度的衰落中看到了〈衰落〉的原因,他要恢复旧制度——

——他所见的衰落在于权威的衰落:他寻求新的权威(去国外漫游、接触外来文学和异国宗教……)

——在"城邦"(Polis)概念已经过时之后,他却想要理想的城邦(类似于犹太人,他们在沦为奴仆之后坚守为一个"民族")

:犹太人对所有暴君都感兴趣:他们企图借助于威力(force majeure)来重建道德——

——渐渐地,一切反希腊的东西就要对这种衰落负责(恰如犹太先知们对大卫和扫罗①毫无感激之情,柏拉图对于荷马、古希腊悲剧、修辞学、伯里克利亦然。)

——古希腊的衰落被理解为对古希腊文化基础的反对:此乃哲学家们的根本错误——

结论:古希腊世界毁灭了。原因:荷马、神话、古代德行等等。

哲学家们的价值判断的反希腊进程:

:埃及因素("死后的生命"作为审判……)

:闪米特因素("智者的尊严"、"酋长"②)——

:毕达哥拉斯学派,阴间崇拜、缄默、彼岸之恐怖;数学:宗教的估价,一种与宇宙大全的交流

:教士式的、禁欲主义的、超验的因素——

:辩证法,——我想,那就是柏拉图那里已经出现的一种迂腐而可恶的死扣概念的咬文嚼字?

良好的精神趣味没落了:人们已经再也不能感受到一切直接

---

① 大卫(David):传说中公元前十世纪犹太国王;扫罗(Saul):传说为以色列人的第一代君王。——译注

② 酋长(Sheikh):阿拉伯称呼,又音译为"谢赫",意为长老、酋长、族长等。——译注

辩证法的丑陋和饶舌了。

下列两种颓废运动和两个极端并行不悖：

a)享乐的、可爱而恶毒的、喜欢奢华和热爱艺术的颓废，

b)宗教和道德激情的阴暗化、斯多亚派的自虐、柏拉图对感官的否定，这些都为基督教的产生备好了土壤……

11[376]

请注意！我们最神圣的信念，我们在最高价值方面始终不渝的东西，乃是我们的肌肉的判断。

11[377]

根据 J. 韦尔豪森①

公正作为社会需要：

"只有当公民法制成为不言而喻时，才可能轮到耶稣登山训众时讲的公正"……

犹太人是以一种精神贵族的高傲为基础的，在此基础上他们的神权政治的人工产物才是可能的。犹太人蔑视国家……没有国家就不可能有"教会"……异族统治要维护间距的激情（das Pathos der Distanz）。

非自然化过程的阶段：

:通过王国的建立才有了一个民族，一个统一体，一种总体的自我意识：但这样一来，"沙漠之神"以及同样地（迦南人）所接受的

---

① 尤利乌斯·韦尔豪森（Julius Wellhausen, 1844 - 1918）：德国基督教新教考证家、东方学家。著有《以色列民族史总论》、《六经的结构和旧约历史书》等。——译注

主农业和畜牧业的自然神（巴力神①——狄奥尼索斯）就———②
这种节日崇拜虽然长期以来一直是半异教的，但它越来越多地关系于这个民族的命运，并且终于摆脱了自己的自然性质。雅赫维③与民族和王国处于必然联系之中：这种信仰甚至对于最恶劣的偶像崇拜者来说也是坚定不移的：胜利和救恩决不来自任何他者。公民国家乃是奇迹，是"上帝之助"（die Hülfe Gottes）；"当权者的天命"仍然是他们的一个理想（——显然是因为他们缺少这个……）

当王国陷入分裂和危险时，当人们在一种在无政府状态和外部毁灭中继续生活下去，怀着对亚述人的恐惧，人们就益发强烈地梦想恢复完全的君主统治、完全独立的民族国家：这种幻想是先知式的。以赛亚④以其所谓的弥赛亚预言而成为最高的类型——先知们乃是一些批评家和冷嘲热讽者、无政府主义者；从根本上讲，他们无权作出决定，领导权在他人手中；他们是想要重建公民国家；他们根本就不希望什么"黄金时代"，而是希望一种严厉的统治，一位具有军事和宗教本能的王侯，他能重建人们对雅赫维的信赖。这就是"弥赛亚"：每一个现代统治者或许都

---

① 巴力神（Baal）：古代迦南人和腓尼基人信奉的太阳神和农业神，主司土地丰饶和暴风雨。——译注

② 此句为断句。——译注

③ 雅赫维（Javeh，常作 Yahveh）：犹太教对唯一真神上帝的称呼之一；后在基督教那里作"耶和华"（Jehovah）。——译注

④ 以赛亚（Jesaia）：《圣经》故事人物。据《旧约·以赛亚书》记载，以赛亚为古代以色列先知，亚摩斯之子。他预言弥赛亚的来临，为以色列人指出了希望。——译注

满足了先知们的渴望,也许甚至是过分了:正如人们一定会感到害怕的那样……

不过这一点并没有实现。人们有了两种选择:要么放弃自己的旧上帝,要么使旧上帝变成某种别的东西。例如,先知以利亚和阿摩司①选择了后一种做法:他们剪断了维系的纽带,更确切地讲就是民族与上帝的统一体。他们不光是把两者分离开来,而是抬高一方,贬抑另一方:他们构想出了两方之间的一种新关系,即一种和解关系。过去,雅赫维一直都是以色列的上帝,因而是正义之神;而现在,雅赫维首先至高地成了正义之神,而此外才是以色列的上帝。雅赫维的教导(Thora)原本与他所有的行为一样是一种救助,一种立法、指导、复杂问题的解决,现在成了他的全部要求,而他与以色列的关系就取决于这些要求了。

由于一种法律所涉及的人们负有义务去遵守这种法律,它才成为有法律效力的。对法律而言的"契约"。这个民族的不同代表原本就已经负有义务去遵守"法律",现在雅赫维与以色列应当成为缔约者……自从有了约西亚②提倡这种法律的庄严行为,关于以色列与雅赫维签约结盟的观念就进入到宗教反思的中心了。在巴比伦与亚述的流亡生活有助于人们去熟悉那种关于制约性的观念,关于可能发生的解决办法的观念。

---

① 以利亚(Elias):《圣经》故事人物,以色列最伟大的先知,见《旧约·列王记》;阿摩司(Amos):生于南方犹太国提哥亚村的先知,《旧约·圣经》中有《阿摩司书》一卷记载阿摩司成为先知的经过和经历。——译注
② 约西亚(Josia):《圣经》故事中以色列的犹大国国王。据《旧约·列王记》记载,即位时犹大国正为亚述帝国的附庸国。约西亚在位时开始民族复兴运动,进行大规模的宗教改革,革除异教影响,恢复犹太教的本来面目。——译注

王国的没落使狂热的幻想得以发泄出来：针对整个残余的对立情绪蔓延开来：流放以后，人们幻想的是所有民族的一种反对"新耶路撒冷"的普遍联合。早先，民族国家乃是最高的愿望，而现在，人们梦想的是一个无所不包的世界霸权，后者要超越异教王国的废墟而提升到耶路撒冷。

危险在于：犹太流亡者与从前的撒马利亚人①一样，也会被异教徒吸收和同化了。人们于是就把神圣的残余物组织起来，使之还能作为希望的载体留下来，并且经受住过渡时期的风暴……

172　缔约双方的平等并非本质性的：约（berith）一词也关乎投降，投降的条件是由比较强大的一方提出来的——

续：韦尔豪森。

人们能朝着什么目标进行组织呢？重建一个现实的国家是不可能的；异族统治不允许这样一种重建。这就表明了制度的重要性。

在复辟时期的人们看来，君王时代古老的国家集团已经声名狼藉了：它显然遭到了雅赫维的摈弃……人们回想起那些先知们，他们说：堡垒、骏马、武士、君王、王侯——这一切皆毫无助益……

耶路撒冷的犹太王国教堂——在王国的荫庇下，耶路撒冷的教士们壮大起来了。国家愈软弱，教堂的声望愈高，则教士阶层的权力就愈加独立。七世纪出现的崇拜热潮，采用昂贵的材料（例如

---

① 撒马利亚人（Samariter）：初为撒马利亚城和迦南北部的以色列人，后为上述地区以色列人和亚述移民的融合体。——译注

熏香),偏爱沉重的偿付代价(婴儿祭品和赎罪祭品),做礼拜时采取血腥的严厉态度……

当王国崩溃时,在教士阶层中就出现了一些成员,试图组织"堂区"。风俗和秩序基本还在那里:它们被系统化了,成为恢复一种残余组织的工具……

"犹太教的神圣宪法":人工产物……以色列被归结为一个"由教士组成的王国和一个神圣的民族"。过去,自然的社会秩序的依据在于上帝之信仰;而现在,神权政体明显地表现在一个人工领域,无论如何都表现在通常的民众生活中。早先渗透自然的观念,现在则应当具有自己的神圣躯体了。神圣与世俗的外部对立形成了,人们进行划界和隔离,人们越来越严重地对自然领域加以遏制……(怨恨发作了——)神圣性,空洞的,作为反题的,成了占上风的概念:原始的 = 神性的,现在则近乎教士的、宗教的,——就仿佛可以通过外部特征把神性与世俗性、自然性对立起来——

僧侣统治……在不利条件下以永远令人惊奇的能量而获得的人工产物,是非政治的:犹太的神权政治,一个没落了的国家遗留下来的残骸——它是以异族统治为前提的。与古天主教会最相近,实际上就是古天主教会的母亲……

这种倒退何在。雅赫维的律法意味着与异教徒相对立的犹太人的特性。这个特性其实并不在于崇拜:在希腊的与希伯来的礼拜仪式之间,人们找不到什么本质性的差异。崇拜乃是以色列宗教中的异教因素:在教士法典中它却成了主题。这难道不是一种向异教的倒退吗?——这原是先知们最彻底地反对过的东西。——同样地：通过教士的立法，崇拜已经离弃了自己的本质，并且于自身中被克服了。节日庆典已经丧失了纪念收获和畜牧的意义，它们变成了历史纪念日；它们否定了自己的自然起源，它们欢庆的是一种超自然宗教和雅赫维的善行的创建。普遍的人性、自由生长的东西（das Freiwüchsige）消失了，它们变成雕像般静止不动的，变成典型以色列式的……它们不再把神性纳入尘世生活之中，使神性共享尘世生活的欢乐和痛苦；它们不再试图为神性做好事，使神性具有仁慈之心。被雅赫维当作等级制度的圣礼的，无非是神性的仁慈工具。后者并非建立在事物的内在价值基础上，并非建立在新鲜活泼的理由上，而是建立在一种毫无动机的意志所下的严密而准确的命令基础上。崇拜与感性之间的纽带被剪断了。崇拜成了一种虔信训练；没有了自然的意义，而只有一种超验的、无可比拟的、不可说明的意义。它的主要效果是赎罪。流亡以后，罪恶意识成为永久的；亲睹上帝的以色列是堕落的和邪恶的……

献祭的价值并不在于献祭本身，而在于对规章的服从；崇拜的重心被移置到一个它所陌生的领域即道德之中了。祭品和赠品让位给禁欲主义的偿付，后者与道德处于更为简单的联系中。那些原本绝大部分只看到把教士神圣化、使之具有礼拜职能的法规，现在已经扩展到了普通教徒身上；比起大规模的公开崇拜，对身体纯洁性戒律的遵守具有更伟大的根本意义，并且径直把人引向有关神圣性和普遍僧侣精神的理想那里。由于全部生活始终都要履行一种神性的戒律，所以这种生活就被限制在一个神圣的轨道上。这种戒律阻碍人们去清理自己的思想和心愿。这种细微的、不断要求着的个人崇拜,使个体保持着清醒而活跃的罪恶感。

这位伟大的犹太教病理学家①是对的:崇拜已经成了惩戒手段。它与心灵是格格不入的:它不再植根于纯朴的感官了;尽管非常重要,或者说恰恰因为非常严密而认真,它成了僵死的行为。古老的风俗被拼凑成一个体系了,这个体系被用作形式,被用作坚硬的外壳,用来挽救其中比较高贵的东西。异教在它自己的领域里、在崇拜中被克服掉了:既然崇拜中的自然性已经被扼杀了,崇拜就只不过是一种超自然的一神教的盔甲而已——结束

11[378]

我关于耶稣类型的理论。

这个"救世主"类型被败坏了,实即被摧毁了……

原因:精神水准,以此水准不断地把一切粗糙化、伪装起来、推延下去,对于自身的绝对盲目(——在这里甚至还没有开始自我认识——),所有教派都毫无疑虑,利用它们这位大师以及它们的辩护词……罪犯基督之死作为谜团……

这是在此类型中落后的:精神的粗暴:人们行走在渔夫中间,不会不受惩罚

:错误地一般化为平凡的奇人、先知和弥赛亚——

:早期教徒们事后追加的故事和心理学,他们把自己最强烈的

---

① 应指韦尔豪森。——译注

情绪记入他们这位大师的形象中——

：病态的、放纵的感伤和娇惯，而没有任何理性：以至于本能立即又成了主宰——丝毫没有智慧的痕迹，没有精神方面的风纪和严格性，没有认真的性格。

多么遗憾呵，在这个社团中间竟没有出现一个陀思妥耶夫斯基：实际上，整个故事最好都归于一部俄国小说——病态、动人、高雅奇异的个别性格、混迹于粗野肮脏的群盲中间……（就像抹大拉的马利亚①

唯有耶稣之死，这种突如其来的可耻之死，唯有十字架（一般说来它不是为下等人留着的），——唯有这种最骇人听闻的悖论现象才使他的门徒们面临真正的谜团："这是谁？""这是什么？"

这事令人震惊，并且也深深伤了感情，就是那种疑心，或许这样一种死是对一件事情的反驳，可怕的问号"为何如此呢？"——因为在这里，一切都必定是必然的，都必定具有意义、理性、最高理性——：门徒的爱不知道任何偶然事件：

现在才出现了一条鸿沟："是谁杀死了他？""谁是那个天敌呢？"答案：占统治地位的犹太教，它的第一等级

——人们感到自己处于反对"秩序"的叛乱中

——人们后来把耶稣也理解为处于反对秩序的叛乱中

直到那时，耶稣身上都缺乏这种好战性格；更有甚者，他的思

---

① 抹大拉的马利亚（Maria von Magdala，1世纪）：耶稣著名门徒之一。抹大拉为地名。据《路加福音》和《马可福音》称，耶稣曾为抹大拉的马利亚驱除身上七鬼。曾与其他妇女陪同耶稣到加利利，助耶稣开展活动。"福音书"均记载她曾目睹耶稣受难和埋葬。——译注

维方式使他不可能是好战的。实际上,包括他在判决和赴死时的行径恰恰是完全相〈反〉的:他没有抵触,也没有自卫,他甚至为秩序说情。他对那个与他一起钉在十字架上的罪犯讲的话不外乎是:如果你觉得这就是公义,那就不要抵抗,不要愤怒,不要责怪,而是要忍受,要同情,要宽恕,要为迫害和杀死我们的人祈祷:那么你就有了唯一亟需的东西,即灵魂的安宁——于是你就升了天堂——

人们显然恰恰没有领悟个中要义:这种摆脱了一切怨恨的典范:

确实,耶稣之死的意义无非在于:成为最强大的典范以及对自己学说的最鲜明的检验……

他的门徒们根本就不能宽宥耶稣之被杀死:那种最非福音的情感,复仇的情感甚嚣尘上……

这事是不可能有个完结的:人们需要一种"报复"、一种"审判"(——而且没有什么比赏与罚更加不合福音的了!)

现在,大众对弥赛亚的期待才又占上风:期待一个历史性时刻,那时"审判者"将来审判他的敌人……

:现在,人们才把"上帝之国"的来临误解为关于历史的最后一幕的预言

:现在,人们才把对法利赛人和神学家的全部蔑视和愤恨都转嫁到这位大师类型上

:人们并没有理解个中要义:恰恰这种死本身就是对"世界"(对敌视、复仇等等情感)的最高胜利——对恶、这个恶人的最高胜利,而恶和恶人始终仅仅被理解为内在的心理实在了

：对这些完全失去了平衡的心灵的尊重受不了这一点，不再相信耶稣所教诲的那种在"上帝之子"面前人人拥有平等权的说法：他们的复仇就是以一种放荡不羁的方式抬高耶稣（——恰如犹太人吹捧以色列的角色，就仿佛世界上所有其他部分都是以色列的敌人。有关一个上帝及其一个儿子的荒谬神学的起源——

问题："上帝如何可能准许这件事呢？"对此人们找到了荒谬的答案："上帝宽宥他儿子的罪恶，以之为牺牲品。"一切都遭到了何等误解啊！！！最非福音的莫过于罪责牺牲品，甚至于为了有罪者的罪恶而牺牲无罪者；

：但耶稣确实废除了罪恶！——并不是通过"信仰"，而是通过关于神性、上帝相似性（Gottgleichheit）的感觉。

进入这个类型中的有：

a）关于审判和重降的学说

b）关于作为牺牲品的耶稣之死的学说

c）关于复活的学说：由此，全部的"福乐"、福音的全部意义一下子变了戏法，从而有利于一种状态——"在死后"……

保罗，用犹太教经师般的狂妄把这种观点逻辑化："如果基督没有从死人堆中复活，那么，我们的信仰就是虚妄的。"

：最后，甚至还有"位格的不朽"

而且这样以来，在耶稣之后第二代，人们已然把所有最深地违背福音本能的东西都当作基督教的了

牺牲品，甚至是流血牺牲品，作为初生牺牲品

惩罚、奖励、审判……

一种对此岸与彼岸、时间与永恒的区分

一种神学而非一种实践,一种"信仰"而非一种生活方式

一种对一切非基督教因素的深刻而极端的仇视

传教士的全部困境被纳入耶稣的学说中了:所有这些严酷而凶恶的事物,针对那些没有接纳其传教士们的人们,现在应当已经由这位大师公布出来了

一旦在主要方面重新采纳了审判、惩罚、奖赏之类的概念,耶稣的全部学说和箴言智慧也就因此充斥了这些概念……

11[379]

虚无主义者。

福音:是这样一个消息,即通向幸福之门对低等人和穷人敞开着,——人们要做的无非是摆脱制度、传统、高等阶层的监护:就此而言,基督教的兴起无非是作为典型的社会主义者学说。

财产、行业、祖国、等级和地位、法庭、警察、国家、教会、教育、艺术、军事:这一切同样也是幸福的大障碍,也是福音所要审判的谬误、牵连、邪恶……这一切都是典型的社会主义者学说。

以动乱为背景,一种积聚起来的对于"主人"的憎恶的爆发,本能地意识到:在经受如此长久的压力之后,自由感觉中还可能包含多少幸福……

多半是一个征兆,预示着下层人民受到了过于友好的对待,他们已经尝到了本来对他们来说不可能的幸福……引起革命的原因并非饥饿,而是因为民众的胃口越来越刁了……

11[380]

所谓的青春

如果人们在此梦想一种天真而年轻的民族此在（Volks-Dasein），有别于一种古老的文化，那么，人们就是在自欺欺人；风行着这样一种迷信，仿佛在基督教生长和扎根的这些最低等民族的阶层中，又有更深的生命之泉重新喷涌出来了：如果人们把基督教信仰视为一种新升起的民族青春和种族强盛的表现，那么，人们就根本没有理解基督教信仰的心理。而毋宁说：基督教乃是一种典型的颓废形式；那是一群已经变得困倦不堪而毫无目标的、病态的乌合之众的道德娇惯化和歇斯底里。这个奇怪的团体，在此麇集在这位蛊惑民众的大师周围，真正说来统统可以纳入一部俄国小说当中：所有神经病都在那里碰面了……使命缺失，本能地意识到一切根本上都已结束，什么都不值得做了，满足于一种无忧生活（dolce far niente）

：犹太教本能的权力和未来确信，其无比顽强的求此在和求权力的意志在于其统治阶级中；把原始基督教提升起来的阶层，唯有通过本能之困乏而得到更鲜明的描绘。人们厌倦于此：这是一方面——而人们又对自己心满意得——这是另一方面。

11[381]

不能撇开宗教表达式来表达政〈治〉理想

11[382]

勒南。

在东方,傻瓜是一种享有特权的人物;他来到各种最高委员会跟前,没有人敢拦他;人们得听他讲话,人们得向他询问。这是人们以为近乎上帝的人物,因为既然他个人的理性已经消失,那么,人们就可以假定他分享了上帝的理性。在亚洲没有那样一种精神,即通过一种精细的嘲讽来显突理性的错误。

人们更重视口头的传统,而并不重视这些经文:甚至在二世纪上半叶也还如此。所以这些经文的权威性就少了:人们对它们作了整理,对它们作了增补,根据一个文献来补充另一文献——

在《约翰福音》中没有寓言、驱魔咒语……

11[383]

自我:

"我饿了,你们不给我吃——你们这些被诅咒的人,离开我……"。《马太福音》,第二十五章,第41行以下。

这种令人反感的语言,"这些事你们既不作在我这弟兄中最小的一个身上,就是不作在我身上了"

"煽动的精神",表现为基督的精神……

"未满足之复仇欲的精神",它以言辞、诅咒和审判情景的预言发泄出来……

"禁欲主义精神"("遵守戒律"作为风纪手段,作为达到彼岸奖赏的途径,犹如在犹太教里),而没有那种基督教式的冷漠态度,这

181 种态度断然拒绝了所有这些财富,出于"永恒福乐"……艾塞尼派①、使徒约翰,等等。

"罪恶感和拯救之必然性的精神"

随着基督之死,以及从中看不到结局这样一种心理强制,全部通俗倾向被恢复起来了:所有这些粗暴性质,把它们转变为精神乃是那种典型的唯灵论者的工作——

:弥赛亚主义、"上帝之国的降临"、敌视和复仇欲的精神、对"奖赏"和"惩罚"的期待、"特选者"的傲慢(他们审判、诅咒、遣责,犹太教的牺牲观念……有利于穷人、"不诚实者"、受蔑视者的社会主义倾向)

耶稣,他作为所有通俗期望的实现过程而生活,他所做的事情无非是跟大家说:"天国就是在这里",他把这些期望的粗暴性质转变为精神了:

——然而,随着耶稣之死,一切都被遗忘了(用德语来讲就是:被驳斥了)。人们没有任何选择,要么是把耶稣这个类型重又转渡到有关"弥赛亚"、未来的"审判者"、战斗中的先知之类的通俗观念之中———

这帮毫无把握而又十分狂热的家伙受不了这个打击。作为这个打击的后果,立刻就出现了那种完全的蜕化:一切都成为徒劳无

---

① 艾塞尼派(Essener):公元前 2-1 世纪流行于巴勒斯坦的犹太教派别之一,提倡禁欲主义。——译注

功的了……

一种对所有精神价值和表达方式的荒谬的粗糙化

那些反对统治阶级的无政府主义本能恬不知耻地登上了舞台。

：对富人、强权者、学者的仇恨——以"天国"、以"尘世的和平"而告终结：从一种心理学上的实在性变成一种信仰，变成对一种在某个时候到来的实在性、对"一种重降"的期待：一种在想象中的生活乃是"拯救"的永恒形式——耶稣的理解是多么不同啊！

11[384]

基督教的首次蜕化乃是《犹太书》的影响，——那是一种向已经被克服的形式的退化……

11[385]

"我的国不属于这个世界"

"我将摧毁神殿，然后在三日内把它重建"

反对这位怀疑宗教的"诱惑者"(mesith)的诉讼程序：律法规定是要用石头砸死他

——〈反对〉任何一个先知，任何一个奇迹创造者，后者使民众放弃了旧的信仰——

"这一反讽大师"①

勒南认为，耶稣为了这种胜利而付出生命的代价是公道的。

---

① 此句原文为法文。——译注

11[386]

"只有当耶稣反对法利赛人而进行辩论时,他才是好争论的:情形差不多总是,他的对手强迫他采纳他自己的调子"——

11[387]

勒南《耶稣传》,第一卷,第 346 页

他那些和颜悦色的嘲弄、他那些挑衅,始终敲打着人心。它们是永恒的炮烙,一直凝固在伤口上。这件荒谬的涅索斯①之衣,即法利赛人的后代犹太人在他死后十八个世纪仍然一片片带着的衣服,就是他耶稣用一种神圣的妙法织就的。这是极度嘲讽的杰作,其笔画是用火的线条写在伪善者和假虔敬者的肉体上的。无与伦比的笔画,真正配得上上帝之子的笔画!唯有一个神才能这样杀人。苏格拉底和莫里哀只不过轻轻擦了一下皮肤。而他则使火和怒气深入到骨髓。②

而且,这就是《以赛亚书》第四十二章第 2-3 行关于自身所讲的话啊!!

11[388]

他从来没有一个关于"个人"、"个体"的概念:如果人们相爱,

---

① 涅索斯(Nessus):希腊神话中的半人马,曾背负英雄赫拉克勒斯及其妻子得阿涅拉过河。在途中,涅索斯想把她抢走,被赫拉克勒斯用毒箭射中。临死前,他对得阿涅拉说,他的血是一种魔药,可用来恢复爱情。得阿涅拉唯恐赫拉克勒斯遗弃自己,便将一件浸透了涅索斯毒血的衣服送给了赫拉克勒斯,后者穿后即命归西天。——译注

② 此段原文为法文。——译注

如果人们只靠他人生活,那么,人们就是一样的。他的门徒与他是一样的。

11[389]

说耶稣是上帝,是与上帝相同的,这话表现为对耶稣的诽谤(参看《约翰福音》,第五章,第18行;第十章,第33行)。耶稣低于圣父:圣父并没有把一切都启示给耶稣。耶稣反对人们把他说成与上帝相同的。耶稣是上帝之子:人人皆能成为上帝之子(——这是犹太教的说法:《旧约》中有好几个人被分派了神子的地位,人们根本没有宣称他们是与上帝相同的)。在闪族语言中,"子"是一个极其模糊而开放的概念

11[390]

十三世纪伟大的翁布里亚①运动与这个加利利②人的运动极其类似,是在贫困的名义下发生的。

阿西西的方济各:精美的善,其与普遍生命精致柔美的合一③

11[391]

这一时期的拉比④语言中,"天国"与"上帝"的意思相同:人们

---

① 翁布里亚(Umbria):地名,位于意大利中部。是圣方济各的故乡。——译注
② 加利利(Galiläa):地名,位于巴勒斯坦北部,东临加利利海。据说耶稣的童年是在加利利省的拿撒勒度过的。——译注
③ 此句原文为法文。——译注
④ 拉比(Rabbi):犹太教经师、法师。——译注

避讳"上帝"这个名字。

11[392]

"上帝之国在我们中间"。《路加福音》,第十七章,第 20 行。

11[393]

"听上帝的话而遵行的人是有福的"。《路加福音》,第十一章,第 27 行以下。

11[394]

根本就没有"自然"、"自然规律"之类的概念:一切都走向道德,"奇迹"并不是什么"反自然的东西"(因为根本就没有自然)

11[395]

"律法被毁掉了:他就是那个将毁掉律法的人":在他的首批门徒中间产生了分裂,当中有相当大一部分依然是信犹太教的……无疑他会受到控告……

11[396]

犹太教意义上的"邻人"乃是教友

11[397]

东正教会的学者们从公元四世纪开始就迫使基督教走上了一种荒谬的形而上学的道路,没有比这些学者们更加非福音的类型了；而拉丁化中世纪的经院哲学家亦然。

11[398]

勒南《耶稣传》，第一卷，第461页

……耶稣引入世界的情感恰恰就是我们的情感。其彻底的理想主义乃是超脱和勇敢之生命的最高法则。他创造了所有纯洁灵魂的天国，那里有着人们在尘世求之不得的东西，有上帝孩子们的完满高贵，有得到实现的圣洁，有对尘世污迹的彻底洗涤，最后还有自由，这些都是在现实世界被当作不可能的而加以排斥的，它们也只有在思想的畛域中才能获得其充沛性。那些逃至这一理想天堂中的人们，他们的老师仍然是耶稣。他第一个宣告了精神的王国：他第一个说——至少是通过他的行动——"我的国不属于这个世界"。真正宗教的奠立就是他的成就……①

11[399]

"基督教"已经成了"宗教"的同义词：人们在伟大而善良的基督教传统之外所做的一切，都是不会有结果的。

11[400]

我们这个被细心严密的警察局所控制的文明社会根本就不能理解，在每个人的独创性都有了更为自由的空间的时代里，人类能

---

① 此节原文为法文。——译注

做些什么事。

我们预防性的小麻烦,对于精神事物而言远比肉刑致命,在以前是并不存在的。① 耶稣能够过一种生活达三年之久,这种生活在我们社会里或许会把他送上法庭二十次……

这些完善的灵魂摆脱了我们彬彬有礼的习俗,去除了千篇一律的教育——这教育使我们变得文雅,却如此强烈地削弱了我们的个体性——,它们在行动中有一种令人惊异的能量……上帝的气息在他们当中是自由的;而在我们当中,它则为一个促狭社会的铁链所捆绑,被迫成为一种无可疗救的平庸。②

所以,让我们把耶稣的位格置于人性伟大的最高峰之上吧:③ 勒南先生这样要求我们。

11[401]

一门医学,它在某种道德敏感(délicatesse)中看见了极度消瘦(d'étisie)的开端……(痨病的?)

11[402]

哲学是不适合于大众的。大众需要神圣。④ ——勒南的一种优美的狠毒。

---

① 此句原文为法文。——译注
② 此段原文为法文。——译注
③ 此句原文为法文。——译注
④ 此句原文为法文。——译注

11[403]

谁会像帕斯卡尔那样更爱生病,而不是像俗人那样身体健康呢?① 勒南。

11[404]

设想一下,耶稣直到六七十岁都一直背负着其神性的包袱,丧失了其天国的火焰,在一个前所未有的角色的逼迫下垂垂老矣!② 勒南

毫无保留地奉献给他的观念,他使一切都从属于自己,以致对他来说世界都不再存在了。正是因为这种英雄主义的意志,他才征服了天国。也许释迦牟尼(Çakia-Mouni)除外,从没有人如此蔑视家庭、世上的欢乐、此世的关怀……对于我们,永恒的孩子,注定的无能者,我们就屈服于这些个半神吧!③ 勒南

11[405]

勒南《耶稣传》,第187页
人类记得的最狂热的民主运动长久以来就煽动着犹太民族。有关上帝是站在穷人弱者一边向富人强者复仇的思想,充斥着《旧

---

① 此节原文为法文。——译注
② 此段原文为法文。——译注
③ 此段原文为法文。——译注

约》的每一页。以色列的历史完全是这样一种历史:占主导地位的始终是民众的精神。先知——真正的,甚至可以说是最放肆的评议员——不断地对大人物发出咆哮,并且在"贫穷、温柔、谦卑、虔敬"这些词之间以及在"富有、不敬、暴力、凶恶"这些词之间形成了狭窄的联系。在塞琉西王朝(les Séleucides)统治下,贵族们几乎全都已经背教,已经希腊化了,上述那些观念之间的联系就进一步加强了。《以诺书》(*Le livre d'Hénoch*)包含了比福音书对世界、对富人、对强者更猛烈的诅咒。"穷人"(ébion)就变成了"圣徒"、"上帝之友"的同义词。①

11[406]

皮埃尔·洛蒂②,《冰岛渔夫》。③

11[407]

国家,抑或组织化的非道德性……
　　内部:作为警察、刑法、等级、商业、家庭
　　外部:作为权力意志、战争意志、征服意志、复仇意志
它何以能使大众去做个人或许决不会同意的事情呢?
　　——通过分散责任
　　——分开命令与执行
　　——通过置入服从、义务、祖国之爱和王侯之爱等德性

---

① 此节原文为法文。——译注
② 皮埃尔·洛蒂(Pierre Loti,1850-1923):法国作家,曾任海军军官。著有《洛蒂的婚姻》等。《冰岛渔夫》系洛蒂1886年出版的小说。——译注
③ 原文为法文。——译注

维护自豪、严厉、强壮、仇恨、复仇,简言之,维护所有与群盲类型相冲突的典型特性……

各种窍门,为的是使行动、规则、情绪成为可能,从个体角度来衡量,它们不再是"允许的",——也不再是"美味可口的"——

——"使我们对它们发生兴趣的"艺术,它使我们进入此类"异化了的"世界里

——历史学家表明它们的正当性和理性种类;旅行;异国情调;心理学;刑法;疯人院;罪犯;社会学

——"非个人性":使得我们作为某个集体的工具,允许自己有此类情绪和行动(法庭律师、陪审团、市民、士兵、部长、王侯、社团、"批评家")……使我们产生感觉,仿佛我们作出了一种牺牲……

从人的最高类型、强壮类型的角度,无论是接受还是坚守伟大的传统,对军事国家的维护都是最后的手段。而且,使各国家的敌意和地位差异变得持久的所有概念,正是在这个方面显得已经得到了认可……

例如,民族主义、保护关税,———

强壮类型作为决定价值的类型而得到维护……

11[408]

人们不该美化和粉饰基督教(就像这位模棱两可的勒南先生所做的那样):它对人的强壮类型发起了一场死战

它摈斥这个类型的所有基本本能

它从这些本能中搞出恶、恶人的名堂来

：把强者当作典型地无耻而堕落的人

它袒护所有虚弱、低等、失败者

：它从那种与强大生命的保存本能的冲突中弄出了一种理想……

：它教导人们把最高的智慧本能感受为罪恶的、感受为令人迷惑的、感受为诱惑，由此就败坏了最具智慧的人的理性本身……

最悲惨的例子——帕斯卡尔的堕落，后者相信原罪败坏了他的理性：而实际上他的理性只是通过基督教而被败坏了……

11[409]

那些至今依然让人满心欢喜的作者们，永远是丢人现眼的：卢梭、席勒、乔治·桑、米什莱、巴克尔①、卡莱尔，他们都在 imitatio〔摹仿〕

11[410]

请注意！我怀疑所有体系建构者，避之犹恐不及。至少对于一位思想家而言，要求建构体系的意志乃是某种丢人的事，一种非道德性形式……考察一下我这本书的内涵，人们也许就能猜出，它本身竭力回避的是哪一个体系建构者——那就是我自己……

11[411]

序言。

---

① 应指亨利·巴克尔（Henry Thomas Buckle,1821－1862）：英国历史学家。著有《英国文明史》等。——译注

一

伟大的事物要求人们对它们保持沉默或者大加渲染:所谓大加渲染,意思就是以犬儒主义方式,并且清白无邪地。

二

我要叙述的是今后两个世纪的历史。我要描述的是将要到来的事情,是再也不可能以别的方式到来的事情,即:虚无主义的来临。现在已经可以叙述这个故事了:因为必然性本身在这里起着作用。这个未来已然在无数征兆中得到了透露,这种命运处处昭示出自身;对于这种未来的音乐,人人都已经竖起了耳朵。长期以来,我们整个欧洲文化的运动已然受着一种年复一年不断增长的张力的折磨,宛如奔向一种灾难:动荡不安、残暴凶险、仓皇不堪:犹如一条意欲奔向终点的河流,它不再沉思自己,也害怕沉思自己。

三

——相反,在此发言者迄今为止所做的事无非是沉思:作为一个基于本能的哲学家和隐士,他发现自己的优势就在于置身事外、远离尘嚣,就在于忍耐、彷徨、落伍;作为一个冒险家以及——试验者,他已然一度迷失于未来的迷宫中;作为一个预言家,如果他要叙述将要到来的事情,他就要回首往事;作为欧洲第一位完全的虚无主义者,他却已经在自身中彻底经历了虚无主义本身,——他已经在自身之后、在自身之下、在自身之外经历了虚无主义……

四

因为人们可不要弄错这个标题的意义,我是想用它来指称这种未来福音的。《权力意志——重估一切价值的尝试》——这个表达方式传达了一种反运动,关乎原则和使命:一种运动,它将在某个未来取代那种完全的虚无主义;但在逻辑上和心理上,它却是以完全的虚无主义为前提的,它绝对只能落到虚无主义上,只能来自虚无主义。究竟为什么虚无主义的来临现在是必然的呢?因为我们迄今为止的价值本身都是从虚无主义中得出了它们的最终结论的;因为虚无主义是我们伟大的价值和理想的已经得到彻底思考的逻辑,——因为我们必须首先体验到虚无主义,才能弄清这些"价值"的价值究竟是什么……在某个时候,我们必须有新的价值……

11[412]

阅读可能由众多作者所撰写的书籍:它们会十分清晰地透露出某个时代的学者类型的心智习惯,它们是"非个人的"。

11[413]

超人

:我的问题并不是:什么东西将取代人;而是:应当选择、意愿、培育何种具有更高的价值的人……

人类并没有呈现出一种向着更善、或者更强壮、或者更高的方向的发展;其意思就是人们今天所相信的:十九世纪的欧洲人在价值方面要远远低于文艺复兴时期的欧洲人;继续发展绝对并不带有提高、上升、强化方面的某种必然性……

在另一种意义上讲,地球上殊为不同的地点和殊为不同的文化里,出现过一些持续成功的个案,实际上就是在其中呈现出一个更高的类型:即相对于整个人类而言的一种"超人"。此类大获成功的巧事过去一直是可能的,也〈许〉将来也总是可能的。甚至整个部落、种族、民族有时候也可能碰到此类好运……

从我们可猜想的印度、埃及和中国文化的远古时代直至今日,人类的更高类型是十分相似的,其相似程度远远超出了人们的设想……

人们忘了,人类并不归属于一种唯一的运动,青春、年迈、衰落完全不是与人类作为整体相适宜的概念。

再举一个例子,人们也忘了,我们的欧洲文化到今天才又接近于那种哲学上的腐朽性和晚期文化的状态,唯基于这种状态,佛教的形成才成为可理解的。

一旦有可能画出一些贯穿历史的文化等时线,那么,现代的进步概念就会乖乖地颠倒过来:——还有它据以衡量进步的指数本身,过分的民主化

11[414]

序言。

* * *

什么是好的?——所有能提高人类身上的权力感、权力意志、权力本身的东西。

什么是坏的?——所有来自虚弱的东西。

什么是幸福？——关于权力在增长的感觉，——关于一种阻力被克服了的感觉。

不是满意，而是更多权力；不是一般的和平，而是战争；不是德性，而是卓越才干（文艺复兴式的德性，virtù，非伪善的德性。）

弱者和失败者应当毁灭：社会的第一定律。而我们还应当促使他们毁灭。

什么比无论何种恶习更有害？——行动上对一切弱者和失败者的同情，——"基督教"……

* * *

我在此提出的问题并不是：什么应当在众生序列中取代人类；而是：人们应当培育、应当意愿人的何种类型，作为具有更高价值、更有生命尊严的、更确信未来的类型。

这个具有更高价值的类型曾经相当频繁地存在过：不过却是作为一件巧事，作为一个特例，——从未作为人们所意愿的类型。而毋宁说，这个类型恰恰是人们最害怕的，迄今为止，它差不多是可怕的东西：而且出于这种害怕，人们一直在意愿、培育、实现相反的类型：家畜、群盲、拥有"平等权利"的畜牲、虚弱的人，——"基督徒"……

* * *

权力意志。

重估一切价值的尝试。

11［415］

人们在本书的背景中碰到的世界构想，是特别阴郁而令人不快的：在迄今为止为人所知的悲观主义类型当中，似乎还没有达到此等凶险恶毒的程度的。在这里没有真实的世界与虚假的世界的对立:只有一个世界,而且这个世界是虚假的、残暴的、矛盾的、诱惑的、毫无意义的……一个具有如此这般性质的世界乃是真实的世界……为了战胜这种实在性、这种"真理",也就是说,为了生活,我们必须有谎言……为了生活,谎言是必需的,这一点本身依然也归属于这种可怕而可疑的此在(Dasein)特征。

形而上学、道德、宗教、科学——它们在本书中只是作为不同的谎言形式而得到考虑的:借助于它们,人们才会相信生活。"生活应当得到信赖":这里所提出的任务是巨大的。为了完成这项任务,人必须天生就是一个说谎者,人必须更多地是一位艺术家,更甚于所有其他的……而且人确实也是一位艺术家:形而上学、宗教、道德、科学——这一切只不过是人力求艺术的意志、力求说谎的意志、力求逃避"真理"的意志、力求否定"真理"的意志的怪胎而已。人正是藉着这种能力,通过谎言来对实在性施暴的。这种能力本身,人的这种卓越的艺术家能力——人还与一切存在之物一道共有这种能力。人本身其实就是现实、真理、自然的一部分——人本身也是一个说谎的天才……

此在之特征被错误地认识了——这是科学、虔诚、艺术最深刻和最高的隐蔽意图。从来看不到许多东西,错看许多东西,添加许多东西……呵!在人们还远远不能自认为聪明的状态下,人们还是多么聪明啊!爱、热情、"上帝"——纯属精致的终极自欺,纯属生活之诱惑!当人成为受骗者之际,当人重新相信生活之际,当人施计谋骗之际:呵!这使他在那里多么膨胀自大啊!何等欣喜若狂啊!有何等权力感啊!在权力感中有多少艺术家的胜利啊!……人又一次成了主宰"材料"的主人——主宰真理的主人!……而且,不论人何时感到快乐,他在快乐中始终还是同一个人:人作为艺术家而快乐,他享受作为权力的自身。谎言就是权力……

艺术,无非是艺术。它是生命的伟大可能性,是生命的伟大诱惑者,是生命的伟大兴奋剂……

11[416]

对价值的重估。

第一章:敌基督者。

第二章:仇视智慧者。

第三章:非道德论者。

第四章:狄奥尼索斯。

重估一切价值。

11[417]

我为德〈国人〉写了一本对他们来说极其深刻的书,就是我的《查拉图斯特拉如是说》——今天我要献给他们一本最独立不羁的书。怎么搞的?我问心有愧,对自己说:何以你要对德国人明珠暗投!……

[12. 1888 年初]①

12[1]

第一章目录。

(1) 以往整个哲学发展史乃是求真理的意志的发展史。　　IV

(2) 为了建立一个基础,社会价值感暂时占上风是可以
　　理解的。　　IV

(3) 对善人的批判,不是对善之虚伪的批判……　　II

(4) 康德的价值　　I

(5) 论民族天才的特性。　　I

(6) 美学　　III

(7) "精神性",不只是命令性的和领导性的　　III

(8) 关于上帝的表述作为顶点;它的衰落。　　III

(9) 奥芬巴赫的音乐　　IV

(10) 教士　　II

(11) 论《新约全书》的基督教道德的批判。　　II

---

① 相应的手稿编号为:W II 4。——译注

(12) 每一种增强的人都处于一个较低级的人的水平上　　Ⅳ

(13) 对基督教理想的斗争，不只是对基督教上帝的斗争　　Ⅱ

(14) 阿西西的方济各反抗等级制　　Ⅱ

(15) 苏格拉底反对高贵的本能，反对艺术　　Ⅱ

(16) 恶习与文化　　Ⅱ

(17) 历史学的大谎言　　Ⅱ

(18) 对死的基督教解释　　Ⅱ

(19) 永恒地保持不变者，价值问题　　Ⅲ

(20) 意志对道德的替代，这种意志力求达到我们的目标，因而达到其手段　　Ⅳ

　　弃绝赞扬……　　Ⅳ

(21) 心理学中的伪造。　　Ⅱ

(22) 勒南把"科学"弄错了　　Ⅰ

(23) 纠正"利己主义"概念　　Ⅳ

(24) 军事表达

(25) 禁欲之未来　　Ⅳ

(26) 劳动者的未来　　Ⅳ

(27) 虚无主义　　Ⅰ

(28) "真理"，把我们的保存条件当作存在之谓词来投射。　　Ⅲ

(29) 无信仰之尺度，被得到允许的"精神自由"当作权力之尺度。　　Ⅳ

(30) 对"客观"概念的批判和拒绝。　　Ⅲ

(31) 虚无主义的最极端形式：何以是一种神性的思想方式　　Ⅳ

(31) 狄奥尼索斯的：通向某个神性类型的新道路；我从一开始

就区别于叔本华。 IV

(33)"何为?"这个虚无主义问题,以及获得答案的努力 I

(34)缺乏等级,虚无主义的原因。构想更高类型的尝试……
　　　　　　　　　　　　　　　　　　　　　　　　 I

(35)伟人有多少价值呢。 IV

(36)求真理的意志 III

(37)确定与意义之置入 III

(38)祖父母多子多孙

(39)《新约全书》:小心啊! II

(40)对权力意志的现代谴责 IV

(41)在"真实"得到承认处,勇气乃是界限…… III

(42)音乐——强大的传统。奥芬巴赫;反对德国音乐,那是一种蜕化的音乐。

(43)一个人的价值不能根据其影响来衡量。"高贵的" IV

(44)哲学是生活艺术,而不是发现真理的艺术。伊壁鸠鲁说。论哲学史。 IV

(45)好的表达……

(46)求真理的意志:非凡的自我沉思。 IV

(46)① 求真理的意志 III

(47)认识论的基本态度及其与最高价值的关系。 III

(48)兜售的哲学。论心理学家的理想。 IV

(49)对价值的重估具有何种意义。 IV

---

① 原文即有两个(46)序号。——译注

- (50) 拉罗斯福哥与 J. 穆勒：前者幼稚，后者绝对浅薄……"自私自利"   III
- (51)"功利"取决于"目标"：功利主义。   III
- (52) 神对人的畏惧   III
  认识作为达到权力的手段，作为达到"神性相似性"的手段；价值，论哲学史——
- (53) 虚假性、无意义状态、"现实"   III
- (54) 论"强者"之特征   IV
- (55)"遗著"——可理解性与权威性问题   II
- (56) 一种价值重估的前提   IV
- (57) 美德之荣耀是如何形成的   II
- (58) 赞美、感恩——作为权力意志   III
- (59) 群盲本能主宰下的种种心理伪造   II
- (60) 群盲本能：他赞扬何种状态和欲望。   II
- (61) 道德的非自然化及其步骤   II
- (62) 受压抑的道德   II
- (63)《新约全书》   II
- (64) 认识与生成   III
- (65) 克服决定论的斗争   III
- (66) 重建禁欲主义。   IV
- (67) 矛盾律   III
- (68) 对我们的理性信仰的推导   III
- (69)"种属"之迷信   II
- (70) 美学   III

(71) 关于计划	I
(71)① "主体",自在之物	III
(72) 虚无主义	I
(73) 犹太人的未来	
(74) 描写性的东西,诗情画意——它的虚无主义要素。	I
(75) 美学	III
(76) 关于计划。	
(77) 十八世纪。	I
(78) 艺术的未来	IV
(79) 伟人,罪犯	III
(80) 十九世纪在自然化方面的进步	I
(81) 我的"虚无主义"	I
(82) 道德作为诱惑手段, 作为权力意志	II
(83) 伏尔泰与卢梭	I
(84) 悲观主义的主要征兆	I
(85) 关键性张力:极端性占优势。 十九世纪。	I
(86) 对现代人的批判,他的心理虚假——他的浪漫主义姿态	I
(87) 十八世纪	I
(88) 蒂埃里,本身是科学中的民众起义。	I
(89) 教育的未来:特权文化	IV

---

① 原文即有两个(71)序号。——译注

(90)"对自己的良心负责",路德的诡谲:他的权力意志	II
(91)文明人类的本能反对伟大的人	III
(92)一切善都是从前被利用的恶	III
(93)论对道德的辩护。扼要重述。	IV
(94)现代恶习	I
(95)"文化"与"文明"相对立	I
(96)《新约全书》与佩特罗尼乌斯。	II
(97)论逻辑的虚假性。	III
(98)权力意志的形态学	II
(99)反对卢梭	I
(100)一种美德如何获得权力	II
(101)变形与升华(残暴、谎言等等。	II
(102)敌视生命的倾向是如何获得好评的。	II
(103)价值评估的透镜	III
(104)二元性,生理学上的,作为权力意志的结果	III
(105)未来的强者	IV
(106)向崇高增长与向恶劣增长是一体的	III
(107)今日毫无估价的德性:一定会有人把它当作恶习而使之流通起来的	IV
(108)心理学中的大伪造	II
(109)历史中的原则性伪造,以便它为道德提供证据	II
(110)对道德的总清算:道德中什么东西力求取得权力?	III
(111)认识论中的道〈德〉价值	III
(112)道〈德〉价值对审美价值的主宰	II

(113)悲观主义出现的原因	I
(114)在道德宰治下的大伪造：模式(Schema)。	II
(115)现代性	I
(116)古典的：论未来美学	IV
(117)现代商人和经纪人	I
(118)现代性	I
(119)十八世纪与叔本华	I
(120)艺术家的现代伪币铸造。	I
(121)"公众"与"静修院"(Coenakel)的现代分离	I
(122)关于序言。最深刻的沉思。	序
(123)在对道德暴政的维护中，谁的私利得到了满足	II
(124)对道德暴政的恶劣后果的辩护性回顾	IV
(125)美德的庇护（占有欲、支配欲等	II
(126)斯宾诺莎乃歌德的圣徒	
(127)结语：歌德式的目光充满爱意，对悲观主义的真正克服	
	IV
(128)三个世纪	I
(129)歌德尝试战胜十八世纪	
为什么歌德未能表达十九世纪？	IV
(130)德意志的强大种类	IV
(131)对体系家的嘲笑	
(132)叔本华重新接受了帕斯卡尔	I 201
(133)十七世纪和十八世纪。	I
(134)1760年的卢梭和伏尔泰；卢梭对浪漫派的影响。	I

(135)"文明"问题   I

(136)现代人的价值问题？

   现代人的强项与弱项是否相互隶属。   I

第二章。

(137)我的五个否定：用作序言？   IV
(138)我通向肯定的新道路   IV
(139)人们是怎样驾驭文艺复兴理想的？   I
(140)向十九世纪致敬。   IV
(141)羞于成为基督徒   IV
(142)基督教天命观的效应

   人们把什么东西归因于基督教……   I

(143)论对道德的辩护   IV
(144)"反作用的"唯心论①及其对手   II
(145)对以往理想的经济学评估   IV
(146)德性对人的利用：机械之德性   IV
(147)生物学中的利他主义！   III
(148)continuum[连续性]的优势   IV
(149)"低级的"与"高级的"实存？   IV
(150)剔除人性的奢华过剩。

   两种运动   IV

---

① 或译"理想主义"。——译注

[12.1888年初]

(151)"现代性"　　　　　　　　　　　　　　　Ⅰ
(152)主体、实体　　　　　　　　　　　　　　Ⅲ
(153)同情之为无羞耻感
　　　 批评家的"客观性"亦然　　　　　　　 Ⅰ
(154)强者的悲观主义。　　　　　　　　　　 Ⅰ 202
(155)关于虚无主义的总认识　　　　　　　　 Ⅰ
(156)关于我们现代世界的模糊特征的总认识　 Ⅰ
(157)借助于艺术与道德化作斗争　　　　　　 Ⅳ
(158)浪漫主义:虚假的强化　　　　　　　　　Ⅰ
(159)对规则的辩护　　　　　　　　　　　　 Ⅳ
(160)科学,两种价值　　　　　　　　　　　　Ⅳ
(161)文化复合体,而非社会　　　　　　　　　Ⅳ
(162)野蛮并不是喜好方面的事情　　　　　　 Ⅳ
(163)人的总体权力的增长:它如何决定着形形色色的衰落。
　　　　　　　　　　　　　　　　　　　　　 Ⅳ
(164)论德性政治:
　　　 它是如何获得权力的
　　　 获得权力后,它是如何起主宰作用的? Ⅱ
(165)艺术家并不是具有伟大激情的人
(166)使一种德性获胜的手段　　　　　　　　 Ⅱ
(167)摩尔人舞蹈的淫荡的忧郁感:现代的宿命论 Ⅰ
(168)现代艺术,作为施暴艺术。　　　　　　　Ⅰ
(169)使一种德性获胜的手段。　　　　　　　 Ⅱ
(170)群盲本能:重视平庸　　　　　　　　　　Ⅱ

(171)女人、文学、艺术(十九世纪,丑化)   I

(172)关于第一章:虚无主义。计划   I

(173)虚无主义者的完全性。   I

(174)情绪作为防御和武器:人若没有拿起武器进行防御的必要会有什么结果?   IV

(175)道德领域的缩小:进步   IV

(176)道德非自然化的阶段   II

(177)道德中"自然"的重建   II

(178)信仰还是功业?路德。宗教改革。"自我蔑视者"。   II

(179)罪犯问题   IV

(180)感性的变形   III

(181)艺术家的虚无主义   I

(182)十九世纪人的自然化。   IV

(183)十九世纪的新教。   I

(184)论哲学家理想。结语   IV

(185)道德化与非自然化的历史   III

(186)对第一章"提纲"的计划   I

(187)人的等级   IV

(188)音乐反对词语   I

(189)人们要在何处寻找更强大的天性   IV

(190)对唯心论的嘲讽,它想不平庸地拥有平庸性:对"唯心论者"的批判。   I

(191)悲剧时代   IV

(192)"唯心论者"(易卜生)	I
(193)不愿"更好",而要更强大	IV
(194)基督教的诽谤术	II
(195)不要一律化!"美德"并非什么中庸的东西,而是某种非常的东西	IV
(196)婚姻,性欲	III
(197)早期基督徒的犹太智慧	II
(198)《新约全书》乃诱惑之书	II
(199)基督教三要素。它向民主制的进步:作为自然化的基督教。	II
(200)基督教乃犹太教的延续	II
(201)对渺小的基督徒的嘲讽	II
(202)作为"权力意志"的个人主义 论权力意志的变形。	III
(203)对有德性者的嘲讽 对"善人"的批判	III
(204)道德假设的范围	III
(205)对"善人"批判	II
(206)反对拿撒勒的耶稣这位诱惑者……	II 204
(207)力量的考验	IV
(208)婚姻之为姘居	II
(209)等级原则……	IV
(210)上帝概念,在清算"善"之后	IV
(211)基督教之为解放了的犹太教	II

(212)作为"早期基督教会"基础的犹太人生活   II
(213)佩特罗尼乌斯   II
(214)王侯们是否少得了我们这些非道德论者呢?   IV
(215)基督徒:非高贵人种的理想。   II
(216)我们认识者——何等不道德!   IV
(217)抗议作为人之类型的基督徒:他只不过是一幅漫画……
  IV
(218)在道德影响下对天才(叔本华)的非自然化。   II
(219)是什么使叔本华与《旧约全书》言归于好:原罪神话   II
(220)为我的肯定、我的否定、我的疑问做一个目录。   IV
(221)我的"门徒"类型   IV
(222)反对叔本华,他要阉割无赖和蠢女。关于"等级"。   IV
(223)关于十九世纪的强项。   IV
(224)我是否伤害了德性?   IV
(225)反对懊悔   IV
(226)把德性转变为高贵   IV
(227)我对德性的辩护方式   IV
(228)论等级   IV
(229)任何社会评价中的讽刺力量:它的权力意志之手段   II
(230)论对唯心论者的批判:作为我的对立面   IV
(231)向软弱、女性、女人气意义上的"高贵"开战   IV
(232)我们的音乐,论"古典的"、"天才的"等概念   IV
(233)我何以不想消灭我所反对的理想——我只是要主宰它
们……   IV

[12.1888年初]

(234) 我的立场与叔本华的立场构成一种分歧,与康德、黑格尔、孔德、达尔文亦然,与历史学家们等等也不同　Ⅳ
(235) 我与这个世纪的强大方面相联系。　Ⅳ
(236) 在一个非同寻常的个体如帕斯卡尔那里,道德的特异反应性本身意味着什么呢?　Ⅱ
(237) 我何以要促使中庸获得好评。　Ⅳ
(238) 道德烦琐哲学是极有持久性的。　Ⅲ
(239) 在最终"愿望"方面的幼稚性,而人们并不知道人的"何故?"　Ⅳ
(240) 重建关于"善良的、乐于助人的、好意的信念"的正确概念:并非为功利之故而受崇敬,而是从那些接受它的人们出发的　Ⅲ
(241) 反对弱者的利他主义　Ⅲ
(242) 反对专注于自身和"永恒救恩"　Ⅲ
(243) 在非自身化道德的压力下对爱、同情、公正的误解。　Ⅱ
(244) 宗教崇拜的戒律转变成文化的戒律
(245) 一切情绪皆有用:这里没有价值尺度。　Ⅲ
(246) 在"有用性"角度看,社会的这种近视的透视有何意义?　Ⅱ
(247) 今天"基督教教义"在哪里绝对地失去了权利……在政治中……　Ⅱ
(248) 反对自然科学中对"种属"的高估和对"个体"的低估　Ⅲ
(249) "意识世界"不能被视为价值的出发点:一种"客观的价值设定"的必要性。　Ⅳ

(250)"上帝"作为最高状态　　　　　　　　　　　　Ⅳ

(251)对不幸的羞愧　　　　　　　　　　　　　　Ⅳ

(252)我们认识者——我们自我克制的最后方式　　Ⅳ

(253)升华,例如对消化不良的升华。　　　　　　Ⅱ

(254)我的价值观点　　　　　　　　　　　　　　Ⅳ

(255)为构成体系,头脑不够狭隘

(256)即使在叔本华的虚无主义中,道德也是最高的贬值。　Ⅰ

(257)道德对其他一切价值的绝对主宰:在上帝构想中

(258)通过对所谓更高领域的设定,丧失了所有自然的事
物——直至"反自然之物"的支配地位

(259)道德超越性(Moral-Transcendenz)使自然贬值后的
残骸。

(260)我的意图是,一切发生事件的绝对同质性:道德上的区
分只不过是一种透视主义的区分　　　　　　Ⅳ

(261)音乐悲观主义　　　　　　　　　　　　　　Ⅰ

(262)婚姻,通奸　　　　　　　　　　　　　　　Ⅳ

(263)基督教和佛教的阉割术作为"理想":其魅力从何而来?
　　　　　　　　　　　　　　　　　　　　　Ⅱ

(264)思想的"虚假性"……　　　　　　　　　　Ⅲ

(265)伪装术日益增加,在生物等级中。关于"思想"……　Ⅲ

(266)在人们已经从宗教中解放出来之后,道德偏执狂坚持认
为:道德与基督教的上帝一道沦丧了……

(267)"善之统治地位"就像"好的天气"一样纯属反讽,是不经
济的说法

(268) 通过基督教的理想,诸如禁欲、斋戒、修道院、节日、信仰 207
　　　本身、死亡,什么东西被败坏了呢?
(269) 对道德论的诽谤术的考验
(270) 关于美的形成:对其价值判断的批判　　　　　　　　Ⅲ
(271) 悲剧艺术家　　　　　　　　　　　　　　　　　　Ⅳ
(272) 基督教理想的隐蔽形式,诸如在自然崇拜、社会主义、
　　　"爱的形而上学"等等中
(273) 我们对人的善意估价,与道德〈的〉基督教的估价相比
　　　较。　　　　　　　　　　　　　　　　　　　　　Ⅰ
　　　道德论的自由性乃是文化增长的标志　　　　　　　Ⅳ
(274) 最道德的人乃是最强大的、最具神性的人:过去的全部
　　　认识都是要证明这一点。
　　　这种与权力的关系把道德抬高到一切价值之上。　　Ⅱ
(275) 基督教的理想具有犹太式的聪明　　　　　　　　　Ⅱ
(276) 小人物的自身神化(80a)　　　　　　　　　　　　　Ⅱ
(277) 保罗:对历史的打扮,为的是证明……　　　　　　 Ⅱ
(278) 基督〈教会〉背后的现实性:犹太人的小家庭　　　　Ⅱ
(279) 对《新约全书》的第一印象。人们袒护彼拉多,进而差不
　　　多是袒护犹太教学者和法利赛人……　　　　　　　Ⅱ
(280) 关于《新约全书》的心理学　　　　　　　　　　　Ⅱ
(281)《新约全书》的"精神"　　　　　　　　　　　　　Ⅱ
(282) 何以基督教能为统治阶级所庇护。　　　　　　　　Ⅱ
(283) 保罗　　　　　　　　　　　　　　　　　　　　　Ⅱ
(284) 佛教与基督教　　　　　　　　　　　　　　　　　Ⅱ

208	(285)我决不与基督教妥协——	IV
	(286)关于第一章的计划	I
	(287)异教的——基督教的	
	(288)"非自然化"之形式:为善而善,为美而美,为真而真——	
		II
	(289)基于为理想而奋斗的必然性而致心理伪造	II
	(290)我的绝对孤独:关于导论。	IV
	(291)要"自然"!	I
	(292)"别孩子气":啊	
	(293)基督教的心理前提	II
	(294)批判耶稣在山上对门徒的教训的理想性	II
	(295)反对基〈督教〉的古代愚拙	II
	(296)"自在之物"是荒谬的	III
	(297)诸神构想,为什么道德化?	II
	(298)《新约全书》的发言愿望是非分的	II
	(299)康德的幼稚性:主张此在(Dasein)	III
	(300)完全一般地对道德的不宽容性进行评判——此乃人的软弱性的表达	IV
	(301)先行?不,为自己而行	
	(302)对人迁就凑合	
	(303)艺术家:形式:内容	
	(304)圣伯夫	
	(305)乔治·桑	

III:22

IV:73

(306)人就是命运

(307)"现代女人"德莫尔尼公爵

(308)女人与艺术家

(309)观察的极点

(310)未来欧洲的更强大种类

(311)"牧人":伟大的平均者

(312)司汤达:"强者撒谎"

(313)关于浪漫派的历史

(314)异教的

(315)我们的悲观主义(关于食谱)

(316)人们拿某物冒险,这是为什么?(关于食谱)

(317)爱默生、卡莱尔

(318)怀疑,伟大的人(关于食谱)

(319)比才①:非洲人的敏感性("摩尔人的")

(320)人们如何使德性获得支配地位

(321)基督教:它如何毁了帕斯卡尔。

(322)泰纳、左拉:专横暴政

(323)"唯心论者"

(324)文学女人

(325)现代"劳动者"

---

① 比才(Georges Bizet,1838-1875):法国作曲家。作品有歌剧《卡门》、管弦乐组曲《阿莱城姑娘》以及《C大调交响曲》等。——译注

(326)反对冯·哈特曼先生的悲观主义:以快乐为尺度
(327)演员(塔尔玛)——
　　　凡应当成为真实的,就不能是真实的……
(328)"好的趣味":圣伯夫的判断。
(329)快乐与不快是次要的。
(330)没有目标——没有最后状态:要正确对待这一事实!
(331)"价值":指向什么?
(332)价值:不指向什么?
(333)"意志"并不意愿满足,"快乐"并非这个
(334)不满足是快乐的
(335)必然的不快程度乃是力度的标志
(336)为什么我们要体验悲剧(食谱)
(337)凯撒的保健术(食谱)
(338)食谱:要小心
(339)价值以什么衡量自己? 不是以意识
(340)饮食规矩包含着关于"文化"的启示
(341)人的帝王般的慷慨大度
(342)把宗教需要当作音乐来掩饰
(343)爱、无私、优越——
(344)卖淫、婚姻
(345)"肥料":人们对付不了——
(346)"短暂性":价值——
(347)伏尔泰最后的话:基督教的和古典的
(348)一切贬值的价值

[12.1888年初]

(349)哲学虚无主义的深义

(350)"短暂性"的价值

(351)虚无主义的原因！最后结论！

(352)虚无主义之为中间状态

(353)反对懊悔(食谱)

(354)"nil" admirari[无动于衷、万事不心惊](食谱)

(355)无信仰之种类：发端中的虚无主义的征兆

(356)人追求的不是幸福！而是权力！

(357)向不幸挑战(食谱)

(358)关于认识学说：内在的现象性

(359)真实性——它是什么？

(360)乐于到处重新发现非道德论者

(361)现实的人比愿望的人更有价值！

(362)序言：虚〈无主义〉的到来

(363)主体、客体

(364)原生质中的"饥饿"

(365)上帝概念的荒谬：我们否定神中之"神"

(366)实践的虚无主义者

(367)我们——对"理想"感到失望

(368)嘲讽："要单纯！"

(369)相同者之挑选、"提取"、孤立(食谱)

(370)反对"公正"(食谱)

(371)民族：亲缘本能

(372)三种理想

异教的;贫血的;反自然的

12[2]

12.4.我们的生命食谱。

1.1.完全彻底地被思考的虚无主义。

2.1.文化,文明,"现代"的歧义性。

3.2.理想的来源。

4.2.对基督教理想的批判。

5.2.德性如何获胜。

6.2.群盲之本能。

10.4."永恒轮回"。

11.4.伟大的政治。

7.3."求真理的意志"。

8.3.道德作为哲学家的妖女

9.3."权力意志"的心理学(快乐、意志、概念等。

[13. 1888年初至1888年春][1]

13[1]

生成与存在。

价值的观点。什么是价值?
　　快乐与痛苦何以不是最终的价值尺度。
人们如何使德性达到统治地位。

基督教的特征
希腊哲学的特征

作为误解的利己主义。

未来的欧洲人。

虚无主义的变形:
　　精神的解放,流浪

---

[1] 相应的手稿编号为:Z II 3b。——译注

卢梭的后裔：

群盲本能

13[2]

意义之匮乏；邻人的价值，意义不大；等级秩序。

伟大的正午（——两条道路）。论极少数人的特权。

心理学（情绪学说）作为权力意志之形态学。（并非以"幸福"为主题）

形而上学价值降低了。

权力意志的生理学。

论虚无主义的历史（——幸福论乃是关于整体之无意义状态的感觉的一种形式）。

道德论者和道德体系意味着什么？

关于支配性构成物的学说。利己主义。利他主义。"群盲"。

历史中的权力意志。

（对自然力的支配，经济生活）。

宇宙学视角。

艺术－价值的依赖性。什么是古典的？什么是"美的"？什么是"浪漫的"？等等。

永恒轮回。

13[3]

Ⅰ.论欧洲虚无主义的历史。（对悲观主义的误解。

其中缺失什么？根本点：意义缺失）

其他一切价值的衰落。理想化的力量投身于其反面了。

Ⅰ．求真理的意志。出发点："真理"价值的衰落。

——以往的主宰类型。主宰类型的衰落。

Ⅳ．论永恒轮回学说。作为锤子。

——论等级秩序的历史

1. 生理学：器官功能
2. 情绪心理学

Ⅱ．道德论者和道德体系意味着什么。

Ⅳ．我们未来者。论极少数人的特权与大多数人的特权

Ⅱ．最高价值概念的起源（"形而上学"）

"群盲"；"善人"等等。支配性构成物。

Ⅱ．审美价值，本源，批判。

Ⅳ．价值等级。

13[4]

A：论虚无主义的临近。

1."真理"。论真理的价值。对真理的信仰。——这种最高价值的衰落。反这种最高价值的一切东西的累积。

2. 各种信仰的衰落。

3. 一切主宰类型的衰落。

B：论虚无主义的必然性。

4. 以往最高价值的起源。

5. 道德论者和道德体系意味着什么？

6. 论审美价值的批判。

C：论虚无主义的自身克服。

7. 权力意志：心理学的考察。

8. 权力意志：生理学的考察。

9. 权力意志：历史学和社会学的考察。

D：克服者与被克服者。

10. 论极少数人的特权。

11. 锤子：永恒轮回学说。

12. 论价值等级。

每章 150 页。

每节 50 页

13[5]

你远离尘嚣：
无爱亦无恨。
犹如在一座古堡旁，
沉思吧，你！

[14. 1888年春]

1888年3月25日于尼斯

14[1]

艺术。前言

在我这里,谈论艺术是不能与牢骚满腹的神情相协调的:我之愿谈论艺术,犹如在放任而孤独的散步中与我自身交谈,这时候,我间或会捕捉到我生活中一种亵渎神灵的幸福和理想。在柔和与荒谬的事物之间度过自己的生命;与现实格格不入;半是艺术家,半是怪人和形而上学家;对于现实不作肯定和否定,除非人们偶尔以优秀舞者的样子用脚尖跳舞时才承认现实;总是被某种幸福阳光照得痒痒的;由于悲伤而使自己得到安静,受到激励——因为悲伤保养幸运者——;甚至还为至圣者加上一个滑稽的小尾巴——不言而喻,这就是一个沉重、忧郁的人物的理想,一个重大人物的理想……

---

① 相应的手稿编号为:W II 5。——译注

14[2]

顺势疗法

这种无限小剂量的效果特别适合于精神病患者:自我(ego)。
"人们很聪明,因此就更不幸了"

叔本华

14[3]

难以觉察的阶段:兴奋阶段,很快就是耗竭阶段

所有种类的感官兴奋(诸如面部、听觉和嗅觉的兴奋)都可能导致催眠状态,只不过这些兴奋必须足够强烈和持久:第一个效果始终都是灵活性的一种普遍提高的效果。但最后却是大脑活力(de l'influx cerebral)的耗竭。兴奋使一种自行耗竭的力量发挥作用……

14[4]

心理学

当人们以为自己十分强壮,足以获得客体时,欲望就是适意的

作为对于使我们的权力感得到增强的东西的表象:愉快的第一开端

否则就是难受的;并且立即会引起自己反感。欲望就变成一种危急状态,就像在叔本华那里。

14[5]

宗教。颓废

> 基督教的危险性

尽管基督教重视关于无私和爱的学说,但它真正的历史作用仍在于对利己主义的提高,即把个体利己主义提高到它的极致——这个极致就是对一种个体不朽的信仰。个人变得如此重要,以至于人们再也不能把它牺牲掉了:在上帝面前"灵魂"平等。而这就意味着要以最危险的方式来质疑种类的生活:受优待的生活是一种与种类利益相对立的实践。基督教的利他主义乃是一种致命的设想:把所有人都视为相同……

这样一来,自然的发〈展〉进程……以及一切自然价值就都被推翻了。如果病人应当具有健康人同样的价值(或者按帕斯卡尔的看法,甚至有更多的价值)

这种普遍的人类之爱①,实际上是对一切受难者、失败者和病人的偏爱优待

事实上削弱了那种把人类牺牲掉的力量:它想把责任缩减到自我牺牲的地步——不过,从培育的立场出发,恰恰这种荒谬的个人的利他主义是毫无价值的。倘若我们指望许多人为了保存种类而牺牲自己,那我们就受骗上当了……

所有大规模的运动、战争等,都使人类自我牺牲:强者们正是以此方式不断地降低自己的数量……

---

① 原文为 Menschenliebe,或译"博爱"。——译注

与之相反,弱者们具有一种可怕的本能,能够保护自己、保存自己、相互支持……

这样一种"相互保存"居然可以成为德性,至少是成为人类之爱!……典型一例:他们要求得到国家的保护,他们以为这是"国家的至高义务!"

在对"利他主义"的普遍赞扬中,隐藏着这样一种本能:如果所有人都相互关心,个人就得到了最佳保护……此乃弱者的利己主义,它对利他主义作了独一无二的赞扬……

基督教的危险的反自然性:

——它取消了淘汰——

220　1)它发明了一种幻想的人格价值,那么无稽而煞有介事,主张人人都有同样的价值

2)它把弱者中间的保护-自我保存本能视为最高的价值尺度,它所敌视的无非是自然对待弱者和失败者的方式:损害、利用、毁灭……

3)它否认人的最高类型是发育良好者和幸运者……它是对一切自然评价的诽谤、毒害、粉碎

14[6]

作为道德的权力意志

必须把握一切腐败形式的共属一体性;同时不要忘了基督教的腐败

帕斯卡尔作为典型

同样不能忘记社会主义-共产主义的腐败(那是基督教腐败

的一个结果）

　　社会主义者的最高社会构想乃是社会等级制中最低级的"彼岸"的腐败：仿佛在现实的世界即生成的世界之外还有一个存在者世界似的

　　这里不允许有什么协议：在这里，人们必须彻底消灭、毁灭它们、对它们宣战——人们还必须在任何地方都把基督教虚无主义的价值尺度拉出来，并且与这种披着各种伪装的价值尺度作斗争……例如来自今日社会学、来自今日音乐、今日悲观主义的伪装（——基督教价值理想的一切形式——）

　　要么一方是真实的，要么另一方是真实的：所谓真实的，在这里也就是说，对人的类型具有提升作用的……

　　教士、牧师，乃是下流的此在形式

　　以往全部教育都是无助的、站不住脚的、无重心的、带有矛盾价值的——

14[7]　　　　　　　　　　　　　　　　　　　　221

论现代性。

　　对后果的胆怯——现代恶习。

浪漫派：敌视

　　　　文艺复兴（夏多布里昂、瓦格纳）
　　　　古代的价值理想
　　　　主导性的智慧
　　　　古典趣味、简朴的、严格的、伟大的风格
　　　　"幸运者"

"好斗者"

14[8]

价值……

人能够获取的最高权力量

人：而不是人类……

人类与其说是一个目标，而不如说是一种工具。关键在于类型：人类只不过是试验材料，失败者的巨大过剩，一大片废墟……

14[9]

虚无主义

没有什么东西比一种一贯的行为虚无主义更有用场和更需要推动了

：正如我所理解的基督教、悲观主义的一切现象，它们是这样来表达的："我们已经有条件不存在了；对我们来说，不存在是合理性的"

在此情形中，这样一种"理性"的语言或许也就是淘汰性的自然（selektive Natur）的语言

关于与之相反的一切概念，我们要谴责的就是一种宗教的暧昧而胆怯的不彻底性，诸如基督教的不彻底性：更清晰地讲，是教会的不彻底性。教会并不是鼓励所有失败者和病人走向死亡和自我毁灭，而是保护他们，使他们自我繁殖——

问题是：要采取什么样的手段才能获得伟大的、传染性的虚无主义的一种严格形式呢？这样一种虚无主义形式以科学的认真劲

头教导和实行自愿的死亡……（而不是那种以虚假来世为着眼点的软弱的苟延残喘——）

人们不能充分地谴责基督教，因为通过关于不朽的个人人格的观念，同样地通过复活希望，简言之，总是通过一种对虚无主义行动即自杀的阻碍，基督教就使这样一种具有净化作用的伟大虚无主义运动的价值贬了值。……它取代了慢性自杀；渐渐地出现了一种卑微可怜、但又持久的生活；一种十分寻常的平庸市民生活也逐渐出现了；如此等等。

14[10]

作为颓废的宗教

基督教批判

需要经历巨大的淘汰和净化危机：无论如何是由虚无主义的宗教和哲学引入的。

人们要明白：基督教是某种极其错误和失败的东西：它已经从一种选种的手段变成了选种的敌人、障碍和毒草

14[11]

肯定性的情绪

骄傲

快乐

健康

性爱

敌视和战争

敬畏

美好的神情、风度、对待

强大的意志

高度智慧的培养

权力意志

对大地和生命的感激之情

：一切丰富的、意愿奉献、赠予生命、使生命快乐、使生命永恒、把生命神化的情绪——那是具有美化作用的德性的整体力量……一切具有赞成、肯定和建构作用的东西——

14[12]

教士与其他墨水刷、墨鱼——

14[13]

虚无主义宗教的生理学

一个典型的疾病过程

请注意！虚无主义的宗教统统是：在一个宗教道〈德〉术语表下的系统〈化了的〉疾病史。

——在异教崇拜中是巨大的岁月循环，对这种循环的解释是异教崇拜的轴心

——在基督教崇拜中则是一种瘫痪现象的循环，瘫痪现象构成基督教崇拜的轴心……

"信仰"，一种精神病形式

懊悔
拯救 } ——概是精神衰弱的
祈祷

罪恶,一种偏执的理念
对自然的仇恨、对理性的仇恨
基督教教义作为疾病
基督教作为生理颓废的征兆

224

14[14]

反运动:艺术

   悲剧的诞生

    Ⅲ
  艺术的这两种自然力量:尼采把它们当作狄奥尼索斯精神与阿波罗精神相互对立起来。他断言———"狄奥尼索斯的"(dionysisch)这个词表达的是:一种追求统一的欲望,一种对个人、日常、社会、现实的超越,作为遗忘的深渊,充满激情和痛苦的高涨而进入更晦暗、更丰富、更飘忽的状态之中;一种对生命总体特征的欣喜若狂的肯定,对千变万化中的相同者、相同权力、相同福乐的肯定;伟大的泛神论的同乐和同情,这种同乐和同情甚至赞成和崇敬生命中最可怕和最可疑的特性,其出发点是一种追求生育、丰产和永恒的永恒意志:作为创造与毁灭之必然性的统一感……而"阿波罗的"(apollinisch)一词表达的是:追求完美的自为存在的欲望,追求典型"个体"的欲望,追求简化、显突、强化、清晰化、明朗化和典型化之一切的欲望,即:受法则限制的自由。

艺术的发展必然是与上述两者的对抗相联系的,正如人类的发展与两性对抗联系在一起。权力的丰盈与节制,处于一种清冷、高贵、脆弱的美当中的自我肯定的最高形式:希腊意志的阿波罗主义。

悲剧与喜剧的起源乃是对处于总体狂喜(Gesammt-Verzückung)状态中的神性类型的当下观看(Gegenwärtigsehen),是对地方传奇、访问、奇迹、捐赠行为、"戏剧性事件"的共同体验(——

希腊心灵中狄奥尼索斯精神与阿波罗精神的这样一种对立,乃是尼〈采〉在探讨希腊本质时所着迷的大谜团之一。从根本上讲,尼采所做的努力无非是要猜解:为什么希腊的阿波罗主义恰恰一定是在狄奥尼索斯的土壤里成长起来的,为什么狄奥尼索斯式的希腊人必须成为阿波罗式的,也就是说,为什么希腊人必须打破他们追求巨大、繁复、不确定和恐怖的意志,而代之以一种追求尺度、简单、规则和概念序列的意志。无度、杂乱和亚洲因素构成希腊人的根基:希腊人的勇敢就在于与自己的亚洲气作斗争。对于希腊人来说,美不是上天送他们的,逻辑学亦然,风俗道德的自然性亦然——那是他们所征服的,是通过追求和抗争而得的——那是他们的胜利……

14[15]

本书是反悲观主义的:它传授一种力量以反对一切否定和无为,传授一种医治巨大的困顿无力的办法

14[16]

上帝类型依据的是创造性的精神类型,即"伟人"类型

14[17]

《悲剧的诞生》。
2
该节的开头见二页之后:Ⅱ。

在这里,艺术被视为反对所有否定生命的意志的唯一优越的对抗力量,被视为反基督教的、反佛教的,尤其是反虚无主义的……

艺术是对认识者的拯救——那个看到、并且愿意看到生命的可怕和可疑特征的人,那个悲剧性的认识者。

艺术是对行动者的拯救——那个不仅看到,而且正在经历、愿意经历生命的可怕和可疑特征的人,那个悲剧性的人,那个英雄……

艺术是对受苦者的拯救——作为通往被意愿、被美化、被神圣化的痛苦状态的道路,在此状态中,痛苦成了巨大的狂喜陶醉的一种形式……

14[18]

Ⅲ

艺术本身作为人身上的一种自然力量,出现在下面两种状态当中:一是作为幻觉,二是作为狄奥尼索斯式的纵欲狂欢。在生理

学上讲,这两者形成于梦与陶醉:前者被理解为那种达到幻觉的力量的施展,一种形象观看、形象塑造方面的快乐。

求假象、求幻想、求欺骗、求生成和变化的意志比求真理、求现实、求存在的意志更深刻,"更形而上学":快乐比痛苦更原始;痛苦本身只不过是求快乐(——求创造、塑造、毁灭、摧毁)的意志的结果,而且就其最高形式来说,就是快乐的一个种类……

14[19]

6

本书①是反现代的:它相信现代艺术,此外一无所信;根本上也不是相信现代艺术,而倒是相信现代音乐;根本上也不是相信现代音乐,而只是相信瓦格纳而已……而且根本上,它也许连瓦格纳也不相信,除非没有更好的了(faute de mieux)。

第116页:"不然我们还知道指出什么呢,若是带着一种痛苦的神情———

叔本华、丢勒。

相信将出现一种音乐……相信有一种狄奥尼索斯音乐……

14[20]

7

本书②是属于德意志的、是忠于国家的——它本身仍然相信

---

① 指《悲剧的诞生》。——译注
② 指《悲剧的诞生》。——译注

德意志精神！……它的精微之处在于它是德意志的和反基督教的,该书第142页上有言:"对我们来说,最令人痛苦的就是德意志精神所遭受的长久侮辱,它远离家园和故乡,效力于狡诈的侏儒"。这些狡诈的侏儒就是教士们。——书中另一处提出一个问题:德意志精神是否还足够强壮,有能力回归自身进行自我反思;它是不是能够认真地进行对外来因素的挑剔工作;或者,它是不是将继续像一棵久病不愈的、已经枯萎的植物一样在疾苦中受尽折磨。在本书中,那种移植过程,即把极度反德意志的神话、基督教的神话移植到德意志心灵之中的过程,被视为真正德意志的厄运。

14[21]

4

如此看来,本书①甚至是反悲观主义的:因为它所传授的东西比悲观主义更强大,比"真理"更具神性,那就是:艺术。

似乎没有人会比本书作者更赞成一种对生命的彻底否定,尤其是一种作为生命之否定的真正无所作为。只有他才知道,——他对此有过体验,也许只对此有过体验——艺术比"真理"更有价值。

本书前言犹如一场与理查德·瓦格纳的对话。其中已经表现了作者的信仰自白、艺术家的福音书:"艺术乃是生命的真正使命,艺术乃是形而上学活动"……

---

① 指《悲剧的诞生》。——译注

14[22]

5

在此前提下,科学必定会成为什么呢?科学的情形如何?在一种重要意义上几乎成为真理的敌人:因为科学是乐观主义的,因为科学相信逻辑。在生理学上来推算,一个强大种族的没落时代就是科学人这个类型在其中成熟的时代。对苏格拉底的批判构成本书的重头:苏格拉底乃是悲剧的敌人,是那种魔力般的-预防性的艺术本能的消解者;苏格拉底主义乃是对生命和艺术的最大误解:道德、辩证法、理论人的知足常乐,乃是疲乏无力的一种形式;著名的希腊式的喜悦只不过是一道晚霞……只要强大的种族依然富有力量,它们就有勇气如其所如是地正视事物:悲剧的……对它们来说,艺术不只是娱乐和消遣;艺术是一种治疗……

本书[①]"不顾民主主义趣味的所有现代理念和偏见",主张:希腊人——前言第 X 页。

14[23]

II

这个构想的要义在于艺术与生命的关系的理解。无论在心理学上还是在生理学上,艺术都被理解为伟大的兴奋剂(Stimulans),都被理解为永远力求生命、力求永恒生命的东西……

---

① 指《悲剧的诞生》。——译注

14[24]

3

人们可以看到,本书①把悲观主义、更直白地讲就是虚无主义,视为"真理",但并没有把真理视为一种最高价值,更没有把真理视为最高权力。

在这里,作者认为,求假象、求幻想、求欺骗、求生成和变化的意志要比求真理、求现实性、求存在的意志更深刻、更原始、"更形而上学"——后者本身只不过是求幻想的意志的一个形式。同样地,快乐被视为比痛苦更原始的,因为痛苦是有条件的,只不过是求快乐的意志(即求生成、增长、赋形的意志,因而也就是求征服、求抵抗、求战争、求毁灭的意志)的一个结果。作者构想了肯定此在(Dasein)的最高状态,这种状态甚至把痛苦、形形色色的痛苦,也永远当作提高手段包括在内了,那就是:悲剧的-狄奥尼索斯的状态。

14[25]

关于《悲剧的诞生》。
Ⅷ。

本书别具一格之处在于对希腊人的全新理解;我们已经指出本书的另外两个贡献——对艺术的全新理解,把艺术理解为生命的伟大兴奋剂;以及对悲观主义的理解,一种强者的悲观主义,一种古典的悲观主义:在这里,"古典的"一词并没有被用于历史学的

---

① 指《悲剧的诞生》。——译注

划界,而是被用于心理学的划界。古典悲观主义的对立面乃是浪漫悲观主义;在浪漫的悲观主义中,虚弱、疲乏、种族颓废通过概念和评价表述出来:诸如叔本华的悲观主义,德·维尼、陀思妥耶夫斯基、列奥巴尔迪、帕斯卡尔的悲观主义亦然,以及一切大规模的虚无主义宗教的悲观主义(婆罗门教、佛教与基督教的悲观主义——它们可以被称为虚无主义的宗教,因为它们全都颂扬生命的对立概念、虚无,把后者美化为目标、最高的善、"神")

尼采的出众之处在于:其心理幻觉的自发性,眼界极为开阔,体验、猜解、推理方面的能力令人眩目,意志坚定,不畏艰难险阻和凶险后果。

14[26]

《悲剧的诞生》

但让我们言归正传吧,来谈谈本书要彰显的和要排除的东西,谈谈本书的独创性:本书含有三个全新的观点。第一个观点我们上面已经提到过了:艺术乃是生命的伟大兴奋剂,是刺激生命的兴奋剂。第二个观点在于:本书提出了一个新的悲观主义类型,即古典的悲观主义。第三个观点在于:本书重新提出了一个心理学问题,即希腊问题。

14[27]

作为颓废的哲学

关于心理学家的心理学

心理学家们,从十九世纪〈开始〉才有可能的心理学家:现在不再是那样一些游手好闲者,后者只看得到眼前三四步远,差不多满足于挖掘自己的内心世界。我们这些未来的心理学家——我们少有追求自我观察的善良意志;因为我们几乎把它看作蜕化的一个标志,如果有一种工具力求"认识自身"的话:我们是认识的工具,想拥有一个工具的单纯性和精密性;——因此我们不可分析自身,"认识"自身。伟大心理学家的自我保存本能的首要标志是:他决不寻求自身,决不关注自身、对自身毫无兴趣和好奇感……我们主导性意志的伟大的利己主义要求我们:乖乖地对自身视而不见,——我们必须表现得"无个性"、"漠然"、"客观"……呵,我们恰恰是这种人的对立面!原因只在于,我们是古怪的心理学家。

14[28]

心理学家。

1)我们不是帕斯卡尔式的,对于"灵魂得救"、自己的幸福、自己的德性,我们并不特别有兴趣……——

2)我们既没有足够的时间、也没有足够的好奇心如此这般围着自己打转。往深处看,情形甚至更不一样:我们怀疑一切盯着自己肚脐的人,因为在我们看来,内省乃是心理学天才的一种蜕化形式,是对心理学家本能的一种怀疑:正如画家之眼若在背后隐藏着那种为了观看而观看的意志,就一定已经蜕化了

14[29]

道德价值的起源。

利己主义与利己主义者具有同样的生理学价值。

每个个人依然都是一条完整的发展线(并不像道德对个人的〈理解〉那样仅仅是某个与生俱来的东西):如果他体现了人的路线的上升,那么他的价值实际上就是不寻常的;而且他对于如何保存和促进自身增长,可能有着极端的担忧。(这就是对在他身上得到预兆的未来的担忧,这种未来赋予成功的个体以一种十分超常的利己主义特权。)如果他表现为一条下降线,表现为没落、慢性病,那他就没有什么价值了;第一个公平合理性是:他尽可能不去夺取成功者的位置、力量和阳光。在此情形下,社会要以遏制利己主义为己任(——利己主义有时表现为荒谬的、病态的、叛乱性的——):事关个体或者全部颓废萎靡的民众阶层。一种鼓吹"爱"、鼓吹遏制自我肯定的学说和宗教,一种鼓吹忍辱负重、助人为乐、言行上的互惠的学说和宗教,在这些民众阶层内部可能具有最高的价值,即使以统治者的目光来看也是如此,因为它遏制对抗感、复仇感、嫉妒感,那些失败者的过于自然的情感,——它以谦卑和驯服为理想,把失败者身上的奴性、受统治、贫困、疾病和低贱品质神化了。这就说明了为什么每个时代占统治地位的阶级或种族和个人都要维护舍己为人的崇拜、低等人的福音、"十字架上的上帝"。

一种利他主义的评价方式的优势地位乃是失败者本能的结果。最底层的价值判断在这里说的是:"我没有多少价值。"这只是一种生理学上的价值判断,更清晰地讲,就是昏聩无能感,缺乏伟大的肯定性的权力感(在肌肉、神经和运动中枢中)。这种价值判断每每按照这些阶层的文化而转化为一种道德的或者宗教的判断(——道德和宗教判断的统治地位始终是低等文化的标志):它试图根据那个使"价值"概念得以为人所熟知的领域来论证自己。基督教罪人相信可以用来理解自己的那种解释,乃是一种尝试,一种要为权力和自信的缺失寻找合法性的尝试:他宁愿自认有罪,而不愿徒然自感恶劣不妙。竟然需要此类解释,这本身就是沦落的征兆。在其他情况下,失败者并没有在"罪过"中(诸如基督徒)寻找个中理由,而是在社会中寻找理由。社会主义者、无政府主义者和虚无主义者,由于他们认为自己的此在应该由某人承担罪责,所以始终还是基督徒的近亲;基督徒也认为,如果他找到了对此承担责任的某人,那他就能更好地忍受失意和失败了。复仇和怨恨的本能在两种情形下都表现为承受失败的工具,表现为自我保存的本能:恰如对利他主义的理论和实践的偏爱。对利己主义的仇恨,无论对自己的利己主义的仇恨(像基督徒那样)还是对他人的利己主义的仇恨(像社会主义者那样),都如此这般地表现为复仇占统治地位时的价值判断;另一方面又表现为一种自我保存的聪明劲,即受苦受难者通过提高自己的互惠感和团结感来保存自己的聪明劲……最后,如前所述,即便是在对利己主义(自己的或者他人的)的审判、谴责和惩罚中发泄怨恨,也还是失败者的一种自我保存的本能。总之,利他主义崇拜乃是利己主义的一种特殊形式,后者在一定的生理学前提下是经常会出现的。

14[30]

如果社会主义者以一种美好的愤怒要求"正义"、"权利"、"平等权",那他只是受到他那不足的文化的压力,这种文化弄不懂他为何受苦受难;另一方面他却以此为乐。倘若他的境况改善了,他就会免去如此叫喊了,因为这时他在别的地方找到了乐子。基督徒亦然:他谴责、诽谤和诅咒"这个世界"——他自己也没有除外。但这并不是我们要严肃对待其叫喊的理由。在这两种情形下,我们总还置身于病人中间,对他们来说,叫喊带来乐趣,诽谤使他们如释重负。

14[31]

价值……

"无耻行为"这个概念使我们感到棘手:根本就不可能有自在地无耻的东西。一切发生之物当中,没有任何东西可能是自在地无耻的:因为人们不会想要摆脱一切发生之物。因为每个事物都是与大全相连在一起的,以至于排除某个东西也就意味着排除大全。一种无耻行为:根本上意味着一个堕落的世界……

即使这样也还有一点:在一个堕落的世界里,甚至摒弃或许也是可耻的[①]……而且,一种摒弃一切的思想方式的结果或许就是一种肯定一切的实践……如果生成是一个巨大的圆环,那么,每个事物就都是同样价值的、永恒的、必然的……

在肯定与否定、偏爱与拒斥、爱与恨的一切相互关系中,仅仅传达出特定生命类型的一个视角、一种兴趣:一切存在着的事物都自在地肯定。

[①] 此处译文未传达出德文"摒弃"(Verwerfen)、"无耻的"(verwerflich)、"堕落的"(verworfen)之间的字面和意义联系。——译注

14[32]

价值……

一种虚无主义的价值评估说:"我不存在是值得的。"进一步又说:"你不存在是值得的。"

14[33]

说到悲剧的激情,尼采并没有接受亚里士多德的古老误解——

那是把肉欲和残酷变形为希腊精神:在恣意狂欢的节日中出现的成分———

狄奥尼索斯精神乃是多重的、部分地可怕的激动情绪的一种充溢和统一

14[34]

戏剧

戏剧并不像那些半通不通的学者所以为的那样是情节。依照"戏剧"(Drama)一词的多立亚语①的起源,我们也必须对戏剧作多立亚僧侣式的理解:它是事情、"事件"、神圣故事、奠基传说、对僧侣使命的"沉思"和回忆。

---

① 多立亚语(das Dorische):主要在希腊南部地区(伯罗奔尼撒半岛东南部、克里特岛等地)使用的古希腊语方言。——译注

14[35]

艺术作为反运动。

　　希腊艺术中纵欲狂欢的因素一直以来都被低估了；但对希腊心灵本身来说，狂欢却意味着最深刻的运动和危机之一种———

　　人们也许还记得洛贝克那种轻佻而冷漠的方式，他以此方式对整个仪式、神话和秘密的领域保持距离，第564页和第565页。

　　我们想说的是，温克尔曼和歌德所构成的"古典"概念不仅没有说明那种狄奥尼索斯因素，而且还把它排除在外了。还有———

　　有过一个时期，那时候人们在语文学家中间对洛贝克殊为感激———

14[36]

　　　　　　　　　阿波罗的，狄奥尼索斯的

　　　　　　　　　　　　Ⅲ

　　艺术本身作为人身上的一种自然力量出现在两种状态中，不管人是否愿意，它都支配着人。一方面是幻觉强制力，另一方面是狂欢强制力。这两种状态也表现在日常生活中，只是更为虚弱些，诸如在梦与醉中，犹如在———

　　然而，同一种对立依然存在于梦与醉之间：两者都能把我们身上的艺术力量释放出来，但各不相同。梦释放出观看、联结、创作的力量；醉释放出神情、激情、歌唱、舞蹈的力量。

14[37]

关于现代性。

　　　　　是什么为我们带来荣光。

　　如果说有某个东西为我们带来荣光的话,那就是:我们已经把重点转移到别处去了,我们开始重视为所有时代所蔑视和所摒弃的低等事物——相反,我们认为"美好的情感"是廉价的……

　　还有比对肉体的蔑视更危险的迷误吗?就仿佛有了这种蔑视,整个精神不会注定变得病态,变成"理想主义"的屁气似的!

　　基督徒和理想主义者所臆想的一切都是毫无根据的:我们更加激进。我们已经发现,"最渺小的世界"乃是普遍决定性的东西:我们以一种危险的方式进入这个———

　　街上石子路、室内好空气、未毒化的住所、有营养价值的饮食,我们认真对待此在(Dasein)的所有必需品,蔑视一切"美好的灵魂",视其为一种"轻率和轻佻"。

　　以往被蔑视的东西受到了高度重视。

　　我还要添上一种非道德性:道德性只不过是非道德性的一种形式,后者着眼于某个特定种类所具有的优越性,———

14[38]

　　　　　"耶稣"类型……

　　耶稣是天才的对立面:他是一个白痴。人们来感受一下耶稣的无能,他无能于理解一种实在性:他围绕着五六个概念打转,那是他从前听来的、并且逐渐理解了、实即错误地理解了的几个概念——这其中含着他的经验、他的世界、他的真理，——其余的东西对他来说都是陌生的。他讲的是人人都需要的话语——但他并不像大家一样理解它们，他只理解自己那五六个模糊的概念。真正的男人本能——不仅是性本能，而且是斗争、自豪、英雄主义的本能——从未在他身上觉醒过，他是发育不全的，依然停留在青春少年的性成熟期上：这一切都属于某种癫痫神经官能症类型。

在其最深层的本能上，耶稣是毫无英雄气概的：他从不斗争；谁若从耶稣身上看到某种英雄之类的东西（诸如勒南），那就把耶稣这个类型庸俗化了，使之无法辨认了。

另一方面，人们也可以来感受一下耶稣在理解精神领域方面的无能："精神"一词在他嘴里成了误解！连科学、趣味、精神风纪、逻辑的极其微弱的气息都不曾向这位神圣的白痴吹拂；同样地，生活也不曾感动过他。——自然呢？自然规律呢？——没有人向他透露过有一种自然。他只识得道德的效应；那是最低级和最荒谬的文化的标志。人们必须抓住一点：耶稣乃是一个十分聪明的民族当中的白痴……只不过，他的门徒们并不是白痴——保罗就根本不是一个白痴！——基督教的历史取决于这一点。

14[39]

> 基督教批判。
> 道德作为哲学家的女妖
> 围绕"自我"的斗争。

14[40]

颓废对于科学理想的无意识作用

颓废本身对科学理想有一种深刻的和完全无意识的作用：我们的整个社会学就是这个命题的证据。还得对之加以指责的是：它根据经验仅仅知道社会的衰落产物（Verfalls-Gebilde），并且无可避免地把自己的衰落本能当作社会学判断的标准。

当今欧洲的没落生活在衰落本能中表达出自己的社会理想：后者完全与过时的古老种族的理想相类似，简直容易让人混为一谈……

进而，群盲本能——一种现在已经变得独立自主的权力——乃是某种与一个贵族社会的本能根本不同的东西：而且，总和必定意味着什么，这取决于单元的价值……

除了群盲（即乌合之众）的本能之外，我们的整个社会学甚至根本不知道其他任何本能……在每个废物都有"平等权利"的地方，在做废物就是有德性的地方……

今天人们用某种估价方式来评判形形色色的社会形式。这种估价方式与那种赋予和平以比战争更高价值的估价方式是完全一致的；不过，这种判断乃是反生物学的，本身就是生命颓废的一个畸形产物……赫伯特·斯宾塞先生作为生物学家是一个颓废者，——多半也作为道德论者（——他在利他主义的胜利中看到了某种值得想望的东西！！！）。生命乃是战争的结果，社会本身就是一个战争工具。

14[41]

勒南与女人的共同之处在于：只有当他恋爱时他才有致命的危险；当他拥抱一个旧的理想偶像时，他总是不无小小的害人企图，总是好奇，想知道他所拥抱的东西是不是岌岌可危了……

14[42]

——德国的＝

(4)音乐中的宗教。

在瓦格纳的音乐中，依然包含着多少对一切宗教需要的得不到承认的，甚至得不到理解的满足啊！其中还讲了多少祈祷、德性、涂圣油、"贞洁"和"拯救"啊！……这种音乐据说可以撇开言语和概念——哦，它从中捞到了多少好处，这个奸诈的圣徒，它引导、诱使人们回到过去所信仰的一切！……我们理智〈的〉良知用不着自惭形秽，——它置身事外——当某一种古老的本能用颤抖的双唇啜饮禁酒时……这是聪明的、健康的，而且只要它表露出对于宗教需要之满足的羞耻之感，那就甚至是一个好征兆……阴险的基督教教义：此乃"最后的瓦格纳"的音乐类型。

14[43]

酒精和音乐能使我们返回到我们的祖先已经克服的那些文化和野蛮阶段上：就此而言，没有什么东西比陶醉更富有教益、"更科学"了……连一些食物也含有关于我们的来源的启示。举例说来，在德国丸子与德国人的"天真烂漫"的相互关系当中，蕴隐着多少奥秘啊！……如果人们吃了德国丸子,就会立即流露出德国人的"天真烂漫":人们就开始预感了！……人们离"明智者的理智"是多么遥远啊！——

14[44]

针对这种音乐的堕落,我会动用一切手段来加以反抗,犹如一个美丽的魔鬼———

14[45]

德意志精神把基督教搞成什么了呀！——我在此谈的是新教,在新教教义中又有多少啤酒泡沫啊！难道还能设想一种精神上更愚钝、更懒惰、更舒适的基督教信仰形式么！——除了德国平庸新教的信仰形式？……我名之为一种谦逊的基督教！称之为一种基督教的顺势疗法！——有人提醒我,今日还有一种不谦逊的新教,即宫廷教士和反犹主义投机分子的新教。然而,再无人断言,有一个"神灵""漂浮"在这个水面上……这只是一种不正派的基督教教义形式,根本不是一种更明智的形式……

14[46]

在狄奥尼索斯的陶醉中,包含着性欲和肉欲;在阿波罗的陶醉中也有性欲和肉欲。这两种状态之间一定还有速度上的差异……某些陶醉感的极度宁静(严格说来:时间感和空间感的减慢)往往反映在最宁静的神情和心灵行为的幻觉中。古典主义本质上表现了这样一种宁静、简化、缩略和集中——最高的权力感集中于古典类型中。反应迟钝：一种伟大的意识；毫无斗争感；

自然陶醉；

14[47]

艺术的反运动。

　　　　艺术中的悲观主义？——

艺术家为他们自身的缘故渐渐爱上了那些用以认识陶醉状态的手段：色彩的极端细腻和绚丽、线条的清晰、色调的细微差别，即在通常缺乏一切区别性的地方出现的区别

——：所有有区别的事物、所有细微差别，只要它们令人想起陶醉所造成的极端的力量提高，就都能回过来唤起这种陶醉感。

——：艺术作品的作用就在于对艺术创作状态的激发、对陶醉的激发……

——：艺术的要义在于它能完成此在、带来完美性与丰富性

艺术本质上是对此在的肯定、祝福、神化……

——：一种悲观主义艺术意味着什么呢？……难道这不是一种矛盾吗？——是的。

当叔本华使某些艺术作品效力于悲观主义时，他搞错了。悲剧并不主张"听天由命"……

——把可怕和可疑的事物描绘出来，这本身就是艺术家身上一种权力和壮丽的本能：艺术家不怕这类事物……

根本就没有什么悲观主义艺术……艺术作出肯定。约伯①作

---

① 约伯（Hiob）：旧约人物。可参看《圣经·旧约》中的《约伯记》的记述。——译注

出肯定。

但左拉呢？但龚古尔呢？

——他们所彰显的事物都是丑陋的。但他们之所以彰显丑陋事物，是出于对丑陋的乐趣……

——无济于事啊！如果你们别有主张，你们就是自欺欺人

陀思妥耶夫斯基是多么具有解救作用啊！

14[48]

　　　　　　一家现代疯人院的招牌。
逻辑必然性就是道德必然性。

　　　　　　　　　　　　赫伯特·斯宾塞。

一条定律的真理性的最后试金石乃是：对此定律的否定是否不可思议。

　　　　　　　　　　　　赫伯特·斯宾塞。

14[49]

现代性。

　　　　　音乐的丑化。

抽象之物的统治地位："这意味着"：

　　　　对感官根本不该予以肯定的"泥潭"漠不关心……

音乐完全应当意味着某种不是音乐的东西：从中形成

节奏

旋律

音色

结构

虚假的深义作为思想的静默;狂怒、懊悔、痉挛、狂喜——所有这一切都是轻松的东西,小玩艺儿,人们总还是可以把它们混合在一起,使之臻于完成

14[50]

5. 演员得以走俏的手段
6. 戏剧的危险乃在于成为一切艺术堕落之地。
7. 瓦格纳本人在歌剧方面做的所有革新都是多余的
8. 《卡门》,以及瓦格纳的令人抑郁的效果:从生理学角度抗议瓦格纳
9. 瓦格纳悲剧倾向的巨大歧义性:我的现实主义美学……
10. 对"悲剧"概念的重建
11. 这种心理学-美学现象对于"现代心灵"史的意义。
12.   :①根本上是非德意志的,——这就是他②的优异之处……
13.   :对"浪漫派"的批判。

14[51]

作为问题的瓦格纳。

一个解释词。

---

① 原文如此。——译注
② 应指瓦格纳。——译注

弗里德里希·尼采著。

14[52]

———他①以自己的聪明及时地与德国人的本质达成和解,他创作了《皇帝进行曲》,对乐队总指挥的位置垂涎三尺

他堕落而肮脏,这个德国英才,这个极其腐化的德国英才,沾满了腥臊污秽

他以自己的《帕西法尔》对现代心灵的所有胆怯进行劝告。

这是一个变得十分模棱两可的人物,尽管如此,慕尼黑瓦格纳协会还是在他的墓前献了一个花圈,上面的题词为:

拯救救世主!……

人们看到,问题大了,误解是惊人的。

如果瓦格纳能做救世主,

那么,谁把我们从这种拯救中救出来?

谁把我们从这位救世主那里救出来?……

14[53]

有一些乐器可以影响内脏,另一些乐器的成效则在脊髓上……有人曾向我透露,在卡尔斯巴德②疗养之后,瓦格纳音乐才能发挥最强烈的效果……

---

① 指瓦格纳。——译注
② 卡尔斯巴德(Carlsbad):地名,位于美国新墨西哥州,以洞窟闻名。——译注

14[54]

然而瓦格纳不仅在这里是一个典范……全世界人人都理解了瓦格纳……自从有了瓦格纳,人们就开始弄一种新音乐,在俄国、在巴黎、在南美,都有人在弄这种新音乐,在德国当然也有人在弄……本人就能授课,告诉你们如何弄这种新音乐。你们想不想听我讲一课呢?……

14[55]

在音乐家中间。

我们是晚出的音乐家。我们身上继承了巨大的过去传统。我们的记忆总是引经据典。在我们当中,我们可以影射一种近乎博学而深奥的方式:我们弄懂自己了。连我们的听众也喜欢我们这种暗示:它迎合观众,观众们感到自己也博学而深奥了。

14[56]

一切戏剧观点的第一定律是:应当作为真实发挥作用的东西是不可成为真实的。

演员不能对自己所表演的角色动情;倘若他动情了,那他就会迷失,忘乎所以

正如我希望的那样,人们是知道塔尔玛的著名论述的

14[57]

信念

关于保罗的心理学。

事实是耶稣之死。这依然有待解释……

在此种解释中有一种真理和一种谬误,这是此类人物根本没有想到过的:有朝一日,他们脑海里会突然生出一种高雅的可能性,"耶稣之死可能意味着这个那个"

它立即就有了这样那样的意义!一个假设通过一种高雅的热情得到了证明,而这种热情是由这个假设赋予自己的发起者的……

"力量的证明":也就是说,一个想法通过自己的作用而得证明,——("靠自己的果实",就像《圣经》里的天真说法)

凡激动人心者必定是真实的——

凡人们为之献出鲜血者,必定是真实的——

*

这里普遍地有一种突发的权力感,它在其发起者身上激起一种想法,它本身被当作价值归于这种思想:——而且,由于人们除了把它称为真实的,根本就不知道以别的方式尊重它了,所以这种思想获得尊重的第一个谓词就是:它是真实的……它通常可能怎样发挥作用呢?它是由一种权力想象出来的:假如这种权力不是实在的,那么这种权力就不可能发挥作用……它被理解为赋予灵感的:它所产生的作用具有某种魔力般影响的超常力量——

一种想法,这样一个颓废者所不能抵抗、而是完全沉迷于其中的一种想法,竟"被证明"为真实的!!!

所有这些神圣的癫痫病患者和幻境先知们,丝毫不具有那种自我批评的诚实性,而在今天,一个语文学家正是以这种诚实性去解读文本,或者去审视一个历史事件的真实性……

与我们相比,他们乃是道德的白痴……

14[58]

卡莱尔……

科学的起源:我们要注意。科学并不是在教士和哲学家那里形成的,他们是科学的天敌。科学是在形形色色的手艺人和商人的子孙们那里、在律师以及诸如此类的人们那里形成的:在这些人那里,手艺的卓越技能及其前提条件也传布到这样一些问题及其解答上面。

14[59]

信念与谎言。

"改恶从善"。

人们如何使德性取得权力。

同情。

"利他主义"。

断念。

非感性化

14[60]

一种信仰,它在使人患病之后声称自己能带来"极乐"。一种信仰,它依据的是书本;一种信仰,它本身要求一种启示;一种信仰,它把怀疑本身视为"罪恶";一种信仰,它通过殉道者之死来证明自己———

　　神学家的另一个特征是他对于语文学的无能。在这里,我是在一种十分宽泛的意义上来理解"语文学"这个词的:能够看出事实,而不是通过解释来歪曲事实,不是———

14[61]

作为艺术的权力意志

　　　　"音乐"——以及伟大的风格

　　衡量一位艺术家是否伟大,并不是根据他所激起的"美好情感":女人们可能相信此类情感。而是要根据艺术家接近于伟大风格的程度,他有能力创造伟大风格的程度。伟大的风格与伟大的激情有下述共同点,即:都鄙弃卖弄;都忘了劝服;都要发号施令;它们都意愿……控制人们那种混乱无序;迫使这种混乱无序成为形式;成就形式方面的必然性:逻辑的、简单的、明确的,变成数学;变成规律——:在这里,这就是伟大的抱负和野心。以此野心,人们就会令人反感;再也没有什么东西能激起对此类残酷无情之人的热爱——围绕他们的是一片荒野,一种沉默,一种恐惧,犹如面对一次重大的亵渎行为……

　　所有艺术都有此类追求伟大风格的野心家:为什么在音乐中就没有此类野心家呢?难道还从来没有一位音乐家像那个创造了皮蒂宫①的建筑师一样有所建树吗……这里蕴含着一道难题。莫

---

　　① 皮蒂宫(Palazzo Pitti):佛罗伦萨文艺复兴时期宫殿,由商人皮蒂完成该宫殿的建设,因此而得名。——译注

非音乐属于那种文化,在其中所有残酷无情之人的王国已经趋于完蛋?最后,伟大的风格这个概念是不是与音乐的灵魂相矛盾,——是不是与我们音乐中的"女人"相冲突?……

在此我触及了一个根本问题:我们的整个音乐究竟何所归依?古典趣味的时代是无与伦比的:当文艺复兴的世界达到黄昏时,当"自由"来自风俗,甚至来自对于风俗的愿望时,这个时代已经繁荣起来了:难道它的特征之一就是要反文艺复兴吗?换种说法,就是成为一种颓废艺术,比如像巴罗克风格那样的一种颓废艺术?难道它就是巴罗克风格的姐妹,因为它无论如何都与后者属同一个时代?难道音乐、现代音乐不就是一种颓废吗?……

这种音乐是艺术中的反文艺复兴:它也是作为社会表现的颓废

我早就有一次指出过这样一个问题:我们的音乐是不是艺术中的一种反文艺复兴因素?它是不是巴罗克风格的近亲?它是不是在与一切古典趣味的冲突中成长起来的,以至于在其中任何一种古典性志向都自发地变得不可能了?……

对于这个头等重要的价值问题,答案或许是可以不成问题的,只要以下事实得到正确的评价,即:音乐作为浪漫主义艺术能达到其最高的成熟和丰盈——再度作为对古典性的反动……

莫扎特——一个温柔而热烈的心灵,但完全是十八世纪的,即便是以其严肃气质……贝多芬,第一个伟大的浪漫主义者,在浪漫主义的法国概念意义上,就像瓦格纳是最后一位伟大的浪漫主义者……两者都是古典趣味、严谨风格的本能仇敌,——在此为了不用"伟大的",我们说"严谨的"风格……两者———

14[62]

现代性

  德国浪漫派音乐,它毫无艺术修养,它对"启蒙"和"理性"的仇恨

  旋律的荒废是一样的,也就如同那种最具才智的运动的"理念"、辩证法、自由的荒废,——德国音乐中有多少对伏尔泰的抗争呵!……

  多么粗俗,多么笨重,这种性质发展成了新的概念,甚至成了原则——

  关于自己的天赋,人们总是有自己的原则

  反对更高级的悲剧,反对讽刺精神,反对滑稽演员

  我看到了一些"懂得"瓦格纳的酒鬼和军医……
  瓦格纳的虚荣,甚至要求白痴也能懂瓦格纳

14[63]

  瓦格纳所构想的主人公是多么时髦!多么勇敢!他把主人公构想得多么聪明而复杂啊!瓦格纳多么善于用他的主人公来迎合现代心灵的三种基本需求——现代心灵想要的是残酷、病态和无

辜……

这些绚丽的庞然大物,带着远古时代的躯体以及未来时代的神经;这些金发的圣徒,他们几乎不能预先存在的感性激发了女人们十分温柔的好奇心,并且允许她们作出如此之多的热情迎合……博马舍①把《天使基路伯》送给了这些美女们,瓦格纳则把《帕西法尔》送给了这些美女们:

而且,就瓦格纳当作女人来构想、神化的那些歇斯底里的女英雄人物来说,诸如森塔、艾尔莎、伊索尔德、布仑希尔德和昆德莉②等类型:她们在戏剧上是十分有趣的——但谁会想要她们呢?……

在德国,这种类型本身并未完全招人讨厌,这一事实的原因就在于(尽管还远远不是这一事实的合理性):一位比瓦格纳要伟大无数倍的诗人,即高贵的海因里希·冯·克莱斯特,早已天才地为这个类型说了好话

14[64]

问题:如果人们沉湎于某个思想,那就是由某种真理造成的非人格化(Entpersönlichung)吗?

---

① 博马舍(Pierre Beaumarchais,1732-1799):法国喜剧作家、社会活动家。著有《欧仁妮》、《费加罗的婚礼》等。——译注
② 森塔(Senta)、艾尔莎(Elsa)、伊索尔德(Isolde)、布仑希尔德(Brünnhilde)和昆德莉(Kundry):均为瓦格纳歌剧中的女英雄人物。可参看《瓦格纳戏剧全集》,中译本,高中甫等译,北京,1997年。——译注

……赫尔岑①(Herzen)坚持这一点：他以为,人们遗忘和放弃自我(moi),这是司空见惯的事情——

问题：是否这里也只不过是纯粹的假象；对一个问题感到有趣的是否就是我们整个多重性的自我……

14[65]

颓〈废〉

会遗传的并不是疾病,而是病态,即：无力抵抗有害侵入之类的危险；破碎的抵抗力——用道德上的讲法,就是：在敌人面前的顺从和屈服。

我曾问自己：人们是否能够把以往的哲学、道德和宗教的所有这些最高的价值与羸弱者、精神病者和神经衰弱者的价值作一番比较：前者以一种更委婉的方式表达了与后者相同的祸端和病痛……

一切患病状态的价值都在于,它们以一种放大镜显示出某些常规的、但通常难以看清的状态……

健康与疾病并非两种根本不同的东西,正如古代的医学家和今天还有一些开业医生所相信的那样。人们不必从中弄出清楚的原理或者实体(Entitäten),后者围绕着活生生的有机体争吵不休,把有机体变成了自己的战场。这是不再有用的陈旧废话了。事实上,在这两种生命方式之间,只存在着程度的差异：正常现象

---

① 亚历山大·赫尔岑(Alexander Herzen,1812－1870)：俄罗斯文学家、哲学家。著有《科学上一知半解》、《自然研究通信》、《往事与随想》等。——译注

的过度夸张、比例失调、不和谐构成病态。克洛德·贝尔纳。

正如人们满可以把恶视为过度夸张、不和谐、比例失调,善也完全可以成为防止过度夸张、不和谐和比例失调之危害的特种饮食

遗传性的虚弱,作为居支配地位的情感:最高价值的原因。

请注意!人们想要虚弱:为什么呢?……多半是因为人们必然地是虚弱的……

251　削弱作为使命:削弱欲望、快感和痛苦感、权力意志、力求自豪感的意志、力求占有和意愿更多地占有的意志;削弱作为谦卑;削弱作为信仰;削弱作为对一切自然事物的厌恶和羞耻,作为对生命的否定,作为疾病和习惯性虚弱……

削弱作为放弃复仇、放弃抵抗、放弃敌意和愤怒。

治疗上的失策:人们并不想通过一种强身体系(système fortifiant)来战胜虚弱,而倒是想通过一种辩护和道德化:也即想通过一种阐释……

对两种完全不同的状态的混淆:例如,强壮的宁静,这本质上就是放弃反应,毫无动静的诸神类型……

以及衰竭的宁静,此乃僵硬,乃至于麻醉状态。

:所有哲学的-禁欲主义的程序都追求第二种状态,但实际上都以为是在追求第一种状态……因为它们授予所达到的状态一个不当的称号,就仿佛已经达到了一个神性的状态。

14[66]

作为颓废的道德

为什么不与衰弱作斗争,而只是为它"辩护"

衰弱者的疗效本能的减退:以至于他们渴望以加速他们衰亡的东西为药物。例如,大多数素食者为了使他们松弛的纤维组织恢复活力,就必须有强身补品,但他们却把他们对清淡柔和食物的嗜好视为大自然的一个暗示:——而且他们的衰弱还是 ὑπὲρ μόρον[由于命运]……

14[67]

女人的反应比男人慢,中国人的反应比欧洲人慢……

14[68]

作为颓废的宗教

最危险的误解。

有一个概念看起来不容混淆、毫无歧义:那就是衰竭。衰竭可能是后天获得的;它也可能是遗传的——无论如何,它改变了事物的面相、事物的价值……

丰裕者由于他所描绘和感觉的丰盈,无意中把这种丰盈交付事物,从而把事物看得更丰富、更强大、更有前途——他肯定能够馈赠;与之相对立,衰竭者则缩小和丑化他所见的一切,——他使价值变得贫乏:他是有害的……

对此似乎不可能有什么错误的做法:不过,历史却蕴含着一个可怕的事实,即:人们往往把衰竭者与最丰裕者混为一谈——并且把最丰裕者与最有害者混淆起来。

生命之贫者即弱者使生命变得更贫乏:生命之富者即强者则

使生命变得更富有……

前者是后者的寄生虫；后者则是一个馈赠者……

一种混淆是如何可能的呢？……

如果衰竭者以一副至高活力和精力的神态出现：如果蜕化决定着一种精神或神经发泄的爆发，那么，人们就把衰竭者与富有者混为一谈了……衰竭者激起了恐惧……

愚人崇拜始终还是对生命之富者即强者的崇拜

狂热者、着魔者、宗教的癫痫患者、所有古怪者，都被认为是权力的最高类型

253　：被认为神性的

这种激起恐惧的强壮首先被视为神性的了：权威由此获得了起点，人们在此阐释、倾听、寻求智慧……

由之而来，几乎普遍地，发展出一种力求"神化"的意志，也就是力求精神、身体和神经的典型蜕化的意志：一种尝试，要找到通往这样一种更高存在的道路

使自己得病、使自己的发疯：激发错乱征兆——这意味着要变得更强壮的、更超人的、更可怕的、更智慧的：

——人们自以为因此就变得如此地富于权力，以至于自己能够有所奉献了：凡在有礼拜的地方，人们都在寻找一个能够奉献的人。

于是人们把愚人当作某种超人

于是人们相信神经病人和癫痫病患者身上都有可怕的权力

在这里，关于陶醉的经验是令人误入歧途的……

[14.1888年春]

这种陶醉能极大地增强权力感

因此,幼稚地评判,这种权力——

处于最高权力层次上的,必定是最陶醉者、最狂热者

陶醉有两个起点:生命的过度丰盈,大脑的病态营养状况

人们付出的高昂代价,莫过于生理学上的混淆。——

14[69]

生理学的误解。

1、把疾病误解为更高的生命形式

2、陶醉

3、无动于衷。

14[70]

有权力感处,就有快乐

在权力和胜利的意识洋溢时,就有幸福

进步:类型之强化,实现伟大意愿的能力;其他一切都是误解、危险,———

14[71]

作为"自然规律"的权力意志

作为生命的权力意志

作为艺术的权力意志。

作为道德的权力意志。

作为政治的权力意志

作为科学的权力意志。

作为宗教的权力意志

14[72]

权力意志。
形态学。

权力意志作为"自然"

   作为生命

   作为社会

   作为求真理的意志

   作为宗教

   作为艺术

   作为道德

   作为人性

反运动
求虚无的意志

被克服者。下降,蜕化者

14[73]

颓废的后果。

恶习、品行不端

疾病、病态

犯罪、犯罪现象

独身、不育。

歇斯底里、意志脆弱、酒癖

悲观主义

无政府主义

14[74]

退化：

第一原理：迄今为止被人们视为退化之原因者，实乃退化的结果。

:恶习：作为结果；

:疾病　　　　不育

:犯罪

　　诽谤者　┐怀疑主义
　　消蚀者　│禁欲主义
　　怀疑者　│虚无主义
　　摧毁者　┘彼岸性

:放纵（包括精神的放纵）——独身主义。

:意志脆弱：悲观主义；无政府主义；———

可是，甚至连那种被人们视为医治蜕化的药物的东西，也只不过是对付蜕化的某些作用的治标药："被治疗者"只不过是一个蜕化者类型。

14[75]

"颓废"概念

垃圾、衰败、废品并不是什么本身要受谴责的东西：它们乃是生命、生命增长的一个必然结果。颓废现象与生命的无论何种上升和前进一样，都是必然的：人们并不能废除颓废现象。相反地，理性想要的是，公正地对待颓废现象……

所有社会主义体系创立者都蒙受一种耻辱，因为他们认为，可能会出现一些状态、一些社会组合，在其中恶习、疾病、犯罪、卖淫、贫困都不再能生长了……但这就意味着对生命的谴责……一个社会不能决定自己永葆青春。甚至在其最佳力量状态下，它也必定会形成垃圾和废料。社会之行动越是有力、勇敢，则它的失败者、怪胎也就越多，它也就越是接近于没落……人们不能通过制度来废除衰老。疾病亦然。恶习亦然。

14[76]

曾经有人这样说过任何一种道德："你们应当根据其各个结果来认识道德"；我对所有道德的说法则是：道德是一个结果，从这个结果中我认识到它的生长基础。

14[77]

我们北极乐土居民。

一个序言。

权力意志。

第一卷。

颓废心理学。

[14.1888年春]

关于颓废的理论。
第二卷。

时代精神批判。
第三卷。

伟大的正午。
第四卷。

强者。
弱者。
我们何所归属?
伟大的选择。

14[78]

权力意志。
重估一切价值的尝试。

第一卷。
什么来自强者。
第二卷。
什么来自弱者。

第三卷。

而我们从何而来？——

第四卷。
伟大的选择。

14[79]

权力意志 哲学

权力量。机械论批判

让我们在此抛弃"必然性"和"法则"这两个通俗概念吧：第一个概念传播了一种虚假的强制，第二个概念则传播了一种虚假的自由。"事物"（Dinge）不是合法则地、根据某个法则来活动的：根本就没有什么事物（——事物是我们的虚构），事物同样也不是在一种必然性强制下活动的。这里没有服从一说：因为某物如其所是地存在，某物如此强大，如此虚弱，这并不是一种服从一个法则或者服从一种强制性的结果……

抵抗的程度和优势的程度——〈此〉乃一切发生事件的关键所在：如果我们，为了我们自私自利的需要，懂得用"法则"形式把这一点表达出来，那对我们来说就更好了！但我们并没有通过把"道德性"虚构〈为〉服从来传播一种"道德性"——

根本就没有什么法则：任何一种权力在任何时刻都能承担自己最终的后果。可预计性恰恰就依据于毫无 mezzo termine[折衷办法]这个事实之上。

一种权力量是通过它所施加和抵抗的作用来表示的。没有中性的状态（Adiaphorie）：后者本身或许是可设想的。权力量本质

[14. 1888年春]

上是一种要施暴和要反抗施暴的意志。并非自我保存：每个原子都力求向外影响到整个存在，——如果人们对权力意志（Machtwille）的这种辐射视而不见，那么，人们也就无视了原子的作用。因此，我把它称为"权力意志"（Wille zur Macht）的一种量：由此表达了一个特征，如若不撇开机械论秩序本身，则我们也不可能根据这种机械论秩序而把这个特征撇开不论。

把这个作用世界转渡为一个可见的世界——即一个对眼睛而言的世界——，这样一种转渡就是"运动"概念。在这里人们总是设想，某物被推动了，——这时，无论是通过对一小簇原子的虚构还是通过对原子的抽象，人们始终还是为动力学的原子设想了一个起作用的事物，——也就是说，我们并没有摆脱掉感官和语言诱使我们形成的习惯。主体、客体，一个行为者之于行为，行为与行为之所为，是分离开来的：我们不要忘了，这仅仅表示一种单纯的符号学，而并不表示任何实在。机械学作为一种运动学说，已然是一种向人类感官语言的转渡了。

为了能够计算，我们需要单位：因此我们不能假定本来就有此类单位。单位（Einheit）概念是我们从"自我"（Ich）概念那里借用过来的，——是从我们最古老的信条中借用过来的。倘若我们没有把自己视为单位，那我们就决不会形成"事物"概念。如今，已经相当迟了，我们才充分确信，我们对自我概念的构想并不能为一个实在的单位作出任何保证。也就是说，为了在理论上维护关于世界的机械论，我们始终必须提出一个附加条款，说明我们何以要以两种虚构来实行这个构想：运动概念（采我们的感官语言）与原子＝单子概念（来自我们的心理"经验"）：它是以一种感官偏见和一种心理偏见为前提的。

机械论世界是如此这般被想象出来的,就如同视觉和触觉唯一地把一个世界表象出来一样(作为"运动的")

使得世界能够得到计算,——就虚构了单位,

使得构成原因的单位被虚构出来,也即其作用保持恒定的"事物"(即原子)(——把虚假的主体概念转移到原子概念上)

数字概念。

事物概念(主体概念

行动概念(原因与作用的分离)

运动(视觉和触觉)

:一切作用都是运动

:哪里有运动,就有某物被推动了

从现象上讲就是:数字概念、主体概念、运动概念的干预:我们的眼睛、我们的心理学始终还浸淫于其中。

如果我们除去这些附加品:那就不会剩下任何事物了,而只有一些动力学的量,它们与所有其他动力学的量处于一种张力关系中:它们的本质就在于它们与所有其他量的关系当中,就在于它们对所有其他量的"作用"当中——权力意志不是一种存在(Sein),不是一种生成(Werden),而是一种激情(Pathos),这是最基本的事实,由之而来才能产生一种生成、一种作用……

此外,机械学还以感官的和心理学的表达手段,以符号学的方式表述了相关的后果现象,它并没有触及构成原因的力……

14[80]

如果存在的最内在本质就是权力意志,如果快乐就是权力的全部增长,痛苦就是一切不能抵抗和不能做主人的情感,那么,我们是不是可以把快乐与痛苦设定为根本事实呢?没有这两种肯定与否定的振荡,意志还有可能吗?但谁感到快乐?……但谁在意求权力?……荒谬的问题:如果这个本质本身就是权力意志,因此就是快感与不快感。尽管如此,需要有矛盾、有抵抗,也就是说,相对地,需要有支配性的单子……确定位置———

如果甲作用于乙,那么,甲的位置首先要与乙相分离开来才得以确定

14[81]

"原因"概念批判

从心理学上考虑:"原因"概念就是我们所谓意志的权力感——我们的"结果或作用"概念则是一种迷信,即认为:权力感就是具有推动作用的权力本身……

一个状态,一个伴随某个发生事件、并且本身就是发生事件之作用的状态,乃是作为该发生事件的"充足理由"而被投射出来

我们的权力感的张力关系:快乐作为关于权力的感觉:即关于被克服了的阻力的感觉——这些难道都是幻想吗?

如果我们把"原因"概念重新置回到那个唯一为我们所熟悉的领域里(我们正是从中取得这个概念的):那么,我们就不能设想任

何一种变化,即一种在其中没有权力意志的变化。要是并没有发生一种权力对另一种权力的侵犯,那么,我们也就不知道如何推导出一种变化了。

机械学仅仅向我们显示了结果,而且还是用比喻(运动是一种比喻说法)

261　　万有引力本身并没有一个机械上的原因,因为它只是各种机械结果的基础

　　力求积蓄力量的意志是生命现象所特有的,是营养、生育、遗传所特有的,

是社会、国家、风俗、权威所特有的

难道我们不该同样也在化学中把这种意志假定为推动原因吗?

以及在宇宙秩序中?

不只是能量守恒,而是最经济的消耗:以至于从任何一种力量中心而来,要变得强大的意愿就是唯一的实在性,——不是自我保存,而是侵占,是要成为主人、要变得更丰富、变得更强大的意愿。

　　科学是可能的,这一点就能为我们证明一种因果原则吗?

"相同的原因得出相同的结果":

"一个持久的事物规律"

"一种不变的秩序"

因为某物是可预计的,它因此就是必然的吗?

如果某物这样发生而不是别样发生,那么其中就没有什么"原

则"、"规律"、"秩序"

力之量(Kraft-Quanta),其本质在于:对所有其他力之量施加权力

在对原因与结果的信仰中,始终遗忘了主题所在,即:发生事件本身。

人们设定了一个行为者,人们又假定了行为的结果

14[82]

要是没有快乐与痛苦的感觉,也就是说,要是没有一种关于权力之提高和缩减的感觉,我们能采取一种对权力的追求吗?

莫非机械论仅仅是一种符号语言,表示由斗争性的和征服性的意志量组成的内在的事实世界?

机械论的所有前提,物质、原子、压力与碰撞、重力,都不是"自在的事实",而是借助于心理虚构所作的阐释。

作为我们最熟悉的存在形式,生命尤其是一种力求积蓄力量的意志

:所有生命过程在此都有其杠杆

:无物意愿保持自己,一切都应当得到增加和积累

生命,作为一个个案:由之出发把假设扩展到此在的总体特征。

:追求一种最大权力感

:本质上是一种对权力增殖的追求

:追求无非是对权力的追求

:最根本的和最内在的东西始终是这种意志:机械学只不过是

一种关于结果的符号学(Semiotik)。

14[83]

有关哲学家和科学家的问题。

上升之类型:

宁静中的强大。以相对冷漠以及反应困难。

伟大的情绪,所有的,以及不可思议地互助的……

年龄的影响

抑郁的习惯(康德的蛰居)

劳累过度

大脑营养不良

读书

更重要的:是不是已经朝着此种普遍性的方向出现了一种颓废征兆:作为意志之解体(Willens-Disgregation)的客观性(只要能够保持……

这是以一种对强烈欲望的高度漠然态度(Adiaphorie)为前提的:

对正常欲望的 { 一种孤立 / 特殊态度 / 抵抗

类型:摆脱故乡,投身于越来越广阔的天地,不断增长的异国情调,古老命令变得喑哑无声——竟至于这种不断的"何往"("幸福")追问成了摆脱组织形式、爆发的标志。

问题:科学家是否比哲学家更是一种颓废的征兆——

科学家作为一个整体并没有解脱,只是把自己的一部分绝对地奉献给知识了,为了某个角落和外观而受到训练——

——他在此需要一个强大种族的所有德性以及健康

——高度的严格性、男子气概、聪明——

——在此人们或许可以谈论一种劳动分工和训练,后者对整体大有裨益,而且唯在一种高度发达的文化中才是有可能的。科学家更多地是高度的文化多样性的征兆,而不是文化疲倦乏力的征兆。

颓废的学者乃是一种糟糕的学者。

而迄今为止,颓废哲学家至少被视为典型的哲学家。

14[84]

与艺术家相比较,科学人物的出现实际上是一个标志,表明了某种对生命的限制和对生命水平的降低。

但也标志着一种强化、严格性、意志力。

:何以艺术家身上的虚假性、对真实和功利的漠然,可能标志着青春、"幼稚"呢……

:他们的习惯方式,他们的毫无理性,他们对自身的无知,他们对永恒价值的漠然态度,"游戏"中的严肃性……他们缺乏尊严;小丑与上帝相邻;圣徒与恶棍……

:摹仿作为本能,命令性的

肯定性的艺术家,下降的艺术家。

上升之艺术家——下降之艺术家:他们是否并不属于所有阶

段……是的。

14[85]

　　皮浪①,一个希腊佛教徒

　　柏拉图,兴许曾在犹太人那里上过学校

14[86]

论"颓废"概念——

1. 怀疑论乃是颓废的后果:精神的放荡亦然。
2. 习俗的堕落是颓废的后果:意志薄弱、需要强烈的兴奋剂……
3. 心理、道德疗法改变不了颓废的进程,它们抑制不了颓废,在生理上它们都是无效的
   :洞察到此类僭越的"反应"的巨大无效性
   :它们是对某些后果严重的伴生现象的麻醉形式,它们并不能根除病态要素
   :它们经常只是消除颓废者、把颓废者的危害性降至低限的英雄努力。
4. 虚无主义并不是颓废的原因,而只是颓废的逻辑
5. "好人"与"坏人"只是颓废的两个类型:在所有基本现象中,它们都是相互支持的。
6. 社会问题是颓废的后果
7. 各种疾病,特别是精神病和脑病,是一种标志,表明人们缺乏强

---

① 皮浪(Pyrrho,约前 365 – 约前 275):古希腊哲学家,怀疑论者。——译注

者的抵抗力;烦躁症也恰恰说明了这一点,以至于快乐与痛苦成了显突的难题。

14[87]

苏格拉底以〈降〉的古代哲〈学家〉有了颓废的烙印:道德主义和幸福。

顶峰是皮浪。达到了佛教境界

基督教中的伊壁鸠鲁主义

通向幸福之路:标志着生命的所有主要力量都已经衰竭

14[88]

积累性的时代和个人

挥霍性的时代和个人:天才的、胜利的、征服的、发现的、冒险的

后一类型之后必然出现颓废者

14[89]

反运动:宗教

两个类型:

狄奥尼索斯与被钉十字架的耶稣。

须要确定:典型的宗教人——是否一种颓废形式?

伟大的革新者无一例外地是病态的,患癫痫病的

: 但我们在此能放过某个宗教人类型,即异教类型吗?异教崇拜不是一种对生命的感恩和肯定形式吗? 它的最高代表不就是一种对生命的辩护和神化吗?

一种发育完全和欣喜而充盈的精神类型……

是一种接纳此在(Dasein)的种种矛盾和疑惑、具有解救作用的类型吗?

——至此我提出希腊人的狄奥尼索斯:

对生命的宗教肯定,对完整的、未被否定、未被二分的生命的宗教肯定。

典型:性行为唤起深度、神秘、敬畏感

狄奥尼索斯反对"被钉十字架的耶稣":在此你们有了对照。那并不是一种在殉道方面的差异,——只不过同一个东西具有不同的意义。生命本身、它永远的丰硕成果和轮回,限定着痛苦、摧毁、求毁灭的意志……

在另一情形下则是苦难,是"无辜的被钉十字架的耶稣",被视为对这种生命的抗辩,谴责生命的公式。

人们会猜度:问题在于苦难的意义,它是不是一种基督教的意义,是不是一种悲剧的意义……在前一种情形下应该是通向一种极乐存在的道路,而在后一种情形下存在被视为十分极乐的,不必为一种巨大的苦难辩护了

悲剧的人仍然肯定极难忍受的苦难:他强大、丰盈、具有神化能力,足以承受此种苦难

基督教的人甚至否定尘世间最有福的命运:他羸弱、赤贫、一无所有,不足以承受任何生命的苦难……

"十字架上的上帝"是对生命的诅咒,是一种暗示,要人们解脱生命

受到肢解的狄奥尼索斯则是生命的福兆:生命将永远再生,从毁灭中返乡

14[90]

拉斐尔画上的生理学虚假性。

一个有正常分泌功能的妇女是没有救赎的需求的。所有这些发育良好的、而且有益的人物永远都关心那个贫血的拿撒勒的圣徒,这一点有悖于自然历史。那个拿撒勒的圣徒隶属于另一个种类;这样一个种类,正如陀思妥耶夫斯基所认识的那样,——动人的、堕落的、迷惘的怪胎,带着白痴的言行和狂热,带着爱心……

14[91]

作为颓废的宗教

佛祖反对"被钉十字架的耶稣"

在虚无主义运动内部,人们始终还可以把基督教运动与佛教运动鲜明地区分开来

:佛教运动表达出一个美好的黄昏,一种完全的甜蜜和温柔,——这也包括了对过去的一切的感恩,没有苦涩、失望、仇恨

:最终,它经历了崇高的精神之爱、生理冲突的精美,也从中得到休息:但从这种冲突中,它还获得了自己的精神光芒和余晖(——起源于最高的种姓。——

:基督教运动则是一种起于形形色色的渣滓和废物因素的退

268 化运动:它并不表现某个种族的没落,它从一开始就是一种聚众滋事,是由挤在一起、寻寻觅觅的病态产物构成的……它因此不是民族性的,不是受种族制约的:它朝向处处被剥夺了继承权的人们

它从根子上仇恨一切发育良好者和支配者,它需要一种能表现对发育良好者和支配者的诅咒的象征……

它也与一切精神运动、一切哲学相对立:它袒护白痴,表达出一种对精神的诅咒。对富有天赋者、学者、精神独立者的仇恨:它从这些人身上猜出了发育良好者、支配者

14[92]

苏格拉底问题。

两个对立:

悲剧的思想态度 ⎫
苏格拉底的思想态度 ⎬ 以生命法则为标准来衡量

:何以苏格拉底的思想态度是一种颓废现象。

:但何以在整个面貌中,在科学人的辩证法、精明能干和严密性中,依然显示出一种强大的健康和力量(——用智慧来抑制平民的健康、邪恶、好斗精神、洞察力和流氓习性:"丑陋的"①

丑陋化:

自嘲

辩证法的枯燥

智慧乃是反对"暴君"(本能)的暴君

---

① 此句原文为德、法文混用。——译注

在苏格拉底身上,一切都是夸张的、古怪的和可笑的,一个身上带有伏尔泰的本能的小丑;

——他发明了一种新的争论方式——
——他是雅典贵族圈里第一个剑术教师
——他所主张的无非是最高智慧:他把后者称为"德性"(——他猜出智慧乃是拯救(**Rettung**):能不能成就智慧,并不取决于他,那是严格规定的(de rigueur)
——克制自己,为的是与理由(Gründen)作斗争,而不是与情绪作斗争——斯宾诺莎的狡计——排除情绪的干扰……发现人们如何捉住每一个感情用事者,〈发现〉情绪是非逻辑地行事的……练习自嘲,为的是根除怨恨感

我力求理解苏格拉底的问题是从哪些局部的和特异反应性的状态中派生出来的:他的等式是理性=德性=幸福。他用这种荒谬的同一性学说来蛊惑人心:古代哲学无以脱身了……

苏格拉底问题。智慧、清醒、冷酷和逻辑性作为武器来反对欲望的野性。欲望必定是危险的和岌岌可危的,否则的话,把智慧培养到这种专横统治地位也就毫无意义了。使智慧变成一个暴君:但为此,欲望也必须成为暴君。此即问题所在。——这在当时是十分合乎时代的。理性变成=德性=幸福。

绝对缺乏客观旨趣:对科学的仇视。特异反应性,感到自身作为难题。

苏格拉底听觉上的幻觉:病态因素

从事道德研究,在精神丰富而独立时多半是令人厌恶的。何以苏格拉底成为道德偏执狂?

一切"实践"哲学在困境中立即就会显突出来。道德和宗教成为主要兴趣,这乃是困境的标志

答案:希腊哲学家们立身于他们内心体验的相同的基本事实之上,就像苏格拉底:毫无节制,混乱无序,放荡不羁,全是颓废之人。他们把苏格拉底当作医生:

答案:苏格拉底身上本能的野性和混乱乃是一个颓废征兆。逻辑和理性清晰性的异期复孕(Superfötation)亦然。两者都是病态,相互归属

逻辑作为求权力的意志,求专制、求"幸福"的意志

批判:颓废表露在这种关于"幸福"的偏见上(这种"幸福"也即所谓"灵魂得救",也就是说把自己的状态感受为危险)

其"幸福"兴趣的狂热表明其根基上的病态:此乃一种生命兴趣。理性地存在或者走向毁灭,这是他们全体所面临的两难抉择

希腊哲学家们的道德主义向我们表明:他们已经感到自己处

于危险之中了……

14[93]

作为认识的权力意志
"真实世界与虚假世界"概念之批判

两者当中,真实世界只是一种单纯的虚构,是从纯粹的虚构事物中形成的

"虚假性"本身属于实在:它是实在存在的一种形式,也就是说在一个没有存在(Sein)的世界里,必须通过假象(Schein)才能创造出某个由同一性事件组成的可计算的世界:一种使观察和比较成为可能的速度(tempo),如此等等。

"虚假性"乃是一个经过安排和简化的世界,我们的实践本能曾致力于这个世界:它对我们来说是完全合适的:因为我们生活于其中,我们能够生活于其中:它对我们而言的真理性的证据……

:撇开我们在其中生活的前提,世界,没有被我们还原为我们的存在、我们的逻辑以及心理学偏见的那个世界

并不作为"自在的"世界而实存

它本质上是一种关系世界:从每一个点出发,它或许具有不同的面貌:它的存在本质上在每一个点上都是不同的:它压迫着每一个点,每个点又都与之相对抗——而且,在每种情形下,这种累积是完全不一致的。

权力程度决定另一种权力程度具有何种本质,即:后者以何种形式、力量、强制性而起作用或者进行抵抗

我们的个案是十分有趣的:为了能够在一个世界中生活,为了恰好足以感觉到我们尚能承受生活,我们作出了一个设想……

14[94]

作为颓废的哲学
对哲学家的批判

哲学家和道德家们反对颓废,以此来摆脱颓废,这乃是他们的一种自欺。

这一点是不受他们的意志控制的。而且,尽管他们承认这一点,但人们后来发现,他们是颓废的最有力的推动者。

希腊哲学家们,例如柏拉图,这个善人,——他却把本能与城邦、竞技、武力、艺术和美、神秘仪式、对传统和先辈的信仰分离开来了……

——他是高贵的蛊惑者:他亲自通过平民苏格拉底来蛊惑人们……

——他彻底否定了"高尚的希腊人"的所有前提,把辩证法纳入日常生活实践之中,与僭主密谋,推选未来政治,成为最彻底地脱离古代本能的典范。

在所有反希腊方面,他都是深刻而狂热的……

这些大哲学家体现了下列典型的颓废形式:
道德和宗教上的特异反应性
无政府主义
虚无主义　　ἀδιάφορα[漠然无殊的]

犬儒主义
   冷酷无情
享乐主义，
反动派
"幸福"、"德性"、"灵魂得救"的问题乃是上述没落人物生理上的矛盾的表达：本能中缺失重点，没有方向。

：为什么没有人胆敢否认意志自由呢？他们全都专注于自己的"灵魂得救"——怎么会对真理感兴趣呢？

14[95]

  两种相继出现的状态：一为原因，二为结果
  ：这是错误的。
  第一种状态未必引发什么
    第二种状态也不是由什么引发的。
  ：事关一种权力不等的因素之间的斗争：根据每一种状态的权力大小，会达到一种力量的新布局。
  第二种状态与第一种是根本不同的（并不是第一种状态的"结果"）：关键在于，处于斗争中的诸因素表现出不同的权力量。

14[96]

  [＋＋＋]他们蔑视肉体：他们把肉体置之度外，更有甚者，他们对待肉体犹如对待敌人。他们以为衰弱无力的畸形怪胎可以带有一颗"美好的心灵"，这是他们的疯狂想法……为了使其他人也

相信这一点,他们不得不对"美好心灵"这个概念作了另一番设定,对自然价值作了重估,到最后,一个苍白的、病态的、愚蠢而狂热的人物被当作完美的、"天使般的"、美轮美奂的,被当作更高级的人了。

14[97]

"权力意志"

在民主时代里,"权力意志"受到仇视,它的整个心理学似乎都是以贬低和诋毁"权力意志"为定向的……

伟大的雄心大略者类型:拿破仑应该算一个!还有凯撒!还有亚历山大大帝①!……仿佛这些人物并不是最蔑视荣耀的人似的!……

还有,爱尔维修②向我们阐明:人们是为了强者才能得到的享受而追求权力……他把这种对权力的追求理解为追求享受的意志、享乐主义……

斯图亚特·穆勒:———

14[98]

原则性的权力意志

---

① 亚历山大大帝(Alexander,前356-前323):马其顿国王,腓力二世之子。少时受教于哲学家亚里士多德。建立亚历山大大帝国。——译注

② 爱尔维修(Helvétius,1715-1771):法国启蒙思想家、哲学家。强调人是环境和教育的产物,主张教育万能。主要著作有《精神论》、《论人的理智能力和教育》等。——译注

"原因"概念批判

我需要以"权力意志"这个起点作为运动的本原。因此,运动不可能是受外部制约的——不是被引发的……

我需要运动开端和运动中心,意志由之而来得以传布开来……

我们绝对没有一种关于某种原因的经验

:从心理学上来考虑,这整个概念来自那种主观的信念,即:我们就是原因,也即说,我们的胳膊在运动……但这是一种谬误

:我们把自己(行为者)与行为区分开来,并且处处使用这个模式,——我们寻求每个发生事件的行为者……

:我们做了些什么呢?我们具有一种力量感、张力感、抵抗感,一种肌肉感,这种感觉已然是行动的开始,但被误解为原因

:或者说,我们有做这个那个的意志,因为行动跟着意志,所以被理解为原因——原因,也就是说———

"原因"根本不会出现:在某些情形下,原因似乎被给予我们了,我们由之出发把原因投射到对发生事件的理解上,此类情形证明了一种自欺。

我们"对于一个发生事件的理解"乃在于:我们虚构了一个主体,后者造成了某物发生以及它如何发生。

我们把自己的意志感、我们的"自由感"、我们的责任感以及我们的行为意图概括为"原因"概念:

:causa efficiens[作用因、动因]与 causa finalis[目的因]在基本构想上是一体的。

我们以为，当一种已经包含结果或作用①的状态得到了显明，则一种结果或作用就得到了说明

事实上，我们是根据结果或作用的模式来虚构一切原因的：前者是我们所熟知的……相反地，我们不能预言无论哪个"起作用"的事物。

事物、主体、意志、意图——这一切都寓于"原因"这个构想。

我们寻求事物，为了说明某物为什么变化。甚至原子也还是这样一个推测出来的"事物"和"原主体"(Ursubjekt)……

终于我们明白了，事物（因而也包括原子）毫无作用：因为它们根本就并不在此存在……因果性概念毫无用处——从一种必然的事态秩序中并不能得出它们的因果关系（——也就是说，它们使一跳到二，再跳到三、四、五的作用能力）

因果性阐释乃一种错觉……

运〈动〉是一个词，运〈动〉不是一个原因——

一个"事物"乃是其作用的总和，是通过一个概念、图像综合地联系起来的……

既没有原因也没有结果。

在语言上，我们知道无法摆脱因果概念。但这一点无关紧要。如果我设想把肌肉与它的"作用或结果"分割开来，那么，我就否定了肌肉……

总而言之：一个发生事件既不是被引发的，也不会起引发作用

---

① 此处"结果或作用"原文为一个德文词 Wirkung，若仅以"因果关系"的"结果"译之，似不足以传达完全。不过在上下文中，我们按语境不同，也把 Wirkung 或者单译为"结果"，或者单译为"作用"。——译注

原因就是一种作用能力,被臆造出来加给发生事件……

根本就没有康德所意指的东西、没有因果感

人们感到惊奇,人们感到不安,人们意愿某种熟悉的、可以遵循的东西……

一旦在新事物中显明了某个旧事物,我们就心安了。

所谓的因果性本能只不过是对不习惯之物的恐惧,以及要在其中揭示出某种熟悉之物的尝试

不是对原因的寻求,而是对熟悉之物的寻求……

当人为了一个新事物①————人立即就心安了。人并不会努力去理解火柴何以引起火焰

事实上,科学已经掏空了因果性概念的内涵,使之残留为一个比喻,而在此比喻中,何者为原因或者结果,根本上已经变得无关紧要了。人们断定,在两种复杂状态(力之状况)中,力之量保持为相同的。

一个发生事件的可预计性并不在于,它遵循了某个法则

或者服从了某种必然性

或者我们把因果规律投射到每个发生事件之中了:

而在于同一情形的轮回

14[99]

作为颓废的哲学

---

① 此句为断句,联系上文应为:人为了一个新事物找到一个旧事物。——译注

智慧的困倦。皮浪。佛教徒。与伊壁鸠鲁相比较。

277　皮浪。在低等人中间生活，低等的。毫无自豪感。以粗俗的方式生活；崇敬和相信大众所信仰的。留神提防科学和精神以及一切鼓吹起来的东西……质言之，非常有忍耐力，漠不关心，宽厚温和。

ἀπάθεια[无动于衷]，更是πραΰτης[温和、宽容]。

一个希腊佛教徒，在百家争鸣时代成长起来；一个迟到者；困倦乏力；困倦者对辩证家的热忱的抗议；困倦者不相信万物的重要性。他见过亚历山大大帝，也见过印度的忏悔者。对于此类迟到者和狡猾者，一切低等之物、贫穷之物、愚蠢之物本身都具有诱惑力。这一切使人麻木，令人松弛：帕斯卡尔。另一方面，他们混迹于人群之中，在其中感受到一点点温暖：他们需要温暖，这些困倦者……

克服矛盾；不事竞争；决无出风头的意志：否定希腊本能。——皮浪与做接生婆的姐姐生活在一起。——

把智慧伪装起来，使之不再出风头；给智慧套上一件贫困破败的大衣；干最低贱的活，诸如到市场上去卖母猪……

甜美；清醒；漠然；毫无需要表演的德性。甚至在德性上也等量齐观：最终的自制，最终的漠然。

皮浪，与伊壁鸠鲁相似，乃是希腊颓废的两种形式：在对辩证法和一切表演性美德的仇视方面是相似的——两者合在一起，就是当时的哲学了——；有意贬低他们热爱的事物；为之选择了那些普通的、甚至遭受蔑视的名称；描述这样一种状态，人们其中不病不康、不生不死……伊壁鸠鲁，更天真，更安逸，更有感恩心情；皮浪,更富阅历,更萎靡不振、更虚无主义……

皮浪一生,构成一种对伟大的同一性学说的反抗(幸福＝德性＝认识)。

人们不能通过科学找到正确的生活:智慧并不使人"智慧"……

正确的生活不求幸福,不计幸福……

14[100]

真正的希腊哲学家是前苏格拉底的哲学家,而随着苏格拉底的出现,就发生了某种变化

前苏格拉底的哲学家都是一些高贵的人,他们置自身于民众和风俗之外,漫游四方,神情严肃而阴沉,目光从容不迫,对国务和外交活动并不陌生。他们先于智者们预言了一切关于事物的伟大构想:他们就是这些伟大构想本身,他们自成一体。

除了此类哲学家类型的这样一种突然繁荣昌盛,除了他们在树立哲学理想〈之〉伟大可能性时无意达成的这样一种完整性,再没有一个关于希腊精神的更高概念了。

在后来者当中我只还看到一个独特人物,一个迟生子,但必然是最后一个迟生子……那就是虚无主义者皮浪,……此人具有一种本能,反对一切在此期间占上风的东西,苏格拉底学派、柏拉图

皮浪通过普罗太哥拉追溯到德谟克利特……

赫拉克利特的艺术家乐观主义,———

14[101]

颓废一般

如果快乐和不快与权力感相关,那么,生命就必定表现为一种权力的增长,结果,"增长"的差异就会进入意识之中……一种权力水平被确定下来。莫非快乐必须仅仅以权力水平的降低、以不快状态为标准,——而不是以快乐状态为标准吗?……求增长的意志包含于快乐的本质中:权力增长,差异进入意识之中……

从某个点开始,在颓废中,相反的差异进入意识之中,那是一种减弱:对从前强大时刻的回忆压抑着当前的快乐感,——这种比较削弱了现在的快乐……

14[102]

关于"弱者"的保健。——虚弱中所做的一切皆告失败。道德上的教训:无为。只不过,糟糕的事情是:受虚弱的影响,恰恰取消行为和不予反应的力量是最为病态的:人们决不能比在根本不该反应时反应得更迅速、更盲目……

一种天性的强壮表现在对反应的等待和推延上:它占有某种 ἀδιαφορία[漠然无殊],正如虚弱拥有反运动的不自由,"行动"的突发性、不可阻挡性……

这种意志是虚弱的:而且防止做蠢事的办法或许是拥有强壮的意志,并且无所作为……

Contradictio[矛盾]……

一种自我毁灭,保存本能已经名誉扫地了……弱者戕害自己……此乃颓废类型……

事实上,我们看到有一种惊人的思索,也即关于诱发无动于衷境界(Impassibilität)的办法的思索。只要无为比有所作为更有益,则本能就处在正确的轨道上……

宗教修会、独居哲人、苦行僧的所有做法都是由下述正确的价值标准来促成的:某个种类的人如果尽其可能地阻止自己去行动,就对自己有最大益处——

宽慰手段:绝对服从

机械的活动

人类与事物的分离,这些事物会促进一种果断的决定和行动　280

14[103]

一

我惊奇地看到,科学如今放弃了对虚假世界的依赖:一个真实的世界——它可能如其所愿,而我们确乎没有针对它的认识器官。

于是,人们在此就可以追问:哪怕只是设定这样一种对立,我们是借助于何种认识器官呢?……

一个世界能为我们的器官所通达的世界,也被理解为是信赖于我们的器官的;我们把一个世界〈理解〉为受主观制约的。此类说法并不表明:一个客观世界根本上〈是〉可能的。谁能禁止我们设想主观性是实在的、本质性的呢?

"自在"(An sich)甚至是一种荒唐的构想:一种"自在的性质"乃是胡说八道:我们始终仅仅具有作为关系概念的"存在"概念、"事物"概念……

糟糕的是——随着"虚假的"与"真实的"这一陈旧的对立,相关的价值判断也〈已经〉蔓延开来了,那就是:少有价值与绝对"有价值"

在我们看来,虚假世界并不是一个"有价值的"世界;假象应当是一个反对最高价值的机关。本身有价值的只可能是一个"真实的"世界……

首先:人们断定,真实世界是实存的
其次:人们具有一种关于真实世界的完全确定的价值观念

偏见中的偏见! 首先,或许本来就有可能的是,事物的真实性质对于生命的前提是如此有害、如此悖逆,以至于为了能够生活,需要的恰恰是假象……的确,许多情境中都有这种情况:例如在婚姻中

出于自我保存的本能,我们的经验世界或许也是在其认识限度内受到制约的:我们把有益于种类之保存的事物视为真实的、善的、有价值的……

  a. 我们并不具有一个范畴,可以用来区分一个真实世界与一个虚假世界。或许正好只有一个虚假世界,但并不仅仅是我们的虚假世界……

  b. 假定了真实的世界,那么对我们而言,它可能始终还是少有价值的:就其保存价值来说,恰恰这种虚幻量(das Quantum Illusion)对我们来说具有更高的地位。除非假象本身为一种谴责性判断提供了基础?

  c. 认为在价值程度与实在程度之间存在着一种相互关系,以至于最高的价值也会具有最高的实在性:这种看法是一个

形而上学的假设,其出发点是下述预设的前提:我们知道价值等级制,也就是说,这种等级制乃是一种道德的等级制……唯有在这种前提下,真理对于所有最高价值的界定来说才是必然的

"假象"或许就是一种对一般价值的抗辩

二

具有重大意义的是,人们要废除真实的世界。真实的世界是关于我们所是的世界的一大怀疑者,是对我们所是的世界的价值贬低:它是迄今为止我们对于生命的最危险的谋杀

向人们据以虚构出一个真实世界的所有前提宣战。此类前提也包括如下主张:道德价值就是最高的价值

倘若道德评价可以被证明为一种非道德的评价的结果,那么,作为最高评价的道德评价也就被驳斥了

:作为实在的非道德性的一个特例

:它因此把自身还原为一种假相

而且作为假相,它或许自发地不再具有谴责假象的权利了。①

三

于是,"求真理的意志"或许就要从心理学上加以探讨:它并不是一种道德的力量,而是权力意志的一种形式。这一点或许可以

---

① 此句中的"假相"原文为 Anschein,"假象"原文为 Schein,两者难以有明晰的区分,但后者与所谓"虚假世界"(scheinbare Welt)相应。——译注

用下列事实来证明:求真理的意志动用了所有非道德的手段:首先是形而上学——

:只有克服了一切道德偏见,才获得了研究的方法……这种方法表现为一种对道德的战胜……

请注意!我们今天面临着对如下主张的考验,即所谓:道德价值就是最高的价值。

14[104]

道德价值作为虚假价值,与生理学价值相比较

14[105]

我们的认识越是能够应用数字和量度,就越是变得科学了……

或许得做一种试验,看看一种科学的价值秩序是否能够直接建立在一种力的数字和量度刻度盘上……

——所有其他"价值"都是偏见、幼稚、误解……

——它们往往都可以还原到那个力的数字和量度刻度盘上

——在这个刻度盘上,上升意味着每一种价值的增加:

在这个刻度盘上,下降意味着价值的减少

在这里,人们排斥假象和偏见。

一种道德,一种通过长期的经验和检验而得到考验、证明的生活方式,最终作为占支配地位的规律而得到了意识……

而且这样一来,所有类似的价值和状态就进入这种道德中了:道德成为令人崇敬的、不可侵犯的、神圣的、真实的

道德之发展过程也包括一点:它的起源被遗忘了……这是一个标志,标明它已经成为主宰了……

* * *

理性的范畴可能也发生了同样的事情:经过大量的摸索,这些范畴可能已经通过相对的功利性而经受了考验……终于出现了一个时刻,人们把理性诸范畴概括起来,把它们当作一个整体来意识,——而且这时候,人们命令它们……也就是说,它们这时起着命令的作用……

从现在起,理性范畴就被视为 a priori[先天的]……,超越经验的,不容拒绝的……

而实际上,理性诸范畴也许无非表达了一种确定的种和属的合目的性,——只不过它们的功利性乃是它们的"真理"——

关于理性的起源——

A

迄今为止最高的价值乃是道德价值。

B

道德价值批判。

C

———

14[106]

青年神学家守则:

1. 戒女人,完全戒酒;既不穿靴子,也不打阳伞;放弃任何感官

刺激（唱歌、跳舞和音乐）

2.如果候选人打瞌睡时无意沾上了一片污渍，那他就应该在太阳升起时三次潜入圣坑里，口中念念有词："违背我的意志而发生的事，回到我这里来吧！"

3.如果他的老师打断了他的话，那么，他在回答老师时，就既不应该躺着、坐着、吃着、跑着，也不应该远远地，以一种斜视的目光：

4.相反，他应该走向老师，挺直、恭敬，正视着自己的老师，作出回答。

如果他在客车里，看见自己的老师，那他就应该马上下车，向老师致敬。

学生不能给老师的妻子洗澡，也不能给她洒香水，不能为她按摩，不能为她准备头饰，也不能为她涂脂抹粉

假如他到了年纪，已经有了关于善与恶的知识，他也不能拜倒在自己的老师的年轻妻子面前，恭敬地抚摸她的双脚。

女人要讨男人欢心，要引诱男人，这是女人的天性。但智者从来不至于屈服于这种吸引力，也即落到值得谴责的地步。

人们不应该在荒野之地与自己的母亲、姊妹、女儿以及其他女性亲戚独处：孤独引发的感官刺激是如此强烈，以至于它有时能战胜最大的智者。

这就是那个聪明的父亲（Vasta）的情形了。为了逃避高达城里的恶人，这位父亲与自己的两个女儿一起躲进了一个山洞：即便在那里，他也竟然使两个女儿都做了妈妈。①

---

① 指《旧约·创世记》第19章记载的故事：亚伯拉罕之侄罗得（Lot）在所多玛城毁灭时幸免于难，带着两个女儿躲到山洞里，在自己酒醉不知情的情况下使两个女儿怀了孕。——译注

14[107]

理论与实践
道德价值批判

"理论"与"实践"之间的危险区分,例如在康德那里,但也在古人那里

——他们这样做,仿佛纯粹精神向他们展示的是认识和形而上学的问题

——他们这样做,仿佛不管理论的答案如何,都要按照自己的价值标准来评判实践。

我把自己的哲学家心理学对准上面第一点:他们那种最疏远的盘算和"精神性"始终只不过是一种生理事实的最后的、最苍白的复制;其中绝对没有自愿性,一切皆本能,一切自始就被引入确定的轨道中了……

——对于第二点,我要问的是:为了良好地行动以及始终良好地思想,我们是否知道另一种方法:思想也是一种行动,而行动是以思想为前提的。我们是不是有能力以另一种方式来评判某种生活方式的价值,不同于通过归纳、通过比较来评判一种理论的价值?……幼稚的人们以为,我们在这里会做得更好,我们在这里懂得什么是"好的",——哲学家们则机械地重复这种说法。我们的结论是:这里只有一种信仰,此外无他……

"人们必须行动;因此就需要一种准则"——甚至古代的怀疑论者也如是说

以一种决定的迫切性为论据,把这里某个东西视为真

实的!……

人们必须无为:——佛教徒如是说。他们是怀疑论者的兄弟,而比怀疑论者更为前后一贯。他们杜撰了一个让人摆脱行动的准则……

适应,像"普通人"一样生活,完全持有"普通人"的看法:这就是屈服于群盲本能。

人们必须充分激发自己的勇气和严谨,把这样一种屈服视为一种耻辱

不能按双重标准生活!……不能把理论与实践分割开来!——

14[108]

作为道德的权力意志

　　　　　　　道德价值的统治地位。

这种统治地位的后果,心理的败坏等等。

处处是由它带来的厄运

这种统治地位意味着什么?它指向什么呢?

——在此领域里作出明确的肯定和否定的某种更大的紧迫性

——人们在此动用了形形色色的命令,旨在使道德价值固定地表现出来:道德价值是持久地受到命令的:——它们显得本能地犹如内心的命令……

——社会的保存条件表现在:道德价值被认为是不可讨论的

——实践:这意思就是功利性,即关于最高价值达成一致意见,在此获得了一种认可

——我们看到已经应用了所有手段,使得这个领域里的反思和批判趋于瘫痪:——康德依然采取了这样一种态度,更不消说那些把道德"研究"当作不道德行为加以拒绝的人们了——

人们怎样使道德获得了统治地位

14[109]

科学与哲学

所有这些价值都是经验性的和有条件的。但是,相信和崇拜这些价值的人,恰恰不愿意承认这种特征……

哲学家们一概相信这些价值,他们对这些价值的崇拜形式之一就是努力从中弄出先天真理

这种崇拜的伪造特征……

这种崇拜乃是检验理智的诚实性的最高标准,但在整个哲学史上,根本就没有什么理智的诚实性

而只有"对善的热爱"……

:绝对缺失方法,去检验这些价值的尺度

其次:一种厌恶,讨厌去检验这些价值,讨厌从根本上把它们看作有条件的

在道德价值中,一切反科学的本能也要考虑进去,为的是在此排除科学……

道德乃是科学史上难以置信的丑闻。如何解释这一丑闻……

14[110]

一位研究大脑活动的著名生理学家的"进步"迷信公式。

288 "动物作为物种是不会进步的;而人类作为物种是有进步的"。①

非也:———

14[111]

作为颓废的哲学

一切道德教育当中的伟大理性始终都在于,人们在此力求达到一种本能的安全感:从而使得无论是善的意图还是善的手段本身,都不能首先进入意识之中。正如士兵要操练,人也应当学会行动。实际上,这样一种无意识属于任何一种完美性;甚至数学家也是无意识地运用他的组合或推论的……

那么,苏格拉底的反动意味着什么呢?他把辩证法推举为通向德性之路;如果道德不能合逻辑地自我辩护,他就对之大加取笑……可是,道德恰恰属于辩证法的品质……没有道德,辩证法就毫无用场!……引起羞耻感乃是完人的一个必要标志!……

当人们把可证明性当作个人优异德性的前提而置于首要地位时,就完全意味着对希腊本能的消解。从事这样一种消解的类型,就是所有那些伟大的"美德家"和空谈家……

实际上,这就意味着:道德判断原是从其制约条件中生长起来的,唯在其制约条件中才有其意义,而现在,人们把道德判断从其制约条件中、从其希腊的和希腊政治的土壤根基中拔了出来,并且

---

① 原文为法文。——译注

在高尚化的外衣下把它们非自然化了。"善"、"正义"之类的宏大概念脱离了它们所属的前提:并且作为已经变得自由的"理念",成了辩证法的对象。人们试图在这些概念背后寻求一种真理,人们把它们视为实体或者实体的标志:人们虚构了一个世界,那是这些概念的家园,这些概念的发源地……

总而言之:这种胡闹在柏拉图那里已经登峰造极了……而这时,人们也就必须虚构出一个抽象的‐完美的人

善、正义、智慧、辩证法家——简言之就是这位古代哲学家的稻草人,

一棵失去了任何根基的植物;一种毫无确定的、规整的本能的人性;一种用各种理由"证明"自己的德性。

完全荒谬的自在"个体"!最高的非自然(Unnatur)……

简言之,对道德价值的非自然化,结果是创造了一种蜕化的人之类型——"善人"、"有福者"、"智者"

苏格拉底是人类历史上最深刻的反常(Perversität)因素

14[112]

听说一个人为了保持正派就必须有理由,我们就会对这个人产生怀疑:无疑地,我们要避免与他打交道。在某些情形下,"因为"这个小词会让人出丑;有时甚至通过一个唯一的"因为",我们就驳倒了自己。如果现在我们又听说,这样一个有志于追求德性的人为了保持令人尊重的地位就必须有一些糟糕的理由,那么,这就没有任何理由提升我们对他的尊重。但他却还要继续,他向我们走来,当面对我们说道:"您们这些毫无信仰的先生们,

您们以自己的无信仰干扰了我的道德;只要您们不相信我那些糟糕的理由,也就是说不相信上帝,不相信一个具有惩罚作用的彼岸,不相信一种意志自由,那么,您们就妨碍了我的德性……道德上的教训是:我们必须消除毫无信仰的人们,他们妨碍了大众的道德化"。

14[113]

作为颓废的道德

今天,每一句"应当这样那样做人"都从我们口里说出了一种小小的讽刺,我们完全坚持认为,不管怎样,人们只能成为人们所是的东西(不管怎样,也就是说,不论经受何种教育、课堂、环境、偶然和变故)。在今天,在道德事务上,我们以一种奇怪的方式学会了对因果关系的倒转,——也许没有什么东西比这种倒转更彻底地把我们与古代的道德虔信者区分开来了。例如,我们再也不说"恶习是一个人在生理上趋于毁灭的原因"了;同样我们也不再说"德性使人茁壮成长,德性带来长寿和幸福"了。我们现在的看法毋宁是:恶习和德性不是原因,而只是结果。人们成为一个正派人,是因为人们本来就是一个正派人:这就是说,因为人们作为资本家生来就有良好的本能和有用的关系……如果人们出身贫寒,父母一味挥霍,无所积累,那么,人们就是"无可救药的"了,可以说具备了进监狱和疯人院的条件……今天我们再也不会把道德退化与生理蜕化分割开来思考了:道德退化只是生理蜕化的总体征兆;〈人们〉必然是恶的,正如人们必然是病态的……恶的(schlecht):这个词在此表达了某种在生理上与退化类型相联系的无能:例如意志薄弱,"人格"的不可靠性和多样性,无力中断对某种刺激的反应以及无力"控制"自己,在某种外来意志的任何一种影响面前毫无自由。恶习不是原因;恶习是一个结果……恶习是一种相当任意的概念界定,用来概括生理蜕化的某些结果。倘若把退化者类型当作正常类型的看法是合理的,那么,基督教所教导的"人性恶"291这个普遍定律就是合理的了。然而,这也许是一种夸张。无疑地,凡在基督教繁荣和占上风的地方,这个定律往往具有一种合法性:因为由此已经证明了一块腐朽的土壤,一个适合退化的区域。

14[114]

增长还是衰竭

基督教价值批判。

古代哲学批判。

论欧洲虚无主义的历史。

基督教是虚无主义的

它的准备:古代哲学

14[115]

科学与哲学

　　道德上的特异反应性在多大程度上败坏了心理学家们:

　　旧哲学家中没有人有勇气来主张"非自由意志"理论(亦即主张一种否定道德的理论)

　　没有人有勇气把快乐、任何一种快乐("幸福")的典型因素界定为权力感:因为权力欲被视为非道德的没有人有勇气把德性理解为那种效力于种类(或者种族,或者城邦)的非道德性(一种权力意志)的一个结果(因为权力意志被视为非道德性,因为借此就认识到了真理是什么———德性只是非道德性的〈一种〉形式)

在道德的整个发展过程中没有出现过真理:人们借以研究道德的所有概念要素都是虚构,人们所依据的全部心理学都是伪造;被人们拖入谎言王国的所有逻辑形式都是诡辩。道德哲学家本身的出众之处就在于:完全缺乏纯洁性,完全没有理智的自律风纪:他们把"美好的情感"看作论据:在他们看来,他们"挺起的胸膛"就是神性的风箱……道德哲学乃是精神史上的一个下流部分。

第一个伟大的例子:在道德名义下,作为卫道士干了闻所未闻的勾当,事实上在任何角度看都是一种颓废。

14[116]

作为颓废的哲学

人们不可能十分严格地坚持认为,伟大的希腊哲学家们体现了一切希腊优异品质的颓废,并且把这种颓废变成了传染病……这种完全抽象出来的"德性"乃是最大的诱惑,诱使人们对自身进行抽象:亦即自我解脱……

这个时机是十分奇怪的:智者们几乎第一个批判了道德,第一个洞察了道德的真相……

——他们把大多数道德价值判断(局部的制约条件)并列起来加以比较

——他们让人理解了,每一种道德都〈可以〉通过辩证方式为自己辩护,——这并不构成任何差异:也就是说,他们猜度,对一种道德的全部论证必然都是诡辩的——

——这是一条后来最大规模地为柏拉图以降(直至康德)的古代哲学家们所证明了的定律

——他们端出的第一真理是:"一种自在的道德"、一种"自在的善"并不实存,在这个领域里谈论"真理"就是欺诈

只不过,当时的理智诚实性何在呢?

智者派的希腊文化是从所有希腊本能中成长起来的:它属于伯里克利时代的文化,同样必然地,柏拉图并不属于伯里克利时代的文化;智者派希腊文化的先行者是赫拉克利特、德谟克利特,古代哲学中的科学家类型;它在诸如修昔底德①的高度发展的文化中得到了自己的表达

——而且,智者派希腊文化最后获得了合法性:认识理论和道德认识的每一个进步都为他们恢复了名誉……

我们今天的思想方式在很大程度上乃是赫拉克利特、德谟克利特和普罗太哥拉式的……或许我们只消指出,我们今天的思想方式〈是〉普罗太哥拉式的,因为普罗太哥拉乃集赫拉克利特与德谟克利特之大成

柏拉图:一个大江湖骗子②,——人们不妨想想伊壁鸠鲁是怎

---

① 修昔底德(Thukydides,约公元前 460-约前 400):古希腊历史学家。著有《伯罗奔尼撒战争史》八卷。——译注
② 此处"江湖骗子"原文为 Cagliostro,又音译为"卡里奥斯特",后者为十八世纪西西里的炼金术士,曾骗得欧洲皇室相信其有魔力。——译注

样评价他的；皮浪的友人蒂蒙①又是如何评价他的——

也许柏拉图的诚实性毋庸置疑？……然而，起码我们知道，柏拉图想要当作绝对真理来教诲的，甚至不是在他那里有条件地被视为真理的东西：亦即"灵魂"的独特实存和独特不朽

14[117]

反运动：艺术

　　陶醉感，事实上是与一种力的丰富相应的：

　　在两性的交配期最为强烈：

　　新的器官、新的技巧、色彩、形式……

　　"美化"是提高了的力的一个结果

　　美化作为力之提高的必然结果

　　美化作为一种胜利意志的表达，所有强烈欲望的一种提升了的协调、和谐的表达，一种绝对垂直的重力的表达

　　逻辑的和几何的简化乃是力之提高的结果：反过来，对此类简化的感知又提高了力量感……

　　发展的顶峰：伟大的风格

　　丑则意味着某个类型的颓废，内心欲望的冲突和不协调

　　从生理学上讲，它意味着具有组织作用的力的衰退，"意志"的衰退……

---

①　蒂蒙（Timon，公元前320－前230）：古希腊哲学家和文学家，怀疑论者，皮浪的弟子和朋友。著有《讽刺诗》。——译者

[14.1888年春]

人们称为陶醉的快乐状态,准确地讲,乃是一种高度的权力感……

空间感觉和时间感觉已经变化了:异常遐远之物被一览无余,几乎是可感知的了

视野的扩展,涵摄更大的数量和广度

器官的精细化,使之能够感知大量极其细微的和转瞬即逝的东西

预见、理解力,对于最轻微的帮助、对于一切暗示,此乃"聪明的"感性……

强壮作为肌肉的支配感,作为柔韧性和运动欲,作为舞蹈,作为轻快和急板

强壮作为对强壮之证明的欲望,作为精彩表演、冒险、无所畏惧、漠然处之的本色……

生命中所有这些高贵的因素相互激励;其中每一个因素的图像世界和表象世界都足以启发出其他的因素……如此这般地,各种状态最后就相互混杂融合在一起了,它们本来或许是有理由保持彼此疏离的。例如

宗教的陶醉感与性兴奋(两种深度的情感,终于几乎令人惊奇地协调起来了。所有虔诚的女子,无论老少,她们喜欢什么呢?答曰:一个长着美腿的圣徒,依然年轻,依然低能……)

悲剧中的残暴与同情(——同样正常地相互协调了……

春天、舞蹈、音乐,一切都是性竞争——也包括那种浮士德式的"胸脯中的无限性"……

艺术家们,如果他们有点用处的话,就是具有强壮的气质(包括身体上的强壮)、精力过盛、力大如牛、感觉丰富。要是没有性系

统的某种亢奋,那就无法设想拉斐尔了……音乐创作也还是一种生育;贞洁只是艺术家的节约:——而且无论如何,即便在艺术家那里,多产能力也是随生殖力而终止的……

艺术家们不应该如其所是地看待事物,而是应该更充实、更简单、更强壮地看待事物:为此,他们身上就必须有一种永恒的青春和春天,一种习惯的陶醉。

贝尔①和福楼拜,在此类问题上毫不迟疑的人,实际上已经力劝艺术家们在自己的手艺兴趣方面保持贞洁:或许我也得指出勒南,他给出了相同的忠告,勒南是教士……

14[118]

传染病	,②幻觉,
	,舞蹈与手势符号
	,歌(舞蹈之残余)
	,———
正常功能:	:梦(一种陶醉状态使梦开始)
正在训练中	:视觉形象
	:听觉形象
	:触觉形象

---

① 贝尔(Beyle)为司汤达的原名。——译注
② 原文如此。——译注

14[119]①

反运动

艺术

一切艺术都对肌肉和感官发挥强烈影响,它们原本是在质朴的艺术家那里活动的:它们始终只对艺术家说话,——它们对这种具有精巧的身体激动性的人说话。"外行"概念是一种失策。聋子不属于耳聪者。

一切艺术都发挥滋补强身之功效,能够增强力量,激起快感(亦即力量感),引发一切更精细的陶醉记忆,——存在着一种独特的记忆,它能潜入此类状态之中:一个幽远而稍纵即逝的感觉世界这时又返回来了……

丑,即艺术的对立面,为艺术所排除的东西,艺术的否定——只要衰退、生命之赤贫、昏聩无能、解体、腐败远远地被引发,这时候,审美的人都会以其否定(Nein)来作出反应

丑发挥令人沮丧的作用,它是一种沮丧的表现。它消减力量,使人贫乏,令人压抑……

丑给人以丑的影响;人们可以根据自己的健康状况来检验一下,身体不适也多么不同地提高了人们对丑的想象能力。出于主题、兴趣、问题,选择也有所不同:甚至在逻辑中也有一种与丑十分接近的状态——严酷、沉闷……从机械学上讲,在此缺失重心:丑瘸着腿走路,丑跌跌撞撞地走路:——是舞者那种绝妙轻盈的对立

---

① 参看《偶像的黄昏》,概述,第19-20节。

面……

审美状态具有十分丰富的传达手段,同时带有一种对刺激和信号的极端敏感性。它是生命体之间的可传达性和可传染性的顶峰,——它是语言的源泉。

语言的发源地即在于此:声调语言,同样也包括体态语言和眼神语言。更为丰沛的现象往往在开端:我们文化人的能力是从更为丰沛的能力中削减而来的。然而,即便在今天,人们依然借助于肌肉来听,甚至依然借助于肌肉来阅读。

任何一种成熟的艺术都以丰富的约定(Convention)为基础:只要它是语言。约定乃是伟大艺术的条件,而不是伟大艺术的障碍……

任何一种生命之增强都会提高人的传达能力,同样也会提高人的理解能力。设身处地地体验其他心灵生活,这原〈本〉不是什么道德上的事情,而是一种对感应作用的生理敏感性:"同情"或者人们所谓的"利他主义",只是对那种被归于智慧领域的精神运动学上的感应联系(Rapport)(查尔斯·弗雷① 所说的精神运动感应②)的扩大化。人们决不相互传达思想,人们传达的是动作,表情符号,而我们在解读时把它们归结为思想了……

* * *

在这里,我把一系列心理状态设定为一种丰沛而繁荣的生命的标志,而人们现在已经习惯于把这些状态评判为病态的。此间

---

① 查尔斯·弗雷(Ch. Féré,1852-1907):法国心理学家。著有《精神系统病理本论》等。——译注

② 原文为法文:induction psycho-motrice。——译注

[14.1888年春]

我们忘了谈论健康与病态的一种对立:关键问题在于程度,——在此情形下,我的主张是:今天所谓的"健康"乃是在有利条件下或许会出现的那种健康的一个较低水平……我们都是相对病态的……艺术家属于一个还比较强壮的种族。对我们来说或许已然有害的、病态的东西,在艺术家那里则是天性———

精力之充沛,就像生命之贫乏一样,同样也可能导致局部不自由、感官幻觉、感应诡诈之类的征兆……刺激条件不同,作用却保持相同……

首要地,后果不是同一个;所有病态人物在神经怪癖之后都会出现极端的疲乏,这与艺术家的状态毫无共同之处:艺术家是不必为自己的好时光赎罪的……

艺术家对此绰绰有余:他可以挥霍而不至于赤贫……

正如人们今天可以把"天才"评判为一种神经官能症,也许艺术家的感应力量也是如此——而且实际上,我们的演艺家与歇斯底里的女人实在太相似了!!! 不过,这是针对"今天"来讲的,而不是针对"艺术家"来讲的……①

但有人反驳我们说:正是机械的赤贫化使得那种对任何感应作用的非同寻常的理解力成为可能:我们的歇斯底里的女人,"我们的彼岸研究者"即是明证

---

① 尼采在此区分使用了两个日常含义相近的词语:"演艺家"(Artisten)和"艺术家"(Künstler),以前者指称"今天"的艺术家,即重"演"和"技"的艺术家。——译注

* * *

灵感:描绘。

* * *

非艺术状态:客观性状态、反映状态、意志涣散的状态……

叔本华骇人听闻的误解,他把艺术视为通向生命之否定的桥梁……

* * *

非艺术状态:赤贫者、撤离者、放弃者,在他们的目光之下受生命之苦……基督徒……

* * *

悲剧艺术的问题。

* * *

浪漫派:一个有歧义的问题,如同一切现代事物。

* * *

演员

14[120]

爱

人们想要那种最惊人的证据,以表明陶醉的变形力量达到何种程度吗?"爱"就是这样一种证据,也就是在世上所有语言和喑哑无声中被叫做爱的东西。在这里,这种陶醉以某种方式对付得了实在性,即:在爱者的意识中原因消失了,似乎有某个他者取而代之了——那是妖精的全部魔镜的一种抖动和闪光……在这里,人与动物毫无区别;更不消说精神、善良、诚实了……如果人们是高雅的,他就会被高雅地愚弄;而如果人们是粗俗的,他就会被粗俗地愚弄:可是爱,甚至于对上帝之爱,"得救灵魂"的圣徒之爱,在根源上讲依然是一体的:作为一种〈有〉理由自我变形的狂热,一种善于自欺的陶醉……而且无论如何,如果人们爱着,人们就在自欺欺人:人们似乎自我变形了,变得更强壮、更丰富、更完美了,人们是更完美的了……在这里,我们发现了作为器官功能的艺术:我们发现艺术已经被嵌入最具天使性质的生命本能之中了:我们发现艺术是生命的最大兴奋剂,——因此,艺术即便在撒谎之际也还高雅的、合目的的……不过我们或许会迷路,滞留于艺术的撒谎力量中:艺术所作所为超出了单纯的想象,艺术甚至改变着价值。而且,艺术不只是改变着价值感……爱者是更有价值的、更强壮的。在动物那里,这种状态激发出新的物质、色素、颜色和形式:尤其是新的动作、新的节奏、新的引诱之声和诱感力量。人的情形也并无不同。爱者的全部家当比任何时候都更为丰富,比不爱者更强大、更完整。爱者会成为挥霍者:其富有足供他挥霍了。他现在大胆冒险,成为冒险家,因为慷慨和天真而成为一头蠢驴;他重又相信上帝,相信德性,因为相信了爱情;而另一方面,这个幸运的白痴生出了翅膀和新的技能,甚至于通向艺术之门也向他开启出来。如果从由声调和词语组成的抒情诗中扣除那种肠内狂热产生的影响:抒情诗和音乐还剩下什么呢?……也许只有为艺术而艺术了:沼泽地里绝望的青蛙精湛的聒噪……这整个剩余物就是爱所创造的……

14[121]

心理学上的权力意志

心理学的统一性构想。

我们习惯于把极其丰富的形式的扩大与一种来自统一性的起源协调起来。

权力意志乃是原始的情绪形式，所有其他情绪只不过是权力意志的扩大：

要作一种重要的说明，即要取代任何生命体都会追求的个体"幸福"而设定权力："生命体追求权力，追求权力的增加"——快乐只是已获得的权力感的一个征兆，一种差异意识——

——生命体并不追求快乐，而是当生命体达到它所追求的东西时，快乐就出现了：快乐是伴随而来的，快乐并不推动……

——一切推动力都是权力意志，此外没有任何身体的、动力的或者心灵的力量了……

——在我们的科学中，因果概念被还原为相似关系了。我们雄心勃勃要证明，每一方都有相同的力之量，没有推动力：我们只考察结果，我们着眼于力之内容把它们设为相似的，我们免去了关于一种变化的引发（Verursachung）问题……

说变化不息，这只是一种经验之谈：我们本来就毫无理由认为一种变〈化〉必定跟着另一种变化。相反地：某种已经达到的状态，如果其中并不存在一种不愿保存自己的能力，那么，它似乎就不得不保存自己了……

斯宾诺莎关于自我保存的命题想必本来是能为变化设定一个依靠的：但他这个命题却是错误的，其反面才是真实的。恰恰在所有生命体上可以最清楚地表明：生命体所做的一切并不是为了自我保存，而是为了变得更丰富……

"权力意志"是一种"意志",或者是与"意志"概念相同一的吗?它的意思就是欲求吗?或者就是发号施令?

它就是叔本华所讲的"意志",即他所谓的"物的自在"吗?

:我的命题是:以往心理学的意志乃是一种毫无根据的概括,根本就没有这样一种意志,人们没有把握到某种确定的意志向多样形式的扩大,而是通过剔除其内容即何去何从的方向(das Wohin?)而抹煞了意志的特征

:这种情形在叔本华那里最为显然:他所讲的"意志"只是一个空洞的词语而已。其意思更无关乎一种"求生命的意志":因为生命只是权力意志的一个个别情形,——我们可以十分随意地断言:一切都力求投入权力意志的这种形式之中

14[122]

关于认识论:纯然经验的:

既没有"精神",也没有理性、思维、意识、灵魂、意志、真理:一切都是毫无用处的虚构。问题的关键不在于"主体与客体",而在于某个特定的物种,后者唯在某种相对的正确性当中、特别是在其感知的合规律性(使得它能够积累经验)当中生长发育……

认识作为权力的工具起作用。因此显而易见,认识随着权力的增长而增长……

"认识"的意义:在这里,就像在"善"或者"美"那里,我们要从人类中心论和生物学的角度严格地看待"认识"这个概念。某个特定的物种为了保存自己——并且壮大自己的权力——,就必须在其实在性构想中把握住如此之多的可预计之物和始终相同之物,

从而在此基础上得以构建自己的一个行为模式。保存的功利性，而不是某种不想受骗上当的抽象理论的需要，作为动机隐藏在认识器官的进化过程背后……认识器官就是这样进化的，结果对它们的观察就足以保存我们自己了。换言之：认识意愿的尺度取决于那个种类的权力意志之增长的尺度：一个种类为了主宰实在、利用实在，就要抓住如此大量的实在性。

机械论的运动概念已然是一种翻译，即把原初事件翻译为视觉和触觉的符号语言。

"原子"概念，即"推动力的位置与推动力本身"的区分，乃是一种从我们的逻辑－心理世界而来的符号语言。

我们的愿望并不是要改变我们的表达手段：要理解它何以是单纯的符号学，这是有可能的。

对于一种适当的表达方式的要求是无意义的：一种语言、一种表达手段的本质就在于表达一种单纯的联系……"真理"概念是荒谬的……整个"真"、"假"领域只涉及本质之间的联系，而不涉及"自在"（An sich）……那是一派胡言：根本就没有什么"自在的本质"，诸联系才构成本质，同样也不可能有一种"自在的认识"……

14[123]

反运动

反达尔文。

综观人类的伟大命运，最让我吃惊的事情乃是，总是目睹与今天达尔文及其学派所看到的或者愿意看到的东西相反的情况：与

[14.1888年春]

有利于强者和成功者的选择、物种进步相反的情况。显而易见的恰恰是其反面:幸运者横遭剔除,高等类型毫无用处,中等的、甚至低等的类型无可避免地成了主人。假如人们没有向我们表明理由,说明为什么人类是所有造物中的特例,那么,我就倾向于如下先入之见:达尔文学派处处在自欺欺人。我从权力意志中复又认识到一切变化的终极原因和特征。这种权力意志为我们提供了手段,去说明为什么恰恰没有出现有利于特立独行者和幸运者的选择:当最强者和最幸运者面对被组织起来的群盲本能,面对大量弱者的可怕情状时,他们就是虚弱不堪的。我关于价值世界的总观点是要表明:在今天高悬于人类之上的最高价值中,幸运者、优选类型并不〈占〉上风;占上风的倒是颓废类型——也许在这个世界上,再没有比这出违人心愿的戏剧更有趣的东西了……

听来多么稀奇啊:人们总是要使强者对抗弱者,使幸运者对抗不幸者,使健康者对抗腐败者和遗传病患者。如果人们愿意对实在作道德的表述:那么,这种道德就是:平庸者比特立独行者更有价值,颓废产物比平庸者更有价值,求虚无的意志胜过求生命的意志——而且总目标就是

眼下用基督教、佛教、叔本华的说法:

不存在比存在更佳①

对于这种把实在表述为道德的做法,我是反对的:因此我怀着一种刻骨仇恨断然拒绝基督教,因为基督教创造了一些高雅的话语和神态,旨在为一种可怕的现实披上合法、德性、神性

---

① 此句德语原文为:besser *nicht* sein als sein。——译注

的外衣……

我看到所有哲学家和科学都臣服于实在,而实在却是与达尔文学派所传授的生存竞争相颠倒的——因为所到之处,占上风的和留存下来的,往往是那些使生命、生命的价值大出洋相的人。——对我来说,达尔文学派的谬误成了如下难题:人们如何可能盲目地恰恰在此看错了?……认为物种表现出一种进化,这是最不明智的世界主张:物种只能暂时表现出一种水平,——

认为高级的有机体是从低级有机体进化而来的,这种观点迄今为止绝对没有得到过证实——

我认为低等有机体是通过数量、聪明、计谋而占据优势的——我没有看到偶然的变异怎样产生出某种优势,至少是不会产生长期的优势的。这一点或〈许〉又是一个新的动因,促使我们去说明为〈什么〉一种偶然的变异变得如此强烈——

——我在另一个地方发现了人们常说的"自然的残酷无情":自然对它的幸运儿是残酷无情的,自然爱护、保护、宠爱的是卑贱者——恰如———

* * *

总而言之:某个物种的权力的增长,与其说是由其幸运儿、强者的优势来保证的,也许还不如说是由中等和低等类型的优势来保证的……后者肥沃多产,具有持久性;而与前者相伴生的却是危险、快速毁灭、数目锐减。

* * *

14[124]

反运动

论宗教的起源

如今,无教养的人们依然相信,愤怒是生气的原因,精神是思维的原因,灵魂是情感的原因,简言之,就如同人们现在也还毫无疑虑地设定了一大堆据说是原因的心理实体:以此方式,人们在一种还更幼稚的层次上,借助于心理上的人格实体来说明这些相同的现象。人们把那些在自己看来陌生的、有魅力的、动人心魄的状态编造为受某种人格权力影响的困扰和迷惑。于是,基督徒,今天最幼稚、最萎靡的一种人,就把希望、安宁、"拯救"感归结为上帝的一种心理启示:在这种本质上受苦受难而不得安生的类型那里,幸福感、崇高感、安宁感正当地表现为陌生的东西,需要解释的东西。在聪明、强壮、生气勃勃的种族中间,癫痫病人多半会产生如下信念:在这里有一种陌生的权力在运作;但甚至任何类似的不自由,例如兴奋者、诗人、大罪犯的不自由,诸如爱和恨之类的热情的不自由,也效力于对一些人之外的权力的虚构。人们把一种状态具体化为某种人格:并且断定,这种状态要是在我们身上出现,那就是那种人格的作用或结果了。换句话说:在心理学上的上帝形成过程中,某种状态——为了成为作用或结果——被当作原因而人格化了。

心理学的逻辑是这样一种逻辑:权力感,当它突然令人倾倒地把人笼罩时,——在所有伟大激情中都有这种情况——,它就唤起了人的一种对自己的人格的怀疑:他不敢把自己设想为这种令人惊奇的情感的原因——于是他就设定了一种更为强大的人格,在此情形下即一种神性。

总而言之:宗教的起源在于那些作为异己之物而令人惊异的

极端权力感;而且就像一个病人,他感到肢体沉重而怪异,便得出结论说有另一个人躺在他上面;类似地,幼稚的 homo religiosus[宗教徒]也分裂成多重人格。宗教是"人格畸形"(altération de la personnalité)的一种情形。一种对自身的畏惧感和恐怖感……

但同样也是一种非同寻常的幸福感和崇高感……

在病人当中,健康感就足以使他相信上帝,相信上帝的临近了

14[125]

宗教徒的退化心理

一切变化都是作用,

一切作用都是意志的作用。"自然"、"自然法则"概念付诸阙如。

一切作用都有一个行为者

退化的心理:只有在人们知道自己有所意愿的情形下,人们本身才是原因。

结果:权力的种种状态把没有成为原因、对此不负责任这样一种感觉归咎于人类

:此类状态不期而至:因此我们并不是发起者

:不自由的意志(亦即对一种在我们身上发生的、但并未为我们所意愿的变化的意识)需要一种异己的意志

结论:人类不敢把自己所有那些强大而惊人的因素归因于自身,——人类把这些因素构想为"被动的"、"为人所遭受的",把它们构想为制服

:宗教是一种对人格统一性的怀疑的畸形产物,是一种人格

变质

：只要人类一切伟大和强壮都被构想为超人的、异己的,那么,人类就变得渺小了,——人类把两个方面,即十分可怜而虚弱的一面与十分强壮而惊人的一面,分割为两个领域,把前者叫做"人",把后者叫做"上帝"。

人类不断继续这种做法,在道〈德〉特异反应性时期里,人类并没有把他那些崇高而文雅的道德状态解释为"自己所意愿的",解释为人格的"产物"。甚至基督徒也把自己的人格分割为一种平庸而虚弱的虚构(他称之为人)与另一种他称之为上帝(救世主、耶稣基督)的虚构——

宗教贬低了"人"这个概念;它的极端结论就是:一切善、伟大、真实都是超人的,唯有通过一种恩典才被赐予的⋯⋯

14[126]

反运动:宗教

道德作为建立人类自豪感的尝试

关于"自由意志"的理论是反宗教的。这种理论想要赋予人一种权利,使人可以把自己设想他的高级状态和行动的原因;它是不断增长的自豪感的一种形式

人感觉到自己的权力、自己的"幸福",正如人们所说的:"意志"必定在这种状态之前,——要不然,这种状态就不归意志所有了

德性是这样一种尝试,它试图把一个有关意愿和曾经意愿的事实当作必要的原因(Antecedens),置于任何一种崇高而强烈的

幸福感之前

如果在意识中总是存在着要进行某些行动的意志，那就可以把一种权力感解释为这种意志的作用或结果

这是一种单纯的心理学透镜：总是依据于如下虚假的前提，即凡是我们在意识中不曾意愿的东西，都不属于我们

整个责任学说都系于这种幼稚的心理学，即认为，唯有意志才是原因，而且人们必须知道自己已经有所意愿了，为的是能够相信自身即原因

只要人是有德性的，人就可以尊重自己。

反运动来了：道德哲学家的反运动，始终还受制于那种相同的偏见，即人们只对人们已经有所意愿的事情负责。

人的价值被设定为道德价值：因此，人的道德必定是 causa prima[第一原因]

因此，人身上必有一个原理，一种作为第一原因的"自由意志"

这里始终还有一种隐秘的想法：如果人作为意志并不是第一原因，那么，人就是没有责任的，——因此人根本就上不了道德法庭，——德性或者恶习或许就是自动的或机械的……

总而言之：为了使人能够尊重自己，人也必须有能力成为恶人

14[127]

一种意在建立民族自豪感的宗教形式

高等而强壮的状态，以及异己的状态，它们的消失造成了对人的贬抑。而把人从这种贬抑过程中抽离开来的另一条道路，就是亲缘理论

:此类高等而强壮的状态至少可以被解释为我们的祖先带来的影响,我们休戚相关,团结一致,我们亲眼目睹自己的成长,因为我们按照自己熟悉的准则行动。

高贵的家族试图用自己的自尊心来补偿宗教

变容、短暂的变形

——诗人和先知做的就是这种事,他们感到自豪,因为他们受到尊重并且被选中去从事这种交往,——他们所重视的,根本不是作为个体得到考虑,而是成为单纯的传声筒(荷马)

还有一种宗教形式。上帝作出选择,上帝成为人,或者,上帝与人共居,并且留下伟大的善行,那种永远被描绘成"戏剧性事件"的地方传奇

逐步地占有自己那些崇高而自豪的状态,占有自己那些行动和功业

——从前,当人们意识到自己不必对自己所做的最崇高的事情负责,而是——由上帝来负责——,人们就以为荣幸之至了

意志的不自由被视为赋予一种行动以更高价值的东西:那时,上帝被弄成为行动的发起者了……

14[128]

权力意志——道德

演戏乃是"自由意志"的道德的后果

权力感本身的发展过程中的一个步骤乃是:自己引发了自己的高级状态(自己的完满状态)——因此人们立即得出结论说,那

是自己意愿的……

批判：一切完满的行为恰恰是无意识的，不再被意愿的，意识表达的是一种不完满的、经常是病态的个人状态。由意志限定的个人完满性，作为意识，作为以辩证法为方法的理性，乃是一幅讽刺漫画，一种自相矛盾……意识的等级确实使这种完满性变成不可能的了……演戏形式。

14[129]

作为颓废的哲学

为什么一切的结果都是演戏。

退化的心理学，它只把人类有意识的因素视为原因，把"意识状态"当作灵魂的属性，寻求一种隐藏在全部行为背后的意志（即意图）

：它只需要回答：首先，人类想要什么？

答曰：幸福（——人们不能说"权力"：这样回答是不道德的）——因此，在人类所有行动中都有某种意图，即要以行动去获得幸福——

其次，如果事实上人类并没有获得幸福，那么，原因何在呢？是因为手段方面的失策。

达到幸福的无可置疑的手段是什么呢？答曰：德性。

为什么是德性？因为德性〈是〉至高的理性，因为理性使人不可能犯错，弄错了手段

作为理性，德性乃通向幸福之路……

辩证法是德性的持久手艺，因为它能排除理智的一切混浊不

清,排除一切情绪

而事实上,人类是不想要"幸福"的……

快乐是一种权力感:如果人们排除了情绪,人们也就排除了那些能够给予至高权力感、因而也给予快乐的状态。

最高的理性状态乃是一种冷静、清晰的状态,它根本不能给予那种由各种陶醉带来的幸福感……

古代哲〈学家们〉反对一切令人陶醉的东西,——损害意识的绝对冷静和中立的东西……

他们是一贯的,根据他们的错误前提:意识乃高级的状态、至高无上的状态,是完满性的前提,

而实际上其反面才是真实的———

只要有所意愿,有所意识,则在任何种类的行为中都不会有一种完满性。古代哲学家们是实践上最大的外行,因为他们在理论上注定要成为外行……实际上一切的结果都是演戏:——而清楚个中真相的人,例如皮浪,也与普通人一样作出判断,即认为:在善良和诚实方面,"小人物"是远胜于哲学家的

古代所有比较深刻的人物都厌恶德性哲学家:
人们在德性哲学家身上看到了好辩者和戏子。

对柏拉图的评判:从伊壁鸠鲁方面
    从皮浪方面

结论:在生命实践上,在忍耐、善良和互助方面,小人物远胜于德性哲学家们:大致就像陀思妥耶夫斯基或者托尔斯泰为俄国农民所下的评判:他们在实践上更哲学,他们具有某种更果断的性格去应付必然性……

14[130]

反运动:宗教
作为颓废的道德

小人物的反应:

爱产生最高的权力感

要理解,何以在这里并不是一般人类在说话,而是一种人在说话。这种人是有待进一步发掘的

"我们在爱中享有神性,我们成为'上帝之子',上帝爱我们,除了爱,上帝对我们一无所求"

这就是说:一切道德,一切顺从和行为,都不能产生像爱所带来的那种权力感和自由感

——出于爱,人们不做任何坏事,人们可以更有作为,甚于人们出于顺从和德性所做的——

——在这里,群盲的幸福、大大小小的集体感、活生生的一体感,被当作生命感之总和了

——帮助、关心和利用不断地激发出权力感,赫然可见的成功、快乐的表现强调了权力感

——不乏自豪感,作为教区、作为上帝的住所,作为"选民"。——

事实上,人类再度经历了一种人格的改变:这一次人类把自己的爱的情感称为上帝

人们必须设想这样一种情感的觉醒,一种欣喜、一次陌生的话语、一种"福音"——

正是这种新鲜事物不允许人类把爱归因于自身——:他们认为,上帝在他们眼前徜徉,而且活在他们身上——

"上帝来到人间","邻人"被变形为一个上帝(只要在邻人身上引发了爱的情感)。耶稣就是这种邻人,正如这个邻人通过幻想被转化为神性,被转化为激发权力感的原因

14[131]

科学与哲学

科学性:作为驯化还是作为本能。

在希腊哲学家那里我看到了一种本能的衰退:要不然,他们就不可能如此失策,把有意识的状态设定为更有价值的状态

意识的强度是与大脑信息传达的轻易和快速成反比的。

在那里占上风的是关于本能的相反意见:这始终标志着本能已经被削弱了。

实际上,我们必须在生命至少较多地被意识的地方(也即它的逻辑、它的原因、它的手段和意图、它的功利性得以展示的地方)去寻找完美的生命

回归常识(bon sens)、好人(bon homme)的事实上,也就是各色"小人物"的事实上

世世代代储存起来的诚实和聪明,后者从未意识到自己的原则,本身就对原则有一丝畏惧

对一种合理性的德性的要求是不合理性的……有这样一种要求,哲学家就名誉扫地了。

14[132]

如果通过训练在一个长长的世代链条中积累了足够的高雅、勇敢、谨慎和克制，那么，这种已经获得的德性的本能力量也还会扩散到最具精神性的东西中——而且那个罕见的现象就会昭然，那就是理智的诚实性。理智的诚实性是十分罕见的：哲学家们身上就没有。

人们可以考量一个思想家的科学性，或者用道德讲法，就是一个思想家理智上的诚实性，他的已经成为本能的高雅、勇敢、谨慎和克制（后者还可以转化为最具精神性的东西）：人们可以让他来做道德说教……

那些最著名的哲学家们进而表明：他们的科学性只不过是一个被意识到的事情，一个开端，一种"善良意志"，一种艰辛——还有，就在他们的本能开始发言的瞬间，就在他们进行道德说教之际，他们的良知的风纪和高雅也就完蛋了

科学性，是单纯的驯化和外表呢，还是一种长期培育和道德训练的最终结果：

在第一种情形下，如果本能（例如宗教的本能或者义务概念的本能）发言时，科学性就立即起替代作用

在第二种情形下，科学性取代了这些本能，并且再也不允许这些本能，把它们当作不洁和诱惑来感受……

14[133]

反达尔文

[14.1888年春]

人的驯化：它可能有何种确定的价值吗？或者一般说来，一种驯化有某种确定的价值吗？——人们有理由否定后者。

达尔文学派诚然竭力说服我们作出相反的判断：它想要的是，驯化的作用可能变成深刻的、其实即变成基本的。我们姑且坚持旧观点：迄今为止已经得到证明的，无非是驯化造成的一种十分肤浅的作用——抑或就是退化。而且，逃脱人工培育的一切东西几乎立即就又返回到其自然状态之中了。这个类型保持不变：人们不能"改变自然的本性"(dénaturer la nature)。

人们寄望于生存竞争，弱者之死，以及最强壮者和最有天赋者之生；因此，人们为生物虚构了一种不断增长的完美性。相反，我们则确信，在生存竞争中，偶然性既青睐弱者又青睐强者，狡计往往以优势来补充力量，物种的繁盛与毁灭的机会处于一种奇怪的联系中……

人们同时赋予自然选择以缓慢而无限的变形：人们愿意相信，任何优点都会遗传，并且在后继世代中越来越强烈地表现出来（而实际上遗传性是如此任意……）；人们观察到某些生物能顺利适应十分特殊的生活条件，并且宣称这种适应是通过环境的影响而达到的。然而，人们无论在哪里都找不到（根本就找不到）无意识选择的例证。最不相类的个体取得一致，极端的个体混迹于群众之中。一切都要力争维护自己的类型；那些生物具有一些外部标志，使自己免受某些危险，当它们处于毫无危险的生活环境中时，也没有失去这些外部标志……如果它们居住在它们的外壳不再能掩护它们的地方时，它们就决不能适应环境了。

人们以某种方式夸大了最优选择，致使这种优选论远远超出了我们自身种族的美之欲望！事实上，最美的往往与十分猥琐的配对，最高大的往往与最矮小的交配。我们几乎总是看到，雌雄动物利用每一次偶遇，根本就没有表现出挑剔的态度。

气候和食物造成的变异。但实际上是无关紧要的。

不存在任何过渡形式……

把各各不同的物种归结为一个物种。经验告诉我们，统一化注定会导致枯萎不育，某一个类型又会成为主宰。

人们主张生物不断进化。这种主张是毫无根基的。任何类型都有自己的界限：越过这个界限，就没有任何进化了。止于界限，是绝对有规则和秩序的。

据说原始生物是现代生物的祖先。但只要看一看第三纪的动物界与植物界，我们就只可能联想到一片依然未经探究的土地，那里出现的是别处不存在的、彼此类似的类型以及别处也存在的类型。

我的结论

我的总观点：——定理一：人类作为物种并不处于进步中。较高级的类型也许是能达到的，但它们维持不了自己。这个物种的水平并没有得到提升。

定理二：与其他无论何种动物相比较，人类作为物种并没有表现出任何进步。整个动物界和植物界并不是由低向高进化的……相反地，一切皆同时发生，彼此重叠、混杂、对立。

最丰富和复杂的形式——因为"较高级的类型"一词并不表示更多的东西——更容易趋于毁灭：唯有最低级的形式能守住一种

表面上的永恒性。前者是难以达到的,而且难以保持自己的地位:后者则具有一种丑态百出的自身繁殖力。——同样在人类身上,由于不断变化的得宠与失宠,较高级的类型,也即进化的幸运儿,也是最容易走向毁灭的。

较高级的类型遭受了所有种类的颓废:它们是极端的,因此本身几乎就是颓废者……美景亦逝,天才早夭,凯撒短命,这是 sui generis[自成一体的、无以类比的]:此类东西并不遗传。这个类型则是遗传的;一个类型并不是什么极端的东西,并不是"幸运儿"……

个中原因并不在于自然的某种特殊的厄运和"恶的意志",而直接就在于"较高级的类型"这个概念:较高级的类型表现出一种无可比拟的巨大复杂性,——那是诸多协调因素的一大总和:因此,解体的可能性也极大。

"天才"是世上最高雅的机器,——所以也是最容易破碎的。

定理三:人类的驯化("文化")不可深化……凡在驯化深化处,它立即就成了退化(类型:基督徒)。"野蛮的"人(或用道德说法:恶人)是人类向自然的回归,——而且在某种意义上讲,——就是人类的复元,人类对"文化"的解脱……

14[134]

作为颓废的哲学

    为什么哲学家们是诽谤者?

哲学家们对于感官的险恶而盲目的仇视

 感官决不欺骗!——

——据我所知,还从来没有一个哲学家恭敬地谈论过我们的鼻子。我们的鼻子却是此间存在的最灵敏的物理仪器:它甚至能察觉到连分光镜都无能为力的振动。

有多少俗人和庸人处于在这种仇恨中啊!

民众总是把他们从中感觉到恶果的滥用视为对被滥用了的东西的反对:无论是在政治领域里还是在经济领域里,一切针对原则的反抗运动总是这样来论证的,其言下之意是要把一种滥用描述为原则所必需的和固有的。

这是一个悲惨故事:人类在寻求一个使人类能够蔑视自己的原则,——人类虚构出一个世界,[①]为的是能够诽谤和污辱这一个世界:事实上,他们每每求助于虚无,并且把虚无构造为"上帝"、"真理",无论如何就是这种存在(Sein)[②]的法官和审判者……

如果人们想要有一个证据,说明人类原本野蛮的需求即便在其驯服和"文明"阶段也还多么深刻而彻底地寻求满足:那么,人们就不妨来看看整个哲学发展史的"主题"。一种现实的报复,一种对人类赖以生活的估价的恶毒毁灭,一种不满足的灵魂,后者把驯服状态视为折磨,并且对病态地挣脱束缚自己的全部枷锁深感快意。

哲学史就是一种隐秘的怒气,怒火指向生命之前提,指向生命的价值感,指向对生命的袒护。哲学家们从来不曾迟疑,坚决地肯

[①] 指"另一个世界"、"真实的世界"。——译注
[②] 指"此世"、"这一个世界"的存在,与"另一个世界"或真实的世界"相对。——译注

[14.1888年春]

定一个世界,①预设的前提是:它与这一个世界相冲突,它提供诋毁这一个世界的把柄。那是迄今为止最大的诽谤学派:而且它一直十分令人赞叹,以至于到如今,我们的表现为生命之代言人的科学,也还采纳了这种诋毁的基本立场,并且把这一个世界当作虚假的东西,把此世的因果链条当作单纯现象性的东西来加以操纵。在此到底在仇恨什么呢?……

我担心,道德始终是哲学家们的女妖,它总是捉弄哲学家们,使他们在任何时候都不得不成为诽谤者……哲学家们相信道德的"真理",他们在此发现了最高的价值,——他们对此在生命理解得越多,就越是要否定此在生命,除此之外他们还剩下什么呢?……因为这种此在生命是非道德的……而且这种生命就基于非道德的前提:所有道德都否定生命——

——让我们来废除真实的世界:而为了能够做到这一点,我们就必须废除迄今为止的最高价值,即道德……

我们只消证明连道德本身也是非道德的,正是在此意义上,非道德性直到现在一直是受到谴责的。如果我们已经以此方式粉碎了以往价值的专制暴政,如果我们已经废除了"真实的世界",那么,一种新的价值秩序必将会自动到来。

请注意!请注意!虚假的世界与捏造的世界是对立面:后者一直都被叫做"真实的世界"、"真理"、"上帝"。我们要废除的正是这个捏造的世界。

---

① 指哲学家构造的"另一个世界"、"真实的世界"。——译注

14[135]

我的构想的逻辑:

1. 作为最高价值的道德(贯穿哲学——也包括怀疑论者哲学——所有阶段的主宰):结论:这个世界毫无用处,它不是"真实的世界"

2. 在此规定最高价值的是什么?究竟什么是道德?

颓废本能,正是耗尽精力者和被剥夺继承权者以这种方式进行报复

历史证据:哲学家始终是颓废者……效力于虚无主义的宗教。

3. 作为权力意志而出现的颓废本能。

证据:整个道德史上手段的绝对非道德性。

II. 我们在整个运〈动〉中只认识权力意志的一个特殊情形。

14[136]

权力意志。
重估一切价值的尝试。

第一章
对以往价值的批判。

第二章

新的价值原则。
"权力意志"的形态学

第三章
我们现代世界的价值问题：
依据新的价值原则

第四章
伟大的战争。

14[137]

第一章
以往何种价值占上风。

1. 在哲学的所有阶段（甚至在怀疑论者那里），道德都是最高价值

结论：这个世界毫无用处，必定存在着一个"真实的世界"

2. 在这里，什么真正规定了最高价值？根本上道德是什么？颓废之本能，正是那些精疲力竭者和失去继承权的人们以此方式进行报复，意欲做主人……

历史学的证明：哲学家皆为颓废者，始终效力于虚无主义的宗教。

3. 颓废之本能，它作为权力意志而出现。对其手段系统的展示：手段的绝对非道德性。

总观点：以往最高价值乃是权力意志的一个特例；道德本身乃

是非道德的一个特例。

第二章
为什么敌对的价值总是处于劣势。

1.这究竟是如何可能的？问题：为什么往往是生命失败，生理上发育良好者往往处于劣势？为什么不曾有一种肯定的哲学，一种肯定的宗教？……

此类运动的历史迹象：

异教。　　　　狄奥尼索斯反对"被钉十字架的耶稣"

文艺复兴。　　艺术——

2.强者与弱者：健康者与患病者；例外与常轨。谁更强大，这是毫无疑问的——

历史的综观。人因此是生命史上的一个例外吗？——对达尔文主义的异议。为了保持高位，弱者的手段是本能，它已经成了"人性"，是"机制"……

3.在我们的政治本能中，在我们的社会价值判断中，在我们的艺术中，在我们的科学中，都有这种统治地位的证据。

我们已经看到了两种权力意志的斗争；在特殊情形下，我们拥有一条原则，赋予以往处于劣势的权力意志以一种合法性，而赋予以往胜利的权力意志以非法性：我们已经把"真实的世界"认作一个"虚构的世界"，把道德认作一种非道德性形式。我们没有说："强者非法"……

第三章
一切价值的原因是什么，各种价值的差异是什么

1. 虚无主义价值占据上风
2. 反运动总是失败，——即刻蜕化……
3. 以往的反运动只以半拉子的和蜕化的形式为人所知。

  反运动类型的净化和重建。

  体系的准确表达：

    心理学

    历史学

    艺术

    政治

14[138]

3. 对以往劣势价值的净化

  我们已经理解，什么规定了以往最高价值以及为什么它主宰了敌对的评价

  :它是更强大的……

  现在让我们来净化敌对的评价，使后者摆脱感染和半拉子，摆脱那种蜕化过程——正是在其中，敌对的评价为我们所有人所熟知。

  关于敌对评价的非自然化和自然本性之重建的理论：摆脱伪善

认识论，求真理的意志

心理学理论

宗教的起源

艺术的起源

关于支配性构成物的理论

关于生命的理论
生命与自然

反运动的历史：
　　文艺复兴
　　革命
　　科学的解放

14[139]

腐败而混乱的价值状态吻合于现代人的心理状态：现代性理论

14[140]

衰落之本能主宰了上升之本能……
求虚无的意志主宰了求生命的意志……
——这是真的吗？难道不是在弱者和平庸之辈的这种胜利中,也许有生命、物种的一种更大保证吗？
——也许这只是生命总体运动的一个手段,一种减速？一种防止更恶劣事件发生的正当防卫？
——假如强者们成了一切的主宰,也成了价值评估的主宰,那么我们会得出这个结论吗？就像他们对疾病、痛苦、牺牲所思考的那样？结果就是弱者们的自我轻蔑；弱者们会力求消失,消灭自己……而这难道不是值得想望的么？……
——难道我们根本上不是想要一个世界,在那里没有弱者的影响,弱者的精巧、顾忌、教养、顺从?……

14[141]

科学

哲学家们对科学的斗争

这是非同寻常的。我们从希腊哲学的开端起就看到一种反对科学的斗争,所用手段是一种认识论或者说怀疑论。目的何在呢?始终是为了道德……

对物理学家和医生的仇恨

苏格拉底、亚里斯提卜①、麦加拉学派②、犬儒学派、伊壁鸠鲁、皮浪——为了道德而发起对认识的总攻击……

也有对辩证法的仇恨……

问题依然:他们接近于诡辩法,是为了摆脱科学

另一方面,所有物理学家都被牢牢地套上了枷锁,要把真理、真实存在的模式纳入他们的基础之中:例如原子、四元素(对存在者的配置,旨在说明多样性和变化——)

主张要蔑视功利的客观性:回到实践功利上,回到一切认识的个人效用上。

反对科学的斗争针对的是:

　　1)科学的激情(客观性),

---

① 亚里斯提卜(Aristipp,约公元前435－前360?):古希腊哲学家,苏格拉底的弟子,昔勒尼学派的创始人,提倡享乐主义的伦理原则。——译注
② 麦加拉学派(Megariker):古希腊哲学派别,小苏格拉底派之一,长于论辩,试图结合苏格拉底的伦理学说与爱利亚派的存在学说。——译注

2)科学的手段(即反对科学的效用

3)科学的结果(视之为幼稚的

后来教会方面以宗教虔信的名义重新发起的斗争是同一场斗争:

:教会继承了全部古代的斗争工具。

认识论在此起着与在康德那里、在印度人那里一样的作用……

人们不愿为此操心,因为人们要留一手,走自己的"路"

他们究竟要反对什么?反对约束力,反对合法性,反对那种要人们为共同目标而奋斗的强制性——

:我相信,人们会称之为自由……

其中传达出颓废:团结本能蜕化了,以至于团结被当作专制暴行:

:他们不想要权威

不想要团结

不想要行列编排和慢速运动

他们仇恨循序渐进,讨厌科学的速度;他们仇恨不思进取,讨厌慢条斯理,对学者的个人冷漠表示愤懑——。

14[142]

理论与实践

这是一个后果严重的区分,就仿佛存在着一种特有的认识欲望,它不顾及利弊问题,盲目地追求真理;然后脱离真理,投身于整个实践功利的世界……

与之相反,我则试图表明:在所有这些纯粹理论家背后活动着那些本能,他们如何统统宿命地在他们的本能的驱使下去追逐某物,对他们来说是"真理"的某物——对他们来说,而且仅仅对他们来说。体系之争,包括认识论上的疑虑,乃是一些完全确定的本能(活力、衰落、等级、种族等形式)的斗争。

所谓认识欲望必须回溯到一种占有和征服欲望:循着这种欲望,感觉、记忆和本能等等才发展起来了……

尽可能快速地缩减现象,经济学,习得的认识宝藏的积聚(亦即已占有的和手头作成的世界的积聚

因此,道德是一门多么古怪的科学,因为道德具有最高程度的实践性:以至于纯粹的认识立场、科学的诚实,一旦道德要求它们来回答问题时,就立即被抛弃了。

道德说:我需要几个答案,——理由、论据。疑虑可能会相继出现,或者也可能并不——

"应当如何行动呢?"

如果人们想一想,人与一种完全发育的类型相关,而这个类型已经"行动"了无数个世纪,一切都成了本能、合目的性、自发性、宿命,那么,这个道德问题的紧迫性甚至就会使人觉得是完全滑稽可笑的了。

"应当如何行动呢?"——道德始终是一种误解:事实上有一个种类,它身上拥有这样那样行动的天命,它想自我辩护,其方式就是想把自己的准则宣布为普遍准则……

"应当如何行动呢?"这不是原因,而是一个结果。道德相随而

来，理想最后到来。

327　另一方面，道德疑虑的出现——换言之，人们的行动所依据的价值意识——显露出某种病态；强大的时代和民族并不反思自己的行动权利和原则，并不反思本能和理性——

这种意识乃是一个标志，标明真正的道德性，即行动的本能确信破灭了……

道德家们在每次创造一个新的意识世界时，都是一种损害、衰退、紊乱的标志——

深度本能性的人具有一种对义务的逻辑化的畏惧：在他们中间，人们可以找到辩证法和一般可认识性的皮浪主义敌人……一种德性通过"翻转"（um）而被驳倒……

论题：道德家的出现乃是道德没落时代的现象

论题：道德家是道德本能的解除者，尽管他自以为是这种本能的重建者

论题：事实上引导道德家的并不是道德本能，而是颓废本能，后者被转渡到道德公式中：道德家认为，本能变得不可靠，乃是一种腐败，事实上———

论题：颓废本能意欲通过道德家来主宰强大种族和时代的本能道德。这些颓废本能是：

1）弱者和倒霉蛋的本能

2）特立独行者、独居者、被剔除者、各种 abortus［早产儿］的本能

3）习惯受苦者的本能，他们需要对自己的状态作出一种高尚的解释，因此难以成为生理学家

作为颓废的道德

14[143]

一位哲学家如果是"不切实际的",那他就是聪明的:他唤起人们对他在与思想打交道时的真诚、纯朴、无辜,——在他这里,所谓"不切实际的"意思就是"客观的"。当叔本华有一次穿着扣错了纽扣的马甲照相时,他便是聪明的:他的说法是:"我并不属于这个世界:整整齐齐的缝线和纽扣,这种习惯对一位哲学家有何相干啊!……在这方面,我是太客观了!……"

这不足以证明人们是不切实际的:大多数哲学家因此相信已经做得够多了,足以把理性的客观性和纯粹性提升到无可非议的地步。

1. 所谓所有哲学家的纯粹认识欲望,是受他们的道德"真理"指挥的,——只是表面上独立的……
2. "应当这样行动",此类"道德真理"乃是一种变得疲惫不堪的本能的单纯意识形式:"在我们这里就是如此这般行动。""理想"应当重建、强化一种本能:它迎合人们,在人们仅只是自动机械的地方显得乖乖的。

14[144]

在存在某种组织化的统一性的地方,人们总是把精神设定为这种协调的原因——这是没有理由的。为什么关于一个复合事实的理念应当成为这个事实的条件之一呢？抑或，为什么关于复合事实的观念必定优先于这个事实呢？——

我们要小心，防止用精神来说明合目的性——我们没有任何理由把组织化和系统化的特性归于精神。

神经系统有一个广大得多的领域：意识世界是添加上去的。在协调和系统化的总体过程中，它不起任何作用。

从心理现象和生理现象中弄出两副面孔，对同一个实体的两种揭示，没有比这种做法更错误的了。借此人们没有说明什么，因为如果人们想有所说明，则"实体"概念是毫无用场的。

意识，第二位的、几乎漠然无殊的、多余的意识，也许注定要消失，让位给一种完全的自发性——

如果我们仅仅观察内在现象，我们就可以与聋哑人相比较了。聋哑人根据嘴形变化猜出他们听不见的话语。我们则根据内感官的现象来推断可见的现象以及其他现象——倘若我们的观察手段足够，我们或许会感知到它们；而人们把它们称为神经流。

14[145]

这是一个世界，对于这个世界，我们缺少全部更精细的器官，以至于我们仍旧把一个千变万化的复合体看作统一体，以至于我们在还看不见运动和变化的各个原因的地方臆造出一种因果性（思想、情感的相继序列确实只是在意识中才变成可见的；说这种顺序与一个因果链条有着某种关系,这是完全靠不住的想法,因为意识决不能为我们提供一个有关因果关系的例子)———

14[146]

科学反对哲学

巨大的失策：
1) 对意识的荒谬高估,从意识中弄出一种统一性,一个本质,"精神"、"心灵",某种具有感受、思维、意愿作用的东西——
2) 精神作为原因,特别是在处处表现出合目的性、体系、协调的地方
3) 意识作为可达到的最高形式,作为至高的存在种类,作为"神"
4) 凡有作用处,都把意志记上一笔
5) "真实的世界"作为精神世界,作为通过意识事实可通达的世界
6) 凡有认识处,认识绝对地作为意识能力

结论：
第一种进步都在于意识的进步；每一种倒退都在于无意识。
人们通过辩证法接近实在性、"真实的存在"；人们通过本能、感官、机制而远离"真实的存在"……
使人融入精神,就意味着把人变成神：精神、意志、善——是一体的

一切好东西一定都来自精神性,一定是意识事实

向更好的东西进步只可能是意识中的一种进步

无意识被视为欲望和感官的衰败——作为动物化……

331 反对苏格拉底、柏拉图和全部苏格拉底学派的斗争是从深刻的本能出发的,如果向人描述德性是可证明的和有根据的,那就不能使人变得更好了……

最后,有一个平常的事实:苦闷的本能迫使所有这些天生的辩证法家,把他们的个人能力美化为最高的品质,而把所有其他好东西都说成是受这种品质制约和决定的。这整个"哲学"的反科学精神:它想要保持合法性。

14[147]

科学斗争

智者们

智者们无非就是实在论者:他们把一切通行的价值和做法都表述为价值等级,——他们拥有一切强壮心灵所具有的勇气,知道自己的非道德性……

也许人们会以为,这些小小的希腊城邦,出于愤怒和嫉妒而喜欢相互吞并,是受友好而真诚的原则指导的?根据修昔底德在雅典使者与米洛斯人①就灭亡还是屈服进行谈判时对前者所讲的

---

① 米洛斯人(Meliern):米洛斯岛(Melos)为希腊殖民地。修昔底德《伯罗奔尼撒战争史》中有"米洛斯人的辨认"一章。——译注

话,也许人们就会对他横加指责?

置身于这种可怕的张力中来谈论德性,这只有对那些十足的伪君子来说才是可能的——或者是那些回避实在的旁观者、隐居者、逃亡者和流亡者……所有这些人都是为了自己能够生活而进行否定的——

智者们乃是希腊人:当苏格拉底和柏拉图袒护德性和正义时,他们就是犹太人了,或者,我也不知道他们什么东西了——格罗特为智者们辩护的手法是错误的:他是想把智者们抬高到正直之人和道德旗帜的高度——而智者们的荣耀则在于,并没有用大话和德性招摇撞骗……

14[148]

巴门尼德说:"凡不存在的,就不能思考"——我们则处于另一端,说:"凡能够被思考的东西,必定是一种虚构。"思想抓不住实在,而只是抓住———

14[149]

皮浪的信徒们也研究过犹太人,尤其是生活在埃及港的阿布德拉的赫卡泰奥斯①,他写过关于埃及哲学的书。

14[150]

"对实际生命来说,一种信仰是必要的"

---

① 阿布德拉的赫卡泰奥斯(Hekatäus von Abdera):公元前三世纪人物,托密勒一世的顾问官。著有关于犹太人历史的著作。——译注

14[151]

"改良"

作为颓废的道德

所谓道德改良领域里的普遍蒙蔽和欺骗。我们不相信一个人会变成另一个人,如果他本来就不是另一个人的话:这就是说,如果他并不是——像人们常见的那样——一种人格多样性,至少是人格征兆的多样性。在此情形下,人们就得以让另一个角色突现出来,把"旧人"推到后面……面貌变了,而本质不变……即便下面这一点也并非总是已经达到了的,即:人们会消除对某种行为的习惯,取消这种行为的最佳理由。凡〈基于〉fatum[命运]和能力而成为罪犯者,就不会忘了什么,而总是会学些什么:而且一种长期的匮乏甚至会作为 tonicum[力量滋补剂]对其才能发挥作用……某人停止从事某些行动,这是一个单纯的 fatum brutum[呆板事实],对之可以有殊为不同的解说。诚然,对于社会来说,某人不再从事某些行动,这恰恰只是一种兴趣:为此目的,社会使他脱离了他能够从事某些行动的条件:这无论如何都要比那种不可能的做法更明智些,即要比试图打破自己如此这般存在的宿命的做法更为明智。

教会——它所做的无非是在这方面替代和继承古代哲学——,从另一种价值尺度出发,并且想要拯救"灵魂",拯救灵魂的"福乐",它一方面相信惩罚的赎罪力量,另一方面又相信宽恕的磨灭力量:两者都是宗教偏见的欺骗——惩罚并不能赎罪,宽恕也不能磨灭什么,覆水难收。某人遗忘了某事,这一点绝没有表明某事不再存在……一种行为会在人之内或人之外得出自己的结果,至于这种行为是否被视为受到了惩罚的、"赎罪了的"、"被宽恕了的"或者"被磨灭了的",那是无关紧要的,至于教会是否在此期间把自己的案犯封为圣徒,那也是无关紧要的。教会信仰不存在之物,相信"灵魂";教会相信不存在的作用,相信神性的作用;教会相信不存在的状态,相信罪恶、拯救、灵魂的福乐;教会往往停留在表面,停留在它给予任意解释的那些符号、表情、言辞、象征上:它具有一种心理伪造的彻底手法。

14[152]

作为认识的权力意志

不是"认识",而是图式化(schematisiren)——强加给混沌以如此之多的规律性和形式,以满足我们的实践需要

在理性、逻辑、范畴的构成中,需要曾起过决定性的作用:不是"认识"的需要,而是归结和概括的需要,图式化的需要,目的是为了达到理解和计算……

理性的发展就是为了达到相似、相同之物的调整和构造——这同一个过程是每一种感官印象都要经历的!

在这里运作的并不是一个先在的"理念",而是有用性,也就是说,只有当我们大致地和同等地看待事物时,它们对我们来说才变成可计算的和方便可用的……

理性中的目的性是结果,而不是原因:在一切其他理性种类(不断出现此类理性种类的苗头)那里,生命将归于失败,——生命变得漫无头绪——太不一样了——

唯在范畴对我们的生命起限制作用这个意义上,它们才是"真

理"：就像欧几里得空间是这样一种有条件的"真理"。（就本身来说，因为没有人坚持"恰好人存在"这样一回事情的必然性，所以与欧几里得空间毫无二致，理性也就成了特定动物种类的一种单纯的特异反应性，众多此类性质中的一种……）

这里可不能矛盾——这样一种主观强制性乃是一种生物学的强制性。因为，就我们能做的推论来说，这种功用性本能隐藏在我们体内，我们差不多就是这种本能……但要是从中得出一个证据，说我们因此就有了一种"自在的真理"，那是何种幼稚啊！……

所谓不能矛盾，这证明了一种无能，而没有证明一种"真理"。

* *
*

335 人们千万不能在错误的地方寻找现象主义：没有比这个内在的世界更具现象性质的了，（或者更清晰地讲）没有比我们用著名的"内感官"观察到的这个内在世界更大的欺骗了。

我们相信了意志即原因，以至于我们竟根据我们的个人经验把一个原因置入事件之中了（亦即把意图当作事件的原因了——）

我们相信，在我们心中接踵而至的想法处于某种因果关系链条中：离奇的逻辑学家事实上谈论的是在现实中决不会出现的纯粹情形；他已经习惯于这样一个先入之见：想法是引发想法的原因——他称之为思想……

我们相信——即便我们的生理学家也相信——，快乐和痛苦是反应的原因，快乐和痛苦的意义就在于诱发反应。千百年以来，人们一直都把得到快乐和避免不快确立为一切行动的动机。稍事思索，我们就会承认：倘若没有此类"快乐和痛苦"的状态，那么，一切就都会这样运行下去，都遵循同一个因果链条；而主张快乐和痛苦是引发某物的原因，这简直是自欺。——它们是带有完全不同的目的性的伴随现象，其目的性完全不在于招致反应；它们是已经开始进行的反应过程范围内的结果。

总而言之，一切被意识到的东西都是现象，都是结局——不是引发什么东西的原因；意识中的一切相继序列完全是以原子论方式进行的。而且我们也尝试用相反的观点来理解世界——仿佛除了思想、情感和意志，就没有什么东西起作用，没有什么东西是实在的了……

14[153]

科学

第一章
"真实世界"的起源

哲学迷误的依据在于，人们没有把逻辑和理性范畴视为手段，而是为了把世界布置得合乎功利性之目的（也就是"在原则上"，把世界布置为合乎一种功利的伪造），人们以为在逻辑和理性范畴中有了真理或者实在性的标准。实际上，"真理的标准"只不过是这样一个原则性伪造系统的生物学上的功利性；而且，由于一种动物知道没有比自我保存更重要的事情了，所以，人们实际上就可以在此谈论"真理"了。过去的幼稚性只在于，把人类中心主义的特质当作事物的尺度，当作衡量"实在"与"非实在"的准绳：质言之，就是把某种限制性条件绝对化了。看哪，现在世界就一下子分裂为一个真实的世界与一个"虚假的"世界；而且，恰恰是人已经在其中构造了理性、得以在其中居住和安排自己的这个世界，恰恰是这同一个世界，对人而言被诋毁了。哲学家们的疯狂洞察力没有把形式用作理解和计算世界的把柄，而是发现在这些范畴中已经包含了关于那个世界的概念，而人们生活于其中的世界并不符合于这个概念……手段被误解为价值尺度，甚至被误解为对那种意图的判决……

这种意图就是以某种有用的方式进行自欺：达到这种意图的手段，即发明一些公式和符号，使得人们能借助于它们把混乱的杂多还原为一种合目的的和方便可用的模式。

可是多么不幸啊！如今人们来玩弄一种道德范畴了：无人愿意自欺，无人可以欺骗，——因此，只有一种求真理的意志。什么是"真理"呢？

矛盾律给出了一个模式：人们力求通达的真实世界是不能自相矛盾的，是不能变换的，是不能生成的，也是无始无终的。

此乃迄今犯下的最大谬误，世上真正灾难性的谬误：人们相信在理性形式中含有实在性的标准，而人们拥有此种理性形式，目的乃在于主宰实在性，以某种聪明方式误解实在性……

看哪！现在世界变成虚伪的了，而且恰恰是因为那些构成其实在性的特性之故，也即变换、生成、杂多、对立、矛盾、战争

于是，整个厄运出现了：

1）人们如何才能摆脱虚伪的、纯然虚假的世界呢？（——那曾是现实的、唯一的世界

2）人们本身如何才能尽量成为虚假世界之特征的对立面？（关于完美生物的概念，也即关于一切实在生物的对立面的概念，

更清晰地讲,即是关于生命之矛盾面的概念……

3)价值的整个方向乃以对生命的诋毁为目标

4)人们把理想之教条主义与一般认识混淆起来了:以至于反对派现在也总是断然拒绝科学

———通向科学的道路就这样受到了双重封锁:一是受到对真实世界的信仰的封锁,二是受到这种信仰的敌人的封锁。

自然科学、生理学 1)因其客体而受谴责 2)丧失了自身的清白无辜……

在万物完全互相联结和制约的现实世界中,对无论何种东西的谴责和忽视都意味着对万物的忽视和谴责。

"这不应该存在"、"这本不应该存在"之类的说法乃是一种玩笑(*farce*)……倘若人们想要取缔在无论何种意义上都有害的、破坏性的东西,那么,只要人们设想出结果,也就毁掉了生命之源泉。生理学其实更好地说明了这一点!

14[154]

作为颓废的道德

我们看到,道德如何

a)毒化了整个世界理解

b)断绝了通向认识、科学的道路

c)解除和损害了一切真正的本能(通过教人把它们的根源感受为非道德的

我们看到有一个可怕的颓废工具在我们面前运转,它保持着最神圣的名字和神情

14[155]

颓〈废〉

作为颓废的宗教

反对懊悔及其纯粹心理学的治疗

（我建议用米切尔疗法治疗内疚——）

无力应付某种体验，这已经是颓废的征兆。这种把旧伤疤重新撕开来的做法，在自我轻蔑和悔恨中翻来覆去的做法，更多地是一种疾病，从中再也不可能形成"灵魂得救"，而永远只能产生同一种疾病的新形式……

基督徒身上这样一种"拯救状态"只是同一种病态的单纯变换而已，——用某种公式来解释癫痫症危机，这种公式并不是由科学给出的，而是由宗教妄想给予的。

当人们生病时，人们就以一种病态的方式成为善的……现在，我们把基督教借以工作的极大部分心理装置视为歇斯底里和癫痫症的形式。

必须把这一整套灵魂恢复实践置回到一个生理学的基础上："内疚"本身就是康复的一个障碍，——人们必须力求通过新的行为，并且尽可能快速地通过自我折磨（Selbsttortur）的长年重病来抵偿一切……

人们应当把教会和教派的纯粹心理的手法当作危害健康的，使之声名狼藉……

人们不能通过祈祷，以及祛除恶魔的方法来治疗一种疾病：受此类影响而产生的"安宁"状态，远不是要在生理学意义上唤起信赖感……

如果人们取笑自己的严肃和勤奋(借助于后者,我们生命的某一个细部如此这般地使我们着魔),如果人们受良心谴责时感受到某种东西,犹如狗咬石头时的情形,——如果人们对自己的懊悔感到羞愧,那么人们就是健康的,——

迄今为止纯粹心理学的和宗教的实践都仅仅以一种对征兆的改变为目标:当一个人在十字架面前卑躬屈膝,并且起誓要做一个善人时,这种实践就把他视为恢复好了的……可是,一个罪犯以某种阴郁的严肃态度抓住自己的命运,而且之后并不诋毁自己的行为,那他就更具有灵魂的健康……与陀〈思妥耶夫斯基〉一起在教养所里生活过的罪犯统统是百折不挠的人物,——难道他们的价值不比一个"病态沮丧的"基督徒高出百倍吗?

14[156]

权力意志
重估一切价值的尝试。

第一章:
真实的世界与虚假的世界

第二章:
这样一种失策是如何可能的?生命的误解意愿意味着什么?哲学家批判,作为颓废类型。

第三章。

道德作为颓废之表达。

对利他主义、同情、基督教、非感性化的批判

第四章。

难道就没有一种对立立场的发端吗？

   1. 宗教中的异教

   2."艺术"

   3. 国家

针对它的战争：什么东西总是密谋与它作对……

第五章。

对当代的批判：当代归属何方？

   它的虚无主义标志

   它的肯定类型：人们必须理解这个惊人的事实，即存在着一种科学的良知……

第六章。

权力意志，作为生命

第七章。

我们北极乐土居民。

完全绝对的立场，例如幸福！！例如巨大的享受和最后胜利的历史，完全清晰的肯定和否定……解除不确定性！

14[157]

作为颓废的宗教　　　　　　　　　　　　　　　　颓废
"感官"、"激情"

　　对感官的恐惧,对欲望的恐惧,对激情的恐惧,如果这种恐惧到了阻止恐惧对象的地步,那就已然是虚弱的征兆了:极端的手段总是标志着不正常的状态。这里缺失的或者说破碎了的东西,乃是阻碍冲动的力量:如果人们具有不得不止步、也即必须反应的本能,那么,好的做法就是回避机会("诱惑")。

　　一种"感官刺激"之成为诱惑,唯因为它涉及这样一些人物,他们的系统过于轻易灵活而可确定:而在相反的情形下,当系统十分滞重而僵硬时,就必需有强烈的刺激才能发挥出作用……

　　对于我们来说,放纵只不过是一种对无权放纵的人的抗辩;而且,由于那些强壮程度不足以使激情为己所用的人们,几乎所有的激情都落了个坏名声——

　　人们必须懂得,凡可以对疾病提出的反对理由也可能对激情提出来:尽管如此——我们不能没有疾病,更少不了激情……

　　我们需要异常之物,通过此类大病,我们赋予生命一种巨大的休克(choc)……

　　　　　　　　　　＊　　＊　　＊

　　具体说来必须区分:

　　1)支配性的激情,它甚至能导致至高的健康形式:在这里,内部系统的协调及其在某个职位上的运作达到了最佳状态——而这差不多就是健康的定义了!

2)各种激情的相互对立,"同一胸怀的心灵"的二元、三元和多元性:极不健康,内在的毁灭,具有消解作用,透露出某种内在的分裂和无序,并且不断增强——:除非其中有一种激情最后成了主宰。健康的回归——

3)并存,而不是相互对立或相互支持:经常是周期性的,而且一旦发现了某种秩序,也就是健康的了……最有趣味的人即属此列,变化多端的变色龙;它们不会自相矛盾,它们是幸福的和安全的,但它们没有任何进化,——它们的各种状态是并存的,尽管有七重不同的变化。它们只是变换着,并不生成……

14[158]

作为颓废的宗教

　　　　作为暴君的"善人"

　　人类总是一再重复同一种错误:人类把一种求生手段弄成了一种生命尺度

　　:人类并不是在生命本身的最高提高中、在增长和衰竭问题中寻找尺度,而是利用某种完全确定的生命的手段去排除所有其他生命形式,质言之,就是利用这种手段去指责和淘汰生命

　　:也就是说,人最终为手段本身之故热爱手段,并且遗忘了手段之为手段:结果,手段现在就作为目标进入人的意识之中,作为目的的标准……

　　:也就是说,某个特定的人的种类把自己的生存条件当作要法定承担起来的条件来对待,当作"真理"、"善"、"完美":这种人会施暴……

:这就是信仰的形式、本能的形式,即一种人看不到自己这个种类的局限性,他们与其他种类相比较而言的相对性:

:至少,看起来有一种人(民族、种族)要完蛋了,如果这种人变得宽容,承认平等权利,并且不再想着要做主人——

14[159]

作为颓废的宗教

信仰批判
信念与谎言。

1."在一种谎言与一种信念之间存在着一种对立":没有更大的对立了……

2.但人们有理由说,信念乃是比谎言更为危险的真理之敌人(《人性的,太人性的》)

3.也许连前面讲的信念也不得不被列为真理的敌人?而且是最危险的真理之敌人?

每一个信念都有自己的历史,自己的预备形式,自己的试验性和失策:既然它长久地不是,而且更长久地几乎不是信念了,它就将成为信念……

在这些信念的胚胎状态中间,不也可能有谎言吗?……

信念往往需要一种人物转换(——唯在儿辈身上才成就在父辈身上尚属倾向的信念——)

什么使得一个说谎者把一种谬误当作真理贩卖给我们呢?是他的"实践理性"(——用通俗的讲法,就是他的优越性)

什么使得人们在不同的可能性之间作出决定呢?是他的实践

理性,他的优越性……

344　什么使得人们在不同假设之间作出这样那样的选择呢？是这种优越性。

在一个深信不疑者与一个受骗者之间还有何种分别呢？如果他完全受骗了,那就没有任何分别。

什么决定了所有哲学家把他们的信念视为真理呢？是他们的优越性,他们的"实践理性"

虚构、功利性、猜测、可能性、确信、信念——内在激情的一种历史,在此内在激情的开端处是谎言、谎言的上帝……

"我要把某物视为真实的":这是真理的本能呢,抑或并非恰恰是另一种本能,后者极少严肃对待真理,但却知道那种由信仰带来的优越性？……

假如人们在自我欺骗方面具有某种优越性,那么,自我欺骗的激情与信念的激情之区别何在呢？……

难道在信仰中（正如基督教对〈它〉的理解那样）,聪明或者真理获得了统治地位？力量的证明（亦即一种信仰带来的优越性）,或者那个———

还有,殉道者所做的,是真理的本能吗,抑或并非反过来,是一种内在组织的空缺,这样一种本能的缺失？我们把殉道者视为一个低等种类:证明一种信念,是毫无意义的;不如说,需要证明的是人们何以有权利如此这般地坚信不疑……信念是一种抗辩,一种疑问,一种挑战(défi),人们必须证明人们不光是坚信不疑的——人们不光是傻瓜……

十字架上的死并不能证明什么真理,而只能证明一种信念,只能证明一种特异反应性(——十分通俗的谬误:拥有对自身信念的勇气——? 却是拥有攻击自身信念的勇气!!!

14[160]

作为颓废的宗教——信念

对殉道的批判

今天我们或许会为了某些事情而死,而并不对这种牺牲采取十分郑重的态度,我们远非拿此类事情搞盲目崇拜的勾当,只是因为它们对人提出了要求……例如,著名的"祖国",就是现在的欧洲要为之付出特别昂贵的代价的概念;还要为著名的"科学",正如我所假定的,在某个时候甚至可能会比"祖国"概念的代价还更昂贵

一种死,为了一个———

为了维护权利,就必需拥有权利吗?恰恰相反!而且撇开这一点不谈,这也是过分的苛求。人们不必要求太多的荣耀……但所有这些伟大的智者们却都是谦逊的:——他们只是维护权利而已……

你们以为一件东西是由于你们为之付出的生命代价而变得光荣的吗?……一种变得光荣的谬误乃是一种更多地拥有诱骗技巧的谬误!你们以为我们会希望你们鼓足勇气为你们的"真理"而殉道吗?……恰恰这是世界史上所有迫害者的愚蠢:他们强迫他们的敌人去做英雄……他们把所有的愚蠢变成了人类的偶像……在今天,女人依然跪在一种学说面前,这种学说的导师死于十字架

上……十字架是一个证据吗?

如今,对我们来说,某种信仰的程度足以充当对信仰内容的抗辩,更是可以充当对于信仰者的精神健康的疑问:"坚如磐石的信念"几乎始终属于疯人院。

14[161]

我根本就看不出来,一个人若是耽误了及时上一座好学校,他如何能弥补之。这种人不晓得自己;他一生都没有学会走路;每一步都露出松弛的肌肉。有时候,生活是那么的慈悲,要人补上这严厉的学校:也许是多年的不愈重病,会挑战极端的意志力和自我满足;或者,是一种突如其来的困境,甚至于对女人和儿童亦然,它会强求一种活动,为松弛乏力的纤维组织重新注入能量,为求生意志赢回坚韧性……无论如何,最值得想望的事情还是一种及时的严厉纪律,也就是在那个令人自豪的年龄阶段就要求自己有大量见识。因为这一点把好的严厉学校与任何其他学校区分开来:要求多多;严格要求;甚至把良好、优秀当作合格来要求;极少表扬,缺乏宽大;指责尖锐,实事求是,全然不顾才能和出身。在任何方面看,这样一所学校都是必需的:这适合于最肉身的,也适合于最精神的;想要在此作一区分,那会是灾难性的!同样的纪律使军人和学者们变得能干;而且细细看来,没有一个能干的学者身上不具有一个能干的军人的本能……服从严格的秩序,但任何时候都能走在前面;宁愿冒险而不要舒适;并不斤斤计较于允许的和不允许的;仇视褊狭、狡诈、阿谀奉承之辈甚于仇视恶人……

——人们在一所严厉的学校能学到什么呢?服从与命令,———

14[162]

哲学家

皮浪,最和善和最有耐力的人,他向来生活在希腊人中间,一个佛教徒(虽然是希腊的),本身即一个佛陀,他唯一一次被迫失去了控制,那是因为谁呢?——是因为与他一起生活的姐姐:她是一位助产婆。从此以后,哲学家们多半害怕姐姐——姐姐啊!姐姐!这听起来是多么可怕啊!——还有,就是害怕助产婆!……(独身禁欲的起源)

14[163]

(关于章节:作为颓废的宗教)

宗教道德

情绪、大渴望、权力、爱、复仇、占有的激情——:道德家们想要消除、摆脱这些东西,想要使心灵"涤除"这些东西

个中逻辑乃是:此等渴望往往会造成祸害,——因此,它们是恶的、卑鄙的。人必须摆脱此等渴望:要不然他就不可能成为一个善人……

同样的逻辑就是:"若是你一只手或一只脚叫你跌倒,那就砍下来丢掉。"在特殊情形下,比如那个危险的"单纯村姑"的情形,基督教的创建者劝其门徒去实践的情形,在性错乱的情况下,那可就不仅仅是丢掉某个肢体了,而是人〈类〉的性格被阉割掉了……而且

同样的情形也适合于道德家的疯狂,后者并不是要驯服,而是要求摘除激情。他们的推论始终是:唯被阉割之人才是善人。

伟大的力量源泉,心灵那股往往那么危险而动人心魄地喷涌的山涧激流,它并没有使用和节约自己的权力,而是要使这种极其短视而腐败的思维方式亦即道德的思维方式枯竭

14[164]

基督教的道德庸医

同情与蔑视相随而来,快速交递,而我有时感到愤怒,犹如目睹一种可耻的罪行。在这里,谬误被弄成义务了——成了德性——错误的做法成了技巧,毁灭者的本能被系统化,成了"拯救";在这里,每次手术都成为一种伤害,甚至就是一种对器官的切除,而器官的能量乃是任何康复的前提。而且在最佳情形下,都算不上治疗,而只不过是把病痛的一系列征兆换成另一系列征兆……而且这样一种危险的胡闹,亵渎和阉割生命的系统竟被视为神圣的、不可侵犯的;为这个系统效力,成为这种疗法的工具,成为教士,就能显突出来,变得令人崇敬,甚至变得神圣而不可侵犯。唯有神性才能成为这样一种至高疗法的发动者:唯作为启示,拯救才可理解,作为恩赐行为,作为造物主给予的最受之有愧的礼物。

第一定理:心灵的健康被视为疾病,可疑的……

第二定理:一种强壮而兴旺的生命的前提,即强烈的欲望和激情,被视为对强壮而兴旺的生命的抗辩

第三定理:一切威胁到人的东西,一切能够主宰人并且使〈之〉

毁灭的东西,都是恶的、卑鄙的,——必须从其灵魂深处连根拔除。

第四定理:对己对人都没有危险,虚弱,因恭顺和谦逊而跪倒在地,并且意识到自己的虚弱,这种人乃是"罪人"——此乃最可想望的类型,人们做几次心灵外科手术也就能把它制造出来……

14[165]

勇气。

一

我要区分对于人物的勇气、对于事物的勇气以及对于文字的勇气。举例说来,后者就是大卫·施特劳斯的勇气。我还要区分有证人的勇气与无证人的勇气:一个基督徒的勇气,一般讲来即一个信神者的勇气,是决不可能成为无证人的勇气的——只是因为这样,这种勇气已经降级了。最后我要区分基于性格的勇气与由于害怕恐惧心理的勇气:后一种类的个案就是道德的勇气。还要加上出于绝望的勇气。

瓦格纳作为诱惑者。

二

瓦格纳曾有过这种勇气。从根本上讲,他在音乐方面的处境是绝望的。他缺乏成就好音乐家的两大要素:天资与教养,[①]音乐方面的先天素质与音乐方面的培育和训练。不过瓦格纳是有勇气

---

① 原文为 Natur und Cultur,或按字面直译"自然与文化"。——译注

的:他从这种缺陷中创造出一个原则,——他发明了一种音乐。正如他所杜撰的那样,即所谓"戏剧音乐",是他能够做的音乐……瓦格纳的局限就是这种音乐的概念。

而且,人们误解了他——人们真的误解了他吗?……现代艺术家中有六分之五是他这样的。瓦格纳是他们的救星:此外,六分之五还是"最小的数字"。每当天资无情地显示出来,另一方面,教养依然是一种偶然、一种试验、一种半吊子工作,艺术家就带着本能——我都说什么啊?——满腔热情地求助于瓦格纳了:就像这位诗人所说的,"一边他在拉他,一边他沉了下去"。

二①

瓦格纳的成就乃是一位伟大的诱惑者。我们来假定一下,这位诱惑者学会了讲话,他以一位聪明的朋友和良心顾问的形象,与那些在自我深处承担着某种小小厄运的年轻音乐家们打成一片——而且,我们已经听到他在讲话,亲切地,虚伪地,带着一种对所有"小小厄运"的天使般的宽容……

14[166]

一个比喻的动机。一个马车夫。雪景。这个马车夫带着一种最轻蔑的犬儒表情把尿撒在自己的马上。这匹可怜的备受折磨的马为此东张西望着——感激啊,十分感激……

---

① 这则笔记原文即有两个"二"。——译注

14[167]

瓦格纳作为问题。

戏子瓦格纳。

这就是已变得通俗的东西

瓦格纳作为榜样。

瓦格纳作为诱骗。

音乐作为表情(Mimik)。每一种想法———

14[168]

真实世界与虚假世界
第一章方案
A

以此概念为出发点的诱惑盖有三种:

一个未知的世界:——我们是冒险家,好新骛奇,——已知之物似乎使我们厌倦了(——这个概念的危险就在于:它暗示我们"这个"世界①是已知的……)。

另一个世界,是另一番景象:——在我们身上推算出某个东西,我们悄悄的屈从、我们的沉默在此丧失了价值,——也许一切都会变好的,我们的希望并非徒劳……在这个不同的世界里,我们本身——谁知道呢?——也变得不

---

① 指我们生活于其中的尘世、此世、现实世界。下文同。——译注

同了……

一个真实的世界：——这是加给我们的最奇特的打击和攻击；在"真实"一词上痂结着如此之多的东西，我们不由自主地也把它送给了"真实的世界"："真实的世界"必定也是一个真诚的世界，一个不会欺骗我们、愚弄我们的世界。对它的信仰几乎就是不得不信仰（——出于礼节，就像在值得信赖的人们中间的情形——）

"未知的世界"这个概念暗示我们：这个世界是"已知的"（——是无聊的——）

"另一个世界"这个概念暗示我们：仿佛世界可能是另一番景象——扬弃必然性和事实（——屈从、适应是徒然的——）

"真实的世界"这个概念暗示我们：这个世界是不真实的、欺骗性的、虚而不实的、不真的、非本质性的——因此也不是为我们带来好处的世界（——去适应这个世界是不足取的，更好的做法是：反抗它）

所以，我们也有三种方式来摆脱这个世界：

用我们的好奇心，仿佛更有趣的部分还在别处

：用我们的屈从，仿佛屈从是没有必要的，——仿佛这个世界不是一种终极的必然性

：用我们的同情和重视，仿佛这个世界是不值得同情和重视的，是不地道的，对我们不诚实的……

总而言之，我们以三重方式造反了：我们已经把一个未知的X变成了对"已知世界"的批判。

〈B〉

审慎的第一步:要理解我们在何种意义上受到诱惑——因为可能情形本来是恰恰相反的。

a) 未知的世界或许具有这样一种性质,为的是使我们对这个世界感到快乐,——作为一种也许单调呆板的和更为细微的此在形式

b) 另一个世界——更别提它对我们在此得不到实现的那些愿望的考虑了——或许是使得这个世界对我们成为可能的那团东西的一部分:认识这个世界,乃是使我们获得满足的一个手段

3)[①] 真实的世界:但到底是谁对我们说,虚假的世界一定比真实的世界更少价值? 我们的本能不是与这种判断相矛盾吗? 既然人想有一个比实在更好的世界,他不是可以永远地为自己谋得一个虚构的世界吗?……

首要地,我们如何会想到我们的世界并非真实的世界呢?……其实另一个世界首先也可能是"虚假的"世界……实际上,举例说来,希腊人就曾设想过,在真实的实存之外有一个阴影王国、一种虚假实存(Scheinexistenz)——而说到底,是什么东西给我们权利,犹如设定了实在性的程度? 那是某个不同于未知世界的东西,它已经是想对未知世界有所知道的意愿了。

---

① 原文如此。按序列此处序号应为:c)。——译注

请注意!"另一个"世界、未知的世界——很好!但是说"真实的世界"也就是"对这个世界有所知道"——这是一个 X 世界(x-Welt)的假定的对立面……

总之,世界 X,可能在任何意义上都比这个世界更无聊、更无人性、更不值得。

倘若有人断言有多个 X 世界,也就是说,在这个世界之外还有各种可能的世界,那么情形就会不同了。不过,这种断言从来没有过……

"真实的"世界 = 真诚的、没有欺骗我们、诚实的世界

= 正当的世界,唯一重要的世界

= 真正的世界,对立于某种摹仿和伪造物

C

问题:为什么关于另一个世界的观念结果总是对这个世界不利,或者说,总是导致对这个世界的批判?——这指示着什么呢?——

那就是:一个自豪的、生机勃勃的民族总是把不同存在(Anderssein)思考为低级的、无价值的存在;它把陌生的、未知的世界视为自己的敌人、对立面,它没有好奇心,完全排斥外来之物……

一个民族不会承认,另一个民族是"真实的民族"……

认为这样一种区分是可能的——人们把这个世界看作"虚假的"而把那个世界看作"真实的",这种看法已经是典型的了

"另一个世界"这个观念的发源地:

哲学家虚构了一个理性世界,理性和逻辑功能所适合的世界——由此得出"真实的"世界

宗教家〈虚构了〉一个"神性的"世界——由此得出"非自然化的、反自然的"世界

道学家虚构了一个"自由的世界"——由此得出"善的、完善的、正义的、神圣的"世界。

三个发源地的共性……

　　　　心理学的错误……生理学的混淆

354

"另一个世界",正如它事实上在历史中表现出来的那样,具有何种称号,——它借以彰显的是

　　哲学的
　　宗教的　　　｝偏见的烙印
　　道德的

另一个世界,正如它从上述事实中揭示出来的那样,乃是非存在(Nicht-sein)、非生命、非生命意愿的一个同义词……

总观点:是厌世本能,而不是生命本能,创造了另一个世界。

结论:哲学、宗教和道德
　　乃是颓废的征兆。

第二章

历史的证明:宗教、道德和哲学是人类的颓废形式。

第三章

1. "这个"世界之所以被称为虚假的,其原因毋宁说是对实在性之根据的说明:——另一种实在性是绝对不可证明的。

2. 人们加给事物之"真实存在"的那些标签,乃是非存在的标签,——人们根据与"现实世界"的矛盾建造了"真实的世界":一个"虚假的世界"实际上是这样一个世界,它构成一种外表的和道德上的欺骗。

3. 总而言之:编造另一个世界之为另一个世界,这是毫无意义的,——假设没有一种本能能控制住我们身上对生命的诋毁、缩减、怀疑:在后一种情况下,我们就会以一种"更好的生命"的幻术向生命复仇……

4. 世界分为"真实的世界"与"虚假的世界",这乃是一种颓废的强烈影响:——把假象评估得比实在性更高,就像艺术家所做的那样,这并不是对上述看法的反对。因为在这里,假象仅仅意味着这种实在性还在选择、强化、修正中……抑或存在着悲观主义艺术家吗?——悲剧艺术家是悲观主义者吗?……

14[169]

1. 真实的世界与虚假的世界。
2. 哲学家作为颓废类型。
3. 宗教家作为颓废类型。
4. 善人作为颓废类型。
5. 反运动:艺术。
   悲剧问题。

6. 宗教中的异教因素。

7. 科学反对哲学。

8. 政治。

9. 对当代的批判。

10. 虚无主义及其反面形象:复返之物。

11. 权力意志。

1)假如它①更有价值,为什么它应当比这个世界更实在呢?……实在性是一种完满性性质吗?——而这其实是对上帝的存在学证明……

2)但假如它是真实的,那么它或许就比我们的世界更少价值……

14[170]

反运动:艺术。

正是特立独行的状态限定着艺术家:所有那些与病态现象有着深刻的亲缘关系并且与之连生的状态:以至于做艺术家而又不得病,似乎是不可能的。

那些生理状态,它们在艺术家身上仿佛已经被培育成"人格"了,本身在某种程度上是附着于一般人类身上的:

1. 陶醉:提高了的权力感;内在的强制性,要使事物成为一种对本己充盈和完满性的反映——

2. 某些感官的极度敏锐:以至于它们懂得——并且能创

---

① 指所谓"真实的世界"、"另一个世界"。——译注

造——一种完全不同的手势语……——此种敏锐看来与某些神经疾病联系在一起——极度的灵活性,由之形成一种极度的健谈;就是想要谈论能用手势来表示的一切东西……一种想通过手势和表情来摆脱自身的需要;用无数种语言手段来谈论自己的能力……一种爆发性的状态——人们首先必须把这种状态设想为强制和欲望,就是要通过全部肌肉活动和灵活性来摆脱洋溢的内在张力;然后作为这一运动的非自愿协调而成为内在的过程(形象、思想、渴望)——作为整个肌肉系统在内部强烈刺激冲动的影响下产生的一种下意识动作——无能于阻止反作用;就仿佛卸掉了制动装置似的。每一种内在的运动(情感、思想、情绪)都伴随着血管变化,而且因此伴有颜色、体温、分泌方面的变化;音乐的诱发力量,它的"精神感应作用"(suggestion mentale);

3. 摹仿之必要:一种极端的烦躁感,以此情绪,一个既有典范传染病一般传播开来,——一种状态已然可以根据手势来加以猜测和描绘……一幅内部出现的图景已然作为肢体运动而起作用……某种对意志的解脱……(叔本华!!!!)

一种对外部世界的麻木、盲目,——获得准许的刺激领域得到了鲜明的划界——

* * *

这一点把艺术家与外行(艺术受众)区分开来了:外行在接受中达到其敏感性的顶点;而艺术家则在给予中有其顶点——如此一来,这两种才能的对抗就不仅是自然的,而且是值得想望的。这两种状态的任何一种都有一个颠倒的透镜,——要求艺术家熟练运用听众(批评家,——)的透镜,意思就是要求艺术家把自身和自身的特殊力量赤贫化……个中情形犹如性别差异:人们不应该要求给予的艺术家变成女人——要求他去"接受"……

迄今为止,我们的美学都是一种女性美学(Weibs-Aesthetik),因为其中只有艺术受众表达了他们关于"什么是美?"的经验。直到今天,整个哲学中都缺失了艺术家……正如我们前面提示的那样,这乃是一种必然的错误;因为兴许已经开始理解自身的艺术家会因此弄错自己——他不必回顾,根本不必观望,他要做的是给予——无能于批判,这是一位艺术家的光荣……要不然他就是半吊子的,是"现代的"……

14[171]

作为颓废的宗教

睡眠乃是各种衰竭的后果,衰竭乃是各种过度刺激的后果……

在所有悲观主义宗教和哲学中,都有对睡眠的需要,甚至对"睡眠"概念的神化和崇拜——

在此情形中,衰竭乃是一种种族衰竭;从生理学上看,睡眠只不过是一种深刻得多、也长久得多的安息必然性的比喻而已……实际上,在此以其兄弟形象、即睡眠形象出现的死亡,发挥着巨大的诱惑作用……

14[172]

宗教偏狂癖通常以 folie circulaire[循环性精神病]的形式表现出来,带有两种矛盾的状态,一是萎靡状态,二是强壮状态。

弗雷书第 123 页。

14[173]

作为生命的权力意志

权力意志的心理学。
快乐不快乐

痛苦是某种不同于快乐的东西,——我要说,痛苦并不是快乐的对立面。如果已经把快乐的本质恰如其分地描写为一种权力盈余感(因此也就是一种以比较为前提的差异感),那么,借此就还没有界定不快的本质。① 民众(因而也包括语言)所信仰的那些虚假的对立面,始终是束缚真理之运行的危险脚镣。甚至有这样的情形,在其中,一种快乐乃取决于某种有节奏的小小的不快刺激的序列:借此达到了一种权力感、快乐感的急速增长。例如,发痒就是这种情况,交媾时性器发痒亦然:于是我们看到,不快乃是作为快乐的成分而活动的。看起来,一个小障碍被克服掉,立即又有一个小障碍出现,后者又被克服掉——这样一种抵抗与战胜的游戏,最强烈地激发了那种构成快乐之本质的关于过剩权力的总体感觉。——没有这样一种倒转,即通过插进来的小小快乐刺激而导致痛苦感的增加:快乐与痛苦恰恰不是什么相反的东西。——痛苦是一个理智过程,其中确定地透露出一种判断,——即关于"有害性"的判断,其中累积了长期的经验。就本身来说,并没有什么

---

① 此处我们把德语 Schmerz 译为"痛苦",把与"快乐"(Lust)相反的 Unlust 译为"不快"或"不快乐"。但尼采似乎没有明确区分 Schmerz 与 Unlust,因此我们似也可以把 Unlust 同样译解为"痛苦"。——译注

痛苦。令人痛楚的并不是伤害；正是经验告诉我们，一种伤害对于整个机体可能有哪些恶果，何种后果以那种被叫做不快的深刻震惊为形态来发挥作用（即便在产生以往人类一直闻所未闻的有害影响时，例如，来自新配制的有毒化学制剂的有害影响，也没有产生痛苦的证词，——而且我们已经迷失了……）。在痛苦中，真正特殊的东西始终是长期的震惊，一种在神经系统脑髓中枢发生的引发恐惧的休克（choc）的后继震颤（Nachzittern）：——人们真正遭受的并非痛苦之原因（例如无论哪一种伤害），而是那种休克之后出现的长期的平衡障碍。痛苦乃是一种脑髓神经中枢疾病——快乐则根本不是任何疾病……——说痛苦是导致反向运动的原因，这种说法虽然表面，乃至于带有哲学家的偏见；但如果我们细细观察，那就显而易见，在突发情形中，反向运动比痛苦感来得更早些。倘若我在一次失足时不得不等待着，直到事实来敲响意识之钟，发回来一个该怎么行动的指示，那我可就惨了……而毋宁说，我要尽可能区分清楚，首先为了防止跌倒要有脚的反向运动，然后在一段可测量的时间间隔里，突然在前脑感受到一种痛感波浪。也就是说，人们并没有对痛苦作出反应。痛苦是后来才被投射到受伤部位的：——但尽管如此，这样一种局部痛苦的本质并不是那种局部损伤的表达，它只是一种单纯的局部信号，而神经中枢接收到的信号强度和调子合乎损伤程度。经过那种休克之后机体的肌肉力量明显下降了，这一点根本还不足以让我们在权力感的下降当中寻找痛苦的本质……重复一遍，人们并没有对痛苦作出反应：不快决不是行动的"原因"，痛苦本身乃是一种反作用，反向运动则是另一种更早的反作用，——两者的起点是各不相同的。——

14[174]

作为生命的权力意志

人并不寻求快乐(Lust),也不回避不快(Unlust):大家明白我在此反对的是何种著名的偏见。快乐和不快只是结果,只是伴生现象,——人所愿意的东西,一个生命有机体所有最细微部分所意愿的东西,就是一种权力的增长。在对权力的追求中,既有快乐亦有不快;从那种意志而来,人要寻求阻力,人需要某种与自己对立的东西。所以,作为其权力意志的阻碍,不快乃是一个正常的事实,是任何有机现象的正常成分,人不能回避不快,而毋宁说,人倒是持续地需要不快:每一种胜利,每一种快乐感,每一个发生事件,都是以一种被克服了的阻力为前提的。

让我们举出一个最简单的例子,即原始营养的例子:细胞原生质伸出它的伪足,是要搜寻某种与它对抗的东西——并不是由于饥饿,而是由于权力意志。进而,它就要征服这种东西,占有之、同化之:——我们所谓的"营养",只是一个后果,只是那个力求变得更强大的原始意志的一种实际应用。

不可能把饥饿当作 primum mobile[第一推动力]:同样也不能把它当作自我保存:把饥饿理解为营养不足的结果,意思就是:饥饿乃一种不再成为主宰的权力意志的结果

二重性(Zweiheit)乃是一个过于虚弱的统一体的结果

关键根本不在于一种对损失的恢复,——唯到后来,经过不断

分工,在权力意志学会走上获得自身满足的完全不同的道路之后,有机体的占有需求才被归结为饥饿,对于损失的补偿需求。

所以,不快未必会引起一种对我们的权力感的削弱,以至于可以说,在通常情况下,它恰恰会作为对这种权力感的刺激而发挥作用,——阻碍乃是这种权力意志的兴奋剂。

人们把不快与一种衰竭的不快混为一谈了:实际上,后者乃是一种对权力意志的深度削弱和贬抑,一种力量方面的可测定的损失。这就是说:痛苦乃是增加权力的刺激手段,也是一种权力挥霍之后的结果;在前一种情形下,不快乃是一种兴奋剂,在后一种情形下,不快则是一种过度刺激的结果……无能于反抗是后一种不快所特有的:而对阻力的挑战则属于前一种不快的特性……唯在衰竭状态中才能得到感受的快乐就是入睡;而另一种情形下的快乐则是胜利……

心理学家们的一大混淆就在于:他们没有把这两种快乐种类即入睡(Einschlafen)与胜利(Sieg)区分开来

衰竭者想要安宁、舒展四肢、和平、寂静——

此乃虚无主义宗教和哲学的幸福

富有而鲜活者想要的是胜利、战胜对手、让权力感溢向前所未有的宽广领域:

有机体的所有健康功能都具有这样一种需要,——而且整个有机体,直到青春期为止,就是这样一个为权力感之增长而争斗的综合系统———

14[175]

柏拉图:———

但摩奴①却说:心灵借以求得未知之物的行为,乃是一种对因陀罗住所②的回忆,它保留了因陀罗住所的一丝痕迹,正如我们经常在梦醒时分不确定地看到我们在梦中遇到的那些形象一样

14[176]

酒精癖。

自我陶醉的婆罗门③,遗忘了自己的人格藉以构成的神性实体,沦于不洁的首陀罗④的地步。

热衷于酒类的再生族⑤,内心将被酒精的火焰灼烧。他喝母牛滚烫的尿,以此来净化自己

14[177]

但愿他能挽救一头母牛:这种值得赞扬的行为能抵偿对一位

---

① 摩奴(Manu):印度神话传说中的人类始祖,制定了古老的《摩奴法典》。——译注
② 因陀罗住所(Swarga):因陀罗(Indra)又译"天帝"、"天帝释"等,为印度神话中的天神之王。——译注
③ 婆罗门(der Brahmane):印度种姓制度的第一种姓,称为人间之神。——译注
④ 首陀罗(Sudra):印度婆罗门教的第四种姓,为低级的奴仆族。——译注
⑤ 再生族:原文为dwidja,梵文为dvija(再生族、再生者),指印度婆罗门教中有权拜神而得以获取第二次生命的各种姓,即四大种姓中的前三个(婆罗门、刹帝利、吠舍)。——译注

婆罗门的谋杀。

14[178]

教士

——婆罗门是这个世界和另一个世界的权威；婆罗门是诸神崇拜的一个对象。

一头母牛的谋杀者应有三个月时间披着这头牛的皮,然后为一位牛倌服务三个月。此后,他就得〈把〉十头母牛和一头公牛当作礼物送给婆罗门,或者更好地,把他所拥有的一切都送给婆罗门；这样他就为自己的过失赎了罪。

谁若杀死一位行过割礼的人,他就要通过一种简单的奉献来洗刷自己(而一般地,杀死一只动物就得在森林里悔罪六个月,长出一把胡子和头发才好。)

14[179]

关于基督教实践。

纵观几千年历史的整个链条,人类都没有在生理上认识自己：即便在今天,人类也还没有认识自己。例如,了解人有神经系统(——而没有什么"灵魂"),这依然还是受过高等教育者的特权。可人类并不疑心自己在这方面无知；——为了说"我不知道这个",为了承认自己愚昧无知,人们必须是十分宽厚的……假如他在受着苦或者有好心情,那么他就不会怀疑,只要他一味寻求,他就能找到个中原因。也就是说,他在寻找这个原因……实际上他不可能找到这个原因,因为他甚至对于他必须在何处寻找都不会产生疑心……这里会发生什么事呢？……他把自身状态的一个结果当作这种状态的原因了。

举例说来，怀着好心情做的一件作品（也即彻底地做的一件作品，因为正是好心情赋予人们做作品的勇气）成功了，人们就说：看哪，这件作品就是好心情的原因嘛……

而事实上，决定这种成功的条件与决定好心情的条件是同一的，——都取决于生理上各种力量和系统的顺利协调。

他处境恶劣：而且，他因而应付不了一种操心、一种疑虑、一种自我批判……实际上人类相信，自己的恶劣处境乃是自己的疑虑、自己的"罪恶"、自己的"自我批判"的结果……

可是，往往在一种深度的衰竭和虚脱之后，那种恢复状态回来了。"我是那么自由、那么轻松，这是如何可能的呢？这是一个奇迹，只有上帝才能赋予我这些"。推论："上帝宽恕了我的罪恶"……

从中产生出一种做法：为了激发罪恶感，为了准备悔悟，人们就得把身体带入一种病态的和神经质的状态之中。这方面的方法是众所周知的。多么陈腐啊，人们并不怀疑关于事实的因果逻辑——对于肉体苦行，人们自有一种宗教的解说，它表现为目的本身，而其实只是作为手段出现的，亦即为了使那种病态的懊悔消化障碍成为可能的手段（关于罪恶的"固定观念"①，通过"罪"一词的笔画使母鸡着魔）。

对身体的虐待产生出一系列"罪责感"的土壤……亦即一种会

---

① 原文为法文：Idée fixe。——译注

被公开承认的普遍痛苦……

另一方面,同样也产生出"拯救"方法:通过祈祷、运动、神情、誓言,向每一种感情放纵发起了挑战,——随之而来的是衰竭,往往突兀地,往往以癫痫形式。而且,在深度昏沉状态之后,出现了康复假象——用宗教话语来讲,即:"拯救"

14[180]

伊斯兰教,作为一种男人宗教,对于基督教的伤感性和欺骗性有一种深刻的蔑视……它会把基督教感受为一种女人宗教——

14[181]

作为颓废类型的宗教徒

宗教状态处于与精神错乱、与神经衰弱的亲缘关系中

宗教危机侵袭一个民族之际——历史地——

宗教徒的幻想乃是神经衰弱者和神经过度紧张者的幻想

基督徒的"道德神经质"。

我们现在有一项困难的任务,不光是向自己描绘出基督教的歧义现象。

基督教的整个忏悔和拯救仪式都只能〈被〉理解为一种任意制造出来的 folie circulaire[循环性精神病];只能在已经命定的(亦即先天不足的)个体中生产出来,这是多么廉价。

14[182]

为什么是弱者获胜。

总而言之:病者和弱者是更多地怀有同情心的,是"更人性的"——

:病者和弱者更有精神,更变幻不定,更多样,更轻松,——更恶毒:正是病者发明了恶毒。

(在佝偻病患者、腺病患者和结核病患者身上,经常有一种病态的早熟。——)

精神(esprit):财产,后来是种族(犹太人、法国人、中国人)反犹太主义者不能原谅犹太人竟拥有"精神"——以及金钱:反犹太主义,"失败者"的代名词)

:傻瓜和圣徒——两种极有趣的人……

与"天才"十分相近,大"冒险家和罪犯"

:病者和弱者本身独具魅力,他们比健康者更有趣

还有,所有人,尤其是最最健康的人们,在他们生命的某些时期却是病态的:——大的情感波动、权力的激情、爱、复仇,伴随着深度的错乱……

还有,就颓废来说:在任何意义上,每个没有过早夭折的人几乎都有颓废表现:——也就是说,每个人都能根据经验认识到那些颓废本能——

:几乎人生之半,人是颓废的。

最后还有:女人!人类的这一半是软弱乏力的、典型病态的、变化多端的、反复无常的——女人需要强力,为的是依附于强

力,——还需要一种弱者的宗教,它能把软弱、爱、恭顺美化为神性的……

或者,更好地说,女人要使强者弱化,——如果成功征服了强者,女人就开始统治了……

女人总是与颓废类型、教士们一起密谋,反对"权势"、"强者"、男子汉——。

为了孝心、同情、爱的崇拜,女人竭力争取子女们——母亲令人信服地代表着利他主义……

最后:不断增长的文明同时也必然导致病态因素的增长,神经官能-精神病和刑事犯罪的增长……

一个中间种类出现了,那就是艺术家,他们因意志薄弱和社会恐惧心理而与刑事犯罪区分开来,同时也尚未达到住精神病院的程度,但却以其触角好奇地探入这两个领域:这些个特殊的文化植物,现代艺术家、画家、音乐家,尤其是小说家(romancier),后者为了自己的存在方式而动用了十分非本色的"自然主义"(naturalisme)一词……

疯子、罪犯和"自然主义者"持续增长:一种不断增强的、突兀向前疾奔的文化的征兆——也就是说,废品、垃圾、渣滓赢得了权势,——下降趋势掌握了步伐……

最后:社会大杂烩,革命的后果,确立权利平等、迷信"人人平等"的后果。这当儿,那些没落本能(怨恨、不满、破坏欲、无政府主义和虚无主义)的载体,包括奴隶本能,那些长期困于下层的阶层的怯懦、狡诈、下流本能,就都混杂到所有等级的全部血液之中:两三代以后,这个种族就再也认不出来了——一切都被粗俗化了。

个中结果是产生了一种反对筛选、反对任何特权的总体本能,具有某种权力和安全感、严厉性、实践残暴性的总体本能,以至于实际上连特权者本身也立即屈服了:

——还想要抓住权力的,就得向群氓谄媚,就不得不去拉拢群氓——

尤其是"天才们":他们变成了人们借以让人振奋的那些情感的宣告者——同情的音符,甚至那种对于一切受苦、低贱、受蔑视、受迫害者的崇敬之心的音符,压倒了所有其他音符(典型:维克多·雨果和理查德·瓦格纳)。

——群氓的兴起再度表明旧价值的兴起……

*　*

368　既然有这样一种关乎速度和手段方面的极端运动(正如我们的文明所表现出来的那样),一些人的重点就发生了迁移:要抵消这样一种病态运动的整个大危险,这些人乃最大关键,他们可以说是以此为己任的;——置身于这样一种诸因素巨变和混合过程之中,他们将成为彻头彻尾的延缓者、缓慢接受者、难以释放者和相对固定者。在此情况下,重心就必然落到了平庸者(Mediokren)身上:反对群氓和怪异者的统治地位(两者多半是结盟的),平庸性得到了加固,成为未来的保证和承担者。对于特立独行之人来说,由此生出一个新的敌人——或者却是一种新的诱惑。假如特立独行者未能适应群氓,不唱赞歌来取媚于"被剥夺了继承权者"的本能,那么,他们将不得不成为"平常的"和"纯正的"。他们知道:mediocritas[平庸性]也是 aurea[闪光的],——甚至唯有他们拥有金钱和金子(——拥有一切闪光的东西……)……而且,旧德性再度赢了,根本上,整个衰老憔悴的理想世界就是一个有才能的代言集体(Fürsprecherschaft)……结论:平庸性获得了精神、才智、天才,——它变得有趣,它进行诱惑……

* *

结论。我还要来说一说第三种力量。手工业、商业、农业、科学、大部分艺术——这一切都只能立足于一片广阔的大地之上,立足于一种坚强而健康地得到巩固的平庸性之上。科学为这种平庸性效力,其活动受到这种平庸性的操纵——而且甚至艺术亦然。科〈学〉不能有更好的要求了:科学本身就属于一种中等人,——它在特立独行者中间是不合适的,——在其本能当中,它毫无贵族气,更没有某种无政府主义气息了。——然后,这种中等权力就会通过商业、特别是金融业来维持:金融巨头的本能反对一切极端事物,——因此,在我们这个如此危险而动荡的欧洲,犹太人此间就成了最保守的势力。他们既不能利用革命,也不能利用社会主义,也不能利用军国主义;如果说他们想要拥有权力,也需要拥有控制革命党的权力,那么,这只不过是我们前面所述内容的一个结果,而并不与之矛盾。他们必需时而激起对其他极端流派的恐惧之心,——其做法是展示出他们手中都掌握着什么。然而,他们的本能本身却是永远保守的——而且是"平庸的"……凡有权力处,他们总是善于成为强有力的:但对自身权力的充分利用始终在同一个方向上。众所周〈知〉,表示"平庸"的光荣字眼是"自由"(liberal)……

某种并不滑稽、甚至也不真实的东西……

思索。——假定这整场价值之胜利都是反生物学的,那是荒

唐的假设：人们必须力求根据某种生命利益来解释这场胜利

甚至通过这样一种让弱者和失败者占优势支配地位的方法来维护"人"这个类型——

：在别种情形下，人就不再实存了吗？

难题———

类型之提高对于种类之保存是灾难性的吗？

为何之故？

历史的经验：

诸强大种族相互消耗而蒙受损失：战争、权力欲、冒险；它们的实存是昂贵的、短暂的，——它们相互间消磨殆尽——

强大的情绪：挥霍——力量不再被化为资本……

精神错乱，由于过分的紧张——就会出现深度缓解和松弛的时期，所有伟大时代都要付出代价……

然后，强者就比平庸而虚弱者更软弱、更意志薄弱、更荒唐

这是一些挥霍的种族。——

确实，"持久性"（Dauer）本身或许毫无价值；也许人们更喜欢一种更短暂的、但更富有价值的种类之实存。

剩下的事情是要证明：甚至这样一来，就会达到一种比相对短暂的实存情形下更为丰富的价值收成。

也就是说，人作为力量之累积，如果做得顺利的话，就能赢得一个高得多的份额，即有关事物之统治的份额……

我们面临着一个经济学难题———

14[183]

让我逐点给出我的论证的所有重要步骤。以某种切身的逻辑和一种与我相近的能量,以一种直面人们真正明白的东西的勇气……即便人们或许已经可以从我更早的著作中得知这种论证了。人们却做了相反的事情,并且申诉说,这个人没有一贯性:如今这种大杂烩无赖居然还敢使用"一贯性"这个字眼!

14[184]

"虚假性" = 特殊的行为 – 反应 – 活动

虚假的世界也就是一个按照价值被看待的世界,按照价值被排列和被筛选的世界,在此情形下也就是着眼于某个特定动物种类的保存和权力提高、按照有用性观点被排列和被筛选的世界。

所以,透视性(*das Perspektivische*)给出"虚假性"特征!

仿佛当人们除去透视性时,还会剩下一个世界似的!人们借此其实就除去了相对性,——

对全部剩余物来说,每个力量中心都有自己的透视性,亦即自己十分确定的估价,自己的行为方式,自己的抵抗方式。

"虚假世界"于〈是〉就还原为某种特殊的对世界的行为方式,以某个中心为出发点。

现在根本就没有其他行为方式了:"世界"只不过是表示此类行为的总体运作的一个词语而已。

准确地讲,实在性就在于每个个体对于整体的这种个别作用和反应……

这里不再留下丝毫权利去谈论假象了……

这种特殊的反应方式乃是唯一的反应方式：我们不知道大全世界中有多少以及有什么样的方式。

但是，决没有"另外的"、"真实的"、本质性的存在——借此或许已经表达了一个没有行为和反应的世界……

虚假世界与真实世界的对立，还原为"世界"与"虚无"的对立——

14[185]

道德

说一种行为的价值应当取决于在意识中先于该行为而发生的东西——这话是多么虚妄啊！——而人们就是据此来衡量道德性的，甚至于犯罪行为……

人们以为，自己必定是知道行为的后果的：而且，从前幼稚的心理〈学家〉说过———

一种行为的价值必须根据该行为的后果来衡量——功利主义者说：——要按该行为的来源来衡量，那就意味着一种不可能性，即不可能认识这种行为。

然而人们知道后果吗？也许是一知半解的。谁能说某种行为刺激、激发了什么，又对自己激起了什么呢？是作为兴奋剂吗？兴许是某种炸药的雷管？……功利主义者是幼稚的……而且，我们必定到最后才会知道什么是有用的：在这一点上，他们的目光也是十分短浅的……关于那种知道弊端不可或缺的伟大经济学，他们是全无概念的——。

人们不知道来源,也不知道后果:——那么,一种行为竟有某种价值吗?……

仍然是行为本身吧:这种行为在意识中的伴生现象,行为完成之后出现的肯定与否定:难道一种行为的价值就在主观伴生现象当中吗——?无疑地,一种行为伴随着价值感,一种权力感,一种约束感,一种无力感,例如自由、轻松,换种问法:我们能把一种行为的价值还原为生理学价值吗?一种行为是完美生命的表现呢,还是受阻碍的生命的表现?那是一种行为的生物学价值吗?

可以根据伴生现象,根据快乐与不快,根据情绪游戏,根据发泄感、爆发感、自由感来测量一种行为的价值吗……

也许,行为的生物学价值就在其中得到表现……

这就是说,音乐的价值要根据它使我们愉快还是不愉快来衡量……要根据它使其作曲者愉快还是不愉快来衡量……

于是可以说,如果行为既不能根据其来源来评价,也不能根据其后果来评价,同样也不能根据其伴生现象来评价,那么,它的价值就是 X,就是未知的……

可见:行为没有任何价值。

总而言之,以赞美诗的语言来说,就是:"一切飞禽走兽,各从其类,都在上帝的道上"

14[186]

哲学

物理学家们相信有一个独具方式的"真实的世界":处于必然

运动中的一个坚固的、对所有生灵都相同的原子系统化,——以至于对他们来说,"虚假的世界"就被还原为每个生灵都能按照自己的方式来通达的那种普遍的和普遍必然的存在的面相(可通达的、也还是被构想好的——被弄成"主观的")。不过,这样一来,他们却误入歧途了:他们设定的原子是根据那种意识透视主义的逻辑推导出来的,——因而也就是一种主观的虚构。他们筹谋的世界图景与主观的世界图景根本没有本质的区别:它只是用延伸的感官构造出来的,但无论如何还是用我们的感官……而且最后,他们在这种情况中放过了某个东西,而没有认识它:就是那种必然的透视主义,借助于这种透视主义,每个力之中心——而不仅仅是人——都从自身出发来构造其余整个世界,也就是按照自己的力来衡量、触摸、塑造……他们忘了把这种设定透视角度的力计入"真实的存在"之中……用教学语言来讲就是:主观存在(Subjekt-sein)。他们以为,这是"阐发出来的",是添加的——

但化学家也还需要它:它确实是特殊存在,它各各规定着如何如何的行动和反应

透视主义只不过是总特性(*Spezifität*)的一个复合形式

我的看法是,每一个特殊的物体都力求主宰整个空间,力求扩展自己的力量(——它的权力意志:),并且推斥一切与它的扩展相违背的东西。但它会不断碰到其他物体的相同追求,并且最后会与那些与之十分相近的物体达成妥协("达成一致"):——然后它们就这样合谋权力。而且,这个过程将不断继续下去……

14[187]

哲学

在化学中根本没有什么不变的东西,不变之物只不过是假象,只是一种纯粹的书本偏见。我的物理学家先生们呵,我们已经把不变之物拖了进来,始终还是从形而上学中拖来的。断言钻石、石墨与炭是同一的,这是完全幼稚的肤浅之见而已。为什么呢?只是因为人们不可能用天平来断定任何实体(Substanz)的损失!那么,这样一来,它们还是具有某种共性的,而我们不可能看见和衡量的变换中的分子作用,恰恰就能从某一种物质中造出某种不同的东西,——后者具有完全不同的特性

14[188]

新世界方案

1)世界持存着;世界不是任何生成的东西,不是任何流逝的东西。或者毋宁说:世界生成,世界流逝,但它从未开始生成,也从未终止流逝——它保持在生成与流逝中……世界靠自身为生:它的排泄物就是它的食粮……

2)关于一个受造的世界的假设不该使我们有片刻操心。在今天,"创造"概念是完全不可定义的、不可实行的;只还有一个词语而已,是从迷信时代遗留下来的;我们用一个词语说明不了什么。设想一个世界之开端的最后尝试,最近是屡屡借助于一种逻辑程序来进行的——正如我们可以猜测的,那多半出于一种神学的隐秘意图

375 永恒轮回。 哲学

3)近来,人们屡屡想在关于世界后面的时间有限性概念中发现一个矛盾:人们确实发现了这个矛盾,当然代价就是在此混淆了头与尾。没有什么能够阻止我从这一刻起通过回溯性计算,说"我将永远到不了尽头":正如我在同一时刻也能进行前推性计算,直至无穷。只有当我想要犯错误的时候——我将小心提防,免于犯错——把这个关于 regressus in infinitum[无限回溯]的正确概念,与一个根本不可实行的关于一种直到现在的无限的 progressus[前进]的概念等同起来,只有当我把方向(向前或者向后)设定为逻辑上中性的,这时候,我才会把头当作尾来把握:这事还是留给您来做吧,我的杜林先生!……

4)我是在早先的思想家们那里偶然碰到这个想法的:它每每受到不同的隐秘思想的规定(——多半是神学上的隐秘思想,有利于 creator spiritus[造化精神、圣神])。倘若世界竟可能僵化、干涸、枯萎、毫无生成,或者,倘若世界能达到一种均衡状态,或者,倘若世界竟会有某个目标,即某个本身包含了持久性、不变性、一劳永逸性的目标(质言之,用形而上学的话来讲:倘若生成可能汇入存在或者归入虚无之中),那么,这样一种状态必定是已经达到了的。但它并没有达到:其结果是……这是我们所掌握的唯一的确定性,为的是充当针对大量本身可能的世界假设的纠正措施。举例说来,如果机械论免不了汤普逊[1]为之得出的某种终结状态的

---

[1] 汤普逊(Benjamin Thompson,1753-1814):近代物理学家,英国皇家学院创建人之一。主要研究热学,指出热是一种运动形式。著有《论摩擦激起的热源》等。——译注

结论,那么,这样一来就驳倒了机械论。

哲学

5)假如我们可以把世界设想为特定大小的力和特定数量的力之中心——而且其他任何观念始终是不确定的,因而是不可用的——,那么,其结果是,世界必须在其此在(Dasein)的掷色子大游戏中经历一种数量上可计算的组合。在一种无限时间中,每一种可能的组合或许都在某个时候一度达到过了;更有甚者,它或许已经被达到过无限多次了。而且,因为在每一种"组合"与它的下一个"轮回"之间,或许已经发生了所有根本上有可能的组合,而这些组合中的每一个都决定着同一个系列中各种组合的整个序列,所以,这就已经证明了一个由绝对同一的诸系列组成的循环:世界作为循环,它往往已经无限地自行重演了,而且会把自己的游戏无限地玩下去。

这一方案并不就是一个机械论的方案:倘若它是后者,那它就不会引出一种由同一的诸情形组成的无限轮回,而倒是会引出一种终结状态。因为世界没有达到这种状态,所以在我们看来,机械论必定是一个不完美的、仅仅暂时的假设。

14[189]

哲学家乃是教士类型的延续

——身上具有后者的遗传

——即便作为竞争对手,也不得不像同时代的教士那样用同样的手段争夺同一个东西。

——他力求达到最高权威

如果我们手中没有有形的权力（没有军队、没有武器……），那么何来权威呢？

尤其是，我们如何来赢获对于那些拥有有形的暴力和权威的人们的权威呢？

他们与那种对王公贵族、常胜的征服者、智慧的政治家的敬畏相匹敌。

* *

只是由于他们唤起了信仰，相信自己手中有一种更高、更强大的力量，——上帝——

那是不够强大的：人们必须有教士来促成和帮忙。

他们表现为其间不可或缺的：——他们必须有以下生存条件，

1）信仰自己的上帝的绝对优越性，信仰自己的上帝

2）没有其他达到上帝的直接通道

光是第二个要求就提供了"异端邪说"概念；第一个要求则提供了"不信神者"概念（也就是不信仰另一个上帝的人——）

* *

究竟什么是哲学家身上落后的东西？

他为了达到"最高的善"，把他的品质当作必然的和唯一的品质来传授（例如柏拉图的辩证法

他让所有种类的人都逐步地上升到他自己的类型，即最高类型

他们藐视通常人们重视的东西，——他们在高高在上的教士价值与世俗价值〈之间〉撕开一道鸿沟

他知道什么是真实的、什么是上帝、什么是目标、什么是道路……在这里，典型的哲学家绝对是独断论者；——如果说他必须

持有怀疑论,那也是为了可以独断地谈论他自己的主题

14[190]

关于受压迫者的问题

我没有看出来,闪米特人①是否在远古时代就受到了印度人的可怕奴役:作为旃陀罗②的印度人,以至于在当时,某些属于被奴役者和被蔑视者类型的特性已经根深蒂固了(——就像在埃及人那里)。

后来,随着他们变得越来越好战,他们使自己高贵化了……而且赢得了自己的国土、自己的诸神。历史地看,闪米特人的诸神构成过程与他们进入历史的过程相合……

"精神"、坚韧的耐力、受鄙视的行业

旃陀罗这个官方概念恰恰就是有关一种高贵等级的渣滓和排泄物的概念……

14[191]

柏拉图完全处于摩奴精神中:人们把他透露给埃及人了。特权阶层的道德、善人的上帝、"永恒的唯一灵魂"

——柏拉图是婆罗门教徒

——皮浪是佛教徒

---

① 闪米特人(Semiten):古代包括巴比伦人、亚述人、希伯来人和腓尼基人等;近代主要指阿拉伯人和犹太人。——译注
② 旃陀罗(Tschandala):梵语 candala 之音译。印度种姓制度中最下等种族。据《摩奴法典》记载,旃陀罗是以首陀罗为父、婆罗门为母的混血种。——译注

复制:哲学家类型。

特权阶层

把学说分为秘传的与非秘传的

"伟大的灵魂"

灵魂漫游作为颠倒了的达尔文主义(——不是希腊的)

14[192]

"利己主义"概念

生命体的概念意味着:生命体必定生长,——它要扩展自己的权力,因而必须把外来的力纳入自身之中。在道德麻醉的蒙蔽之下,人们谈论一种个体自卫的权利:在同样意义上,人们也可以谈论自己的攻击权利:因为两者——而且后者还更甚于前者——对于任何生命体来说都是必要的——侵略性的利己主义与防卫性的利己主义并不是选择问题,甚或"自由意志"问题,而是生命本身的宿命。

在这里,不论人们看到的是一个个体还是一个活的团体,一个力求上进的"社会",都是一样有效的。根本上,惩罚的权利(或者社会的自卫)只是通过一种滥用才形成了"权利"一词:一种权利是通过契约获得的,——但自我防御和自我防卫却不是建立在某个契约基础上的。至少,一个民族会以同样的褒义把自己的征服需要、权力欲称为权利,——诸如增长的权利,无论这种征服需要、权力欲是借助于武力,还是通过贸易、交往、殖民。一个社会,一个最终按其本能来看拒绝战争和征服的社会,也就处于没落中了:它已经具备了推行民主制度和市侩政权的条件……诚然,在大多数情

形下,和平的保证只不过是麻醉剂

14[193]

在古代刑法中,一个宗教的概念是强大的:也即关于惩罚的赎罪力量的概念。惩罚具有净化作用:在现代世界里,它则具有污染作用。惩罚乃是一种分期偿付:人们确实能摆脱掉那个东西,即人们想要为之忍受如此之多痛苦的东西。假如人们相信这种惩罚力量,那么,随之而来的就是一种如释重负和一种畅快呼吸,后者其实接近于一种康复,一种恢复。人们不仅又与社会媾和了,人们由于自身也重新变得值得尊重的,——变得"纯粹"了……——在今天,惩罚比犯法还更具隔离作用;一种犯法行为之后的厄运如此这般地增长起来,以至于它变得无可救药了。人们作为社会的敌人摆脱了惩罚……从现在起,又多了一个敌人……

jus talionis[同等报复法]①可能受到报复精神的支配(也即受到一种对复仇本能的克制的支配);但举例说来,在摩奴那里,这乃是要拥有一种等价物的需要,为的是赎罪,为的是在宗教上重又成为"自由的"

14[194]

哲学家反对对手,例如反对科学
:在此他就成为怀疑论者

---

① jus talionis[同等报复法]:通过"以牙还牙、以眼还眼"来决定刑罚的质量对等,以保证公正。——译注

:在此他就为自己保留一种认识形式,他否认科学家有这种认识形式

:在此他就与教士同流合污了,为的是〈不〉至于激起无神论、唯物论的怀疑之心

:他把一种对自身的抨击视为对道德、德性、宗教、秩序的抨击——他善于把自己的敌人当作"诱惑者"和"破坏者",使之声名狼藉

——在此他就与权力携手并进了

与其他哲学家斗争的哲学家:

:他力图迫使其他哲学家表现为无政府主义者、不虔信者、权威的敌人

总而言之:只要他在斗争,他就完全如同一位教士、如同神职人员那样进行斗争。

14[195]

一种肯定的亚利安宗教,统治阶级的畸形产物,其外观如何:摩奴法典。

一种肯定的闪米特宗教,统治阶级的畸形产物,其外观如何:穆罕默德法典。旧约圣经,其更古老的部分

一种否定的闪米特宗教,作为被压迫阶级的畸形产物,其外观如何:

根据印度-亚利安的概念:新约——一种旃陀罗宗教

一种否定的亚利安宗教,形成于统治阶层,其外观如何:佛教。

我们没有一种受压迫的亚利安种族的宗教,这是完全顺理成章的:因为这是一个矛盾:一个主人种族高高在上,或者趋于毁灭。

14[196]

利己主义

原理:唯有个别人才感到自己有责任。多数人是虚构出来的,为的是去做个别人没有勇气做的事。

正因此,关于人的本质,一切群体、社团都远远比个体要正直和富有教益,个体过于虚弱,没有勇气去实现自己的渴望……

整个"利他主义"就是作为个人的聪明而出现的:各种社团相互间并不是"利他主义的"……

博爱的戒律还从未扩展为一种邻人之爱的戒律。而摩奴的情形在此倒是依然有效的……

"宽容"

社会研究之所以有如此不可估量的价值,是因为作为社会的人要比作为"单元"的人幼稚得多。

"社会"从来都只是把德性视为势力、权力和秩序的手段。

摩奴的话多么单纯和庄严:———

14[197]

"赏与罚"……它们是共生共灭的。在今天,人们不愿受到报赏,人们不愿赞赏任何进行惩罚的人……

人们制造了不和:人们想要些什么,总有敌人在身边,如果人们能和解,——如果人们能制定一个条约,那么,人们也许就能最

合乎情理地达到目标

一个现代社会,每个个人都制定了自己的"条约";罪犯就是一个违反条约者……这或许是一个清晰的概念。不过,这样一来,人们或许就不能容忍某种社会形式内部出现的反对这种社会形式的无政府主义者和原则性敌人了……

14[198]

"在上帝那里没有什么东西是不可能的",基督徒认为。而印度人却说:有了《吠陀》①的虔诚和知识,没有什么东西是不可能的:诸神是臣服和顺从于后者的。那个上帝何在呢,那个能够抵抗一个归隐山林的禁欲者②那种严肃态度和虔诚祈祷的上帝?

就像一块抛入湖中的石头转眼就消失得无影无踪,各种罪恶也隐匿了,消失在《吠陀》的知识中。

14[199]

道德的起源

教士想要贯彻的是,他被视为人类的最高类型

他占据统治地位,——甚至还是通过那些掌握权力的人们

他不可侵犯,牢不可破……

他是教区中最强大的权力,绝对不可取代,不能低估手段。

---

① 吠陀(Veda):梵文,意为"明智"、"知识"。《吠陀》为印度最古的宗教文献和文学作品的总称。——译注

② 原文为梵文:Yati,意为"禁欲者、苦行者"。——译注

唯有他是有知识者。
唯有他是有德性者。
唯有他具有最高的自我控制
唯有他是某种意义上的上帝，并且能回归神性
唯有他是上帝与他者之间的中间人
神性惩罚任何害处，任何违背一位教士的思想

手段
有真理实存（existirt）。
只有一种获得真理的方式：成为教士
一切善的东西，在秩序中、在自然中、在传统中，都归结为教士的智慧。
教士们的作品就是神圣之书。整个自然只不过书中法令的实行而已
善的源泉无非是教士
所有其他种类的卓越性都与教士的卓越性有等级之别，譬如士兵的卓越性

结论：
如果教士应当成为最高的类型：那么，达到他们的德性层次，也就构成人类的价值层次。
一味钻研、非感性化、不积极、无动于衷、了无情绪、郑重其事。——对立面（最深沉的人种：———

引起害怕

表情,僧侣的举止

过度蔑视肉体和感官

——作为超自然(Übernatur)之标志的反自然(Widernatur)

教士传授了一种道德:为的是让人们把他视为最高的类型

教士构想了一个对立类型:旃陀罗。动用一切手段诽谤这个类型,就是对等级制度的衬托

教士对感性的极度畏惧同时也是由如下认识决定的,即:在这里,等级制度(亦即一般制度)受到了最恶劣的威胁……在关键点上任何一种"自由倾向"都将使婚姻立法成为泡影——

14[200]

在这个设想上,有几点是值得赞赏的:譬如,把社会渣滓与要毁灭它们的倾向绝对地分离开来。它们明白一个活生生的躯体需要什么,——切除病态的肢体……

1)这个设想以一种值得赞赏的方式远离于那种软弱无力的本能蜕化,后者现在被人们称为"博爱"……

然后有了从一个等级向另一个等级的退化……

然后有了对婚姻的表述:"恋爱婚姻"的地位("天国乐师"的方式:——

2)反对酒精癖的斗争……第332页。

3)他们对于高龄人、女人的十足尊重,第127页

4）他们的出发点是要使人变得值得崇敬自身：他们不得不甚至去改变最自然的东西的面貌，其做法就是把义务当作神圣的戒律引向情感

14[201]

等级阶层被理解为一种劳动分工，而另一方面又被理解为本能地作出完美业绩的唯一形式……

本质性的东西乃是劳动传统，是那种恰恰因此通过各个世代而变得完美的机械过程……

14[202]

如果一个年轻男子与一个年轻女孩的结合是一种相互选择的成果，那么，这种结合就意味着：如其所是那样产生于爱情，并且是以爱情为目的的：

"天国乐师"的方式

四种晚近的婚姻方式只能产生出挥霍者、寻衅者、撒谎者，作为不识圣经以及它所规定的义务的孩子

由诚实正派和值得赞扬的婚姻生出诚实正派和值得赞扬的孩子；而恶劣的婚姻只看到一种可鄙的后代。

少女的赞扬：第 225 页

14[203]

摩奴法典批判：

把自然还原为道德：人类的一种惩罚状态：没有什么自然的作

用——原因就是梵(das Brahman)。

把人类的推动力还原为对惩罚的恐惧和对奖赏的希望：也就是说，对掌握着两者的律法的恐惧……

人们必须绝对遵守律法而生活：要做理性之事，因为这是律法的命令；要满足最合乎本性的本能，因为这是律法所作的规定。

这是一座诽谤学校：在这样一个神学家孵化场里（在那里，甚至连年轻的军官和农夫也不得不上完九年神学课程，才能够成为"坚定不移的"——此即三个最高等级的九年制"兵役"），旃陀罗们必须具有才智和兴趣方面的优点。他们是唯一能理解知识的真正源泉即经验(Empirie)的人……加上诸等级的近亲婚配……

缺失的是自然、技术、历史、艺术、科学，———

14[204]

人们今天大谈特谈《新约全书》的闪米特精神：但人们这样的命名只是教士式的，——而且在最纯粹种族的亚利安法典中，在《摩奴法典》中，这种"闪米特主义"(Semitismus)即教士精神比任何地方都要糟糕。

* * *

犹太教士国家的发展并不是原创的：他们结识了巴比伦模式：这个模式是亚利安的。如果说后来在日耳曼血统的优势地位之下，这个模式又在欧洲占据了统治地位，那么，这是与统治种族的精神相应的：一种大规模的返祖现象。日耳曼中世纪的目的就是要恢复亚利安等级制。

* * *

伊斯兰教又学习了基督教徒:利用"彼岸"作为惩罚机构。

* *

一个不变集团的模式,以教士为最高层:在组织领域,此乃亚洲最古老的伟大文化产物——自然地在所有关系上都必定要求思索和仿效。

还有柏拉图:而首要地是埃及人。

14[205]

有一点最难得到宽恕,即:人们要尊重自身。这样一个人物简直是可恶:他的确揭示出对于其他人和所有人的宽容这种唯一的德性是什么意思……

我曾愿望,人们因此开始尊重自身了:所有其他的东西都是由此得来的。可是,人们恰恰因此停止了对他人的尊重:因为他人最终是会原谅这一点的。怎么?是一个尊重自身的人吗?

这与爱自身的盲目欲望有所不同:在性爱中,如同在被称为"我"的二重性(Zweiheit)中,没有什么东西比对于人们所爱的东西的蔑视更寻常的了,爱情上的宿命论——

14[206]

防止神经病的传染

　　地方、物事、书籍的选择,

酒精癖

以及音乐……

选择气候和气象上的最佳状态;同样还有饮食方面的减少印象的数量:

保留一些时间,其时没有书籍和事物对我们说话,——更不用说人了……

恢复时期,热那亚食谱;在今天,最健康的人必需有这种时候:——斋戒期——

反对素食主义:———

14[207]

我们是旃陀罗:而我们的艺术家和演艺家尤其……

14[208]

为什么一切都成了演戏?

现代人缺乏:

稳靠的本能(一种人类长期千篇一律的活动方式的结果)

无能于完成某种完美,这只是个中结果:——人们作为个人是决不能补课的

14[209]

那些用奖赏和惩罚操纵人类的时代,看到的是一种低等而粗野的人:这就如同在儿童那里……

在我们的后期文化当中,厄运和退化成了某种完全消除奖赏与惩罚之意义的东西……

——这是以年轻、强壮、有力量的种族为前提的,这种真正的

通过奖赏和惩罚的展望对行为的规定……

在古老种族中,各种冲动是如此不可阻挡,以至于一个单纯的观念是完全昏聩无能的……

凡在出现一种刺激的地方,不能作出抵抗,而是必须服从这种刺激;颓废者的这种极端敏感性使得这样一种惩罚和改善系统完全失去了意义……

* *

"改善"(Besserung)这个概念〈乃以〉一种正常和强壮的人为前提,应当对这种人的个别行为作出重新平衡和协调,才不至于丧失掉这种人,才不至于把他当作敌人……

14[210]

各种颓废道德之特性在于,它们力荐一种实践,一种制度,后者能加速颓废……

——既是生理上的又是心理上的:赔偿和成形的本能再也不起作用了……

——它们相信治疗、拯救,甚至是与虚无、最深的衰竭相近的治疗、拯救

——它们从所有事物、状态和时代里搜寻同类之物:例如龚古尔兄弟……

14[211]

在病人那里,健康的能量表现在对那些引起疾病的因素的粗暴抵抗上……

表现在一种本能的反应上,例如,我对音乐的反应——

14[212]

女人的天职是通过生育传宗接代,男人的天职是养育孩子:男人和女人共同承担的这双重义务,通过圣经而被神圣化了。

何者应当被视为最清白无辜的呢？婆罗门的谋杀者,酗酒者,自己精神导师的女人的勾引者

根据赎罪规定,他应当判处这些人死刑或者其他体罚。他应当在自己导师的女人的勾引者额头上烙上女性生殖器的图画,在酗酒者身上烙上蒸馏器具的标志,在婆罗门的谋杀者身上烙上一具无头躯体的图画。

14[213]

这样一部法典总结了长达几百年的经验、智慧和实验性道德:它封闭、结束了一个时代,它不再创造什么——

用来为一种艰难而昂贵地赢得的真理提供权威性的手段,是根本不同于人们用来证明这种真理的手段的。一部法典决不能证明某个规章的好处和坏处:它只能表明个体在不把律法当律法时可能出现的恶劣后果,——如果这个个体不听话。

一种践踏律法的行为所具有的全部自然的恶劣后果,决不是着眼于这种自然性而得到考虑的:而不如说,对于不遵守规章的行为,恶劣的后果乃是一种超自然的惩罚。

问题在于：在民族历史的某个环节上，民族中最聪明的阶层把人们可以或者不可以据以生活的经验宣布为隔绝的、自成一体的。其目标在于，从长期的实验和恶劣经验当中获得尽可能丰富而完全的成果……

现在首先得防止的事情是，在考验和选择方面进行新实验，想要继续推进：与之相对抗的是一道双重的城墙：1）启示，2）传统。两者乃是神圣的谎言：把它们虚构出来的知识阶层能很好地理解它们，就如同柏拉图对它们的理解。

启示：这就是主张，那些并不具有人性起源的律法的理性并不是慢慢地和带有失误地被寻求和发现的，相反地，它是一下子由神性传达出来的……

传统：这就是主张，从远古时代起就是这个样子了。够了，对整个民族历史的一种原则性歪曲。（例如，流放之后的犹太人的曲解，——想要误解自己的过去）

1）对律法的批判是邪恶的
2）是不虔诚的，——是一种对祖先的犯罪——人们煽动他们反对自己——

14[214]

女人因为自己的丈夫有游戏或者饮酒的嗜好就把他赶出家门，而不是像对待一个病人那样照料他，这样的女人应当被关进密室禁闭三个月，不让她有花枝招展的打扮（对乔治·爱略特的忠告！）

14[215]

一种行为的自然后果的变形

不再有任何自然后果了:不如说,不顺从将受惩罚,而德性将受奖赏。

幸福、长寿、子孙后代——这一切都是德性的后果,是由永恒的事物秩序促成的——

例如,肮脏不洁受到禁止,并不是因为它的后果有害于健康:相反地,是因为它受到了禁止,它才有害于健康……

* *

所以原则上:一种行为的自然后果,乃是根据某个东西被提供或者被禁止而被描述为奖赏或者惩罚的……

为此就必然地,最大量的惩罚恰恰并不是自然的,而是超自然的、彼岸的、纯属未来的……

* *

所以原则上:任何害处、任何不幸都是过失(Verschuldung)的证明:甚至任何低等的实存形式(例如动物)

世界是完美的:前提是,律法得到了满足。全部非完美性来自对律法的不服从。

* * *

最高的等级作为完美的等级也必须表现出幸福:因此,没有什么东西比悲观主义和愤怒更不恰当的了……

处于劣境而不发怒,不反驳——

禁欲只不过是获得更高幸福、得以摆脱杂多事物的手段

最高的阶层必须维护一种幸福,其代价是表现出无条件的绝对服从,表现出全部对自身的冷酷、抑制和严厉——它希望被当作最值得尊重的一种人,——也希望被当作最值得赞赏的一种人:所

以它不可能需要每一种幸福——

14[216]

律法批判。

这样一种程序的更高理性就是,逐步地把意识从被认为正确的生活中排挤出去:以至于达到了本能的一种完美的下意识动作

——亦即任何一种高超技能的前提条件

——如此这般地行动,是虔诚的、是习以为常的、是正派而高尚者的标志:——剩下的是:

规章的来源、有用性、理性被排挤出意识。

达到这样一种排挤的最本质性的手段就是,其他两个概念以巨大的强力突现出来:两者排除了对律法之来源的真正思索以及对律法的批判……

1)奖赏

2)惩罚

"任何一个根据君王之令来接受一种对违法行为的惩罚的人,都会朝向毫无污点的天空,其纯洁恰如那个始终只行善的人"。

在此绝对地服从,将成为一件关乎最高的自我保存的事情,即成为"不可少的只有一件"的事情……而在此不服从,将被改称为最高的不明智之举——

利己主义被发动起来,其情况是:服从与不服从就如同幸福与最深刻的自我歧视一样对立起来

为此目的,整个生命就将被置入一种彼岸视角之中,以至于它

在极其可怕的意义上被理解为富于后果的……

——相对的不朽乃是巨大的放大镜,为的是闻所未闻地提升惩罚……奖赏概念。

这些智者们并不相信这一点:——要不然他们就不会把它发明出来了……

14[217]

一个等级,它拒不接受全部防御工作和进攻工作,——并且严格地对待"善的"(gut)这个概念……

14[218]

"善人",作为一个颓废产物,他"听天由命",他明白了一切敌对、一切发怒和报复意愿的害处,——他过于软弱,过于神经衰弱,不能胜任此事……

"善人",基于强壮、基于权力充裕,作为支配类型,他为自己选择了一种实存(Existenz),后者为他解除了拥有进攻和防卫情绪的强制性……;他把此类情绪委托给自己的等级……这样一个人现在也按照自己的形象为自己创造了一个"上帝"——

——对他来说,世界也是合理公平的:祸端具有一种教育目的,也即一种惩罚目的……

14[219]

意志软弱:这是一个可能令人误入歧途的比喻。因为并没有什么意志,因而既没有一种强大的意志,也没有一种软弱的意志可言。诸原动力的多样性和离散,其中体系的缺失,就产生出"软弱的意志";在个别原动力的优势地位支配下诸原动力的协调,就产生出"强大的意志";——在前一种情形下,出现的是动荡和重心缺失;在后一种情形下,出现的是方向准确和明晰

14[220]

肯定性的宗教。

对生育行为和家庭的至高敬畏:

人们必须偿还〈他的〉祖先的罪责……

传统的本能,对传统所安置的一切东西的最深刻蔑视……

反对退化的本能……

需要研究的是:所有被合计在一起的东西退化了

  恶习

  精神病。

  晚期麻风病患者

  婊子。

  艺术家。

14[221]

  等级制依据于如下观察:存在着三种或者四种人,他们被指定去从事另一种活动,并且得到了最佳发展,正如这种活动通过劳动分工而为他们全体所应得的那样……

  一种存在作为特权,一种活动亦然

  等级制只不过是对若干个生理类型之间的自然距离(性格、脾

气等等)的认可

——它只不过是对经验的认可,它并不是在经验之前发生的,更没有消除经验……

a) 富有才智的人,(——学者、导师、裁判者、哲学家——)——老师和牧师阶层

b) 肌肉发达的人,武士阶层——军队阶层

c) 〈从事〉商业、农业和畜牧业者——供养阶层

d) 最后,一个低等的(臣服的)土著(种类),被认作奴仆种族。

在这里,预设的前提往往是一种现实的自然分离:等级概念只不过是对自然分离的认可。

家族的神圣性、世代与世代的团结一致是整个构造的前提:——因此,它恰恰必须完全被转渡到彼岸。

人们必须有子嗣,因为唯子嗣才能解救……人们联姻结婚,"是要为祖先赎罪"

14[222]

现代悲观主义者之为颓废者:

叔本华

列奥巴尔迪、波德莱尔

迈伦德①、龚古尔

陀思妥耶夫斯基

---

① 迈伦德(Philipp Mainländer,1841–1876):德国哲学家、诗人。受叔本华哲学影响,因极端悲观主义情绪而自杀。——译注

人们作过一种不体面的尝试,想把瓦格纳和叔本华归到精神病行列中:完全合乎真相的地方,在于人们鲜明地强调了他们这个类型的生理颓废……

14[223]

犹太人丧失了武士和农民这两个阶层,之后他们就努力使自己获得承认

在此意义上,他们是"阉人"

——他们有教士——然后立即有了旃陀罗……

多么合理地,在他们那里就出现了一种决裂,出现了一场旃陀罗起义:此乃基督教的起源。

由于他们只把武士认作自己的主人,他们就把对高贵者的敌意,对贵族、高傲者的敌意,对权势,对统治阶级的敌意带进了自己的宗教里——:他们是愤怒的悲观主义者……

由此他们就创造了一个重要的新职位:居于旃陀罗之顶层的教士——

反对高贵等级……

基督教承担了这一运动的最终后果:即便在犹太教士职位上,基督教也还感受到阶层、特权者、高贵者——

基督教消除了教士——

耶稣基督就是拒绝教士的旃陀罗……这个旃陀罗拯救自己……

所以,法国大革命乃是基督教的女儿和继承者……基督教具有反对教会、反对高贵者、反对终极特权的本能——

14[224]

人们一定不能弄错这一点:首陀罗,一个奴仆种族;很可能是在这些亚利安人扎根的土地上已经被发现的一个较低等的民族……

但旃陀罗这个概念却表达出所有等级的退化:持续不断的渣滓重又在自身当中繁殖

反对它们的是一个种族最深层的健康本能。在这里,强硬(hart)是"健康"的同义词:正是对蜕化的厌恶在此找到了大量道德的和宗教的表达式……

没有什么比这种渣滓的成分更富有教益的了:——古代高雅而深刻的智者知道人们不知道的东西——直至今天!!)

:恶习
疾病
精神错乱 } 乃是生理颓废的征兆。
某些精神素质的
过于神经过敏

他们把艺术家归入颓废者行列……

14[225]

假如必须作出那些形而上学假设的各种理由被废除了,假如人们再也不想统治、教育,再也不想把自己的类型当作最高的和第一位的类型来维护:

假如人们作为旃陀罗来思考事物,那么,人们也许就能重又找到经验和推论的整个链条,后者被那些古人用作他们作出假设的前提:我要说,人们发现了"真理",——但正是在消解一切权威、一切对全部传统的尊重、一切道德偏见的过程中——在这项工作中,我们耗尽了我们继承的道德〈性〉的剩余……

今日科学乃是衡量道德和宗教信仰之没落的一个准确尺度:——如果我们处于我们的智慧的"尽头",那么我们就解体了,——为了认识,我们已经耗尽了所有积极的力量……知识本身确实是昏聩无能的:而且,就"利己主义"而言,我们在一个颓废时代里完全没有把握去要求我们的优势:原动力太过强大了,以至于效用不能成为主导性观点了——在此情形下,"利他主义"、对所有情感和状态的共同经历和感受,更多地是一种严重的疾病:这就是旃陀罗的良知,一种与快乐联系在一起的虚弱……

14[226]

创造出一种道德、一部法典的那个东西,那深层的本能,直觉到唯有下意识的动作(Automatismus)才使生命和创造中的完美性成为可能……

但现在,我们已经达到了相反的点,是的,我们本来就意愿达到这个点——那就是最极端的意识,人类和历史的自我洞察……

——因此,我们实际上最远离于存在、行为和意愿方面的完美性:我们对于认识的欲求、我们求认识的意志本身,乃是一种巨大的颓废的征兆……我们追求的是强壮种族、强壮天性所意愿的东西的反面

——概念把握(Begreifen)就是一个终结……

科学在这种意义上是可能的,正如人们今天所从事的科学,这就证明,所有基本的本能,生命的正当防卫本能和保护本能,不再起作用了——

我们不再聚敛,我们挥霍祖先的资产,同样也以我们的认识方式——

14[227]

人们滥用了一个任意的、在任何方面都偶然的词语,即"悲观主义"一词,后者就像一种传染病一样蔓延开来:人们在此忽略了真正的难题,即我们生活在我们本身之所是中——

关键不在于谁有权利,——要追问的是,我们何所归属,我们是否属于被判刑者、衰败产物……在此情形下,我们是以虚无主义方式作了判断。

人们把两种思维方式相互对置起来了,就仿佛它们必须在真理问题上互相争吵似的:而实际上,两者只不过是各种状况的征兆,它们的斗争证明了一个基本的生命问题的现成存在——而不是一个哲学家问题的现成存在。我们何所归属?——我们是①——

---

① 未写完的问句。——译注

[15. 1888年春]①

15[1]

现代价值批判。

自由的制〈度〉

道德利他主义。

社会学。

卖淫

婚姻

罪犯

15[2]

"上升的"生命与下降的生命：两者表达出它们对价值表的最高需要。

何以人们相信的最高价值统一———

15[3]

在连小孩都会犯罪的所有情形当中：对于慢性病人和三等神

---

① 相应的手稿编号为：W II 6a。——译注

经衰弱患者——在那里一般地对性欲行使否决权,其结果只会产生不能实现的愿望(——这种欲望在此类失败者那里甚至往往具有一种令人作呕的兴奋性)——对这些人必须提出要求,就是要防止生育。社会并不知道如此迫切而根本的要求。在这里,不仅那种蔑视,那种社会的寡廉鲜耻声明,就足以充当抑制一种卑下的性格懦弱的手段了:人们可以不顾及阶层、等级和文化,动用最严厉的财产惩罚,有时甚至动用剥夺"自由"、禁闭隔离的办法,来对付此种犯罪行为。把一个小孩生到这个世界上(那样一个连人们自己都无权在其中存在的世界),那是比自尽更为恶劣的事。生小孩的梅毒病人为整个错误生活的链条给出了原因,他提供出一种反对生命的抗辩,他是一位行为悲观主义者:实际上,他把生命的价值降低到不确定的水平上了。——

15[4]

人们不能取缔卖淫;甚至有理由希望人们不要把卖淫制度废除掉。因此——人们应当使卖淫高尚化:——我希望人们能懂得这个"因此"?然则某物变得可鄙,这取决于什么呢?取决于它受到长期的鄙视。人们且停止鄙视妓女吧:这样一来,她们就不再有理由鄙视自己了。说到底,在这个问题上,所有别的地方都已经比我们这里做得更好:在整个世界上,卖淫都是某种清白而单纯的事情。在有的亚洲文化里,卖淫甚至享有高度的光荣。这事根本没有无耻一说,唯有通过基督教的反自然,才把无耻强加到卖淫上了,而这种宗教本身还玷污了性欲!……所谓下流女人(La fille canaille)乃是一种基督教特产:而欧洲是有利于它生长的土壤,欧洲的大城市就是其最高级兴旺发达的场所……——问题：哪些条件给予新德意志帝国的首都一种艺术上的优越性，致使姑娘们堕落呢？……一个合法的问题：可是人们羞于用德语来回答……

15[5]

      哲学批判。

哲学何以是一种颓废现象：   苏格拉底、皮浪。
哲学家对于感官的特异反应性：
  他们的"真实世界"
哲学家之为道德家：他们削弱了道德自然主义。
  批判道德改良。
    懊悔
    同情的哲学
  哲学家与信念。
  真实世界如何成了谎言。

              艺术批判。

      宗教批判。

宗教。
  它的起源。   危险的误解
  关于上帝概念的历史。
  异教。基督教。
  基督教理想
  基督教的危害。

15[6]

一

瓦格纳艺术的爆发：它始终是我们艺术中最后的伟大事件。从此以后到处都变得多么火山般热烈呵！首先是十分响亮：今天人们再也不像从前那样为了听懂它而拥有耳朵了！……人们拥有耳朵，差不多是为了不再能听懂什么！……瓦格纳本人首先就还是未被理解的。他始终还是一个 terra incogita[未知的国度]。此间人们爱慕着瓦格纳。人们也想理解他吗？典型的瓦格纳崇拜者，一个在任何方面都有四个角的人物，是相信瓦格纳的：显然也相信一个四角的瓦格纳……不过，瓦格纳除了是四角的，可以是其他所有东西：瓦格纳是"瓦格纳式的"（Wagnerisch）。我曾问自己，是不是已经有过某人，十分现代、病态、复杂而扭曲，足以被看作是为瓦格纳问题作好了准备？充其量是在法国：例如波德莱尔，也许还包括龚古尔兄弟。《福斯丁》的作者们无疑会猜度到瓦格纳身上的若干东西……但他们身上没有音乐细胞。——人们已经明白了音乐家统统都不是心理学家吗？在他们那里，这种"在此不想知道"（das Hier-*Nicht*-wissen-wollen）属于手艺，也可以说属于他们的手艺的天才……倘若他们理解了自己，那他们就不会再信任自己了……人们并非徒然地向概念和词语道别：人们想要深入到无意识之中……由此得出某种令人忧伤的东西：要么某人是音乐家：而这时他就理解不了音乐家先生们（包括他自己）了——但也许理解音乐。要么他却是心理学家：而这时他很有可能不能充分理解音乐，因而也就不能理解音乐家先生们了……这是自相矛盾。

而且因此,关于贝多芬就如同关于瓦格纳这位音乐家,迄今为止就还只有一堆废话。——

二

　　幸亏瓦格纳只有极小部分是音乐家:整个瓦格纳乃是某种不同于音乐家的东西,甚至可以说还是音乐家的对立面。在他身上,德国人白捡了迄今为止存在过的最杰出的演戏和戏剧天才。如果人们不是从这个方面去理解瓦格纳,那就根本理解不了他。是不是瓦格纳恰恰就以这种本能才成为德国式的呢?……但情形显然相反。德国人得到的伟人们乃是他们自己的法则的特例,甚至是对立面:贝多芬、歌德、俾斯麦、瓦格纳——我们的最后四位伟人——:人们可以从他们身上推论出最严格的东西,后者根本就不是德国式的,是非德国的、反德国的……

三

　　瓦格纳根本谈不上什么音乐家,以至于可以说,他牺牲了所有音乐的定律,更明确地讲,就是牺牲了音乐的一般风格,目的是从中搞出一种修辞,一种表现手段,一种强化、感应、心理诗情画意的手段。瓦格纳音乐,并非从戏剧外观和戏剧实质出发来估价,而是作为音乐本身,它简直就是坏音乐、非音乐(Unmusik);我还不知道有谁不明白这一点的。当天真幼稚的人们宣布说瓦格纳创造了音乐的戏剧风格时,他们还以为是对他表达了某种敬意呢。开门见山地说,这种"戏剧风格"把失去风格、违反风格、风格无力搞成了原则:如此看来,戏剧音乐就只不过是"所有可能音乐中最坏的音乐"的同义词了……如果人们想从瓦格纳身上弄出一位音乐家来,那么人们就冤枉他了。

四

瓦格纳的音乐本身是不堪忍受的:为了摆脱掉这种音乐,人们需要戏剧。而这样一来,人们就一下子理解了那种魔法,那种还能以一种仿佛支离破碎而又被弄成基本元素的技巧来加以实施的魔法!关于音乐效果方面的所有基本元素,瓦格纳具有一种几乎令人毛骨悚然的意识:人们可以毫不夸张地把他称为最伟大的催眠大师,即便对于我们这个母鸡和巫师的时代亦然。他活动,他寻觅,他徘徊,他作出手势:——他被理解了……女人们已然冷漠了……瓦格纳作为音乐家从未从无论何种音乐家良知出发进行盘算,他要的是一种效果,他是根据戏剧的透镜来考虑的……对他来说,最矛盾的莫过于贝多芬音乐的独白式的隐秘神性、寂寞的自我鸣响,甚至发音中的羞怯之心……瓦格纳乃是毫无疑虑的,就像席勒是毫无疑虑的,就像所有戏剧家是毫无疑虑的:或许他需要听众相信恰恰是在听这样一种不同的音乐——他制作这种音乐。在我们看来,他就是在制作这种音乐:我们这些怪物本身受到了欺骗……然后我们就完全明白我们已经受了欺骗:但这个"然后"(Hinterdrein)与一位戏剧艺术家有何相干啊!……他具有自己的时刻:瓦格纳非得说服什么。"在瓦格纳那里,根本就没有真正的对位法"——这个"然后"如是说。但又是为何呢!我们在剧院里面,只要相信有这出戏也就够了……

五

瓦格纳艺术的效果是深刻的,尤其是沉重的:原因何在呢?正如上述,原因首先不在于音乐:倘若人们不是为某个他物所征服,而且可以说变成不自由的了,那么,人们甚至就受不了这种音乐。这里所谓的他物就是瓦格纳的激情(Pathos),他只是通过虚构把自己的音乐添加到这种激情上了。正是这种激情的巨大说服力,它的紧张屏息,它再也不想放过一种极端情感的意愿,正是这种激情的令人恐惧的长度,使瓦格纳得以战胜我们,而且将永远地战胜我们:——以至于他最终仍然会说服我们去接受他的音乐……有了这样一种激情,人们是不是就成了一个天才呢?抑或也只不过是可能成为一个天才了?……有时候,所谓一位艺术家的天才,人们把它理解为艺术家在法则支配下的至高自由,艺术家神性般的举重若轻。难道人们可以说:"瓦格纳是沉重的、忧郁的:因而——就不是一个天才?"但也许人们轻佻地对待上帝类型是不公的。——另一个问题(对之显然有一个更确定的答案)就是:是否瓦格纳恰恰以这样一种激情而成为德意志的?是不是一个德意志人?决不是!而毋宁说,那是所有特例中的一个特例……!

六

瓦格纳的敏感性不是德国式的:更具德国性质的是他的精神和智慧特性。我完全知道,为什么德国青年们能够以一种无可比拟的方式在瓦格纳那里获得勇气,置身于瓦格纳精神方面的深度、多样性、丰富性、任意性、不确定性之中:这样一来,他们就完全获得了自身!他们欣喜地听到,伟大的象征和谜团从极远处而来与柔和的雷声一起鸣响。如果偶尔显得苍白、恐怖和冷酷,他们并不会感到愤怒:他们其实毫无例外都与坏天气、与德国的天气有着亲缘关系!……他们并不惦念我们其他人惦念的东西:诙谐、火气、优美;伟大的逻辑;放纵的智慧;安静的幸福;炽热的天空,连同它的星座和光的战栗……

七

瓦格纳的敏感性不归于德国:人们又在瓦格纳的近邻、法国浪漫主义者那里碰到了这种敏感性。无论如何,正如瓦格纳所理解的那样,激情都是"激情的自由思想"的对立面,用席勒的话来讲,就是德国浪漫派敏感性的对立面。席勒是德国式的,正如瓦格纳是法国人。瓦格纳的主人公,他的黎恩济、唐豪瑟、罗恩格林、特里斯坦、帕西法尔——毫无疑问都是有血有肉的——而且肯定不是德国的血肉!而且如果他们恋爱起来,这些主人公们,——他们会爱上德国姑娘吗?……对此我是怀疑的:不过我更怀疑,他们径直会爱上瓦格纳的女主人公们:那是怎样一个可怜的民族,怎样一个为巴黎心理学家们形形色色的神经症-催眠-色情实验准备的标本啊!也许人们已经注意到,她们当中从来没有一个生儿育女的?——是她们不能生啊!……

八

人们今天依然极少愿意承认,瓦格纳是多么需要感谢法国,他本身是多么向往巴黎。一位艺术家身上伟大风格的雄心壮志——在瓦格纳那里,甚至这种雄心壮志也还是法国式的……还有伟大的歌剧！还有与梅耶贝尔的赛跑！甚至还有与梅耶贝尔手法的赛跑！这方面有什么是德国的呢？……最后倒是让我们来考量一下关键所在:瓦格纳艺术家气质的特征是什么呢？是历史主义,是出风头,是卖弄的艺术,是追求为效〈果〉而效果的意志,是演奏、表演、模仿、扮演、示意、装假的天才:这难道是某种艺术样式中的德国式天赋吗？……在这个我们太过明白的地方,我们一直都是有自己的软肋的——而且,我们不愿意设想来自这种软肋的任何骄傲！……而这就是法国的天才啊！……

15[7]

浪漫派

自然主义

15[8]

进步。　　　　　　VI

我们不要自欺！时光向前飞跑,——我们会认为,时间中的万物也在向前飞跑……发展就是一种向前发展……这是诱惑着最深思熟虑的人们的表面现象。然而,十九世纪相对于十六世纪并不就是一种进步;1888年的德国精神对于1788年的德国精神来说是一种倒退……"人性"并不进步,它甚至并不实存……总角度就是一个巨大的实验工场的角度,在那里有的成功了,消散于所有时代,而极大部分失败了,没有任何秩序、逻辑、联系和约束力……我们如何能否认,基督教的兴起是一场颓废运动？……德国的宗教改革是基督教暴行的一次复发？革命摧毁了追求伟大组织的本能、一个社会的可能性？……相对于动物,人并不构成一种进步:与阿拉伯人和科西嘉人相比较,这个文化中娇生惯养的人是一个怪胎;中国人是一个发育良好的类型,亦即比欧洲人更有持久能力……

15[9]

耶稣:陀思妥耶夫斯基

我只知道一位心理学家,在他生活过的这个世界上,基督教是可能的,任何时候都可能出现一位基督……那就是陀思妥耶夫斯基。他猜到了基督:——而且本能地,他还尤其小心翼翼,提防用勒南的庸俗去设想这个基督类型……还有,在巴黎,人们还以为勒南忍受了太多的诡计!……然而,当人们把本身是一个白痴的基督评价为一个天才时,当人们谎称其实与一种英雄感对立的基督是一位英雄时,难道还能有比这种做法更恶劣的失误吗?

15[10]

什么是悲剧性的。

我再三指出过亚里士多德的大误解,他以为在两种沮丧的情绪即恐惧和同情中认识了悲剧情绪。倘若他是对的,那么,悲剧就会是一种危害生命的艺术了:人们就必得提防悲剧,犹如要提防某种损害公众和声名狼藉的东西。艺术通常是生命的伟大兴奋剂,是一种对生命的陶醉,是一种求生命的意志;而在这里,

[15.1888年春]

它效力于某种下降运动,仿佛是作为悲观主义的奴婢,成了危害健康的。(——因为说人们是通过激发这些情绪来"涤除"这些情绪,就像亚里士多德所相信的那样,那完全是不真实的。)某种通常激发恐惧或者同情的东西,是具有瓦解、弱化、使人沮丧的作用的:——而且,叔本华有权说,假如人们必须从悲剧中取得听天由命的断念(Resignation),也即温顺地放弃幸福,放弃希望,放弃求生命的意志,那么,人们由此就设想了一种艺术,一种使艺术自我否定的艺术。于是乎,悲剧就意味着一种消解过程(Auflösungs-prozeß),即在艺术本身的本能中自我摧毁的生命本能。基督教、虚无主义、悲剧艺术、生理颓废:它们携手并进,在同一时刻取得了优势,相互驱动着向前——实即向下!……悲剧就成了衰落的征兆。

　　对于这样一种理论,我们可以用极其冷酷的方式来加以驳斥:其做法就是,借助于测力计来测量一种悲剧情绪的效果。而且,我们得出的结论在心理学上最后只能否认一个体系学者的绝对谎言——我们的结论就是:悲剧是一种 tonicum[力量滋补剂]。如果说当叔本华把总体沮丧(Gesammt-Depression)设定为悲剧状态时并不意愿理解,如果说叔本华是要使希腊人(——颇令他恼怒的是,这些希腊人并没有"听天由命地断念"……)明白,他们并没有处于世界观的高地上:那么,这就是一种偏见(parti pris)了,是体系逻辑,是体系学者的伪造了——它属于那些恶劣伪造中的一种,它一步一步败坏了叔〈本华〉的整个心理学(:正是这个叔本华,任意而粗暴地误解了天才、艺术本身、道德、异教、美、认识,差不多就误解了一切

亚里士多〈德〉

亚里士多德想要把悲剧视为涤除同情和恐惧的泻药,——视为两种过度积聚起来的病态情绪的一种有益发泄……

其他情绪也起滋补作用:但唯有两种沮丧的情绪——因而是特别有害和不健康的情绪——即同情和恐惧,在亚里士多德看来应当通过悲剧排除出去,犹如通过泻药把两者排出去:通过激发这些过度的危险状态,悲剧使人摆脱此种状态——使人变善。悲剧作为一种对付同情的治疗法(Cur)。

15[11]

您是今天使音乐合我心意的唯一一位音乐家:您理当得到我心里对今天的音乐所想的一切么?

对瓦格纳音乐的兴趣会丢人现眼。我说这话,是因为我就是这样子的,——我已经丢人现眼过了。

15[12]

关于瓦格纳批判。

瓦格纳的音乐是反歌德的。

实际上在德国音乐中并没有歌德,正如在德国政治中缺失歌德一样。与之相反,在贝多芬身上有多少席勒气,更准确地讲,有多少狄克拉气呵!

大量的市侩气,大量的涂脂抹粉:

瓦格纳没有思想,恰如维克多·雨果。但他擅长用符号代替思想,以此来恐吓我们———

我寻找瓦格纳艺术带来的极端衰竭的原因

变化多端的外观:

生理上的抵触:

  呼吸

  行走

不断的夸张:

专横的隐秘意图:

通过恐吓手段对病态神经和中枢的刺激:

他的时间感

412

15[13]

一个序言

  我感到幸运,甚至也感到光荣的是,在整整几个世纪的迷惘和混乱之后,我重又找到了通向一种肯定和否定的道路。

  我教诲人们要〈对〉一切使人虚弱——令人衰竭的东西持否定态度。

  我教诲人们要肯定一切使人强壮、积蓄力量、令人骄傲———

  迄今为止,人们既没有教授过前者,也没有教授过后者:人们教授的是德性、非自我化、同情,人们教授的甚至是生命的否定……这一切都是衰竭者的价值。

  一种对衰竭生理学的长期思索迫使我提出如下问题:衰竭者的判断在多大程度上深入到价值世界之中了。

  即便对我这样一个已经对几分陌生的世界十分内行的人来说,我的结果也是最令人惊异的:我发现,所有最高的价值判断,所有已经主宰了人类、至少是主宰了已经变得温顺的人类的最高价值判断,都可以归结于衰竭者的判断。

我首先必须教授的是,犯罪、禁欲(Coelibat)、疾病乃是衰竭的结果……

我以最神圣的名义把那些毁灭性的倾向提取出来了;人们把令人虚弱、教人虚弱的人、传染虚弱的东西称为上帝……我发现,所谓"善人"乃是颓废的一种自我肯定形式。

413 关于那种德性,叔本华还教诲说,它是最高的德性,唯一的德性,是一切德性的基础:正是那种同情,〈我〉把它认作比任何一种恶习都更为危险的。从根本上把物种选择、使物种脱离残渣的净化过程交织在一起——迄今为止,这被叫做卓越的德性……

这个种族已经腐败了——不是由于自身的恶习,而是由于自己的愚昧无知:它之所以腐败了,是因为它没有把衰竭理解为衰竭:生理学上的种种混淆之所以是一切祸端的原因,〈是因为〉它的本能受到衰竭者的诱使,去把自己最佳〈的东西〉掩盖起来,并且丧失了重点……向下倒塌——否定生命——这也应当被看作上升、美化、神化

德性乃是我们最大的误解。

问题:衰竭者如何得以制定价值的律法?

换种问法:那些最后的人如何取得权力?……要认清历史啊!人这种动物的本能何以颠三倒四了?……

我希望把"进步"概念准确地表达出来,而且担心我为此就必须当面戳穿那些现代理念(——我的慰藉在于,它们根本就没有什么脸面,而只有假面具……

人们截去病肢:社会的第一道德。

本能的一种校正:使它们摆脱愚昧无知……

我蔑视那些人,他们要求社会稳当地阻止自己的有害分子。这是远远不够的。社会是一个躯体,如果它根本上想要不遇到危险,那么它身上就不能有任何肢体得病:一个腐烂的病肢是必须截掉的:我会叫出社会中可切除的类型的名字……

人们应当对厄运保持敬意:厄运对弱者说:毁灭吧……

人们把下面这回事称为上帝,即:人们抵抗厄运,——人们败坏人类,使人类腐朽……人们不应该徒然无益地动用上帝之名……

我们已经宣布了,几乎所有心理学的概念都是无效的,而迄今为止心理学的历史——也即哲学的历史!——都系于这些概念

我们否认有意志(更不消说"自由意志"了)

我们否认意识,诸如作为统一体和能力的意识

我们否认思想活动(:因为我们没有进行思想的东西,同样也没有被思想的东西

我们否认在各种想法之间有一种实在的因果关系,就像逻辑学所相信的那样

本书反对所有自然的颓废类型:我极其广博地深思了虚无主义现象

亦即天生的毁灭者———

15[14]

原谅我吧！这都是1830年的老游戏了。瓦格纳相信爱情，如同这个疯狂而放纵的年代的全体浪漫主义者一样。其中还留下什么呢？这种对爱情的荒唐神化，以及此外也包括对放荡行为，甚至犯罪的荒唐神化——这在我们今天看来是多么错误啊！首要地，是多么恶浊、多余啊！我们已经变得更严厉了，更冷酷、更不耐烦地对待此种庸俗心理学了，后者甚至还因此自以为是"理想主义的"呢，——我们甚至对这种"美好的情感"的谎言和浪漫主义采取了犬儒态度——

15[15]

为了在今天还能相信瓦格纳的那些个问题，人们只需是已经落伍的（或者说倒退的）！根本就谈不上瓦格纳的女人们了！

这就是一切病态的民族，具有其全部自夸的肌肉系统……您们觉察到向来就没人生孩子吗？您们不能这样做……而且如果存在着一个特例，那么，为了使这个特例成为可信的，瓦格纳要采取什么呢？……您们是知道这一点的——唯在这个问题上，瓦格纳纠正了古老的传说……

抑或，您们受得了瓦格纳的英雄们？所有这些不可能的人物，就如同瓦格纳把他们搬上舞台并且为他们谱上曲子一般？他们具有来自远古时代的肌肉和来自未来的神经？英雄的，同时也是——神经质的！任何生理学对此都会说：这是错误的啊!

可是——他由此把年老和年轻的女人们撇在一边了:后者喜欢此类英雄,——后者也许也喜欢不可能的东西……

无论如何,她们都喜欢金发圣徒,帕西法尔类型,——一切包含着先在感性的东西……但这样一个个案却激发出多少敏感的好奇心啊!它允许有多少迎合迁就的态度啊!……简言之,博马舍把他的谢吕班①赠送给女人们,瓦格纳——他的帕西法尔②……更聪明者——

15[16]

瓦格纳作为典范。

瓦格纳作为危险。

瓦格纳与犹太人

瓦格纳的"女人":他只晓得歇斯底里的女人房间。为什么恰恰在这里,幻想总是成为不可能的呢?

瓦格纳与戏剧形式

瓦格纳与法国的关系——"欧洲的"

瓦格纳与基督教和文化的关系:

——浪漫主义者和虚无主义者——

典型的变化,与那种通常向基督教的最后回归一道。

---

① 谢吕班(Cherubin):博马舍剧作《费加罗的婚礼》中的人物,剧中阿尔玛维瓦伯爵的侍童。——译注

② 显然为断句,意思可推为:瓦格纳则把他的帕西法尔赠送给女人们。——译注

15[17]

基督教……
绝对确定的否定……

您们知道,就他的帕西法尔来说,我出于另一个原因是不会原谅瓦格纳的。这乃是一个有关正直性的问题——而且如果您们愿意的话,这就是一个有关等级秩序的问题。有人属于此,有人属于彼,视情况而定。

今天谁如果在对基督教的态度方面变得模棱两可,我就不只给他我双手的最后几个手指。在此只有一种诚实性:一种无条件的否定,一种有关意志和行为的否定(Nein)……谁还能向我指明某种比基督教更受驳斥的东西,某种如此确定地受所有更高的价值感校正的东西呢?已经认识到了基督教的诱惑之为诱惑,认识到了基督教的大危险、通向虚无之路(后者善于表现为通向神性之路)——把这种永恒的价值认作诽谤者的价值——要不然,是什么构成我们两千年前的骄傲和荣耀呢?……

15[18]

哲学家
严肃态度。

*　　*

还有一切伟大的严肃态度——难道它本身不就是疾病吗?以及一种第一位的丑化?

对于丑恶之物的感觉在严肃态度出现之时也苏醒了;当人们

严肃对待事物时,人们已经使事物变得畸形了……

人们可以严肃地对待女人:而最美的女人立即会变得多么丑陋不堪啊!……

* *

在此要保持严肃是困难的。置身于这些难题当中,人们不会成为报丧者……独特的德性身上是有表情的,表明人们为了仍然守住自己的尊严而必定会消化不良。

* *

嘲笑——大致不差,如果说不是对此类问题的最聪明的回答,也是最明智的回答了……

15[19]　　　　　　　　　　　　　　　基督教

迄今为止,人们总是以一种错误的、不只是畏缩的方式攻击基督教。只要人们并不认为基督教的道德是对生命的重大犯罪,则生命的辩护者就有好戏了。关于基督教的"单纯真理"的问题,不论是着眼于基督教上帝之实存,还是从基督教的形成传奇的历史性来看——更不用说基督教的天文学和自然科学了——,只要没有触及基督教道德的伦理问题,那就还是一件十分次要的事情。基督教道德有什么用处吗?抑或尽管有着诱惑艺术的种种神圣光环,但这种道德却是一种亵渎和耻辱?对于真理问题来说,存在着各式各样的隐匿之所;而且,最虔信者最后可以动用最不虔信者的逻辑,以便为自己创造一种权利,得以把某些事物当作无可反驳的来加以肯定——也就是把它们当作超越一切反驳手段的东西(——在今天,这种窍门就叫"康德的批判哲学"——

15[20]

有关计划。

1. 真实世界与虚假世界。
2. 哲学家作为颓废类型
3. 宗教作为颓废的表达
4. 道德作为颓废的表达
5. 反运动:为什么它们总是败北。
6. 我们的现代世界归属何方,属于衰竭还是属于升起?——它的多样性和骚动不安是受意识的最高形式限定的
7. 权力意志:对求生意志的意识……
8. 未来的疗救术。

8:600 | 70页
   56
  ———
   40

关于1)"真实世界与虚假世界"

1)这样一种并置使"虚假世界"降级
2)再考虑一下:借此或许未必会把虚假世界降级。

15[21]

贞洁。   VII

在印度教士的情形当中,我们不仅要考虑全体教士所特有的那种对于感性的仇恨(——因为在这一点上他们是一致的:他们因

而就把感性视为个人的敌人)。本质性的东西是,在这个方面,唯有一种极端的严酷无情才能维护他们所缔造的全部秩序的基础,诸如等级概念、等级距离、等级纯洁性……

他们要求婚姻,怀着极严厉的态度,他们类似于中国人,处于欧洲式松弛的相对一极:——他们把生个儿子视为一种宗教义务,他们使个人在彼岸的得救取决于生个儿子。人们没有充分重视这样一种信念,一种更有价值和更严肃的信念,其价值和严肃性比诸如基督教所具有的信念高出百倍。在后一种情形下,婚姻是作为coitus[性交]而得到考虑的,此外无他——作为一种对人类虚弱状态的妥协以及作为淫乱的权宜之计。

15[22]

对于这种所有可能的坏音乐中最坏的音乐,对于这种一拍一拍向前冒险推进的不安和畸形(它可能意味着激情,实际上却是最低层次的审美粗野化),我是毫无怜惜之心的:在这里,我们必须作一了断了。

15[23]

文艺复兴与宗教改革

文艺复兴证明了什么呢?证明了"个体"的王国只可能是短暂的。浪费太大了;连积累、资本化的可能性都没有,接踵而来的是衰竭。那是这样一些时代,在那里,一切都被挥霍掉了,连人们借以积累、资本化、积聚财富的力量本身也被挥霍掉了……连此类运动的敌人也不得不无谓地浪费力量;他们即刻也就耗尽了精力,变得空虚无聊了。

在宗教改革中，我们找到了意大利文艺复兴运动的一个混乱而粗俗的对立面，起于类似的原动力，只不过宗教改革在落后、粗野的北方不得不披上宗教的外衣，——在那里，更高的生活这个概念尚未脱离宗教生活的概念。

个体也想借宗教改革求得自由；"人人皆为自己的教士"也只不过是放荡生活（Libertinage）的一个公式而已。实际上有一个说法就够了——即"福音自由"（evangelische Freiheit）——而且一切有理由隐而不显的本能就像野狗一样冲出来，极其粗暴的需要一下子获得了对于自身的勇气，一切似乎都是完全合理的……人们小心提防，不想知道人们根本上指的是何种自由，人们视而不见……然而，人们闭上双眼，用狂热的说辞来湿润双唇，这并没有阻止人们在能抓住某物的地方采取行动，并没有阻止人们把肚子变成"自由福音"的上帝，并没有阻止复仇欲和嫉妒欲在贪得无厌的愤怒中得到满足……这种情况持续了一阵子；然后就出现了衰竭，与在南欧出现的衰竭完全一样；而且在这里又出现了一种粗野的衰竭，一种普遍的 ruere in servitium［甘受奴役］……有伤风化的德国世纪到了……

15[24]

把印度教法典与基督教法典作一番比较，这是无可回避的事情了；为了把整个基督教试验中的不成熟和半吊子性质记在心上，没有更佳的手段了。

15[25]

IX

如果通过整个世代系列的操练,道德仿佛已经被储存起来了——也就是高雅、谨慎、勇敢、公正——,那么,这种被积累起来的德性本身的总体力量就会散发到那个极少有正直性的领域里,散发到精神领域里。

在所有意识中都表达出有机体的一种扞格不入:应当尝试某种新东西了,已经不足以应付了,出现了艰难、紧张、过度刺激——这一切恰恰就是意识……天才处于本能中;善也一样。只要人们本能地行动,就是完美地行动。即便从道德上看,一切有意识地发生的思想都是一种单纯的试验,多半是道德的对立面。当思想家开始推理时,科学的正直性总是被公布出来了:人们要做试验,人们要使最有智慧的人来谈论道德,以此来推敲他们……

可以证明,一切有意识地进行的思想也都将表现出一种更低的道德性程度,比那种由其本能引导的思想低得多。

在哲学家中间,最罕见的东西莫过于理智的正直性:也许他们讲的是反面,也许他们就相信反面。可是,他们整个手艺都带着一点,即他们只允许有某些真理;他们知道他们必须证明什么,他们作为哲学家几乎就靠着他们对这些"真理"的一致看法来认识自己的。举例说,其中就有道德的真理。然而,对道德的信仰还不是一种对道德性的证明:有时候,这样一种信仰简直就是一种非道德性——哲学家的情形即属此类。

15[26]

今天,在德国精神的葡萄园里住着犀牛(Rhinoxera)

15[27]

今天的博学青年在他们的胸脯上喝着科学之奶,那些教授们和其他更高等的乳母们

15[28]

在任何时候,人们都把"美好的情感"视为论据,把"高耸的胸脯"视为神性的风箱,把信念视为"真理的标准",把敌人的需要视为关于智慧的问号:这种虚妄、伪造贯穿了整个哲学史。除去那些可敬的、但却少得可怜的怀疑论者,无论哪里都没有表现出一种理智正直性的本能。到最后,康德依然毫无恶意地力求用"实践理性"概念把这种思想家的腐败科学化:他专门虚构了一种理性,用来说明在何种情形下人们无〈需〉为理性而忧虑了:也就是当心灵的需要发言之际,当道德、义务发言之际

15[29]

颓废 X

不能把道德的两个类型混为一谈:有一种道德,是依然健康的本能借以抵御正在开始的颓废的道德——而另一种,恰恰是这种颓废借以表述自身、为自身辩护、并且使自身衰落的道德……前者通常是斯多亚式的、强硬的、专横的——斯多亚主义本身就是这样

一种障碍道德——而后者则是狂热的、伤感的、充满神秘感的,它赢得了女人们和"美好的情感"。

15[30]

颓废

"解脱一切罪责"。

人们在谈论社会契约的"深度不公":就仿佛这人生于有利的环境、而那人生于不利的环境,这样一个事实自始就是一种不公正;或者甚至于,就仿佛这人生来有这样一些性格、而那人生来有那样一些性格,这个事实自始就是一种不公正了。在此类社会敌人当中的最正直者公然宣布:"我们本身就具有我们所承认的全部恶劣的、病态的、犯罪的性格,那只不过是强者对弱者的一种世俗压迫的必然结果";他们把自己的性格推诿给统治阶级的良心了。而且,人们进行威胁、发怒、诅咒;人们由于愤怒而变成有德性的——,人们不愿徒然成了一个坏人、一个流氓(canaille)……这样一种姿态,我们最近几十年的一个发明,据我所知,也被叫做悲观主义,而且是愤懑的悲观主义。这里提出了一个要求,要求我们对历史进行审判,剥去历史的宿命外衣,发现历史背后的一种责任、历史当中的罪责者。因为此乃关键所在:人们需要承担责任的罪责者。形形色色的失败者、颓废者反叛自己,而且需要牺牲者,为的是不至于消除自己身上毁灭的渴望(这本身也许有自己的理由)。为此他们就必须有一种公正的假象,也就是必须有一种理论,根据这种理论,他们就可以把自己实存(Existenz)的事实、自己如此这般存在的事实,推卸给某个替罪羊了。这个替罪羊可能是上帝——在俄罗斯就不乏此类出于怨恨之心的无神论者——或者可能是社会制度,或者可能是教育和课堂,或者可能是犹太人,或者也可能是高贵者以及无论何种成功者。"在优越条件下出生乃是一种犯罪:因为这样就剥夺了其他人的继承权,把其他人撇在一边了,使他们注定形成恶习,甚至使他们注定要承担苦役"……"我有何过错,要过这种悲惨生活!但必定有谁是有过错的,要不然就受不了了!"……简而言之,愤懑的悲观主义要虚构责任,目的是要为自己创造一种舒适感——复仇……"比蜂蜜更甜蜜",老荷马早就这样说了。——

二①

这样一种理论再也得不到理解了,可以说受到了鄙弃,这一点弄出了基督教这出戏,后者依然隐藏在我们大家的血液中:以至于我们之所以对事物采取宽恕态度,只是因为事物远远地散发出某种基督教气息……社会主义者向基督教本能发出呼吁,这还算是他们最精细的聪明罢……从基督教出发,我们已经习惯于"灵魂"这个迷信概念了,习惯于"不朽的灵魂",习惯于灵魂单子(Seelen-Monade),后者本来完全是待在别处的,只是偶尔落到这些或者那些环境里,可以说是堕入"尘世",变成了"肉身":可是其本质并没有因此受到触动,更遑论受到限制了。对于灵魂来说,社会的、亲缘的、历史的关系都只是时机而已,也许还是窘境;无论如何,灵魂都不是此种关系的作品。藉着这种观念,个体就变成超验的了;根

---

① 此节原文只有序号"二"。——译注

据这种观念,个体可以赋予自己一种荒唐的重要性。实际上,唯有基督教才挑起个体,使之以凌驾于一切的法官自居,自大狂差不多成了个体的义务:确实,它是要提出针对一切时间性的和有条件的东西的永恒权利!国家算什么嘛!社会算什么嘛!历史法则算什么嘛!生理学算什么嘛!在此发言的是一种生成之彼岸,所有历史学中的一种不变之物;在此发言的是某种不朽的东西,某种神性的东西,一种灵魂!另一个同样疯狂的基督教概念还更为深远地传入现代性的血肉之躯中了:此即上帝面前灵魂平等的概念。在此概念中,已然蕴含了有关平等权的所有理论的原型:人们已经教导人类首先以宗教的方式结结巴巴地说出平等定律,后来人们就从中为人类弄出一种道德来;而且并不奇怪,人类最后就要严肃对待平等定律,把它付诸实践了!可以说是用政治的、民主的、社会主义的、愤懑的悲观主义的方式……

　　凡是找到了责任承担者的地方,处处都有在那里寻找的复仇本能。几千年来,这种复仇本能一直如此这般地主宰了人类,以至于整个形而上学、心理学、历史观念、而尤其是道德,都是以这种复仇本能为标志的。哪怕只有人思考得那么深远,他也已经在同样程度上把复仇的病菌拖到事物中了。人甚至以此使上帝得了病,人使一般此在(Dasein)丧失了自身的清白:其做法是,人把任何一种如此这般的存在(So-und-So-sein)都归结为意志、意图、责任行为了。整个意志学说,迄今为止心理学中这样一种最严重的伪造,本质上是为了复仇的目的而被虚构出来的。正是惩罚的社会功利性保证了惩罚概念的尊严、权力、真理。更早的心理学——意志生理学——的创始人,人们要到那些掌握着惩罚权的阶级中去寻找,尤其是要到处于最古老集团之顶层的教士阶级当中去寻找：他们想要为自己谋求一种复仇的权利——或者是想为上帝谋求一种复仇的权利。为了这个目的，人被看作"自由的"；为了这个目的，任何行为都必定被看作所意求的，任何行为的起源都必定被看作处于意识之中。可是在这些句子中却保存着旧心理学。——如今，欧洲似乎已经踏入了相反的运动，同时我们这些安静之人重又竭尽全力企图从世界上取消、祛除、消灭罪责概念和惩罚概念，我们以极大的严肃性致力于为心理学、道德、历史、自然、社会制度和惩罚措施、上帝本身涤除这种污秽——这时候，我们必须从谁身上看出我们最天然的敌手呢？恰恰就在那些满怀复仇和怨恨的信徒们身上，尤其是那些彻头彻尾的愤懑悲观主义者，他们借着"愤懑"之名把自己的污秽神圣化，由此弄出一种使命……我们其他人，希望为生成赢回清白的我们，想要成为一种更纯洁的思想的传教士；在这种思想看来，没有谁为人赋予了特性，无论是上帝还是社会，无论是父母和祖先还是人本身，都没有赋予人以特性，——没有谁对人负有罪责……没有一个东西能够对下面这样一回事情承担责任，即：竟有某人在此存在，某人如此这般地存在，某人在这种境况中、在这种环境中出生。——没有这样一种东西，这真是一帖令人气爽的清凉剂……我们并不是某种永恒意图、某种意志、某种愿望的结果：不能拿我们做试验，借以去达到一种"完美性理想"，或者一种"幸福理想"，或者一种"德性理想"，——我们同样也不是上帝的失策，连上帝本身都一定会感到害怕的失策（——众所周知，《旧约全书》就是以这个想法开始的）。没有任何地点、任何目的、任何意义，可以把我们的存在、我们如此这般的存在推卸进去。首要地,没有谁能够做到这一点:人们不能够校准、衡量、比较或者哪怕是否定整体。为何不能呢?——盖有五个原因,统统是连智力平平者都能理解的:譬如,是因为在整体之外什么也没有了。——重复一遍,这是一帖清凉剂,其中含着一切此在的清白。

15[31]

XI

对颓废之本质的基本认识:

迄今为止被人们视为颓废之原因的东西,乃是颓废之结果。

道德问题的整个视角因此就发生了变化。

恶习:

奢侈:

犯罪:

甚至疾病:

:反对恶习、奢侈等等的整个道德斗争就显得幼稚、多余了……

:没有什么"改良"——反对懊悔

颓废本身决不是必须克服的东西:它绝对是必要的,是任何时代和任何民族都具有的。必须全力加以克服的,乃是把传染病带入机体的健康部分。

人们是这样做的吗?人们做的是相反的事。

在人道方面,人们谋求的正是这个相反的事。

以往最高价值是如何对待这个生物学的基本问题的呢?

1) 哲学

　　宗教

　　道德

　　艺术

　　等等

疗法:例如黩武主义,从拿破仑开始,他在文明中看到了自己的天然敌人……

15[32]

颓废问题:要理解哪些现象是相互归属的,而且在这里有它们共同的发源地

无政府主义

女性解放

防御力的减退	疾病、瘟疫等等
怨恨的优势地位	愤懑的悲观主义
同情一切受苦者	同情
缺乏抑制系统	恶习、腐败(对感官、激情的批判)
丑化	丑的增加(美是被挣得的)
"宽容"	怀疑、"客观性"
虚弱感的优势地位	悲观主义者(生理颓废者)
消解性的本能	自由机制
表演更多人物的才能	伪善、演戏:人格的弱化
"徒劳"、"无意义状态"	虚无主义。
过度的敏感性、女性解放	过度易感性

	"音乐"
	"演艺家"
	"小说家"
对刺激物的需求	奢侈作为———
	对麻醉剂的需要，放纵于音乐
	和酒精（也包括书本）
	环境的压制

15[33]

哲学家。	
宗教家。	不结果、独身（仇视感官：
道德家。	例如在叔本华那里。

15[34]

悲观主义哲学：
    生理上颓废者
    例如波德莱尔
        叔本华
        列奥巴尔迪：初期的性别错乱，
            后果是随时的无能

15[35]

    人们做过一种不值得一做的试验，要在瓦格纳和叔本华身上见出精神障碍病类型：人们或许已经获得了一种重要得多的认识，就是对两者所表现出来的颓废类型作科学上的仔细阐明。

15[36]

当代德国,它鼓足了干劲,并且把一种负担过重和早衰视为自己的正常结果。它将在两代之内以一种深刻的退化现象来清偿自己……暂时,我们只能察觉到趣味方面的不断增长的非精神化和粗俗化——一种越来越庸俗的休养需求:后来的时代将重视病态的需求,刺激物的增强,酒精的和音乐的鸦片制剂。

15[37]

弗雷第89页   XII
无能于持续劳动

在营养不良情况下过度劳动的结果,也即一种总是越来越深重而持久〈的〉衰竭的结果,这种衰竭将在下一代身上暴露出种种腐朽现象

我们也知道一种遗传性的劳累过度:一个种族退〈化〉的主要原因,——它因此总是越来越无能于创造性的努力

懒惰,也即无能于持续不断的努力,乃是退化所特有的。这样一些个体不仅需要营养,也需要特殊的刺激物,才能提升他们趋于没落的生命力;他们希望通过他人的劳动而得到自我保存。为此他们就要使用狡计或者暴行。(亦即那种一次性的努力)

退化者当中四分之三是出于贫困,一半是因为没有劳动。但贫困已然是退化者劳动无能、典型的游手好闲的一个结果……

——一次性的努力:征兆。

懒惰、贫困、犯罪、寄生生活,

课堂教学增加了需求和欲望,而没有增加满足这些需求和欲望的手段。

随着义务〈制〉课堂教学的推行,人们耗尽了一个种族的储存。

在衰竭最大地也即最荒唐地起作用的地方,在商业和工业领域里,犯罪率也最大

劳累过度、衰竭、兴奋需求(即恶习)、烦躁性和虚弱性的提高(以至于他们成为暴躁易怒的)

任何种类的畸形者、退化者和无能者都具有一种互为的本能:从中生长出反社会的人物

(因为他们的父辈无能于适应社会)

他们寻求,例如迷途

在神经病家族里有一种退化的选择(歌德《亲和力》)

从恶习和犯罪中诞生的种类是反社会的——甚至奴仆动物(一种轻松的劳动和相〈当的〉舒适)备下了反社会的因素(所有妓女、小偷、罪犯)

酗酒和放荡提高了退化

营养的降低导致疾病增加

神经官能症、精神变态以及犯罪行为的复发

无能于斗争:这就是退化

"人们必须取消斗争

首先是斗争者！"

谋杀和自杀是一体的，视年龄和季节的情况而发生

悲观主义和自杀是一体的

对激动和刺激的需求：

奢侈——这是颓废的最初步骤之一。刺激造成虚弱……

退化者感到一种来自某个政权的吸引力，这个政权对他们是有害的，加速了退化进程（贫血者、歇斯底里者、糖尿病患者、营养障碍者）

15〔38〕

还有，置身于这种颓废当中，为"祖国"而战，为这种可笑的爱国主义胞衣而战，出于经济的原因，后者早已在百年间变成了一场滑稽戏……

这是战争对发育最佳的男人们的灭绝——

15〔39〕

XIII

本书献给那个发育良好者，他使我心感舒适，是由一块坚硬、精致、好闻的木头雕成的——连鼻子也喜欢上了他。

对他有益的东西使他中意

有益性的程度被超出时，他对某物的喜欢也停止了

他猜到了对付局部伤害的药物，他以疾病为自己生命的伟大兴奋剂

他善于利用自己的恶运

通过使他面临灭顶之灾的不幸事件,他变得更强大

为了自己的主题,他本能地收集自己所见、所闻、所经历的一切——他遵从一个筛选原则,——他使许多东西落选

他以那种迟缓作出反应,这种迟缓是由一种长久的谨慎和一种被要求的骄傲培植起来的,——他对刺激作出检验,看它从何而来,有何要求,他自己并不屈服

他总是在自己的团体中,不论他是与书本、人打交道,还是与地方风光打交道:他尊重某物,通过选择、准许、信赖……

15[40]

文明引起某个种族的生理衰退。

农民被大城市吞噬了:一种对于头脑和感官的非自然的过度刺激。对其神经系统的要求太大了:淋巴结核、肺结核、神经病,任何新的刺激物都只能加快虚弱者的速朽;传染病将攫取虚弱者……

那些不能生产者

懒惰乃是神经衰弱者、歇斯底里者、忧郁者、癫痫患者、罪犯们[433]所特有的

15[41]

如果说自然没有对退化者的同情,那并不是因为自然是非道德的:相反,人类生理弊病和道德弊病的增长乃是一种病态的和非自然的道德的结果

多数人的善感性是病态的和非自然的

人类在道德和生理关系上是腐败的,原因何在呢?

如果一个器官改变了,身体就会毁灭……

人们不能把利他主义的正当性归结于生理学

同样也不能把这种正当性归结于援助,归结于命运的平等性:这些都是对退化者和失意者的奖赏。

如果一个社会中出现了一些毫无成效的、非生产性的和摧毁性的因素,这些因素此外还将有比它们本身更为蜕化的后代,那么,这个社会就不会有什么团结。

15[42]

"改善"　　　　　　　　　　XIV
神圣谎言批判。

认为谎言只要为了虔诚的目的就是允许的,这属于一切神职人员的理论,——这一点在何种程度上也是神职人员们的实践,是我们这里要探讨的课题。

但哲学家们也是这样,一旦他们有意带着教士式的隐秘意图去掌握对人的领导,也就立即想好了一种撒谎的权利:柏拉图是先导。最了不起的是,典型亚利安的吠檀多(Vedanta)哲学家们阐发了双重谎言:两个体系,在所有要点上都是相互矛盾的,但出于教育的目的而相互交替、弥补、补充。一方的谎言是要创造一种使另一方的真理变得可传播的状态……

教士们和哲学家的虔诚谎言有多大的影响范围呢?——我们在此必须追问:他们具有何种教育前提?为了满足这些前提,他们必须发明何种教义?

第一,他们必须具有自己的权力、权威、无条件的可信性

第二,他们必须掌握整个自然进程,使得与个体相关的一切都表现为受他们的法则制约的

第三,他们也必须具有一个广泛的权力领域,对此领域的控制是他们的臣服者无法观察的:适合于彼岸、"死后"的惩罚尺度,——不论认识极乐之路的手段是多么蹩脚

他们必须远离自然进程这个概念:不过,因为他们是一些聪明的和沉思的人们,所以他们能够允诺大量的作用或结果,当然是受祈祷制约的,或者是取决于对他们的法则的严格遵循……

他们同样能够规定绝对合理性的大量事物,——唯有一点:他们不允许把经验、经验认识称为这种智慧的源泉,而是要把一种启示或者"最严厉的忏悔课"的结果称为这种智慧的源泉

也就是说,神圣的谎言原则上关系到:行动的目的(——自然目的、理性被弄得看不见了,一种道德目的、一种法则履行、一种弥撒作为目的表现出来

:也关系到行动的结果(——自然的结果被解释为超自然的结果,而且为了可靠地发挥作用,就许诺了其他一些不可控制的超自然的结果。

以此方式,一个关于善与恶的概念被创造出来,它看起来完全摆脱了"有益的"、"有害的"、"推进生命的"、"降低生命的"等自然概念——因为编造了另一种生命,它甚至可能与关于善与恶的自然概念直接为敌

最后,以此方式,那种著名的"良心"被创造出来了:一种内心的声音,它在任何一种行动中都不是根据行动的结果来衡量行动

的价值的,而是着眼于意图及其与"法则"的符合来衡量的

所以,神圣谎言就

　　虚构了一个惩罚与报赏的上帝,他完全赞赏教士们的法典,并且完全把他们当作自己的吹鼓手和全权特使派到尘世上

　　虚构了一个生命的彼岸,在那里,巨大的惩罚机器才被设想为有效的,——为了这个目的,就虚构了"灵魂的不朽"

　　虚构了人身上的良心,作为关于如何确定善与恶的意识,——如果良心在劝告那种与教士规章的符合的话,那就是上帝本身在这里说话

　　虚构了作为对一切自然进程之否定的道德,后者把一切事件都还原为一种受道德限定的事件;虚构了道德作用(即惩罚和奖赏观念),作为贯穿世界的东西,作为唯一的暴力,作为一切变化的创造者

　　虚构了真理,作为既定的、被启示的、与教士学说合拍的:作为在这种和那种生命中一切救恩和幸福的条件

　　概而言之:道德的改善是以什么为代价的呢?

　　卸掉了理性,把一切动机都还原为恐惧和希望(惩罚与奖赏)

　　对一种教士式监护的依赖,对一种程式准确性的依赖,后者要求表达一种神性的意志

　　一种"良心"的栽培,这种良心以一种虚假的知识取代考验和试验

　　:就仿佛已经确定了什么可为、什么不可为——一种对求索和奋斗精神的阉割

　　:总而言之,是人们〈能够〉设想的对人类最凶恶的残害,所谓

"善人"

实际上,全部理性,聪明、高雅、审慎的整个遗产(它是教士规范的前提条件),后来已经被任意地缩减为一种单纯的机械论了

与法则的符合已经被视为目标、最高目标,——生命再也没有问题了——

整个世界构想都被惩罚观念玷污了……

为了把教士生命描述为至高的完美性,生命本身已经被重新思考为一种对生命的诽谤和玷污……

"上帝"概念表现为一种对生命的背弃、一种批判、甚至一种对生命的蔑视……

真理被重新思考为教士的谎言,对真理的追求被当作经文研究,被当作成为神学家的手段……

15[43]

裹着最神圣意图之外衣的人性诱惑

那种犯罪的利用,它迄今为止都是借着"真理"这种辞令而得到推行的

我必须叙述一个糟糕而后果严重的故事,有关最长久的犯罪、最不幸的诱惑、最审慎的投毒的故事,那是人类真正黑色的事件,受其魔力的影响,最深刻的生命本能受到了诋毁和怀疑……

教〈士们〉:他们把原因与结果混为一谈

教〈士们〉:他们把作为强壮的安静与作为昏聩无能的安静混
　　　　　为一谈

难道人们会相信,有可能通过原因与结果传布一种谬误,使得

人们把结果当作原因吗？看起来似乎是不可能的：然而在道德的诱惑之下却做到了这一点……

任何时候，从教士方面来说，人们都把一个种类、一个民族的衰落说成是对其恶习、对其无信仰和无神论的惩罚，人们同样把疾病、瘟疫、精神错乱说成是背离信仰的后果，

相反，人们把长寿和幸福当作对虔诚和守法的奖赏许诺给家族和子孙后代

今天我们反过来说：一个人的卓越才干，他的"诚实正派"，乃是长期幸福婚姻的结果，是一种理性的伴侣选择的表现，——由此可以把力量积累起来……，是祖先之幸福的一个表现

恶习、犯罪、病态、精神错乱、放荡，包括精神上的放荡，乃是颓废的后果，颓废的征兆，——它们因此是不可救药的……

家族的虔诚并不能担保有健康而幸福的子孙后代，以至于恰恰就在当今欧洲最虔诚、最世袭虔诚的家族当中，精神错乱、抑郁症成了遗传性的……为了忍受生活而亟需虔诚，此乃一个受苦难和折磨的类型的表现：我们的虔信主义者并非打心眼里就是基督徒……

15[44]

等级制的颠倒：

虔诚的伪币铸造者，即教士们，在我们中间成了旃陀罗：

——他们采取的是江湖骗子、江湖郎中、伪币铸造者、魔术师的姿态：我们把他们视为意志败坏者，视为生命的诽谤者和复仇者，视为失败者中间的叛逆者

＊　＊　＊

与之相反，从前的旃陀罗却高高在上：尤其是那些渎神者、非道德论者、各色迁徙者、马戏演员、犹太人、吟游诗人——根本上就是所有臭名昭著的阶级——

——我们已经把自己提升到可敬的思想程度，更有甚者，我们规定着大地上的荣誉、"高贵"……

——在今天，我们所有人都是生命的代言人——

——在今天，我们非道德论者就是最强大的权力：其他伟大的权力都需要我们……我们根据自己的图像来构造世界——

我们已经把旃陀罗概念转用到教士、彼岸教导者以及与之融为一体的基督教团体身上了，加上具有同样起源的悲观主义者、虚无主义者、同情的浪漫主义者、罪犯、有恶习者，——这整个领域，在那里"上帝"概念被设想为救世主……

＊　＊　＊

我们感到骄傲的是，再也不必去当骗子了，再也不必去当生命的诽谤者、怀疑者了……

请注意！即使人们向我们证明了上帝，我们也知道不能相信他了。

15[45]

关于《摩奴法典》批判。—— XV

整部法典完全基于神圣的谎言：

——是人类的幸福启示了这整个体系吗？这种相信任何行动

的兴趣(Interessirtheit)的人,他们是不是有兴趣去贯彻这个体系呢?

——改善人类——这个企图缘何而来?"改善"这个概念从何而来?

——我们发现一种人,教士式的一种人,他们感到自己就是人这个类型的标准、顶峰、最高表达:他们从自身而来取得了"改善"概念。

——他们相信自己的优越性,他们在行为中也意愿这种优越性:神圣的谎言的原因乃是权力意志……

* * *

建立统治地位:为此目的,就要建立那些概念的统治地位,它们在全体教士身上设定了一种 non plus ultra[登峰造极的]权力

通过谎言谋得的权力,洞见到:人们并没有在体格上、军事上拥有权力……

作为权力之增补的谎言,——那是一个全新的"真理"概念

* *

如果人们在此预设了一种无意识的和幼稚的发展,一种自欺,那人们就误入歧途了……狂热信仰者并不是此类经过深思熟虑的压制体系的发明者……

这里起作用的是那种极其冷血的审慎和镇静,当年柏拉图在设想他的《理想国》时就具有这同一种审慎和镇静

"若要达到目的,就必得要手段"——关于这种政治家的洞识,所有立法者都是一清二楚的

* *

我们以特殊的亚利安式为古典榜样:也就是说,我们可以让这种天赋极佳、并且极其深思熟虑的人对那些迄今为止最根本性的谎言负责……人们几乎到处都在模仿这种做法:亚利安人的影响已经败坏了所有人……

15[46]

说某个东西被相信———   XIV

谬误和无知是灾难性的。

断言真理在此存在,无知和谬误已告终结,此乃世上存在的最大诱惑之一。

假如这个断言被人相信,那么,要求检验、探究、谨慎、试验的意志就因此瘫痪了:这种意志本身可以被视为亵渎的,亦即被视为对真理的怀疑……

因此,"真理"比谬误和无知更富灾难性,因为它禁阻了人们赖以从事启蒙和认识的那些力量。

现在,懒惰情绪开始袒护"真理";

——"思想是一种困厄,一种困苦!"

秩序、规则、占有之幸福、智慧之自豪亦然——总而言之就是虚荣

——听从比检验更舒适……设想"我拥有真理",这要比在自身周围只见一团漆黑更为讨人喜欢……

——首要地:这样做能安慰生命,能给予生命以信赖,能缓解生命——这样做能"改善"性格,因为这种做法能减少猜疑……

"心灵的平和","良心的宁静",这一切都是唯在真理在此存在

的前提条件下才有可能的虚构……

"你们应当根据其结果来认识真理"……"真理"之为真理,因为它能使人变得更善……

……这个过程继续下去:把一切善、一切成就都算在"真理"的账上了……

此乃力的证明:现在,群体和个体的幸福、满足、富裕就被理解为信仰道德的结果……

——颠倒过来:这个糟糕的成果是要从信仰之缺失中推导出来的——

15[47]

教士的道德

主人的道德

旃陀罗的道德

中间阶层的道德("群畜的道德")

哲学家

学究职业

艺术家

政治家

15[48]

什么是道德上的伪造?

它假装知道些什么,亦即知道什么是善什么是恶。

XVII

这就是说,它假装想要知道:人生在世就是要认识自己的目标、自己的使命。

这就是说,它假装想要知道:人拥有一个目标、一种使命——

15[49]

战胜"真理"。

什么是落后的:非道德价值对道德价值的优先地位。

这一点必须证明:1)道德价值本身是不"道德的"
    a)无论是从起源看
    b)还是从它们借以实施的权力手段来看

15[50]

康德,一台概念机器,完全是十八世纪的,以一种神学家的奸诈为底层,还有一个———

15[51]

我们十九世纪的标识并不是科学的胜利,而是科学方法对于科学的胜利

15[52]

求真理的意志。   XVIII

殉道者

为了克服一切基于敬畏感的东西,进攻者需要有某种大胆的、

443 毫无顾忌的，甚至于无耻的信念……现在，如果我们来考量一下，人类几千年来一味地只把谬误当作真理来神圣化，人类甚至把一切对谬误的批判都打上了恶劣信念的烙印，那么，我们就不得不遗憾地承认，必须有相当量的非道德论者，才能发起主动进攻，可以说，才能激发理性（Vernunft）的主动性……这些非道德论者本身始终以"真理的殉道者"自居，这原是可以原谅的：而真相在于，他们赖以否定的欲望并不是对真理的欲望，倒是消解，是亵渎神灵的怀疑论，是冒险的乐趣——在另一种情形下，则是个人的怨恨推动他们进入问题领域之中，——他们与问题作斗争，是为了坚持反个人的权利——而首要地，却是一种复仇心成为科学上有用的了，——那些被压迫者的复仇，他们受到了居支配地位的真理的排挤，甚至压制……

真理，即是说科学方法，是由那些人掌握和推动的，这些人在真理中猜测到一种斗争工具，——即一种毁灭武器……为了使自己的敌对立场获得好评，他们此外还需要一种与他们进攻对象一样的装置：——与他们的敌人一样，他们完全无条件地炫耀"真理"概念，——他们成了狂热之徒，至少在姿态上是这样，因为没有其他任何姿态是被严肃对待的了。然后，余下的事情就是迫害、被迫害者的狂热和不安了，——仇恨滋长了，并且因而取消了前提条件，为的是保持在科学的基础上。最后，他们统统想要拥有权利，其做法恰恰与他们的敌人同样荒谬……"信念"、"信仰"之类的字眼，殉道的骄傲——这一切对于认识来说都是殊为不利的状态。到最后，真理的敌人们又自发地接受了用来裁定真理的整个主观

444 方式，亦即以各种姿态、牺牲品、英雄决定等，——也就是说，延长

了反科学的方法的统治地位。

——作为殉道者,他们使自己的行为名誉扫地了——

15[53]

  十八世纪两个最丑恶的畸形产物
   主体创造出与我们有些相干的世界——
   理性创造出社会,在其中———
  两个后果严重的闹剧,大革命与康德哲学,革命理性的实践与"实践"理性的革命
  否定自然,康德的二元〈论〉道德
  要以所谓〈的〉知识概念来取代自然,作为意愿塑造、建造的雕塑家
  对生成的仇恨,对细心的生成观察的仇恨
  对于一切道德和大革命来说是共同的:

15[54]

  求真理的意志。
  哲学家之为问题。
  教士:道德之虚构。
  战胜"真理"(以往的"真理"都是颓废之征兆)
  颓废概念及其范围。

15[55]

  为了公正地看待道德,我们必须代之以两个动物学概念:驯服

野兽和培育特定种类。

445 教士们在任何时代都假装,他们是要"改善"……然而,倘若一位驯兽师想来谈谈他的"被改善了的"动物,我们别的人就会哄堂大笑。——在极大多数情形下,对野兽的驯服是通过一种对野兽的伤害来达到的:甚至道德化了的人也不是善人,而只是一个被弱化了的人,一个彻底被修剪和被弄坏了的人。但他是更少有害的……

15[56]

反对野蛮本能的斗争不同于反对病态本能的斗争
:它本身就可能是为了驾驭野性、导致病态的一个手段
:基督教的心理治疗结果往往是,使一头畜生变成为一只病态的、因而驯服的动物

反对生猛而粗野的本性的斗争必须是带着有效手段的斗争:迷信的手段是不可替代的和绝对必要的……

15[57]

——本身就要求只说"真实之物",这是以人们拥有真理为前提的;但如果这仅仅意味着人们说对自己真实的东西,那么,就会出现这样的情形,在那里,重要的是要这样去说同一个东西,使得它对另一个人也是真实的:它对后者起作用

一旦我们本身绝对地来看待道德,例如宗教意义上不能说谎的戒律,那么,整个道德史就会像政治史一样,成为一种无耻行径。我们乞灵于谎言和伪币铸造——统治阶级总难免欺骗……

15[58]

章节:求真理的意志

　　心理学的混淆:

　　对信仰的要求——与"求真理的意志"混为一谈(例如在卡莱尔那里)

　　而同样地,对于非信仰的要求也被混淆于"求真理的意志"了(——一种要摆脱某种信仰的需要,有千百种理由去获得反对某些"虔信者"的权利)

　　什么东西激励了怀疑论者?对独断论者的仇恨——或者说是一种安宁需要,一种困倦,就像在皮浪那里

　　——人们指望从真理中得到的优势,乃是对真理的信仰的优势:——因为就本身来说,真理可能是完全难堪的、有害的、危险的——

　　当人们指望从胜利中获得优势时,人们也只是再次与"真理"作了斗争……例如摆脱了统治暴力

　　真理的方法并不是从真理的动机中找到的,而是从权力、占上风的意愿的动机中找到的

　　真理拿什么来证明自己呢?用关于提高了的权力的感觉("一种确信之信仰")——用有用性——用不可或缺性——简言之,就是用优势

　　也即前提是:真理该有何种性质,才能为我们所承认

　　但此乃一种偏见:一个标志,标明这里根本就无关乎真理……

　　例如在龚古尔那里,在自然主义者那里,"求真理的意志"意味

着什么？对"客观性"的批判

为什么要认识呢？为什么不是宁可自欺？……

过去人们所愿的始终是信仰，——而不是真理……

信仰是通过与研究方法相反的手段创造出来的——：它甚至要排除研究方法——

15[59]

"真实世界"或者"上帝"的理念是绝对非感官的、精神的、善良的，当那些对立本能依然万能时，它是这方面的一个应急措施……

节制以及已经达到的人性准确地表现在对诸神的人性化上：鼎盛时代的希腊人对自身毫不畏惧，而倒是有自在的幸福，他们的诸神接近于他们的全部情绪——……

因此，对上帝理念的精神〈化〉远非意味着一种进步：与歌德接触时，人们能由衷地感受到这一点——正如在这里，上帝向德性和精神的蒸发过程，可以明显感觉为一个比较粗野的阶段……

15[60]

如果说有某个东西意味着我们的人性化，意味着一种真实的、事实上的进步，那就是这样一点：我们再也不需要过度的对立，压根儿不需要任何对立了……

我们无妨热爱感官，我们已经把感官彻底精神化和艺术化了

对于所有迄今为止最臭名昭著的事物，我们拥有一种权利

15[61]

A.与今天基督教依然显得必要的程度相应,人也依然是荒芜的和灾难性的……

B.另一方面,基督教并非必需的,而是极端有害的,但却起着吸引和引诱的作用,因为它满足了今日人〈类〉所有阶层、所有类型的病态特性……今日所有阶层和类型都屈从于自己的嗜好,因为它们都以基督教的方式呼吸——形形色色的颓废者——

在这里,人们必须严格地区别A与B两种情形。在情形A中,基督教乃是一种疗救手段,至少是一种驯服手段(——它有时会使人生病:这可能有利于破除荒芜和粗糙)

在情形B中,基督教就是疾病本身的一个征兆,它会增加颓废现象;在这里,它反作用于一种使人强壮的治疗体系,在这里,它就是针对对它来说有益的东西的患者本能——

15[62]

严肃者、庄严者、沉思者一派
:以及与之相对的粗野、肮脏、难以捉摸的野兽
:一个单纯的驯兽问题:
——在这里,驯兽师对他的野兽必须是冷酷、可怕和可怖的
必须用一种毫无顾忌的清晰性、亦即夸张千倍的手法,提出所有的根本性要求
:对此种要求的满足本身必须在一种粗野化过程中得到表现,即它要激发敬畏感

例如,婆罗门教徒的非感性化。

* * *

449 **与群氓和畜生的斗争**:要是已经达到了某种驯服和秩序的话,那么,这些净化者和再生者与剩余部分之间的鸿沟,就一定会被开掘得极其厉害……

这道鸿沟会增强自尊心,增强对于那个由更高阶层描绘出来的东西的信仰

于是就有了旃陀罗阶层。蔑视及其过度在心理学上是完全正确的,也就是为了获得同感而被无限夸张了

* * *

在与野兽的斗争中,使之患病经常是使之虚弱的唯一手段。而且恰恰就像婆罗门抗拒旃陀罗(通过使后者患病),他们也判处所有种类的罪犯和暴动者虚弱化(——此即赎罪等等的意义)

15[63]

总的来讲,我们今天的人类已经取得了巨量的人性。这一点通常并没有被人们感觉到,而这本身就是一个证据,表明:我们对于细小的困境已经变得如此敏感,以至于我们不适当地忽略了我们已经取得的东西。

:这里我们得清算一下:存在着许多颓废现象,而且以此眼光来看,我们的世界看起来必定是糟糕的和悲惨的。不过,这种眼光在任何时候都看见相同的东西……

1)某种对道德感觉的过度刺激

2)悲观主义随自身带入判断之中的那种痛苦和阴暗的分量

：两者合在一起,就促使那种相反的想法取得了优势,这个
想法就是:我们的道德情况不妙。

信贷、整个世界贸易、交通工具的事实,——其中表达出一种
对人的巨大而宽厚的信赖……为此作出贡献的也包括

3)科学摆脱了道德和宗教的意图:一个很好的标志,但多半被
误解了。

我试图以自己的方式为历史辩护

15[64]

道德是一种有用的谬误,更直白地,着眼于它最伟大的和最无偏见的支持者来讲,是一种被视为必不可少的谎言

15[65]

我竭尽全力想弄清楚的是:

a)没有比人们把驯化与弱化混为一谈更糟糕的混淆了
：那是人们做过的……

按照我的理解,驯化乃是人类巨大的力量积蓄的一个手段,以至于种族世代能够在他们前人劳动的基础上继续建设——不只是外在地,而是内在地、有机地从中成长起来,成为更强大者……

b)倘若人们以为人类作为整体会持续成长和壮大,而个体则会变得软弱、类似、平庸,那就有一种异常的危险了……人类乃是一种抽象:甚至在极个别的情形下,驯化的目标也只可能是强大的人(——未驯化的人是虚弱的、挥霍的、非持久的……

15[66]

腐朽的巴黎小说家们现在散发出阵阵香味,这并没有使我的鼻子感到更芳香些:神秘主义的玄想和脸上出现的天主教的－神圣的皱纹,更多地只是一种感性形式

15[67]

我的警告:不可把颓废本能与人性混为一谈

:不可把文明的消解性的和必然趋于颓废的手段与文化混为一谈

:不可把放荡,即"自由放任"(laisser aller)原则,与权力意志混为一谈(——它是后者的对立原则)

15[68]

人们已经做出了两种克服十八世纪的伟大试验:

拿破仑,他重新唤醒了男人、战士、伟大的权力斗争——把欧洲设想为政治统一单元

歌德,他想象了一种欧洲文化,这种文化继承了已经达到的人性的丰富遗产。

15[69]

本世纪的德国文化唤起了怀疑——

在音乐中缺失那种丰富的、解救性的和约束性的元素,即歌德元素

奥地利人唯有通过他们的音乐才还是德国式的

15[70]

我们有点儿怀疑所有那些迷人的和极端的状态,即人们在其中以为"真理凿凿可握"的状态——

15[71]

德性是怎样取得权力的

教士们——以及与他们一起的半拉子教士们、哲学家们——在任何时候都举出一种真理学说,其教育作用是慈善的,或者看起来是慈善的——"改善的"作用。因此,他们就类同于一个天真幼稚的草头郎中和江湖奇人,后者因为把某种毒药当作药物来做试验,所以就否认它是毒药了……"你们应当从它们结的果实来认识它们"——也即我们的"真理":这至今依然是教士们的推理。他们甚至后果十分严重地滥用了自己的机敏,赋予"力量的证明"(或者"根据果实")以优先地位,其实就是使之具有关于一切证明形式的决定权。"凡是行善的必是善的;凡是善的就不可能欺骗"——他们就这样强硬地进行推论——:"凡是结善果的因而必是真实的:没有任何别的真理标准了"……

不过,只要"变善"被当作论据,那么,"变坏"就一定被当作反驳了。人们证明谬误之为谬误的做法是,检验那些代表谬误的人的生活:反驳一次失足,一种恶习……这样一种来自背后和低层的极不正派的敌对方式,即狗的方式,同样从来没有灭绝过:教士们,只要他们是心理学家,那么,他们除了嗅到敌人的隐秘勾当,决没有发现过什么更有趣些的东西。——仅此一点即构成他们的世界认识的透镜:——他们在"世界"身上寻找污秽,以此来证明自己的基督教。尤其是在世界一流人物身上,在"天才们"身上:人们不会忘记,在德国时时都有人与歌德作对(:克罗卜史托克①和赫尔德尔就在这方面作出了"好榜样"——有其父必有其子。②)

15[72]

一

为了通过行动来制作道德,人们必须是十分非道德的……道德家的手段乃是人们一向运用过的最可怕的手段;谁若没有勇气去直面行为的非道德性,那他就适合于做所有其他事情,唯独不适合于当道德家。

二

道德乃是一个动物围栏;其前提是:铁棍可能比自由更有用,即使对囚徒来说也是如此;道德的另一个前提是:有一些驯兽师,他们对可怕的手段毫无惧色,——善于使用灼烧的烙铁。这个承担着与野兽的搏斗任务的可怕种类,就叫做"教士"。

15[73]

这个人,这个被关入一个铁制的谬误笼子里的人,已经成了人

---

① 克罗卜史托克(Friedrich Gottlieb Klopstock,1724-1803):德国诗人,狂飙突进运动先驱者之一。著有《春祭颂歌》《救世主》等。——译注
② 德国谚语:Art läßt nicht von Art。——译注

类的一幅漫画,病态的,可怜的,对自身怀有敌意,对生命原动力充满仇恨,对生命中一切美好的和幸福的东西充满怀疑,一种变化不定的困苦。这个人为的、专横的、怀恨在心的怪胎,是教士们从自己的土壤里培育起来的,也就是"罪人":我们如何能撇开所有这一切而为这种现象辩护呢?

15[74]

反驳教士和宗教的手段始终只有一个:指出他们的种种谬误已经不再是善行,——他们伤害更多,质言之,他们自己的"力的证据"不再经得起检验了……

15[75]

尼布尔①:"与希腊人相比较,现代人在道德上非常值得尊重"。

"你的情况不也是这样吗?——除了一种伟大的精神被剥夺了自己的翅膀,通过放弃更高等的东西而去寻求一种在某个十分渺小的东西方面的精湛技艺,就没有什么东西能让人轻易地获得一种更为痛苦的印象了。"(关于威廉姆·迈斯特②)

---

① 尼布尔(Barthold Georg Niebuhr,1776-1831):德国历史学家,运用批判方法研究史料。主要著作有《罗马史》三卷等。——译注
② 威廉姆·迈斯特(Wilhelm Meister):应指歌德小说《威廉姆·迈斯特的学习年代和漫游年代》中的人物。——译注

15[76]

序言。

本书只面向少数人,——面向那些已经变得自由的人,对他们来说再也没什么事是受禁的:我们已经一步步重新赢得了对一切受禁事物的权利。

人们"忘掉了害怕",由此给出对于已达到的权力和自我确信的证明;可以用对自己的本能的信赖来换取不信任和怀疑;人们在自己的意义上——更在自己的无意义(Unsinn)上——热爱和尊重自己,有一点点小丑味,也有一点点上帝味;没有抑郁者(Düsterling),没有猫头鹰;没有慢缺肢蜥①……

15[77]

从前被视为真实的东西当中,没有任何东西是真实的:

从前被我们当作非神圣的、受禁的、可轻蔑的、灾难性的而加以阻止的东西——而到如今,所有这些花朵都盛开于可爱的真理小径旁了。

这整个陈旧的道德不再与我们相干了:其中根本没有一个还值得重视的概念。我们比它活得更长久,——我们不再那么粗鲁和幼稚,不必以此方式自欺了……讲得更好听些:我们对此是太有德性了……

还有,如果陈旧意义上的真理之所以是"真理",仅仅是因为陈

---

① 慢缺肢蜥(Blindschleiche):蜥蜴之一种,无四肢。——译注

旧的道德对它作了肯定、可以对它进行肯定：那么，由此即可见，我们也就再也不需要过去的任何真理了……我们的真理标准根本不是道德性：我们以此来驳斥一个断言，即认为我们能证明真理依赖于道德，是受高贵情感激发的。

15[78]

"强者和弱者"概念可以还原为：强者继承了许多力量——他是一个总和；而弱者还少有力量——

——不足的遗传，遗产的分散

虚弱可能是一个初始现象："还少"；或者可能是一个终端现象："不再"

出发点，伟大力量存在的地方，力量发布之所：——群众，作为弱者的总和，反应迟钝……

，①抗拒他们过于虚弱而不能承受的大量……他们从中得不到好处

，不创造，不前进……

这与那种否定强大个体的理论相对立，后者认为："群众创造一切"

这种差异犹如隔代差异：在活动者与群众之间可能隔着四五代……一个年代学的差异……

15[79]

请注意！请注意！弱者的价值占上风，是因为强者接纳了弱

---

① 句首逗号，原文如此。——译注

者,为的是借此引导他们……

15[80]

后天获得的、而非遗传的衰竭

不良的营养,常常是由于对营养的无知;例如在学者那里

爱欲的早熟(Präcocität):主要是对法国青年、巴黎人的咒骂,他们走出公立中学进入人世就已经被弄坏了,被玷污了,——而且又不能摆脱可鄙倾向的桎梏,对自身采取嘲讽和轻蔑的态度——中世纪在橹舰上作苦役的奴隶,带着全部的优雅以及

:此外在最常见的情形下,已经是种族颓废和家庭颓废的征兆了,就像所有过度敏感性一样;同样作为环境的接触传染——:可以受环境的规定,这也是一种颓废——

酗酒,不是本能,而是习惯,愚笨的摹仿,对一种风行的食谱的胆怯而空虚的适应:——一个犹太人在德国人中间是何种好事啊!多么愚笨,何等亚麻色的脑袋,多么碧蓝的眼睛;表情、言辞、态度缺乏精神(esprit);懒懒的举止,德国式的休养需要,不是由于劳累过度,而是由于酒精有害的过度刺激……

15[81]

愚蠢之处在于,悲观主义以为借此可以为自己奠定基础:而其实他只是借此证明自己……

15[82]

语文学的缺失:人们总是把说明与文本混为一谈——而那是

什么样的一种"说明"呵!

15[83]

长得强壮的女人们,诚实能干,具有一头母牛的脾气,她们本身不会遇到事故:但她们把这一点叫做她们的"相信上帝"。——她们丝毫没有发觉,她们的"相信上帝"只不过是她们强壮而牢靠的总体状态的表达——是一种说法,而非原因……

15[84]

事实是"我多么悲伤啊";问题是"我不知道这应当意味着什么"……"来自古时候的童话"

"一个老罪人",一个基督徒会说:在别种情形下,在海涅那里,那是"罗雷莱①干的"。

15[85]

"内在世界"及其著名的"内感官"。

这种内感官把结果与原因混为一谈

在作用出现之后,"原因"被投射出来:"内在经验"的基本事实。

15[86]

龚古尔兄弟觉得福楼拜鄙俚粗俗,对他们来说是过于健壮、过

---

① 罗雷莱(Lorelei):意为"妖岩",莱茵河上一座高132米的峻岩。据传女妖经常化作美女在岩顶唱歌,引诱下面行舟者仰望,故而触礁沉殁。——译注

于粗鲁了——他们发觉,福楼拜的天才对他们来说变得粗糙不堪了……

对他们来说,海涅的天才也必定变得粗糙了……于是就有仇恨……

差不多就是诺瓦利斯对歌德的仇恨——

15〔87〕

人们注意到,谨小慎微的人物会因为自己的厌恶而变得粗糙不堪,强壮的人物会因为自己的厌恶而变得细腻——例如,歌德对于克莱斯特①、对于荷尔德林

15〔88〕

典型的颓废者(décadents),他们感到自己必然地处于风格的败坏中,他们因此要求一种更高级的趣味,并且想把一种律法强加给其他人。诸如龚古尔兄弟、理查德·瓦格纳,必须把这种颓废者与具有坏良心的颓废者区分开来,那是难以驾驭的颓废者——

15〔89〕

对生理学的无知——基督徒是没有神经系统的——;对肉体要求、肉体发现的蔑视和任意忽略;前提:这样是符合人的更高天性的,——这必定对心灵有好处——原则上把肉体的全部感受都

---

① 克莱斯特(Heinrich von Kleist,1777－1811):德国剧作家。著有剧本《破瓮记》、《赫尔曼战役》、《洪堡王子》等。——译注

还原为道德价值;设想疾病本身是受道德限制的,诸如把它设想为惩罚或者考验,甚至得救状态,在此状态中,人会变得更完善,胜于他在健康状态中可能有的情况(——帕斯卡尔的想法),有时自愿把自己弄成病态。

15[90]

关于"内部世界"的现象主义

时间顺序的倒转,以至于原因比结果①更晚进入意识。

我们已经学会,痛苦被投射到一个身体部位上,而又没有在那里获得其位置

我们已经学会,感官感觉,被人们天真地设定为受外部世界制约的感官感觉,倒是由内部世界决定的:外部世界一切真正的行动始终是无意识地进行的……为我们所意识的外部世界一部分,是在从外部对我们产生作用或结果之后晚生的,是在事后作为这种作用或结果的"原因"而被投射出来的……

在关于"内部世界"的现象主义中,我们颠倒了原因与结果的时间顺序。

"内在经验"的基本事实是,原因是在结果产生以后才被虚构出来的……

这一点也适合于思想的序列……在一种思想尚未为我们所意识之前,我们就在寻找它的原因了:而且这时候,首先进入意识的

---

① 此处"结果"(Wirkung)或可译为"作用",在本节译文中我们有时也勉强以"作用或结果"译之。——译注

是原因，然后才是其结果……

我们的全部梦想都是要解释对可能原因的总体感觉：而且是这样，即只有当为此而被构想出来的因果链条已经进入意识时，一种状态才能被意识到……

整个"内在经验"的依据就在于：为了刺激神经中枢，要寻找和设想一个原因——而且首先是这个被找到的原因进入意识之中：这个原因绝对不与现实的原因相合，——这是一种根据从前的"内在经验"所做的摸索——亦即根据记忆所做的摸索。可是，记忆也包含着陈旧解释的习惯，亦即其错误的因果性……——以至于"内在经验"本身必定要承受从前所有虚假的因果虚构的后果

我们的"外部世界"，正如我们任何时候都要对之加以投射的那样，已经被移置了，与陈旧的根据之谬误紧密地捆绑在一起了：我们用"物"的公式化来解释这个"外部世界"

一个个别情形当中的痛苦极少只表现这个个别情形，而毋宁说是表现了一种对于某些伤痛的后果的长期经验，也包括在估计此种后果时出现的谬误

"内在经验"只有在它发现了一种能为个体所理解的语言之后才能进入我们的意识中……也就是一种翻译，一种使某个状态转变成个体更熟悉的状态的翻译——

"理解"只是单纯地意味着：能够用关于某个陈旧之物、熟悉之物的语言去表达某种新东西

举例说来，"我感觉不好"——这样一种判断是以观察者后来的伟大中立性为前提的——：幼稚的人总会说：这个那个使我感觉不好——只有当他看到自己感觉不好的原因时，他才能弄清楚自

己的不妙处境……

我称之为语文学上的缺失：能够解读一个文本本身，而没有把某种解释掺和于其中，此乃"内在经验"的最新形式，——也许是一种几乎不可能的形式……

15[91]

谬误的原因既在于人的善良意志，又在于人的恶劣意志——：人在无数情形下对实在性视而不见，人对实在性进行伪造，为的是不因自己的善良意志而受苦

例如，上帝作为人类天命的操纵者：或者是对其渺小命运的解释，就仿佛一切都是为了灵魂得救而被发送和构想出来的——这种"语文学"上的缺失，它必定为一种更为精细的理智视为不洁和伪造，在善良意志的灵感激发下变得平庸……

善良意志、"高贵情感"、"崇高状态"，就其手段而言，同样也是伪造者和欺骗者，无异于那些在道德上受拒斥的、并且被冠以利己主义之帽子的情绪，诸如爱、恨、复仇。

* * *

谬误是人类必须为之付出最昂贵代价的东西：而且大体说来，正是"善良意志"的谬误最深刻地损害了人类。令人感到幸福的幻想比具有直接恶果的幻想更有害：后者使人敏锐，令人产生疑心，净化理性，——前者则使理性麻痹……

美好的情感、"崇高的激越之情"，在生理学上讲，应该归于麻醉剂：对此种麻醉剂的滥用具有与滥用另一种鸦片完全相同的后果，——那就是神经衰弱……

15[92]

主观价值感批判。

良心。从前人们作的推论是:良心谴责这种行为;因此这种行为是卑鄙无耻的。事实上,良心之所以谴责某种行为,是因为这种行为早就已经受到了谴责。良心只不过是鹦鹉学舌:它并不创造任何价值。

从前决定某些行为受到谴责的那个东西并不是良心:而是对这些行为的后果的明见(或者偏见)……

良心的赞同、"内心安宁"的快感,具有一位艺术家喜欢自己的作品一样的品位——它根本证明不了什么……自我满足并不是与它相关的东西的价值尺度,一如自我满足的缺失并非否定某个事物的价值的反论据。我们的认识远远不足以衡量我们的行为的价值:不管怎么样,我们没有客观地对待我们行为的可能性;即便我们谴责一种行为,我们也不是法官,而是当事人……

崇高的激越之情,作为行为的伴随者,并不能对行为的价值作出什么证明:一位艺术家可能以至高的激情状态产生出一件蹩脚之作。人们更应该说,这种激越之情是诱惑性的:它诱骗我们的目光、我们的力量,使之失去批判性,失去谨慎之心,失去怀疑之心,也就是说,我们干了一件蠢事……这种激越之情使我们变得愚蠢——

15[93]

从前,那些生理上的衰竭是由于它们富于突发的、可怕的、无法解释和预计的因素;人们把此类衰竭的状态和后果看作更为重要的，比健康状态及其后果更为重要。人们担心：人们在此设定了一个更高级的世界。人们有睡眠和梦幻，人们认为阴影、黑夜、自然之恐惧是要对第二个世界的形成负责任的：首要地，人们应当据此来考察生理衰竭的征兆。真正说来，旧宗教是要规训虔信者，使后者达到一种衰竭状态，在其中后者不得不体验此类事物……人们自认为已经进入一个更高级的秩序之中了，在那里一切都不再为人所知。——那是一种更高权力的假象……

15[94]

参看第一个棕色大笔记本

  为某项事业牺牲生命——伟大的成果呵。但人们还要为诸多事体牺牲生命：全部情绪无一例外地都要求得到满足。使生命投身于其中——这是同情呢，还是愤怒，抑或报复，都丝毫不能改变价值。有多少人为美女牺牲了自己的生命——甚至更糟糕的是，牺牲了自己的健康。如果有脾气和性格，人就会本能地选择危险的事物：例如，哲学家就会选择思辨的冒险；或者，有德性的人就会选择非道德性。这一种人不想冒什么险，而另一种人却想冒险。难道我们对他人来说是生命的蔑视者吗？相反，我们本能地寻求一种增扩了的生命，即处于危险中的生命……再说一遍，我们以此并不想要比他人更有德性。譬如，帕斯卡尔就不想冒什么险，而且一直是基督徒：这兴许是更有德性的呢。——人们总是有所牺牲……

15[95]

"伟大的想法发自内心"。——但这是人们不该相信沃韦纳格①的,等等,等等。

15[96]

最好的现代歌剧是我的朋友海因里希·克泽利兹②的歌剧,那是唯一摆脱了瓦〈格纳〉德国的歌剧:一件新作《秘密婚姻》(matrimonio segreto)。其次的好歌剧是比才的《卡门》——它差不多摆脱了瓦〈格纳〉德国;再次的好歌剧是瓦格纳的《工匠歌手》:那是音乐中半吊子风格的一件杰作。一种重估价值的尝试。

15[97]

人们先前不知道的东西,一种萎缩,是不可能的。但所有道德论者和教士却力求把人带回到一种早先的模式里,并且力求发展人身上的德性(从前曾经有过的德性)。即便政治家也不能幸免于此,——亦即那些保守分子。人们能阻碍一种发展,而且通过阻碍,甚至造成一种蜕化和毁灭——更多的事人们就做不来了。

整个有关理想的浪漫主义在下面这一点上是错误的,即:它把萎缩视为可能的。事实上,浪漫主义者意味着一种病态的颓废形式:他们十分超前,十分迟缓,根本不可怕……对于从前的要求本

---

① 沃韦纳格(Vauvenargues,1715-1747):法国道德学家和散文家。——译注
② 海因里希·克泽利兹(Heinrich Köselitz):即尼采友人彼得·加斯特。——译注

身就是一种深刻的反感和无将来状态的证据

也就是说,回归倾向能证明反面情形,表明人们十分迟缓,来得太迟了,人们老了……

15[98]

如果有人问一位能干的小伙子:"你想变成有德性的人吗?"他就会报以嘲讽的一瞥。但如果有人问他:"你想变得比你的同伴更强壮吗?"他就会睁大双眼

人们如何变得更强壮

慢慢下决心;顽强地坚守自己已经决定的东西。其他一切就顺理成章了。

突发者与易变者:此乃两种弱者类型。可不能把自己与他们混为一谈,要有距离感——及时地!

小心提防好心肠的人!与他们的交道令人疲劳

若在交道时能运用人们本能中所具有的攻防手段,则任何交道都是好的。

全部创造才能都在于对自己意志力的考验……要在此看到区分点,而不是在知识、机敏、诙谐中……

人们必须学会命令,及时地——,恰如人们必须学会服从。

人们必须学会谦逊、谦逊的礼貌:也就是要在人们表现出谦逊时加以表扬、崇敬……

同样要怀着信赖——去表扬、崇敬……

因为什么受罚是最糟糕的呢?因为自己的谦逊;没有倾听自己最独特的需要;自我混淆;贬低自己;丧失那种倾听自己本能的

敏感性；——这样一种缺乏自我敬重的情况,会受到每一种损害的报复,诸如健康、快感、骄傲、开朗、自由、坚定、勇气、友谊。以后,人们就决不会原谅自己缺乏真正的利己主义了:人们把这种利己主义看作抗辩,看作对一种现实自我的怀疑……

15[99]

瓦格纳把纯属病态的故事谱成曲子,那些纯属有趣的个案,纯属完全现代的退化类型,它们恰恰因此是我们能理解的。现在的医生和生理学家研究得最好的,莫过于瓦格纳的歇斯底里－着魔的女主人公类型了:在这里,瓦格纳是行家里手,他在这方面自然到了令人作呕的地步——他的音乐首先是一种对病态的心理-生理分析——这种音乐本身还可以持有自身的价值,即便一种趣味完全[－－－],而且它不再作为音乐响起来了。可爱的德〈意志人〉善于在此热情洋溢地谈论日耳曼式的卓越和力量的原始情感,这一点乃是德意志人的心理文化的有趣标志:——我们别的人就寓身于养老院的瓦〈格纳的〉音乐,而且——再说一次——十分感兴趣……在瓦格纳身上,病态并不是心之所愿,并不是偶然,并不是特例——它是瓦格纳艺术的精髓所在,是这种艺术的本能,这种艺术的"无意识",它是这种艺术的清白无辜:敏感性,情绪的tempo[节拍、速度],一切都分有了这种艺术,[—]①的王国具有惊人的广度。

---

① 此处缺一词。——译注

森塔、艾尔莎、伊索尔德、布仑希尔德和昆德莉:①一大串优美的病案——瓦格纳多么本能地把女人理解为病态的女人,这就使人可以根据工〈匠歌手〉来理解通常情形下长得更自然的爱娃②了:——瓦格纳不得不给她一个二十分钟长的姿势,而由于后者,我们或许就肯定会把这个优美的造物置于精神病医生的照料之下。针对瓦格纳的主人公们,我们首先要提出的反对意见是:他们统统具有一种病态的趣味——他们所爱的纯然是必定会使他们感到厌恶的女人……他们所爱的纯然是不会生育的女人——所有这些"女主人公"都不善于生儿育女——例外是十分有趣的:为了帮助〈西格琳德③〉得到一个小孩,瓦格纳歪曲了传说——而且也许不光是传说而已:根据瓦格纳的生理学,唯有乱伦才是孩子们的一个保障……布仑希尔德本人———

15[100]

权力意志。
重估一切价值的尝试。

第一章。 对大话的批判
衰退价值。 丧失自身的人

第二章。 "英雄的"

---

① 均为瓦格纳歌剧中的女英雄人物。——译注
② 爱娃(Eva):瓦格纳歌剧《纽伦堡的工匠歌手》中的人物,金匠珀格纳之女。——译注
③ 西格琳德(Sieglinde):瓦格纳歌剧《尼伯龙族的指环》中的人物。——译注

为什么只是衰退价值占了上风。

"同情"

论"心灵的安宁"

第三章。
现代性
之为价值歧义性。

殉道者。
谦逊（人们如何为之受罚……）

第四章。
未来之价值
（作为一种更强大的人类的表达）
：这个种类首先必须此在……

15〔101〕

颓废图景：颓废的征兆。

以此为征兆的更高价值的过度增长。

$$\left\{\begin{array}{l}\text{哲学之为颓废}\\ \text{道德之为颓废。}\\ \text{宗教之为颓废。}\\ \text{艺术之为颓废。}\\ \text{政治之为颓废}\end{array}\right.$$

15〔102〕

I
衰退的价值

II
反运动及其命运。

III
现代性问题。

IV
伟大的正午。

15[103]

沉思使人虚弱,就像过度排泄(蒂索:《论文人的健康》,第43页)1784年[①]

在各种艰难计算的影响下,敏感性会减小,自愿的收缩性亦然;肢体的规模会变小。

15[104]

把任何种类的贪欲精神化是什么意思呢:在这方面,一个经典的例子就是佩特罗尼乌斯的 satura Menippea[梅尼普讽刺杂文][②]。人们不妨来解读一下这同一种与某个教父的紧密联系,人

[①] 原文为法文。蒂索(Samuel Auguste Tissot,1728-1797):瑞士医学家,启蒙时代欧洲名医。——译注

[②] satura Menippea[梅尼普讽刺杂文]:梅尼普(Menippus)为公元前三世纪希腊犬儒派作家,擅长讽刺,其作品业已失传,其文体后为卢西安、塞内卡等作家继承和发展,故有此名。——译注

们不妨问问自己,哪里有更干净的风在吹拂……在这里,所有东西无不通过不道德性和淫荡的纵情放肆而使一个老教士绝望

15[105]

请注意!请注意!环境学说乃是一种颓废理论,但已经侵入并且在生理学中成了主宰

15[106]

关于环境的理论,在今天是卓越的巴黎理论,本身就是关于一种严重的人格分裂(Disgregation)的证明:当环境开始形成,并且合乎事实情况的做法是,可以把那些显突的天才理解为自身环境的单纯凝结,这时,那个还能有所聚集、贮藏、收获的季节就已经过去了——将来消逝掉了……当下瞬间吞噬了它所产生的东西——而且,唉,它在此仍旧是饥渴的……

15[107]

概而言之:英雄主义并不是自私自利——因为人们将毁灭于此……力量的使用往往受制于伟人陷于其中的那个时代的偶然性;而且这就会导致那种迷信,仿佛伟人就是这个时代的表现……然而,这同一种力量或许能以其他多种形式耗尽自己,而且在伟人与时代之间始终还有一种区分,那就是:"公众意见"习惯于崇拜群盲即弱者的本能,而伟人则是强者、是这种势力……

15[108]

信徒们意识到要把无限之物归功于基督教,因而推论说,基督教的创始人乃是一个头等人物……这个推论是错误的,但却是崇拜者的典型推论。客观地看,可能有两种情形:其一,他们弄错了被他们归功于基督教的东西的价值:信念丝毫不能证明人们深信不疑的东西,倒不如说,在宗教那里,信念更能为一种对信念的怀疑作出论证……其二,被归功于基督教的东西,是不能记在它的创始人账上的,而恰恰要归于其中完成了的产物、整体、教会。"创始人"这个概念是如此多义,以至于它只能意味着一种运动的时机原因:人们随着教会的增长而放大了奠基者形象;然而,正是这种崇拜的透镜允许人们作出推论,说在某个时候,这位奠基者成了某种十分不牢靠和不确定的东西,——开始时……人们不妨想想,使徒保罗以何种自由来处理耶稣的位格问题,差不多是变了戏法——死了的某个人,人们在他死后重又看到了他,被犹太人置于死地的某个人……一个单纯的"动机":他进而为此弹奏乐曲……开始时是一个微不足道的人——

15[109]

主人的道德
教士的道德
旃陀罗的道德
（奴仆的道德）

群畜的道德
颓废的道德
民众的道德

15[110]

利他主义

由于基督教把关于无私和爱的学说推到了显要位置，它就完全还没有把种类利益设定为比个体利益具有更高价值的。相反地，基督教真正历史性的效果，这种效果的灾难，恰恰还是利己主义、个体利己主义的提升，使之臻于极端之境了(——直至个体不朽之极端)。基督教把个人看得如此重要，把个人设定得如此绝对，以至于人们再也不能把个人牺牲掉了：但种类只是通过人类的牺牲才得以持存的……在上帝面前，所有"灵魂"都是平等的：然而这恰恰是一切可能的估价中最危险的啊！如果人们把个体设为平等的，那么就使种类成问题了，那么就优待了一种结果会导致种类毁灭的实践：基督教就是反对物种选择的原则了。如果说蜕化者和病者("基督徒")应当具有与健康者("异教徒")一样多的价值，或者甚至还更多的价值(照帕斯卡尔关于疾病和健康的判断)，那么，自然的进化过程就被错失了，非自然(Unnatur)则被弄成规律了……实际上，这种普遍的人类之爱就是对一切受苦者、失败者、退化者的优待：它事实上已经降低和削弱了牺牲人类的力量、责任、崇高义务。根据基督教的价值尺度模式，剩下来的事情就只还有自我牺牲了：但人类牺牲的这样一种残余，基督教认可，甚至推荐的这种残余，从总体培育(Gesammt-Züchtung)的观点来看，却是根本没有意义的。对于种类的繁荣来说,哪些个人是否牺牲自己,这是无关紧要的(——无论是以僧侣和禁欲的方式,还是借助于十字架、火刑和断头台,还是作为谬误的"殉道者")。种类需要失败者、虚弱者、退化者的没落:然而作为保守性力量,基督教恰恰是求助于这些人的,它提高了虚弱者那种本身就十分强大的本能,即自我保护、自我保存、相互保存的本能。要不是这种相互保存、这种虚弱者的团结一致、这种对物种选择的阻碍,那么,基督教中的"德性"又是什么呢?基督教中的"博爱"又是什么呢?要不是虚弱者的大众利己主义(Massen-Egoismus)(后者猜测:如果大家都相互关心,则每个个人都能得到最长久的保存),基督教的利他主义又是什么呢?……如果人们感到这样一种信念并不是一种极端的非道德性,并不是一种对生命的犯罪,人们就属于病态一帮了,而且本身就具有病态一帮的本能……名副其实的博爱要求为种类的利益作出牺牲——它是严酷的,充满自我克制,因为它需要人类的牺牲。而这种被叫做基督教的假人道,它想要实现的恰恰就是:无人被牺牲掉……

471

15[111]

论瓦格纳音乐的作用

一种不能使人们按节拍呼吸的音乐是不健康的。如果音乐带着一种明朗的神性和确信向我们走来,那么,就连我们的肌肉也要欢庆一种节日了:——我们将变得更强壮,甚至于可以测量出这种力量的增长。说真的,何以瓦格纳的音乐不能使我提高,它在我身上激起一种生理上的焦躁,最后使我出了一身轻汗呢?在看了瓦格纳的一幕戏、顶多两幕戏之后,我赶紧逃走了。——人们可以确认的是,生理学所讨厌的任何一种艺术都是一种受驳斥的艺术……对于瓦格纳的音乐,人们就可以用生理学的方式来加以驳斥……

15[112]

　　现代心灵批判。
　　三个世纪。

15[113]

　　"善人"。或者:德性的半身瘫痪。——对每一种强大的、天性依然的人来说,爱与恨、感恩与复仇、善意与愤怒、有为与无为都是相互归属的。人们是善的,是因为人们也会作恶;人们是恶的,是因为人们要不然就不懂得为善。那么,那种拒斥这种双重性的疾病和非自然思想是从何而来的呢?——它要表明更高的东西只能有半边成为优异的。德性的半身瘫痪、善人的发明又从何而来呢?我们的要求在于:人类要与那些可能使人成为敌人、使人有害、使人发怒、使人力求复仇的本能脱尽干系……进而,与这种非自然相应的,是那种有关一个纯然善的东西与一个纯然恶的东西(上帝、神灵、人)的二元论构想,就前者来说,一切肯定的力量、意图、状态不断增长,而在后一情形中则是一切否定的力量、意图、状态了。——这样一种评价方式因此就自以为是"理想主义的";它并不怀疑在"善"的构想中已经设定了一种至高的愿望。如果这个构想达到顶峰,那它就会臆想出一种状态,在其中所有的恶都已经被宣布为无效了,实际上只有善的东西剩了下来。所以,它甚至不会

[15.1888年春]

把下面这一点视为确定无疑的,即:那种善与恶的对立乃是一种相互制约;相反地,恶应当消失,而善应当留下来,前者有权存在,后者根本不应当在此存在……这里到底希望什么呢?——

在任何时候,特别是在基督教时代,人们一直都费尽心计,要把人类降低到这种半边优异性的水平,降低到"这种善人"的水平:即便在今天,仍不乏被教会教坏和弱化了的人们,对他们来说,这种意图是恰好与"人性化"或者"上帝意志"或者"灵魂得救"相合的。在此提出来一个本质性的要求,即:人不能做任何恶事;人绝不能害人,也绝不能有害人的意愿……满足这个要求的途径是:剪除一切导致敌意的可能性,消除一切怨恨本能,提倡作为慢性病的"心灵安宁"。

这种思想方式要培育一种特定类型的人,它是以那种荒谬的前提为出发点的:它把善和恶当作两种相互矛盾的实在性(而不是互补的价值概念,后者才是真相),它劝人向善,它要求善人彻底地放弃恶,反对恶,——事实上,它也就以此否定了生命,因为生命在其全部本能当中是既有肯定也有否定的。这种思想方式没有把握住这一点:相反地,它倒是梦想着回归生命的完整性、统一性和强壮性;到最后,当自己内在的无序、骚动在两种对立的价值动力之间得以终结时,它就设想那是一种拯救状态。——迄今为止,也许没有比这种求善的意志更危险的意识形态、更巨大的心理学胡闹了:人们把这个最令人作呕的类型、这种不自由的人拉扯大了,把这种伪君子抚养成人了;人们教训说,唯有作为伪君子,人才能踏上通向神性的正确道路,唯有一种向伪君子的转变才是一种神性的转变……

——而且,即便是在这里,生命也还是自有道理的——那是知道肯定与否定不可分离的生命——:竭力主张战争是恶的,不想加害于人,不想做出否定勾当,这又有神益呢!人们倒是要作战!人们根本不能有别样做法啊!对恶持否定态度的善人患上了那种德性半身瘫痪症——这在他看来似乎是值得想望的;但这种善人也根本没有停止作战、与人为敌、说否定之言、行否定之事。例如,基督徒是仇恨"罪"的……而对他来说,一切不都是"罪"嘛!恰恰由于那种对善与恶之道德对立的信仰,世界在基督徒看来才充斥了值得仇恨的东西、永远要我们去克服的东西。"善人"觉得自己被恶人团团包围了,受到恶人的不断冲击,他要使自己的眼睛变得更精细,他在自己所有的言语和追求(Tichten und Trachten)中还发现了恶:——因此顺理成章地,他终于把自然理解为恶的,把人类理解为腐败的,把善行理解为恩典(也即理解为非人类可为的)。——总而言之:他否定了生命,他理解了善作为最高价值是如何谴责生命的……这样一来,他关于善与恶的思想在他自己看来也应当是被驳斥的。但人们是不能驳斥一种疾病的……于是他就构想了另一种生活!……

15[114]

典型的自我塑造。或者:八个主要问题

1)人们想使自己更多样,还是更简单。

2)人们想要更幸福,还是对幸福和不幸更漠然。

3)人们想要更心满意得,还是更苛求、更无情。

4)人们想变得更柔和、更顺从、更人性,还是"更不人性"。

5)人们想要变得更聪明,还是更毫无顾忌。

6)人们想要达到一个目标,还是逃避所有目标(——例如,就

像哲学家的所作所为,他在任何目标里都嗅出一个边界、一个角度、一座牢房、一种愚蠢……)

7) 人们想要更受尊重,还是更为人所恐惧?抑或更受蔑视!

8) 人们想要成为暴君,还是诱惑者,还是牧人,还是群畜?

15[115]

什么是高贵的?

人们必须不断表现自己。人们寻找需要不断作出表情的场合。人们把幸福托付给大多数人:幸福作为心灵的安宁、德性、舒适(斯宾塞那里英国天使般的小摊贩)。人们本能地为自身寻求重大责任。人们善于处处树敌,最糟糕的情形下甚至与自身为敌。人们不断违背大多数人,不是通过言辞,而是通过行动。

15[116]

好战者与和平者

你是一个身怀战争本能的人吗?而且在此情形下还有第二个问题:你是一个本能的进攻战士,还是一个本能的抵抗战士?

——其余的人,所有本能并不好战的人,都想要和平,想要和睦,想要"自由",想要"平等权利"——:这些都只是表示同一个东西的名称和档次。

——到人们无需自卫的地方去吧。这样的人,当他们不得不反抗时,他们将不满于自己

——创造一些状态,其中根本不再有战争。

——在最糟情形下就得屈服、服从、顺从。总是比发动战争更

好些。例如,基督徒就是这样劝告自己的本能的。

在天生的战士那里,在性格、形势选择、全部素质培养方面,有某种诸如武装之类的东西:在第一个类型中"武器"得到了最佳发展,而在第二个类型中防御得到了最佳发展。

被解除武装的人、失去防御力的人:他们为了坚持下去——为了战胜自己——必需有何种辅助手段和德性。

15[117]

论强者的禁欲主义。

这种禁欲主义的任务,它仅仅是一种通行训练,而不是任何目标:要放弃传统价值陈旧的情感冲动。要一步步学会走自己的路,通向"善与恶的彼岸"的道路。

第一阶段:忍受残暴

　　　行残暴之事

第二阶段,更严重的阶段:忍受悲惨

　　　　　行悲惨之事:

　　　　　包括预习:成为可笑的,

　　　　　惹人笑话。

——要挑起蔑视,并且仍然要通过一种(不可猜度的)高高在上的微笑而保持距离

——要贬低、承担一部分罪行,例如偷钱,目的是为了检验它的平衡

要有一阵子不去做、不去说、不去追求任何不能激起恐惧或者蔑视的东西,不能必然地把那些正派而有德性的人置于战争状态

之中的东西,——不能有所排除的东西……

要把人们所是的东西的反面描绘出来(而且更好地:并非就是反面,而只是一种不同存在:后者是更困难的)

——要走每一根钢丝,冒任何可能性之险:彻底获得其天才

——有时要通过其手段否定其目标,——甚至于诽谤其目标

——要一劳永逸地把某个人物描绘出来,这个人物隐瞒了人们具有五六个他者的事实

——不要害怕五个糟糕的东西,诸如胆怯、坏名声、恶习、谎言、女人——

15[118]

一个北极乐土居民的箴言。

我们北极乐土居民,我们充分明白我们生活得多偏远。"无论是经水路还是经陆路,你都找不到通向北极乐土居民的路":在这一点上,品达早就了解我们了。

北方、冰、死亡之彼岸——我们的生活!我们的幸福!……

伟大事物要求人们对它们保持沉默或者大谈特谈:所谓大谈,意思就是以犬儒方式,并且毫无恶意地。

连我们当中最勇敢者,也只是难得具有对自己真正——知道的东西的勇气……

以其野性的本性，人们最能从自己的非自然（Unnatur）中恢复过来，——从其精神智慧中恢复过来……

怎么？难道人只是上帝的一个失误？抑或上帝只是人的一个失误？

我们怀疑所有体系建构者，我们避之犹恐不及。至少对于我们思想家而言，要求建构体系的意志乃是某种丢人现眼的事，是一种非道德性形式。

女人，永恒女性：一种只有男人才相信的完全虚构的价值。

男人创造了女人——但由何创造出来的呢？由他的上帝、他的"理想"的肋骨……

人们把女人视为深刻的——为什么呢？因为人们从不在女人那里寻根究底。但女人根本就没有什么根和底：女人是漏水的桶。女人甚至还谈不上肤浅。

笑得最好的人笑到最后。

478　　"为了能孤独地生活，人们必须成为动物或者上帝"——亚里士多德如是说。让我们来证明人们必须成为两者……

[15.1888年春]

懒散①乃一切哲学之开端。因此——哲学是一种恶习？

幸福的内涵是多么少啊！一种风笛的音调……没有音乐，生活或许就是一种谬误。

人们不能对自己的行为生出胆怯之心！人们不能事后对它弃之不顾！——内疚是不正派的、下流的。

婚姻最长久地持有对于自身的坏良心。人们应该相信这一点吗？——是的，人们应当相信的。

人不善于对付的一切东西，没有人消化得了的一切东西，此在的粪便（*Koth des Daseins*）——迄今为止，它不就是我们的最佳肥料吗？……

有时候就是一种愚蠢——呵，人们马上又感到自己的智慧味道怎样！

人们身上必须有勇气，才能允许自己为非作歹。"善人"在这方面就过于胆怯了。

男人在一切永恒女性面前是胆怯的：女人们知道这一点。

---

① 或译"闲适"。——译注

那不能杀害我们的东西——我们就来把它杀害,这使我们变得更强壮。必须杀死瓦格纳主义。①

"这些就是我的阶梯。我已经通过它们爬到上面了。为此我不得不越过它们。但它们却以为,我是要在它们上面休养了"。

"一切真理都是简单的":这话是一种双重的谎言。

479　凡是简单的就只是想象的,而不是"真实的"。但凡是现实的、真实的,就既不是统一,也不能仅仅还原为统一。

一头驴可能是悲剧性的吗?——人们在一种重负的压力下毁灭,人们既不能承受也不能抛弃的重负?……

在女人们中间。——"真理吗?呵,她们是不知道真理的!……难道真理不就是一种对我们所有的羞耻心(pudeurs)的谋杀吗?"

"对相同者一视同仁,对不同者不同地对待——公正对我们如是说。而且由此得出一点:决不能使不同变成相同"。

谁若不能把自己的意志置入事物之中,他至少还能把一种意义放进去:这就是说,他相信,事物中已经有一种意义了。

---

① 此句原文为法文。——译注

伟大的风格随着伟大的激情而出现。它鄙弃喜欢，它忘了说服。它发号施令。它有所意愿。

艺术家们，正如他们习惯成为的那样，如果他们是地道的，那么他们就少有需求：真正说来，他们只意愿两样东西，即他们的面包与他们的艺术——面包与妖精①……

比起趋时之人，迟生子更坏地被理解，而更好地被倾听。或者更严格地讲：他们是决不能被理解的——而且恰恰因此就有了他们的权威！

心理学中的好趣味：如果我们的自然性的所有道德化装与我们相抵触，即便在心灵上我们也只喜欢赤裸的自然。

人们不该过分苛求：如果人们选择德性和高耸的胸脯，那么，人们就不该同时也要求具有扒手的优势。

德性始终是最昂贵的恶习：它理当保持这个！

人是一种平庸的利己主义者：甚至最聪明者也看重自己的习

---

① 此处"面包与妖精"(panem et Circen)是对"面包与游戏"(panem et circensis)的反讽式改变。"妖精"(Circen)为荷马史诗《奥德赛》中的女巫。——译注

惯胜过自己的优势。

疾病是一种强大的兴奋剂。只不过,为了消受这种兴奋剂,人得足够健康。

高贵的趣味也限制了认识。它并不想一劳永逸地知道许多东西。

什么是男人的贞洁呢？就是他的性趣依然是高雅的；他在性爱(eroticis)中既不喜欢野蛮,也不喜欢病态,也不喜欢明智。

如果人们有了自己生活的为何之故(Waraum?),人们就几乎受得了任何一种如何(Wie?)了。人类并不像英格兰人所相信的那样追求幸福。——

人们怎么能使平庸者失去对他们的平庸性的兴趣呢！人们会看到,我的做法恰恰相反：按我的教导,每一步都会远离平庸,引向非道德性……

我们最神圣的信念,我们在最高价值方面始终不渝的东西,乃是我们身上肌肉的判断。

"你依然不知道人们必需什么,才能把自己的力量增加十倍吗？"——信徒吗？——那是微不足道的废物！！

——而且就像每一个具有太多权利的人,我并不喜欢坚持权利。(序言的结尾)

15[119]

生物学上的恒温线

15[120]

什么是好的?——就是一切能增强人身上的权力感、权力意志、权力本身的东西。

什么是坏的?——就是一切起于虚弱的东西。

什么是幸福?——就是感到权力又增加了,——又有一种阻力被克服了。

不要满足,而要更多权力;不要一般和平,而要更多战争;不要德性,而要卓越(即文艺复兴式的德性,virtù,非伪善的德性)。

虚弱和失败之物应当毁灭:生命的最高命令。而且人们不应当使同情成为德性。

什么是比某一种恶习更危险的呢?——那就是对一切失败和虚弱之物的行为上的同情,——基督教……

* * *

人类有朝一日将要替换何种类型呢?但这纯然是达尔文主义的思想形态。仿佛物种向来就在更替中似的!就我而言,这乃是人这个物种内部的等级问题(我基本上并不相信人这个物种的进步),乃是总是〈曾经〉在此存在、而且总是还将在此存在的人类类型之间的等级问题。

我要把一个上升生命的类型与另一个衰落、瓦解、虚弱的类型区分开来。

人们是不是会以为,我们一般地还得把两个类型之间的等级问题提出来呢?……

这个更强壮的类型往往已经足够了:但却是作为一件碰巧之事,作为一种特例,——从来不是作为所意愿的。而毋宁说,他恰恰已经最好地受到了控制,受到了阻碍,——他始终都具有巨大之量,都具有任何一种中等平常性(Mittelmaß)的本能,更有甚者,他具有弱者对于自身的狡计、精细、心思,以及——因此——就有了"德性"……他几乎就是迄今为止这个唯一可怕的东西:而且从这种恐惧而来,人们意愿、培育、达到了相反的类型,那就是家畜、群畜、病畜、基督徒……

* * *

[16. 1888年春至1888年夏]①

16[1]

都灵,4月21日途中

"我的兄弟们啊",最老的侏儒说,"我们处于危险当中。我懂这个巨人的态度。他正想对我们流泪呢。当一个巨人流泪时,就有一场大洪水了。当他流泪时,我们就有灭顶之灾了。我并不是在讲我们会在何种恐怖的自然力中淹死掉"。

"问题是——第二个侏儒说——我们怎样来阻止一个巨人流泪呢"?

"问题是——第三个侏儒说——我们怎样来阻止一个巨人,使他不能兴风作浪呢"?

"谢了",最老的侏儒庄严地答道。"这样我们就把问题弄得更哲学化了,把它的利害关系加倍了,把它的答案准备好了"。

"我们得把它吓跑",第四个侏儒说。

"我们得搔它的痒",第五个侏儒说。

"我们得咬它的脚趾头",第六个侏儒说。

"我们同时来做所有这些事吧",最老的侏儒说,"我看我们对

---

① 相应的手稿编号为:W II 7a。——译注

付得了这个局面。这个巨人将不会流泪了"。

16[2]

实存(Existenz)中的风险和幽灵——

4月27日夜

16[3]

虚构的原因

16[4]

要个别地、试探性地、逐步地使用一切可怕之物——文化的使命就是要这样作为。然而,在文化壮大到足以担当此使命之前,它还必须控制、调节、掩盖一切可怕之物,甚至可能诅咒和消灭一切可怕之物。凡在一种文化开始作恶的地方,它都会借此表现出一种恐惧姿态:透露出它的弱点。就本身来说,一切善都是被利用的从前的恶。

16[5]

这就给出一个准则:一个时代、一个民族、一个个人所能允许自己的激情越大越可怕(因为他擅于把激情当作手段来使用),则其文化的地位就越高。相反:一个人越平庸、软弱、屈从、怯懦——越有德性——,他所动用的恶的王国就越广大。最低等的人必定处处都看到恶的王国(即禁止他、对他有敌意的王国)。——

16[6]

教育:一个为了维护规则而毁掉特殊者的手段系统。教化:一个为了维护平庸者而建立反对特殊者的风气的手段系统。这是多么冷酷啊;但从经济角度看,却是完全合理的。至少在那个漫长时代里,那时候一种文化还费劲维护着自己,而每个特殊者都还是一种力量的挥霍(某种具有转移、引诱、病变、孤立作用的东西)。一种具有特例、试验、危险、差别的文化——唯当现成的力量足以使挥霍浪费也变得经济时,一种适合于异常生物的温室文化才拥有一种存在的权利。

16[7]

要驾驭激情,而不是削弱或者根除激情!我们的意志的主人力量越大,激情就会获得多得多的自由。"伟人"之伟大,是由于他的欲望的自由空间:而他却强大得足以把这些猛兽变成他的家畜……

16[8]

文明的每个阶段上的"善人"都是既无危险、又大有用场的人:是一种中心,是一种共同意识的表达,就是关于人们用不着害怕、但尽管如此却不可蔑视的人的意识……

16[9]

在反对伟人们的斗争中包含着许多理性。这些伟人们是有危险的,是偶然事件、特殊者、狂风暴雨,是十分强大的,足以去质疑缓慢地被构造和被奠基的东西,是怀疑那种坚定地被信仰的东西的人。对于此类爆炸物,我们不仅要毫无危害地把它们拆卸下来,而且要在以某种方式点着之前就已经预防它们的形成和聚积:每个文明社会的本能都有此劝告。

16[10]

文化与文明的顶峰是彼此分离的:对于文化与文明的深刻对抗,人们可不能弄糊涂了。从道德上讲,文化的重大契机始终是腐败的时代;而另一方面,人类所意求和所强制的动物驯化("文明"——)的时期,则是对最有才智和最勇敢的人物不宽容的时代。文明之要求不同于文化之要求:也许是某种截然相反的东西……

16[11]

——坚决与次序:在歌德看来乃是人类身上最值得敬仰的东西——

16[12]

生命本身不是达到某物的手段;它只是强力的增长形式。

16[13]

谦逊、用功、好心肠、适度、充满和平友好:你们就这样来要求人吗?你们就这样来设想善人吗?但你们借此达到的东西,只不过是将来的中国人、"基督教的羔羊"、完全的社会主义者……

16[14]

谁若不能把自己设为目的,还根本不能自发地设定目的,他就会崇奉非自身化的道德。他的聪明、他的经验、他的虚荣,这一切都会劝他这样做……

16[15]

反对"旧信仰"的斗争,就像伊壁鸠鲁所从事的那种斗争,在严格意义上曾是反对先在的基督教的斗争,——反对已经阴暗化、道德化、浸透了酸腐的罪责感、变得陈旧和病态的旧世界的斗争。

不是古代的"道德腐败",而恰恰是它的道德化,成了基督教得以主宰古代的前提。道德狂热(简言之:柏拉图)摧毁了异教,因为它重估异教的价值,并且让异教的无辜吃了毒药。——我们最终应当明白,与成为主宰的东西相比,在此被摧毁的东西乃是更高级的东西!——基督教是从生理腐败中成长起来的,只在腐败的土壤里扎根……

16[16]

我们少数人或者多数人,敢于重又生活在一个非道德化了的世界里的我们,按信仰来看,我们是异教徒:我们很可能也是最早理解异教信仰是什么的人,必须设想为比人更高级的生物,但这种生物却在善与恶的彼岸;必须把一切高级存在也估价为非道德的存在。我们相信奥林匹斯——而不信仰"被钉十字架的耶稣"……

16[17]

人们似乎觉得历史学毫无用处,除了始终把它用作一个相同的错误结论:"这种和那种形式崩溃了,因此它们已经被驳倒了。"仿佛崩溃是一种抗辩,甚或一种反驳!——最后一个贵族社会制度的崩溃证明了什么呢?也许是证明了我们不再需要这种制度了?……

16[18]

在德国人中间还不足以拥有精神:人们还必须把它占为己有,取得精神。在法国人中间,人们必须有勇气成为德国人。

16[19]

在你变得有智慧之后,也放聪明些吧!一种粗俗的情绪,一种恶习,一种愚拙——现在,这就是你的解救方式!

16[20]

——而如果说我的哲学是地狱,我至少愿意用美好的格言来铺设通向地狱的道路。

16[21]

倘若此在(Dasein)的特征是虚假的,倘若此在具有一个"坏的特征"——而且恰恰这是可能的——那么,什么是真理,我们全部的真理呢?更是一种虚假吗?

16[22]

如果人们做了一件蠢事,人们就应该事后立即为它送上两份聪明:这样人们就重又把它取了回来。

16[23]

为了以叔本华的方式把世界误解为"意志",意志必定已经变得多么贫瘠呵!在这位哲学家身上缺失意志,哪怕他在大谈特谈意志(——正如在《新约全书》中缺失精神,尽管谈的是"神圣的精神"①——)

16[24]

倘若没有音乐,生命就会是一种谬误。

16[25]

人,一个渺小的过于紧张的动物,他们——幸亏——有自己的时代;地球上的生命说到底是一个瞬间、一个意外事件、一个没有结果的特例,对地球总体特征来说无足轻重的某个东西;地球本身犹如任何星辰,是两种虚无之间的一个裂缝,是一个毫无规划、毫无理性、毫无意志、毫无自我意识的事件,是必然之物的最糟种类,是愚蠢的必然性……对于这种考察,我们心中生出某种愤怒;虚荣

---

① "神圣的精神"(der heilige Geist),或译为"圣灵"。——译注

这条毒蛇对我们说:"一切必定都是虚假的:因为一切都令人愤怒……难道这一切不会都只是假象吗?而尽管如此,用康德的话来说,人,———

16[26]

"祸害"据说是对此在的一个抗辩!但什么东西使我们最长久地厌恶呢?难道不就是"善"的角度,难道不就是那种不可能性,即无法回避"善"这样一种不可能性吗?难道不就是"上帝"这个想法吗?

16[27]

人如果病了,就该躲起来:越是一味哲学的,就越是只具有兽性……

16[28]

〈有〉上午的思想家,有下午的思想家,也有夜游神。可不要忘了最高贵的种类:正午的思想家,——伟大的潘神(Pan)总是在他们当中沉睡。其时,一切光都是垂直照射的……

16[29]

在音乐中,我们缺乏一种美学,一种或许善于为音乐家们树立法则和创造某种良知的美学;作为后果之一,我们缺乏一种真正的为争取"原则"而作的斗争——因为作为音乐家,我们竭力嘲笑这个领域中赫尔巴特①式的单纯愿望(Velleitäten),就如同嘲笑叔本华的单纯愿望。事实上,由此产生出一个巨大的困难:我们再也不懂得如何论证"典范"、"大师技巧"、"完满性"等概念了——我们用古老的爱慕和赞赏的本能在价值王国里盲目地摸索,我们几乎相信"令我们称心满意者就是好的"……当人们到处十分天真地把贝多芬称为"古典作家"时,就会唤起我的怀疑:我会严格地坚持认为,人们在其他艺术中所理解的古典作家是与贝多芬相反的类型。然而,尽管人们把瓦格纳完满的和引人注目的风格之消解(即他所谓的戏剧性风格)当作"典范"、"大师技巧"、"进步"来传授和仰慕,但我的不耐烦却到了极点。音乐中的戏剧性风格,正如瓦格纳所理解的那种风格,根本上就是在某种前提下对风格的摒弃,这个前提就是:有某个〈其他东西〉比音乐(即戏剧)重要千百倍。瓦格纳是能够描绘的,他不是把音乐用作音乐,他强化姿态,他是一个诗人;最后,他就像所有戏剧艺术家那样诉诸于"美好的情感"和"丰满的胸脯"——借助于所有这一切,他说服了女人们,甚至说服了缺乏教养者相信自己:可是,女人和缺乏教养者与音乐又有何相干啊!所有这一切都毫无艺术的良知;当一种艺术中全部最初的和最必要的德性为了一些附带的目的,也即作为 ancilla dramaturgica[戏剧的奴婢],而惨遭践踏和讥讽时,所有这些人都不会感到痛苦。——当其中所表达的东西即艺术本身对自身而言丧失了法则时,所有对表达手段的扩展又有何意义呢?声音的图画般的绚丽

---

① 赫尔巴特(Johann Friedrich Herbart,1776-1841):德国哲学家、心理学家、教育家。主要著作有《普通教育学》、《作为科学的心理学》、《普通形而上学》等。——译注

和力量，音调的象征性，节奏，和谐和不和谐的音色，音乐的暗示含义，着眼于其他艺术，整个随着瓦格纳而占上风的音乐的感性——所有这一切都是瓦格纳从音乐中认识、发掘和阐发出来的。维克多·雨果在语言方面做了某种类似的事情；但即便在今天，人们在法国谈到维克多·雨果时也会问问自己：他是不是败坏了语言……随着语言中感性的提高，是不是压制了语言中的理性、精神性和深刻的规律性？在法国，诗人们成了雕塑家；而在德国，音乐家们成了戏子和文化粉饰者——这不就是颓废的标志吗？

瓦格纳借助于音乐搞出一切可能的非音乐的东西：他让人理解了膨胀、德性、激情。

对他来说，音乐是手段

难道音乐不是丢失了所有更精神性的美，那种高度的纵情放肆的完满性（后者在冒险中依然簇拥着妩媚），那种具有迷人魅力的逻辑之跳跃和舞蹈———

16[30]

对于一个总是与丑陋的真理进行斗争的认识战士来说，相信根本就没有什么真理，这样一种信仰乃是一次大沐浴和四肢舒展。——虚无主义乃是我们的懒惰种类……

16[31]

有时候，德性只是愚蠢的一个令人崇敬的形式：谁会因此对它心怀恶意呢？而且，这种德性甚至在今天也还存活下来了。一种诚实的农民般的纯朴性，但它在所有等级中都是有可能的，人们只能用敬仰和微笑来对待它；它到今天也还认为，万物都处在善人之手中，亦即在"上帝之手"中：而且如果善人之手以那种谦逊的可靠性来维护这个信条，就仿佛说二乘二等于四，那么，我们其他人就要小心提防，避免造成矛盾。何以要把这种纯粹的愚蠢变得混浊呢？何以要用我们对人类、民族、目标、将来的忧心而使这种愚蠢变得阴暗不堪呢？还有我们本来是想这样做，但或许做不到这一点。善人们把他们自己可敬的愚蠢和善良映照到事物之中（在他们那里的确还存活着旧的上帝，deus myops[近视的上帝]！）；我们其他人——我们在事物之中看到某个别的东西：我们谜团般的天性，我们的矛盾，我们更深刻的、更令人痛苦的、更多疑的智慧。

16[32]

我何以认出自己的同类。——哲学，我迄今为止所理解和经历的哲学，乃是一种自愿的寻找，包括对此在(Dasein)那被诅咒的和邪恶的一面的寻找。从这样一种穿越冰山荒漠的漫游赋予我的长期经验当中，我已经学会了用另一种方式去看迄今为止所有的哲学思考：——哲学的隐蔽历史，有关哲学大名目的心理学对我来说已经昭然若揭了。"一种精神能承受多少真理，敢于冒多少真理之险？"——这对我来说成了真正的价值标准。这种谬误是一种怯懦……每一种认识成就都源于勇气,源于对自身的严厉,源于对自身的规矩……这样一种实验哲学,正如我所经历的那样,本身就试验性地预先获得了原则性虚无主义的各种可能性:而这并不是说,这种哲学总是坚持了一种否认,坚持了一种否定,坚持了一种求否认的意志。相反,它意愿达到的倒是反面情形——就是要达到一种对如其所是的世界的狄奥尼索斯式的肯定,不打折扣,没有特例和选择——它意愿永恒的循环,——同一个事物,同一种关于节点的逻辑和非逻辑(Logik und Unlogik der Knoten)。一个哲学家所能达到的最高状态:对此在的狄奥尼索斯式态度——:对此,我的公式就是 amor fati[命运之爱]……

493　　——这就要求我们不仅把以往被否定的此在(Dasein)方面理解为必然的,而且把它理解为值得想望的:而且不光是在以往被肯定方面(诸如作为这个方面的补充或者先决条件)值得想望的,而是为其自身之故,把它理解为此在更强大、更有成效、更真实的方面,此在之意志在其中将获得更清晰的表达。同样地,这也要求我们对以往一直仅仅得到肯定的此在方面作出估价;要理解这种评价从何而来,它对于一种狄奥尼索斯式的此在价值测量是多么少有约束力:我抽取和把握了在此真正表示肯定的东西(首先是受苦受难者的本能,其次是群盲的本能,第三是与特立独行者相矛盾的大多数人的本能——)。我由此猜到,人的另一个更强壮的种类何以必然地会朝着另一个方面来设想人的提高和提升,即:更高等的人,位于善与恶的彼岸,超越那些价值,后者不可能否认其来自苦难、群盲和大多数人〈之〉领域的本源——我孜孜以求的,就是历史中这种相反的理想构成的发端("异教的"、"古典的"、"高贵的"等概念被重新发现和设置起来——)

16[33]

仅从他对德国和德国文化的价值来估价,理查德·瓦格纳依然是一个大问号,也许是德国的一个不幸,无论如何都是一种天命:但原因何在呢?难道他不是远远不止于一个单纯的德国事件吗?……我甚至觉得,他无论在哪里都很少属于德国;德国对他毫无准备,他整个类型在德国人中间都简直是格格不入、稀奇古怪、不可理喻的。然而,人们得小心,提防承认这一点,因为人们对此太好心肠、太方正、太德国了。"Credo quia absurdus est"[因为荒诞,故我信]:即便在眼下的情形中,德国精神也是愿意这样的——而且就这样,德国精神在此期间也相信瓦格纳关于他自身所愿意相信的一切。在心理学上讲,德国精神在任何时候都是缺乏敏感和预见的。今天,德国精神处于爱国热情和孤芳自赏的高压下,他明显地正在变得粗糙而臃肿,这时候,他如何对付得了瓦格纳这道难题呢!

16[34]

从根本上说,就连瓦格纳的音乐也还是文学,就像〈是〉整个法国浪漫主义;异国情调、陌生时代、风俗、激情的魔力,对善感的游手好闲者产生了影响;书本给整个地平线涂上新的色彩和新的可能性,让人们得以理解非同寻常的遥远的史前异国土地,踏入这种国度时的欣喜……对更遥远的未开化世界的预感;对通俗喜剧的蔑视……譬如,人们可不能受骗上当,其实民族主义也只不过是异国情调的一种形式……浪漫主义的音乐家告诉我们,异国情调的书本在他们身上作成了什么:人们喜欢体验异国风味,带有佛罗伦萨或者威尼斯趣味的激情。最后,人们就满足于在图像中寻找这种东西了……本质性的东西乃是那种全新的欲望,一种模仿意愿,仿效他人生活的意愿,心灵的粉饰、伪装……浪漫主义艺术只不过是一种匮乏的"实在性"的权宜之计……

拿破仑,心灵的全新可能性的激情……心灵的空间扩展……

创新尝试:革命、拿破仑……

意志的疲乏;去感受、去表象、去梦想新事物的欲望越来越放纵了……

人们经受过的过度事物的后果:对过度感情的贪婪……外来文学提供了最强烈的调料……

16[35]

关于婚姻的未来:

对于从某个年龄起以及正在成长的单身汉来说(在教区范围内),是遗产等等方面的一个税务负担的加重,也是兵役负担的加重

那些多子父亲的种种优势:可能获得多数票

任何婚姻之前都有一个由教区理事会签署的医疗报告:其中必须回答订婚者和医生方面的若干个特定问题("家庭史"——

作为反对卖淫的对抗手段(或者作为卖淫的改良):限期婚姻,合法化(限期几年、几月、几天),带有对子女的担保

每一个婚姻都要由某个教区的一定量的代理人来负责和支

持：作为教区事务

16[36]

这些浪漫主义者，就像他们的德国大师弗里德里希·施莱格尔一样，全都处于（用歌德的话来说）"在道德和宗教的荒唐行为的唠唠叨叨中窒息而死"的危险中

瓦格纳身上的席勒气质：他带来"热情的雄辩，绚丽的言辞，作为高贵信念的摆动"——与微量金属的熔合物

"倘若席勒活得更长久些，他就会成为同时代人的偶像，甚至也是那些在伊夫兰和科策比①、在尼古拉②和默克尔③那里重又找到自己的感觉和思想的人们的偶像，而且连荣誉和财富也会完全归他所有"。维克多·海恩：《关〈于〉歌〈德〉的思〈索〉》，第109页。

"连贯的冷酷"，"英雄的卑劣或者微不足道"——人们想到尼布尔，他可以就威廉姆·迈斯特说："他对驯服的牲口的围栏生气"

在贵族圈里，人们曾一致同意，——用雅可比④的话来说——"其中占上风的是一种不洁的精神"

歌德为何要感恩于席勒呢？威廉姆·迈斯特"使之着迷，令他深深地感动，其实是使他痛苦地充满了特有的不可接近感。所以

---

① 伊夫兰(Iffland, 1759-1814)和科策比(Kotzebue, 1761-1819)为德国通俗剧作家，当年反对歌德和席勒的古典主义。——译注

② 应指海因里希·冯·尼古拉(Heinrich von Nikolai, 1737-1820)：生于斯特拉斯堡，诗人。——译注

③ 应指加利布·默克尔(Garlieb Merkel, 1769-1850)：德国作家、批评家。曾创办攻击歌德和施莱格尔兄弟的杂志《正直者》(der Freimüthige)。——译注

④ 应指弗里德里希·雅可比(Friedrich Jakobi, 1743-1819)：德国哲学家。著有《致门德尔松的书信》、《休谟论信仰》等。——译注

说到底,正是出于敌对的阵营,他遇到了一种精神,一种能够追随他直至这样一个高度的精神"。

1796年致克尔纳①:"与歌德相比,我是而且一直就是一个诗歌流浪汉。"

即便在席勒眼里,歌德的星座也随着自己声望的增长而相形见绌了。他成了竞争对手。

患病者对完满者的典型仇恨——例如诺瓦利斯对于讨厌书本的威廉姆·迈斯特。"诗歌的家园是用秸秆和小布片仿造的"。"个中理智犹如一个愚蠢的魔鬼"。"艺术家的无神论乃是书本精神"。——这是在那个时候,诺瓦利斯正在为蒂克②大发雷霆,后者当时似乎正在扮演雅各布·波墨③的学生

16[37]

瓦格纳艺术的效果是深刻的,首要地它是沉重的令人忧郁的:原因何在呢?首先当然不是由于瓦格纳的音乐;甚至于只有当人们已经被某个他物所征服,并且仿佛成为不自由的了,人们才受得住这种音乐。这个他物就是瓦格纳的激情,他只是通过虚构把自己的艺术添加到这种激情上了,正是这种激情的巨大说服力,它的紧张屏息,它再也不想放过一种极端情感的意愿,正是这种激情的

---

① 克尔纳(Christian Gottfried Körner,1756-1831):德国法学家、作家,席勒的亲密友人,与席勒多有书信交流。——译注

② 蒂克(Johann Ludwig Tieck,1773-1853):德国作家。著有书信体小说《威廉·罗维尔》、长篇小说《弗兰茨·斯坦恩巴尔德的漫游》等。——译注

③ 雅各布·波墨(Jakob Böhme,1575-1624):一译"伯麦",文艺复兴时期德国哲学家,神秘主义者。著有《黎明》、《伟大的奥秘》等。——译注

令人恐惧的长度,使瓦格纳得以获胜,而且将永远获胜,以至于他最终仍然会说服我们去接受他的音乐……有了这样一种激情,人们是不是就成了一个"天才"呢?抑或也只不过是可能成为一个天才了?如果人们理解的一个艺术家的天才就是受法则支配的至高自由,神性般的轻而易举,举重若轻的功夫,那么,奥芬巴赫(埃德蒙〈德〉·奥德朗①)就比瓦格纳更有权要求享有"天才"之美名了。瓦格纳是沉重的、笨拙的:没有比放纵之极的完满性瞬间更与他格格不入的了,犹如这位小丑奥芬巴赫几乎在他的每一个滑稽动作(bouffonneries)中都要达到五六次的完满性瞬间。——然而,也许我们可以把天才理解为某种不同的东西。——我同样打算〈去〉回答的另一个问题:恰恰以这样一种激情,瓦格纳是不是德意志的?是不是一个德意志人呢?……或者毋宁说是特例中的特例?……

瓦格纳是沉重的、令人忧郁的,因而并不是一个天才?……

16[38]

面对一切事物,瓦格纳熟练地一并予以勾销,结果有四分之三剩了下来:首先是他的宣叙调②,它把最有耐心者带向绝望……瓦格纳的一个单纯野心,是要把自己的作品当作在细枝末节上都必然的东西来加以传授……相反的情形才是真实的,这对过剩者、任意者、多余者来说是太多太多了……他甚至没有应付必然性的能

---

① 埃德蒙德·奥德朗(Edmond Audran,1842—1901):法国作曲家。——译注
② 宣叙调(recitativo):歌剧音乐形式,又称"朗诵调",节奏自由,半说半唱,用于情节叙述。——译注

力：他如何能够把它赋予我们呢？

16[39]

一个粗俗的大众鼓动者在何种程度上无能于弄清楚"更高天性"这个概念？巴克尔给出了最佳的例子。他如此激烈地反对的那种见解——即"伟人"、个体、王侯、政治家、天才、将帅乃是一切伟大运动的杠杆和原因——被他本能地误解了，仿佛这种见解主张的是，这样一些"高等人"身上本质性的和富有价值的东西恰恰就在于发动大众的能力，简言之就在于他们的作用……然而，伟人的"更高天性"却在别处，在直接性中，在等级距离中——而不是在无论何种作用中，尽管他曾经惊天动地。——

16[40]

美〈学〉

基本观点：什么是美的和丑的。

没有比我们关于美的情感更受限制，或者说更有偏见的了。谁倘若想要摆脱人对人的愉悦来思考美，他就会立即失去脚下的根基。在美中，作为类型的人赞赏自己；在极端情形下，人崇拜自己。一个类型的本质包含着：它只对自己的样子感到高兴，——他肯定自己，而且仅仅肯定自己。人，尽管他看到世界堆满了那么多的美，但他始终还只是把他自己大量的"美"给予世界：这就是说，他把让他想起完满感的一切东西都视为美的，而他作为人正是以这种完满感置身于所有事物之间。是不是他真的借此把世界美化了呢？……而且说到底，在一位更高级的趣味审判官眼里，也许人根本就不可能是美的呢？……在此我不想说有失体面，但是不是有一点滑稽呢？……

* * *

二

——呵，狄奥尼索斯神，你为什么要拉我的耳朵呢？阿里亚德涅说：我在你的耳朵里发现了一种幽默，为什么它们不更长一些呢？……

* * *

〈三〉

"没有什么是美的：只有人才是美的"，我们全部的美学都依据于这样一种幼稚想法：它是美学的第一"真理"。

让我们马上添上补充性的"真理"，它并不少一些幼稚：没有什么比败落之人更丑的了。

凡在人受丑陋之苦的地方，他就受了其类型的流产之苦；而且，即便他将极其遥远地忆及这样一种流产，他也会设定"丑的"这个谓词。人把大量的丑给予世界：这意思就是说，始终把他自己的丑给予世界……他真的由此把世界丑化了吗？……

* * *

〈四〉

所有丑都使人虚弱，使人悲伤：它使人想起衰落、危险和昏聩无能。人们可以用测力计来测量丑的印迹。凡在人受到压抑处，就有某种丑发挥作用。权力感，权力意志——它随着美而高扬，随着丑而跌落。

* * *

〈五〉

在本能和记忆中积聚着一种巨大的材料:我们有各种各样的标志,向我们透露出类型的退化。凡是哪怕仅仅暗示出衰竭、疲乏、沉重、衰老,或者不自由、痉挛、瓦解、腐朽的地方,立即就会出现我们的价值判断:在这里人憎恶丑……

人在此憎恶的始终是他的类型的衰落。在这种憎恶中有整个艺术哲学。

*　　*　　*

〈六〉

如果我的读者们充分地获悉,在生命伟大的总戏剧中,"善"也是一种衰竭形式,那么,他们就会尊敬基督教的结论,那种把善设想为丑的结论。基督教因此是有理的。——

在一位哲学家那里,要是他说善与美是同一个东西,那是一种卑劣行径;如果他再补上一句"还有真",那人们就该揍他了。真理是丑的:我们拥有艺术,是为了我们不因真理而招致毁灭。

*　　*　　*

七

关于艺术与真理的关系,我老早就予以严肃对待了;而且直到今天,我依然带着一种神圣的惊骇去直面这种分裂。我的第一本书就〈已经〉致力于此了;《悲剧的诞生》是以另一种信仰为背景去信仰艺术,这另一种信仰就是:凭真理生活是不可能的;"求真理的意志"已经是一个蜕化的征兆……

在这里,我还想再次端出我在那本书里提出的一个特别阴郁和令人不快的想法。这个想法具有相对于其他悲观主义想法而言的优先地位,即:艺术〈是〉非道德的:——艺术并不像真理那样,是由哲学家的妖精即德性激发出来的。——

*《悲剧的诞生》*中的艺术

———

16[41]

瓦格纳是"现代心灵"之"欧洲精神"史上的一个重大事实:正像海因里希·海涅是这样一个事实。瓦格纳与海涅:德国赠送给欧洲的两大骗子。

16[42]

当瓦格纳向德意志上帝、德意志教会和德意志帝国败退时,我已经远离了他:而他恰恰以此吸引了其他人。

16[43]

请注意　　　　　　序言开头
　　炼金术士乃是人类唯一真正的行善者。
　　人们重估价值,人们从少量中提取大量,从微量中提取金子:人类唯一的行善者种类。
　　这些是独一无二的富人
　　其他人只不过是交易人
　　让我们设想一个极端情形:有某个最受仇恨、谴责的东西——而且正是这个东西被转变成金子:此即我的情形……

16[44]

有时我几乎好奇地想听听我是怎样存在的。这个问题以一种荒谬的方式远离于我自己的习惯

我独特的体验(——人们有类似的———

在我的生命中真的有一些惊异:原因在于,〈我〉不愿操心或许可能的事体,即:证明我是多么心不在焉地生活的……有一个偶然事件使我在几天前意识到了这一点:我心中缺乏"将来"概念,我向前看犹如通过一个平面:没有愿望,连小小心愿也没有,不做任何计划,不图改变。而毋宁只有那个神圣的伊壁鸠鲁派哲学家不允许我们做的事:忧心于后一天,忧心于明天……这是我唯一的诀窍:今天我知道明天会发生什么事。

Naufragium feci:bene navigavi[我让船沉没了:我航行得真好啊],———

16[45]

大魔术师饶舌妇般的幸福,最清白无辜者能满足其欲望……

16[46]

文化的克汀病患者,①"永恒女性",———

16[47]

在德国,理想的汽化作用(Vaporismus)并没有证明一种对艺

---

① 克汀病患者(Cretins):又译"呆小病患者"。——译注

术家的抗辩,而倒是几乎证明了对艺术家的辩护(——它会把席勒当作卓越者!……而且当人们说席勒与歌德时,人们的意思是,前者作为理想主义者是更高级的,是名副其实的:这个姿态上的英雄!

16[48]

就瓦格纳发明的〈并且〉在音乐中树立起来的那种歇斯底里的和勇猛的女人来说,那是一种带有极其模棱两可的趣味的雌雄同体产物:

这种类型本身在德国也没有完全令人讨厌,这一事实的原因(尽管还根本不是它的正当性)就在于:早就有一位比瓦格纳伟大得多的诗人,高贵的海因里希·克莱斯特,已经在那里为这种类型作了天才的赞词。我决不会在这里撇开克莱斯特来思考瓦格纳本身:艾尔莎、森塔、伊索尔德、布仑希尔德和昆德莉之类,①毋宁说都是法国浪漫派的子嗣,都具有一种———

16[49]

一个音乐家的伟大并不是根据〈他〉所激起的美好情感来衡量的:女人们相信这一点——她们衡量一位音乐家的尺度乃是他的意志的张力;是那种可靠性,它使混沌服从其艺术家〈的〉命令、并且构成形式;是〈那种〉必然性,它把音乐家的双手置入某个形式序列之中。一个音乐家的伟大——一句话,是要根据他驾驭伟大风

---

① 均为瓦格纳歌剧中的女英雄人物。——译注

格的能力来衡量的。

16[50]

我为自己寻找一只动物,它会随我起舞,而且爱我——很少一点点……

16[51]

草案。

1. 真实世界与虚假世界。
2. 作为颓废类型的哲学家。
3. 作为颓废类型的宗教徒。
4. 作为颓废类型的善人。
5. 反运动:艺术!
6. 宗教中的异教。
7. 科学反对哲学。
8. 政治家反对教士——反对从本能中解脱出来,非家乡化。(民族、祖国、妇女——所有集中的权力都反对"非家乡存在")①
9. 对当代的批判:它归属何方?
10. 虚无主义及其对立面:"轮回"之信徒
11. 作为生命的权力意志:历史的自身意识的顶点(这种自身意识限定着现代世界的病态形式……)

---

① 此处"非家乡化"原文为 Unheimischwerden,似也可译为"非本色化";"非家乡存在"原文为 Unheimisch-sein,似也可译为"非本色存在"。——译注

12.权力意志:作为风纪。

16[52]

　　颓废者(décadents)被视为社会的粪便
　　把此类粪便当作养料来使用,这是最有害于健康的——

16[53]

关于衰竭的理论:
　　恶习
　　精神病患者(或者演艺家……
　　罪犯
　　无政府主义者
　　这些不是受压迫的品种,而是以往全部阶级社会的渣滓……
　　我们看到,我们所有的等级都充满了这些因素;借此我们就理解了,现代社会并不是"社会",并不是"团体",而是一个旃陀罗的病态混杂物
　　——一个不再有力气排泄的社会
　　通过千百年来的群居,这种病态已经多么深入:

现代道德	
现代智慧	作为疾病形式
我们的科学	

16[54]

　　谬误乃是人能允许自己的最昂贵的奢侈;而且,如果说谬误根

本上是一种生理学上的谬误,它就会变成有生命危险的。那么,人类迄今为止到底是为什么付出了最大的代价、遭受了最恶劣的罪过呢?是为了他们的"真理":因为"真理"统统是生理学上的谬误……

16[55]

从生理学上来考虑,《纯粹理性批判》已然是克汀病①的先在形式了:而斯宾诺莎的体系则是一种肺结核现象学

16[56]

我的定律,压缩为一个公式,有古代的味道,有基督教、经院哲学和其他麝香的气味:在"作为精神的上帝"概念中,上帝作为完满性被否定掉了……

16[57]

这是没有子孙的;几乎没有意义。

16[58]

对蜘蛛来说,蜘蛛就是最完满的动物;对于形而上学家来说,上帝就是一个形而上学家:这就是说,他在编造②……

---

① 克汀病(Cretinismus):又译"呆小病"。——译注
② 尼采在此用了动词 spinnen,既有"结网"义,也有"编造、想出"之转义。——译注

16[59]

民众相信伪经的"真理"——

16[60]

女人、黄金、宝石、德性、纯洁、科学、一个好主意,质言之,有益和美好的一切,人们都是可以取得的,无论它们从何而来。

* *

为了表示对他母亲的敬意,这个青年人首先要摆脱他凡夫俗子的躯壳;为了表示对他父亲的敬意,他要摆脱那个在空气中包裹着他的更微妙的形体;为了表示对他老师的敬意,他要变得更轻盈、更纯粹,升高到梵天(Brahma)的住所。

* *

他从未在森林的沉默中,或者在清澈的泉水旁,或者在沉沉的、沉沉的午夜,疏忽那种祈祷,后者的无限内容就包括在单音节的"唵"(Om)当中。

在他们结束了自己的神学学习之后,那些年轻的婆罗门,那些年轻的刹帝利和吠舍①,就可以进入家长类型里了。"再生族"②于是就应当取得权杖,开始在自己的种姓阶层里寻找一位女子,他的

---

① 刹帝利(Xchatria)和吠舍(Vaysia):梵文为 Ksatriya 和 Vaisya,古印度四大种姓中的两个,另两个为婆罗门(Brahmana)和首陀罗(Sudra)。——译注
② 再生族(Zweimalgeborene):梵文为 dvija,指印度教中有权拜神而得以获取第二次生命的前三个种姓,即婆罗门、刹帝利、吠舍。——译注

种姓阶层因为自身的品质而令人敬佩，而且是合规合矩的。

他得小心提防，避免与那种家庭的女子结合，她或者是来自未实现宗教义务的家庭，或者是来自女儿数量超过儿子数量的家庭，或者是来自个别成员患有畸形、肺结核、消化不良、痔疮以及诸如此类毛病的家庭。

他要躲避这种家庭，无论后者的权力有多大，名声有多大，财富有多大。

他要样子美丽动人、名字好听的女人，有牡象般的步态，绸缎般柔软的头发，温柔的声音，细密整齐的牙齿；这样一个女人的身子犹如盖上了一层轻柔的绒。

一个美女给一个家庭带来快乐，使夫妇的爱情变得坚不可摧，并且为家庭带来体态健美的孩子。

他得避免与一个没有兄弟或者不知其父亲是谁的少女结婚。

对一个与首陀罗（来自佣人种姓）结婚、并且与之生儿育女的婆罗门来说，世界上是没有赎罪一说的。

16[61]

威廉姆·冯·洪堡，这个高贵的平庸者

16[62]

"人人都在永恒的更新和消散中毁灭自己"。

　　　　　　　　歌德。①

---

① 此处被书作 Göthe，通常作：Goethe。——译注

16[63]

听说去年冬季,富有才智的丹麦人乔治·勃兰兑斯在哥本哈根大学开设了一组相当长的讲座来讲授哲学家弗里德里希·尼采,这对这位哲学家的朋友们来说将是有重要价值的。这位演讲者在阐述艰难的思想复合体时表现出来的高超技能并不是要首先证明自己。他懂得激发超过三百人的听众,对这位德国思想家全新而大胆的思想方式产生出强烈的兴趣,以至于这些讲座受到了令人炫目的满堂喝彩,听众们以此来表达对这位演讲者及其话题的敬意。

16[64]

我们非道德论者
在艺术家中间
自由精神批判
怀疑论者如是说。

16[65]

工匠歌手们①赞扬什么也没有学会的德〈国〉天才:除了从小鸟那里学到的东西——天才被理解为"高贵的[—]",此外就是"骑士"……

---

① 工匠歌手(Meistersinger):德国14至16世纪行会的歌手或诗人。——译注

16[66]

关于序言。

唯有什么能使我们复元?完满者的面貌:我让眼睛沉醉漂浮:莫非我们的境况不妙?

16[67]

瓦格纳的风格也感染了他的弟子们:瓦格纳信徒的德意志乃是在谢林以后被写下来的最隐晦的胡闹。作为风格学家,瓦格纳本人还属于叔本华愤怒声讨的那场运动:——而且,当幽默以反对犹太人的"德意志语言的救星"自居时,这种幽默就登峰造极了。——为了勾画出这些弟子们的趣味,请允许我举一个唯一的例子。那个巴伐利亚国王曾是一个有名的好男色者,有一次他对瓦格纳说:那么您也不喜欢女人喽?她们是那么无聊啊……诺尔①(被译成七种语言的《瓦格纳传》一书的作者)觉得这个想法"是拥抱青年人的"

16[68]

现代心灵的批判者。

---

① 诺尔(Ludwig Nohl,1831-1885):德国音乐学家。著有《普遍音乐史》、《瓦格纳传》等。——译注

16[69]

最后,何以帕西法尔有一个儿子,那著名的罗恩格林①?难道这会是 immacolata[圣灵感孕日]的第一件事吗———

16[70]

问题出在哪里?

宗教的误解。

道德的误解。

哲学的误解。

美学的误解。

16[71]

		价值的起源。
	〈I〉	虚构的世界
虚构的世界		作为颓废的哲学
		关于基督教的思考
	II	道德背后的实在性。
真实的世界		关于艺术生理学。
		真理为何之故?
	III	现代性批判。

---

① 罗恩格林(Lohengrin):瓦格纳歌剧《罗恩格林》中的人物,为德国中世纪史诗《罗恩格林》中的圣杯骑士。——译注

永恒轮回。

从第七种孤独而来。

16[72]

1. 价值的对立:悲观主义、虚无主义、怀疑

2. 哲学批判

3. 宗教批判

4. 道德批判。

5. 虚构的世界

6. 真理为何之故?

7. 关于艺术生理学。

8. 现代性问题。

9. 永恒轮回。

10. 从第七种孤独而来。

16[73]

关于艺术生理学

苏格拉底的问题

道德:驯服或者培育——道德背后的实在性。

与热情及其精神化的斗争。

道德自然主义与非自然化。

时代与同时代人。

从第七种孤独而来。

"真理为何之故?"

求真理的意志。

哲学家的心理学

论求真理的意志

文明与文化:一种对抗。

16[74]

X——令人痛苦地和引人深思地

1. 比才的音乐——哲学家　　　　　　讽刺的
2. 南方、喜悦、摩尔〈人的〉舞蹈、爱情　陌生而有趣的
3. "拯救者"——叔〈本华〉　　　　　　讽刺的
4. "圆圈",瓦格纳的拯救者叔本华　　陌生而有趣的
5. 颓废者——辛辣的!　　　　　　　辛辣的!
6. 诙谐地"预感"、"推翻"、"提升"　　讽刺的
7. "歇斯底里"、"风格"、小珍品　　　陌生而有趣的
8. "战胜作用"、"维克多·雨果的语言"、
   "塔尔玛"

"热那亚风味①"	赞扬的和快速的
9."情节"、"埃达②"、"永恒的内容"、"包法利夫人"、"无子女"	讽刺的
10."文学"、"理念"、"黑格尔"、"德国青年"——我们惦念什么？	讽刺的以及陌生而有趣的
11.赞扬的、强大的、实际的，"戏子"	强大而表示崇敬的
12.三个公式	辛辣的

关于10,瓦格纳是模糊的、棘手的、有七层皮的

关于8,这一点即便在瓦格纳的"对位法"那里也还是严肃的

16[75]

这里有两个公式,我正是根据它们来把握瓦格纳现象的。第一个公式是：

瓦格纳的原则和程式统统可以归结于生理困境：它们乃是心理困境的表达（作为音乐的"歇斯底里"）

另一个公式是：

瓦〈格纳〉艺术的有害作用证明了这种艺术深刻的有机的脆弱性,它的堕落。完美的东西带来健康；病态的东西害人得病。瓦格纳把他的听众置入心理困境之中（不规则呼吸、对血液循环的扰

---

① 原文为意大利文：alla genovese.——译注
② 埃达（Edda）：古代冰岛的神话诗集。——译注

乱、伴随突然昏迷的极度烦躁),这些心理困境包含着一种对瓦格纳艺术的反驳。

这两个公式只不过是对那个在我看来构成一切美学之基础的普遍定律的推断:审美价值依据于生物学价值,审美快感就是生物学上的快感。

16[76]

有这样一些情形,在其中人们并没有听到激情,而是听到了鞭打,那是瓦格纳以侮辱性的残暴抽在他那可怜的珀伽索斯①老马身上的鞭子

那是瓦格纳虐待可怜的珀伽索斯的鞭打(《特里斯坦》②第二幕

贫困:他在声部插入方面是多么节约——一种富于精神的贫困:无聊的……

缺乏思想,恰如在维克多·雨果那里:一切皆姿态,——

16[77]

1. 演员
2. 音乐的堕落——
    从外面在细带子上演奏音乐
    ——"这意味着"——

---

① 珀伽索斯(Pegasus):希腊神话中有双翼的飞马,被它踩过的地方有泉水涌出,诗人饮之可获灵感。——译注
② 《特里斯坦》(Tristan):指瓦格纳三幕歌剧《特里斯坦与伊索尔德》。——译注

　　　　极端的细节激活

　　　　观点的变化

　　"伟大的风格"——没落，**组织力量**的贫困化

512　　　　——缺乏调性

　　　　——缺乏和谐（"舞蹈"）

　　　　——无能于构造（"戏剧"）

　　　　——施暴手段

　　"固定的理念"（或者主题）

3. 音乐的有害性

　　　奇迹

　　　特异反应性

4. 素材的价值

　　　其构成"风格"、"黑格尔气"

5. 法国——德国

6. histrio[演员]的逼迫

7. 颓废者：极〈端的〉烦躁——

　　　缺乏调性

　　　缺乏和谐

　　　无能于构造

　　　细节的夸张

　　　观点的骚动不安。

性格烦躁：人物变化

　　　缺乏骄傲

　　　放纵与衰竭

贫困,灵巧地否定

  作为音乐

  作为"神话的解释"

8. "人们如何可能在这种颓废者那里丧失掉自己的趣味呢?"
演员

  效应方式。效应史。

  音乐作为。V. 雨果

  "剧作家"

9. 有害者:

  1. 生理上的   非理性的

  2. 心智的("少年")   奇迹

  3. "同情"倾向   象征手法

10. 虚无主义艺术:

  叔本华的悲剧倾向

11. 演员的逼迫

12. 三个要求

16[78]

  特里斯坦和伊索尔德①,真的一起来体验,差不多是一种放荡不羁。

  实际上,我们不可能充分地使女人们面对这种两难抉择:aut Wagner aut liberi[要么瓦格纳,要么子女]。

---

① 瓦格纳歌剧《特里斯坦与伊索尔德》中的男女主人公。——译注

16〔79〕

瓦格纳从未学会走路。他跌跌撞撞、踉踉跄跄,他用鞭打来虐待可怜的珀伽索斯。瓦格纳全然虚假的激情、全然虚假的对位法是无能于任何风格的。——

人工的、骗人的、虚假的、拙劣之作、怪物、马粪纸。

16〔80〕

瓦格纳事件。
一个乐师的问题
弗里德里希·尼采著

以这样一个标题出版的是一本反对瓦格纳的天才小册子,它在敌友双方都激起了极其激烈的讨论。尼采教授先生,人人都将承认之,他〈是〉拜〈罗伊特〉运动的最深刻的行家,他在这里抓住了这场运动所包含的价值问题的牛角;他证明这个问题是有牛角的。本书所作的对瓦〈格纳〉的反驳不只是一种美学的反驳:它首要地是一种生理学的反驳。尼采把瓦格纳视为一种病,视为一个公共的危险。

16〔81〕

我为人们写了一本他们所拥有的最深刻的书,就是《查拉图斯特拉如是说》;这本书是如此出色,以至于当有人竟能说"我已经搞懂了、也就是体验了其中六个句子"时,他就属于一个更高的人类级别了……但何以人们一定要为此忏悔！一定要为此清偿！它差不多败坏了性格……鸿沟已经变得太大了……

16[82]

现代理念是虚假的。

"自由"

"平等"

"人道"

"同情"

"天才"

  民主主义的误解（作为环境、时代精神的后果）

  悲观主义的误解（作为赤贫生活，作为对"意志"的解脱）

"民族"

"种族"

"国家"

"民主"

"宽容"

"环境"

"功利主义"

"文明"

"妇女解放"

"国民教养"

"进步"

"社会学"

515 **16[83]**

虚假价值的必然性。

人们可以通过证明一个判断的局限性来反驳一个判断：由此并没有取消拥有这个判断的必要性。虚假的价值并不能通过理由来根除：恰如一个病人眼睛里的扭曲镜头。人们必须理解它们此在(dasein)的必然性：它们乃是那些与理由毫不相干的原因的一个结果

16[84]

如果人们是要"与基〈督〉和摩西一道"，从世界中创造出自然的因果〈性〉，那么，人们就需要有一种反自然的因果性：伪君子气的全部残余现在就会接踵而来。

16[85]

谬误心理学。
1) 把原因与结果混淆起来
2) 把真理与被信以为真的东西的结果混淆起来。
3) 把意识与因果性混淆起来。

作为谬误的道德。
作为谬误的宗教。
作为谬误的形而上学。
作为谬误的现代理念。

16[86]

强力意志。重估一切价值的尝试。

I. 谬误心理学。

　　1) 把原因与结果混淆起来

　　2) 把真理与被信以为真的东西混淆起来

　　3) 把意识与因果性混淆起来

　　4) 把逻辑与现实之物的原则混淆起来

II. 虚假的价值。

　　1) 虚假的道德

　　2) 虚假的宗教　　　所有这些都是由四种谬误决定的。

　　3) 虚假的形而上学

　　4) 虚假的现代理念

III. 真理的标准。

　　1) 权力意志

　　2) 有关没落的症状学

　　3) 关于艺术生理学

　　4) 关于政治生理学

IV. 虚假价值与真实价值的斗争。

　　1) 一场双重运动的必然性

　　2) 一场双重运动的有用性

　　3) 弱者

　　4) 强者。

16节:每节37页。——16节:每节35页。

真理的标准。
权力意志,作为求生意志——上升的生命。
作为颓废之后果的大谬误。
关于艺术生理学。
有关没落的症状学。

价值冲突
一场双重运动的有用性。
这场运动的必然性。
弱者。
强者。

16[87]

人们不该把基督教与它这个名称让我们回想起来的那一个根源混为一谈:基督教赖以从中成长起来的其他根源,要比它的核心强大得多、重要得多。如果此类可怕的衰亡产物和畸形物,也即所谓"基督教会"、"基督教信仰"、"基督教生活",是与那个神圣的名称一道呈现出来的,那就是一种无与伦比的滥用了。耶稣基〈督〉否定了什么呢?——今天被叫做基督教的一切。

16[88]

最糟糕的事情是,一切都深深地触动着心灵:几乎每个年份都带给我三四件东西,它们本身微不足道,但我差不多就毁在这上面了。

我并不是要借此指责每个人。健〈康的〉人〈们〉简直根本就对此毫无概念,不知道在何种情形下他们会致命地伤害某人,什么东西会使某人病上几个月。

16[89]

现代艺术家,就其生理来说最接近于歇斯底里,也是以这种病态为其性格的。这个歇斯底里者是虚假的:他因为乐于撒谎而撒谎,他在所有伪装艺术上都是值得赞赏的——除非他病态的虚荣捉弄了他。这种虚荣心犹如一场急需麻醉剂的持续高烧,不怕任何自欺,不怕任何能提供瞬间缓解的嘲弄。无能于骄傲,为了一种牢牢地盘踞的自我蔑视而总是急需报复——这几乎就是这种虚荣心的定义了。他的体系具有荒唐的敏感性,这种敏感性从所有体验中制造危机,并且把"戏剧性"带入微乎其微的生命偶然事件之中,从而取消了他的全部可测度性:他不再是什么人物,充其量是各色人物的一个会合,而在这各色人物中,时而这个、时而那个以无耻的确信向外射击。正因为这样,他作为演员是伟大的:所有这些可怜的无意志者(医生们要对他们作细致的研究才好)通过自己的表情、变容以及进入几乎每个所要求的角色的精湛技巧而使人惊讶。

[17. 1888年5月至6月]

17[1]

第一章:作为颓废之表达的虚无主义运动概念。
——无处不在的颓废

第二章:颓废的典型表达形式
　　1)人们选择加速衰竭的东西
　　2)人们不懂得抵抗
　　3)人们把原因与结果混淆起来
　　4)人们盼望无痛苦状态
　　　　(72):在何种意义上连"享乐主
　　　　义"也是一种退化类型

第三章:5)"真实的世界":通过受苦者而造成的
　　实在性概念(46)第一册
　　　(72)对立自然,狄奥尼索斯的价值:

---

① 相应的手稿编号为:Mp XVII 4. Mp XVI 4a. W II 8a. W II 9a。——译注

　　　　（72）悲剧时代
　　6）对一切好事物来说的虚无主义伪造
　　　（59）（108）（109）爱
　　　　"无意志的理智"
　　　　天才
　　　　"无意志的主体"的艺术
　　7）无能于强力,昏聩无能：
　　　　它的阴险技艺（98）

17[2]

A. 论命令〈者〉的腐朽。
B. 以往最高价值意味着什么。
C. 以往最高价值来自何处。
D. 对立价值为什么败北
E. 作为价值之歧义性的道德性
F. ———

17[3]

[＋＋＋]本书只是作为谎言的不同形式而得到考虑的；借助于这些不同谎言,人们才相信生命。"生命应当引起信赖"：如此提出的任务巨大无比。为了解决这项任务,人必须天生就是说谎者,人必须超过所有其他艺术家。而且他也正是这样的：形而上学、宗教、道德、科学——这一切只不过是人力求艺术、力求谎言、力求逃避"真理"、力求否定"真理"的意志的畸形产物。人借助于自己的能

力、通过谎言对实在施暴,这种能力本身,人的这样一种卓越的艺术家能力——还是人与所有存在之物所共有的。人本身确实是现实、真理、自然的一部分：难道人不也是说谎天才的一部分吗！……

521　　此在的特征会受到否认——那是隐藏在德性、科学、虔诚、艺术家本性背后最深最高的隐秘意图。从来没有看见许多东西,看错了许多东西,另外看到许多东西：在人们根本不能自视为聪明的状况里,人们依然多么聪明啊！爱情、热情、"上帝"——那是最后的自欺的纯粹精细,对生命的纯粹诱惑,对生命的纯粹信仰！在人成了受骗者的时际,在人施计谋骗自己的时际,在人信仰生命的时际：呵！生命在人那里多么鼓涨！有着何种欣喜！何种权力感！艺术家在权力感方面的胜利有多丰富啊！……人又一次成了"质料"的主人——真理的主人！……而且,无论人何时快乐,他在自己的快乐中始终是相同的,他作为艺术家而快乐,他把自身当作权力来享受,他把谎言当作自己的权力来享受……

二

艺术,而且无非就是艺术！它是使生命成为可能的伟大力量,是生命的伟大诱惑者,是生命的伟大兴奋剂。

艺术是反对所有否定生命的意志的唯一优越的对抗力量,反基督教的、反佛教的、尤其是反虚无主义的……

艺术是对认识者的拯救,——那个看到、并且愿意看到生命此在的可怕和可疑特征的人,那个悲剧性的认识者。

[17.1888年5月至6月]

艺术是对行动者的拯教,——那个不仅看到,而且正在经历、意愿经历生命此在的可怕和可疑特征的人,那个悲剧性的人,那个英雄……

艺术是对受苦者的拯救,——作为通往被意愿、被美化、被神圣化的痛苦状态的道路,在此状态中,痛苦成了巨大的狂喜陶醉的一种形式……

三

人们看到,在本书中,悲观主义——说得更清楚些,就是虚无主义——被视为"真理"。可是,真理并没有被视为至高的价值尺度,更没有被视为至高的权力。在这里,求假象、求幻想、求欺骗、求生成和变化(求客观欺骗)的意志,被认为是比求真理、求现实、求存在的意志更深刻、更原始、更形而上学的:——后一种意志本身只是求幻想的意志的一个形式。同样地,快乐被认为是比痛苦更原始的:痛苦首先被看作有条件的,是求快乐的意志(求生成、求增长、求构形的意志,也即求创造的意志;不过在创造中也包括了毁灭)的一个伴随现象。这就设想了此在之肯定的一个最高状态,从中也不可能排除最大的痛苦:悲剧性的-狄奥尼索斯的状态。

四

如此看来,本书①甚至就是反悲观主义的,因为它所传授的东西比悲观主义更强大,比真理"更具神性"。似乎没有人会比本书

---

① 指《悲剧的诞生》。——译注

作者更赞成一种对生命的彻底否定,尤其是一种作为生命之否定的真正无所作为。只有他才知道,——他对此有过体验,也许只对此有过体验!——艺术比真理更有价值。

本书前言犹如一场与理查德·瓦格纳的对话。其中已经表现了作者的信仰自由、艺术家的福音书:"艺术乃是生命的真正使命,艺术乃是形而上学活动……"

五
————①

523 17[4]

关于上帝概念的历史。

一

一个依然信仰自己的民族也还会有自己的上帝。通过这个上帝,该民族就会尊敬那些使自己高高在上的条件,——它把自己的快乐本身,自己的权力感,投射到一个本质上,那是人们可能为此而感恩的一个本质。在这些前提范围内,宗教乃是一种感恩方式。这样一个上帝必须能够带来好处和害处,必须能够成为朋友和敌人:对一个上帝的违反自然的阉割,使之成为一个善的上帝,这并不是这些强大的实在论者想做的事。一个不能敬畏的民族能做些什么呢?要是一个上帝对于愤怒、复仇、妒忌、嘲讽一无所知,也许甚至对于危险的毁灭热情(ardeurs)一无所知,那么他能做什么

---

① 此节残缺。——译注

呢？——如果一个民族濒于毁灭；如果一个民族感到对未来的信仰、对自由和优势的信仰正在消失；如果一个民族意识到屈从是头等益处，屈从者的德性就是保存条件；那么，它的上帝当然也就改变了。它的上帝就成为胆小如鼠、畏畏缩缩、卑微不堪的，就会主张"灵魂和平"，主张放弃仇恨，主张宽宏大量，主张对于朋友和敌人的博爱。这个上帝会潜回到私人德性的洞穴里，成为小人们的上帝，——它不再是一个民族的攻击性的和渴望权力的灵魂，不再是一个民族的权力意志……

二

凡在这种意志即权力意志没落之处，每每都有颓废出现。颓废之神性，在割除了它最具雄性的肢体和德性之后，现在就成为善人们的一个上帝了。对它的膜拜被叫做"德性"（Tugend）；它的追随者就是"善人和义人"。——人们明白，唯在哪些个历史性瞬间里，一个善的上帝与一个恶的上帝之间的二元对立才会成为可能的。因为同一种本能既驱使屈服者把他们的上帝贬降为"自在之善"，而以这种本能，他们也把他们的征服者的上帝所具有的善良特性一笔勾销了。他们把征服者的上帝妖魔化，以此来报复他们的主宰。——

三

以富有才智的勒南的天真单纯，人们如何能把从以色列人的神到一切善的典范之神的上帝概念的发展称为一种进步！仿佛勒南是有权天真似的！……相反的情形其实是明摆着的。如果上帝概念消除了一种强壮的富有朝气的生命的条件,如果上帝概念一步一步地成为一切疲倦者、衰竭者、一味困苦者的救助的象征,如果上帝概念成为彻头彻尾(par excellence)罪人之上帝,病夫之上帝,成为救世主和拯救者:这一切能证明什么呢?——诚然,上帝的天国变得更为广大了(——难道他本身也一定因此已经变得更广大了吗?……)。从前他只是拥有他的民众,拥有他的"被选中者":任何民众都根据自己的高度把自身看作被选中的。在此期间,他四处漫游,不再在任何地方驻留,——直到他最后成为世界主义者,并且获得了"多数人"的支持。但"多数人"的上帝仍然是一个隐蔽角落的上帝,所有病态角落的上帝,整个世界上所有不健康的营地的上帝……他的世界王国乃是一个地狱王国,一个隐蔽困苦的地下室……而且他本身是多么虚弱,多么病态啊!……证据:即便弱者中最虚弱者,那些形而上学家和经院学者,也还能成为他的主宰,——他们绕着他吐丝结网,深入其中,直到他成为他们的摹本,成为一只蜘蛛。现在他从自己身上吐丝织网,织成世界,现在他成为永恒的形而上学,现在他成为"精神"、"纯粹的精神"……基督教的上帝概念——上帝作为病夫之上帝,上帝作为蜘蛛,上帝作为精神——乃是世上所获得过的最低劣的上帝概念:它是上帝理念的衰退过程中出现的颓废之顶峰。上帝蜕化为对生命的抗议,而不是意味着对生命的美化和永远肯定;上帝向生命、自然、求生命的意志宣示了敌意;上帝成了表示任何对生命的诽谤、任何关于"彼岸"谎言的公式;在上帝那里,虚无被神性化,求虚无的意志被宣判为神圣的!……我们已经做到了这等地步!……

难道人们不知道这一点吗?基督教是一种虚无主义的宗

教——为其上帝的缘故……

四

　　北欧年轻强壮的种族没有驱逐基督教的上帝,这一点确实没有为他们的宗教天赋带来任何荣誉,更不消说趣味了。或许他们原本必定对付得了这样一种病态而孱弱的颓废怪物。但他们遭到了一种厄运,他们并没有解决掉这个怪物:——他们把疾病、冲突、衰老纳入他们所有的本能之中——从此以后,他们就再也没有创造过什么上帝!近两千年过去了:而没有一个独一无二的新上帝!相反,总还似乎有权存在着的,就像人身上造神的力量即 creator spiritus[造化精神、圣神]的一种 ultimatum[终极者]和 maximum[至高者],依然是欧洲一神论的这样一位可怜的上帝!这个杂交的堕落产物来自空虚、概念和祖传,所有颓废本能都在其中获得了核准!……

五

　　——还可能有多少个新的上帝啊!……就我自己来说,宗教的、也即造神的本能,时而要求重新在我心中活跃起来:神性的东西对我的每一次启示都是多么异样、多么不同啊!……如此之多稀罕的东西已然与我交臂而过,在那些永恒的瞬间,它们进入生活犹如从月亮上落下,在那里人们简直再也不知道自己已经有多苍老,以及自己还将有多年轻……或许我不会怀疑有许多种类的上帝……并不缺乏此类使人们不能忽略某种喜悦感(Halkyonismus)和轻率感的上帝……甚至,也许轻松的脚步就属于"上帝"概念……我们有必要去阐发某个上帝知道自己在任何时代都置身于所有理性和虚伪之外吗？附带说，也在善与恶的彼岸吗？上帝有自由的前景——用歌德的话来说。——而且，为了在此情形下诉诸未得充分重视的查拉图斯特拉的权威：查拉图斯特拉走得如此之远，终于证明自己的说法，"我或许只会相信一个懂得舞蹈的上帝"……

再说一遍：还可能有多少个新的上帝啊！——诚然，查拉图斯特拉本人只是一个老无神论者。人们得真正理解他！查拉图斯特拉虽然说他或许会——；但其实，查拉图斯特拉将不会……①

17[5]

陶醉都能做到什么啊，它被叫做爱，而且还是不同于爱的某个东西！——其实在这方面，人人都有自己的知识。只要一个男人走近一个姑娘，这个姑娘的肌肉力量就会增长；这方面是有测量仪器的。在一种更亲密的两性关系中，譬如跳舞以及其他社交惯例所造成的更亲密的两性关系，这种力量就会如此这般地增长起来，方得以胜任现实的力量动作：最后人们都不能相信自己的眼睛——以及自己的钟表了！当然，在这里我们也必须考虑到，跳舞本身就像任何快速运动一样，会导致整个内脏系统、神经系统和肌肉系统的一种陶醉。在此情形下，人们就必须考虑到一种双重陶醉感的组合作用。——而且，时而来点小小的失常，这是多么聪明

---

① 前句中的"或许会"（würde）与后句中的"将不会"（wird nicht）用的都是动词werden，但前句为第二虚拟式，后句为将来时形式。——译注

啊！……有一些实在的事情是人们决不可承认的；在这方面，人们就成了女人，人们就有了所有女人的羞耻心……这些在那里跳舞的年轻女子显然超越了所有实在性：她们只与完全明确的理想跳舞，更有甚者，她们甚至看到还有理想簇拥在她们周围：妈妈啊！……引用《浮士德》的机会……当她们如此这般有点小小的失常时，她们看起来异常优秀，这些漂亮的造物，——她们也多么清楚地知道这一点啊！她们甚至会变得更可爱，就因为她们知道这一点！——最后，她们的装饰也给她们灵感；她们的装饰是她们第三个小小的陶醉：她们相信自己的裁缝，就像她们信仰上帝一样：——而且，谁会违背她们这种信仰呢！这种信仰带来极乐！而孤芳自赏是健康的！——孤芳自赏使人免于感冒。一个善于打扮的漂亮女人感冒过吗？决不！我甚至可以设想如下情形：她们几乎一丝不挂……

17[6]

关于虚无主义的历史。

最普遍的颓废类型：

1)：①在关于药物选择的信仰中，人们选择了加速衰竭的东西——其中包括基督教——：为了举出失误本能的最大案例；

——也包括"进步"——：

2)：人们丧失了对于刺激的抵抗力量，——人们受到偶然性的

---

① 句首冒号，原文如此。——译注

制约。人们把体验粗糙化,把它们放大至极致……一种"非人格化",一种意志的蜕变——

——其中也包括整个道德种类,即利他主义道德,后者老是念叨着同情;其本质性的东西乃是人格上的虚弱,以至于它总是引起共鸣,就像一根过度紧张的琴弦颤动不已……一种极端的烦躁……

3)人们把原因与结果混为一谈:人们没有把颓废理解为生理上的,并且在其后果中见出恶劣处境的真正原因

——这也包括整个宗教道德

4):人们盼望一种不再受苦受难的状态:生命事实上被感受为祸害的原因,——人们评价,无意识的、无感觉的状态(睡眠、昏厥)比有意识的状态有价值得多:从中得出一种方法……

17[7]

关键根本不在于最佳的世界或者最糟的世界:不或者是,才是这里的问题所在。虚无主义本能说不;它最温和的断言是:不存在比存在更佳,求虚无的意志比求生命的意志更有价值;它最严格的断言是:如果虚无是最高的愿望,那么这种生命,作为虚无的对立面,就是绝对毫无价值的——变成卑鄙无耻的……

受此类价值评估的激发,一位思想家就会不由自主地力图对他依然本能地赋予其价值的一切事物,都作一种带有虚无主义倾向的辩护。这就是叔本华所做的大规模的伪币铸造,此公对大量事物投以浓厚的兴趣:但虚无主义精神不允许他把这一点当作求

生命的意志;而且这样一来,我们就看到一系列精细而果断的尝试,试图使艺术、智慧、自然美、宗教、道德、天才——因为它们表面上的对生命的敌意——作为进入虚无的要求而得到好评

17[8]

最近,人们滥用了一个偶然的、在任何方面来看都不合适的词语:人们到处都在谈论虚无主义,人们特别地——有时是在理性的人们中间——对一个据说必须给予解答的问题而争个不休,那就是:悲观主义或者乐观主义,谁是对的? 人们已经不知道到底要用手抓住什么:悲观主义不是一个问题,而是一种征兆,——⟨必须⟩用"虚无主义"来取代"悲观主义"这个名称,——非存在是否比存在更佳,这个问题本身就是一种疾病,一种衰落,一种特异反应性……

悲观主义运动只不过是一种生理颓废的表现;它有两个中心,处于那些地方,这些地方的天空现在露出了沉沦之征兆[＋＋＋]

17[9]

论艺术生理学。

1. 作为前提的陶醉:陶醉的原因。

2. 陶醉的典型征兆

3. 陶醉中的力量感和丰富感:它的理想化作用

4. 力的实际增长;力的实际美化。考量一下:在何种程度上我们的"美"这种价值完全是人类中心论的:根据那些关于增长和进步的生物学前提。譬如,性舞蹈中力的增长。陶醉中的病态;艺术在生理学上的危害——

5. 阿波罗精神、狄奥尼索斯精神……基本类型：与我们的特种艺术相比，更为广大

6. 问题：建筑归属于何处

7. 艺术家的能力对正常生活的参与，这种参与的强身效果：相反则是丑恶

8. 流行病和传染病问题

9. "健康"和"歇斯底里"问题——天才＝神经病

10. 艺术作为感应作用、作为传达工具、作为精神运动学归纳方法的发明领域

11. 非艺术家的状态：客观性、镜像癖、中立性。赤贫的意志；资本的丧失

12. 非艺术家的状态：抽象性。赤贫的感官。

13. 非艺术家的状态：衰弱、赤贫、淘空，——求虚无的意志。基督徒、佛教徒、虚无主义者。赤贫的身体。

14. 非艺术家的状态：特异反应性（Idiosynkrasie）（弱者、平庸者）。对于感官、权力、陶醉的惧怕（生命失败者的本能）

15. 悲剧艺术是如何可能的？

16. 浪漫主义者类型：模棱两可。它的结果是"自然主义"……

17. 演员问题——"不诚实"，作为性格缺陷的典型的转换力量……羞耻心的缺乏、丑角、色情狂、滑稽演员、吉尔·布拉斯[①]、

[①] 吉尔·布拉斯（Gil Blas）：法国十八世纪小说家阿兰·瑞内·勒萨热（Alain Ren Lesage, 1668－1747）的著名流浪汉小说《吉尔·布拉斯的故事》(histoire de gil blas de santilane) 的主人公。该小说描写了奥维耶多城一个马夫的儿子吉尔·布拉斯的惊险遭遇以及他在贵族社会的沉浮。可参看中译本，杨绛译，北京，1956年。——译注

扮演艺术家的演员……

  18. 作为陶醉的艺术，医学上的：赦免。tonicum[力量滋补剂]完全的和部分的无能①

---

 ① 以前各个版本均未收入这则笔记的第 18 条。——译注

[18.1888年7月至8月]

18[1]

    来自心灵的战争学校。
 献给勇敢者、愉悦者、节制者。

 我并不想低估可爱的德性;但心灵的伟大并不与这些德性相一致。甚至在艺术中,伟大的风格也是排除讨人喜欢的东西的。

 在痛苦紧张和敏感的时代里,就选择战争吧:战争磨炼、造就肌肉。

 这些深深受伤者具有奥林匹斯式的威严笑声;人们只具有人们必需的东西。

 已经延续十年了:再也没有声音传到我这里——一个无雨的国度。人们必须留下大量人性,才不至于受干旱的煎熬。

 任何信仰都具有欺骗本能:它们抗御任何真理,从真理而来,它们力求拥有真理的意志就受到了危险——它们视而不见,它们诽谤……

人们之所以要有一种信仰,是因为信仰"带来极乐":凡不能为我们"带来极乐"者,人们就不把它视为真实的。一种 pudendum[可耻行为]。

18[2]

关于逻辑之滥用(作为一种实在性标准)的理论。——

18[3]

旃陀罗们高高在上;首先是犹太人。在这个不安全的欧洲,犹太人是最为强壮的种族了:因为他们通过他们长久的发展史压倒了其他的种族。比起所有其他民族能够显示出来的,犹太人的组织是以一种更丰富的生成、更危险的轨道、更大量的阶段为前提的。然而,这差不多是一个表示优越感的公式。——一个种族,就像无论哪一个有机产物一样,可能一味地生长或者走向毁灭;没有什么静止状态。一个没有归于毁灭的种族就是一个不断生长的种族。生长意味着成为完满的。一个种族的此在(Dasein)的延续,必然地决定着它的发育高度:最老的必定是最高的。——犹太人是绝对聪颖的;碰到一个犹太人可能是一件快事。此外,人们的聪颖就难免打了折扣;人们因此容易受其他人的攻击。可大优势却还在聪颖者那里。——他们的聪颖阻碍着犹太人,使之免于以我们的方式变得愚蠢不堪:例如,变成民族性的。看起来,他们从前得到了太好的接种培养,甚至带着一点点血污,而且这是在所有民族中都发生的：他们不再轻易沦于我们的 rabies[狂犬病]，rabies nationalis[民族的狂犬病]。在今天，他们甚至是对付欧洲理性这一最后疾病的解毒药。——在现代欧洲，唯有犹太人接近于至高的精神性形式：此乃天才的滑稽动作（Buffonerie）。随着奥芬巴赫的出现，随着海因里希·海涅的出现，欧洲文化的潜能真正被超越了；其他种族都还不能以此方式拥有精神。这一点近于阿里斯托芬、佩特罗尼乌斯、哈菲兹①。——现在，欧洲最老也最晚的文化无疑就是巴黎了；巴黎精神乃是这种文化的精髓所在。然而，最爱挑剔的巴黎人，诸如龚古尔之类的人们，已经毫不犹豫地在海涅身上认出了巴黎精神的三个顶峰之一：他与德利涅公爵和那不勒斯的加利亚尼一道分享了此项殊荣。——海涅有足够的鉴赏力，足以做到不把德国人当回事；德国人为此把他当真了，舒曼还把他投入音乐之中——投入舒曼的音乐中了！全体高层次的年轻女子都在唱着"你就像一朵花"②。——如今在德国，人们根据海涅曾经有过鉴赏力——曾经笑过——这一点，对海涅犯了罪：这就是说，德国人本身在今天对自己极为当真了。——

18[4]

我怀疑一切建立体系者，对他们敬而远之。至少对我们思想家来说，追求体系的意志乃是某种丢人现眼的东西，我们的非道德性的一种形式。——瞧一眼这本书背后，也许人们就会猜到，我自

---

① 哈菲兹（Muhammad Hafis，1300-1389）：常作 Hafiz，波斯抒情诗人，主要作品有《诗歌集》。——译注

② 海涅的一个诗句：Du bist wie eine Blume。——译注

己一味费劲躲开的是哪个体系建立者……

18[5]

我为德国人写了一本他们所能拥有的最深刻的书,就是我的《查拉图斯特拉》,——我是要给他们一本最独立不羁的书。怎么搞的?我问心有愧,对自己说:何以你要——对德国人明珠暗投呢?……

18[6]

人们成为艺术家是有代价的:人们把所有非艺术家所谓的"形式"感受为"内容"、"事物本身"。这样一来,这些人当然就归入一个颠倒了的世界。

18[7]

凡人们得不到的东西,人们不应苛求自己。人们得问一问自己:是想走在前面呢?还是想为自己而行进?在前一种情形下,人们充其量只能成为一位牧人,这是庸众的迫切要求。

18[8]

——"如果我们从群体本能出发来作出规定,并且禁止某些行动,那么,就像理性该做的那样,我们并没有禁止一种'存在'(sein)方式,并没有禁止一种'信念',而只是禁止了这种'存在'(Sein)、这种'信念'的某个方向和运用。但在这里就出现了德性理论家、道德家,他们并且会说'上帝注视着心灵!何以你们要放弃某些行动呢？你们并没有因此变得更善良嘛！'——答曰：我们也根本不想变得更善良，我的长耳朵和德性先生啊，我们对自己十分满意了，——我们只是不想相互伤害，而且因此之故，我们才出于某种考虑而禁止某些行动，也就是考虑到我们自己才禁止某些行动，而同时，假定这些行动与我们的敌人——例如您吧——相关，我们是不会充分重视这些行动的。我们着眼于我们的孩子们来教育他们，我们把他们培养成人。倘若我们归属于您神圣的癫狂劝我们采取的那种'令上帝惬意的'激进主义，倘若我们是十足的笨瓜，不光禁止行动，而且禁止行动的前提，即我们的'信念'，那么，我们就会把自己限制于德性，限制于那种构成我们的尊严、我们的骄傲的东西上。而这是不够的。由于我们废除了我们的'信念'，我们就根本不会变得'更善良'，——我们根本上再也不会现成地存在，我们由此废除了我们自身……您纯然是一个虚无主义者……"

535 18[9]

俄罗斯音乐以一种动人的单纯品质使乡下人①、低等民众的心灵昭然若揭。除了它一概悲伤的明快旋律，再也没有什么动人心弦的东西了。我会用整个西方的幸福来换取俄罗斯人的悲伤方式。——然而，何以俄罗斯的统治阶级没有出现在它的音乐中呢？光说"恶人无歌"就够了吗？——

---

① 乡下人（moujik）：指帝俄时代的农夫、庄稼汉。——译注

18[10]

如今,欧洲文化的低潮、它的泥潭在哪里呢?——在救世军成员(Salutisten)那里,在反犹太主义者那里,在唯灵论者那里,在无政府主义者那里,在拜罗伊特人那里。这就是说,在欧洲伪善(cant)的五个特产那里。因为所有这些人都扬言:现在只有他们才是"高等人"……

18[11]

疾病乃是一种强大的兴奋剂。只不过,为了消受之,人得足够健康。

18[12]

伟大的事物要求人们对它们保持沉默或者大谈特谈:所谓大谈,意思就是毫无恶意地,——以犬儒方式。

18[13]

关于:求真理的意志

定律一。较轻松的思想方式战胜较艰难的思想方式——作为教条:simplex sigillum veri[简单性乃真理之标志]。——我要说:认为清晰性应当对真理有所证明,这乃是一种完全的幼稚之见……

定律二。与关于生成、发展的学说相比较,关于存在、事物、纯粹不变统一性的学说要轻松百倍

536　　定律三。逻辑学曾被认为是一种减轻：作为表达手段，——而不是作为真理……到后来，它发挥了真理的作用……

18[14]

形而上学家

我谈论新近哲学中最大的不幸——谈论康德……

黑格尔：来自斯瓦本上帝信赖、来自蠢妇式乐观主义的某个东西

康德：通向"古老游戏"的道路：这可是人人都明白了的

18[15]

　　　　　伟大的正午。

"查拉图斯特拉"为何？

道德的伟大的自我克制

18[16]

关于：形而上学家。

论形而上学心理学。

恐惧的影响。

人们最惧怕的东西，最激烈的苦难的原因（统治欲、肉欲等等），最受人敌视，并且被逐出了"真实的"世界。人就这样逐步除掉了情绪，——上帝作为恶的对立面，也就是说，实在性被置入对欲望和情绪的否定之中（也即径直置入虚无之中）。

同样地，**非理性**、任意性、偶然性也受到了人的仇视（作为无数

生〈理〉痛苦的原因)。因此,他们否定自在存在者中的这一因素,把它把握为绝对的"合理性"和"合目的性"。

同样地,变化、易逝性也为人所恐惧:其中表现出一个受压抑的心灵,充满怀疑和恶劣经验的心灵(以斯宾诺莎为个案:一个相反种类的人或许会把这样一种变化视为魅力)

一种超载着力量、游戏性的人,或许恰恰会在幸福论意义上赞成情绪、非理性和变化,连同它们的后果、危险、反差、毁灭等等。

18[17]

提纲草案:
权力意志。
重估一切价值的尝试。
——塞尔斯马里亚
1888 年 8 月最后一个星期天

我们北极乐土居民。——对问题的奠基。

第一章:"什么是真理?"

第一节:谬误心理学。
第二节:真理和谬误的价值。
第三节:求真理的意志(唯在生命的肯定价值中得到辩护
第二章:价值的起源。

第一节:形而上学家。
第二节:homines religiosi[宗教徒]。

第三节:善人与改善者。

第三章:价值冲突

第一节:关于基督教的思索。

第二节:论艺术生理学。

第三节:论欧洲虚无主义的历史。

心理学家的消遣。

第四章:伟大的正午

第一节:生命原则"等级制"。

第二节:两条道路。

第三节:永恒轮回。

[19.1888年9月]①

19[1]

〈一〉

人们经常问我,〈到〉底为什么我要用德语写我的书?对此,我的回答永远相同:我热爱德国人,——每个人都有自己小小的不明智。如果德国人不读我的书,我会怎么办呢?我就会更加努力,力求公正地对待他们。——还有,谁知道呢?也许他们后天就会读我的书了。

二

新德国表现出大量遗传的和传授的本事:以至于它可以在片刻之间挥霍掉积聚起来的力量宝藏。它并不是一种随之而成为主宰的高级文化,更不是一种精致的趣味,一种高贵的本能之"美";但却有着比通常一个欧洲国家所能表现出来的更雄性的德性。有的是良好的勇气和对自身的尊重,有的是在交往、互尽义务方面的可靠性,有的是勤劳,有的是毅力——还有一种固有的自制力,后者所需要的与其说是制动器,而不如说是刺激。我还要补充说,这

---

① 相应的手稿编号为:Mp XVII 6. Mp XVI 4c. W II 9b. W II 6b. ——译注

里还有服从,而这种服从没有令人感到屈辱……而且,没有人会尊重自己的敌人……

三

在我以此方式正确地评价了德国人之后——因为无论如何,我是热爱他们的——我就不再有理由对他们隐瞒我的抗辩了。他们曾经是"思想家的民族":他们今天究竟是不是依然在思想呢?——他们再也没有时间思想了……德国"精神"——我担心,这是一个 contradictio in adjecto[有矛盾的形容法、术语矛盾]。①——他们变得无聊,他们也许就是这样的,伟大的政治缠绕着一切真正伟大事物的严肃性——,"德国,德国高于一切"——一个昂贵的原则,但并不是一个哲学的原则。——"有德国哲学家吗?有德国诗人吗?有好的德国书吗"——人们在国外这样问我。我面红耳赤,但凭着我甚至在绝望情况下也还具有的勇气,我答道:"有啊!俾斯麦!"……莫非我得承认人们现在在读哪些书吗?——达恩?埃贝斯?费迪南德·迈耶尔?②——我曾听说大学教授们为了贬抑戈特弗里德·凯勒③而称赞这位谦逊而忠厚的迈耶尔。该死的平庸本能啊!

---

① 指"圆的方"、"木制的铁"之类的矛盾表达。——译注
② 此处三位作者应分别指:费利克斯·达恩(Felix Dahn,1834－1912):德国法学家,著有《罗马之争》等;格奥尔格·埃贝斯(Georg Ebers,1837－1898):德国古埃及学者,1873年发现古埃及医学的纸草抄本,编为《埃贝斯古医籍》,其中记载约700种药物和800种药方;费迪南德·迈耶尔(Ferdinand Meyer,1825－1898):瑞士德语作家,著有长篇组诗《胡滕的末日》、长篇小说《于尔格·梅纳奇》等。——译注
③ 戈特弗里德·凯勒(Gottfried Keller,1819－1890):瑞士德语作家。——译注

四

　　我还想有一份开心。我要叙〈述〉一本小书向我叙述的事情，那是它从第一次德国之游回到我这里时对我叙述的。这本小书就叫:《善恶的彼岸》，——我们私下说过,这正是人们现在手头有的这部著作的前奏。这本小书对我说:"我完全知道我的缺点是什么,我太新鲜、太丰富、太热情了,——我打扰了人们的睡眠。我里面有一些话还使一个上帝心碎,我是人们唯在超出人类任何影响范围6000英尺的地方才能取得的经验的会合。——有足够的理由使德国人理解我……"但是,我回答说,我可怜的书啊,你如何也能——对德国人明珠暗投呢？这可是一种愚蠢啊！——而现在,这本书向我叙述了它的遭遇。

五

　　实际上,自1871年以来,人们在德国只是太过透彻地讲授了关于我的课程:实情证明了这一点。如果说人们没有理解我的查拉图斯特拉,我是不会奇怪的,我在这里看不到任何指责:一本书如此深刻,如此奇异,以至于只要理解了其中的六个句子,也就是说体验了其中的六个句子,凡人就会提升到一个更高的档次上了。然而,人们不能理解那本《彼岸》[①]——这差不多就使我惊奇了……《国家报》的一位负责人把这本书理解为时代的标志,理解为地地道道的容克哲学,对于这种哲学,《十字架报》只是缺乏勇气而已。在《评论》上,显然是考虑到他自己的醒悟,

---

[①] 指《善恶的彼岸》。——译注

柏林大学的一位无名小辈宣布这本书是精神病学的,甚至为此引用了一些段落;不幸能证明些什么的一些段落。——汉堡的一份报纸在我身上认出了一个老黑格尔信徒。《文学总报》承认,已经中断了与我的"联系"(何曾有过啊?——),并且为证明起见,引用了几句关于"音乐中的南方"①的话:仿佛一种没有为莱比锡人记住的音乐就不是音乐了。我在那里原则上承认的东西却依然是真实的:音乐要地中海化。②——一种神学上的清白无辜使我领会了,我所关心的根本不是逻辑,而唯一地只是"美好的风格":我自己不当真的东西,人们如何能当真呢?——所有这一切都还可能一扫而过:但我经历过一些事例,在其中"理解"超出了人性的限度,近乎动物了。瑞士《联邦报》的一位编辑从对上述著作的钻研中获取的东西,无非就是一点,即我以这部著作要求废除所有正派的情感:人们看,他在《善恶的彼岸》的字里行间确实是思考了某个东西的……不过,对于这样一个情况,我的人性还总是能对付得了的。我曾为此感谢他,我曾使他本人明白,没有人更好地理解我——他曾相信过这一点……一年以后这张报纸把我的《查拉图斯特拉》当作更高的风格练习,俏皮地暗示出我的风格的不完满——

——而我对这一切都感到愉快:为什么我要对此保持沉默呢?人们成为遁世隐居者并非没有道理。山脉是一位默然无语的邻

---

① "音乐中的南方"]参看《善恶的彼岸》,第254节。
② 原文为法文。——译注

居,岁月流逝,而人们得不⟨到⟩片言只语。但是,生命的景象令人神清气爽:人们终于使所有婴儿复归自身,人们还⟨抚⟩摩着任何一种动物,即便是长着角的。(我总是用"我的小姑娘"来称呼一头母牛:这是讨她苍老之心的喜欢。)唯有遁世隐居者知道伟大的宽容。这种对动物的爱——在任何时代里,人们都据此识别遁世隐居者……

19[2]

重估一切价值。
弗里德里希·尼采著。

19[3]①

为后天的思想。
我的哲学节录

为后天的智慧
我的哲学节录。

Magnum in parvo[微言大义]②。
一种哲学节录。

---

① 参看第397页。——编注[此处指科利版第14卷页码。——译注]
② 拉丁文,或直译为:以小识大、小中见大。——译注

543 **19[4]**

1. 我们北极乐土居民。
2. 苏格拉底的问题。
3. 哲学中的理性。
4. 真实世界如何终于〈成了〉谎言
5. 作为反自然的道德。
6. 四大谬误。
7. 为我们——反我们。
8. 一种颓废宗教的概念。
9. 佛教与基督教。
10. 从我的美学出发。
11. 在艺术家和作家中间。
12. 箴言与箭矢。

19[5]

Multum in parvo[微言大义]①。

我的哲学节录。

弗里德里希·尼采著

19[6]

一个心理学家的懒惰。

---

① 拉丁文,意近上文 19[3]的 Magnum in parvo,也可直译为:以少见多、言简意赅。——译注

弗里德里希·尼采著。

19[7]①

[＋＋＋]我里面有一些话还使一个上帝心碎，我是人们唯在超出人类任何影响范围6000英尺的地方才能取得的经验的会合：有足够的理由使德国人理解我……"但是，我回答说，我可怜的书啊，你如何也能——对德国人明珠暗投呢？这可是一种愚蠢啊！——而现在，这本小书向我叙述了它的遭遇。

实际上，自1871年以来，人们在德国只是太过透彻地讲授了关于我的课程：实情证明了这一点。如果说人们没有理解我的查拉图斯特拉，我是不会奇怪的：一本书如此深远，如此美好，以至于人们要听到它的鸟鸣，血管里就必须流着诸神的血液。然而，不能理解那本《彼岸》——这差不多就使我惊奇了……人们到处都理解了它，在法兰西得到了最佳的理解。——《国家报》的一位负责人把这本书视为时代的标志，理解为地地道道的容克哲学，对于这种哲学，《十字架报》只是缺乏勇气而已。在《评论》上，显然是考虑到他自己的醒悟，柏林大学的一位无名小辈宣布这本书是精神病学的，甚至为此引用了一些段落：不幸能证明些什么的一些段落。——汉堡的一份报纸在我身上认出了一个老黑格尔信徒。《文学总报》承认，已经中断了与我的"联系"（何曾有过啊？——），并且为证明起见，引用了几句关于"音乐中的南方"的话：仿佛一种没有为莱比锡人记住的音乐就不是音乐了。我在那里原则上承认

---

① 参看19[1]以及注释。——译注

的东西却依然是真实的:音乐要地中海化。① ——一种神学上的清白无辜使我领会了,我所关心的根本不是逻辑,而唯一地只是"美好的风格":我自己不当真的东西,人们如何能当真呢?——所有这一切都还可能一扫而过;但我经历过一些事例,在其中"理解"超出了人性的限度,近乎动物了。瑞士《联邦报》的一位编辑从对上述著作的钻研中获取的东西,无非就是一点,即我以这部著作要求废除所有正派的情感:人们看,他在《善恶的彼岸》的字里行间确实思考了某个东西……不过,对于这样一个情况,我的人性还总是能对付得了的。我曾为此感谢他,我曾使他本人明白,没有人更好地理解我,——他曾相信过这一点……一年以后这张报纸把我的《查拉图斯特拉》,人类最深刻的书,当作更高的风格练习,俏皮地暗示出我的风格的不完满……

——而我对这一切都感到愉快:何以我要对此保持沉默呢?人们成为遁世隐居者并非没有道理。山脉是一位默然无语的邻居,岁月流逝,而人们得不到片言只语。但是,生命的景象令人神清气爽:人们终于使所有"婴儿"复归自身,人们还抚摸着任何一种动物,即便是长着角的。唯有遁世隐居者知道伟大的宽容。这种对动物的爱——在任何时代里,人们都据此识别遁世隐居者……

塞尔斯-玛丽亚,上恩加丁,
1888 年 9 月初。

---

① 原文为法文。——译注

19[8]

重估一切价值。

第一卷。
敌基督者。一种对基督教的批判尝试。

第二卷。
自由精神。对作为虚无主义运动的哲学的批判。

第三卷。
非道德论者。对一种最危险的无知、道德的批判。

第四卷。
狄奥尼索斯。永恒轮回的哲学。

19[9]

非道德论者

关于作为道德之基础的谬误的心理学
1)把原因与结果混淆起来
2)生理上的普通情感的想象原因
3)意志因果性作为本己的"自由意志"
4)人类追求快乐而回避痛苦("一切恶都是强制性的")

5）利己主义与非利己主义（虚假的对立）

关于"奉献"、"献身"、"爱"的虚假心理学

关于道德借以达到统治地位的手段的心理学，pia fraus[善良的欺骗]。

19[10]

在文化史上，"帝国"有时是一种不幸：自从德意志精神最终放弃了"精神"，欧洲就变得越来越贫困了。——在国外人们知道其中的一点情况：德国人可不想在这方面自欺欺人！人们问：你们有一种独一无二的值得考虑的精神吗？抑或也只是一种四分之三的精神？……没有一个德国哲学家，这乃是一个头等的结局。没有人会如此不合理地把这一点归咎于德国人，当饶舌的小人（就像那个无意识者，E. 冯·哈特曼先生）或者一个嗜毒好恶的流氓（就像柏林的反犹太主义者 E. 杜林先生）滥用哲学家这个词时——后者在自己的追随者中间找不到一个正派人，前者找不到一种正派的"理智"。

19[11]

这个国家要求人们一起来议论文化问题，并且自己做出决定：仿佛国家并非只是一个手段，一个十分无关紧要的文化手段似的！……"一个德意志帝国"——人们把多少个"德意志帝国"归于一个歌德啊！……所有伟大的文化时代都是政治上贫困的时代：——

[20. 1888年夏]①

20[1]

　　　　　不屈的沉默——

五只耳朵——其中没有一点声响！
世界喑哑了……

我以自己好奇之耳倾听
我五次抛下我的钓竿，
五次徒然拉起空竿——
我问——没有答案进入我的耳膜——

我用自己爱之耳倾听

20[2]

你跑得太快了：
现在，当你疲倦之时，

---

① 相应的手稿编号为：W II 10a。——译注

你的幸福才赶上了你。

20[3]

一颗大雪覆盖的心灵，
一股解冻的风在向它诉说

20[4]

一条闪闪发光的欢腾小溪，
岩砾密布的曲折河床
把它捕捉：
在黝黑的石头之间
闪烁着它的急躁不安。

20[5]

你要避免
去警告鲁莽者！
为了警告之故
他依然奔向每个深渊。

20[6]

好好的追踪，
糟糕的捕获

20[7]

伟人曲折而行,还有河流,
曲折地,却向着自己的目标:
这是它们最佳的勇气,
它们不怕曲折的道路。

20[8]

山羊、笨鹅和其他
十字军东征者,还有通常
受神圣的精神
引导的东西

20[9]

这就是高跷吗?
抑或是高傲的强大根基?

20[10]

垂头丧气而奴颜婢膝,
开始腐烂的,声名狼藉的

20[11]

在你们中间,我总是
犹如油在水中:

总是在最上面

20[12]

每家商店旁的酒店

20[13]

人们对他的死是确信的:
为什么人们不愿喜乐呢?

20[14]

糟糕地与自身
结了婚,不得安宁,
他自己的悍妇

20[15]

天空处于火焰中,大海
向我们喷发

20[16]

大海对着我
龇牙咧嘴。

20[17]

告诉我,你们的上帝

是爱的上帝吗?
良心的谴责
是上帝的谴责,
一种出于爱的谴责吗?

20[18]

在我的顶峰
和我的冰块下面
依然系上了
爱情的所有腰带

20[19]

美对谁相适宜呢?
对男人不宜:
美把男人隐藏起来,——
而一个隐藏的男人是没用的。
放开脚步走过来吧,———

20[20]

你必须回到拥挤的人群中:
在人群中,人们会变得圆滑而强硬。
孤独令人腐朽……
孤独令人堕落……

20[21]

不要认错他啊!
他愉快地欢笑
犹如一道闪电:
但之后
却愤然雷声大作。

20[22]

他就在摹仿自己,
他已然疲惫不堪,
他就在寻找自己走过的道路——
而新近他还热爱着一切未做之事!

20[23]

我的智慧好比太阳:
我本想成为它们的光,
但我却使它们目眩;
我的智慧的太阳
戳坏了这些蝙蝠的
眼睛……

20[24]

他的同情是冷酷的,

他的爱的重负令人心碎:
不要拱手听命于一位巨人!

20[25]

这就是我现在的意志:
就是我此后的意志,
一切都要随我所愿——
这曾是我最终的聪明:
我想要的是我必须要的:
因此我强迫自己接受每一种"必须"……
此后我再也没有什么"必须"了……

20[26]

高傲地面对小小的
优势:当我看到市井小人
长长的手指时,
我立即就想,
要吃亏了:
我那脆弱的趣味要我这样。

20[27]

小人物,
温良,胸襟坦荡,
但低矮的门:

唯有低级之物才能进入。

20[28]

你只是想成为
你的上帝的猴子吗?

20[29]

你的伟大思想,
源自于心灵,
而你所有渺小的思想
——都源自脑袋——
难道它们不是全被糟糕地思考了吗?

20[30]

小心提防,
不要成为你的命运的
击鼓手!
对所有名誉的咚咚声
你得退避三舍!

20[31]

你想逮住它们吗?
劝告它们,
作为迷途的羔羊:

"你们的路,你们的路啊
你们已经迷失了它"
它们将追随每一个
这样奉承它们的人。
"怎么?我们本来有一条路吗?
它们悄悄地对自己说:
看起来是真的,我们是有一条路!"

20[32]

别对我生气,我在睡觉:
我只是疲倦,没有死掉。
我的声音听来凶恶;
但这只是鼾声和喘气声,
一位疲惫者的歌唱:
不是对死亡的欢迎,
不是墓穴的诱惑。

20[33]

像僵尸一样无助,
活着就已经死了,被埋葬了

20[34]

把手伸向细小的偶然事件吧,
亲切地对待不受欢迎的东西:

对于自己的命运,人们不能针锋相对,
除非人们是一只刺猬。

20[35]

你们在攀登吗,
你们真的在攀登吗,
你们这些高等的人?
请原谅,难道你们没有像球一样
被推向高空吗
——通过你们最低等的东西?……
你们没有逃避自身吗,你们这些攀登者?……

20[36]

怀着被扼杀的虚荣心:
我由此突然渴望
成为最末之人——

20[37]

上帝的谋杀者
最纯洁者的诱惑者
恶的朋友?

20[38]

他正派地站在那儿,

怀着丰富的正义感
在他最左边的脚趾上
就有比我整个脑袋更多的正义感:
一个德性怪物,
穿着白色大衣

20[39]

这有何用啊! 他的心灵
是狭隘的,他所有的思想
都被囚进这狭小的笼子
动弹不得

20[40]

你们这些僵化的智者啊,
对我而言,一切皆为游戏

20[41]

要我爱你们吗?……
骑者就这样爱他的马:
马把骑者带向自己的目标。

20[42]

狭隘的心灵,
市井小人的心灵!

当钱币蹦入箱子里,
心灵总是一道跳进去!

20〔43〕

你再也受不了,
你那专横的命运吗?
爱它吧,你别无选择!

20〔44〕

意志有拯救之力。
无所事事者,
也无所烦恼。

20〔45〕

孤独
不是培育起来的:它瓜熟蒂落……
你此外还必须以太阳为友

20〔46〕

把你的重荷抛入深渊!
人啊,遗忘吧! 遗忘吧!
遗忘的艺术是神性的!
你想飞翔吗?
你想以高空为家吗:

那把你最大的重荷抛入大海!

这里就是大海,把你自己抛入大海!

遗忘的艺术是神性的!

20[47]

　　　　　女巫。

我们曾相互鄙视吗?……

我们曾相距太远。

但现在,在这间极狭小的屋子里,被拴在一个命运上,

我们如何还能相互敌视?

如果人们不能逃脱,那就必须互爱

20[48]

真理——

只不过是一个女人:

羞涩中藏着狡猾:

她不想知道,

她最想要的是什么,

她伸出手指……

谁能让她屈服?唯有暴力!——

因此需要暴力,

要强硬,你们最智慧者!

你们必须强迫她

那羞涩的真理……

为了她的福乐，
就需要强制力——
——它只不过是一个女人……

20[49]

啊，你以为
在你一味放弃的地方，
就必须鄙视！……

20[50]

夜晚时光
即便我的山峰
依然燃着冰雪！

20[51]

　　　　水上航行——荣誉。
是你们波浪吗？
是你们女人吗？是你们奇观吗？
是你们对我生气？
是你们大声怒吼？
我用我的船桨
敲打你们脑袋的愚昧。
这叶小舟——
你们还得亲自把它带向不朽！

20[52]

这种人可能是不可反驳的:
这因此就是真的吗?
你们这些无辜者啊!

20[53]

在高空,我有在家之感,
我并不渴望高空。
我并不抬起双眼;
我是一个俯瞰者,
一个必须赐福的人:
所有赐福者都得俯视……

20[54]

他已然变得粗暴了,
他刷地
伸长胳膊肘;
他的声音变得酸溜溜,
他的眼神泛着铜绿。

20[55]

一双高贵的眼睛,有着
丝绒般的垂帘:

少见的明亮,——它尊重
它公然向之显示者。

20[56]

牛奶流淌在
他们心灵中;可是啊!
他们的精神是乳白色的

20[57]

一种陌生的气息对着我噗噗出声:
我是一面由此变得模糊的镜子吗?

20[58]

要爱护具有这种柔软肌肤的!
你想从这种东西的绒毛上
刮下什么呢?

20[59]

还没有一种微笑
为真理镀金;
不成熟的、苦涩而不耐烦的真理
坐落在我周围。

20[60]

你们所有这些炽热的冰块啊!
我最孤寂的幸福的极顶骄阳!

20[61]

迟钝的眼睛,
它们鲜有挚爱:
但一旦它们爱了,就会熠熠生辉
犹如来自黄金矿井,
在那里,一条巨龙因为爱的号角而苏醒……

20[62]

"走你的路的人,要进地狱吗?"——
好吧!进我的地狱
我愿用美好的箴言为自己铺路

20[63]

你想抓住荆棘吗?
你的手指将受重创。
去拿一把匕首吧

20[64]

你是脆弱的?

那么请你提防儿童的手！
儿童不打破点东西，
就没法过日子……

20[65]

甚至烟雾也有某种用处：
贝都英人如是说，而我也要说：
烟啊，你不是要告诉
路途中人，
好客的人们就在近处吗？

20[66]

谁今天笑得最好，
也就能笑到最后。

20[67]

一位疲惫的漫游者，
一条狗用狂吠
来迎接他

20[68]

牛奶心肠，温热的

20[69]

对这些螃蟹,我毫无同情,
你一抓它们,它们就钳你;
你一放手,它们就往回爬。

20[70]

他蹲在笼子里已经太久,
这个逃犯!
他对一个棍棒大师
已经害怕得太久:
现在他怯怯地走自己的路:
一切都会使他跌倒,
一根棍棒的影子就会使他直哆嗦

20[71]

远离北方,远离冰雪,远离今天,
远离死亡,
离开——
我们的生命,我们的幸福!
你既不能经由陆路,
也不能经由水路
找到通往我们北极乐土居民的路:
一种智慧的声音如是对我们预言。

20[72]

这些诗人们呵!
他们中间有一些牡马,
以一种贞洁的方式嘶鸣

20[73]

要往外看! 别往后看!
如果一味刨根究底,
就将归于毁灭

20[74]

平和地面对人和事,
一个太阳黑子
在冬天的斜坡上

20[75]

一道闪电成了我的智慧;
它用金刚之剑为我劈开一切黑暗

20[76]

猜一猜,谜语爱好者,
现在我的德性待在哪里了?
它逃离了我,

它害怕我那奸诈的
陷阱和圈套

20〔77〕

我的幸福令他们痛苦:
我的幸福成了这些妒忌鬼的幽灵;
他们暗自颤抖:青着眼观望——

20〔78〕

孤独的日子,
你们想踏着无畏的脚步前行!

20〔79〕

只有当我都成为自己的重负时,
你们才让我感到吃力!

20〔80〕

令人厌烦
有如任何一种德性

20〔81〕

一个因犯,遭遇了最严酷的命运:
俯首劳动,
在昏暗发霉的小笼子里劳动:

一个学者……

20[82]

他去了何方？有谁知道？
但他肯定是没落了。
一颗星星消失在荒凉的太空：
太空变得荒凉……

20[83]

乌云依然翻腾不止：
而查拉图斯特拉的财富
已然闪烁着，
悄然而沉重地
悬挂在了田野上。

20[84]

只有这一点能让人解脱所有苦难——
现在请选择吧：
快速之死
还是长久之爱。

20[85]

我们挖掘新的财宝，
我们这些隐秘新人：("贪得无厌者")

以往,在古人们看来,寻找财宝
惊扰地球的内脏,就是不信神;
现在重新出现了这样一种失神状态:
难道你们没有听到所有深深的噜噜腹痛声吗?

20[86]

你成为荒谬的,
你成为有德性的

20[87]

神圣的疾病,
信仰

20[88]

你强壮吗?
驴一般强壮? 上帝一般强壮?
你高傲吗?
高傲得足以让你不知道为自己的虚荣羞愧?

20[89]

他们从虚无中创造了自己的上帝:
并不奇怪:现在他们又使上帝破灭了——

20[90]

一位研究古旧事物的学者
一种掘墓者的手艺,
一种处于棺材与锯屑之间的生活

20[91]

急促地
马上就要跳跃的蜘蛛猿

20[92]

它们屹立在那儿,
重重的、毫不动摇的起重机,
来自远古时代的价值:
唉!你怎么会想把它们推翻呢?

20[93]

他们的意义是一种荒谬,
他们的要害是一种癫狂

20[94]

辛勤地,舒适地:
我的每一天都一样
金灿灿地升起。

20[95]

充满深深的猜疑,
从苔藓中滋长,
寂寞地,
有着持久的意志,
远离一切贪婪者,
一个沉默寡言者

20[96]

他蹲着,期待着:
他已经再也不能笔挺地站立。
他与自己的坟墓融为一体了,
这个畸形的精灵:
他如何能在某个时候复活呢?

20[97]

你是如此好奇吗?
你能看到拐角后面吗?
为了看到这个,脑后也得长眼

20[98]

这些学究们,多么冷酷无情!
一道霹雳落入他们的菜肴中!

他们学会了吞食火焰!

20[99]

挠人的猫,
被绑住了爪子,
坐在那儿,
望着毒药。

20[100]

他从高空抛下了什么?
什么诱惑了他?
是对所有卑下之物的同情诱惑了他:
现在他躺在那儿,支离破碎、徒然、冰冷——

20[101]

纸蝇
短暂的读者

20[102]

一匹狼亲自为我作证
并且说:"你的嗥叫比我们狼更胜一筹"

20[103]

你比某个先知看得更黑暗更糟糕:

还没有一位智者穿越了地狱的淫欲。

20[104]

你用新的黑夜包裹自己，
你雄狮般的足迹创造了新的荒漠

20[105]

在这种冷漠的美那里
我火热的心渐渐冷却

20[106]

为一种全新的幸福
所折磨

20[107]

远远地，越过头顶，我把钓竿
抛向未来的大海

20[108]

挖吧，蠕虫！

20[109]

我就是人们的宣誓对象：
为这一点向我发誓吧！

568 **20**[110]

并不是你把偶像推翻了:
而是你在心中把偶像崇拜者推翻了,
这才是你的勇气

20[111]

我的彼岸幸福啊!
今天对我来说的幸福,
把阴影投向它的光明

20[112]

罪孽深重,
——而一切德性还得
在我的罪孽面前屈膝下跪——

20[113]

欺骗——
这是战争中的一切。
狐狸的皮毛:
那是我隐秘的铠甲

20[114]

荣誉

没有过早地得到承认：
一个把自己的名声贮存起来的人

20[115]

对这等野心来说
这地球不是太小了吗？

20[116]

狡诈比暴力更好吗？

20[117]

我抛弃了一切
我的所有财富：
不再有什么东西留给我
除了你,伟大的希望！

20[118]

"没有愤怒,就没有胜利"

20[119]

哪儿有危险,
哪儿就有我,
我从大地里成长起来

20[120]

每个统帅都如是说:
"既不能让胜利者安宁
也不能让失败者安宁!"

20[121]

伟大的时辰到了,
那危险中的危险:
我的灵魂变得安静……

20[122]

能够赋予你权利的人是谁呢?
那么,接受你的权利吧!

20[123]

当我最大程度上忍受一个人时
我忍受的不是他的罪恶和大愚昧:
而是他的完满性

20[124]

星辰的碎片:
我用这些碎片造就了我的世界

20[125]

我把全部将来
都与这个想法牵连起来

20[126]

发生了什么事?是大海沉陷了吗?
不,是我的大地在生长!
一股新的火焰把它抬了起来!

20[127]

一种思想,
现在依然炽热地流动,有如熔岩:
而每一块熔岩
都在自身周围筑起一座堡垒,
每一种思想
最终都随"规律"而窒息

20[128]

再也发不出新的声音时,
你们用陈词滥调总结出
一条规律:
生命僵化处,就有规律堆积起来。

20〔129〕

我由此开始:
我荒废了对自己的同情!

20〔130〕

你们错误的爱情
已成过去,
一种掘墓人的爱——
它是对生命的劫掠,
它偷走了你们的将来——

20〔131〕

最糟糕的抗辩
我对你们隐瞒了它——生活将变得无聊:
把它抛弃吧,为了使你们的生活重又变得美好!

20〔132〕

这个明朗的深渊呵!
通常被叫做星星的,
已经成了斑点。

20〔133〕

这种至高的障碍,

这种思想中的思想,
是谁创造了它!
生活本身为自己
创造了它至高的障碍:
从现在起,它将跳越它的思想本身

20[134]

幻想者与抑郁者,
以及在黄昏与夜晚之间
爬行、飞翔和瘸腿站立的
一切。

20[135]

他们嚼着砾石,
在细小的圆形事物面前
他们卑躬屈膝;
他们崇拜一切不会跌倒的东西——
这些最后的僧侣!
　　　　信徒!

20[136]

人们没有的,
而又必需的东西,
人们应当自行取之:

我于是为自己取得了良知。

20[137]

暗地里烧毁,
不是为了自己的信仰,
而是因为自己
再也找不到信仰的勇气

20[138]

住在你们周围的,
马上会习惯你们:
在你长久坐落处,
有风俗生长。

20[139]

干旱的河床,
干涸的沙质心灵

20[140]

顽固的人物,
精细、吝啬

20[141]

是它的冷酷

使我的记忆僵化吗?
我可曾感觉到,这颗心
在我身上燃烧和搏动?……

20[142]

(夜晚,缀满星星的天空)
呵,这死寂的嘈杂声!

20[143]

踏上通向自己的幸福的
宽阔而迟缓的阶梯

20[144]

在尘世的光,异己幸福的反光
苍白地照耀下,
一只月色夜晚的蛇蜥

20[145]

"爱敌人吧,
任强盗把你劫掠":
女人听了这话,而且——做了

20[146]

在我的德性的十二颗星中:它拥有全部季节

20[147]

我们对真理的追求——
它是一种对幸福的追求吗?

20[148]

如果人们能遗忘,那就永远好了。
对于惩罚和训斥记忆犹新的孩子们,
变得奸诈、阴暗——

20[149]

曙光
以放肆的无辜
吐露又消失。
风暴随后到来。

20[150]

马一般不安:
我们自己的影子不是在
上下摇晃?
人们应当把我们引向太阳,
迎着太阳——

20﹝151﹞

适合于我们双脚的真理,
让人跟着翩翩起舞的真理

20﹝152﹞

妖魔鬼怪,
悲惨的假面,
道德的喉音

20﹝153﹞

乌云呵——你们能做什么?
对我们,就是自由、通气、快乐的精神

20﹝154﹞

你们女人们,
是不是意愿,
在你们所爱者那里受苦?

20﹝155﹞

悄悄地告诉懒汉:
"无所事事者,
也无所烦恼"

20[156]

如果孤独者
突然生出巨大的恐惧,
如果他跑啊跑
而不知道自己何去何从?
如果风暴在他身后怒吼,
如果闪电径直对他袭来,
如果他的地狱充满鬼魂
使他恐惧——

20[157]

我只是一个空谈家[①]:
话语何所为!
我又能做什么!

20[158]

已经太快了
我重又微笑:
一个敌人
在我身上捞不到好处

---

① 原文为 Worte-macher,按字面直译为"话语制作者"。——译注

20[159]

在乌云密布的天空,
当人们把箭矢
和致命的思想
射向自己的敌人

20[160]

仿佛在树林里
迷失的钟声

20[161]

对勇敢者,心情愉快者,
节制者
我唱这支歌。

20[162]

　　　　心灵的战歌。
　　　　胜利者
　　　　来自第七种孤独。

20[163]

　　　　通向伟大之路
　　　查拉图斯特拉之歌

20[164]

上帝之墓。

20[165]

查拉图斯特拉之歌。

第一卷：
伟大的道路
弗里德里希·尼采著。

20[166]

查拉图斯特拉之歌。
第一卷：
论最富有者的贫困
弗里德里希·尼采著。

20[167]

永恒轮回。
查拉图斯特拉的
舞蹈和节日游行。
弗里德里希·尼采著

20[168]

查拉图斯特拉之歌

第一卷：
通向伟大之路

[21. 1888年秋]①

21[1]

泰希〈穆勒〉

希〈腊〉怀疑〈派〉

斯皮尔

奥〈古斯特〉·穆勒,伊斯兰教

21[2]

晚上去利福诺咖啡馆

3-5点去弗罗里奥咖啡馆②

不去罗马

不去勒舍尔③

不要在街上戴眼镜!

---

① 相应的手稿编号为:N VII 4。——译注
② 利福诺(Livorno)、弗罗里奥(Florio):意大利罗马城咖啡馆名,无以详考。——译注
③ 勒舍尔(Löscher):意大利都灵的一家书店,尼采1888年常去该书店。——译注

不买书!

不到人群中去!

晚上穿过瓦〈仑提诺〉花园到城堡,然后又到维多〈利亚·伊曼纽尔一世〉广场①的尽头,进了利福诺咖啡馆。

在有编〈号〉楼〈厅〉②的剧院里试一试!

21[3]

章节:论信仰

章节:论保罗

  致病的手段

  致疯的手段

21[4]

不写信!

不读书!

带点东西去咖啡馆读书!

笔记本!

21[5]

喝水。

---

① 维多利亚·伊曼纽尔一世广场(piazza Vittorio Emanuele I):位于意大利罗马。——译注

② 原文为意大利文:Galleria numerata。——译注

决不喝酒。

偶尔(大黄)

早晨一杯茶:让它变凉!

夜里来点热的!

在剧院,座位编了〈号〉的楼〈厅〉①

不要在街上戴眼镜

不到人群中去!

不去勒舍尔

　　不去罗马!

不写信!

晚上穿暖和点!

21[6]

一个犹太人在德国蠢牛中间是何种善举啊!……反犹太主义者低估了一点。是什么真正地把一个犹太人与一个反犹太主义者区别开来:犹太人在说谎时知道自己在说谎;而反犹太主义者不知道自己总是在说谎——

21[7]

今天,我们不难见到那些出身高贵的青年男子消失在完全模棱两可的运动中:他们长期不懂得为自己的生命赋予任何意义,——最后,在他们那里,某一种意义就成为一种几乎暴虐的需

---

① 原文为法文和意大利文混合。——译注

要。说到底,起决定作用的是这样一种偶然性:他们沦于某个具有某种"意义"的派别,而从根本上说,不仅他们的趣味反对这种"意义",而且他们的嗅觉也对这种"意义"提出了抗议,——

对于这些人,根本上不只是趣味、而且连嗅觉都提出了抗议,例如那些反犹太主义者:只是因为反犹太主义者具有某个目标,而这个目标明摆着多么厚颜无耻,那就是犹太人的钱

不懂得为自己的生命赋予任何意义,最后沦于某个具有某种"意义"的派别,例如沦为反犹太主义者,后者的目标明摆着多么厚颜无耻,那就是:犹太人的钱

例如,他们之所以成为反犹太主义者,只是因为反犹太主义者具有某个目标,而这个目标明摆着多么厚颜无耻——那就是犹太人的钱

关于反犹太主义者的定义:妒忌、怨恨、昏聩无能的狂怒,以之为本能中的主导动机:"被选中者"的要求;完满的、道德主义的自我欺骗——后者总是把德性和所有大话挂在嘴上。这乃典型的标志:他们甚至没有发觉,他们看起来与谁相像而至于混淆起来?一个反犹太主义者是一个妒忌的、也即最愚笨的犹太人——

21[8]

我依然敢于点出我生活的一个 proprium[特性],尤其是因为它几乎是这个唯一 proprium[特性]。我拥有某个东西,我把它称为我内在的鼻孔。在每一次与人们的接触中,向我显露出来的第一件东西就是内在洁净性的程度[———]——我恰好闻到"美的心灵"是特别不纯洁的。某人如何对待自己,他是否对自〈身〉有所

582 欺〈骗〉,他是否坚持毫不含糊地与自身打交道,——他是否受得了自己或者必须〈有〉一个"理想"……理想主义者气味难闻……

我想无妨冒险一试,指出一个犹太家庭出身的学者的大名,通过一种已经成为本能的、在任何时候都具有的对于自身的高贵的冷静和清晰,这位学者给了我一种深刻的美感、即我所讲的纯洁感:他一刻都不会失去自制,他总是不会变样,无论有没有旁人,他都不会迷失。这不仅包括一种完全的适应,即适应对自身的严厉和坦率态度;而且其中也包括一种伟大的抵抗力,使得人们在社会或者书本或者偶然事件的影响下不至于腐败堕落。这同样也是强壮的一个标志,就如同———

一般而言,几乎所有我认识的德国人都给我一种与上面所描述的纯洁类型相对立的感觉;特别是那些反犹太主义者先生们,我感到他们是彻头彻尾[一]。恶劣的本能,一种荒唐的野心,虚荣心,[———],以及这方面"更高价值"的姿态,"理想主义"①的姿态……

---

① "理想主义"(Idealismus):通译为"唯心主义、唯心论"。——译注

[22.1888年9月至10月]①

22[1]

　　对一种英国式愚蠢②的边注。——"己所不欲,勿施于人。"③这被视为智慧;被视为聪明;被视为道德的基础——是"黄金律"。约翰·斯图亚特·穆勒相信这一点,而英国人当中有谁不相信这一点呢……可是,这个黄金律是经不起最轻微的攻击的。"不要做你不愿别人对你自己做的事",这种计算会禁止行动,怕行动造成有害的后果:其中隐含的想法是,一种行动总是会得到报应的。现在,倘若一个手中握有"原则"的人说:"此类行动正是人们必须做的,使他人无法抢在我们之先——以便我们使他人无法危害我们",那又如何呢?——另一方面,让我们想一想一个科西嘉人,他的荣誉感要求他进行族间仇杀④。连他也不愿挨枪弹;但对这样一种挨枪弹的可能性的展望并不妨碍他去满足自己的荣誉……而且在一切正派的行动中,我们不是恰恰蓄意漠视了它们对我们的后果吗?避免一种或许对我们有害的行动——这或许是对一般正

---

① 相应的手稿编号为:W II 8b。——译注
② 原文为法文:niaserie anglaise。——译注
③ 据字面直译为:"你不愿他人对你做的事,也不对他人做。"——译注
④ 族间仇杀(vendetta):法国科西嘉岛的古风俗。——译注

派行动的一道禁令。

与之相反,这个黄金律是富于价值的,因为它透露出一个类型的人:正是群盲本能借此黄金律来表述自己——人人平等,人要平等相待:我怎样待你,你也要怎样待我。——在这里,人们确实相信有一种行动等价性,而后者在现实关系中是根本不会发生的。并非每一种行动都能够得到报应:在现实"个体"之间,根本就没有一种相同的行动,因此也就没有什么"报应"可言了……当我做某事时,我完全不会想到某个他人也可能干同样的事:这是我自己的事体……人们绝对不可能给我什么报偿,人们或许总是会以"另一种"行动跟我对着干——

22[2]

关于保罗一章

    离散族群①的犹太家庭

    "爱"

    耶稣的"自由"装扮

       完全犹太-教士式的

  a) 为我们的罪而死

  b) 这个"救世主"是不朽的

对文化和认识的深刻仇恨——已然是犹太教的(创世记 52

"不朽的"灵魂　　　　　　　　关于"有死者"的心理学　　18

---

  ① 离散族群]:原文为 diaspora,为希腊词语,也可译为"流散",指《圣经》中讲的犹太人长期离散。——译注

作为"恶神"的教士　　10

一切腐败之物皆由教会

　1）禁欲

　2）斋戒 66

　3）"寺院"

　4）节日

　5）慈善

　　　　爱、善、英雄气概 243

关于首批基督徒的心理学　　"没有定向"　11

　　　　197　63　　新教教徒 184

　　　　　　　　历史的大骗局 17

22[3]

第二卷　要证明虚无主义的思想方式乃是那种对道德和教士价值的信仰的后果：如果人们错误地设定了价值，那么，在对这一错误的洞见中，世界就显现为贬值了的……

第三卷　从起源、手段、意图的角度来看，道德乃是最不道德的历史事实……道德的自我驳斥，因为它为了维护自身的价值，必须运用相反价值……

22[4]

保罗：他寻求反对占上风的犹太教的强力，——它的运动太虚弱了……对"犹太人"概念的重估："种族"被撇在一边——：而这就意味着对基础的否定："殉道者"、狂热分子，一切强大信仰的价值……

决不承认,博爱的作用代表着基督教……

基督教乃是古代世界落入最深刻的昏聩无能之中的沉沦形式:以至于那些最病态的和最不健康的阶层和需要蒸蒸日上。

22[5]

因此,为了创造一个统一体、一种自卫的权力,其他本能必定会受到重视——,质言之,一种困境是必需的,就像犹太人从中获得其自我保存本能的那种困境……

在这方面,基督徒所受的迫害是不可估量的:——共同陷于那种危险,即把群众皈依当作唯一手段来终止私人迫害(——人们因而尽可能轻松地用"皈依"概念来看待基督教)

22[6]

偶像-锤子。
或者
一个心理学家的喜悦。

偶像-锤子。
或者:
一个心理学家如何提问。
弗里德里希·尼采著。

偶像-锤子。

一个心理学家的懒惰。
弗里德里希·尼采著

偶像－锤子。
或者：
一个心理学家如何提问。
弗里德里希·尼采著
莱比锡，
C.G.瑙曼出版社
1889年。

偶像－黄昏。
或者：
人们如何用锤子进行哲思。
弗里德里希·尼采著。

22[7]

我感〈到〉，按照基督教〈的〉方式进行的阐释活动乃是一种深度的轻率。就像施瓦本的基督徒所做的那样，如此这般来解释基督的生活，在我看来是完全不正派的，——这其中也包括缺乏伟大的正直态度，结果是无所发现，[———]对某物的阐释——这是一种可怜而蹩脚的技巧——如果没有科学性来引导良知，那么，其中就始终只有一种精明本事的残渣，——为了不至于虚弱而胆怯地、毫无才智地、以一种基督教〈的〉方式捏造出他的生活，就像人们在落后地区(例如在施瓦本)可能做的那样,那里落后的东西就是正直态度……而不是"精神":因为其中并不包含任何为识破人们在此所从事的"骗局"所需要的洞察力

22[8]

一种以神圣之书为依靠的信仰,而没有人承认这些神圣之书是书本,通过启示传达出来的书本——传达给那些人,他们把真理当作某种既定的、固定的东西来认〈识〉,而不是当作某种[———]并且具有不可名状的自我克制和自我管教的东西;一种信仰,它从来不具有理解自己的神圣之书的意志,它[———]通过"启示"而得到保障,它的典型状态———

22[9]

我们决不该宽恕德国人扼杀〈了〉文〈艺复兴〉的目标及其胜利成果,——那种战胜了基督教的胜利。德国的宗教改革乃是对文艺复兴的阴暗咒语……而且在此期间,这个不幸种族还三度阻碍了文化的进程——德国哲学、解放战争[①]、十九世纪末帝国的建立——纯属文化的大厄运啊!

22[10]

第57章)神圣的目的:处于谎言中的摩奴思想。
第58章)人们决不能承认基督教的慈善作用,基督教把一切

---

① 指1813-1815年德国人民反抗拿破仑统治的解放战争。——译注

都败坏掉了——所有有价值的事物都经受过的可怕损失,就是把严肃精神花费在幻想的事物、有害的事物上;唯到本世纪中叶,营养、居住、健康的问题才得到了严肃对待

第59章)反价值的伟大尝试——德国人的使命

第60章)我的要求。

1. 人们得避免与那些一如既往地做基督徒的人们打交道,——此乃出于爱干净的理由。
2. 考虑到那些情形,在那里基督教明显地只〈是〉神经衰弱的结果和征兆,人们就会动用一切手段阻止传染病从此类病灶中蔓延开来。
3. 《圣经》是一本危险的书,人们得学会小心对待它,——不允许把不成熟的年龄层次径直交到它手上
4. 人们把教士当作一种旃陀罗来看待和对待
5. 对于一切场所、设置、教育,都要涤除教士的玷污
6. 牢靠的和神圣的"拯救者"
7. 时代的确定

22[11]

我已经经历了一些情况:出身高贵的青年男人长期不懂得为自己的生命赋予任何目标,最后就消失在那些简直肮脏不堪的运动中了,——只是因为此类运动为他们设定了一个目标……例如,有些人甚至成了反犹太主义者……

22[12]

58. 我们把什么归功于基督教

可怕的损失,因为一切有价值的东西,头等重要的东西,都没有被严肃看待过……

——现在我们开始严肃看待健康、衣着、营养、居住了……精神的一切伟大激情、一切热忱、一切深邃和优雅的挥霍

22[13]

论更高级的人。
或者:
查拉图斯特拉的诱惑。

查拉图斯特拉的诱惑。
或者:
对谁来说同情会是一种罪恶。

查拉图斯特拉的诱惑。
或者:
同情如何成为一种罪恶。
对谁来说同情会成为罪恶。

22[14]

对一切价值的重估。

敌基督者。一种对基督教的批判尝试。
非道德论者。对最严重的无知类型、道德的批判。
我们肯定者。对作为一种虚无主义运动的哲学的批判。
狄奥尼索斯。关于永恒轮回的哲学。
查拉图斯特拉之歌
来自七种孤独。

590

22[15]

查拉图斯特拉的诱惑。
或者：
在谁那里同情会成为罪恶。
弗里德里希·尼采著。

22[16]

瓦格纳事件。音乐家问题。
偶像－黄昏。或者：人们如何用锤子进行哲思。
查拉图斯特拉的诱惑。或者：在谁那里同情会成为罪恶。

22[17]

行动的原因
  错误地设定了目的：

幸福,a)自己的幸福　　　　b)他人的幸福
　　"利己主义的"　　　　　"非利己主义的"

（——叔本华在自我沉思方面的深度缺陷,他也还把
c)他人的痛苦　　　　d)自己的痛苦
补充进来：当然这只是"自己的幸福"概念的详细说明(a)。
如果幸福是行动的目的,那么,不满就必定先于行动：对事实的悲观主义伪造。不快作为行动的动机。

591　　我的理论：快乐、不快、"意志"、"目的",完全只是伴生现象,——决不是原因。所有所谓的"精神"原因都是一种虚构

行动的原因
　　快乐与不快是动机
　　意志是行动的原因

　　假定：整个前史包含在意识领域里
　　真正的原因是一种精神性的原因……
　　"心灵"知道它意愿什么,意志行为的价值是受心灵的知识限
　　　制的……
　　心灵不受意志干扰,因而———

22[18]

颓废者的恶劣行动恰恰是以它们缺乏"利己主义"这一点为标识的,——它们并不是以最后利益为定向的

关于所谓非利己主义行动的心理学
——实际上它们是极其严格地根据自身保存本能来调节的
在所谓利己主义的行动那里则是相反的情形：
在这里恰恰缺乏那种统领性的本能，——对于有用与有害之物的深刻意识

一切强大、健康、活力从增强了的张力指向自身(Selbst)的命令本能
一切松懈都是颓废

22[19]

论题:根本就没有什么非利己主义的行动
:也没有什么利己主义的行动
:幸福决不是行动的目的,不快决不是原因
（——不快可能依然如此巨大:倘若机制不是自由的,那就不会有什么行动。
快乐与不快不是什么原因,它们只是把某物发动起来,——
它们伴随着某物……

何以所有低等的、堕落的、野蛮的、奸诈狡猾的人们都只是衰退的症候

群盲本能
对同情的批判

对自尊的批判

真理为何之故？

22[20]

对"自我"(ego)的信仰的错误结论

人追求幸福：但在此意义上就不存在什么"有所追求"的单元……

而且，所有单元所追求的东西根本就不是幸福——幸福乃是一种伴生现象——在引起自己的力量时：促使行动的东西并不是需要，而是根据某种刺激发泄出来的丰富性

"不快"并非行为的前提，那种张力是一大刺激……

反对悲观主义理论，仿佛一切行动的结果都是要摆脱某种不满的意愿似的，仿佛快乐本身是无论何种行动的目标似的……

22[21]

根本就没有什么"无私的"行动。

个体在其中背弃并且有害地选择自己的本能的那些行动，乃是颓废的标志

（——大量最著名的所谓"圣徒"，径直由于缺乏"利己主义"而被证明为有颓废之罪

爱情、"英雄气概"的行动根本不是"忘我的"，它们恰恰是一种十分强大而丰富的自身(Selbst)的证明

——交付能力并不为"贫者"所具有……英雄气概所包含的大

胆行为与冒险乐趣亦然

不能把"自我牺牲"当作目标,而是要实施目标,至于目标的后果,出于自负和对自身的信赖,人们并不给予操心,而是漠不关心的……

22[22]

a) 虚假的原因

快乐、不快、意志、目的、"精神"

b) 错误的统一单元:"心灵"、"自我"、"人格"

可能是"不朽的人格"

——借此给出一种虚假的利他主义

"自我"与"他人"

(利己主义——利他主义)

"主体""客体"

c) 对身体的完全蔑视使人看不到个体,个体为了种类的自身保存和净化而进行的那种完全的、极其细致的组织游戏方式:——换言之,就是个体(Einzel-Person)作为生命过程的承担者的无限〈的〉价值,因而也包括它对于利己主义的最高权利,——正如它的全部不可能性,即不可能不成为这种东西……

事实上,一切"非利己主义"都是颓废现象。

22[23]

与我向颓废者提出的戒条"不可生育!"相比较,《圣经》里的戒条"不可杀人"实乃幼稚一种——那是更糟糕的东西,是与之矛盾的……用查拉图斯特拉的话来说,生命的最高法则要求人们毫不同情生命的一切废品和垃圾,——要求人们毁灭那些对正在上升的生命来说或许只是阻碍、毒药、阴谋、隐秘对手的东西,——一句话,就是基督教……说"不可杀人",这在最深邃的头脑来看就是非道德的……

22[24]

Ⅰ.基督教的解脱:敌基督者
Ⅱ.道德的解脱:非道德论者
Ⅲ."真理"的解脱:自由精神
Ⅳ.虚无主义的解脱:
　虚无主义乃是基督教、道德以及哲学的真理概念的必然后果。
　虚无主义的标志……

我把"精神自由"理解为某种十分确定的东西:由于严于律己,由于纯真和勇气,由于那种在否定(Nein)变得危险的地方进行否定的无条件的意志,它胜过哲学家以及其他的"真理"追随者们千百倍——我把以往的哲学家们都当成钻到"真理"这个女人裙子下面的可鄙的浪荡子(libertins)。

22[25]

非道德论者。
按照来源来看,道德就是:一个可怜的、部分地或者完全地失败的人的种类的保存条件之总和。这个种类可能是"大多数"：——它的危险由此而来。

对"改善者"的批判

按其利用来看，道德乃是教士寄生生活在与那些强者、肯定生命者的斗争中的主要手段——后者将赢得"大多数"（下等人、受苦者、在所有等级中——形形色色的失败者——一种反对少数成功者的总起义……

对"善人"的批判

按照其后果来看，道德乃是那些特权阶层的彻底虚伪和腐败本身：最后，哪怕只是为了自己经受得住，那些特权阶层再也不能在哪个问题上真诚地对待自己了。与由此带来的后果相随的完全的心理堕落：———

22[26]

我生活的窍门在于谦逊，——在于屈身自卑的意志和力量……不是假装渺小：而是可以说要忘掉某种东西，解脱自身，在自身中创造一种间距——换种说法：在有关完满自由的意识中[———]使命，意志，它所限定的无情本能……

我的窍门是，求助于我生活中大量贫乏、虚弱、苦难的东西，以便我不至于毁于一项伟大的使命：——可以说把自己剖开——并且把另一半留给友谊、人道、忍耐、平易近人——可以为所有渺小和微乎其微者所接近。这也是我在享受之事物方面表现出来的精妙和聪明的一面，——一个好读者，一个好听众……在这里，我也喜欢那些事物，它们也许要求一种善良方面的宽宏大度更甚于一种比较精巧的理智；例如，佩特罗尼乌斯，也包括海因里希·海涅，以及有其不朽绝招的奥芬巴赫……

几乎每一次与人们的接触都以一种无意的幽默赋予我关于动物的概念。对于这一事实,在我心里产生的恰恰不是一种藐视:在所有情形下,当一种针对我的憎恨或者残忍(Ferocität)公然〈出现〉时,我都努力做某件事[———],才能把一种记忆抹掉。

22[27]

我从未因为不受尊重而痛苦,——我在其中看到了某种优势。另一方面,我在自己的生命中就有如此之多的荣誉和尊严,从少年时代起就体验到了,以至于我把自己———

22[28]

把自我分离开来的艺术,——分清自我、遗忘自我半年之久的艺术……

从我的疾病中谋取好处:减轻巨大的张力
为了弱小学会温柔的报复。

要说明我把什么东西视为我生命中最糟糕的偶然事件,这对我来说或许是不可能的,——这听起来不仅是荒谬的,而且是不可思议的、低级的。

我所经验过的善意种类在许多情形中给我造成了一种比无论哪种恶意和敌意更糟糕的印象。在能够行善的信仰中,有那么多的纠缠不休,那么多距离感之缺乏:我经常用"野蛮"这个普遍概念来把握行善的意愿为什么我从未因为"默默无闻"、没有读者而痛苦呢？

还在我四十五岁时，十分好心肠的巴塞尔大学的学究们就使我明白了，我的著作的文学形式乃是我没有读者的原因所在，我应当有所改变才是。

22[29]

一种距离感，它最终会成为生理上的距离感，由于最近的切近[一]，我从来就没有把它摆脱掉：我感觉到，那种在任何理智中都有区别的距离，与每一种阴郁的因素相比较，可以说是不可混合的和高高在上的

我对于一般人的优先权、我的超群之处在于：我体验到了丰富的最高和最新状态，而关于这种状态，在精神与灵魂之间作出区分或许就是一种犬儒主义。毫无疑问，人们必须成为哲学家，必须深刻到[一]，才能从这种富足光线中走出来：不过，感受的正确性、一种伟大使命的长期压制，乃是做到这一点的更不可或缺的先决条件。

[23. 1888年10月]①

23[1]

博爱的信条亦然。——在有些情况下,一个孩子或许就会成为一种犯罪:在慢性病人和三度神经衰弱患者那里。人们在此必须做些什么呢?——鼓励这些人守住贞节,比如借助于帕西法尔音乐,②可以一直试验下去:帕西法尔本身,这个典型的白痴,只是有太多的理由不进行自我繁殖。弊端在于,某种对于"自控"的无能(——对于刺激,哪怕是那么小小的性刺激,都不能作出反应),恰恰属于总体衰竭的最常规的结果。倘若人们把诸如列奥巴尔迪这样一个人设想为贞洁的,那么人们就弄错了。在这里,教士们、道德家们玩的是一场输掉的赌博;更好的办法是把他们打发到药房里去。最后,社会在这里必须履行一种义务:对他们有少数如此紧迫的和原则性的要求。社会,作为生命的大代表,要在生命本身面前对每一个虚度的生命负责,——它也必须为之赎罪:因此它应当阻止之。在众多情形下,社会应当防止生育:为此,它可以不考虑出身、等级和才智,备好最严厉的强制措施,剥夺生育自由,甚至

---

① 相应的手稿编号为:Mp XVI 4d. Mp XVII 7. W II 7b. Z II 1b. W II 6c。——译注

② 帕西法尔音乐(Parsifal-Musik):指瓦格纳歌剧《帕西法尔》的音乐。——译注

可能采取阉割术。——与针对颓废者的生命戒律"不可生育!"的
严肃性相比,《圣经》里的戒条"不可杀人!"实乃幼稚一种……生命
本身并不承认一个有机体的健康部分与蜕化部分之间有任何一致
性、任何"平等权利":我们必须把蜕化部分切除掉——或者整个就
归于毁灭。——对颓废者的同情,甚至给失败者的平等权利——
这或许就是最深刻的非道德性,这或许就是作为道德的反自然性
(Widernatur)本身!

23[2]

关于生命的理性。——一种相对的贞洁,一种在思想中对色
情本身的根本而明智的谨防之心,即便在那些内涵丰富而完整的
人物那里,也可能属于生命的伟大理性。这个定律尤其适合于艺
术家,它属于艺术家们最优秀的生命智慧。完全无可怀疑的声音
已经在这个意义上传露出来了:我举出司汤达、戈蒂埃和福楼拜。
按其本性来说,艺术家也许必然地是感性的人,说到底是敏感的,
在任何意义上都是平易近人的,喜欢刺激,哪怕是远远而来的刺激
感应。尽管如此,一般而言,在自身使命、自身要求精益求精的意
志的强制下,艺术家事实上是一个适度的人,甚至常常是一个贞洁
之人。他的主导本能就是这样来要求他的:这种本能不允许他以
这种或者那种方式耗尽自身。这是同一种力量,就是人们在艺术
构思和性行为中消耗的力量:只有一种力量。在这里屈服,在这里
挥霍自身,对一个艺术家来说就是暴露性的:它透露了本能之缺
乏,一般意志之缺乏,它可能成为颓废的一个标志,——无论如何,
它都会把他的艺术贬低到一个无法估量的地步。我举一个最棘手

601 的个案,即瓦格纳的案例。——瓦格纳为那种难以置信地病态的性欲所迷惑(这种性欲对他的生活来说是一种灾难),他只是全然弄不清楚,一个艺术家如果在自身面前丧失自由、尊重的话将失去什么。他注定要成为演员。对他来说,他的艺术本身成了不断的逃跑企图,成了自我遗忘、自我麻醉的手段,——这改变、说到底是规定了他的艺术的特征。这样一个"不自由者"必须有一个大麻世界(Haschisch-Welt),陌生的、沉重的、笼罩着的云雾,理想的形形色色的异域色彩外来词(Exotismus)以及象征体系,只是为了有朝一日摆脱它的实在性,——它必须有瓦格纳音乐……首要地,理想的某种普遍性在一个艺术家那里几乎是自我轻蔑、"泥坑"的证据:法国的波德莱尔,美国的埃德加·爱伦·坡,德国的瓦格纳,都是这方面的例子。——难道我还得说,瓦格纳也要把他的成就归功于自己的感性吗?瓦格纳的音乐是要说服最低层的本能走向自己,走向瓦格纳吗?那个关于理想、关于八分之三拍教条的神圣的概念云雾,更多地是一种诱惑技巧吗?(——他一无所知地、毫无过失地允许这个"魔力"以基督教的方式对自己产生作用……)谁敢冒这个词语之险,这个表示特里斯坦音乐(Tristan-Musik)的热情(ardeurs)的真正词语呢?——当我读到《特里斯坦》①的总谱时,我是要戴上手套的……越来越热闹的瓦格纳热乃是一个更轻佻的感性流行病,它"对此毫不知情";针对瓦格纳音乐,我把任何一种小心谨慎都视为必要的。——

---

① 指瓦格纳歌剧《特里斯坦与伊索尔德》。——译注

23[3]

我们北极乐土居民。

一

只要我们是哲学家,我们北极乐土居民,看来无论如何,我们都不同于从前的哲学家。我们根本不是道德论者……所有这些从前的哲学家,当我们听他们讲话时,我们都不能相信自己的耳朵了。"这就是通向幸福之路啊"——借此他们中的每一个人都向我们袭来,手里带着一帖药方以及僧侣嘴上的油膏。"但这种幸福与我们有什么关系呢?"——我们十分惊讶地问道。"这就是通向幸福之路啊——他们继续说,这些神圣的吵闹鬼;而且在这儿就是德性,那通向幸福之路!"……可是,我们求求您们了,我的先生们啊!您们的德性到底与我们有什么关系啊!像我们这样的人何以会越位,成为哲学家,成为蠢材,成为穴熊,成为幽灵呢?这不是要摆脱德性和幸福吗?——我们天生就有太多的幸福,太多的德性,以至于我们不会受到蛊惑,去当什么哲学家:也就是非道德论者和冒险家……对于这种迷宫般的乱象,我们自有一种好奇心,我们努力去结识米诺陶洛斯①先生,关于后者,人们叙述了一些危险之事:在您们向上的道路上,在您们那条绳索上,我们感兴趣的是什么?这条绳索导致什么?它通向幸福和德性吗?通向您们吗,我担心这个……您们要用您们的绳索来拯救我们吗?——而我们,我们极其迫切地恳求您们,您们就在上面上吊吧!……

---

① 米诺陶洛斯(Minotaurus):希腊神话中牛头人身的怪物,传说为神牛与克里特岛米诺斯皇后所生,食人肉,饲养于克里特岛的迷宫里。——译注

二

最后:这能帮什么忙嘛!没有其他手段让人重新尊重哲学了:人们首先必须把道德论者吊死。只消这些人还在谈论幸福和德性,那么他们就只是要说服老女人们去从事哲学。您们倒是来看看几个世纪以来所有著名的智者们:全然衰老的女人们,全然老气横秋的女人们,用浮士德的话来说,全然是妈妈们。"妈妈啊!妈妈!——听起来是多么可怕啊!"——我们从中弄出一种危险,我们改变它的概念,我们把哲学当作危害于生命的概念来传授:我们如何能更好地助它一臂之力?——对人类来说,一个概念总是那么重要,如同它使人类付出的代价。如果没有人踌躇不决,为"上帝"、"祖国"、"自由"而作出大牺牲,如果历史是萦绕在这样一种牺牲周围的巨大烟雾——,那么,何以"哲学"概念对于诸如"上帝"、"祖国"、"自由"之类的大众化价值的优先地位能够得到证明,通过它更多的价值——更大的牺牲?……对所有价值的重估:这会变得昂贵,我答应——

三

这个开端够明朗的了:我事后立即为它送上我的严肃态度。以这本书,我向道德宣战,——而且实际上,道德论者将首先统统被我干掉。人们已经知道,为这场斗争我想好了哪个词语,那就是非道德论者一词;人们同样也知道我的公式"善与恶的彼岸"。我必须有这个强大的反概念,这个反概念的光度,才能向下照亮那个一直被叫做道德的深渊,由轻浮与谎言组成的深渊。这几千年,这些个民众,最初的和最后的,哲学家和老女人——在这个点上,他们全都是相互般配的。迄今为止,人都是这个道德的动物,一种无与伦比的珍品——而且作为道德的动物,人甚至比人类最大的蔑视者所梦想的更荒谬、更欺骗、更虚荣、更轻浮、更不利于自身。道德乃是求谎言的意志的最恶毒形式,是人类真正的妖精(Circe):这就是它败坏了的东西。这个错误本身并不是在此景象中令我惊骇的东西,并不是千年之久的"善良意志"的缺失,风纪、礼节、精神勇气的缺失;那是自然本性的缺失,那是这样一个可怕的事实,即反自然本身作为道德以至高的敬意受到了尊重,并且作为法则凌驾于人类之上……弄错这样一个尺度,——并非作为个体,并非作为民族,而是作为人类!这指示着什么呢?——人们教人蔑视最低层的本能,人们在生命成长的最深刻必然性中、在自私自利中看到了恶的原则:在衰落、本能冲突的典型目标中,在"无私忘我"中,在"失去个性"和"博爱"的重点丧失中,人们根本上看到了一种更高的价值,这就是我要说的!看到了自在的价值!

那又如何呢?许是人类本身在颓废中?许是人类一直就是如此?可以肯定的是,已经教给人类的只是颓废的价值而已。令人丧失自我的道德完全是典型的衰落之道德。——在这里依然有一种可能性,即:并非人类本身处于颓废中,而是人类那些教师们处于颓废中!……而且实际上,这正是我的定律:人类的教师、领袖乃是颓废者;所以,对一切价值的重估就要进入虚无主义("彼岸"……)

四

与之相反,一个非道德论者可以对自己要求什么呢?我以本书将面临什么样的任务？——也许也是要"改善"人类，只不过以不同方式，只不过相反地：也就是把人类从道德中解救出来，尤其是把人类从道德论者那里解救出来，——人类最危险的无知方式把人类推入意识，把人类推入良知之中……重建人类利己主义！——

23[4]

非道德论者。

A. 善人的心理学：一个颓废者

　　或者群畜

B. 他的绝对有害性：

　　作为以真理和未来为代价的寄生虫形式

C. 善人们的马基雅弗里主义

　　他们围绕权力的斗争

　他们的诱惑手段

　他们在屈从方面的聪明

　　　例如，屈从于教士

　　　　屈从于强者

D. 善人中的"女性"

　　"善"作为最精致的奴隶式聪明，在给予、因而也在接受时处处顾忌。

E. 善人们的生理学

　　善人何时出现在家庭、民众中

　　　在神经病出现的同一个时候

对立类型：真正的善、高贵、心灵的伟大，它们来自富有，来自那

种———它们并不为了取得而给予,——它们并不想以自己的善抬高自己,——挥霍作为真正的善的类型,人格上的富有作为前提

"责任"概念——一种屈从,虚弱的后果,为了不必再进行追问和选择

群盲的虚弱产生了一种与颓废者的虚弱十分类似的道德:
——他们相互合拍,结成同盟……
伟大的颓废宗教总是依赖于群盲的支持……
群盲身上本来没有任何毛病,它本身是不可估量的;但因为无能于引导自身,它就需要一个"牧人"——教士们是明白这一点的……
"国家"不够隐秘、隐藏,脱离了"良心的引导"
教士会在哪个方面使群畜害病?

善人身上的颓废本能:
1) 惰性:善人再也不想改变自己,再也不想学习,他作为"美好心灵"稳坐泰山……
2) 抵抗方面的无能:例如,在同情中,——他屈从("宽恕的"、"宽容的"……"他理解一切")
   "平安归与他所喜悦的人"
3) 他被一切苦难和失意所引诱——他乐于"相助"
   他本能地是一种对强者的谋反

4) 他需要伟大的麻醉剂(Narcotica),——诸如"理想"、"伟人"、"英雄",他到处游荡……

5) 虚弱,表现在对情绪、强大意志的恐惧中,表现在对肯定和否定的恐惧中:为了不必怀有恶意,他是可爱的,——为了不必有所袒护——

6) 虚弱,暴露在不想看的意愿中,在抵抗也许成为必需的所有地方("人性")

7) 为所有伟大的颓废者所诱骗:"十字架"、"爱"、"神圣者"、纯洁,根本上是全然危害生命的概念和人物

——也包括理想当中的大规模的伪币铸造

8) 理智的恶习

——对真理的仇恨,因为真理并不带来"任何美好的情感"

——对真诚者的仇恨,———

607 为人类未来而牺牲的善人的自身保存本能:从根本上讲他已经违背于

政治

所有其他一般视角

任何一种寻求、冒险、不满

他否定那些没有首先把他考虑进去的目标、使命

他作为"最高"类型是狂妄的、非分的,他不仅要参与对一切的讨论,而且要审判一切。

他感到自己比那些拥有"弱点"的人们优越:这些"弱点"乃是本能的强大

——这也包括那种为之感到羞愧的勇气

善人作为寄生虫。他乞灵于生命的开支:

 作为实在性的道路说谎者(Weglügner)

 作为生命伟大的本能欲望的敌人

 作为追求渺小幸福的伊壁鸠鲁信徒,他把伟大的幸福形式当作非道德的东西来加以拒绝

——因为他没有助一臂之力,而且不断招致失策和欺瞒,所以他干扰了每一种现实生活,并且通过它要表现某个更高的东西的要求而毒化了现实生活

 ——在他自视很高的自负中,他并没有学习,并没有改变自己,而是袒护自己,尽管他还带来了那么大的灾祸(malheurs)。

23[5]

非道德论者。

1. 善人类型(参见后第二页)①。
2. 善人从自身中搞出

 一种形而上学

 一种心理学

 一条通向真理的道路

 一种政治学

 一种生活方式和教育方式

---

① 应指下文第4,5点。——译注

3. 结论:一种绝对有害的人的种类//按照真理、按照人〈类〉的未来//下面这件事情的原因:只有到二十岁以后重大事物才被看作重大的

4. 问题:善人到底是什么?

善人作为本能
- 第一、虚弱者:他意愿所有人都虚弱不堪
- 第二、偏隘者:他意愿所有人都头脑狭隘
- 第三、群畜,没有自己权利的动物:他意愿所有人都是群畜

5. "善人"被滥用于其他目的

他与恶作斗争…… 为教士所利用,被用于反对强权者,反对强者以及发育完好者

作为工具

"自由"
"平等"
权利

为颠覆政治家、社会主义者、怨恨之〈人〉所利用,被用于反对统治者

关于3:最有害的人的种类

A. 他杜撰出根本不存在的行动

  非利己主义的、神圣的行动

 根本不存在的能力

  "心灵"、"精神"、"自由意志"

 根本不存在的本质

  "神圣者"、"上帝"、"天使"

 根本不存在的事物秩序

道德的世界秩序,带有奖赏与惩罚
　　——一种对自然因果性的消灭
B.以上述虚构,他就使下述东西贬值了
　1)独一无二的行动,利己主义的
　2)身体
　3)真正有价值的人的种类,有价值的欲望
　4)事件中的整个理性,——他阻碍向事件学习,阻碍观察、科学,阻碍由知识带来的生命的每一种进步……

23[6]

　Ⅰ.缺乏怀疑精神
　　虔敬
　　屈服于上帝意志、"虔诚"
　　"好心肠"、"助人为乐"——这就够了……
　　转向较高级事物的严肃性,——人们在此不可过于严肃地对待低级领域,诸如肉体及其舒适
　　义务:人们有自己的行为责任,——
　　　此外人们应当把一切都托付给上帝——
　我十分严肃地问:我借此不是描写了善人么?莫非人们并不以为这是一个值得想望的人?难道人们不想这样吗?难道人们希望自己的孩子们是另一个样子的?——
　Ⅱ.让我们来看一看,善人们是怎样从自己身上搞出
　　1.一种形而上学
　　2.一种心理学

3. 一种政治学
4. 一种生活方式和教育方式
5. 一种真理方法

610 **23[7]**

我的定律:善人是最有害的人的种类。人们答道:"但只有少量善人嘛!"——谢天谢地!人们也会说:"根本就没有完全的善人"——那就更好了!但我始终还会坚持一点:一个人的善不论到什么程度,他都是有害的。

何以人要到二十岁以后才能严肃对待生命的头等问题?是因为人们在从前永远放任一切的地方看到一些难题吗?

:缺乏怀疑精神

:惰性、对沉思的畏惧

:主〈观的〉惬意,后者找不到要在事物中见出难题的任何理由

:相信一副好心肠、一双助人为乐的手就是最富有价值的东西,——人们必须有此教养

:顺从,——相信一切都在好人手上……

:解释方面的伪币铸造,这种解释往往是要找回上帝这种"善"

:相信"灵魂得救",一般而言就是道德的事物,是与所有此类尘世肉身的问题相分离的:如此严肃地看待身体及其适意,这被视为卑劣低级的……

:对传统的敬畏:否定传统,或者哪怕只是批评传承之物,这是不虔诚的

瞧!这个人的种类就是最有害的种类

23[8]

Ⅳ. 狄奥尼索斯
　立法者类型

23[9]

冒着踢那些反犹太主义者先生们"十分准确的"一脚的危险,我承认:对我来说,说谎的艺术,"无意识地"伸出长长的、过长的手指,吞食他人财产,在每一个反犹太主义者那里一直都比在任何一个犹太人那里表现得更为明显。一个反犹太主义者总是免不了偷窃,免不了欺骗——他根本不能干别的了……因为他有[———]……人们应当控告反犹太主义者,人们应当为他们集中起来。"———①

23[10]

与我向颓废者提出的戒条"不可生育!"相比较,《圣经》里的戒条"不可杀人!"实乃幼稚一种——那是更糟糕的东西,是与我矛盾的……首先用查拉图斯特拉的话来说,生命的最高法则要求人们毫不同情生命的一切废品和垃圾,要求人们毁灭那些对正在上升的生命或许只是阻碍、毒药、阴谋、隐秘对手的东西,——一句话就是基督教……说"不可杀人!",这在最深邃的头脑看来就是非道德的、违反自然的——

---

① 原文如此,为笔记手稿中不完整的句子。——译注

与我向颓废者提出的戒条"不可生育！"相比较，《圣经》里的戒条"不可杀人！"实乃幼稚一种——那是更糟糕的东西……针对生命的废品和垃圾，只有一个义务，就是毁灭；在这里想要富有同情，在这里想要维持，无论如何都会是非道德性的最高形式，真正的反自然性，生命本身的死敌。——

与我向颓废者提出的戒条"不可生育！"相比较，《圣经》里的戒条"不可杀人！"实乃幼稚一种——那是更糟糕的东西……针对生命的废品和垃圾，只有一个义务：不承认任何团结一致；在这里采取"人道"，在这里颁布平等权利，就会是反自然性的最高形式：反自然性，对生命本身的否定。——生命本身不承认一个有机体的健康环节与蜕化环节之间有任何一致性——生命必须把蜕化环节切除掉，或者整个就归于毁灭……

与我向颓废者提出的戒条"不可生育！"相比较，《圣经》里的戒条"不可杀人！"实乃幼稚一种——那是更糟糕的东西，是与我矛盾的……生命本身不承认一个有机体的健康部分与蜕化部分之间有任何一致性、"平等权利"：人们必须把蜕化部分切除掉，或者整个就归于毁灭。对颓废者的同情，这会成为最深刻的非道德性、作为道德的反自然性本身。——

23[11]

远离于任何一种怀疑论的阵阵微风，远离于任何一种更为精细的问题提法，生长的、茁壮的、施瓦本地区的，睁圆了眼睛，圆圆的本身就像一只苹果,这种德性处于世上最为坚固的基地上:基于愚蠢,——基于"信仰"……

在今天,这种德性依然相信,一切都在善良之手,也就是在上帝手上,如果它以那种朴实的可靠性来看待这样一个定律,就仿佛说二乘二等于四

愚蠢自有其优先权:其中之一就是德性……愚蠢把自身投射到事物之中——它以施瓦本人的忠厚把这种对万物的出色简化称为"旧上帝"……我们其他人则在事物中看出某种不同的东西——我们使上帝变得有趣……

23[12]

我们是非道德论者:我们是带着骄傲说这个话的,仿佛我们已经说过———我们否认人是要追求幸福的,我们否认德性是通向幸福之路,我们否认有人们一直以来所谓的道德行动,那些"无私的"行动、"非利己主义的"行动。在我们以一个斩钉截铁的否定来加以反对的所有这些断言中,表达出以往人类教育者的一个完全的、阴森可怕的[—]①:———

23[13]

自由精神
批判作为虚无主义运动的哲学

---

① 此处缺一词,之后为笔记手稿中不完整的句子。——译注

非道德论者
批判作为最严重的无知的道德

狄奥尼索斯哲学

23[14]

在这个完美的日子里,一切都在走向成熟,不光是葡萄泛出了黄色,正好有一道阳光照射在我的生命上面,——我瞻前顾后,——我从未一下子看到过这么多、这么好的事物。我并没有徒然埋葬掉自己的第 44 个年头,虽然我可以这样做:其中的生命内容已经得到了挽救,——那是不朽的。《重估价值》的第一卷书;①《查拉图斯特拉》的最初六首歌;《偶像的黄昏》,我用榔头进行哲思的尝试——这一年的所有赠礼,甚至是这一年第四季度的赠礼——我如何能不对我的整个生命心怀感恩呵!……

所以我要来叙述我的生活。

谁如果对我稍有了解,他就会猜出,我比任何一个人都有更加丰富的体验。证据甚至已经在我的书中写下来了:那是基于一种求生命的意志而在字里行间都蕴含了体验的书,而且因此——作为创造——表现出对于生命本身的一种真正补充、一种丰富。一种十分经常地侵袭着我的情感:恰如一位德国学者以一种值得赞赏的天真无邪谈论他自己和他的事物:每一天都为他带来的东西

---

① 尼采此间也曾计划把他规划中的"主要著作"书名立为《重估一切价值》,并把其中第一卷设为"敌基督者"。参看 19[2]、19[8]。——译注

超过一生为它们带来的!糟糕事物之一种——这是毫无疑问的啊!然而,生命的最高嘉奖就在于,它也以其至高的敌意来与我们对抗……

[24. 1888年10月至11月]①

24[1]

瞧,这个人

或者:

为什么我知道得更多一些。

弗里德里希·尼采著。

一

——现在我要来谈一个问题,至少在我看来,这个问题比"上帝此在"②问题以及其他基督教义更有某种严肃性,——那就是营养问题。简言之,也就是这样一个问题:为了达到你的力量的最大值,以及文艺复兴的理性意义上的 virtù、德性的最大值,你应该如何进食呢?——在这方面,我自己的经验糟糕至极:我感到诧异,这么迟了,到现在才变得"理智"了,在某种意义上是太迟了。而且唯有我们一文不值的德国教养才在某种程度上向我说明了,为什么我恰恰在这方面落伍到了"极点"。这种"教养"自始就教导我们

---

① 相应的手稿编号为:W II 9c. D 21。——译注
② 原文为:Dasein Gottes,通译为"上帝存在"。——译注

彻底无视实在性,去追逐那些完全成问题的所谓"理想的"目标,例如一种所谓的"古典教养"!——仿佛把"古典的"和"德国的"一起挂在嘴上,就不会马上让人笑掉大牙似的。人们其实可以设想一个"有古典教养的"莱比锡人!——实际上,直到我最老成的年纪,我一直都吃得很差劲,——在道德上讲,就是"非个性的"、"非利己主义的"、"利他主义的":例如通过莱比锡的烹调,我否定了我自己的"求生意志"。以营养不良为目的同时也败坏自己的肠胃——在我看来,上述烹调能够令人钦佩地解决这个问题。然而德国烹调——它对自古以来的一切负有什么责任呢!饭前汤(——还是在十六世纪的意大利烹调书上,它被叫做德意志风格①);煮得烂熟的肉;做得又腻又浓的蔬菜;难以消化的各种面食。如果人们还算上德国庸人十分粗野的再斟需要,那么人们就能弄懂"德国精神"的来源了——源于一个败坏了的胃……与德国人的相比较,英格兰人的特种饮食是一种真正的回归"自然",可以说是向烤牛肉的回归,也是向理性的回归——但即使这种饮食也深深地违背我自己的本能,——英格兰女人的脚……酒精对我有害,一天一杯葡萄酒或者啤酒就完全足以像叔本华那样把我的生活搞成"苦海",这一点我也明白得稍稍迟了些,——其实我从儿童时代起就有所经历了。毛头小伙子时,我相信喝酒和抽烟一样一开始只是青年男子的 vanitas[虚荣、吹嘘],后来就成了一种恶习。也许这也要归咎于瑙姆堡②的葡萄酒。——相信葡萄酒令人开心,为此我或

---

① 原文为意大利文:alla tedesca。——译注
② 瑙姆堡(Naumburg):德国地名,属德国萨克森-安哈特州。——译注

许就必须成为基督徒,可以说、可以认为,这对我来说是一种荒谬。十分稀奇的是,通过强烈稀释了的、哪怕那么小罐头的酒,会造成一种极端的情绪败坏,这时候,我几乎对烈酒麻木不仁。而在喝水手型的格罗格酒①时,人们至少会把我弄翻。通宵誊写一部长长的拉丁文著作,带着隐秘的野心在严格和简练方面赶上我的榜样萨鲁斯特②,这在我还是令人敬畏的普弗尔塔中学③的学生时,就并没有与我的生理学发生矛盾,也并不与萨鲁斯特相矛盾——尽管总是与令人敬畏的普弗尔塔中学十分相悖!……可后来,人到中年,我决定越来越严格地反对一切"含酒精的"饮料了。我喜欢那些到处有机会汲取醴醴清泉的地方(——尼斯、都灵、塞尔斯);不喝水,我夜间是不会醒来的。In vino veritas[酒后吐真言]④:看来,有关"真理"概念,在这里我又与尽人皆知的不一致了,——在我这里,神灵运行在水面上……

二

对于疾病的善举,可能我恰恰是最少低估它的。但或许我必须反对疾病,理由是它削弱了人类的自卫本能和武装本能。历经了漫长的岁月,我既不懂得充分抵御一种好意的、缠人的乐于助人,也不

---

① 格罗格酒(Grog):掺热水的朗姆烈酒。——译注
② 萨鲁斯特(Sallust),全名为萨鲁斯特·克里斯波(Gaius Sallustius Crispus,公元前86－前35):古罗马历史学家。著有《喀提林战记》《朱古达战记》《历史》等。——译注
③ 普弗尔塔(Pforta)中学:德国著名贵族学校。该校毕业生中有许多重要人物,如诺瓦利斯、施莱格尔、费希特等。尼采于1858－1864年在该校念书。——译注
④ 拉丁文,直译为:真理在水中。——译注

[24. 1888年10月至11月]

懂得充分抵御愚蠢的、单刀直入的"崇拜者"以及其他寄生虫；多么陈腐地，还扣除了那些没有人避免得了的情形，诸如当放荡的年轻学者们以"崇拜"为借口开门见山地向某人借钱的时候。一位病人费劲地努力摆脱人和物，也包括记忆：一种"躺在雪地里"的宿命论（以一个俄罗斯士兵的方式，战役对于他毕竟是太严酷了），一种没有反抗的宿命论，归属于他的自我保存本能。如果人们理解了这样一种自我保存本能，那么，人们就很能懂得一个注定受苦受难、不自愿地采取宿命态度的女人。尽可能少地付出力气，——不以反应来耗费自己——更多地出于力之贫乏而采取某种节制态度：此乃宿命论中的伟大理性。用生理学方式来表达：一种对材料消耗的降低，对材料消耗的延缓，——能让人快速烧掉的莫过于情绪了。怨恨、恼火、复仇的快乐——这些对于病人来说是所有可能状态当中最有害的：一种宗教，就像佛陀的宗教，后者本质上是与精神狡诈者和生理困乏者相关的，因此就以其学说的重点来反对怨恨。"不能通过敌意来结束敌意；而是要通过友好来结束敌意。"佛教并不是一种道德，——根据此种基督教式的庸俗粗暴态度来侮辱佛教，这或者是一种深刻的误解：佛教乃是一种保健学（Hygiene）。——多年以来，我顽强地抓住了那些几乎不堪忍受的关系、地点、居所、团体，不是靠着意志，而是从那种本能出发的，——这无论如何要比改变、"试验"更聪明些。试验朝向受苦难者的本能：在某种高级意义上，人们或许可以径直把它称为力之证明。拿自己的生命本身做一次试验——这才是精神的自由，在我看来，这在后来就变成了哲学……

三

在我看来,无聊并不能直接归于受苦受难者的痛苦;至少我是没有任何这方面的记忆的。相反,对我来说,我生命中恶的时代曾是富有的,通过某种全新的虚构(Erfindsamkeit)——色调变化(nuances)的艺术、在色调运用方面精细的指法熟巧。我会把一般的精致完美(raffinement)理解为一种使触觉上升到精神层面的娇惯化;甚至连病人特有的那种可爱的理解方面的顾忌和谨慎也归属于此,——他们害怕太过亲近的触摸……在此类状态中,人们甚至听出了寻常之物的非同寻常,人们仿佛给它们变了频:日常偶然事件被一把高品质的筛子过滤掉了,再也不把自身看作相同的。最后,当理智、性格中无论何种自由之物和特选之物流落到我的近处,而某种对德国人和德国的不耐烦总是越来越成为我的本能,当时我是非常感恩的。与德国人一起,我失去了自己的好心情,自己的精神——同样地,自然还有我的时间……德国人把时间拉长了……如果这个德国人碰巧是犹太人或者犹太女人,情形就不同了。奇怪的事情是,我推算了一下,在1876-1886年间,几乎我所有的不期而遇的适意时光,都得归功于犹太人或者犹太女人。德国人低估了与犹太人的照面,那是何种善行呢,——人们再也没有理由羞愧了,人们甚至可以成为明智的……在法国,我没有看清楚那样一种必然性,即为什么那里的犹太人远远多于德国:梅哈克和阿列维,①两位诗人,他们有望永远赢得我的趣味,他们达到了这

---

① 梅哈克(Henri Meilhac,1797-1831):法国剧作家,主要作品有喜剧《随员》等;阿列维(Jacques-Francois Halévy,1799-1862):法国作曲家,主要作品有《犹太女》等。——译注

等高度,乃是作为法国人而不是作为犹太人。——我也想对奥芬巴赫下同样的断言,这个毫不含糊的音乐家,他想要的无非就是他的过去——那是一个天才的歌剧丑角,从根本上说,是仍然在弄音〈乐〉、而不是弄和弦的最后一个音〈乐家〉!……

四

　　从根本上讲,我是那些不需要、也不具有任何教育原则的不自愿的教育家中的一员。在巴塞尔最高教育机构从事的七年教学活动当中,我不曾有任何理由去实行处罚,还有,正如后来已经向我证实了的那样,最懒惰的学生在我这里也还是勤奋的。这一事实在某种程度上证明了我的上述说法。来自那种实践的一个小聪明还留在我的记忆里:如果一个学生在复述我前一次课讲解过的内容时做得十分不充分,我总是自己承担责任,——例如我就说,要是我表达得过于简略,过于难解,那么人人都有权要求我作一番解说和重复。一个教师的任务就在于使自己为每一个有理智的人所理解……人们曾对我说,这种诀窍的效果强于任何一种指责。——无论是与中学生打交道,还是与大学生打交道,我向来都不曾感到过什么困难,尽管一开始,我24岁的年纪不光是使我接近于他们。同样地,博士学位考试也并未给我任何动因,让我又去学习无论何种技巧或者方法:我本能地运用的,不光是此类情形下最人道的做法,——一旦把博士学位申请者带到了良好的航道里,我就感觉自己十分惬意。在此种情形里,人人都有如此之多的机智和才气——或者如此之少——胜过可敬的主考官……如果我仔细听了,我就总是觉得,根本上是那些主考官先生们在接受考试。——

五

即便在我看来达到这个目标是很值得的,我也从来不了解这种对付我的艺术。人们不妨来回地检查我的生活,人们在其中找不到标志,可以标明有人曾对我怀有恶意。有些人,人人都在他们身上取得了糟糕的经验;而我对他们的经验本身也毫无例外地博得了他们的好感;甚至在我看来也是适合于交往的,前提是,我没有生病,人人都还是一个乐器,是我为之赢获精美的最不寻常的音调的乐器。我多么经常地得以听到这一点,一种惊奇,我的会谈者方面对于自身的惊奇:"诸如此类的事情是我以往从来不想做的"……也许最美好的是关于那个不可宽恕地英年早逝的海因里希·冯·斯泰因,有一次,根据小心谨慎地取得的许可,他在塞尔斯待了三天,向每个人声明他不是因为恩加丁而来的。这个优异的人物,他以其天性的整个勇敢的天真陷身于瓦格纳的泥潭中,直至淹及耳根——"我对音乐一窍不通",他对我坦白说——在这三天之久的时间里,他犹如经历了一场自由风暴的改造,就像一个突然感到如鱼得水、如虎添翼的人。当时我再三对他讲,这是上面的好空气带来的,人人都会这样,但他却不愿相信我的话……尽管如此,如果说人们对我做了各种各样大大小小的坏事,那么个中原因并不是"意志",至少不是恶的意志:而不如说,或许我必须抱怨的是只在我的生活里胡作非为的善的意志。我的经验赋予我一种权利,要求那种一般的怀疑,即对乐于助人、着手建议和行动的"博爱"的怀疑——我要指责这种"博爱",它容易丢失谨慎细致之心,它以其乐于助人的双手,可能径直毁灭性地去干预一种高贵的命运,一种创伤之下的孤独,一种对于伟大痛苦的优先权。——不无理由地,作为"查拉图斯特拉的诱惑",我虚构了一种情形,在其中一种尖厉的呼救声传到他耳里,同情犹如一种最终的罪恶向他袭来:在这里保持主人地位,在这里纯粹地保持自己的使命的崇高,而摆脱大量比较低等的和比较短视的推动力(它们是在所谓忘我无私的行动中活动的),这乃是一种检验,是查拉图斯特拉及其同类必须对自身做出的最后检验。——

六

就像任何一个从未在其同类当中生活、并且从自己这种命运中最终弄出自己的技艺和善意的人一样,在有人对我做出了一件细小的或者很大的蠢事之际,我要防止无论哪一种对策,除非是那种尽可能快速地事后为这种愚蠢送上一种聪明的对策:如此,人们也许还能有所弥补。人们只不过是要把我身上的某个东西弄坏,我要报复之,而对此人们是有把握的:简言之,我是要找到一个时机,为了某个东西向作恶者表达我的感谢,或者向他祈求某个东西(——这是比有所给予更有约束力的……)。甚至在我看来,最粗糙的书信也比沉默更为善意。此类沉默者缺乏心灵上的精细和谦恭。——如果人们在这方面足够丰富,那么,行不公之事就是一种幸福了;如果人们偶尔给我一个行不公之事的机会,那么,人们就与我达到了最佳的协调一致了。没有什么东西能如此彻底地改善我的友谊,没有任何东西能不断为我的友谊提供新鲜活力……在那些不无著名的情形当中(其时我承认一种断然的否定乃至兵刃相见),我或许会作出一种严重的错误结论,即:恰恰在此要把恶劣经验的一种隐而不显的丰富性预设起来。谁若对我有所了解,他就可以作出相反的结论。只消还有最小的人格分裂在一并起着作用,我就不能承认自己有对事物的敌意。如果说我要对基督教宣战,那么,我之所以有权这样做,唯一的原因是我从未从这个方面而来体验过阴郁或者悲伤的事体,——相反,我所认识的最值得尊重的人,乃是一些光明正大的基督徒;对于这些个人,我到最后都耿耿于怀的是:什么是千百年来的厄运。我的祖先本身就是新教教会的:倘若我没有从他们那里一道获得一种崇高而纯洁的意义,那么我就不会知道我与基督教作战的权利从何而来。我在这方面的公式是:敌基督者本身就是一个地道的基督徒发展过程中必然的逻辑,而在我心里,基督教本身已经烟消云散了。另一种情形:从自己与瓦格纳和瓦格纳夫人的关系中,我仅仅保留了那些最令人振奋和最崇高的记忆:恰恰这种情况给了我那种眼光的中立性,不偏不倚地把瓦格纳问题当作文化问题来加以考察,并且也许给予解决……即便对于反犹太主义者(正如人们知道的,我至少是喜欢他们的),根据我颇为可观的经验,我也必须提出若干有利的东西:这一点并不阻碍、而倒是决定了我对反犹太主义发动一场毫不留情的战争,①——反犹运动乃是那种如此荒谬、如此不合理的德意志国家疆界内的自我发呆(Selbst-Anglotzung)的最病态的畸形产物之一……

---

① 此句中的"决定"原文为动词 bedingen,也可译为"引起、造成、规定"等。——译注

七

热爱大量和多样,这并非我的本色:甚至在我与书本的交道当中,总体上更多地具有一种敌视,以之作为一种宽容,一种在本能中的"等待态度"。根本上,只有少量的书在我的生活里是算数的,最著名的书都不在其中。我对风格、对作为风格的警句的感觉,是在与萨鲁斯特的首次接触中几乎一下子苏醒的:我忘不了我尊敬的老师科森的惊讶,当时他不得不给他最差的拉丁文学生最好的分数,——他邀请我去他家里……简练、严厉,骨子里有着尽可能丰富的实质内容,——对"华美辞藻"和"美好感情"怀着一种冷酷的恶意:在这方面我猜中了自己。人们将在我这里,直至我的《查拉图斯特拉如是说》,重新认识一种十分严格的对于罗马风格、对于"magnum in parvo"[微言大义]、对于"aere perennius"[永垂不朽]①的野心。这与我第一次接触贺拉斯时的情形并无不同。直到今天,在其他任何一个诗人那里,我都没有重新找到过贺拉斯的一首颂歌让我产生的那种艺术上的喜悦。在某些语言当中,例如在德语里,这里所臻至的境界甚至是不能要求的。这种话语的镶嵌细工(其中每一个词语作为音调、位置、概念都向着左右并且超越整体而迸发出自己的力量),这种符号规模的最小化,以及由此达到的符号表现力的最大化——所有这一切都是罗马式的,而且——如果人们愿意相信我的话——也是极其高贵的:与之相反,其他所有诗歌都是一种感情的饶舌而已。我最不愿意忘记与这种

---

① 拉丁文,可直译为:比青铜更恒久。——译注

非常坚固的形式和极其妩媚的放纵构成对照的刺激：——我的耳朵陶醉于这种形式与意义的矛盾。我要归因于拉丁人的第三个无可比拟〈的〉印象，乃是佩特罗尼乌斯。那种在词语、句子和思想跳跃方面纵情放肆的 prestissimo[最急板]，那种在庸俗拉丁语与"高雅"拉丁语的混合方面的精美，那种不可遏制的好心情（它无惧怕，优雅地跳越了古代世界的任何一种兽性），那种在"道德"面前、在"美好心灵"的德性贫穷面前的独立自主的自由——我举不出任何一本书，哪怕它只是依稀地对我产生过一种类似的印象。我最为个人的本能轻声告诉我，这位诗人乃是一个普罗旺斯人：人们必须魔鬼附身，才能做出此类跳跃。当我必须摆脱一种低级的印象时（例如使徒保罗的说辞），也许有几页佩特罗尼乌斯的文字就足以使我完全恢复健康了。

八

我根本不能把任何类似的印象归因于希腊人；因为与柏拉图相比，我是一个彻底的怀疑论者，而且，我从未能赞同那种在学者中间常见的对柏拉图这位杂耍演员的赞赏。在我看来，柏拉图是把所有风格形式搅在一起了：他做错的事情，类似于那些发明了 satura Menippea[梅尼普讽刺杂文]的犬儒派哲学家们所做的。① 柏拉图的对话，极其自鸣得意和天真幼稚的辩证法，可能发挥出魅人的效果，而人们一定是从未读过优秀法国作家的东西

---

① satura Menippea[梅尼普讽刺杂文]乃因公元前三世纪希腊犬儒派作家梅尼普（Menippus）而得名。——译注

才会有此感觉。说到底,我对柏拉图的怀疑是深入骨髓的:我发现他是多么偏离希腊人的一切基本本能,其最终意图是多么犹太化,多么具有先在的基督教性质,以至于对于整个柏拉图现象,我更愿意使用"高级欺诈"这个严厉的词语,而不是其他任何一个词。这个雅典人是在埃及人那里上的学(——很可能是在埃及的犹太人那里……),为此人们付出了相当昂贵的代价。在基督教的巨大厄运中,柏拉图乃是那些后果严重的模棱两可性之一,它使得古代的高贵人物有可能踏上通向"十字架"的桥梁……在任何时候,我的休养、我的偏爱、我对一切柏拉图主义的治疗都是修昔底德。修昔底德,也许还有马基雅弗里的原理,是与我自己最有亲缘关系的,原因在于那种无条件的意志,就是那种要毫不自欺、要在实在性中观察理性的意志,——而不是在"理性"中,更不是在"道德"中……这个有古典修养的德国人获得了可怜的粉饰,以之作为他与古代交道时的"严肃态度"的报偿;没有谁能像修昔底德那样彻底地摆脱这种可怜的粉饰。人们必须一行一行地翻弄他的文字,清晰地解读他的未言之义,犹如解读他的话语:少有如此富于实质的思想家。在他身上,智者文化,也可以说实在论者文化(*Realisten-Cultur*),得到了完满的表达:这是一场处于苏格拉底学派正在到处爆发的道德欺骗和理想欺骗当中的不可估价的运动。希〈腊〉哲学已然作为希〈腊〉本能的颓废:修昔底德乃是古希腊人本能中所包含的全部强壮的、严格的、坚实的求实态度的伟大总结。此种勇气把修昔底德和柏拉图这样的人物区分开来:柏拉图是一个懦夫——因此他遁入理想之中——修昔底德则控制了自己,因此他也控制了事物。

九

在希腊人那里重新认识"美的心灵"、"和谐的雕塑品"以及温克尔曼讲的"高贵的单纯"——我身上具有的心理学家气质保护我,使我免于此类德国式愚蠢。① 我看到了他们最强大的本能,即权力意志;我看到他们在这种欲望不可遏制的强力面前颤抖,——我看到他们所有的制度都起于一种防卫措施,以保护自己互相不至于遭受他们内部的炸药。这样,内部的巨大张力就得以在对一切外部事物的可怕敌意中发泄出来了:诸城邦互相残杀,使得城邦公民以此为代价而不至于相互厮杀了。人们必须成为强壮的,——希腊人卓越而灵活的身体性乃是一种必需,而不是一种"天性"。它是伴随而来的:——它根本不是从一开始就在那儿的。而通过节庆和艺术,人们也无非是想要感觉到自己越来越强壮、越来越美、越来越完满——:这些都是自我颂扬的手段,权力意志的提高手段。——根据希腊哲学家来评判希腊人!利用哲学学派的道德智慧来解释什么是希腊的!诸如此类的做法,在我看来始终只不过是那种标志着德国人性格的精细心理的证明……哲学家们的确是希腊文化的颓废者,是对古典趣味的反动,是对高贵趣味的反动!苏格拉底的德性得到传布,是因为希腊人开始失去德性了……我是第一人,为了理解更古老的希腊人而重又严肃地看待那种被命名为狄奥尼索斯的奇妙现象。我最可敬的朋友,巴塞尔的雅可比·布克哈特,他完全明白借此可以做点什么重要的事体:他在自己的希腊文化史著作中附上了专门一章来论述这个问题。

---

① 原文为法文:niaiserie Allemande。——译注

如果人们想要一个反证,那么,就可以仔细看看他那个时代的著名语文学家洛贝克①在处理这些事物时表现出来的可鄙的轻率态度。洛贝克以一条书堆里干枯的蠕虫的令人敬畏的可靠确信,爬进这个充满神秘状态的世界里,并且说服自己恰恰因此成为科学的,尽管他一味在此空洞而可怜到了令人厌恶的地步;洛贝克耗尽全部博学才弄明白,真正说来所有这些稀罕之物都是毫无意思的。实际上,祭司们是要向此类狂欢的参与者传达一些东西,例如,酒激发快感,人要靠果实生活,植物在春天繁荣,在冬天凋谢。至于那些具有狂欢起源的仪式和神话的丰富性,那将是具有更高一级的才智的。洛贝克说(《阿格劳芬②》,第 1 卷,第 672 页),希腊人,要是他们没有别的事可做,他们就欢笑,就跳跃,就到处歇脚,或者,因为人有时也会有这方面的兴趣,他们就坐下来流泪,号啕大哭。另一些人随后参与进来,却力图为这些异乎寻常的人们找到某个理由,而这样一来,为了解释那些风俗,就出现了无数的节日传说和神话……另一方面,人们相信,一度在节日中发生的那种滑稽活动必然也属于节日庆典,而且把它当作敬神礼拜不可或缺的一部分而保持下来了。——然而,进一步撇开这种可鄙的胡话不谈,人们不妨提出,对我们来说,狄奥尼索斯因素是与整个"希腊的"概念互不相容的,更与温克尔曼和歌德所形成的"古典的"概念不相容:——我担心,歌德本人根本上是把这样一个因素从希腊心灵的种种可能性中排除出去了。而实际上,唯有在狄奥尼索斯的

---

① 洛贝克(Lobeck,1781-1860):德国古典学者。著有《阿格劳芬》等。——译注

② 阿格劳芬(Aglaopham):公元前四世纪古希腊修辞学家。——译注

神秘(Mysterien)中才表达出希腊本能的整个基础。因为，希腊人以这种神秘为自己担保了什么呢？那就是永恒的生命，生命的永恒轮回，在生殖中得到预兆和奉献的将来，超越死亡和变化之外对生命的胜利肯定，那种作为在社群、城邦、种类联系中的总体永生(Gesammt-Fortleben)的真实生命；性的象征作为最可敬的一般象征，整个古代虔诚感真正的象征总体；在生殖、怀孕、诞生行为中对每个细节的最深感恩。在神秘学说中，痛苦被神圣地言说出来："产妇的阵痛"把一般痛苦神圣化了，一切生成、成长，所有将来的担保，都会引起痛苦；为了获得永恒的创造快乐，就必须永远地有产妇的痛楚……我不知道有什么更高的象征表达力了。——唯有基督教把性变成了一种肮脏行为：关于 imm⟨aculata conceptio⟩ [圣母⟨无原罪⟩]①的概念，乃是迄今为止世上达到过的最高的心灵无耻，例如——它把污水泼在生命之源头上……

在作为一种充溢的生命感的放纵(Orgiasmus)中，甚至痛苦也只是作为兴奋剂而起作用的。有关这种放纵的心理学给了我理解悲剧感的钥匙，而无论是亚里士多德还是——特别是——悲观主义者，都误解了这种悲剧感。悲剧远不能为叔本华意义上的希腊人的悲观主义证明什么，以至于相反地，它恰恰是这种悲观主义的极端对立面。肯定生命本身，乃至于那些最异己和最艰难的问题，在其最高类型之牺牲中的生命意志享有自己的不可穷尽性——我称之为狄奥尼索斯的，我把它理解为通向一种有关悲剧诗人的心理学的真正桥梁。不是为了摆脱恐惧和同情，也不是为

---

① 拉丁文，或译为：圣母无玷始胎。——译注

了涤除一种危险的情绪,诸如通过一种强烈的渲泄——这是亚里士多德的路径;而倒是为了超越恐惧和同情去享受创造和生成的永恒欢乐,去控制和支配自己的恐惧、自己的同情……

十

我的此在生命的幸福及其独一无二性也许就在于它的厄运:用谜语形式来表达,作为我的父亲,我已经死了,作为我的母亲,我还活着。这种双重的来源,仿佛来自生命阶梯的最高一级和最低一级——既是没落又是开端——这一点,要是有某种意思的话,那就说明了那种使我卓然超群的〈对于〉伟大的生命总体问题的中立性和无偏袒性。我知道两者,我就是这两者。——我父亲36岁就去世了:他柔弱、可亲而病恹恹的,就像一个注定了一味匆匆消逝的人,——与其说他是生命本身,还不如说是一种对生命的善意回忆。在我父亲生命衰落的那同一个年纪里,我的生命也开始衰落了;36岁时,我的生命力降到了最低点,——我还活着,但却看不到离我三步远的东西。1879年,我辞去了我在巴塞尔大学的教授职务,整个夏天就像一个幽灵一般生活,住在圣莫里兹①,接着的冬天住在瑙姆堡,那是我生命中最暗无天日的时光。那是我的minimum[最低潮、最小值]:《漫游者及其影子》就是在此间写成的。无疑地,当时我认为自己就是幽灵了……下一个冬天,也就是我在热那亚的第一个冬天,差不多由一种肌肉和血液上的极度贫乏而引起的那种奇特的超凡脱俗,使我创作了《曙光》一书。在我

---

① 圣莫里兹(St. Moritz):地名,位于瑞士东南部,为世界著名滑雪场。——译注

身上,精神的完全明亮和喜悦不仅与最深刻的生理虚弱相一致,而且甚至与一种极端的痛苦感相一致。非常艰辛的吐痰导致一种不断的痛苦,在这种痛苦造成的那些巨大折磨中,我绝对地拥有了辩证的清晰性,并且深思了各种事物,而在比较健康的情况下,我对于这些事物就不是一个善于攀登者,就不够精巧了。(我的读者们知道,我何以把辩证法视为颓废的征兆,例如最著名的个案就是苏格拉底的案例。)所有对理智的病态干扰,甚至发烧引起的半昏迷状态,至今对我来说都是完全陌生的东西,对于它们的频率,我唯有通过博学的途径才能加以了解。我的血液流得缓慢,——在患病岁月里,我有了拿破仑的脉搏——从来没有人能够在我身上发现发烧现象。有一位〈医生,他〉在相当长一段时间里把我当作神经病患者来治疗,最后甚至说道:"不!您的神经没什么,我自己倒是神经质了。"某种局部的蜕化是完全不可证明的;没有任何器质性的胃病,尽管作为脑衰竭的结果,总是面临肠胃系统的深度虚弱。眼疾亦然,失明的危险正在接近,这是结果而不是原因:以至于随着生命力的每一种增长,视力作为[——]也增长了。漫长的、过于漫长的岁月对我就意味着康复,——遗憾的是,它也意味着复发、衰落以及一种颓废的周期。我需要说明我对颓废问题是有经验的吗?我前前后后地解读了这些问题。即便那种把握和理解的艺术,那种对于细微差别的感触,那整个"明察秋毫"的心理(它也许使我变得卓越超群),都是在当时学会的,是那个时代的真正馈赠——那是一切都在其中变得精细化的时代,无论是观察还是观察器官。从病人的透镜出发去看比较健康的概念和价值,又反过来根据丰富生命的充盈和自信来探视颓废本能的金丝编织品

(Filigran-Arbeit)——这乃是我最伟大的训练,是我最长久的经验:如果说是某个方面的训练和经验,那么我在这里就是大师了。我已经牢牢地掌握,我有能力转换视角:何以唯有对我来说,一种价值的重估竟是可能的。

十一

因为除了我是一个颓废者不说,我也是它最完全意义上的对立面。我为此提出的证据是,即便针对那些恶劣的状态,我也本能地选择恰当的手段:而自在的颓废者却明显地选择了有害的手段。作为 summa summarum[顶峰之顶峰、至高无上者],我是健康的:作为隐僻一隅,作为特性,我是颓废者。那种绝对的孤独和摆脱惯常情况和任务的力量,对我自身的强制力,不照料自身,不进餐,不就医——这些都透露出对于亟需之事的绝对的本能确信。我对自身负责,我使自己恢复健康:这方面的前提是——任何一个生理学家都会承认这一点——人们根本上是健康的。一个典型的病态人是不会康复的:对一个典型的健康人来说,患病可能是一种有力的兴奋剂。说到底,那个漫长的疾病时期在我看来实际上就是这样:我仿佛重新发现了生命,我品尝了一切美好的、甚至微小的事物,那是别人不能轻易品尝到的,——我从自己求健康的意志、求生命的意志中做出我的哲学……因为人们要注意:我生命力最低下的年头也就是我停止成为悲观主义者的时候,——我的自我恢复的本能不允许我有一种贫困和沮丧的哲学……人们到底要从哪里识别发育良好的状态呢?一个发育良好的人是由一块坚硬又柔润、芳香袭人的木头雕成的,他甚至还使我们的嗅觉感到适意。他中意的是有益于他健康的东西;一旦超出了这个有益性尺度,他的乐意,他的快乐就中止了。他猜到了对付损害的良药,他利用恶劣的偶然事件来增强自己。他本能地从自己所见、所闻、所体验的一切中搜集自己的全部:他就是一个选择原则,他淘汰了许多东西。无论是与书本、人打交道,还是与自然风光打交道,他始终都在自己的团伙中:他通过选择、许可、信赖而有所尊重。他对形形色色的刺激反应迟钝,带着那种由长期的谨慎和蓄意的骄傲养成的慢条斯理,——他考验正在临近的刺激,他远不能直面这种刺激。他既不相信"灾祸",也不相信"罪责":他十分强壮,足以使一切都必然为他带来最佳的东西。——好吧,那我就是颓废者的对立面:因为上面我描写的正是我自己。——

24[2]

生理上的矛盾。

论罪犯。

我要感谢古人什么。

哲学。

音乐

    对这些书的刻画。

    In media vita[在生命中]。

    一个感恩者的笔记。

弗里德里希·尼采著

24[3]

瞧，这个人
一个多面手的笔记

1. 心理学家如是说
2. 哲学家如是说
3. 诗人如是说
4. 音乐家如是说
5. 作家如是说
6. 教育家如是说

24[4]

弗里德里希·尼采
de vita sua[关于其生平]。
翻译成德文。

24[5]

镜子
一种自我估价的尝试。
弗里德里希·尼采著

24[6]

我的本能的聪明之处在于：能为我自己感受真正的困境和危险。同样也能猜出人们使用的那种手段，人们借此避开上述困境

和危险,或者为自己的优势而把它们编排起来,并且可以说围绕一个更高的意图而把它们组织起来。

  与孤独的斗争
  与疾病的斗争
  与来源、教化、社会的偶然性的斗争……
  与沉重的责任的斗争
  与限定其使命的条件的多样性的斗争
   (——这些条件需要隔离

24[7]

  最伟大的聪明:尽可能不让一个大规定穿透到意识之中,——保护对它的羞愧之心
  通过趣味的微薄、恶意、诡诈,甚至通过疾病时期和虚弱时期,可以说对它隐藏起来……
  人们必须一味地祈祷,而不必意愿知道,它是什么,它何时发布命令……
  人们未必要有适合于它的言语、公式、姿态,——人们必须受苦受难,而用不着知道;人们必须做最好的事,而弄不懂个中道理……

24[8]

    Vademecum[手册]。
    论我生命中的理性。

24[9]

> 与古人打交道。
> 附录
> 瞧,这个人。

24[10]

什么与歌德相关:第一印象,一个很早的印象,是完全决定性的:名流小说,我从他身上认识的最初的稀罕的东西,一劳永逸地赋予我一个"歌德"概念,我的"歌德"趣味。在享受和促成成熟方面的一种美化了的和纯粹的秋季,——在期待中,一个十月的太阳升到最具精神性的东西之中;某种金灿灿的和甜腻腻的东西,某种柔和的东西,而不是大理石——我把它称为歌德式的。后来,为了这个"歌德"概念的缘故,我以一种深度的友善接受了阿达尔贝特·斯蒂夫特的《残暑》:根本上,这是歌德之后使我着迷的第一本书。——歌德的《浮士德》——对于本能地认识德语的土地气息的人来说,对于查拉图斯特拉的诗人来说,此书是一种无与伦比的享受:它并不是对于作为艺术家片断地获得了《浮士德》的我来讲的,——它更不是对于反对完全任意和偶然之物——也就是在歌德著作的所有类型和问题中受文化偶然性制约的东西——的哲学家来讲的。当人们读《浮士德》时,人们研究的是18世纪,人们研究的是歌德:人们离类型和问题方面的必然性十万八千里。——

[25.1888年12月至1889年1月初]①

25[1]

　　　　　　伟大的政治。

　　我带来战争。并非在民族与民族之间：我无以表达自己对欧洲诸王朝该诅咒的利益政治的蔑视，这种政治从煽动各民族相互间的自私自利和自高自大情绪的过程中搞出一个原则，差不多是一种义务。并非在等级之间。因为我们并没有较高的等级，从而也〈没有〉较低的等级：今天在社会中高高在上者，乃是在生理学上受到谴责的，此外——这方面的一个证据——就其本能来说已经变得如此贫乏，如此不可靠了，以至于它毫无顾忌地承认了〈人〉的一个较高种类的相反原则。

　　我发动的战争穿越所有荒谬的偶然性，民族、等级、种族、职业、教育、教养的种种偶然性：一场战争，犹如在上升与没落之间，在求生命的意志与对生命的复仇欲之间，在正派与奸诈的欺骗之间的战争……所有"较高的等级"都袒护谎言，这并不是听凭它们的——它们必须这样：人们并没有掌握住一点，就是与糟糕的本能

---

　　① 相应的手稿编号为：W II 10b. W II 9d. Mp XVI 5. Mp XVII 8. D25. W II 8c. ——译注

保持距离。——除了在这种情形下,再也不会表明"自由意志"这个概念是多么贫乏:人们肯定人们是什么,人们否定人们不是什么……数字有利于"基督徒":数字的卑劣……在人们两千年以来用生理学的荒谬对待了人类以后,衰退即本能的矛盾就必定已经达到了优势地位。难道这不是一种令人战栗的考量,即:唯在大约二十年以后,所有头等重要的问题,在营养、穿着、膳食、健康、生殖方面,才能以严格、认真和诚实的态度得到对待

第一定律:伟大的政治想把生理学变成所有其他问题的主宰;它想创造一种权力,强大得足以把人类培育为整体和更高级者,以毫不留情的冷酷面对生命的蜕化者和寄生虫,——面对腐败、毒化、诽谤、毁灭的东西……而且在生命的毁灭中看到一种更高心灵种类的标志。

第二定律:对恶习的殊死战争;任何一种反自然性都是堕落的恶习。基督教教士乃是最有恶习的堕落种类:因为他传授反自然性的学说。

第二定律:创造一种对生命的袒护,强大到足以胜任伟大的政治:这种伟大的政治使生理学变成所有其他问题的主宰,——它要把人〈类〉培育为整体,它对种族、民族、个体的衡量是根据他们的未来[一],根据他们所蕴含的对于生命的保证进行的,——它无情地与所有蜕化者和寄生虫一刀两断。

第三定律。其余由此得出。

25[2]

我极少原谅德国人的一点就是:他们不知道自己做的事……欺骗。

与一个德国人相比较,知道自己在行骗的骗子还算是有德性的……

25[3]

吉尔·布拉斯,一片适意的国度,其中没有一个德国人出现;普罗斯珀·梅里美,一个更适意的国度,——人们在某个地方遇见一种德性。

25[4]

真实的小东西①

弗罗芒坦

德·沃居埃

25[5]

克泽利兹先生②的确有一个关于我的概念:某个东西,它始终还使我惊奇,就如同其反面使我毫无兴趣。有时候,我盯着自己的手,看到我掌握着人类的命运——:我不可见地把它撕成两块,在我之前,在我之后……

25[6]

一

我知道自己的命运。有朝一日,对于某个阴〈森惊人〉的东西

---

① 原文为法文。——译注
② 克泽利兹(Köselitz):即尼采友人彼得·加斯特。参看15[96]。——译注

的回忆将与我的名字联系在一起，——对于世上从未有过的危机的回忆，对于最深的良知冲〈突〉的回忆，对于一种引发反对被信仰、被要求、被神圣化了的一切东西的裁决的回忆。——而且尽管如此，我身上丝毫没有一个〈狂热信〉仰者的气味；认识我者，就会把我视为一个质朴的、也许有点狡黠的学者，〈他〉善于〈与〉每个人愉快地相处。正如我所希望的那样，这本书给出了一个完全不同的形象，〈不同于〉先知的形象，我写这本书，原是为了从根基上摧毁任何关于我的神话——，这就是依然在我的严肃态度中包含的某种自负，我热爱最渺小的也热爱〈最伟大的〉，我〈知道〉不能摆脱〈我的〉在可怕的决断瞬间的幸福，我具有人类所曾有过的最大的心灵广度。灾难性的〈以及一〉是上帝或者小丑——这是我身上不自愿的东西，这就是我。——而且依然如此，或者毋宁说并非依然如此，因为迄今为止一切先知都是骗子——发自我内心的是真理。——但我〈的〉真理是可怕的：因为人们一直都把谎言叫做真理……——重估一〈切价值〉，这就是我用来表示一种人类至高的反省行为的公式：我的命〈运所意愿〉的是，我必须更深刻、更勇敢、更诚实地洞察所有时代的问题，〈胜过〉以往一个人向来一定能发现的……我并不向现在存活的东西挑战，〈我挑战〉的是与我为敌的几千年。我矛盾，但尽管如此我却是一种否定精神的对立〈面〉。唯从我开始才又出现了希望，我知道具有某种高度的〈使命〉，迄今为止还没有这方面的概念，——我是卓越的快乐使者，尽管我始终必定会成为厄运之人。——因为，〈如果一座〉火山活跃起来，那么，我们就会有前所未有的大地痉挛。政治〈这个〉概念完全在一场精神战争中消散了，所有权力产物都〈已经〉被炸得粉碎，——将会出现战争,世上从未有过的战争。——

二

在此期间发生的事情对我来说实在是太可憎了,以至于我哪怕仅仅〈充〉当它的观众都不成。我丝毫也不知道,还有什么〈比〉这种该诅咒的对民族自私自利和种族自私自利的煽动更深刻地与我的使命的崇高感相抵〈触〉的;这种民族和种族自私自利现在要求享有"伟大的政治"的〈名义〉;我无以表达我对那种〈精神〉水准的蔑视,后者现在以德意志帝国首相的形象、并且以霍亨索伦家族的普鲁〈士〉军官姿态,相信自己已经被任〈命〉为人类历史的指挥者,这个最低等的人种,他甚至没有在那里学会追问,〈我在哪里〉必须有令人震惊的答案的闪电,借助于后者,几百年来〈精神诚〉实的全部工作都已经是徒然无益的了——这一点太深地隶属于我,以至于〈它〉甚至得不到我的对手的尊敬。但愿他们能〈建造〉自己的空中楼阁!对我来说,"帝国"和"三国联盟"就是空中楼阁……这依据的是我所掌握的前提条件……除了这些紫袍缠身的白痴们的梦想,〈天〉地之间存在着更多的甘油炸弹……

25[7]

五

——最后一个观点,也许最高的观点:我为德国人辩护,只有我为德国人辩护。我们处于对立中,我们本身是不可相互接触的,——在我们之间没有桥梁,没有问题,没有目光。但这才是那种已经在我身上变成人的自身性(Selbstigkeit)、自身解救的极致程度:作为人,我就是这种孤独……我从未听到过一句话,这一点强制我去达到我自身……倘若没有一种种族敌对方式,没有德意志人,没有这些德意志人,没有俾斯麦,没有1848年,没有"解放战争",没有康德,甚至没有路德,我就是不可能的……德国人巨大的文化罪行在一种更高级的经济学中得到了辩护……我并不要求别的什么,也不想倒退回去,——我不可以要求别的什么……Amor fati[命运之爱]……甚至基督教也变成必然的:生命之否定中的最高形式、最危险的形式、最有诱惑力的形式,要先对它最高的肯定提出挑战——那就是我……最后,这两千年到底是什么?我们最有教益的实验,生命本身的一个活体解剖……只是两千〈年〉而已!……

25[8]

司汤达来自欧洲最好的、严格的哲学家学派的工作,即孔狄亚克①和德斯杜特·德特拉西②的学派的工作,——他蔑视康德……

25[9]

弗罗芒坦、傅立叶、阿莱维、梅哈克、龚古尔兄弟、居普③、皮埃

---

① 孔狄亚克(Etienne Bonnot de Condillac,1715－1780):法国启蒙思想家,感觉论者。著有《人类知识的起源》、《论感觉》等。——译注
② 德斯杜特·德特拉西(Destutt de Tracy,1754－1836):法国哲学家,受孔狄亚克哲学影响。首次提出"意识形态"概念,用以界定"观念的科学"。著有《意识形态概念》等。——译注
③ 居普(Gyp,1850－1932):法国女作家。——译注

尔·洛蒂———或者为了举出深刻的品种,还有保罗·布尔热①,他绝对最大程度上自发地与我接近———

25[10]

古意大利人具有情感上的深度和忧郁的甜蜜,高贵的卓越音乐家,其中留下了作为音调的声音至高点

例如,尼古拉·约梅里②(1769年)的安魂曲,我昨天听过的——啊,它来自与莫扎特的安魂曲不同的另一个世界……

25[11]

最后一句话。从现在开始,我将需要有无数只援助之手——不朽之手!——,《重估》③应当以两种语言出版。人们有理由到处建立协会,以便及时把几百万追随者交给我。我所重视的首先是军官们和犹太银行家们对我的支持:——两者一起代表着权力意志。——

如果我来追问我的天然盟友,那么,他们主要是军官们;身上

---

① 保罗·布尔热(Paul Bourget,1852－1935):法国作家,文学评论家。著有长篇小说《门徒》、《阶段》、《中年魔障》等。——译注
② 约梅里(Nicola Jommelli,1714－1774):意大利作曲家,那不勒斯乐派代表人物之一。作有歌剧80余部,以《法埃同》为最著名。——译注
③ 应指尼采计划中的"主要著作"《重估一切价值》。——译注

[25.1888年12月至1889年1月初]

带着军事〈的〉本能,人们就不可能成为基督徒,——要不然,人们就会错误地成为基督徒,此外还会错误地成为士兵。同样地,犹太银行家们也是我的天然盟友,就他们的起源以及他们的本能来看,他们是独一无二的国际势力,在一种基于各民族的自私自利和自高自大的可恶的利益政治完成了义务之后,他们能把各民族重新结合起来。

25[12]

在这个时代里,[———]所具有的一切都表现出来了。我把至高的荣耀献给在此付出最大努力的人——我的大师彼得·加斯特,他终于不需要一种荣耀的表达了,如果[———]——当今活着的头一个最坚定的音乐家。

当我把他称为当今活着的最深刻和最坚定的音乐家时,我只是做我欠他的。

25[13]

对霍亨索伦家族①的殊死战争

作为我不得不充当的角色(不是一个人,而是一种命运),我要与这些罪恶的白痴们、这些一个多世纪以来一直讲大话、吹大牛的白痴们来个一刀两断。自从弗〈里德里希〉大帝成了白昼窃贼,他们所做的无非就是欺骗和偷窃;我必须把一个唯一的例外排除在

---

① 霍亨索伦家族(Haus Hohenzollern):为德意志王家世系,勃兰登堡、普鲁士、德意志帝国的统治家族。——译注

外,无与伦比的腓特烈三世①,作为整个种族里最可憎恨、最受诽谤的人物……在今天,一个可耻的党派〈正〉高高在上,一帮基督教徒在民众中间撒播民族主义的该诅咒的不和种子,还有阴险的家仆们,出于对奴隶们的爱而要求"解放",这时候,我们必须把谎言中的欺骗和清白无辜带到世界历史的法庭面前 ♯

他们的工具,俾斯麦侯爵,所有政治家中间最杰出的白痴,从来就没有对霍亨索伦王〈朝〉有一丁点儿构想

不过,这是有自己的时代的:我要把帝国捆扎到一件铁制的衬衣之中,挑起一场绝望战斗。我将不会更早地空出双手,直到我掌握了皇帝的基督教轻骑兵,这些年轻的罪犯连同附属物——通过消灭迄今为止一直掌握权力的最可怜的人类怪胎

25[14]

♯为了使这个由傻瓜和罪犯组成的家族感到自己高高在上,欧洲现在每年都得支付120个亿,它张开了生成中的民族之间的鸿沟,它发动了过去一向进行的最愚蠢的战争:俾斯麦侯爵为了自己的家族政治、用一种该诅咒的本能可靠性消灭了伟大的使命、世界历史的目的、一种更高贵和更精致的精神状态的所有前提。而且,你们倒是来看看德意志人本身,可能是如今世上存在的[一]最低等、最愚笨、最卑鄙的种族,他们被霍亨索伦化了,直到仇恨精神和自由的地步。你们倒是来看看你们的"天

---

① 腓特烈三世(Friedrich der Dritte,1657-1713);勃兰登堡选侯(称腓特烈三世,1688-1701年在位),普鲁士国王(1701-1713)。为腓特烈·威廉(即弗里德里希大帝)之子。——译注

才",这个俾〈斯麦〉侯〈爵〉,所有时代政治家中间的这个白痴,他从来就没有对霍〈亨索伦〉王〈朝〉有一丁点儿构想。这个十字架上的白痴曾是[———]……还有,当这个种族有了天才,它就有了犯罪的天才……

最后的考量

说到底,我们本身可能会放弃战争;也许有一种正确的意见就足矣。为霍亨索伦家族以及其他"施瓦本人"备下的一车铁棍……我们其他人不断地从事伟大而崇高的生命劳动——我们还必须把一切组织起来。还有比野战医院更有效的手段去尊重生理学——我懂得更好地使用今天欧洲为"武装起来的和平"所付出的这120个亿。而且换句话说———

不过,这是有自己的时代的。人们可能会把这个年轻罪犯移交给我;我将毫不迟疑地把他毁坏,——我要亲自使他那该诅咒的罪犯精神中的火把熊熊燃烧起来

25[15]

唯有通过对这种罪犯之疯狂的公开揭露,我才总是能揭露出迄今为止使人类患病的两个最该诅咒的制度,真正的对生命怀有不共戴天的敌意的制度:靠着强者、发育良好者以及美妙壮丽者而喂得肥肥的王朝制度,以及以一种可怕的奸诈自始就企图毁灭这些人们(即强者、发育良好者和美妙壮丽者)的教士制度。我发现,在这里皇帝与教士是统一的:在这里我想成为法官,在所有世纪里与君主和教士们的罪犯癫狂一刀两断……人〈类〉已经如此这般地

习惯了这样一种疯狂,以至于人类在今天相信为了战争的目的必须有群盲……我似乎说过,恰恰有一种荒唐……没有人比我更为严格地要求人人都成为战士:完全不会有别的什么手段,教育整个民族,使之获得服从和命令的德性,举止态度方面的礼节,快乐而勇敢的行为,[一]以及现在所谓的精神自由——人人都〈是〉战士,这绝对是我们在教育方面的第一理性,也不会有别的任何手段,去超越等级、精神、使命的每一个鸿沟,提供出一种贯通整个民族的刚强而互为的善意。——"职务与义务"[———],劳动的祝福——该死的王朝需要人〈类〉时总是说这样的话。人们后来把这样一种对力量、德性和权力的选择置于大炮面前,此乃一种疯狂。

25[16]

我决不会承认,一位霍〈亨索伦家族〉的恶棍(canaille)能够命令每个人去从事犯罪勾当……如果命令者只是一个霍亨索伦家族的人,那就没有一〈种〉服从的权利。

25[17]

我的朋友们啊,你们且来看看一位教士吧。这是某种庄严苍白的东西,被压制的东西,带着满眼阴险,带着长长的苍白手指,尤其是在神圣化过程中隐藏着一头有强烈报复欲的敏锐动物,它是人们[———]。我们可不能低估教〈士〉——他是[一]。他也是神圣的……我们,凭着一丝血气和好奇,在那些头脑里幸亏有小小凶恶念头的人们那里,我们是非神圣的……我们有什么可羞愧的啊!

25[18]①

这个帝国本身其实是一个谎言:霍亨索伦家族、俾斯麦,从来都没有想到过德国……所以就有了对盖夫肯教授的愤怒……俾斯麦喜欢把"德意志"一词挂在嘴上,鼓吹公安法治……我想,人们会笑维也纳的宫廷,圣彼得堡的宫廷;人们正好认识我们这位parvenu[暴发户]同党,由于疏忽,他直到今天都没有讲过一句神志清楚的话。他根本就不像他自己所断言的那样,是一个投身于维护德国人事业的人。

而且也许更多地,是一种愚蠢!

25[19]

最后的考量

倘若我们放弃战争,那就更好了。我知道如何更有益地使用120个亿,那是欧洲武装起来的和平每年的成本;除了通过野战医院,还有其他手段来使生理学得到好评……换句话说,甚至最好是说:在旧上帝被废除之后,我已经准备统治这个世界了……

25[20]

且把青年罪犯交到我手上吧:我将毫不迟疑地把他毁坏,并且使他的犯罪精神燃烧起来……

---

① 参看25[13]以及注释。

25[21]

condamno te ad vitam diaboli vitae
[我要诅咒你终生度一种恶鬼般的生活]
我把你毁掉,霍亨索伦,我就毁掉了谎言

尼采手稿和笔记简写表[①]

D 21　　　《偶像的黄昏》付印稿,作者亲笔。
D 25　　　《瞧,这个人》付印稿。作者亲笔。
Z II 1　　　大八开本。110 页。计划、构思、残篇。有关《查拉图斯特拉如是说》第 3 部的笔记。后来又作有关《瞧,这个人》和《尼采反瓦格纳》的笔记。1883 年。1888 年 10 月。科利版第 10 卷:16;科利版第 13 卷:23。
Z II 3　　　四开本。154 页。有关《查拉图斯特拉如是说》的计划、构思和笔记。后来又作《查拉图斯特拉如是说》第 3 部的誊清稿。1883 年末。1888 年初。科利版第 10 卷:22;科利版第 12 卷:13。
W II 1　　　四开本。142 页。计划、构思、残篇。后面极大部分残篇由尼采本人标上了 1－136 的序号。1887 年秋。科利版第 12 卷:9。

[①] 据科利版《尼采著作全集》第 14 卷第 21－35 页的总简写表,此处仅列出本卷编注中出现的尼采手稿和笔记缩写。——译注

W II 2	四开本。142页。计划、构思、残篇。后面极大部分残篇由尼采本人标上了137－300的序号。1887年秋。科利版第12卷:10。
W II 3	对开本。200页。计划、构思、残篇、摘录。前40页的极大部分残篇由尼采本人标上了301－372的序号。1887年11月至1888年3月。科利版第13卷:11。
W II 4	四开本。残篇。136页。有关笔记本W II 1、W II 2和W II 3的分栏。有关上述笔记本的计划。后来(有关《瓦格纳事件》和《偶像的黄昏》)。1888年初。1888年秋。科利版第13卷:12。
W II 5	对开本。190页。计划、构思、残篇。1888年春。科利版第13卷:14。
W II 6	对开本。146页。计划、构思、残篇。有关《瓦格纳事件》、《偶像的黄昏》、《瞧,这个人》的笔记,1888年春,1888年9,10月。科利版第13卷:15,19,23。
W II 7	四开本。164页。计划、构思、残篇。有关《瓦格纳事件》、《偶像的黄昏》的笔记,1888年春至夏,1888年10月。科利版第13卷:16,23。
W II 8	四开本。154页。计划、构思、残篇。有关《偶像的黄昏》、《敌基督者》、《瞧,这个人》的笔记。1888年5－6月,1888年9－10月,1889年

	1月初。科利版第13卷:17,22,25。
W II 9	四开本。132页。计划、构思、残篇。有关《偶像的黄昏》、《瞧,这个人》的笔记。1888年5-6月,9-10月。科利版第13卷:17,19,24,25。
W II 10	大八开本。212页。诗歌和诗歌残篇。有关《狄奥尼索斯颂歌》、《瞧,这个人》、《尼采反瓦格纳》的准备稿。1888年夏,1888年12月。科利版第13卷:20,25。
N V 7	八开本。202页。即兴札记。有关《快乐的科学》的笔记。1881年秋。科利版第9卷:12。
N VII 4	十二开本。60页。有关《瞧,这个人》的笔记和即兴札记。1888年秋。科利版第13卷:21。
Mp XVI 4	散页文件夹。有关《瓦格纳事件》、《偶像的黄昏》、《敌基督者》、《瞧,这个人》的笔记。其他计划和草案。1888年5-10月。科利版第13卷:17,18,19,23。
Mp XVI 5	散页文件夹。有关《瞧,这个人》和《尼采反瓦格纳》的笔记。1888年12月至1889年1月。科利版第13卷:25。
Mp XVII 4	散页文件夹。计划和构思。1888年5-6月。科利版第13卷:17。
Mp XVII 5	散页文件夹。计划和残篇。1888年7-8月。科利版第13卷:18。

Mp XVII 6	散页文件夹。计划和残篇。1888年9月。科利版第13卷:19。
Mp XVII 7	散页文件夹。计划和残篇。1888年10月。科利版第13卷:23。
Mp XVII 8	散页文件夹。残篇。1888年12月。科利版第13卷:25。

译 后 记[①]

译完海德格尔的《尼采》两卷本（商务印书馆，2002年第一版）之后，应商务印书馆有关编辑的邀请，我开始翻译尼采的《权力意志》一书。这种过渡想来也是自然而然的。海德格尔的《尼采》书重点解释的正是尼采的《权力意志》。我在翻译《尼采》书时，已经把海德格尔所引尼采《权力意志》的一些段落译了出来，数量不多不少，大约也有几万字了；而更为重要的是，通过这项译事，我自觉对于尼采哲学有了深一层的了解——当然更多地是海德格尔和形而上学史意义上的了解，也对尼采哲学生发了更大的兴趣。

翻译《权力意志》时首先碰到的是版本选择的问题。我们知道，《权力意志》是尼采友人彼得·加斯特（Peter Gast）和尼采妹妹伊丽莎白·福斯特-尼采（Elisabeth Förster-Nietzsche）一起编辑的尼采遗稿选本（1906年出版），这个选本后来在编辑方针与材料两个方面均已遭受了极大的怀疑，故不可取。后来学界比较愿意推荐的是卡尔·施勒希塔（Karl Schlechta）于1956年编辑出版

[①] 系译者为两卷本《权力意志》（即科利版《尼采著作全集》第12卷和第13卷）做的"译后记"。载尼采：《权力意志》下卷，商务印书馆，2007年，第1473-1480页。收入全集版时略作调整。

的 3 卷本《尼采文集》中的《权力意志》——不过,施勒希塔并没有采用《权力意志》这个书名,而是名之为《八十年代遗稿选》。① 我现在采用的则是目前公认最权威的由意大利学者乔尔乔·科利(Giorgio Colli)和马志诺·蒙提那里(Mazzino Montinari)编辑出版的 15 卷本考订研究版《尼采著作全集》(以下简称"科利版")第 12 卷和第 13 卷。② 之所以要采纳这个科利版,盖有如下几条理由:

首先,施勒希塔版是选本,其依据是加斯特和尼采妹妹的《权力意志》选本材料;而科利版则是全本,其依据是尼采笔记手稿原文。因此在篇幅上就有了很大的差别。商务印书馆出版过一个根据施勒希塔版译出的《权力意志》中译本,中译者在前面的"译者说明"中为强调施勒希塔版的可信性,竟然声称:科利版"又一次证明了《权力意志》一书的内容即是 1887 年至 1889 年 1 月的全部遗稿"。③ 这个说法是不负责任的。事实上,科利版不仅在排序上严格按照作者的写作年份,而且在内容上也是严格忠实于原笔记的,比作为选本的施勒希塔版扩大了许多。现在我们根据科利版第 12 卷和第 13 卷译出的《权力意志》,在篇幅上已经远远超出了施

---

① Friedrich Nietzsche, Werke in drei Bänden, hrsg. von Karl Schlechta, München 1956, Dritter Band, S. 415 – 925。

② Friedrich Nietzsche, Sämtliche Werke, Kritische Studienausgabe in 15 Bänden, hrsg. von Giorgio Colli/Mazzino Montinari. KSA 12: Nachgelassene Fragmente 1885 – 1887; KSA 13: Nachgelassene Fragmente 1887 – 1889。"考订研究版"(KSA)依据于"考订全集版"(KGW),科利/蒙提那里编辑,柏林/纽约,1967 年始出版。

③ 尼采:《权力意志——重估一切价值的尝试》,张念东、凌素心译,商务印书馆,1991 年,第 5 页。

勒希塔版,中文字数恐怕要超过后者三四十万。刘小枫教授则提出了另一个极端的看法,他在比较各版本后称:"如此看来,姑且以《权力意志》为书名的尼采哲学的'主楼'材料的汉译,根本还差得很远,至少得把考订研究版中1880年以来的残篇全部译出……,方可堪称完备。"此说在我看来亦过于夸大,不合事实了。①

其次,施勒希塔版虽然重组了加斯特和尼采妹妹的选本,但秩序十分混乱,经常把创作时间上在先的笔记放在后面,把在后的笔记放在前面,搞得乱七八糟。例如,第七本笔记若按时间顺序应该在先,但在施勒希塔版中却被放在最后面了。又如,施勒希塔版开篇第一则笔记在科利版中属于第五本(序号为5[98]),第二则笔记则属于第八本(序号为8[4])了。同一本笔记本中的内容,也往往是前后颠倒,不讲秩序。所以,诚如科利版编者前言所言,施勒希塔在编辑"重估时期"的尼采遗稿时并未满足他自己提出的要以编年顺序来出尼采遗稿这样一个原则性的编辑要求。而科利版则依据作者创作时间把所有笔记残篇完整地端了出来。

再次,施勒希塔版声称收集的是尼采1887-1889年的遗稿,但这个时间限制是与事实不符的,如科利版的第一本笔记(作于1885年秋至1886年春)、第二本笔记(作于1885年秋至1886年

---

① 参看刘小枫选编:《尼采与基督教思想》,编者前言,XVII,香港道风书社,2001年。科利版第12卷和第13卷在内容上已经包括、甚至超出了此前以《权力意志》为书名的尼采遗稿诸版本;另外,尼采本人对"权力意志"一书的设计也在19世纪80年代后期。因此,我们同意科利版编者前言所称:第12卷和第13卷的出版已可解决关于尼采《权力意志》一书材料方面的长期争论。

秋,第12卷第67页以下)以及之后第3-8本笔记(作于1986至1987年间,第12卷,第171页以下)包含在施勒希塔选本中,怎么可能有上面这样的时间限制呢?

最后,对于所收笔记内容,施勒希塔版也多半依据加斯特和尼采妹妹的选本,同样做了格式上的加工,去掉了原稿的一些小标题,有时一个残篇被拆分成几则,有时几个残篇被合并成一则,等等。凡此种种,都是不尽人意的,甚至被认为是尼采妹妹别有用心的篡改。科利版则不仅恢复了笔记的原样,而且还在此基础上对《权力意志》诸版本的内容作了甄别、纠错的考订工作(此项工作体现在本书的编者注释中)。

由此可见,如果我们相信科利版编者的诚实和认真,以及他们所采用的材料的真实性,那我们就得同意编者的如下说法:"这两卷(指《尼采著作全集》第12卷、第13卷)具有特殊的重要意义,原因在于,它们完整地、以忠实于手稿的方式呈现了尼采1885年秋至1889年初(其创作活动的结束)期间的全部残篇、计划、提纲和标题,因此为最终解决关于所谓的尼采哲学主要著作——以《权力意志》为书名——的聚讼纷纭的问题提供了基础。"①

还有"权力意志"这个核心术语的翻译,也是一个不大不小的问题。从义理上讲,我向来主张把der Wille zur Macht译成"强力意志",在少数语境里,为了突出其中的介词zu的意义,也可译作"求强力的意志"。我在海德格尔的《尼采》中文译本中就是这样来

---

① 参看科利版《尼采著作全集》第12卷"前言"。

处理的。"强力意志"这个译名已经不算新鲜了，并不是我首创的。理由也是简单的：旧译（通译）"权力意志"，实为对尼采哲学的政治化解读留下了一个把柄；加上长期以来聚讼纷纭的"尼采与法西斯主义"的命题，让我们更应对这个译名采取慎重的态度。但友人陈小文先生提醒我说：为什么非得对"权力"作政治化的理解呢？为什么？"权力"也可作非政治的理解嘛！而且，难道"强力"就没有被政治化理解的可能性了？细想一下，他这个责问大约是对的。所以我这次仍旧保持了"权力意志"这个译名。

本书的翻译力求忠实于原文。这本是学术翻译的基本要求。而在本书的翻译中，这个要求除了表示要尽可能合乎作者本义地转化为汉语外，还意味着力争在更大程度上合乎原著的字面。因为本书是尼采的笔记残篇，格式特殊，有的字是缺笔划（即字母）的，有的句子是没有写完的，许多句子是没有主语或者没有谓语的，有的话是作者没有想周到的，自然给我们的理解和翻译留下了许多困难。译者并不企图以自己的理解和解释来进行"增补"的工作（翻译不是解释！），譬如根据猜测把语法补全了，把句子续完了，等等；相反，译者力求保持字面上的忠实，甚至版面格式上的忠实，希望使中译本也能尽量给人一个笔记残篇的感觉。因此，举例说来，文中括号〈〉是全集版编者对尼采笔记文字遗缺部分（如一个字只写了一半）的补全，中译文中亦予以原样保留；又譬如，如果读者看到一段话里只有半个括号，一个句子或一段文字的结尾处少了标点符号,那并不是译者的疏忽,而是原作本来就如此。①

不过,我这种做法必须守住一个基本尺度(最低限度),即不能让中译文变得不知所云,不可读解。这实在是让译者深感痛苦的一点了,因为毕竟是两门不同语系语言之间的"转渡",外观(形式)上的严格转换是不可能的。但愿我的努力已经在一定程度上达到了我自设的目标:既有基本的对应(忠于原义,力争字面-外观上的高度对应),又有基本的可读性。

顺便指出,在翻译倾向和立场上,我一向是愿意提倡鲁迅先生所主张的"硬译"的,不过"硬译"决不是"死译",而是要在最大程度上把"忠实性"原则与"可读性"原则结合起来。说是废话,但译事之难,正在于此了。

译者增加了大量说明性的注释,标为"译注",主要涉及不常见的人名、地名、术语等,也有对非德语文字的说明。凡此种种不仅是为了方便阅读和研究,而且也是为了要求文字工作的严格性。

除了上述依据施勒希塔版译出的《权力意志》中译本(张念东、凌素心译,商务印书馆,1991年)外,中文世界还有一个根据科利版翻译的《权力意志》译本(贺骥译,漓江出版社,2000年),不过后者只译出了科利版第13卷的约一半文字(尼采笔记的第11-13本以及第14本前半部分),因此实在还不能被冠以《权力意志》这

---

① 有关符号说明,可参看正文前的"中文版凡例"。

样一个完全的书名。本人在翻译时,在可能的情况下参照过上述两个无论版本还是译文品质都十分不同的译本。在此我愿意指出的是,虽然现有《权力意志》中译本是很不完全的,译文亦未见成熟,但我以为认真的译者付出的辛苦都是值得肯定的。——而这当然也不是说,我现在提供的译文就十分成熟了。

在翻译过程中我请教过多位学界同仁。本书含有多种欧洲语言的词句(尼采原是天才博学的语言学教授),既有古典的希腊文、拉丁文,又有现代的法文、意大利文、西班牙文等,尤以法文居多,甚至经常有大段的法文引文。本人不识拉丁文、法文和意大利文。这方面的问题,特别是大量法文词句,我主要请教了我的同事徐卫翔教授,花费了他的大量时间和精力。拉丁文方面的一些疑难问题,我还请教了德国波恩的友人黄凤祝博士(Dr. Ng Hong Chiok)和乌珀塔尔大学的特拉夫尼博士(Dr. Peter Trawny)。商务印书馆的陈小文先生一贯支持着我的工作。青岛大学德语系的翟三江先生,同济大学德国哲学与文化研究所赵千帆博士,我的研究生曾静、杨小刚、张振华等分头读了中文译稿,对中译文提出了不少有益的意见。在此一并致谢。

本书的翻译是我承担的国家社会科学基金项目《尼采晚期哲学研究》的任务之一。

若把尼采与海德格尔相比较,两者文字虽然均有非学院哲学风格的共同特点,但海德格尔文字更具思之稳重与节制品质,可以说更令译者喜欢,也更让译者安心,而尼采文字往往含着一股狂野凶险之气,对于译者来说构成一个严重的考验。加上本书的残篇断章性质,加上最后一部分属于尼采濒临精神崩溃时期的文字,再说又是如此长篇巨作,译者虽已尽了心力,然而仍不能对译文有完全的信心和把握。译文中不足、不当甚至错讹之处势在难免,敬请识者批评指正,使译者今后有可能完善译文。

孙周兴

2004 年 6 月 15 日记于沪上同济
2006 年 4 月 1 日再记
2008 年 12 月 18 日补记

图书在版编目(CIP)数据

权力意志：上下卷/(德)尼采著；孙周兴译．—北京：商务印书馆，2020
ISBN 978－7－100－18826－5

Ⅰ．①权… Ⅱ．①尼…②孙… Ⅲ．①权力意志 Ⅳ．①B516.47

中国版本图书馆CIP数据核字(2020)第138528号

权利保留，侵权必究。

权力意志
(上下卷)
〔德〕尼采 著
孙周兴 译

商 务 印 书 馆 出 版
(北京王府井大街36号 邮政编码100710)
商 务 印 书 馆 发 行
北 京 中 科 印 刷 有 限 公 司 印 刷
ISBN 978－7－100－18826－5

2020年12月第1版　　开本 880×1230 1/32
2020年12月北京第1次印刷　印张 43⅝
定价：178.00元